지속가능발전 정책과 거버넌스형 문제해결

김병완

김태호 · 민현정
변장섭 · 안병철
오병철 · 윤희철
전대욱 · 조승희
최인수 · 홍성운

도서출판 대영문화사

머리말

2018년 여름, 7월부터 8월까지 한반도는 물론 지구촌 곳곳에서 사상 유례를 찾기 힘든 폭염으로 고통을 받았다. 겨울과 봄에는 더욱 심각해지는 미세먼지 문제로 마스크 착용이 일상화되었는데, 여름에 들어서자마자 짧은 장마 이후 시작된 폭염이 건강과 생명에 대한 위협은 물론 일상적인 경제·사회활동마저 어렵게 하고 있다. 이러한 문제들을 일으키는 원인의 중심에는 지난 1~2세기 동안의 급속한 산업화와 도시화 과정에서 나타난 지구온난화 현상이 자리 잡고 있다.

이제 지구온난화 문제는 인류가 직면한 가장 심각한 지속가능성 위기의 문제로 인식되고 있다. 국제사회는 이러한 문제를 해결하기 위하여 20세기 후반부터 다양한 노력들을 기울이고 있다. 1972년 유엔이 스웨덴 스톡홀름에서 '유엔인간환경회의'를 개최하여 처음으로 지구환경문제에 대한 대응 방안을 논의한 이래 수많은 국제회의를 개최하고 환경 관련 협약들을 체결해 왔는데, 그 귀결은 지구촌 모든 나라가 협력하여 '지속가능발전(sustainable development)'을 이루는 방법을 찾는 데 있다. 그러한 노력의 커다란 성과의 하나로 2015년 9월 25일 유엔총회에서 회원국의 만장일치로 '지속가능발전목표 2030(SDGs 2030)'을 채택하였다.

이러한 시대적 흐름 속에서 1990년대부터 선진국을 비롯한 지구촌 대부분의 나라에서 중앙정부는 물론 지방정부 차원에서 '지속가능발전'은 전통적인 경제성장 중심의 발전전략을 대체할 새로운 대안적 발전전략으로 고려되기 시작하였다. 지속가능발전전략은 생태적으로 지탱가능한 경제·사회발전을 추구하는 것으로서 환경보전과 경제성장 그리고 사회통합이라는 3대 축의 균형과 조화에 역점을 두는 3차원적 발전전략이라 할 수 있다. 그러나 아직도 지속가능발전의 가치와 이념이 우리나라의 중앙정부는 물론 대부분의 지방정부에서 중심적 위치를 차지하지 못하고 있는 것이 안타까운 현실이다.

지속가능발전의 중요성에 대한 인식이 더디지만 점차 널리 확산되면서 학문적인 관심도 다양한 분야에서 더욱 활발하게 나타나고 있다. 이 책을 저술한 필자들도 길게는 20여 년에서 짧게는 10여 년에 걸쳐 '지속가능발전'이라는 주제를 중심으로 함께 연구하고 토론하는 기회를 자주 가져왔는데, 공동으로 저술하게 된 결정적 계기는 '지속가능한 생태도시'를 지역발전의 특화전략으로 채택하여 온 전남 담양군의 지속가능발전 기획사업으로 2012년부터 개최해 온 '에코포럼'이다. 이 포럼은 3회부터 '글로벌에코포럼'으로 명칭을 바꿔 12회 포럼까지 개최하여 왔다. 공저자들의 대부분이 처음부터 포럼의 조직과 운영을 함께 하면서 1년에 2회씩 개최하는 포럼의 대주제를 정하고 세부 프로그램을 구성하는 과정에서 지속가능발전에 관한 이론과 실제에 대하여 고민을 더욱 깊이 할 수 있었다. 무엇보다도 이 책의 공저자들은 '글로벌에코포럼 연구공동체'라는 이름으로 학문적 공감대를 자연스럽게 형성할 수 있었는데, 특히 각 연구자의 다양한 학문적 배경을 토대로 지속가능발전 연구에서 반드시 필요로 하는 학제적 · 융합적 접근을 위한 최적화된 연구공동체가 형성됨으로써 더욱 의미 있는 연구 성과들을 이끌어 낼 수 있었다.

그리고 이 책의 공동저술에서 또 다른 원동력은 1992년 리우회의의 성과로 전개된 지방의제21(Local Agenda 21) 활동에 대한 실천적 참여 경험이라고 할 수 있다. 지방의제21 활동은 특히 우리나라에서 1994년부터 현재에 이르기까지 지역별 활성화 차이는 있지만 전국 대부분의 지방자치단체에서 전개되고 있는데, 2015년 유엔의 '지속가능발전목표 2030(SDGs 2030)' 채택을 계기로 지금은 각 지역별로 '지속가능발전협의회'라는 이름으로 'SDGs 2030' 이행을 위한 활동을 하고 있다. 무엇보다도 '지방의제21 실천활동'에서 시작되어 'SDGs 2030 이행활동'으로 전환되어 온 의제실천활동의 핵심은 지속가능발전이라는 3차원적 복잡한 문제를 해결하기 위하여 시민 · 기업 · 행정이 함께 협력해서 문제를 해결할 수 있는 '거버넌스(governance)' 기구의 활성화가 중요하다는 점을 강조하지 않을 수 없다.

이러한 문제의식 위에서 필자들은 오래전부터 지속가능발전 문제를 어떻게 거버넌스 방식으로 더욱 효과적으로 해결할 수 있는지에 대하여 좀 더 구체적인 관심을 갖게 되었다. 이러한 관심의 공감대를 토대로 '글로벌에코포럼 연구공동체'의 활동 과정에서 공동저술에 대한 구상이 조금씩 구체화되어 오다가 2018년 폭염의

한 중심에 있었던 7월 중순에 공식적인 공저작업 기획회의를 시작하면서 본격적인 집필작업이 이루어졌다. 메일을 통하여 수시로 의견을 교환하고, 매월 집필진 전체 회의를 거쳐 책의 구성체계와 내용을 다듬고 피드백하는 과정을 거쳐 전체 원고가 완성되었다.

이 책을 저술하게 된 목적은 지속가능성을 위한 거버넌스형 문제해결 방식이 현실적·제도적으로 많은 제약을 안고 있는 가운데 그 가능성과 성과들을 살펴보고, 앞으로 해결해 나가야 할 과제들을 도출하고 제시하는 것이다. 이와 같은 목적에 따라 이 책은 이론적 논의(제1부), 문제의 진단(제2부), 대응 노력과 사례(제3부), 주요 정책과제(제4부) 등으로 전개되는 4단계의 체계로 이루어져 있다.

제1부에서는 지속가능발전과 거버넌스에 관한 이론적 논의의 장들로 구성하였다. 제1장은 여는 장의 성격을 갖고 발전 의미의 전환과 지속가능발전론을 다루고, 이어서 지속가능발전의 제도화와 조직화, 정부관료제의 한계와 거버넌스의 의의 등을 주제로 장을 구성하였다.

제2부에서는 유엔이 채택한 17개의 지속가능발전목표(SDGs)라는 관점에서 국내외적으로 지속가능성을 위협하는 요인과 위기의 문제를 진단하는 장들로 구성하였다. 세부적으로는 생태적 지속가능성, 사회적 지속가능성, 경제적 지속가능성, 도시의 지속가능성, 제도적 지속가능성 부분으로 나누어 각각의 위협 요인과 위기 문제를 객관적 자료들을 토대로 살펴보는 장들로 구성하였다.

제3부에서는 지속가능발전을 위한 거버넌스 노력과 사례들을 국제사회와 주요 국가들에 초점을 맞추어 살펴보는 장들로 구성하였다. 국제사회의 노력으로는 UN과 ICLEI 두 기구의 활동에 초점을 두어 서술하고, 주요 국가로는 독일, 일본, 한국에 초점을 맞추어 사례들을 살펴보고 시사점을 찾는 장들로 구성하였다.

제4부에서는 거버넌스형 지속가능발전을 위한 주요 과제들을 제시하는 장들로 구성하였다. 세부적으로는 지속가능한 생태공동체, 사회공동체, 경제공동체, 도시공동체 등을 위한 과제들을 4개의 장으로 나누어 제시하고, 마지막으로 지속가능성을 위하여 극복하여야 할 도전적 과제들과 사전·사후평가의 문제를 닫는 장의 의미로 서술하였다.

요컨대, 이 책은 지속가능발전의 개념에 대한 좀 더 명확한 이해를 바탕으로 하여 우리 사회가 직면하고 있는 지속가능성의 위기 문제에 대응할 수 있는 핵심 과제들을 찾아 정부관료제의 한계를 극복할 수 있는 거버넌스 방식으로 문제해결의 가능성을 모색하는 데 역점을 두고 있다. 따라서 이 책은 지속가능발전의 문제와 거버넌스 방식에 의한 문제해결에 관심을 갖는 대학생과 대학원생을 포함한 일반 독자들은 물론 좀 더 나아가 관련 분야 활동가, 공무원, 전문연구자들에게도 도움이 될 것으로 기대한다. 독자 여러분의 아낌없는 관심과 조언을 기대하며, 책의 미흡한 부분은 저자들의 부족함으로 인하여 나타나는 문제점이라고 생각하며, 향후 더욱 완성도가 높은 책이 되도록 보완해 나갈 것을 다짐한다.

끝으로, 저자들의 땀방울이 스며든 원고가 하나의 책으로 세상의 빛을 보기까지 격려와 도움을 아끼지 않은 많은 사람에게 감사의 마음을 전한다. 무엇보다도 학문과 연구의 길을 동행하는 어려운 여건 속에서도 항상 버팀목이 되어 준 저자들의 가족들에게 감사드린다. 그리고 책을 잘 편집하고 디자인해서 멋지게 출간해 준 대영문화사 임춘환 대표님과 직원들께 깊이 감사드린다.

2019년 3월

함께 책을 쓴 이들의 생각을 모아

김병완

차례

제2부 지속가능성 위협 요인과 위기 문제: UN SDGs 관점

제4부 거버넌스형 지속가능발전을 위한 과제

제 1 부

지속가능발전과 거버넌스에 관한 논의

제 1 장

발전의 의미의 전환과 지속가능발전론*

제 1 절 발전의 의미에 대한 인식 전환

우리는 발전의 의미에 대하여 어떻게 이해하고 살아왔을까? 우리가 늘 희망하는 발전(development)이란 어떤 의미를 담고 있는가? 국어사전을 보면 발전의 의미를 "더 낫고 좋은 상태나 더 높은 단계로 나아감"이라고 정의하고 있다. 이와 같은 발전의 일반적이고 추상적인 의미가 오래전부터 시대적 여건과 상황에 따라 우리에게는 발전의 어떤 한쪽 측면만 강조되는 의미로 인식되어 왔다.

선진국을 중심으로 20세기 중반까지 급속한 산업화 과정을 겪으면서 발전의 의미는 경제적 사고(economic thought)에 기초해서 경제성장, 산업화, 도시화, 자본

* 이 장은 김병완. 녹색성장과 지속가능발전의 관계에 관한 연구. 「한국거버넌스학회보」 제19권 제2호(2012년 8월). 147－163쪽 내용의 일부를 토대로 수정 · 보완하여 재작성한 것이다.

주의화, 서구화, 효율성 향상 등의 개념들을 함축한 것으로 인식되어 왔다. 이러한 경제성장 중심의 발전 개념은 개발도상국과 후진국으로 확산되어 더욱 넓고 깊게 자리 잡고 있다.

20세기 중반에 접어들어 경제성장의 어두운 면이라고 할 수 있는 빈부 격차의 문제가 드러나면서 발전의 의미는 경제적 사고의 단계를 넘어 사회적 사고(social thought)의 차원까지 확대해서 빈곤문제의 해결, 빈부 격차 해소, 인간개발, 복지, 형평성 실현 등의 문제까지 포함하는 것으로 인식되어 왔다. 이제 선진국이라 함은 '복지국가'를 의미하게 되었던 것이다.

그러나 20세기 후반, 구체적으로 1970년대부터 선진국을 중심으로 산업화의 부작용으로 환경문제가 심화되면서 지금까지의 경제성장 일변도의 발전전략에 대한 비판과 반성이 확산됨에 따라 발전의 의미는 양적 성장에서 환경의 질과 삶의 질을 강조하는 생태적 사고(ecological thought)의 차원으로 확대되어 환경생태계 및 자연자원에 대한 영향을 고려하는 개발, 즉 환경적으로 건전하고 지속가능한 개발(ESSD)의 의미를 함축하는 것으로 인식되기 시작하였다.

[그림 1-1]은 이러한 발전의 의미에 대한 단계적 변화의 모습을 보여준다.

이러한 맥락에서 국가 발전의 패러다임도 시대적 상황을 반영하는 모습으로 전환되어 왔다. <표 1-1>에서 보듯이 근대화론의 시대에서 복지국가론의 시대로, 나아가 지속가능발전론의 시대로 전환되고 있다. 과거에는 오직 경제성장이 최우

그림 1-1 발전의 의미에 대한 단계적 인식 전환

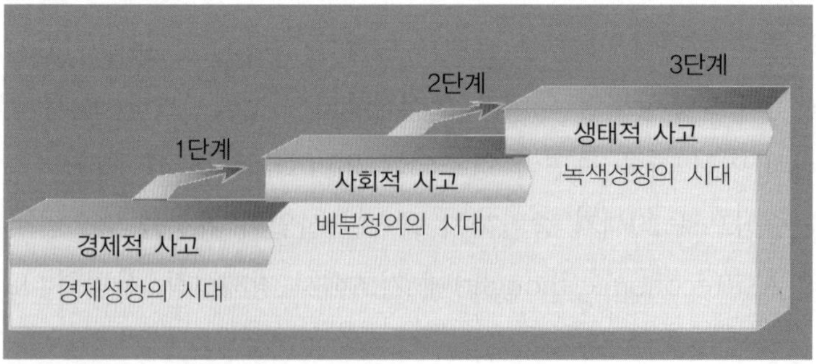

표 1-1 국가 발전 패러다임의 변화

구분	발전 패러다임	문제해결 차원
20세기 중반까지	근대화론(경제발전론) = 성장 지향	1차원
20세기 후반 이후	복지국가론 = 성장+분배 지향	2차원
21세기 초반 이후	지속가능발전론 = 성장+분배+환경보전 지향	3차원

선의 가치로 자리 잡아 성장 문제라는 1차원의 문제만 해결하면 되었으나, 20세기 후반부터는 성장 문제와 분배 문제를 동시에 해결하여야 하는 2차원의 문제해결 능력을 요구하였고, 21세기에는 성장과 분배는 물론 환경보전 문제까지 해결하여야 하는 지속가능발전 문제라는 3차원의 문제해결 능력을 요구하고 있다.

이제 지속가능발전은 여러 가지 발전전략의 하나로 선택하는 차원이 아니라 발전전략의 새로운 패러다임으로 자리 잡아 필수적으로 실현하여야 할 21세기의 과제이다. 20세기가 '노동절약적 기술(labor－saving technologies)'의 세기였다면, 21세기는 '생태절약적 혁신(eco－saving innovation)'의 세기가 될 것이다.

제 2 절 지속가능발전 개념의 형성

서구 선진국에서 급속한 산업화의 부작용으로 환경문제가 지역과 국경을 넘어 지구 차원의 문제로 확산되면서 1972년 로마클럽의 지구환경 보고서였던 『성장의 한계(*The Limits to Growth*)』를 계기로 지구환경에 대한 위기의식이 고조되기 시작하였다(Meadows et al., 1972). 그 해 UN은 스웨덴의 스톡홀름에서 'UN인간환경회의(UNCHE)'를 개최하여 심화되고 있는 지구 환경문제에 대한 범세계적 대응과 국제적 협력을 위한 노력을 시작하였다. '지속가능발전(sustainable development)'이라는 용어는 '세계환경 · 개발위원회(WCED)'가 1987년에 브룬틀란트 보고서로 발표한 『우리 공동의 미래(*Our Common Future*)』에서 그 개념에 대하여 "미래 세대의 욕구를 충족시킬 수 있는 능력을 저해하지 않으면서 현재 세대의 욕구를 충족시키는 발전(development that meets the needs of the present without compromising the ability of future generations to meet their own needs)"이라고 정의하면서 본격적으로 사용하기 시작하였다.[1]

1992년 6월에 지속가능발전을 범세계적으로 실현하기 위한 국제회의인 'UN환경개발회의(UNCED)'가 브라질 리우데자네이루에서 개최되어 '환경적으로 건전하고 지속가능한 개발(ESSD)'이라는 개념이 널리 사용되었다. 이 회의에서는 개발과 보전의 조화를 지향하는 것이 지속가능발전의 의미로 이해되었다. 그리고 2002년 8월 남아프리카공화국 요하네스버그에서 '지속가능발전세계정상회의(WSSD)'가 열려 '지속가능발전'이라는 개념이 환경 · 경제 · 사회부문 간의 균형과 조화라는 관점에서 21세기 인류의 보편적인 발전전략을 함축하는 핵심 개념으로 자리 잡게 된 것이다.[2]

이후 지속가능발전을 위한 구체적인 목표와 방법들을 도출해 내고자 하는 국제적 논의와 노력의 결과 2015년 9월 25일 뉴욕에서 개최된 유엔총회(지속가능발전정상회의)에서 2030년까지 모든 회원국이 달성하여야 할 지속가능발전목표(Sustainable Development Goals: SDGs)를 담은 문서로서 「우리가 사는 세계의 변혁: 지속가능발전을 위한 2030 의제(Transforming Our World: The 2030 Agenda for Sustainable Development)」를 채택하여 선포함으로써 각 나라별로 중앙정부는 물론 지방정부 차원에서 SDGs 2030 계획을 수립하여 이행하고 있다.[3] 「유엔 SDGs 2030」은 인간(People), 지구(Planet), 번영(Prosperity), 평화(Peace), 협력(Partnership)이라는 5P의 가치를 구현하기 위한 17개의 목표(goals), 169개의 세부 목표

---

1) 『우리 공동의 미래』에서 사용하고 있는 '지속가능발전'의 의미에 대하여 그 엄밀성을 비판하는 논문으로 이홍균(2000)을 들 수 있는데, '지속가능성' 개념을 '지속가능발전' 개념보다 상위 개념으로 설정하고 있다.

2) 세계 각국의 중앙정부 및 지방자치단체 대표, 기업, NGO, 전문가 등이 함께 모인 이 회의의 슬로건은 "인간, 지구, 번영(People, Planet and Prosperity)"이었는데, 이는 각각 사회통합, 환경보호, 경제성장이라는 지속가능발전의 3대 축을 상징한 것으로 해석된다.

3) UN 「SDGs 2030」은 2016년부터 2030년까지 모든 나라가 공동으로 추진해 나갈 목표로서, 2000년부터 2015년까지 추진해 온 "새천년개발목표(Millenium Development Goals: MDGs)"의 후속 사업 성격을 지니고 있다. MDGs는 8개의 목표와 21개의 세부 목표로 구성되어 있으며, 주로 개발도상국의 사회 분야 개발에 중점을 둔 정부 중심의 의제로서 전 세계적인 주목을 받지 못하고 기대하는 성과를 거두지 못하였다는 평가를 받았다.

(targets), 230개의 지표(indicators)를 담고 있다. SDGs 2030은 보편성, 통합성, 변혁성이라는 세 가지의 특성을 가지고 있는데, 보편성이라 함은 모든 국가, 모든 규모의 도시와 농촌, 모든 사람에게 적용하며, 통합성이라 함은 각 목표, 세부 목표, 지표들 간의 상호연계 및 목표와 이행수단 간의 통합을 의미하며, 변혁성이라 함은 2030년까지 목표 달성을 위한 적극적인 변화의 노력이 요구됨을 의미한다(이창우, 2016: 15). 유엔 지속가능발전목표(UN SDGs)에 담긴 5P의 가치는 <표 1-2>에 제시한 바와 같으며, 17개의 목표는 [그림 1-2]와 같다.

표 1-2 지속가능발전을 위한 2030 의제의 5P

5P	내용
인간 (People)	우리는 모든 형태와 차원의 빈곤과 기아를 종식하고, 모든 인간이 품위 있고 평등하게 건강한 환경에서 자신의 잠재력을 실현할 수 있도록 보장할 것을 결의한다.
지구 (Planet)	우리는 지속가능한 소비와 생산, 천연자원의 지속가능한 관리, 기후변화에 대한 시급한 조치 등을 통하여 지구가 황폐화되는 것을 막고, 그리하여 현재와 미래 세대의 필요에 부응할 수 있도록 결의한다.
번영 (Prosperity)	우리는 모든 인간이 풍요롭고 만족스러운 삶을 누릴 수 있고, 자연과의 조화 속에서 경제적 · 사회적 · 기술적 진보가 이루어지도록 보장할 것을 결의한다.
평화 (Peace)	우리는 공포와 폭력이 없는, 평화롭고 공정하여 포용적인 사회를 조성할 것을 결의한다. 평화 없이 지속가능발전은 있을 수 없고, 지속가능발전 없이 평화가 있을 수 없다.
협력 (Partnership)	우리는 강력한 글로벌 연대의 정신에 기초하고, 특히 가장 가난하고 취약한 계층의 요구에 초점을 맞추며, 모든 국가 · 이해관계자 · 사람들이 참여하는 가운데, 지속가능발전을 위한 글로벌 협력의 재활성화를 통하여 이 의제의 이행에 필요한 수단들을 동원할 것을 결의한다.

그림 1-2 유엔 지속가능발전목표(UN SDGs)

목표 1: 모든 형태의 빈곤을 모든 지역에서 종식시킨다.
목표 2: 기아를 종식하고, 식량안보 및 영양 개선과 지속가능한 농업을 증진한다.
목표 3: 모든 세대 모든 사람의 건강한 삶을 보장하고 복지를 증진한다.
목표 4: 모두를 위한 포용적이고 공평한 양질의 교육을 보장하고 평생학습 기회를 증진한다.
목표 5: 성평등을 달성하고 모든 여성·여아의 역량을 강화한다.
목표 6: 모두를 위한 물과 위생시설의 접근성을 확보하고 지속가능한 관리를 보장한다.
목표 7: 모두를 위한 적정가격의 지속가능한 현대적 에너지의 접근을 보장한다.
목표 8: 지속되고 포용적이며 지속가능한 경제성장을 촉진하며, 생산적 완전고용과 양질의 일자리를 증진한다.
목표 9: 회복력 높은 사회기반시설을 구축하고, 포용적이고 지속가능한 산업화를 촉진하며, 혁신을 장려한다.
목표 10: 국가 내·국가 간 불평등을 완화한다.
목표 11: 포용적이고 안전하며 회복력 있는 지속가능한 도시와 인간 거주지를 조성한다.
목표 12: 지속가능한 소비와 생산양식을 확립한다.
목표 13: 기후변화와 그 영향에 대처하는 즉시적인 행동을 취한다.
목표 14: 지속가능발전을 위한 대양·바다·해양자원을 보호하고 지속가능하게 이용한다.
목표 15: 육상생태계의 보호와 복구 및 지속가능한 이용, 산림의 지속가능한 관리, 사막화 대처, 토지 황폐화 중단 및 회복, 생물다양성 손실 방지 노력을 한다.
목표 16: 지속가능발전을 위한 평화적이고 포용적인 사회를 증진하고, 모두가 접근할 수 있는 정의로운 사법제도, 모든 수준에서 효과적이고 책무성이 있으며 포용적인 제도를 구축한다.
목표 17: 지속가능발전을 위한 글로벌 파트너십을 이행하고 재활성화하는 수단을 강화한다.

그동안 1972년의 유엔인간환경회의(UNCHE)를 계기로 하여 40여 년에 걸쳐 환경문제에 대한 인식을 출발점으로 하여 추상적 수준의 지속가능발전이라는 개념이 형성되고 2015년에 구체적인 지속가능발전목표(SDGs)가 채택되기까지의 과정을 요약하면 [그림 1-3]과 같다.

그림 1-3 지속가능발전의 개념화 과정

문제 인식		인식 확산		추상적 개념		개념의 구체화
1972년 스톡홀름 UNCHE **인간환경** (환경)	⇒	1992년 리우데자네이루 UNCED **환경과 개발** (환경+경제)	⇒	2002년 요하네스버그 WSSD **지속가능발전** (환경+경제+사회)	⇒	2015년 유엔총회 SDGs **지속가능발전목표** (5P 17개 목표)

본질적으로 지속가능발전은 '환경친화적 발전(eco-development)'을 의미한다. 환경친화적 발전모델은 경제개발 우선주의적 성장모델의 반명제로 제기된 것으로서, 인간과 자연 간의 조화와 균형 회복에 중점을 두고 있다. 그리고 지속가능발전을 위해서는 환경, 사회, 경제라는 세 가지 요소가 상호 분리될 수 없기 때문에 체제 각 부문의 효율적이고도 유기적인 조화가 이루어져야 하는데, 이는 각 하위 체계의 다음과 같은 요건들을 필요로 한다. 첫째로 정치체제는 의사결정 과정에서 효과적 주민 참여를 보장하여야 하고, 둘째로 경제체제는 스스로의 힘으로 유지될 수 있도록 잉여물을 산출하고 기술 축적을 이룰 수 있어야 한다. 셋째로 사회체제는 불균형 성장의 결과로 제기되는 긴장과 마찰에 대한 해결책을 제시할 수 있어야 하며, 넷째로 생산체제는 성장을 위하여 생태계 자원을 보호하여야 하는 의무를 준수하여야 한다. 다섯째로 과학기술체제는 제기되는 문제에 대한 새로운 해결방안을 끊임없이 연구할 수 있어야 하며, 여섯째로 국제협력체제는 지속가능한 교역과 자본 공급의 패턴을 발전시켜 나가야 하며, 끝으로 행정체제는 부단히 스스로의 취약점을 개선해 나가는 능력과 유연성을 겸비하여야 한다는 것이다(WCED, 1987: 65).

지속가능발전이란 앞에서 언급한 WCED의 보고서에서 정의하였듯이 미래 세대를 배려하는 정신에 기초하고 있다. 현세대의 자원과 환경의 개발이 과도하게 이루어져 미래 세대의 후생을 위협하지 않도록 진행되는 개발을 의미하며, 정치 · 경제 · 사회 · 문화 등 전 분야에 걸쳐 정책 수립 시 반드시 고려하여야 할 기초 개념이 되고 있다. 지속가능발전은 현재 세대가 미래 세대의 지구를 위한 파수꾼으로 행동하는 절대적 당위성에 대한 신념의 표현으로 이해되고 있는 것이다.

비슷한 맥락에서 1990년 창립한 '지속가능성을 위한 세계지방정부 이클레이(Local Governments for Sustainability ICLEI)'의 개념 정의에 따르면 지속가능발전의 핵심적 의미는 발전이 이루어지되 환경용량(environmental capacity)을 초과하지 않는 범위 내에서, 즉 생태계가 지탱해 줄 수 있는 한도 내에서 이루어져야 한다는 것인데, 이는 개발에 앞서 환경보전이 우선적으로 고려되어야 하는 것으로 해석된다.

나아가서 지속가능발전은 단순히 환경문제 내지 환경정책과 관련된 개념으로만 인식하는 논의에서 벗어나 경제·사회정책의 목표를 포괄하면서 평화, 자유, 정의, 민주주의, 협치 등과 같이 사회 전체를 관통하고 있는 5P의 '이념'으로 이해되고 있다. 이러한 이념과 가치를 17개의 목표로 구체화한 것이 2015년 유엔이 채택한 SDGs인 것이다.

제 3 절 지속가능발전 의미의 다양성

지속가능발전에 관한 본격적인 논의는 1970년대 후반 유엔환경계획(UNEP)과 세계야생동물기금(WWF)의 재정 지원으로 국제자연보호연맹(IUCN)이 발간한 『세계보전전략(*The World Conservation Strategy*)』이라는 보고서로부터 이루어졌다. 이 보고서를 토대로 1987년 세계환경·개발위원회(WCED)가 발간한 『우리 공동의 미래(*Our Common Future*)』에서 지속가능발전의 개념이 정의되면서 활발한 논의가 이루어지기 시작하였지만, 개념에 관한 아이디어의 기원은 훨씬 더 이전으로 거슬러 올라가 생태학적 사고에 바탕은 둔 자연보전운동으로부터 찾을 수 있다.[4] 애덤스(Adams, 2001)는 지속가능발전의 의미에 관한 논의의 기원과 다양한

표 1-3 지속가능발전에 대한 사상적 입장

주류적 사고	반주류적 사고
• 시장환경주의, 생태적 근대화론, 환경 포퓰리즘	• 신맬더스주의, 급진적 비판주의, 생태사회주의 생태무정부주의, 심층생태주의, 생태여성주의
• SD는 지배적인 자본주의적 산업화론과 개발주의 안에 흐르고 있지, 그에 도전하는 것이 아니라고 봄(급진주의적이라기보다 개혁주의적 성향).	• SD는 근본적으로 생태계의 법칙 안에서 생태적 지속가능성을 근간으로 하여 실현 가능하다고 봄 (근본주의와 급진주의의 성향).
• 정부와 기업을 중심으로 채택된 사고로서, '경제적' 지속가능성에 초점을 맞춤.	• 환경전문가 및 환경운동가들이 주도하여, '생태적·사회적' 지속가능성에 중점을 둠.

4) 애덤스(W. M. Adams)는 그의 저서 *Green Development*(2001) 제2장에서 지속가능발전에 관한 논의의 기원을 설명하고, 제3장에서는 지속가능발전 개념이 환경주의와 생태학의 기초 위에서 형성되고 발전되어 온 과정을 상세히 설명하고 있다.

입장들을 정리하고 있는데, 여러 사상적 입장을 주류적 사고(mainstream)와 반주류적 사고(countercurrents)로 나누어 설명하고 있다. 그가 분류한 지속가능발전에 관한 사상적 입장들을 정리하면 앞의 <표 1-3>과 같다.

1. 현실로서 주류적 사고

주류지속가능발전론(MSD)은 지배적인 산업화론자들과 개발주의로 부르는 근대화론자들의 이데올로기를 공유하는 것으로서, 시장환경주의와 생태적 근대화론, 그리고 환경 포퓰리즘을 포함하고 있다(Adams, 2001: 102-104). 주류적 사고에 기초한 지속가능발전은 혁신적 사고, 경제와 환경의 상생, 전통적 정치·행정 이념과의 조화, 경제·사회·환경의 결합 등을 중시한다. 이러한 입장의 핵심은 절반 수준의 자원을 투입하면서 두 배의 산출을 얻을 수 있다는 '네 배의 공식(factor four formular)'의 실현이며, 이는 생태적 효율성(ecological efficiency)의 달성을 의미한다.

주류적 사고는 우선 발전에 대한 혁신적이고 개혁주의적(reformist) 사고를 견지하는 것으로서, 지속가능발전의 사고는 지배적인 자본주의적 산업화론과 개발주의 안에 흐르고 있는 것이지 그에 도전하는 것이 아니며, 방법과 우선순위에 문제를 제기하는 것으로 본다. 따라서 경제와 환경의 상생 논리를 강조함으로써 자본주의 시장경제체제의 녹색화, 정부와 기업의 환경정책과 환경경영 강화 논리를 강조한다.

이러한 맥락에서 주류적 사고는 전통적인 정치·행정적 사고의 범주 안에서 논의되고 수용할 수 있는 입장이다. 산업화된 국가들에게 새로 제기된 지구환경 변화의 문제는 부(wealth)와 복지(welfare)에 대한 심각한 위협으로 받아들여지고 있는데, 급진적 변화를 요구하지 않는 '지속가능발전'의 주류적 이념 지향을 잠재적 해결책으로 인식하고 있는 것이다.

주류적 사고의 핵심은 경제, 사회, 환경의 지속가능성을 상호 결합하는 것이다. 전통적인 발전전략은 경제적으로 효율적인 생산과 공평한 배분을 결합시키는 데에 초점을 맞추었으나, 지속가능한 발전전략은 전통적 개념에 환경체계의 질과 용량

그림 1-4 지속가능발전의 경제 · 사회 · 환경 3자간 통합모형

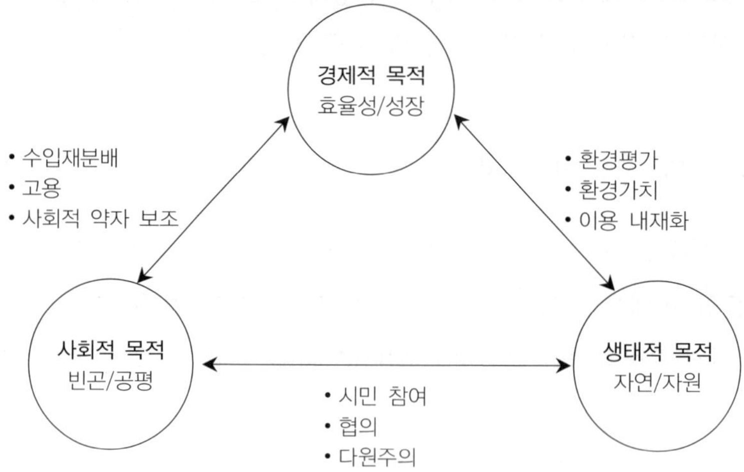

출처: Adams(2001: 128).

을 유지하는 것을 덧붙인 것이다. [그림 1-4]는 주류적 사고의 지속가능발전 개념을 함축적으로 잘 보여주고 있다.

지속가능발전에 관한 주류적 사고(MSD)의 첫 번째 입장은 시장환경주의(market environmentalism)이다(Adams, 2001: 104-109). 이는 본질적으로 인간중심주의적이고, 산업화된 북반구의 기존 경제 패러다임 안에 놓여 있다. 시장환경주의는 공리주의적, 산업주의적, 인간중심주의적 사고의 결합체로서, 시장을 사람들 간의 조정이나 사람과 환경 간의 상호작용을 규제하는 가장 중요한 기제로 인식하고 있다. 시장 교환이 환경에 더 깊숙이 침투할수록 환경관리의 효율성이 더 커진다고 보아 시장 원리의 충실한 적용을 통하여 자연자원과 환경자원의 효율적 이용이 이루어질 수 있다고 주장한다. 자원이 희소하면 가격이 상승하고 사람들은 저렴한 자원이나 효과적인 자원 사용 방법을 찾고자 혁신할 것이며, 그 결과 자원절약적이고 환경친화적인 사회체제가 될 수 있을 것으로 보는 것이다. 배출권거래제와 같이 환경문제에 대한 시장 기반의 접근방법이 산업화된 국가들과 국제환경 레짐에서 표준으로 자리 잡고 있다. 자유시장, 성장의 지속, 기술의 적용을 중요시하고, 국가 또는 국제기구들에 의한 자본주의 시장에 대한 규제는 지구를 깨끗하게 하고

'녹색화'하는 과업으로서 허용되어야 한다고 본다. 요컨대, 지속가능발전의 주류적 사고를 보여주는 시장환경주의는 선진 산업국가의 경제적 패러다임에 기초를 두고 현존 체제의 부분적 개선을 통하여 친환경 경제체제를 구축함으로써 지속가능발전이 실현 가능하다고 보는 입장이다.

주류적 사고(MSD)의 두 번째 입장은 생태적 근대화론(ecological modernization)이다(Adams, 2001: 110-113). 본질적으로 기술중심주의적(technocentrist) 사고에 가깝고, 자본주의 안에서 생태적 합리화를 심화시키는 생태자본주의(eco-capitalism), 즉 환경의 합리적 이용과 관리를 강조하는 입장이다. 이러한 입장은 환경을 관리하고 통제하기 위하여 좀 더 효과적인 제도와 함께 합리적이고 기술적인 해결책을 찾고자 한다. 환경문제는 사회적으로 최적의 방법으로 관리될 수 없고, 너무 많은 시장의 불완전성이 존재하기 때문에 규제되지 않는 시장에 의존할 수 없다고 본다. 생태적 근대화론은 기업의 윤리와 목표를 녹색화(greening)하는 것이며, 자본주의적 근대화의 자기수정적 잠재력을 믿는 개혁주의적 입장이다. 이는 환경주의자들의 급진적 비판에 대한 정치적 적응의 전략인 한편, 전통적 성장모델에 대한 조정전략이라 할 수 있다. 생태적 근대화론자들은 생태적 위기가 기술적·절차적 혁신에 의하여 극복될 수 있다는 믿음을 갖고 있다. 생태적 효율성(ecological efficiency), 즉 자원을 덜 사용하면서 더 많은 부를 창출할 수 있는 혁신을 활용하도록 하는 강력한 유인책을 강조한다. 생태적 효율성을 추구하는 이유는 삶의 질을 향상시키고, 환경을 덜 오염시키고 자원을 덜 고갈시키며, 환경비용을 오염행위자들에게 내부화시킬 수 있고, 시장 기능을 통하여 자원효율성을 달성할 수 있기 때문이라고 본다. 환경을 이용할 때 더욱 '합리적인' 계획, 관리, 규제를 하면서 개선해 가고자 하는 노력이 요구된다고 보며, 여기서는 특히 정부, 기업, 시민 간의 파트너십과 거버넌스가 중요하다는 입장을 보인다.

주류적 사고(MSD)의 세 번째 입장은 환경 포퓰리즘(environmental populism)이다(Adams, 2001: 114-117). 이러한 입장은 보통사람들의 참여에 의한 환경문제 해결을 강조하는 것으로, 관료제의 분권화, 지방 수준의 지속가능발전 실현, 자립과 자족, 기본적인 인간 욕구의 충족, 대중의 참여, 공평한 분배 등을 중요시한다. 이는 지방의 참여와 밑으로부터의 발전이 필요하다는 입장으로서 참여에 의한 계회과 풀뿌리 NGO의 활동들을 중요시한다. 요컨대, 환경 포퓰리즘은 지역공동체(community)와 풀뿌리조직의 자치력 강화를 통한 지속가능발전 실현이 필요하다고 보는 입장이다.

2. 이상으로서 반주류적 사고

반주류지속가능발전론(CSD)은 발전에 대한 급진주의적 사고를 함축하고 있다. 자본주의와 개발주의의 부정을 통한 지속가능발전 실현 전략으로서 생태중심주의 내지 환경우선주의의 논리를 바탕으로 한다. 반주류적 사고는 시민사회의 환경운동 강화를 중요한 요건으로 생각하고, 기존의 정치 · 경제 · 사회체제에 대한 근본적 변혁을 요구하기 때문에 정치적 · 행정적으로 수용하기 부담스러운 입장이다. 지속가능발전에 관한 이상주의적 사고들로서 현실적인 정책으로 채택하기 어려운 입장을 취하지만, 주류적 사고를 보완하는 방안으로 이해하고 활용하고자 하는 측면에서 이들의 주장에 관심을 기울일 필요가 있다.

지속가능발전에 관한 반주류적 사고(CSD)의 첫 번째 입장은 신맬더스주의(neo－Malthusianism)이다(Adams, 2001: 142－148). 이는 성장의 한계, 수용 능력, 구명선 윤리 등을 중심 개념으로 삼는다. 신맬더스주의적 사고는 인구증가 문제를 지속가능발전의 심각한 저해 요소로 보아 경제적 성장의 한계가 불가피하다는 입장을 보이기 때문에 기업가, 정치인, 정책결정자들에게는 매력적이지 못한 면을 담고 있다.

반주류적 사고(CSD)의 두 번째 입장은 급진적 생태주의(radical ecologism)이다(Adams, 2001: 148－153). 인간중심주의를 거부하고 지속가능발전에 대한 주류적 사고의 가정들에 근본적으로 도전한다. 급진적 녹색(radical green)으로 불리는 이 입장은 전통적인 발전 방식에 대한 비판을 통하여 자본주의가 진정한 발전을 이룰 수 있을 것이라는 가능성을 거부한다. 급진적 생태주의는 내생적 발전의 네 가지 녹색 원칙(green principles)으로 공동체주의, 자기의존성, 사회적 정의, 생태적 균형 등을 강조한다.

반주류적 사고(CSD)의 세 번째 입장은 생태사회주의(eco－socialism)이다(Adams,

2001: 153－159). '녹색' 사고와 '적색' 사고를 결합시켜 생태중심주의와 반자본주의를 강조하는 것이 생태사회주의이다. 생태 중심적 사고는 근원적으로 반자본주의적이기 때문에 미래에 대한 환경주의자들의 전망은 사회주의 전통 안의 분권주의, 공동체주의, 유토피아적 사회주의라는 공통의 기반을 형성하고 있다. 마르크시즘의 관점에서 자본주의 체제는 지속 불가능한 것이라고 보며, 생태사회주의자들은 자본주의가 근원적으로 환경친화적이지 않다고 보는 것이다.

반주류적 사고(CSD)에 포함되는 네 번째 입장은 생태무정부주의(ecoanarchism)이다(Adams, 2001: 159－164). 이는 사람들 간 위계와 지배의 구조로 이루어진 국가나 다른 조직들의 착취가 없다면 환경문제가 일어나지 않을 것이라는 믿음에 바탕을 두고 있다. 중앙집권적 국가, 불평등한 경제적 관계, 강성 기술과 군사주의 등은 서로 긴밀한 연계성을 가지면서 환경적으로 위험한 동태적 관계를 유지한다고 본다. 분권주의, 참여적 민주주의, 자기충족성, 평등주의, 대안적 연성기술, 평화주의, 국제주의 등은 서로 긴밀한 관계 속에서 환경적으로 건전한 속성을 지니고 있다고 보는 것이 생태무정부주의 입장이다.

이상과 같이 지속가능발전의 의미에 대한 다양한 입장들에서 볼 수 있듯이 지속

그림 1-5 지속가능발전의 세 차원과 담론 유형

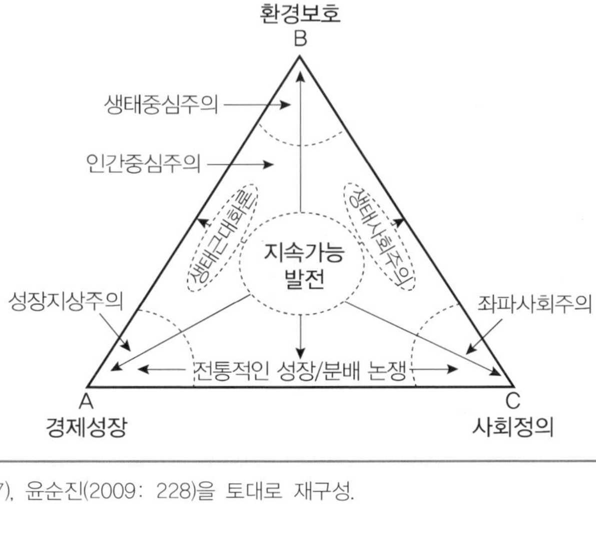

출처: Connelly(2007), 윤순진(2009: 228)을 토대로 재구성.

가능발전의 의미는 매우 넓은 스펙트럼으로 해석될 수 있는데, 주류적 사고를 대표하는 생태근대화론적 입장은 환경보호와 경제성장 간의 선순환관계를 중요시하는 반면, 반주류적 사고를 대표하는 생태사회주의적 입장은 환경보호와 사회정의 간의 균형점을 찾는 데 중점을 두고 있다. 애덤스와 비슷하게 코넬리(Connelly, 2007)는 지속가능발전의 세 차원(환경보호, 경제성장, 사회정의) 중 무엇을 강조하느냐에 따라 입장이 달라질 수 있다고 보면서 다양한 담론들을 유형화하고 있는데, 이러한 지속가능발전 담론의 유형을 앞의 [그림 1-5]와 같이 나타낼 수 있다. 나아가서 지속가능발전의 다양한 의미들은 녹색성장의 개념과 연계시켜 이해하고자 할 때 그 개념적 위상이 좀 더 명확히 드러날 것이다.

3. 지속가능발전 의미에 대한 해석과 이해

지속가능발전 개념의 의미는 약한 생태주의 관점으로부터 강한 생태주의 관점으로 변화하는 모습을 보여주고 있다. [그림 1-6]에서 왼쪽 그림은 경제, 사회, 환경부문 간의 균형과 조화를 강조하는 것으로서, 생태적 관점에서 볼 때 약한 수준의 지속가능발전의 의미를 함축하고 있다. 가운데 그림은 정부의 정책 영역 간의 관계를 설정하면서 발전시킨 것으로서, 경제성장과 환경보전, 그리고 사회통합을 동시에 고려하고 실현하고자 하는 정책 비전의 차원에서 지속가능발전의 의미

그림 1-6 지속가능발전 개념도의 변화

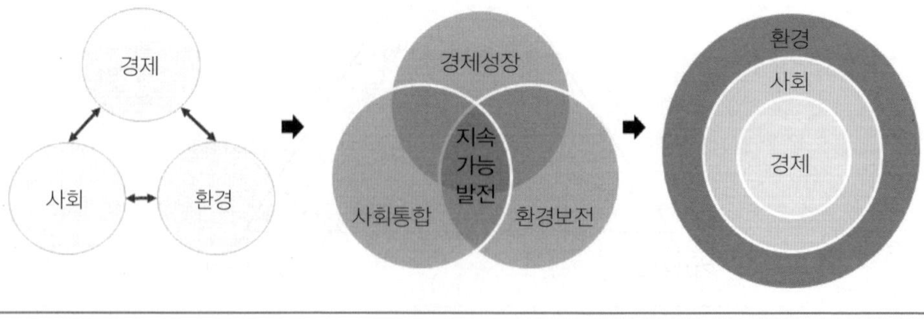

출처: 서울특별시(2016: 150).

를 찾고 있다. 오른쪽 개념도는 가장 진화된 형태로서, 경제활동이란 인간 사회의 다양한 활동의 하나로 인간사회의 질서를 벗어날 수 없으며, 인간 사회란 다양한 지구생태계의 하나로 지구생태계가 유지되고 작동되는 원리를 거스를 수 없다는 입장에서 생태계가 지탱해 주는 토대 위에서 사회체계가 존립할 수 있고, 그 위에서 경제활동이 가능하다고 보는 강한 생태주의의 관점을 잘 나타내고 있다.

한편, 지속가능발전의 의미를 이해하고 사용하는 데 적지 않은 사람들이 범하고 있는 가장 심각한 오류는 '지속가능한(sustainable)' 발전의 개념을 '지속적인(continuous)' 발전의 개념과 동의어 내지 혼용해서 사용하고 있다는 점이다. 여기서 유의하여야 할 점은 '지속가능한'이라는 말의 어원적 의미는 시간적 지속성을 뜻하는 것이 아니라 시스템적 관점에서 생태계가 인간의 사회체계와 경제활동체계를 지탱해 줄 수 있는 능력 범위의 의미를 담고 있다. [그림 1-7]에서 보듯이 '지속가능한' 발전은 지구 시스템에서 생태계가 지탱해 주는 범위 안에서 인간의 사회활동과 경제활동이 가능하다는 사실을 강조하는 발전의 개념인 반면, '지속적' 발전은 자원의 무한한 이용가능성을 전제로 시간적으로 단절되지 않고 발전이 계속 이루어질 수 있다는 믿음을 반영하는 개념인 것이다.

따라서 '지속가능한' 발전은 『성장의 한계』에서 시사하듯이 지구의 생태계가 지탱해 줄 수 있는 환경 요소와 자원의 유한한 범위 내에서 다음 세대의 기회까지 고려하는 발전을 추구하는 것인 반면, '지속적인' 발전은 환경의 용량을 고려하지

그림 1-7 **'지속가능' 발전과 '지속적' 발전의 개념적 차이**

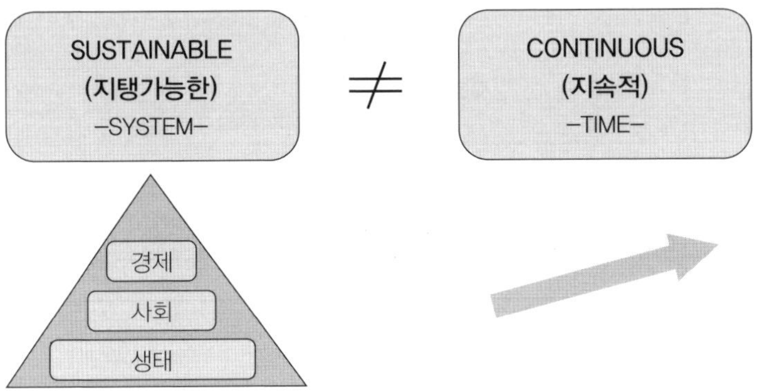

않고 자원의 무한한 공급을 전제로 현재의 세대가 원하는 만큼 무한 성장을 추구하는 것이라고 할 수 있다.

제 4 절 지속가능발전과 녹색성장의 관계

지속가능발전의 개념과 밀접한 관계를 갖는 개념이 녹색성장(green growth) 개념이다. 녹색성장 개념은 이명박 정부에서 지속가능발전 개념의 추상성을 극복하고 구체적이고 실용주의적인 정책으로 대체 내지 전환하는 과정에서 강조되었다. 녹색성장 개념의 본질적 성격과 정책적 시사점을 이해하기 위하여는 지속가능발전 개념과의 관계 속에서 논의할 필요가 있다. 녹색성장과 지속가능발전 양자 간의 관계에 대하여 다양한 의견들이 존재하지만,[5] 여러 가지 논의 내용들을 종합하여

표 1-4 지속가능발전과 녹색성장의 비교

구분	지속가능발전	녹색성장
성격	규범적 성격 강함.	규범적 요소 미흡
개념 위상	궁극적 목표 개념적 추상성이 강함.	전략적 수단 개념적 구체성이 강함.
목표	인류사회의 지속성	경제성장의 지속성
성과 지표	환경·자원의 지속가능성 경제·산업의 지속가능성 사회통합과 공동체의 지속가능성	기후변화 대응·적응 친환경 산업·경제 발전 환경기술 기반 고용·소득
포괄 범위	환경부문, 경제부문, 사회부문 3자간의 통합과 균형(3차원적 개념)	경제와 환경의 균형과 조화(2차원적 개념)
실현 전략	환경을 우선적으로 고려하는 경제활동과 사회적 상호작용에 중점을 둠.	환경 요소(기술, 산업, 자원, 역량)를 성장의 새로운 동력으로 활용함.
대상	전 세계 국가	아·태지역 국가
태동	1987년 WCED의 브룬틀란트 보고서 『*Our Common Future*』	2005년 UN 제5차 아·태 환경개발 장관회의
기구	UNCSD	UNESCAP

출처: 지식경제부(2008), 박준우(2012)를 토대로 저자가 수정·보완함.

5) 녹색성장 개념은 보는 시각에 따라 다양하게 정의되고 있어 합일점을 찾기가 쉽지 않다. 녹색성

연구자 나름대로 그 관계를 비교해 보면 <표 1-4>와 같이 정리할 수 있는데, 구체적으로 살펴보면 다음과 같다.

첫째, 개념의 성격 측면에서 볼 때 지속가능발전은 규범적 성격이 강한 반면, 녹색성장은 규범적 요소가 미약하다. 지속가능발전은 근원적으로 가치와 세계관에 관한 정치적 결정을 포함함으로써 다양한 경제·사회·환경적 목표들을 조정하는 규범적 기능을 갖는다. 반면에 녹색성장은 전체적으로 볼 때 아직 기후변화에 대응하는 시장과 공동체의 규범으로까지 발전하지 못하였다는 측면에서 정부의 정책 수준에 머물러 있다(전재경, 2009).

둘째, 개념의 위상 측면에서 볼 때 지속가능발전은 우리가 희망하는 궁극적 목표로 설정하는 개념인 반면, 녹색성장은 이러한 목표를 달성하기 위한 전략적 수단의 하나로 이해되는 개념이다. 따라서 지속가능발전은 다소 추상성이 강한 개념인 반면, 녹색성장은 구체성이 강한 개념으로서 정부정책이나 기업경영의 실질적인 과제들로 실행력을 갖는 개념이라고 할 수 있다.

셋째, 지향하는 목표 측면에서 볼 때 지속가능발전은 인류사회의 지속성을 추구하는 반면, 녹색성장은 경제성장의 지속성을 추구하는 개념으로 구별한다(박준우,

그림 1-8 지속가능발전과 녹색성장의 개념

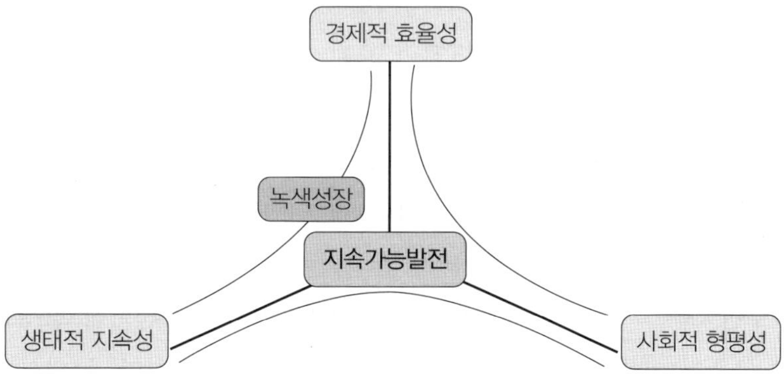

장이 무늬만 녹색이지 기존의 경제성장 정책과 다를 바 없어 지속가능발전의 후퇴라는 시각에서부터 지속가능발전과 유사한 의미로 확대 해석하는 시각 등 양극단 사이에 다양한 입장의 스펙트럼이 존재한다(서혜미·문태훈, 2010: 57).

2012: 46). 지속가능발전이 좀 더 거시적이고 포괄적인 목표를 지향하는 반면, 녹색성장은 좀 더 구체적이고 가시적인 목표를 지향하는 것으로 이해할 수 있다.

넷째, 성과지표와 포괄 범위 측면에서 볼 때 앞의 [그림 1-8]에서 볼 수 있듯이 지속가능발전은 환경적 · 사회적 · 경제적 지속가능성을 포괄하며 세 부문 간의 통합과 균형을 추구하는 3차원적 개념인 반면, 녹색성장은 기후변화 대응과 친환경 산업 · 경제성장에 초점을 맞추면서 환경과 경제의 균형과 조화를 추구하는 2차원적 개념이라 할 수 있다(박준우, 2012: 46).

다섯째, 실현전략 측면에서 보면 지속가능발전은 환경을 우선적으로 고려하는 경제활동과 사회적 상호작용을 중요시하는 반면, 녹색성장은 경제성장의 새로운 동력으로 환경 요소(기술, 산업, 자원, 역량)를 활용하는 데 중점을 두는 개념이다. 이러한 관점에서 녹색성장 정책은 지속가능발전을 위한 노력의 하나로서 환경과 경제의 상생을 추구하는 정책수단적 성격을 가진 것으로 이해할 수 있다(서혜미 · 문태훈, 2010: 59).

여섯째, 개념을 주도한 기구나 태동 배경을 보면 지속가능발전은 1987년 WCED의 브룬틀란트 보고서인 『우리 공동의 미래(*Our Common Future*)』에서 명확히 정의된 이후 UNCSD(유엔지속가능발전위원회)의 주도 하에 전 세계적으로 사용되어 온 개념인 반면, 녹색성장은 2005년 UN 제5차 아 · 태 환경개발 장관회의에서 주요 의제로 채택한 이후 UNESCAP(유엔아 · 태지역경제사회위원회)의 주도 하에 아 · 태지역 국가들에서 먼저 사용하면서 점점 선진국들로 확산되고 있는 개념이다(이연호, 2011).

결론적으로, 지속가능발전 개념은 녹색성장의 상위 개념으로서 미래 지향적 국가 발전의 거시적 비전과 방향을 설정하는 데 여전히 유용한 개념으로 받아들일 수 있는 한편, 녹색성장 개념은 지속가능발전이라는 거시 비전과 목표를 달성하기 위한 정책수단 내지 기후변화에 능동적으로 대응하면서 환경친화적 경제성장을 이루기 위한 구체적 이행전략의 하나로 받아들이는 것이 타당하다. 녹색성장은 지속가능발전의 필요조건이지만 충분조건이 될 수 없다는 사실에 대한 인식과 함께, 다소 추상적이고 규범적인 지속가능발전이라는 거시적 목표가 좀 더 구체적이고 전략적 성격을 가진 녹색성장 정책수단을 통하여 부분적이나마 좀 더 효과적으로 달성될 수 있을 것으로 기대한다. 그리고 무엇보다도 지속가능발전이나 녹색성장이라는 개념이 특정 정권의 정치적 이해관계에 따라 선택되거나 배제되는 정치적 상징전략의 희생물이 되어서는 안 되며, 각 개념이 지향하는 이념의 진정성과 본질을 왜곡시키지 않으면서 정책의 연속성과 책임성이 확보되어야 할 것이다.

참고 문헌

고재경(2012). Rio+20과 한국의 지속가능발전 과제. 「이슈&진단」 51. 경기개발연구원.

김병완(2004). 「지속가능한 지역발전을 위한 환경 거버넌스 구축방안 연구」. 환경부.

김병완(2005). 「환경정책의 논리와 실제」. 서울: 나남출판.

김병완(2007). 「지방지속가능발전 진단과 컨설팅 실시방안」. 대통령자문 지속가능발전위원회.

김병완(2008). 「시 · 도 공무원을 위한 지방지속가능발전 업무매뉴얼」. 국가지속가능발전위원회.

김병완(2012). 녹색성장과 지속가능발전의 관계에 관한 연구. 「한국거버넌스학회보」 제19권 제2호. 147-163.

박준우(2012). 지속가능발전과 녹색성장: 개념 정립과 향후 논의 방향. 「환경정책포럼 창립기념 세미나」. 41-48.

서울특별시(2016). 「서울시 지속가능성 평가체계 및 자치구 지속가능발전 추진모델 개발」.

서혜미 · 문태훈(2010). 녹색성장 프로그램의 성공요인 연구. 「환경정책」 18(1): 53-74.

윤순진(2009). '저탄소 녹색성장'의 이념적 기초와 실제. 「ECO」 13(1): 219-266.

이연호(2011). 아 · 태지역의 개발도상국과 녹색성장론: 녹색성장론의 정치경제적 등장 원인과 이론적 문제. 「국제정치논총」 51(4): 35-60.

이정전(1994). 「녹색경제학」. 서울: 한길사.

이창우(2016). 지속가능발전의 국제적 동향과 서울시 대응방안. 「2016 서울 지속가능발전 대토론회」. 3-21.

이홍균(2000). 지속가능한 발전 개념에 대한 비판: 열린 체계와 닫힌 체계. 「한국사회학」 34(겨울). 807-831.

전재경(2009). 지속가능발전과 녹색성장. 「서강법학」 11(2): 25-43.

정회성 · 변병설(2003). 「환경정책의 이해」. 서울: 박영사.

조명래(2009). 녹색성장과 녹색사회 구현. 「국토」 327: 62-70.
지식경제부(2008). 「지식 · 혁신주도형 녹색성장을 위한 산업발전전략」.
Adams, W. M. (2001). *Green Development.* 2nd ed. London: Routledge.
Cornnelly, S. (2007). Mapping Sustainable Development as a Contested Concept. *Local Environment: The International Journal of Justice and Sustainability* 21(3): 259-278.
Gardner, G. T. & Stern, P. C. (2002). *Environmental Problems and Human Behavior.* Boston: Pearson Custom Publishing.
IUCN(1980). *The World Conservation Strategy.* International Union for Conservation of Nature and Natural Resources, United Nations Environment Programme, World Wildlife Fund. Geneva.
Meadows, D. H. et al. (1972). *Limits to Growth.* New York: Universe Books.
Milbrath, L. (1989). *Envisioning a Sustainable Society.* New York: State University of New York Press.
Portney, K. E. (2003). *Taking Sustainable Cities Seriously.* Cambridge: The MIT Press.
Stern, N. H. (2007). *The Economics of Climate Change.* Cambridge: Cambridge University Press.
UN(2015). *Transforming Our World: The 2030 Agenda for Sustainable Development.*
UNESCAP(2006). *Green Growth at a Glance,* New York: UN Publications.
WCED(1987). *Our Common Future.* Oxford: Oxford University Press.

제 2 장

지속가능발전의 제도화와 조직화

제 1 절 지속가능발전 제도화와 조직화의 의의

어떤 추상적 가치나 이념이 국제사회의 규범이나 한 국가의 정책으로 자리 잡기 위해서는 제도화와 조직화가 요구된다. 제도화는 규범 및 가치가 정책으로 전환되어 지속적으로 운영되는 토대로 작용한다. 국제규범이나 가치의 제도화는 입법체계 마련이 필수적이다. 국가 법령체계가 마련되어야 실질적으로 정책 실행이 가능하기 때문이다. 국가 법령체계가 마련되었다면 실행을 위한 수단이 뒷받침되어야 하는데, 이러한 차원은 조직화에 관한 문제이다. 조직화는 일정한 질서를 갖고 문제해결 활동을 하게끔 조직기구를 구성하고, 역할 분담과 인적 자원의 배분에 관한 것이다.

그렇다면 한국에서 지속가능발전이라는 추상적 개념과 가치가 어떠한 과정을 통하여 제도화 및 조직화를 이루고, 그 결과 어떻게 정책으로 내재화될 수 있을까? 이에 대하여 다양한 관점에서 논의가 이루어지고 있지만(오수길 · 이창언, 2013; 오수길, 2016; 김병완, 2017), 이 장에서는 한국의 지속가능발전을 제도화와 조직화 차원에서 탐구하고자 한다. 먼저 지속가능발전의 제도적 차원은 국가의 공식적인 법령(조례)을 제도로 이해하고, 법령의 생성과 변화 과정을 분석한다. 이어 조직화 차원은 이러한 법령체계에서 지속가능발전을 추진하기 위하여 형성된 조직기구를 분석하여 본다. 마지막으로 법령체계와 조직체계의 분석을 토대로 한국의 지속가능발전 방향성에 관하여 논의한다.

제 2 절 지속가능발전의 제도화

1. 중앙정부 차원의 제도화: 법령 제정과 내용

1) 지속가능발전위원회규정(대통령령)

1992년 6월 브라질 리우 유엔환경개발회의(UNCED)에서 '환경적으로 건전하고 지속가능한 발전(ESSD)'이라는 이념을 채택하고, 지구온난화 방지를 위한 기후변화협약과 생물종의 감소를 막기 위한 생물다양성 협약, 지속가능발전의 이념을 실현하기 위하여 '의제21(Agenda21)' 작성 등을 채택하였다. 특히 각 국가 '의제21'의 내용을 추진하는 상황을 평가하고 촉진하기 위하여 유엔경제사회이사회 산하에 지속가능발전위원회 설치를 합의하였고, 각 회원국에 국가지속가능발전위원회(NCSD)의 설치를 권고하였다. 우리나라에서는 1999년 4월 시민단체, 언론, 학계, 경제계 등 각계각층에서 지속가능발전에 관한 국가기구 설치 필요성을 정부에 건의하였다(국가지속가능발전위원회, 2008: 13－15).

김대중정부는 2000년 6월 5일 '새천년 국가환경비전'을 발표하면서 국제사회가 공감하는 지속가능발전 원칙을 국정 운영의 기조로 삼았다. 김대중정부는 이를 위하여 대통령직속 자문기구로 정부, 산업체, 시민단체들이 참여하는 '지속가능발전위원회' 설립을 천명하고, 2000년 8월 5일 「지속가능발전위원회규정」(대통령령 제16946호)을 제정 공포하였다.[1] 이 규정은 "환경친화적이고 지속가능한 국가의 발전에 관하여 대통령의 자문에 응하기 위하여 대통령소속 하에 지속가능발전위원회를 둔다"라고 본 규정의 목적을 정하고, 다음과 같이 네 가지 기능을 설정하였다. ① 개발과 보전을 동시에 고려하여야 할 주요 정책 방향의 설정 및 계획의 수립에 관한 사항, ② 유엔환경개발회의에서 채택된 의제21의 실천계획 수립 및 시행에 관한 사항, ③ 기후변화협약 등 주요 국제환경협약의 국내 이행대책 및 대응전략에 관한 사항, ④ 기타 환경친화적이고 지속가능한 국가의 발전에 관하여 대통령이 자문을 구하는 사항 등이다(지속가능발전위원회규정, 대통령령 제16946호, 2000. 8.5).

「지속가능발전위원회규정」은 세 번의 개정으로 기능이 확대되었다. 2002년 6월 3일 관계행정기관장이 개발과 환경보전을 동시에 고려하여야 할 정책과 계획을 수립할 때 위원회에 통보하도록 하였다. 2003년 6월 25일에 경제 · 사회 · 환경을 통합하는 지속가능발전을 위하여 고려 사항을 추가하였고, 2003년 11월 11일에 지속가능한 국가 발전과 관련된 사회적 갈등 해결 사항이 추가되었다(지속가능발전위원회규정 제2조). 제도적 차원에서 지속가능발전의 출발은 「지속가능발전위원회규정」 제정에서 비롯되었다.

2) 「지속가능발전기본법」

국가 지속가능발전은 2007년 8월 「지속가능발전기본법」 제정(법률 제8612호, 2007. 8.3)으로 제도적 기반이 강화되었다. 「지속가능발전기본법」은 제1조에 지속가능발전을 이룩하고, 지속가능발전을 위한 국제사회의 노력에 동참하여 현재 세대와 미래 세대가 더 나은 삶의 질을 누릴 수 있도록 함을 목적으로 설정하였다. 이와 함께 지속가능발전을 "지속가능성[2]에 기초하여 경제의 성장, 사회의 안정과 통합 및

---

1) 「지속가능발전위원회규정」은 다음 내용을 포함하고 있었다. 대통령 자문기구인 지속가능발전위원회를 설치하고, 개발과 보전을 동시에 고려하여야 할 주요 정책 방향 설정, 국제환경협약에 대한 대응전략 등에 관한 자문을 수행하도록 하였다. 지속가능발전위원회는 35인 이내의 위원으로 구성하고, 위원의 임기 2년, 위원회 사무를 처리하기 위하여 사무기구를 두는 것이었다(대통령령 제16946호).

환경의 보전이 균형을 이루는 발전"으로 규정하였다(지속가능발전기본법 제2조).

「지속가능발전기본법」 제정은 지속가능발전에 관한 국가전략의 설정을 의미한다. 지속가능발전 핵심 내용을 보면, 「지속가능발전기본법」 제4조에서는 유엔환경개발회의 의제21, 요하네스버그 이행계획 등 지속가능발전에 관련된 국제적 합의를 성실히 이행하고, 국가의 지속가능발전을 촉진하기 위하여 20년을 단위로 국가지속가능발전 기본전략을 수립·추진한다고 규정하였다(지속가능발전기본법 제4조). 또한 각 지방정부가 지속가능발전위원회를 구성하고, 지방 지속가능발전 전략 및 이행계획을 수립·운영하는 방법으로 지속가능발전을 추진하도록 하였다(지속가능발전기본법 제5조). 각 지방정부가 지속가능발전을 추진하여 나갈 수 있는 근거와 방법을 제공한 것이다. 지속가능발전위원회에서 추진하여 왔던 중장기기본계획에 대한 지속가능성 검토, 지속가능발전에 대한 인식 확산을 위한 노력, 개발사업에 대한 조정 등 다양한 기능을 지방 지속가능발전위원회의 기능으로 명시하였다. 「지속가능발전기본법」 제정은 지속가능발전을 국가전략으로 설정하면서 지속가능발전의 위상을 높이는 계기가 되었다.

3) 「저탄소녹색성장기본법」과 「지속가능발전법」

노무현정부에서 2007년 8월에 제정되었던 「지속가능발전기본법」은 이명박정부에서 그 위상이 격하된 「지속가능발전법」으로 개정되는 상황을 맞게 된다. 이명박정부는 녹색성장을 국가전략으로 설정하고, 이를 위하여 「저탄소녹색성장기본법」(법률 제9931호 2010.1.13)을 제정하였다. 「저탄소녹색성장기본법」은 녹색기술과 녹색산업을 새로운 성장동력으로 활용하고, 기후변화, 신·재생에너지 및 지속가능발전 대책 등을 유기적으로 연계, 통합하여 추진함으로써 경제와 환경의 조화 속에서 저탄소 녹색성장을 체계적으로 추진하기 위하여 제정되었다(저탄소녹색성장기본법 제1조).

「저탄소녹색성장기본법」 제정에 따라 「지속가능발전기본법」은 「지속가능발전법」

2) 지속가능성은 현재 세대의 필요를 충족시키기 위하여 미래 세대가 사용할 경제·사회·환경 등의 자원을 낭비하거나 여건을 저하시키지 아니하고 서로 조화와 균형을 이루는 것으로 정의하였다(지속가능발전기본법 제2조).

(2010. 1.13)으로 약화되었는데, 이는 국가전략으로서 지속가능발전보다 녹색성장이 강조되는 것으로 이해된다. 「지속가능발전기본법」이 「지속가능발전법」으로 개정되면서 「지속가능발전기본법」의 핵심 조항들이 '지속가능발전' 대신 '녹색성장'으로 대체되어 「저탄소녹색성장기본법」에 이관되었다.

<표 2-1>에서 보듯이 「지속가능발전기본법」의 핵심이라 할 수 있는 제3조(기본 원칙), 제4조(국가지속가능발전 기본전략의 수립 · 추진), 제5조(지방지속가능발전 기본전략의 수립 · 추진), 제6조(이행계획의 수립 · 추진), 제8조(지속가능발전책임관 지정)는 「지속가능발전법」으로 개정되면서 모두 삭제되었다. 그 대신 이러한 조항들은 「저탄소녹색성장기본법」으로 이관되어 '지속가능발전' 대신에 '저탄소녹색성장'이라는 개념을 사용하게 되었다. 지속가능발전 관련 중앙 · 지방의 기본계획이나 추진계획은 그 위상이 격하되었을 뿐만 아니라, 지방자치단체의 경우 광역자치단체 수준에서 지속가능발전 기본계획이나 추진계획을 수립하도록 규정되어 있을 뿐이다.

「저탄소녹색성장기본법」은 '저탄소녹색성장'을 국가전략의 최상위 개념으로 두고, 중앙과 지방에 녹색성장위원회를 두도록 하며, 녹색성장 실현을 위한 수단 내지 그 하위 개념으로 지속가능발전, 녹색경제 · 녹색산업 · 녹색경영 · 녹색기술, 자

표 2-1 지속가능발전 관련법과 저탄소녹색성장기본법의 핵심 내용 비교

지속가능발전기본법 (2007.8. 제정)	지속가능발전법 (2010.1. 기본법 개정)	저탄소녹색성장기본법 (2010.1. 제정)
제3조 기본 원칙	기본법 제3조 삭제	제3조 저탄소녹색성장 추진의 기본 원칙
제4조 국가지속가능발전 기본전략의 수립 · 추진	기본법 제4조 삭제	제9조 저탄소녹색성장 국가전략 제50조① 국가지속가능발전 기본계획의 수립 · 시행
제5조 지방지속가능발전 기본전략의 수립 · 추진	기본법 제5조 삭제	제50조⑤ 지방지속가능발전 기본계획의 수립 · 시행
제6조 이행계획의 수립 · 추진	기본법 제6조 삭제 (저탄소녹색성장기본법에 의해 지속가능발전 국가이행계획과 지방이행계획 수립)	제10조 중앙추진계획의 수립 · 시행 제11조 지방추진계획의 수립 · 시행
제8조 지속가능발전책임관의 지정	기본법 제8조 삭제	제21조 녹색성장책임관의 지정

원순환, 기후변화 대응, 온실가스 감축, 에너지 등에 관한 조항들로 구성하였다(이정환, 2018: 17－19).

결과적으로 이명박정부에서 「지속가능발전기본법」이 「지속가능발전법」으로 개정되면서 정부 정책 수준인 일반법 수준으로 격하된 반면, 그 상위법 형태의 「저탄소녹색성장기본법」의 제정에 따라 현재까지 다소 기형적인 「저탄소녹색성장기본법」과 「지속가능발전법」의 이원적 체계로 유지되어 오고 있다.

2. 지방정부 차원의 제도화: 조례 제정과 내용

1) 지방의제21 작성지침

지방 지속가능발전은 '지방의제21'에서 출발하는데, 지방의제21은 1992년 리우회의의 결과물이다. 당시 유엔환경개발회의(UNCED)는 환경적으로 건전하고 지속가능한 발전을 주창하며 '의제21(Agenda21)' 채택에 합의하였다. 1992년 리우환경회의가 의제21을 채택하고, 지방 지속가능한 발전을 위하여 지방의제21 작성과 실천기구 수립을 권고하였다.

우리나라 '지방의제21'은 1995년 중앙정부(환경부)가 '지방의제21 작성지침'을 지방자치단체에 권고하면서 각 지역에서 작성이 이루어지고 전국적으로 확산되었다. 중앙정부(환경부)의 권고에 따라 지역별로 지방의제21을 작성하고 실천하였다. '지방의제21 작성지침'은 중앙정부(환경부) 권고 성격이었지만, 지방의제21 확산에 기여하였고, 지방 지속가능발전의 제도적 차원은 '지방의제21 작성지침'에서 출발하였다.

2) 지방의제21 추진기구 관련 조례

지방의제21이 작성되고 의제 실천을 위하여 각 지방자치단체별로 지방의제21 추진기구가 설치되었다. '지방의제21 작성지침' 이후 2004년 6월 지방의제21전국협의회와 환경부 간 협의로 '지방의제21 추진기구 설치 · 운영 및 지원조례' 표준안을 작성하여 각 지역에 전달하였다. 각 지역에서는 지방의제21추진협의회 설치 및 운영조례에 근거하여 관련 기구들을 설치하였다. 각 지방자치단체들은 환경부에서 제안한 표준안을 근거로 설치·운영조례를 제정함으로써 제도적 기반을 마련한 것이다. 이러한 제도화 과정은 지방자치단체별로 차이가 있는데, 어떤 지역은 환경기본조례의 지방의제21 추진 조항을 근거로 지방 지속가능발전을 추진하였다. 지방 환경기본조례 현황을 보면, 243개 지방자치단체 중 14개 자치단체를 제외한 229개 자치단체에서 환경기본조례가 제정되었다. 지방 지속가능발전 추진은 환경기본조례에 의한 지원 근거가 있는 자치단체 109개, 별도 지원조례가 있는 자치단체 106개이다(환경부, 2018: 79－80). [그림 2－1]에서 보듯이 지방의제21지원 관련 조례 제정 추이(1996~2015)를 보면, 1996년 이후 2006년까지 전체 83.1%(185개)가 환경기본조례 및 의제추진협의회 지원조례가 이 시기 다수 지방자치단체에서 제정되었다.

지방 지속가능발전은 지방의제21추진협의회가 중심이 되어 추진하였기 때문에, 조례체계는 이들을 지원하기 위한 근거로서 환경기본조례나 협의회 지원조례로 이루어지는 수준에 머물렀고, 지속가능발전을 제도적으로 뒷받침하는 기본조례 제정 수준에는 이르지 못했다.

그림 2-1 지방의제21 지원조례 제정 추이(1996~2015)

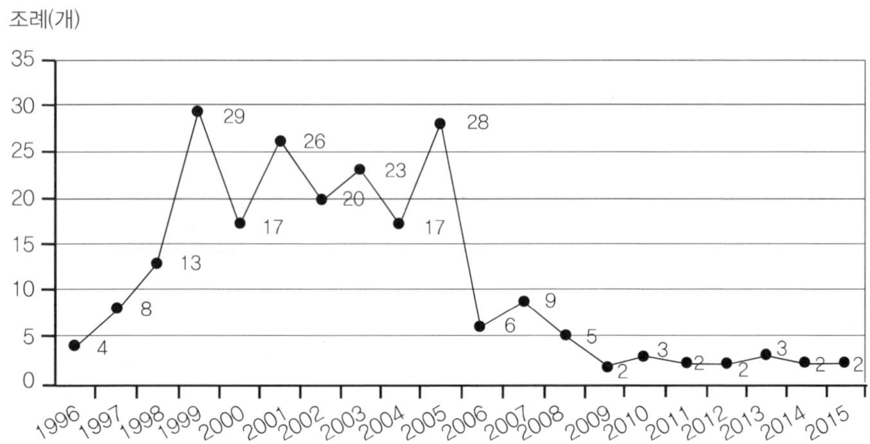

출처: 법제처 국가법령정보센터, 참고 작성.

3) 지속가능발전협의회 설치 및 운영조례

지방의제21 추진 조례와 관련하여 2015년부터 지방 차원에서 변화가 있었다. 2015년 9월 유엔이 2030년까지 세계가 지향하여야 할 지속가능발전목표(SDGs)를 채택함으로써 '지방의제21'의 개념이 '지속가능발전목표'로 전환되는 계기가 마련되었다. 그러나 한편으로 중앙정부가 「지방재정법」을 개정함으로써 법률에 근거하지 않는 단체에 대한 재정 지원이 중단될 상황에 직면하여 일부 지역에서 지방의제21 추진기구들이 재정적 어려움에 처하는 상황이 초래되었다(오수길, 2016: 183-185).

이러한 변화의 흐름 속에서 환경부는 2015년 12월 「지속가능발전법」을 개정(법률 제13532호, 2015.12.1)함으로써 지속가능발전협의회의 지원 근거를 마련하였고, 지방의제21 추진기구들이 '지속가능발전협의회'로 명칭을 통일하기 시작하였다. 즉, 전국의 지속가능발전협의회들은 명칭의 통일과 함께 지역의 지속가능발전협의회 설치·운영 조례를 제정하거나 개정을 하였다.[3] <표 2-2>에서 보듯이

표 2-2 지방 지속가능발전협의회 운영 및 설치 조례 현황

구분	광역자치단체	기초자치단체
2015 (5개)		안성시, 진천군, 세종시, 보령시, 화성시
2016 (21개)	인천광역시, 대전광역시, 충청남도, 경상남도, 전라남도	서천군, 부천시, 당진시, 태안군, 인천서구, 예산군, 공주시, 과천시, 서산시, 청양군, 논산시, 전주시, 의왕시, 연천군, 창원시, 안동시
2017 (13개)	강원도, 울산광역시	군산시, 강화군, 홍성군, 포항시, 천안시, 고양시, 삼천시, 거제시, 강릉시, 구리시, 영월군
2018 (23개)	경기도	가평군, 평창군, 시흥시, 충주시, 하남시, 나주시, 순천시, 이천시, 수원시, 경주시, 진주시, 밀양시, 아산시, 용인시, 정선군, 양산시, 김해시, 파주시, 신안군, 김포시, 인천부평구

출처: 법제처 국가법령정보센터, 참고 작성.

3) 충남 당진시는 '맑고푸른당진21실천협의회'를 「당진시 지속가능발전협의회 설치 및 운영조례」 제정에 의하여 '당진시 지속가능발전협의회'로, 시흥시는 「지속가능발전협의회 운영 및 지원조례」를 제정하여 '맑고푸른시흥21실천협의회'를 '시흥시 지속가능발전협의회'로 변경하였다. 한편 강원도 화천군(2012.8.13 제정), 전북 임실군(2013. 3.15 제정), 서울시 강동구(2014. 12.17 제정) 등 일부 지방자치단체는 2012년부터 「지속가능발전법」과 「저탄소녹색성장기본법」에 기초하여 조례를 제정하였다.

2015년 5개, 2016년 21개, 2017년 13개, 2018년 23개 등 2015~2018년까지 62개 지방자치단체가 지속가능발전협의회 운영·설치 조례를 제·개정하고 지속가능발전협의회로 명칭을 변경하였다.

4) 지속가능발전위원회 설치 및 운영조례

지방 지속가능발전은 대부분의 지역에서 '지속가능발전협의회'를 중심으로 추진해 온 반면, 일부 지역에서는 '지속가능발전위원회'를 구성·운영해 오는 사례도 있다. 대표적으로 전남 담양군은 지속가능발전위원회 설치 및 운영조례 제정에 선도적이다. 담양군은 2003년부터 지속가능발전을 위한 생태도시 정책을 추진하면서, 전국 최초로 지방지속가능발전위원회 구성을 뒷받침하는 조례로 2003년 3월 「담양군지속가능발전위원회 및 생태도시담양21협의회 설치조례」를 제정하였다.[4)]

서울특별시는 녹색서울시민위원회를 기존의 환경 거버넌스로서 위상을 유지한 가운데, 2013년 5월 「지속가능발전위원회 설치 및 운영조례」를 제정하였고, 9월에 지속가능발전위원회를 구성하였다.[5)] 조례는 지속가능발전 기본계획 수립·변경의 사전 심의, 지속가능발전지표 작성 자문, 지속가능성 평가 등을 규정하였다(서울특별시, 2017).

5) 지속가능발전 (기본)조례

이명박정부 이후 국가 차원의 지속가능발전 이행 노력이 약화되었음에도 불구하고 일부 지방자치단체는 지속가능발전 필요성을 인식하고 지속가능발전을 지속적으로 추진하였다. <표 2-3>에서 보듯이 서울특별시, 경기도, 충청남도, 수원시, 과천시, 서울특별시 강북구, 구로구, 도봉구, 종로구 등은 지속가능발전조례를 제정하여 지방 지속가능발전 추진을 제도적으로 뒷받침하고 있다.

---

4) 담양군은 2016년 12월 「뉴-담양비전위원회 설치·운영조례」를 「담양군 지속가능발전위원회 설치·운영조례」로 개정하였다.

5) 지속가능발전위원회 구성 인원은 공동위원장 2인 및 부위원장 1인 포함 40명 이내, 위원 임기를 2년으로 하였다.

표 2-3 지방자치단체 지속가능발전조례 현황

구분		조례 명칭
기본 조례	서울특별시	서울특별시 지속가능발전 기본조례(2017. 1. 5 제정)
	서울특별시 구로구	서울특별시 구로구 지속가능발전 기본조례(2017. 11. 16 제정)
	서울특별시 강북구	서울특별시 강북구 지속가능발전 기본조례(2017. 11. 17 제정)
	충청남도	충청남도 지속가능발전 기본조례(2018. 7. 30 제정)
	경기도 수원시	수원시 지속가능발전 기본조례(2017.11.17 제정)
	경기도 과천시	과천시 지속가능발전 기본조례(2018. 2. 20. 제정)
일반 조례	경기도	경기도 지속가능발전조례(2013. 11. 6 제정)
	경기도 양평군	경기도 양평군 지속가능발전조례(2018. 12. 19 제정)
	서울특별시 도봉구	서울특별시 도봉구 지속가능발전조례(2015.11.12 제정)
	서울특별시 종로구	서울특별시 종로구 지속가능발전조례(2018. 5. 25 제정)

출처: 법제처 국가법령정보센터, 참고 작성.

서울특별시는 2013년 5월 「지속가능발전위원회 설치 및 운영조례」를 제정하고, 지속가능발전위원회를 구성하여 기본계획 수립, 지속가능발전지표 작성, 지속가능성 평가 등을 시행하였다. 이어 2017년 1월에 「지속가능발전 기본조례」를 제정함으로써 지속가능발전을 제도적으로 뒷받침하였다.[6)]

충청남도는 기존의 지속가능발전협의회 외에도 지속가능발전특별위원회를 한시적으로 설치하여 충남형 지속가능발전체계를 구축하였고, 2018년 7월 기본조례를 제정하고 11월 지속가능발전위원회를 출범시켰다.

경기도 수원시는 지속가능발전의 이행과 추진을 위하여 「지속가능발전 기본조례」(2017.11.17)를 제정하여 행정의 실행 근거를 마련하였고, 자문기구인 좋은시정위원회에 지속가능발전위원회 기능을 부여하였다.

6) 지속가능발전조례 제정으로 「지속가능발전위원회 설치 및 운영조례」는 폐지되었고, 지속가능발전위원회와 「녹색서울시민위원회 설치 및 운영조례」에서 정하는 녹색서울시민위원회는 지속가능발전을 위하여 상호 협력관계에 두었다.

제3절 지속가능발전의 조직화

1. 중앙정부 차원의 조직화: 행정조직과 거버넌스 운영

1) 대통령자문 지속가능발전위원회(PCSD)

국가 지속가능발전 추진을 위한 조직기구는 지속가능발전규정에 의거 대통령자문 지속가능발전위원회(Presidential Commission on Sustainable Development Republic of Korea: PCSD)에서 출발하였다. 대통령자문 지속가능발전위원회(PCSD)는 「지속가능발전위원회규정」(대통령령 제16946호)에 따라 제1기 위원회가 2000년 9월 20일 발족하였고, 위원장 1인을 포함한 35인 이내의 당연직위원, 위촉위원 및 지명위원으로 구성되었다.7) 당시 위원은 본위원 34명, 당연직위원 장관 13명, 위촉위원 21명으로 구성되었다(김병완, 2018: 5).

대통령자문 지속가능발전위원회는 2003년 6월 25일 조직기구가 확대되었다. 관계중앙행정기관의 장 등이 위원으로 되는 당연직 위원제를 폐지하고 대통령 위촉 25인 이내의 위원으로 위원회를 구성하였으며, 운영위원회, 특별위원회 및 전문위원회, 중앙행정기관에 지속가능발전팀을 둘 수 있도록 하였다. 2003년 11월 11일 지속가능한 국가 발전과 관련된 사회적 갈등의 합리적 해결 사항을 추가하여, 지속가능발전위원회 기능이 강화됨에 따라 위원 수를 80인 이내로 확대하였다. 2006년 4월 21일에 지속가능발전위원회의 위원 수를 35인 이내로 축소하고, 지속가능한 국가 발전과 관련된 사회적 갈등의 해결 사항을 심의하기 위하여 갈등조정특별위원회를 신설하였다(지속가능발전위원회규정 개정, 참고).

대통령자문 지속가능발전위원회는 제1기(2000.9~2002.9), 제2기(2002.10~2003.11)에서 본위원 34명, 당연직위원 장관 13명, 위촉직위원 21명, 제3기(2003.12~2006.4) 77명(지역 48명, 직능 29명), 제4기(2006.5~2007.7) 33명(당연직 12명) 등

7) 당연직위원은 재정경제부장관·외교통상부장관·행정자치부장관·과학기술부장관·문화관광부장관·농림부장관·산업자원부장관·환경부장관·건설교통부장관·해양수산부장관·기획예산처장관·국무조정실장 및 환경분야 대통령비서실 수석비서관(복지노동수석비서관)이었다.

2000년 9월 20일 발족 이후 2007년까지 제4기 위원회가 운영되었다(국가지속가능발전위원회, 2008; 김병완, 2018: 3－4). 2000년 9월 지속가능발전 추진기구로 설립된 대통령자문 지속가능발전위원회는 자문기구로 성격이 강했지만 기구개편으로 기능을 강화하면서 역할을 수행하였다.

2) 국가지속가능발전위원회(NCSD)

대통령자문 지속가능발전위원회(PCSD)는 2007년 8월 3일「지속가능발전기본법」 제정(법률 제8612호)과 2008년 2월 4일「지속가능발전기본법」시행에 따라 국가지속가능발전위원회(National Commission on Sustainable Development: NCSD)로 바꾸고 법적 기구로 위상이 강화되었다. 국가지속가능발전위원회는 위원장 1명을 포함한 50명 이내의 위원으로 구성하고, 위원은 당연직위원과 위촉위원으로 구성하였다. 당연직위원은 대통령령으로 정하는 중앙행정기관의 장과 시・도의 지방위원회 위원장, 위촉위원은 시민사회단체, 학계, 산업계 등에서 지속가능발전에 관한 지식과 경험이 풍부한 자 중에서 대통령이 위촉하였다(지속가능발전기본법 제17조).

국가지속가능발전위원회는「지속가능발전기본법」제정에 따라 법률상의 위원회로 격상되었고, 2007년 8월 제5기 지속가능발전위원회, 2008년 5월 이명박정부의 제1기 지속가능발전위원회가 출범되었다.[8)]

3) 대통령직속 녹색성장위원회, 환경부소속 지속가능발전위원회

국가 지속가능발전 추진기구는 이명박정부에서 새로운 법률 제정과 함께 변화하였다. 이명박정부는 2008년 11월 기후변화, 국가에너지, 지속가능발전 등을 포괄하는 정책을 녹색성장으로 설정하고, 이러한 녹색성장을 총괄, 조정하기 위하여 2009년 1월 5일 녹색성장위원회의 설립 및 운영에 관한 대통령훈령을 공포하였다. 대통령직속 녹색성장위원회는「저탄소녹색성장기본법」제정(법률 제9931호 2010.1.13)으로 법적 근거를 마련하여 설치(저탄소녹색성장기본법 제14조)함으로써 녹색

8) 이명박정부 제1기 지속가능발전위원회도「지속가능발전기본법」제15조에 따라 국가지속가능발전정책에 관한 자문을 위한 대통령직속으로 출범하였다.

성장위원회가 영향력 강한 기구로 등장하였다. 대통령직속 녹색성장위원회는 국가의 저탄소 녹색성장과 관련된 정책 및 계획과 그 이행에 관한 사항을 심의하고, 위원장 2명을 포함한 50명 이내의 위원으로 구성하였다.

한편, 국가지속가능발전위원회는 이러한 녹색성장위원회 설치에 따라 전환점을 맞았다. 이명박정부는 대통령소속 녹색성장위원회를 설치하고 녹색성장을 국가전략으로 추진하였으며, 국가지속가능발전위원회를 환경부소속 지속가능발전위원회로 격하시켰다. 반면에 대통령직속 녹색성장위원회는 제1기(2009.2~2010.6), 제2기(2010.7~2011.10), 제3기(2011.10~2013.2)에서 본위원 48명(당연직위원 장관 13명, 위촉직위원 35명)이 활동하였다. 「저탄소녹색성장기본법」 제정으로 「지속가능발전기본법」이 「지속가능발전법」으로 격하됨에 따라 국가지속발전위원회는 환경부소속 위원회로 위상이 약화되었다.

4) 국무총리소속 녹색성장위원회, 환경부소속 지속가능발전위원회

박근혜정부는 2013년 3월 정부조직 개편에 따라 대통령직속 녹색성장위원회를 국무총리소속으로 변경하였다. 박근혜정부에서 녹색성장위원회는 국무총리소속으로 격하되었고, 지속가능발전위원회는 환경부소속으로 유지되었다. 국무총리소속 녹색성장위원회는 제4기(2013.3~2014.12), 제5기(2014.12~2015.12), 제6기(2015.12~2016.12), 제7기(2017.1~2018.3), 제8기(2018.4~)에서 본 위원 43명(정부위원 장관 18명, 민간위원 25명)에 이르고 있다.

국가지속가능발전위원회는 지속가능발전 전략을 수립하고 추진하기 위하여 설립되어 노무현정부까지 국가 정책조정자로서 역할을 수행하였다. 그러나 지속가능발전위원회는 2010년 「저탄소녹색성장기본법」 제정으로 환경부소속 위원회로 변경되었다. 지속가능발전위원회는 「지속가능발전법」 제17조에 의하여 환경부장관 소속으로 위원회를 위원장(민간 1명) 등 총 31명(민간 24명, 정부 7명)으로 구성 운영하고 있다(환경백서, 2018: 600-601).

문재인정부에 와서도 녹색성장위원회와 지속가능발전위원회 위상에 관한 논의가 있음에도 두 위원회의 일원화에 관한 결론에 이르지 못한 채, 녹색성장위원회와 지속가능발전위원회가 형식화된 수준으로 운영되고 있다.

5) 행정부서

국가지속가능발전위원회는 대통령소속에서 환경부소속 위원회로 위상이 격하될 때까지 지속가능발전 기능을 수행하였는데, 그렇다면 중앙정부 차원에서 지속가능발전 추진은 어떻게 운영하였을까?

중앙정부 차원에서는 환경부가 지속가능발전 주무부서로서 역할을 수행해 오고 있다. 지속가능발전위원회가 거버넌스 기구로서 지속가능발전을 추진하는 가운데, 환경부가 소관부서로서 현재까지 업무를 수행해 오고 있다. 제1차 국가지속가능발전기본계획(2006~2010), 제2차 국가지속가능발전기본계획(2011~2015), 제3차 국가지속가능발전기본계획(2006~2020) 작성 과정에서도 환경부는 소관부서로서 업무를 수행하고 있다.

한편, 국토교통부(건설교통부)는 지속가능발전의 전담부서는 아니지만, 지속가능발전 개념을 국토종합계획에 반영하였다. 1999년 12월에 수립된 제4차 국토종합계획(2000~2020)에서 계획 기본 목표로, '개발과 환경의 통합을 지향함으로써 지속가능한 국가 발전' 개념을 사용하였다. 국토교통부가 지속가능발전 개념을 비중있게 다룬 시기는 제4차 국토종합계획 수정계획(2006~2020)이다.[9] 이 계획에서 국토계획의 기조를 국토 '지속가능성을 고려한 환경친화적 개발'로 설정하였고, 제4차 국토종합계획 재수정계획(2011~2020)에서는 '경제성장과 환경이 조화되고 지속가능한 친환경 국토'로 설정하였다.

중앙정부 차원에서 이러한 역할 수행에도 불구하고, 환경부 내에서 지속가능발전 명칭을 갖는 전담부서를 운영하고 있지 않았고, 행정기관의 개별정책을 지속가능한 관점에서 조정하는 상위부서(국무조정실)의 명확한 역할도 없었다(환경부, 「환경백서」, 2008-2018 참고).[10] 그동안 지속가능발전 업무는 환경부의 정책총괄과(1998~2015), 기후미래전략과(2016)가 담당하여 왔으나, 2018년에 들어서 '지속

---

9) 2004년 5월에 작성된 '제4차 국토종합계획 수정계획수립지침'에서는 국토계획과제로 지속가능한 발전 분야를 상세하게 다루고 있다(건설교통부, 2004. 5).

10) 「지속가능발전기본법」이 제정된 이후에도 지속가능발전 명칭의 부서는 설치되지 않았다. 「지속가능발전기본법」(2007.8.3 제정) 제8조는 지속가능발전 업무 및 국가위원회 또는 지방위원회와의 업무협조 등을 위하여 중앙행정기관의 장 및 지방자치단체의 장은 소속 공무원 중에서 지속가능발전책임관을 지정할 수 있다고 규정하였다.

가능전략담당관'이 설치되어 전담부서의 기능을 수행하고 있다.

2. 지방정부 차원의 조직화: 행정조직과 거버넌스 운영

1) 지속가능발전협의회(지방의제21 추진기구)

지방의제21 추진기구는 유엔의 의제21을 계기로 조직된 거버넌스 기구이다. 지방의제21은 환경적으로 건전하고 지속가능한 지역사회를 만들기 위하여 지구 차원의 계획인 의제21과의 유기적 연계 속에서 지역의 경제, 사회, 환경적 요소를 통합적으로 고려한 행동계획이자 실천 프로그램이다. 우리나라에서는 1995년부터 선도적 지방자치단체들로부터 지방의제21을 수립하여 실천사업을 이행하였다.[11] 2002년 요하네스버그에서 개최된 리우+10회의에서 한국의 지방의제21 네트워크가 주목받기도 하였는데, 당시 100여 개 지방의제21 추진 사무국이 설치 운영되었다.

지방 지속가능발전 추진기구(2017.12 기준)는 <표 2−4>에서 보듯이 245개 광역 및 기초자치단체 중 17개 광역자치단체와 213개 기초자치단체 등 총 230개 지방자치단체(93.8%)에 설치되어 있다. 지방자치단체 가운데 상설 및 비상설 사무국이 있는 176개소가 지속가능발전협의회 활동을 하고 있다.

표 2−4 지방의제21 추진기구

구분	계	추진기구			
추진기구	245	소계	광역	기초	미설치 지자체
		230	17	213	15
사무국	230	상설		비상설	지자체 환경담당부서 내
		103		73	54
전국협의회	1개	1개(2000.6.16 창립)			

출처: 전국지속가능발전협의회(2018: 73 참고).

11) 지방의제21은 1992년 리우회의에 참가하였던 국내 참가자들에 의하여 소개되고 추진이 진행되다가, 1994년 서울시정개발연구원이 공동으로 주최한 'Local Agenda 21과 지방정부 대응 워크숍'에서 본격적으로 소개되었다. 각 지역에서의 추진기구 결성을 통한 준비에 이어, 1995년 녹색도시부산21의제 설립, 10월에 푸른광주21협의회가 창립되었다(광주광역시, 2016: 133−135).

지역 단위 지방의제21 실천사업은 지방의제21협의회 중심으로 추진되었다. 2015년 「지방재정법」의 개정, 「지속가능발전법」 개정과 유엔 지속가능발전목표 채택 등으로 지속가능발전협의회로 명칭을 통일하기 시작하였다. 지방 지속가능발전협의회는 지역 단위 지속가능발전 거버넌스 실천기구로서 지방의21협의회는 지속가능발전협의회로 명칭 변경이 대부분 이루어졌다. 지방 지속가능발전은 전국지속가능발전협의회를 중심으로 기초와 광역을 포함하여 지방지속가능발전협의회들에 의해 추진되고 있으며, 약 3만여 명의 위원이 활동하고 있다(전국지속가능발전협의회, 2018: 69-70).

한편, 거버넌스 전국네트워크이자 지속가능발전협의체로서 전국지속가능발전협의회는 전국지방의제21 추진기구들의 모임에서 시작되었다. 전국 단위의 네트워크 구심점 역할론이 대두되면서, 2000년 6월에 지방의제21전국협의회로 출범하였다. 지방의제21전국협의회는 지방의제21 실천운동 협의체기구로 전국 조직의 네트워크화로 창립한 것이며, 2006년 12월에 전국지속가능발전협의회로 명칭을 변경하였다.

2) 지방지속가능발전위원회

지방지속가능발전위원회는 「지속가능발전기본법」에서 비롯되었는데, 광역자치단체는 지방지속가능발전위원회 설치를 의무화하였고, 기초자치단체(시·군·구)는 지방의 실정에 맞추어 지방지속가능발전위원회를 설치하도록 하였다. 하지만 2008년부터 지방지속가능발전 이행체계가 본격적으로 작동될 시점에서 「저탄소녹색성장법」 제정에 따라 지방지속가능발전위원회 대신 지방녹색성장위원회가 구성·운영되어 왔다.

이처럼 2008년 이후 지방녹색성장위원회의 운영에 따라 지방지속가능발전위원회의 구성·운영은 사실상 무산되었다. 이러한 상황 속에서 대부분의 지방자치단체들은 지속가능발전협의회를 중심으로 지방지속가능발전을 추진해 왔으나, 일부 자치단체에서 지속가능발전위원회 설치에 관한 조례를 제정하여 지속가능발전위원회를 구성·운영해 오고 있다. 특히 서울특별시, 충청남도, 경기도 수원시 등은 선도적으로 지속가능발전 기본조례를 제정하고, 여기에 근거하여 지속가능발전위원회를 설치·운영하고 있다.

3) 행정부서

지방의제21을 담당하는 지방 행정조직은 대부분 환경부서이다. 지방정부의 환경부서는 지방의제21협의회 담당 및 의제 작성 역할을 하였다. 지방 지속가능발전 추진은 지방의제21 중심으로 추진되었고, 지방의제21은 실천 의제로서 단기적 민관협력 실천사업으로 진행되어 오면서 환경의제에 국한한 경우가 많았다. 하지만 2000년대에 들어서 지방지속가능발전이 환경의제 범위를 벗어나 경제의제, 사회의제로 확산되었고, 유엔의 '지속가능발전목표(SDGs) 2030'은 지방정부 환경부서에

표 2-5 한국 지속가능발전의 제도화와 조직화

<table>
<tr><th colspan="2">구분</th><th>김대중정부</th><th>노무현정부</th><th>이명박정부</th><th>박근혜정부</th><th>문재인정부</th></tr>
<tr><td rowspan="2">제도화</td><td>법령 체계</td><td>지속가능발전 위원회규정 (대통령령 2000.8)</td><td>지속가능발전 기본법(2007.8)</td><td colspan="3">녹색성장위원회 규정
저탄소녹색성장기본법(2010.1)
지속가능발전법(2010.1)</td></tr>
<tr><td>조례 체계</td><td colspan="3">환경조례 의거, 지방의제21협의회 지원
지방의제21협의회 지원조례</td><td>지속가능 발전협의회 지원조례</td><td>지속가능 발전 기본 조례 제정 (일부 지방)</td></tr>
<tr><td rowspan="6">조직화</td><td rowspan="3">중앙 기구</td><td rowspan="2">대통령자문 지속가능발전 위원회</td><td rowspan="2">국가지속발전 위원회</td><td>대통령－녹색성장위원회</td><td colspan="2">국무총리－녹색성장위원회</td></tr>
<tr><td colspan="3">환경부－지속가능발전위원회</td></tr>
<tr><td>지방의제21 전국협의회</td><td>전국지속가능 발전협의회</td><td colspan="3">전국지속가능발전협의회</td></tr>
<tr><td rowspan="3">지방 기구</td><td>환경부서</td><td>환경부서</td><td>환경부서</td><td>· 환경부서
· 기획부서
(일부 지방)</td><td>· 환경부서
· 기획부서
(일부 지방)</td></tr>
<tr><td rowspan="2">지방의제21 협의회</td><td rowspan="2">지방의제21 협의회</td><td>시·도녹색성장 위원회</td><td>녹색성장 위원회</td><td>· 녹색성장 위원회
· 지속가능 발전위원회
(일부 지방)</td></tr>
<tr><td>지방의제21 협의회</td><td>지속가능발전 협의회</td><td>지속가능발전 협의회</td></tr>
</table>

서 지속가능발전의 실현을 효과적으로 추진해 나가는 데 한계에 직면하고 있다. 이러한 한계를 인식하고 일부 지방정부는 기획부서로 이관되어 운영되고 있다. 서울특별시 강동구, 인천광역시 부평구, 인천광역시 서구, 시흥시, 담양군 등은 기획예산실, 서울특별시는 지속가능발전협의회 담당부서와 별도로 기획조정실 평가담당관이 담당하고 있다. 서울특별시 도봉구는 지속가능발전 명칭의 '지속가능발전과', 충남 당진시는 '지속가능발전담당관'을 설치・운영하고 있다.

우리나라 지속가능발전의 제도화와 조직화 과정은 앞의 <표 2-5>로 정리된다. 김대중정부에서 출발한 지속가능발전은 노무현정부를 거치면서 강화되지만, 이명박정부에서 「지속가능발전기본법」이 그 위상이 격하된 「지속가능발전법」으로 개정되었다. 이명박정부는 녹색성장을 국가전략으로 설정하고 지속가능발전이 정책 수준으로 격하되었고, 문재인정부에 이르기까지 지속되고 있다. 국가지속가능발전은 「저탄소녹색성장기본법」과 「지속가능발전법」의 이원적 체계 하에 있으며, 이러한 체계에서는 지속가능발전 추진의 제도적 취약성을 드러내고 있다. 따라서 국가지속가능발전 이행을 위하여 제도적・조직적 차원에서 개선이 필요하다.

제 4 절 지속가능발전의 제도화와 조직화 방향

1. 지속가능발전의 제도화 방향

지속가능발전의 제도화 방향은 먼저 법령체계 일원화가 추진되어야 한다. 지속가능발전의 제도화는 중앙정부에서는 「지속가능발전기본법」의 개정과 지방의 지속가능발전 기본조례 제정이 이루어져야 한다. 이명박정부는 2009년 2월 대통령직속 녹색성장위원회를 출범시키고, 2009년 7월 녹색성장 국가전략 및 5개년계획을 발표하였으며, 2010년 1월 「저탄소녹색성장기본법」을 공포하였다. 또한 이명박정부는 2009년 2월 국가지속가능발전위원회를 환경부장관소속의 지속가능발전위원회를 두도록 함으로써 구조적으로 '지속가능발전'이 '녹색성장'의 하위 개념으로

자리 잡는 기형적 형태를 유지하였다(김병완, 2016: 13-15). 현재 「저탄소녹색성장기본법」의 녹색성장 관련 부분은 사문화된 상태이며, 일반법으로 격하된 「지속가능발전법」에 따라 지속가능발전위원회는 환경부소속으로 기능이 약화되었고, 게다가 중앙과 지방의 녹색성장위원회도 형식화되어 실질적 기능을 제대로 수행하지 못하고 있다(김병완, 2018: 10-12).

따라서 중앙정부 차원에서 「지속가능발전법」을 「지속가능발전기본법」으로 개정하고 「저탄소녹색성장기본법」의 지속가능발전 관련 부분을 흡수 통합하여 일원화할 필요가 있다. 「지속가능발전기본법」에는 지속가능발전 기본 원칙, 국가 및 지방의 기본전략 수립, 중앙행정기관 및 지방자치단체 추진계획, 지속가능발전책임관 지정, 지속가능성 평가, 대통령기구로서 국가지속가능발전위원회, 지방위원회, 국가기본전략 수립에 지속가능발전목표 반영 등이 포함될 필요가 있다.

다음으로 지방정부 차원에서는 실질적 지방 지속가능발전을 위하여 지방자치단체(광역·기초)는 지속가능발전 기본조례를 제정할 필요가 있다. 지속가능발전 기본조례는 「지속가능발전기본법」의 내용을 충실하게 반영한 조례여야 한다. 일부 지방자치단체들이 지속가능발전 기본조례, 지속가능발전 기구설치 조례 등을 정비하면서 지속가능발전을 추진하고 있는 것은 바람직한 모습이다.[12]

2. 지속가능발전의 조직화 방향

지속가능발전법을 「지속가능발전기본법」으로 격상시키는 작업과 함께 지속가능발전 조직화에 중요한 변화가 요구된다. 먼저 중앙정부는 국무총리소속 녹색성장위원회와 환경부장관소속 지속가능발전위원회를 일원화하여 대통령직속 국가지속가능발전위원회로 격상할 필요가 있다. 그리고 각 행정부처에는 지속가능발전목표(SDGs)와 관련된 융합적 성격을 지니는 지속가능발전 업무를 전담하는 '지속가능

12) 이명박정부 이후 국가 차원의 지속가능발전 이행이 단절된 이후에도 일부 지방자치단체들은 이행 노력을 기울이고 있다. 서울특별시, 충청남도, 수원시, 서울특별시 도봉구, 강동구, 강북구 등은 지방의 위기에 대응하여 지속가능발전 추진체계를 정비하면서 지속가능발전을 추진하고 있다. 이들 자치단체는 지속가능발전 기본조례, 지속가능발전 추진기구 설치·운영조례를 제정하였다.

발전담당관'을 설치 · 운영할 필요가 있다. 이와 함께 로컬거버넌스 네트워크 기구로서 전국지속가능발전협의회(지방지속가능발전협의회의 전국네트워크) 기능을 활성화함으로써 국가지속가능발전위원회와 유기적인 연계 · 협력체계를 구축하여 지속가능발전 실천의 허브 기능을 수행하도록 할 필요가 있다.

다음으로 광역자치단체의 경우는 지방녹색성장위원회를 지방지속가능발전위원회로 전환하고 기초자치단체의 경우는 지역의 여건과 역량에 맞게 자율적으로 지방지속가능발전위원회를 구성 · 운영하거나 기존의 지속가능발전협의회 기능에 위원회 기능을 보강하고, 지속가능발전 업무를 담당하는 지속가능발전담당관을 기획부서에 설치 · 운영할 필요가 있다(김병완, 2018: 10－13).

무엇보다도 지방정부는 지방지속가능발전협의회 기능을 활성화하고, 지방지속가능발전위원회와 유기적인 연계 협력체계를 구축하여 지속가능발전 실천의 중심 기능을 하도록 할 필요가 있다. 또한 전국지속가능발전협의회 및 지방지속가능발전협의회가 실천적 거버넌스로서 지속가능발전을 실현하기 위하여 중추적 역할을 하도록 제도적 기반을 보완하고 강화할 필요가 있다.

참고 문헌

건설교통부(2004). 「제4차 국토종합계획 수정계획 수립지침」.

광주광역시(2015). 「광주 지속가능발전 이행계획 수립 연구」.

국가지속가능발전위원회(2008). 「시 · 도 공무원을 위한 지방지속가능발전 업무매뉴얼」.

김병완(2016). 지속가능발전목표(SDGs) 국내 이행 방안. 「유엔 지속가능발전목표(SDGs) 이행을 위한 민관협력방안 국회토론회 자료집」. 13－24.

김병완(2018). 지방 지속가능발전 이행의 제도적 과제와 전망. 「지속가능발전 법제화를 위한 국회토론회 자료집」. 3－13.

녹색성장위원회(www.greengrowth.go.kr).

대통령자문 지속가능발전위원회(2006). 「지속가능한 지역발전을 위한 지방의제21의 새로운 전략과 재작성 지침 개발」.

법제처 국가법령정보센터(www.law.go.kr).

서울시(2016). 「서울시 지속가능성 평가체계 및 자치구 지속가능발전 추진모델개발」.
수원시(2016). 「수원시 지속가능 평가 및 발전 방향 도출」.
안병철(2015). 관료제 조직진화연구. 「한국거버넌스학회보」 22(2): 361-389.
오수길(2016). SDGs 이행을 위한 지역 거버넌스의 역할. 「유엔 지속가능발전목표(SDGs) 이행을 위한 민관협력방안 국회토론회 자료집」. 25-40.
오수길(2016). 지방정부의 지속가능발전 추진체계 분석. 「한국비교정부학보」 20(2): 181-199.
오수길 · 이창언(2013). 한국 지방의제21의 새로운 추진 전략에 관한 연구. 「지방정부연구」 17(2): 441-464.
이정환(2018). 지속가능발전목표 실현을 위한 입법방안. 「지속가능발전 법제화를 위한 국회토론회 자료집」. 17-39.
전국지속가능발전협의회(2018). 전국지속가능발전협의회 현황. 「지속가능발전 법제화를 위한 국회토론회자료집」. 72-75.
환경부(2004). 「지속가능한 지역발전을 위한 환경거버넌스 구축방안」.
환경부(2016). 「지방의제21 추진사업과 지속가능발전목표(SDGs) 정합성 연구」.
환경부(2018). 「지방정부 SDGs 이행을 위한 가이드라인 마련 연구」.
환경부(2018). 「환경백서(2008~2018)」.
ICLEI(2016). *Cities and the Sustainable Development Goals*. 이클레이 한국사무소.

제 3 장

정부관료제의 한계와 거버넌스의 의의

제1절 정부관료제는 문제해결을 잘 하고 있는가?

1. 네트워크 사회의 난잡하고 사악한 문제

현대 사회는 과거와는 다르게 더욱 분화되고 복잡다양한 사회구조적 특징을 지니고 있다. 쿠이만(Kooiman, 1993: 35−48)은 이러한 현대 사회의 특징을 역동성과 복잡성 그리고 다양성 등으로 설명한다. 수많은 사회구성원 사이의 역동적이고 복잡한 이해관계 속에서 추구하는 가치와 욕구들도 매우 다양하여 일정한 기준에 의한 가치판단도 어렵게 한다. 특히 다양한 사회구성원들이 사회문제 해결에 필요한 지식과 정보 그리고 권력을 공유하는 현상이 심화되고 있다. 이러한 특징을 갖는 현대 사회를 '네트워크 사회(network society)'라고 정의하기도 한다(이명석,

2017: 109).

전통적으로 과거의 비교적 단순한 사회구조 속에서는 단일중심적이고 계층제적인 지시나 통제를 통하여 사회문제를 효과적으로 해결할 수 있었다. 그러나 오늘날의 네트워크 사회에서는 사회문제 해결을 위한 사회적 조정이 다원적 구조 속에서 다양한 참여자들 사이의 수평적 상호작용의 결과로 나타나고 있다. 네트워크 사회의 핵심적 특징은 다양한 주체들 간의 비공식적 협력과 상호 협의를 통한 사회문제의 해결이 이루어지는 '다중심사회(polycentric society)'의 모습을 보여주는 것이다.

이러한 현대 네트워크 사회일수록 문제의 성격도 더욱 복잡하고 다차원적일 수밖에 없다. 인지심리학적 관점에서 비교적 해결하기 쉬운 문제로부터 해결하기 어려운 문제에 이르기까지 문제의 유형을 3단계로 구분할 때, 단순한 문제(simple problem), 탐색적 문제(heuristic problem),[1] 난잡한 문제(messy problem) 등으로 나눌 수 있다.

난잡한 문제는 상충되는 목표를 가진 여러 이해관계자들이 얽혀서 올바른 해결책을 찾기 어려운 문제를 의미하는데, 리텔과 웨버(Rittel & Webber, 1973: 155－169)는 이러한 문제를 '사악한 문제(wicked problem)'로 표현한다. 이들에 따르면, 사악한 문제는 윤리적으로 나쁜 문제라는 것이 아니라 완전한 해결이 어려운 악순환의 성격을 갖는 것으로서, 문제 자체의 모호성과 이해당사자의 불완전하고 대립적이고 변화하는 선호·관점·이해관계 등의 차이로 인하여 문제를 인지하거나 정의하기가 어려워 해결하기 어렵거나 불가능한 문제를 의미한다. 이러한 문제는 완전한 해결이 불가능하고, 단지 만족할 만한 수준의 해결만이 가능하며, 해결책의 절대적인 기준이 존재하지 않고, 문제가 복잡하게 얽혀 있어 하나의 문제가 다른 문제의 징후일 수 있다. 따라서 이러한 문제는 비구조적이고 다분야 중첩적이며

1) 탐색적 문제(heuristic problem)란 문제의 범위가 넓고 복잡하고, 불충분한 시간이나 정보로 인하여 합리적인 판단을 할 수 없거나, 체계적이면서 합리적인 판단이 굳이 필요하지 않은 상황에서 사람들이 빠르게 사용할 수 있는 어림짐작의 방법으로 해결 가능한 문제이다. 이와 같은 문제해결 방식은 사이먼(Herbert A. Simon)이 주창한 '제한된 합리성(bounded rationality)'에서 시작되었다. '제한된 합리성'이란 다양한 의사결정 상황에서 인간의 인지적인 한계로 인하여 발생하는 의사결정 문제를 인지적 한계 안에서 다룰 수 있는 범위로 축소시키고, 간단해진 과업의 수행에 한하여 규범적 규칙을 이용한다는 것을 의미한다.

영속적인 문제라는 특징을 갖는다. 여기서 비구조적이라 함은 정확한 인과관계 확인이 어렵고, 문제해결 과정이 유동적이고 문제의 정의와 해결책에 대한 공감대 형성이 어렵다는 것을 의미한다. 또한 다분야 중첩적이라 함은 상호의존적 이해관계자가 다수 존재하고, 다양한 관점이 존재하며, 경쟁적이고 다양한 가치 사이의 상충관계가 존재하여 갈등의 가능성이 높고, 정치적 · 사회적인 복잡성이 높다는 것을 의미한다. 그리고 영속적이라 함은 문제가 한 번에 해결될 수 없으며, 하나의 문제해결이 다른 문제를 유발하여 지속적으로 다른 문제로 변형된다는 것을 의미한다(이명석, 2017: 114-116).

비슷한 맥락에서 사악한 문제는 인과구조에 대한 과학적 지식의 부족으로 인한 인지적 불확실성, 다양한 이해관계자의 존재로 인한 전략적 불확실성, 다양한 조직과 정책 영역에서 이루어지는 의사결정으로 인한 제도적 불확실성 등을 특징으로 한다(Van Bueren et al., 2003: 193-194; 이명석, 2017: 115).

이와 같이 난잡하고 사악한 문제일수록 그 인과구조가 복잡하고 다차원적이어서 다양한 지적 관점과 융합적인 접근을 필요로 하는데, 그 대표적인 문제가 지속가능발전목표(SDGs)와 관련된 문제들이라고 할 수 있다. 이러한 문제는 환경생태적 관점, 사회통합적 관점, 산업경제적 관점 등의 다차원적 구조로 이루어짐으로써 다양한 가치와 이해관계를 가진 주체들 간의 협력적 거버넌스를 필요로 함은 물론 '칸막이 행정'이라고 불리는 할거주의적 접근에서 벗어나 협업을 통한 문제해결을 필요로 한다. 유엔 SDGs의 17개 목표들 간에 얽혀 있는 복잡한 인과구조를 깊이 들여다보면 '목표들 간의 교차관계(cross-cutting goals)'가 거의 모든 목표에서 나타난다.

OECD는 이처럼 인과구조가 매우 복잡하고 다차원적 구조로 얽혀 있는 지속가능발전 문제를 해결하기 위하여 문제들 간의 '연쇄적 결합(nexus) 전략'을 새로운 문제해결 전략으로 제시하고 있다. 그 하나의 예가 [그림 3-1]에서 보듯이 'FEW (Food, Energy, Water) Nexus' 전략이다.

이러한 전략을 제시한 이유는 요소별 상충관계를 고려하지 않는 단일 차원의 목표 추구는 때로는 삼각딜레마(trilemma)를 초래하기 때문에 상호 연결고리를 다차원적으로 관리하는 것이 매우 중요하다는 것이다. 'FEW Nexus' 전략을 구체적으

그림 3-1 FEW(Food, Energy, Water) Nexus 전략

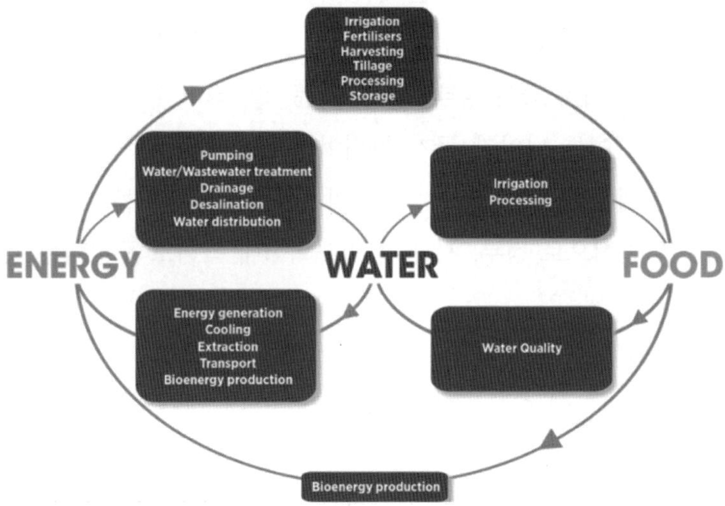

출처: International Renewable Energy Agency(2015); Renewable Energy in the Water, Energy & Food Nexus; http://futureearth.org/ future-earth-water-energy-food-nexus

로 설명하면, 기후변화와 관련된 물 문제는 식량 생산과 에너지 문제에 연결되어 다시 악순환의 고리를 이루게 된다. 즉, 기후변화와 지구온난화 등 환경 변화 요인의 분석을 통하여 수량과 수질의 문제가 단순히 환경문제뿐만 아니라 전력 생산과 사용은 물론 식량 생산과 소비에도 심대한 영향을 미치고 있다. 수량의 부족은 수질 악화와 밀접한 관계가 있으며, 기근은 식량 부족과 밀접한 관계가 있고, 담수의 부족은 해수담수화를 위한 전력 사용의 증가를 초래하는 등 밀접한 연결고리를 가지게 된다. 또한 농업용 전기를 사용하여 지하수를 사용하는 문제라든가 농업용수의 가격책정 문제 등 물산업을 위한 논의와 연계된다. 이처럼 연쇄적 결합(nexus) 전략을 바탕으로 접근할 경우 복잡한 문제에 대한 해결가능성은 더욱 높아지게 될 것이다.

2. 문제해결 주체로서 정부, 시장, 시민사회

앞에서 살펴보았듯이 현대 사회로 올수록 해결하여야 할 문제들이 더욱 복잡하

고 난해한 경우가 많다는 사실을 부인할 수 없다. 인류의 발전 과정은 좀 더 복잡하고 어려운 문제들을 해결해 나가는 과정이라고도 할 수 있다. 우리가 살아가면서 좀 더 발전해 간다는 것은 이처럼 복잡하고 어려운 문제들을 스스로 해결할 수 있는 능력을 갖추어 더욱 좋은 상태로 나아가는 것이라고 할 수 있다. 그것은 개인 차원이든 조직 차원이든 나아가 국가 차원이든 비슷한 상황으로 이해할 수 있다. 여기서 우리의 문제해결 수준을 국가 단위의 수준으로 놓고 볼 때 현대 사회의 문제해결 주체는 일반적으로 정부, 시장, 시민사회 3대 섹터로 구성되는 것으로 이해할 수 있다.

이러한 3대 섹터 모델에 관한 논의는 폴라니(Karl Polanyi), 만하임(Karl Mannheim) 등 사회과학자들에 의하여 시도되었고(Van Til, 2000: 19), 에치오니(Amitai W. Etzioni)의 강제적 조직, 공리적 조직, 규범적 조직 구분, 린드블럼(Charles E. Lindblom)의 권위, 교환, 설득 메커니즘 구분 등 많은 학자가 3대 섹터 모델을 토대로 각 섹터의 특징들을 설명하고 있다(주성수, 2004: 120). 각 섹터들은 운영 방식 혹은 문제해결 방식에서 구분되는 특징들을 보이고 있는데, 정부는 권력, 권위, 강제력, 계서제 등을 특징으로 하는 반면, 시장은 공리, 가격, 교환, 거래, 경쟁, 협상 등을 특징으로 한다. 이 두 섹터와는 달리 제3섹터로서 시민사회는 규범, 신뢰, 설득, 참여, 네트워크, 커뮤니케이션 등을 기본 메커니즘으로 한다.

문제해결의 주체로서 정부, 시장, 시민사회가 각각 독자적인 메커니즘으로 문제를 해결하는 능력을 갖추고 있지만, 역사적으로 볼 때 오랫동안 정부의 역할과 시장의 역할에 대하여 상호 보완과 균형의 관점에서 많은 논의들이 전개되어 왔다. 행정학적으로 볼 때 '작은 정부론'과 '큰 정부론' 사이의 논쟁이라고 할 수도 있다.[2] 오랫동안 정부는 공공재(public goods)의 영역에서 피할 수 없는 시장실패(market failure)를 보완하는 역할과 함께 공공서비스의 공급자로서 독점적인 역할을 담당

2) '작은 정부' 철학은 '최소의 행정이 최선의 정부'라는 입장을 지향하는 것으로서 미국 건국 초기에 제퍼슨(Thomas Jefferson)이 강조하였는데, 19세기 자유주의 국가에서 정부의 역할보다는 시장의 자율적 기능을 중요시하는 입장이다. 반면에 '큰 정부' 철학은 '최대의 봉사가 최선의 정부'라는 입장을 지향하는 것으로서 미국 건국 초기 해밀턴(Alexander Hamilton)이 강조하였는데, 20세기에 복지국가를 지향하면서 정부가 적극적으로 사회경제 문제에 개입하여야 한다는 입장이다(이종수 외, 2014: 81−87).

해 왔다. 그러나 공공서비스 전달에서 정부의 비효율성 내지 정부실패(government failure) 현상이 심화되면서 민간부문(시장)과 비영리부문(시민사회)의 역할이 확대되는 경향이 나타났다. 가능한 한 정부의 개입을 줄이고 시장이나 시민사회가 스스로 문제를 해결하는 것이 바람직하다는 것이다. 그러나 시장이나 시민사회도 불완전한 문제해결 메커니즘일 수밖에 없어 각 섹터의 장점들을 살려서 문제를 해결하고자 하는 노력들이 나타나고 있는데, 그러한 노력의 하나가 협력적 거버넌스(collaborative governance)에 의한 문제해결 지향이다.

3. 정부관료제의 한계와 대안적 문제해결 방안의 모색

문제해결에서 역사적으로 오랫동안 정부관료제가 중요한 역할을 해 오면서 그에 대한 의존이나 기대 수준이 높아져 왔다. 서구 사회를 중심으로 근대국가가 발전해 오는 과정과 개발도상국들이 근대화를 추진하는 과정에서 정부관료제 자체의 발전과 더불어 국가 발전의 견인차로서 자율성을 가진 관료제의 역할은 더욱 강조되었다.[3] 특히 전통적 행정학 이론을 중심으로 오랜 기간 동안 사회문제를 가장 효과적으로 해결하는 방법은 '정부', 즉 정부의 강제력과 직접적 개입을 통한 사회문제 해결이라고 인식되어 왔다. 이러한 고정관념은 사회문제를 해결하는 최선의 방법을 폭넓게 탐색하는 것을 어렵게 하는 결과를 초래하였다. 이처럼 정부 이외의 사회문제 해결 방법에 대한 고려를 근본적으로 봉쇄한 것은 정부에 대한 지나친 의존과 시장 및 시민사회의 사회문제 해결 역할에 대한 과소평가라는 심각한 부작용을 낳았다. 오히려 사회문제를 해결하기 위한 가장 효과적인 방법으로 여겨져 온 정부관료제가 언제부터인가 가장 해결하기 어려운 사회문제로 전락해 가고 있다는 비판을 받고 있다. 정부관료제가 국민의 선호에 적절히 대응하지 못하고, 국민에 대한 통제만을 강조하며, 개혁에 대하여 저항하고 공익보다 자신의 이익을

3) 관료제 이론의 선구자인 베버(Max Weber)에 의하면, 관료제는 인간이 만든 조직 중에서 가장 효율적이고 합리적인 것이며 현대 사회에 필수적인 것이라는 것이다. 그는 관료제를 국가 권력을 합리적으로 행사하는 주체로서 파악하고, 국가 이익을 옹호하는 자율적 정책결정의 실체로 이해하였다.

우선시하고, 결과적으로 문제를 해결하기보다는 더 많은 문제를 야기한다는 인식이 팽배해진 것이다(이명석, 2017: 21−23).

이러한 부작용에 대한 인식은 1970년대부터 소수의 젊은 행정학자들을 중심으로 점차 확산되기 시작하였다. 1970년대 초까지 정부관료제가 문제해결을 주도하는 과도한 행정국가의 모순들이 축적되어 정부실패 내지 정책실패 문제가 심각하게 부각되자 이를 극복하기 위한 노력들이 나타나기 시작한 것이다. 그 대표적인 학자가 공공선택론(public choice theory)을 정립한 오스트롬(Vincent Ostrom)인데, 그는 전통적 행정이론을 대규모 관료제 중심의 중앙집권적 문제해결 방법의 효율성을 강조하는 '관료행정' 이론이라 규정하고, 이와 대비되는 새로운 행정이론으로서 시민 개개인의 선호와 선택을 존중하고 중첩되고 분산된 다중심적(polycentric) 조직들 간의 경쟁과 다양한 사회문제 해결 방법을 강조하는 '민주행정' 이론을 강조하였다(Ostrom, 1974). 그는 정부관료제는 사회문제를 해결하기 위하여 필요한 다양한 조직 가운데 하나일 뿐 절대적인 존재가 아니며, 본질적으로 비효율적일 수밖에 없는 정부를 언제나 최선의 방법이라고 여기는 것은 '행정학의 지적 위기'이며, 정부관료제에만 의존하지 않는 새로운 문제해결 방법을 찾기 위하여 '코페르니쿠스적 사고의 전환'이 필요하다고 하였다(이명석, 2017: 7).

한편, 1980년대부터 신공공관리론(new public management theory)과 신거버넌스론(new governance theory)이 정부실패를 보완하기 위한 새로운 행정이론의 축을 형성하게 되었다. 신공공관리론은 시장주의에 바탕을 두고 시장의 경쟁 논리를 공공부문에 도입할 필요성을 강조하는 것으로서, 기존의 계층제적 통제 방식에서 벗어나 경쟁 원리에 따라 정부관료제의 효율성과 성과를 높이려는 것이다(이종수 외, 2014: 87~88). 신공공관리론의 주장은 시장이 정부를 대신하여 모든 사회문제를 해결하여야 한다는 것이 아니라, 정부관료제 안에서 관료들이 사회문제를 해결하는 과정에서 자유롭게 경쟁할 수 있도록 하여야 한다는 것이다. 그러나 신공공관리론은 정부조직 내부관리 문제에만 관심을 가질 뿐, 정부관료제에 의한 중앙집권적 사회문제 해결, 즉 사회적 조정 양식으로서의 계층제적 지시의 한계와 문제점에는 관심을 기울이거나 대안을 제시하지 않았다는 점에서 문제해결 방식의 대안적 다양성을 추구하는 행정학의 '패러다임 전환'을 가져왔다고 확신할 수는 없다. 이러한 관점에서 신공공관리론은 문제해결에서 정부관료제에 의한 계층제 중독 현상을 완전하게 극복하지 못하였다는 비판을 피하기는 어렵다(이명석, 2017: 98－100).

이와 대비하여 신거버넌스론은 정부와 시장 그리고 시민사회가 협력적 네트워크를 형성하여 공공 문제를 해결하여야 한다는 입장이다. 정부관료제의 한계를 인식하고 정부 주도의 공공서비스 전달 또는 공공문제 해결 방식을 넘어서는 대안으로서 등장한 것이 신거버넌스론이다. 신거버넌스론에서 강조하는 가치는 다양한 주체들 상호간의 신뢰, 협력, 공동생산 등이며, 정부관료제는 결정을 주도하기보다 방향잡기(steering)와 조정자(coordinator) 역할을 하는 데 주력한다. 이러한 변화의 흐름은 '정부에서 거버넌스로(from government to governance)'라는 표현으로 함축된다(Jessop, 2000; 김석준 외, 2000).

제 2 절 거버넌스에 의한 문제해결의 필요성과 의의

1. 거버넌스에 의한 문제해결의 필요성

앞에서 살펴보았듯이 현대 사회에서 점점 심화되고 있는 난잡하고 사악한 문제들을 해결하려면 다양한 가치와 이해관계를 가진 주체들 간의 협력적 거버넌스의 방식과 함께 연쇄적 결합(nexus) 전략에 의한 융합적·통합적 접근방법을 필요로 한다. 사회문제 해결의 3대 주체라 할 수 있는 정부, 시장, 시민사회 중 어느 한 주체만의 힘으로 복잡한 문제들을 해결하기란 불가능할 수밖에 없다. 특히 정부관료제의 비효율성 내지 정책실패 현상이 더욱 심각하게 인식되고 있는 상황 속에서 그 한계를 극복할 수 있는 대안적 문제해결 방식에 대한 관심은 자연스럽게 거버넌스형 문제해결의 필요성과 가능성에 대한 관심으로 옮겨지게 되었다.

여러 차례 강조하였듯이 현대 사회의 복잡한 사회문제들을 정부 혼자의 힘만으로 해결하는 것은 불가능하기 때문에, 정부의 한계를 심각하게 인식할수록 정책결정자들이 풀어야 할 가장 중요한 숙제는 사회구성원들이 스스로 사회문제를 해결할 수 있도록 유도할 수 있는 다양한 제도를 설계하는 것이다. 공유재(commons) 이론으로 2009년 노벨경제학상을 받은 오스트롬(Elinor Ostrom, 1990)은 정부에 의존하지 않는 새로운 사회문제 해결 방법인 자발적 협력을 통한 사회문제 해결, 즉 '자발적 협력으로서의 거버넌스'의 가능성과 조건을 발견하였는데(이명석, 2017: 33), 이는 우리에게 많은 시사점을 준다.

이처럼 강제력에 의존하는 정부관료제만이 사회문제를 해결할 수 있는 유일한 존재가 아니라 자발성을 근간으로 하는 민간부문도 사회문제 해결의 주역으로서 인식되는 순간 좀 더 효과적인 문제해결을 위해서는 정부조직과 민간조직 간의 수평적이고 자발적인 협력을 의미하는 '거버넌스' 방법이 필요하다는 것이 거버넌스 이론의 핵심적인 주장이다. 특히 복잡한 인과구조와 다양한 이해관계 및 가치갈등으로 얽힌 사악한 문제일수록 정부 부처(부서) 간뿐만 아니라 정부부문과 민간부문 간의 상호 신뢰와 수평적 협력을 근간으로 하는 거버넌스형 문제해결 방식이 더욱 절실히 필요하게 된다.[4]

2. 거버넌스의 본질과 핵심 요소

지난 수세기 동안 인류사회가 발전해 오면서 정부와 시장은 실패와 성공을 거듭하며 각각 나름대로의 공헌을 해 왔다. 그러나 20세기를 마감하면서 학계와 행정

4) 이명박정부에서 30조 원 이상을 투입하여 일사천리로 추진된 '4대강 정비사업'이야말로 수질과 수량 문제, 생태계 문제, 방재 문제, 농업 문제, 관광 문제, 지역개발 문제 등 다차원적이면서 복잡한 인과구조와 가치갈등으로 얽힌 사악한 문제의 대표적인 사례라고 볼 수 있다. 이토록 복잡한 문제를 다루었던 정부의 자세는 감사원의 감사 결과에서도 드러났듯이 각계각층의 다양한 목소리에 귀를 기울이기보다는 부정적 파급효과를 우려하는 비판적 보고서나 반대 의견을 무시하고 단기간에 걸쳐 정부(국토해양부) 주도의 일방적인 방식으로 추진함으로써 수십조 원의 막대한 예산 낭비와 함께 문제를 더욱 악화시킨 대표적인 정책실패 사례로 비판받고 있다. 2015년 11월에 한국갤럽이 실시한 여론조사 결과를 보더라도 '4대강 정비사업'에 대한 부정적 평가가 68%에 이르는 반면, 긍정적 평가는 17%에 불과하다(https://namu.wiki/4대강 정비사업). 만약 이러한 문제를 다루기 위한 실질적인 '지속가능한 물관리 거버넌스' 기구를 효과적으로 운영하면서 절차적 민주성과 합리성을 중요시하였다면 어떠한 결과가 나타났을지 깊은 성찰적 자세가 필요하며, 실패로부터 값진 교훈을 얻는 계기가 되어야 할 것이다.

현장에서는 전통적인 정부 역할과 시장 논리를 동시에 수용할 수 있는 대안적인 문제해결 기구를 요구하기에 이르렀다. 이러한 요구에 따라 등장한 것이 '거버넌스(governance)'[5]로서 이는 전통적인 정부(government)의 개념을 포함하면서 정부의 의미를 대신해 주는 새로운 개념이라 할 수 있다. 특히, 1990년대 이후 미국, 영국, 뉴질랜드, 호주 등 OECD 국가들의 공공개혁 추진 과정에서 정부와 시장 및 시민사회 등 문제해결 주체들 간의 관계를 새롭게 정립할 필요성이 대두되면서 등장한 것이 거버넌스의 개념이다. 거버넌스는 공공부문과 민간부문이 힘을 합쳐 문제를 해결해 나가는 새로운 패러다임으로서, 그 핵심은 '다중심성(polycentricity)'과 '수평적·자발적 협력'이다(이명석, 2017: 6-9). 거버넌스는 전통적인 정부의 계층제적 통제 이상의 의미를 갖는다. 거버넌스는 상호독립성, 자원 교환, 게임적 상호작용, 국가로부터의 높은 자율성 등을 특징으로 하는 자치적인 조직 간 네트워크로 이해할 수 있다.

거버넌스는 1970년대까지 국민국가 차원에서의 정부와 동일한 의미로 이해되었으며, 경제·사회적 발전을 위한 공공서비스의 배분과 관련하여 작동하는 공식적이고 제도적인 체계 및 과정들과 관련된 것이었다(Stoker, 1998). 하지만 1970년대 말부터 국가 중심의 관리체계 위상과 역할의 한계에 대한 논의가 활발해짐에 따라 거버넌스 개념은 중앙정부 중심의 통치양식에서 분리·분화되면서 정부의 역할을 보완 또는 대체하는 개념으로 자리 잡게 되었다. 거버넌스이론의 핵심은 공공서비스 전달 또는 공공문제 해결의 과정에서 정부라는 제도적 장치에 전적으로 의존하기보다는 정부와 시장 및 시민사회 간의 협력적 네트워크를 적극적으로 활용하는 것이다. 이 과정에서 정부와 시장 및 시민사회 간의 관계가 새로 정립되고, 이들 부문 간의 조정기제로서 상호 신뢰와 협력에 기초한 네트워크를 활용하게 된다(이종수 외, 2014: 94).

전통적 정부에 대한 대안적 운영 방식으로 대두되고 있는 거버넌스의 개념은 매우 다양하고 복잡하기 때문에 단순하게 정의하기는 어렵다.[6] 하지만 논의의 편의

5) governance의 'govern'은 다스린다는 것을 의미하는 한자 '治'에 해당하는데, 예를 들어 治水라는 것은 물을 다스린다는 것, 즉 물 문제를 해결하는 것을 의미한다. 이렇게 볼 때 거버넌스의 핵심은 '문제를 해결하는 것'이라고 할 수 있다(이명석, 2017: 32).

6) 거버넌스는 관심 분야에 따라 '국정관리', '네트워크 통치', '공치(共治)', '협치(協治)' 등으로도 불

를 위하여 저자는 거버넌스의 개념을 "정부와 시장, 시민사회의 다양한 주체들이 전통적인 역할 구분을 넘어, '참여'와 '소통' 과정을 거쳐 서로의 경험과 지식을 '공유'하고 '신뢰'를 형성함으로써, 공동의 문제를 함께 해결하고자 하는 대안적 정부의 운영체제 또는 협력적 문제해결 방식"로 정의하고자 한다. 거버넌스 영역을 참여 주체들 간의 관계로 표현하면 [그림 3-2]와 같다.

그림 3-2 참여 주체들 간의 관계로 본 거버넌스 영역

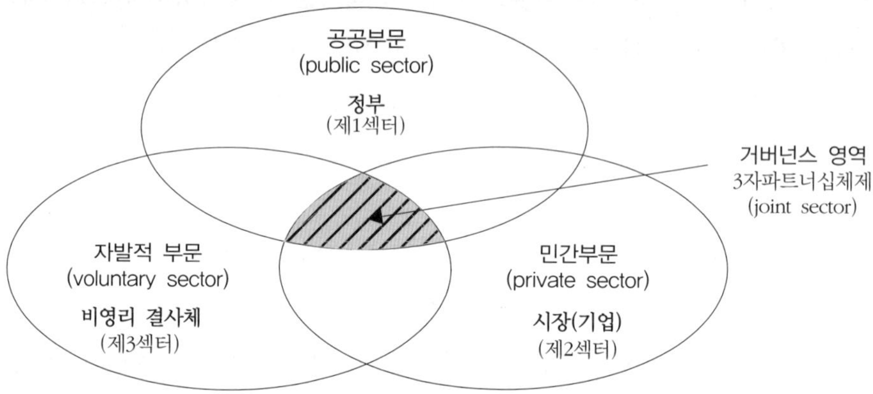

출처: 정규호(2002: 45), 저자 부분 수정.

거버넌스는 민·관 협력체계와 네트워크 구성에 중점을 둔다. 이러한 거버넌스의 강화는 대의민주주의 차원에서 힘의 균형을 찾는다는 점에서 의의가 있다. 개별 시민, 시민단체, 조직 간의 네트워크에서 지지를 받는 거버넌스는 정부의 계서적인 통치체제보다 더욱 대표성을 확보할 수 있다(김석준 외, 2000: 140).

거버넌스는 통치 과정에서 단일하고 동질적인 권력을 갖고 있는 정부의 관여만을 의미하지 않는다. 거버넌스는 다양한 주체들의 의사결정 권한을 공유하며, 시민의 주권과 독립성을 함양할 뿐만 아니라 참여를 통해 공공재를 공동으로 생산하는

리고 있으나, 어떤 개념도 그 의미를 충분히 담아내지 못해 그냥 '거버넌스'로 부르는 경향이 일반적이다. 그러나 거버넌스가 구체적으로 무엇을 의미하고 있는지를 살펴보면, 이것이 보편적인 개념어로 사용되기에는 다양한 해석과 의미가 부여되고 있다. 이는 우리나라만의 현상은 아니며, '거버넌스'와 관련한 개념 정의와 이론화 과정 속에 다양한 가치체계와 학문 영역들이 들어와 있고, 거버넌스 개념 자체가 시대적으로 변화해 왔다는 사실과도 무관하지 않다.

표 3-1 정부와 거버넌스의 비교

구분	정부	거버넌스
1. 제도	적음	많음
2. 관료조직	계층적/통합적	분산적/분절적
3. 수평적 네트워크	폐쇄적	개방적
4. 국제적 네트워크	최소한	광범위
5. 민주적 연계	전형적	전형적+새로운 실험
6. 정책	경직됨	혁신적, 학습적
7. 중앙정부	직접통제	분권화+최소한의 간섭
8. 리더십	카리스마적	집단적

출처: John(2001: 17).

일련의 과정을 포함하는 데 그 의의를 두고 있다. 거버넌스는 새로운 아이디어에 대한 개방성을 강조하는 정치와 함께 사회적 상호작용을 고양한다. 거버넌스는 심의민주주의의 정치를 활용함으로써 시민의 능동적 참여를 지속적으로 이끌어 낼 수 있는 민주적 대안이다. <표 3-1>에서 볼 수 있듯이 정부에 비하여 거버넌스는 다양한 제도적 방식, 관료조직 권한의 분산, 광범위한 수평적 네트워크, 혁신적·학습적 정책, 중앙정부 간섭의 최소화, 집단적 리더십 등과 같은 특성을 지니고 있어 다원주의와 민주주의가 발달할수록 거버넌스가 활성화되는 현상을 볼 수 있다.

거버넌스의 구성 요소를 이해하기 위하여 이러한 거버넌스의 개념적 정의가 담고 있는 특성을 정리하면 다음과 같다(김병완, 2006: 85-86). 첫째, 거버넌스는 공공부문과 민간부문 간의 새로운 상호작용의 형태를 의미한다. 거버넌스는 정부와 사회 간의 새로운 상호작용의 형태를 의미한다. 행정에서 중요한 것은 정부 내부의 기획이나 정책결정이 아니라, 정부와 사회, 그리고 다양한 참여자들 사이의 상호작용이라는 것이다. 둘째, 거버넌스라는 용어는 정부의 의미 변화 또는 공적 업무의 수행 방법의 변화를 지칭한다. '정부'는 공식적 권위에 근거한 활동을 지칭한 반면, '거버넌스'는 공유된 목적에 의하여 일어나는 활동을 의미한다. 과업을 공유하고, 정부와 사회의 역할 분담에 따라 문제를 해결한다. 셋째, 거버넌스의 가장 중요한 특징은 중앙·지방정부, 자치적·사회적 단체, 비정부조직(NGO), 시장조

표 3-2 거버넌스의 구성 체계

<table>
<tr><td rowspan="3">체계</td><td rowspan="2">메타
거버넌스
(맥락)</td><td>- 인식론적 전환에 기반한 비전 제시
• 공 · 사간, 정부 · 시민사회 간, 지구 · 지방 간, 자율성 · 책임성 간 이분법 극복</td><td>인식론적 기반</td><td rowspan="4">공적
영역</td></tr>
<tr><td>- 제도적 질서와 균형 유지
• 제도설계, 제도 간 연계 및 조정 여건 조성</td><td>체제 기능</td></tr>
<tr><td rowspan="2">거버넌스
(조직, 제도)</td><td>- 공식적 제도화 영역
• 반응성, 책임성, 효율성의 원칙
• 제도화 및 권력행사 과정</td><td>정책형성
양식</td></tr>
<tr><td rowspan="4">생활
세계</td><td>- 비공식적 제도화 영역
• 자발적 참여, 협력의 원칙
• 영향력 행사 및 합의 도출 과정</td><td>여론형성
양식</td></tr>
<tr><td rowspan="3">거버넌스
구성원
(행위자)</td><td>- 공동의 이슈화, 공론화</td><td>여론형성</td><td rowspan="3">사적
영역</td></tr>
<tr><td>- 소통을 통한 경험과 이해관계 공유</td><td>의견 공유</td></tr>
<tr><td>- 성찰적 개인</td><td>능동적 시민</td></tr>
</table>

직 등의 다양한 구성원들로 이루어진 네트워크를 강조한다는 것이다. 넷째, 거버넌스에 의하여 다양한 참여자로 구성된 네트워크 상황은 참여자들이 상호 독립적이라는 것을 의미하며, 정부는 네트워크의 관리자 역할을 담당한다. 다섯째, 거버넌스는 사회의 자기조향 능력을 강조하고, 공동규제, 공동조향, 공동생산, 공동지도를 중요시한다. 여섯째, 거버넌스 상황에서 국민은 고객이 아니라 주인으로 간주된다. 즉, 국민을 정부의 의제와 정책을 결정하는 능동적인 주체로 인정한다는 것이다.

이러한 맥락에서, 거버넌스에 대한 정의가 매우 다양하게 이루어짐에도 불구하고 이것을 구성하는 공통의 요소들을 찾아보자면, <표 3-2>에서 보는 것처럼 크게 참여 행위자들과 협력조직 및 제도, 참여자들의 상호작용을 통한 운영 과정, 그리고 거버넌스 체제를 둘러싸고 있는 메타적인 차원의 맥락을 들 수 있다(정규호 · 남원석, 2000).

먼저, 거버넌스를 구성하는 행위자들은 공공과 민간, 자발적 부문 등 사회 각 부문을 균형 있게 대표하는 사람들로 구성되어야 한다. 그리고 이들 각자는 공익적 가치를 보호하고 향상시킬 수 있는 자발성과 책임성을 자격 요건으로 갖출 필요가 있다. 이처럼 사회 각 부문의 다양한 이해관계를 대변하는 참여자들이 거버넌스 체계 속에서 서로 소통하고 상호 학습하는 과정을 통하여 공통의 과제를 발견하고 여론을 형성하면서 함께 문제를 해결해 나갈 수 있는 역량을 구성하여야 한다.

한편, 거버넌스 체제를 통하여 여론을 효과적으로 수렴하고 정책화시켜 사업을 효율적으로 집행할 수 있도록 하기 위해서는 조직과 제도 측면에서 물리적 · 재정적 안정성과 독립성을 갖추도록 제도적 조건을 갖출 필요가 있다. 또한 공식적이고 가시적인 제도 영역과 비공식적이고 비가시적인 제도 영역들 간의 긴밀한 상호교류를 촉진시킬 수 있도록 소통을 통한 학습 과정을 제도화할 필요가 있다. 그리고 다양한 참여자들과 가치, 제도들 간의 긴장과 갈등을 최소화하면서 공통의 목표를 향하여 거버넌스 체제가 좀 더 효과적으로 작동하도록 하기 위해서는 거버넌스 체제를 좀 더 민주적이고 성찰적인 방식으로 운영할 수 있도록 거버넌스의 과정을 좀 더 정교하게 설계하여야 할 것이다.

메타 차원에서 거버넌스를 둘러싸고 있는 조건들을 안정화시키기 위해서는 다양한 목표와 기대, 습관을 가진 행위자와 제도들에게 경쟁과 갈등보다는 상호 교류와 협력을 촉진하는 방향으로 인식론적 기반을 만들어 나가면서 동시에 공익적 가치를 보장하는 방향으로 사회체제 자체를 변형시키는 노력을 병행할 필요가 있다.

3. 거버넌스의 차원과 유형

거버넌스는 그 용어 자체가 혼란스러운 것을 감안 할 때, 거버넌스에 대한 정치학 및 행정학, 경영학 그리고 경제학 등 문헌에 나타난 다양한 사고방식과 개념 정의를 검토하고 평가해 볼 필요가 있다. 이러한 관점에서 거버넌스의 심층적 이해와 심화된 연구를 위하여 거버넌스의 차원을 구조와 과정으로 나누어 이해하는 것이 도움이 된다(Pierre & Peters, 2000).

1) 구조로서의 거버넌스

정부 외의 다양한 행위자가 의사결정에 참여하고 관료제적 통치방식에서 벗어나 좀 더 수평적인 네트워크 조직을 통한 문제해결을 시도하는 거버넌스는 구조적 차원에서 볼 때 어떠한 행위자들이 어떤 제도와 체제적 조건 속에서 참여하고 무슨 역할을 수행하는가와 밀접한 관련이 있다. 따라서 여기서는 권력관계와 가치관계가 중요하다.

구조로서의 거버넌스에는 계층제(hierarchies) 거버넌스, 시장(markets) 거버넌스, 네트워크(networks) 거버넌스 등 다양한 유형들이 있는데, 각각 일정한 시간적 · 공간적 상황에 따라 특정 유형들이 효과적인 사회적 조정양식이자 문제해결기구로 작동하는 것이 일반적이다.

첫째, 계층제로서의 거버넌스는 수직적으로 통합된 국가구조를 통하여 운영되는 베버의 관료제 모형으로서, 기본적으로 법에 의한 거버넌스 모델이다. 따라서 계층제로서의 거버넌스는 법률 형태의 규제를 통하여 사회에 영향력을 행사한다는 점, 그리고 명령과 계층제적 시스템에 따라 운영된다는 특징을 가진다. 사회적 조정양식의 하나로서 계층제는 전통적 행정학의 관료제 패러다임이 가정하고 있는 하향적 계획을 통한 사후적 조정양식을 의미한다. 그러나 현재 거버넌스를 논의하고 있는 대부분의 문헌은 계층제를 거버넌스 모델에서 제외하고 있다. 왜냐하면 계층제는 고도로 표준화된 공공서비스를 제공하던 시기에 적절한 제도였다고 보기 때문이다. 즉, 현대 사회에서는 표준화된 서비스가 더 이상 필요하지 않고, 따라서 계층제는 현재의 시대에 적절하지 않다고 보는 것이다. 그러나 거버넌스의 관점에서 계층제를 이러한 의미로 보는 것은 옳지 않다. 거버넌스는 엄밀히 말하면 정부 그 자체만큼이나 오래된 것이다. 그래서 계층제는 거버넌스의 여러 가지 형식 중에서 한 가지 형태인 것으로 인식되어야 한다. 계층제는 거버넌스의 다른 형태들과 같이 동반관계에 있는 것이며, 가까운 미래에 사라질 운명에 있는 것이 아니다. 즉, 계층제 형태의 거버넌스는 국가와 제도적인 맥락에서 여전히 중요한 역할을 한다. 실질적으로 계층제는 서구 민주주의 정치조직과 제도에서도 여전히 중요한 역할을 하고 있다. 최근에 수평적인 연결망 조직이 점차 중요하게 된다고 하지만, 그래도 아직까지는 계층제적인 조직이 수평적 연결망 조직보다 더 주도적인 역할을 하고 있다.

둘째, 시장으로서의 거버넌스에서 시장의 개념은 거대정부가 사라지면서 점차로 새로이 대두되었는데, 대체로 정부는 자원을 효율적으로 배분하지 못하며, 시장이 가장 효율적이고 공정하게 배분하는 메커니즘을 가지고 있다고 보는 시각이다. 사회적 조정양식의 하나로서 시장은 개인의 자유를 침해하거나 불평등한 지위를 요구하지 않고 다수 행위자의 행동을 자연발생적으로 조정하는 것을 의미한다. 시장은 다양한 이해관계를 갖는 행위자들 사이의 자발적 교환과 경쟁적 교환을 통한 사후적 사회조정 양식이다. 거버넌스의 맥락에서 시장의 대표적인 개념은 자원 배분의 기능으로서, 화폐적인 기준으로 효율성을 측정하기 위한 기반으로 역할을 한다. 또한 거버넌스의 맥락에서 시장의 또 다른 중요한 개념은 경제적 참여자 등을 위한 활동의 장소이다. 이러한 의미에서 시장으로서의 거버넌스는 경제적 참여자들이 시장의 기본적인 기능을 훼손하지 않으면서도 공공의 문제를 해결할 수 있도록 하는 여러 가지 메커니즘을 제시한다. 결국 시장으로서의 거버넌스에서 시장의 참여자들은 그들이 서로 각각 경쟁을 하더라도 필요할 때는 서로 협조하게 된다.

셋째, 네트워크로서의 거버넌스는 신뢰, 상호이해, 호혜성, 상호조정, 설득, 협력, 비공식성, 도덕적 헌신의 공유, 목적의 공유, 공동체 등을 근간으로 하는 것으로서, 자발성에 의하여 행위자들 간의 행동을 조정하는 성찰적 자기조직화를 통한 사회적 조정을 의미한다. 사회적 조정양식으로서의 네트워크는 규범, 가치, 호혜성 등에 따라 개인의 자유를 침해하는 강제력이 작동한다는 점에서 계층제나 시장과 차별화된다. 계층제와는 달리 네트워크에서는 공식적 권위에 의한 법적 강제력이 아닌, 자발적 협력에 의하여 이루어지는 사회적·규범적 강제력에 근거하여 사회문제를 해결하기 위한 수평적 자기조정이 이루어진다. 네트워크는 시장의 '보이지 않는 손'이나 계층제의 '보이는 손'과 대비되는 의미에서 '보이는 협력하는 손'이라고 할 수 있다. 계층제나 시장과 마찬가지로 네트워크 또한 조직의 형태 또는 조직 내부관리 문제를 해결하는 사회적 조정양식인 동시에 조직 간 문제를 해결하기 위한 사회적 조정양식이다(이명석, 2017: 138－139). 네트워크는 정부의 간섭이나 강제력이 최소화된 공동체 수준에서 사회문제들을 스스로 해결할 수 있는 기제로 이해할 수 있다. 공동체주의자들의 시각에서 볼 때, 정부는 많은 문제를 해결하기는 하지만, 해결하는 것만큼 또 다른 많은 문제를 일으키고 있다. 공동체주의자들은 공동체의 네트워크가 거대한 정부관료제의 비효율성이나 한계를 보완하여 공공문제를 해결하면서 공동체의 시민정신을 강화하는 역할을 한다고 본다.

위에서 살펴본 계층제로서, 시장으로서, 네트워크로서 거버넌스는 기본적으로 구조와 제도의 측면을 강조하고 있으며, 각각 사회적 조정양식의 이념형이라고 할 수 있다. 따라서 현실에서는 각각의 사회적 조정양식들이 순수한 형태로 존재하지 않고, 혼합된 형태로 사회문제 해결 과정에서 사용된다. 사회적 조정양식의 이념형으로서 세 가지 거버넌스의 특징을 정리하면 <표 3-3>과 같다.

표 3-3 사회적 조정양식으로서 세 가지 거버넌스

구분	계층제	시장	네트워크
의사소통 수단	표준절차	가격	신뢰
갈등 해결 수단	관리적 명령, 감독	소송, 사법적 판단	호혜성, 평판
유연성	저	고	중
분위기	관료적, 공식적	정확, 의심	개방적, 호혜적
구성원 행동 · 선호	의존적	독립적	상호의존적
운영 원리	관료적, 공식적	계약에 의한 관리	신뢰, 협력
전제조건	완벽한 정보, 사적 동기 부재	완전경쟁, 외부효과, 거래비용 부재	신뢰, 평판, 이타심

출처: 이명석(2017: 144).

2) 과정으로서의 거버넌스

과정적 차원에서 볼 때 거버넌스는 주어진 과제를 어떠한 절차와 단계를 거쳐 효율적이고 효과적으로 해결하느냐와 관련된다. 효과적으로 문제를 해결하기 위하여 다양한 행위자간의 활발한 의사소통과 토론을 통한 상호조정을 중시한다. 따라서 명령, 통제, 제재와 같은 방식보다는 합의, 조정, 협력을 통한 문제해결 방식을 선호한다.

일반적으로 거버넌스에 대하여 접근할 때에는 공식적인 제도 · 기구보다는 과정과 성과 산출 부문에 좀 더 초점을 맞출 필요가 있다. 왜냐하면 정치적 행위를 포괄적 · 맥락적으로 바라볼 때 거버넌스가 제도보다는 산출과 더 관련이 있기 때문이다. 제도적 기구는 국가가 거버넌스에서 실제로 수행하는 많은 역할에 큰 영향을 미치기 때문에 여전히 중요한 부분이다. 그러나 거버넌스가 단순히 구조적 측면만이 아니라 구조 간의 상호작용과도 관련되는 것이기 때문에 과정적인 측면에서 거버넌스를 보는 것은 매우 중요한 의미가 있다. 거버넌스는 형태와 목적의 측면에서 역동적이다. 여타의 행위자들을 참여시키고 그들에게 영향을 주는 과정은 시간의 경과에 따라 지속적으로 변하게 되고, 부문 간의 경계를 넘어서서 다른 부문들도 변화하게 하는 것이다. 따라서 과정으로서의 거버넌스에서는 거버넌스를 역동적인 과정으로 인식하는 것은 중요한 의미를 가진다.

이러한 맥락에서 과정으로서의 거버넌스 관점에서 '방향잡기'는 거버넌스의 핵심적 개념이다. 사전적 의미의 거버넌스는 라틴어에서 조정을 의미하는 '사이번(cybern)'에서 유래한 것이다. 즉, 국가가 사회를 조정한다고 보고 있는데, 이러한 시각은 거버넌스 이론에서 여전히 중심적인 위치를 차지한다. 여기서 중요한 것으로 다음과 같은 두가지 사항이 제시된다.

첫째, 과정적인 측면에서의 거버넌스에서는 국가가 여전히 사회를 조정할 수 있는 능력이 있다고 본다. 단지 과거와 다른 점은, 현재의 이 능력은 법률적 권한에 덜 의존하면서, 다양한 주체들과의 숙의 과정을 거쳐 중요한 자원과 집합적 이익인 공익에 기반을 두고 권한의 행사가 이루어진다는 점이다.

둘째, 국가가 과연 어떤 목적을 향하여 사회를 조정하는가의 문제이다. 누가 거버넌스의 목적을 정하느냐의 문제는 거버넌스 참여자들 간의 관계와 연관된 문제이다. 결국 거버넌스는 어떤 경우에는 기업이나 산업부문 간의 협조를 의미하고, 또 다른 경우에는 시민사회의 참여와 협력을 통하여 협의하고 조정하는 수단적인 과정을 의미한다.

따라서 과정적인 측면에서의 거버넌스에서는 거버넌스를 공공과 민간의 참여자들이 어떻게 숙의를 거쳐 의사결정을 하고 원하는 결과를 어떻게 만들어 내는가에 대한 동태적인 과정으로 본다. 그 결과 이러한 거버넌스는 정부가 공공의 목적을 달성하는 데 중요한 역할을 하며, 복잡한 문제 속에서 얽힌 이해갈등과 긴장관계를 조정하는 데도 많은 역할을 한다고 본다.

위에서 살펴본 내용으로 볼 때, 과정적 측면에서 거버넌스의 핵심은 '조종(steering)과 조정(coordinating) 현상'으로 이해된다. 따라서 과정적 측면에서의 거버넌스에서는 다양한 주체들 간의 협력적 의사결정과 문제해결을 위한 조종과 조정기제가 핵심이라 할 수 있다.

제 3 절 협력적 거버넌스에 의한 지속가능발전 문제해결 전략

1. 협력적 거버넌스에 대한 이해

앞 절에서 사회적 조정양식의 이념형이자 거버넌스의 구조적 유형들로서 계층제 거버넌스, 시장 거버넌스, 네트워크 거버넌스 등을 살펴보았다. 이러한 이념형적 거버넌스들은 현실 세계에서 독자적으로는 성공적으로 작동하기 어렵다. 현실 세계의 복잡한 문제들을 해결하는 데 계층제는 시장이나 네트워크의 도움 없이 성공적으로 기능하기 어렵다. 시장은 현실에서 이기적인 행위자들로 인하여 강제성을 가진 정부의 개입이나 자율성과 도덕성을 지닌 네트워크의 협력 없이 성공적으로 작동하기 어렵다. 네트워크 역시 현실적으로 계층제의 제도적 뒷받침이나 시장의 경제적 유인이 수반되지 않을 경우 성공적으로 작동할 가능성은 매우 낮다. 따라서 복잡하고 다차원적인 문제일수록 최선의 해결 방법은 계층제, 시장, 네트워크 등 세 가지 거버넌스 유형을 어떻게 적절히 혼합하고 이들을 관리할 것인가를 고민하여야 하는데(이명석, 2017: 176), 여기서 '협력적 거버넌스'에 대한 이해가 요구된다.

그림 3-3 세 가지 사회적 조정양식과 협력적 거버넌스

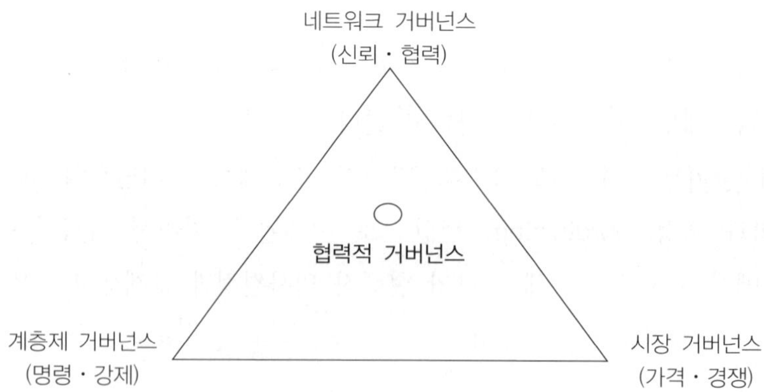

출처: 이명석(2017: 192), 저자 일부 수정.

협력적 거버넌스는 계층제, 시장, 네트워크 등 세 가지 사회적 조정양식의 최적의 조합을 통한 자율적 행위자와 조직들 사이의 구조화된 상호작용을 활용하여 기존의 조직적 경계와 정책을 초월하여 새로운 공공가치를 창조하는 사회문제 해결방식이라 정의할 수 있다(이명석, 2017: 189). 세 가지 사회적 조정양식을 결합한 협력적 거버넌스의 모습을 나타내면 앞의 [그림 3-3]과 같다.

계층제, 시장, 네트워크 세 가지 사회적 조정양식은 현실세계에서 독자적으로는 실패할 가능성을 지닌 불완전한 사회적 조정양식이다. 따라서 현실에서 복잡한 사회문제를 성공적으로 해결하기 위해서는 각각의 사회적 조정양식의 장점 내지 특징이라 할 수 있는 계층제적 지시와 자발적인 협력, 그리고 시장의 가격 경쟁이 모두 동일한 비중으로 혼합된 협력적 거버넌스가 가장 바람직한 방법이라고 할 수 있다. 거버넌스는 사회 전체적인 차원에서 복잡하게 나타나는 정치·경제·사회적 문제를 관리하고 해결하는 것을 의미한다.

2. 지속가능발전을 위한 협력적 거버넌스의 조건과 전략

지속가능발전은 우리 모두가 추구하여야 할 공공가치(public value)와 관련된 개념이다. 이와 같은 공공가치를 추구하는 것을 공공성이라고 정의할 수 있다. 협력적 거버넌스에서의 공공성은 더 이상 공공부문이나 정부와 관련된 것에만 국한되는 조직 중심의 개념이 아니라, 공공가치를 추구하고 사회문제를 해결하기 위하여 다양한 주체들 간의 협력에 의하여 공동으로 이루어지는 노력과 관련된 초점 중심의 개념으로 정의될 수 있다(이명석, 2017: 251-253).

공공가치의 하나로서 지속가능발전을 실현하기 위한 조직화된 노력을 보여주는 하나의 사례가 지속가능발전협의회이다. 이는 1992년 유엔환경개발회의(일명 리우회의)의 성과로 채택된 '의제21(Agenda 21)'과 그 후속적 노력의 성과로 2015년 유엔총회에서 채택된 '유엔 지속가능발전목표 2030(UN SDGs 2030)'을 각 나라마다, 지방정부마다 이행하기 위하여 조직되어 활동해 오고 있는 협력적 거버넌스 기구의 전형이다.[7] 협의회가 협력적 거버넌스 기구로서 성공적인 역할을 수행하여 '지속가능성 위기문제'[8]라는 난해한 문제를 해결하기 위해서는 협력적 거버넌스의 다음과 같은 조건과 전략이 필요하다고 본다.

먼저, 지속가능발전목표(SDGs)의 달성을 위한 협력적 거버넌스의 조건을 제시하면 다음과 같다.[9)]

첫째, 신뢰의 구축이다. 신뢰는 구성원들 간의 사회적 관계를 통해 형성되는 무형적인 사회적 자본(social capital)의 핵심 요소이다. 사회적 자본은 성숙한 시민사회 속에서 시민의 자발적 참여에 의하여 생산되는 자본이다. 특히 거버넌스의 성공적 작동에서 민·관 상호간의 신뢰는 절대적인 전제조건이라 할 수 있다.

둘째, 제도의 형성이다.[10)] 제도는 정부가 정책의 안정성과 지속성 그리고 책임성을 담보하기 위하여 마련하는 거버넌스 기구의 공식화 내지 법제화 차원은 물론, 민간부문을 중심으로 자치제도, 자기규제, 자기조정 등이 이루어지는 것을 의미한다. 특히 구성원들의 자기규제와 자치통제 능력은 협력적 거버넌스의 제도적 근간이라 할 수 있다. 갈등 해결장치, 감시제도, 평가제도 등도 제도적 장치의 중요한 요소이다.

셋째, 리더의 역할이다. 거버넌스의 리더는 공공기업가로서의 활동을 하는 존재로서, 촉진자이면서 조정자의 역할을 적극적으로 하여야 한다. 특히 촉진적 리더십은 참여자들을 거버넌스의 구성원으로 참여시켜 협상 테이블로 오게 하고 협력 과정에서 복잡하게 얽힌 이해관계를 지혜롭게 조정하는 역할을 한다(Ansell & Gash, 2007: 555).

---

7) 우리나라에서는 1994년부터 지속가능발전을 위한 거버넌스 기구로서 지방자치단체 단위로 협의회가 구성되어 활동해 오고 있는데, 2018년 1월 기준으로 전국의 245개 광역 및 기초 자치단체 중 93%에 달하는 228개 자치단체에서 '지속가능발전협의회'(구 지방의제21협의회)가 설치되어 있으며, 별도의 상설사무국을 두고 있는 곳이 101개 지역이고 행정부서가 사무국 기능을 하고 있는 곳이 54개 지역이다(환경부, 2018: 92).

8) 지속가능성 위기 문제는 각각의 위기가 다른 위기를 낳고, 이러한 위기들이 결합하여 더욱 증폭되는 현상으로 나타난다. 온실가스 문제, 기온 상승, 해수면 상승, 해체되는 생태계는 식량 문제, 공중보건 문제, 수자원 문제, 전력 문제, 도시정주 문제 등과 연계되어 더욱 증가하는 위기 상황에 대처하는 능력이 붕괴되는 결과를 가져올 수 있다(월드워치연구소, 2014: 15).

9) 이명석(2017: 283)은 협력적 거버넌스 성공의 중요한 조건으로 참여자 사이의 신뢰 구축, 자치적 제도, 실행력 있는 리더 또는 공공기업가 등을 제시하였다.

10) 안셀과 개시(Ansell & Gash, 2007: 556−557)에 따르면, 협력적 거버넌스의 성공적 작동을 위한 제도설계에서는 광범위한 참여자가 규칙에 포함되어야 하고, 중요한 이해관계자가 규칙에서 배제되면 안 되고, 명확한 기본 규칙이 있어야 하고, 규칙 제정 과정이 투명하여야 하며, 의견 일치를 위한 규칙이 필요하다는 것이다.

넷째, 협력이 핵심적 요건이다. 정부·시장·시민사회 간의 수평적·자발적 협력을 어떻게 이끌어 내느냐가 가장 중요하다. 협력 과정은 면대면 대화와 소통, 신뢰 구축, 과정 몰입, 공유된 이해, 중간 성과 등으로 구성되는 반복적이고 순환적인 과정으로 이루어진다(이명석, 2017: 298).

다섯째, 상호의존성을 바탕으로 하는 공동의 자원, 공동의 목적, 공통의 가치 추구가 필요하다. 참여자들 사이의 상호의존성과 호혜성이 강할수록 협력적 거버넌스의 성공가능성은 높아진다. 특히 어느 하나의 주체가 단독으로 해결할 수 없는 복잡난해한 문제를 해결하고자 하는 '공동의 목적'은 협력적 거버넌스의 성공을 위한 가장 중요한 요소이다.

다음으로, 지속가능발전목표(SDGs)의 달성을 위한 협력적 거버넌스의 전략을 제시하면 다음과 같다(이명석, 2017: 214－217).

첫째, 문제해결을 통해 추구하여야 할 공공가치를 명확히 규정하여야 한다. 유엔의 지속가능발전목표(SDGs) 17개[11]에 담긴 내용들은 모두 우리 사회가 협력해서 달성하여야 할 공공가치들이다. 이러한 공공가치들과 관련된 문제들은 매우 복잡한 인과구조들을 지니고 있기 때문에 정부는 기존의 조직이기주의 내지 할거주의적 관행이나 관료제적·계층제적 논리에서 벗어나고 낡은 제도적 틀과 고정관념에서 탈피하여 공공가치를 달성하는 데 가장 적합한 협력적 거버넌스 체계를 구축하여야 한다.

둘째, 거버넌스에 참여할 사람들을 개방적이고 적극적인 자세로 탐색하고 선택하여야 한다. 적절한 협력적 거버넌스 참여자를 선택할 때는 잠재적 참여자들 간의 문화적 조화 가능성, 참여자의 역량과 자원, 원활한 의사소통 능력 등을 고려할 필요가 있다. 특히 정치적 이념이나 편향적인 가치 기준에 따라 특정 집단이나 개인이 배제되어 거버넌스 기구가 폐쇄적이고 편협하게 운영되지 않도록 유의하여야 한다.

셋째, 행정기관의 제도적 안정성과 재정적 책임성을 확보하도록 하여야 한다. 우리나라 협력적 거버넌스 기구의 대표적인 사례로 각 자치단체별 지속가능발전협

11) 제1장 2절 내용 참조.

의회들이 안고 있는 가장 어려운 과제가 거버넌스 기구의 활동에 대한 제도적 안정성과 재정적 책임성의 문제이다(김병완, 2018: 6−7). 특히 4년 주기로 치르는 선거를 통한 권력 교체 같은 정치적 변수에 의하여 거버넌스 기구의 위상이나 존립이 흔들리지 않도록 제도적 안정성을 확보하는 것은 매우 중요하다. 또한 재정적 책임성 확보가 중요한 경우일수록 계층제 거버넌스의 비중이 상대적으로 높은 협력적 거버넌스가 필요하다.

넷째, 시민사회의 다양한 네트워크와 인적 자원을 적극적으로 활용하여야 한다. 정부는 민간부문의 다양한 구성원들의 자원과 역량을 활용하여 좀 더 창의적이고 효과적으로 문제를 해결할 수 있는 방법을 강구하여야 한다. 시민사회가 지니고 있는 사회적 자본의 힘, 자발적 참여와 연대의 힘, 창의적이고 도전적인 에너지 등은 협력적 거버넌스를 통한 성공적인 문제해결의 원동력이다.

다섯째, 참여 주체들 간의 활발한 의사소통 통로를 구축하고, 플랫폼 내지 네트워크의 허브 기능을 수행하도록 하여야 한다. 이질성을 지닌 다수의 기관이나 주체들이 참여하는 거버넌스의 성격상 참여자들 사이의 다양한 방식의 의사소통 통로를 갖추는 것은 매우 중요하다. 특히 거버넌스 기구의 사무국 같은 조직은 공간적 차원의 대면적 의사소통과 정보 공유의 장소로서 기능함은 물론, 아이디어를 기획하고 참여자들을 조직화하는 플랫폼 기능과 함께 다양하고 역동적인 에너지를 모으고 문제해결 현장에 전달하는 네트워크 허브 기능을 수행하는 역량을 갖추어야 한다.

여섯째, 참여 주체들 간의 유기적인 연결망과 지속적 상호관계를 유지하여야 한다. 거버넌스 기구에서 취약한 점은 참여자들 간의 결속력과 상호관계의 지속성을 유지하기가 쉽지 않다는 것이다. 다중심적이고 수평적 성격을 갖는 거버넌스 조직이 갖는 신축적이고 열린 구조의 특성상 조직의 응집력을 무조건 강화시키는 것만이 바람직한 것은 아니기 때문에 목표와 성과의 공유, 자원과 수단의 공유, 결정에 대한 책임의 공유 등을 통하여 적절한 수준의 연결망과 지속적 관계를 유지하는 것이 중요하다.

일곱째, 참여 주체들 간의 문화적 이질성을 극복하여야 한다. 공공부문과 민간부문은 조직문화의 차이는 물론 개별적 참여자들의 가치관과 행위의 유인체계에서도 이질적 성격이 강하다. 명령과 지시에 익숙한 정부관료제, 사적 이익을 우선으로 하는 기업조직, 공익을 위하여 자발적으로 움직이는 시민사회단체 참여자들 사이의 문화적 차이를 당연한 것으로 받아들이되, 이를 극복하기 위한 상호 존중과 배려, 그리고 역지사지 관점의 토론과 협력 분위기를 조성하는 노력이 필요하다.

참고 문헌

김병완(2004). 「지속가능한 지역발전을 위한 환경 거버넌스 구축방안 연구」. 환경부.

김병완(2006). 신개발주의에 대응하는 그린 거버넌스 강화방안. 「사회과학연구」 제14집.

김병완(2007). 「지방지속가능발전 진단과 컨설팅 실시방안」. 대통령자문 지속가능발전위원회.

김병완(2018). 지방 지속가능발전 이행의 제도적 과제와 전망. 「지속가능발전 법제화를 위한 토론회」. 국회의원 송옥주의원실.

김석준 외(2004). 「뉴거버넌스 연구」. 서울: 대영문화사.

이명석(2017). 「거버넌스 신드롬」. 서울: 성균관대학교출판부.

이은구 외(2003). 「로컬거버넌스」. 서울: 법문사.

이종수 외(2014). 「새행정학2.0」. 서울: 대영문화사.

월드워치연구소 편(이종욱 외 역)(2015). 「지속가능성을 위한 거버넌스」. 21세기북스.

정규호(2002). 「지속가능성을 위한 도시 거버넌스 체제에서 합의형성에 관한 연구」. 서울대학교 대학원 박사학위논문.

정규호 · 남원석(2000). 환경친화적 거버넌스의 도시관리적 함의와 지방의제21의 발전방향, 한국공간학회 추계학술대회 자료집, 77-97쪽.

주성수(2004). 「NGO와 시민사회」. 서울: 한양대학교출판부.

최영출 외(2006). 「지역경쟁력 강화와 로컬거버넌스」. 서울: 대영문화사.

환경부(2018). 「지방정부의 SDGs 이행을 위한 가이드라인 마련 연구」.

Ansell, Chris & Gash, Alison(2007). "Collaborative Governance in Theory and Practice." *JPART* 18: 4. 543-572.

Jessop, B.(2000). "Governance Failure" in Stoker, G. ed. *The New Politics of British Local Governance*. Macmillan Press.

John, Peter(2001). *Local Governance in Western Europe*. London: Sage Publications.

Kooiman, Jan, ed.(1993). *Modern Governance: New Government−Society Interactions*. London: Sage Publications.

Ostrom, Elinor(1990). *Governing the Commons: The Evolution of Institutions for Collective Action*. Cambridge: Cambridge University Press.

Ostrom, Vincent(1974). *The Intellectual Crisis in American Public Administration*. Alabama: The University of Alabama Press.

Pierre, J. & Peters, B. Guy(2000). *Governance, Politics and the State*. New York: St. Martin's Press.

Rittel, Horst W. J. & Webber, Melvin M.(1973). "Dilemmas in a General Theory of Planning". *Policy Sciences 4*: 155 - 169.

Stocker, G.(1998). "Governance as Theory: Five Propositions". *International Social Science Journal* Vol. 155.

Van Bueren, Ellen M. et al.(2003). "Dealing with Wicked Problems in Networks: Analyzing an Environmental Debate from a Network Perspective". *JPART* 13: 2. 193−212.

Van Til, J.(2000). *Growing Civil Society: From Nonprofit Sector to Third Space*. Bloomington: Indiana University Press.

제 2 부

지속가능성 위협 요인과 위기 문제: UN SDGs 관점

제 4 장

생태적 지속가능성 위협 요인과 위기 문제

제 1 절 육상 및 해양생태계 문제(G14, G15)

1. 육상생태계 문제(G15)

생태계는 동식물과 미생물 등의 생물체들이 서로 그리고 그들의 환경과 상호작용하면서 그 자체를 영속시키는 생물체의 집단으로 정의할 수 있다(권태호 외, 2012). 육상생태계는 생산자가 태양에너지를 흡수해 화학에너지로 전환시킨 후 먹이그물을 따라 생명활동에 사용되고 나머지는 방출된다. 반면에 물질(영양분)은 생산자가 무기물을 받아들여 유기물로 합성한 후 먹이그물을 따라 이동하여 분해자에 의하여 다시 무기환경으로 돌아가는 물질순환을 하게 된다. 안정된 생태계는 이러한 에너지와 물질의 흐름이 자가 조절 능력에 따라 안정적으로 유지되지만,

먹이그물이 파괴되거나 외부 자극에 의하여 자가 조절 능력에 한계가 오게 되면 생태계는 평형을 잃게 된다(생태계 파괴).

그림 4-1 육상생태계의 에너지 및 영양분의 이동

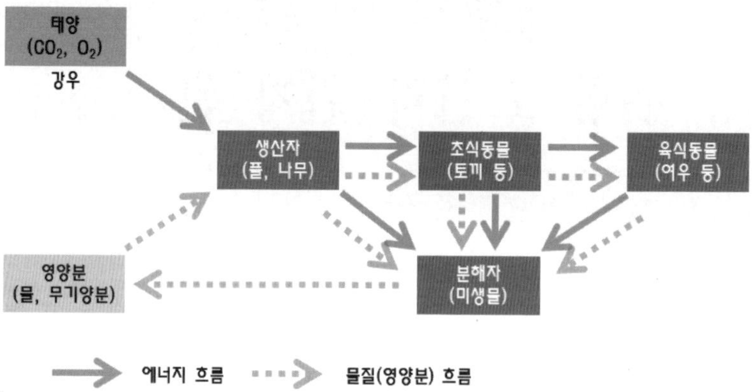

육상생태계는 산사태, 홍수, 가뭄 등의 자연재해에 대해서는 어느 정도 시간이 지나면 원래 상태로 회복되지만, 인구증가, 도시화, 대규모 건설사업, 환경오염 등의 인공적인 요인에 의한 파괴는 회복이 쉽지 않다.

1) 생물다양성 감소

과거 화석시대의 생물종 대량멸종 사례는 종분화와 같은 생물다양성 증진과 관련이 있었으나, 현재의 대량멸종은 생물다양성 증진과 관련 없이 생물종 자체가 사라져 가고 있으며, 이 중 대부분이 인간의 행위에 의하여 발생하고 있다. 세계자연보전연맹(International Union for Conservation of Nature: IUCN)에서는 해양무역과 영토 확장이 활발히 진행되던 1600년 이후부터 생물종 멸종이 급격하게 진행되었으며, 2000년대까지 700여 종의 동물이 멸종된 것으로 파악하고 있다. 이와 같은 생물종의 대량멸종 현상의 원인으로는 산업혁명 이후 자원의 확보 과정에서 발생한 농약의 과다 사용, 토지 및 수자원 개발, 산림 개발, 기후변화 등이 생태계에 많은 압력을 가하였기 때문이라는 사실이 설득력을 갖는다.

표 4-1 1600년 이후 멸종이 확인된 동물의 종 수

대분류	소분류	멸종	야생 멸종	합계
척추동물	포유류	76	2	78
	조류	134	4	138
	파충류	21	1	22
	양서류	38	1	39
	어류	91	13	104
무척추동물	곤충	60	1	61
	기타	297	15	312
합계		717	37	754

출처: 권태호 외(2012: 58).

IUCN은 야생생물의 멸종을 방지하고 생물다양성을 보전하기 위하여 1966년 이후 멸종 위험이 높은 생물을 선정하고, 이들 종의 분포 및 서식 현황을 수록한 적색자료집(Red List)을 발간하고 있다. 2013년 평가 대상인 76,199종의 야생생물 중 29.4%인 22,413종이 멸종 위기에 처해 있는 것으로 확인되었으며, 평가 대상 중 포유류 21.7%, 조류 13.2%, 파충류 21.0% 등 척추동물의 19.6%가 멸종 위험이 있는 종으로 등록되었으며, 무척추동물은 24.0%, 균류・지의류는 40.0%, 식물은 53.6%가 멸종 위험이 있는 것으로 나타났다.

표 4-2 IUCN 지정 세계 적색목록 종 수 및 멸종 위험이 높은 종 수

대분류	소분류	평가 대상	멸종 우려종			
			위급	위기	취약	합계
척추동물	포유류	5,513	213	477	509	1,199
	조류	10,425	213	419	741	1,373
	파충류	4,414	174	356	397	927
	양서류	6,414	518	789	650	1,957
	어류	12,457	443	587	1,192	2,222
무척추동물	곤충	5,304	168	270	555	993
	기타	11,914	781	808	1,558	3,147
균류・지의류		15	4	1	1	6
식물	식물	5	2	2	1	5
	유색조 식물	19,738	2,119	3,231	5,234	10,584
합계		76,199	4,635	6,940	10,838	22,413

출처: IUCN(http://www.iucnredlist.org).

국내에서 적색목록으로 등록된 종 수는 8,029종이며, 이 중 6.6%인 533종이 멸종 위기에 처해 있는 것으로 평가되었다. 평가 대상 중 조류의 멸종 우려종 비율이 57.9%로 가장 높았고, 다음으로 육상식물(41.3%), 어류(34.2%), 포유류(34.1%) 등의 순인 것으로 나타났다.

표 4-3 우리나라의 적색목록 등록 종 수 및 멸종 우려종

대분류	소분류	평가 대상	멸종 우려종				
			위급	위기	취약	합계	비율
척추동물	포유류	41	1	4	9	14	34.1
	조류	95	1	18	36	55	57.9
	양서·파충류	43		5	5	10	23.3
	어류	76	4	13	9	26	34.2
무척추동물	곤충	4,553	12	22	74	108	2.4
	연체동물	1,963	4	19	57	80	4.1
육상식물		543	28	86	110	224	41.3
거미류		715	8	2	6	16	2.2
합계		8,029	58	169	306	533	6.6

출처: 한반도의 생물다양성(https://species.nibr.go.kr).

2) 서식지 손실

아마존의 서식지 손실 속도 둔화 등 전 지구적으로 산림 파괴 속도는 감소하고 있으나, 열대 지역·동남아시아 지역 등의 산림 파괴는 여전히 증가하고 있다. 또한, 초원과 사바나를 대상으로 하는 대규모 집약농업이나 다른 이용을 위하여 개간되는 사례가 여전히 늘고 있으나, 생태계의 보고인 습지의 경우 빠르게 감소하고 있다는 연구가 다수 보고되고 있다. 이처럼 지구의 산림, 초원, 습지, 수계 등 모든 유형의 서식지가 파편화·황폐화되고 있으며, 이로 인하여 동물들의 서식환경이 크게 위협받고 있다.

북아메리카와 유럽의 야생 조류의 군집은 1980년 이래 계속적으로 줄어들고 있으며, 남아메리카, 아시아, 아프리카에서는 대규모 신규 댐의 건설로 인하여 담수 서식지의 파편화가 진행되고 있다.

그림 4-2 최근 15년간(2001~2015) 대륙별 산림 손실 현황

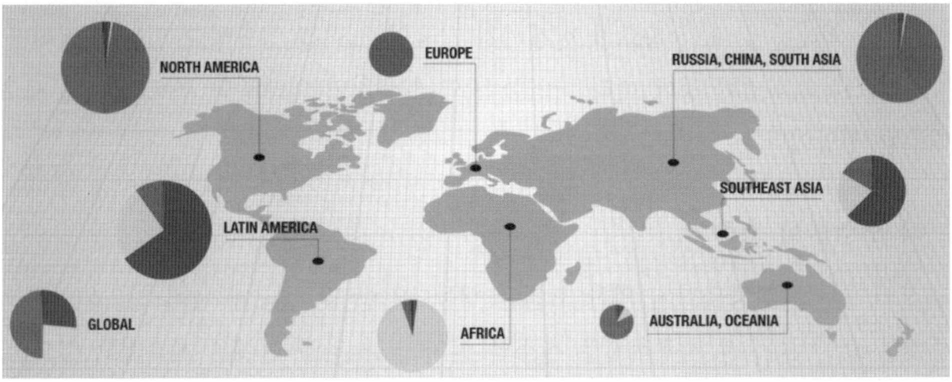

출처: The Sustainability Consortium(2018), One-fourth of global forest loss permanent: deforestation is not slowing down.(2018. 9.13).

3) 외래종 침입

외래종 침입은 생물다양성을 위협하는 강력한 요인 중 하나이며, 전 세계적으로 계속 증가하고 있다. 육상 및 수중 생물종이 낯선 환경으로 들어올 경우 공격적으

그림 4-3 외래종 침입 경로

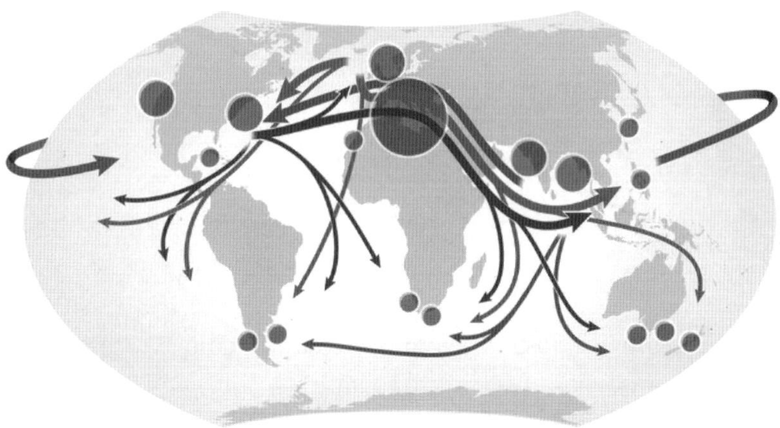

출처: Alan Bury et al.(2013), Identifying the environmental issues of most concern to the freight industry.

로 변하는 경우가 대부분이며, 외래종 관리를 위한 침입 예방, 제거 등에는 막대한 경제적 비용이 수반된다. 다행히도 침입 외래종을 제거하려는 국가들이 늘고 있지만, 침입 외래종의 도입 속도가 현재까지 각국의 노력을 압도하고 있는 실정이다. 장기적으로 기후변화 등에 따라 다양한 지역에서 침입 외래종의 분포가 큰 문제로 대두될 전망이다.

4) 오염물질 축적

질소, 인 등 영양물질에 의한 오염은 생물다양성 및 생태계 서비스를 위협하는 중대한 요인이다. 전 지구적으로 질소와 인의 영양 과잉 현상은 계속되고 있으며, 이러한 현상은 2020년 이후에도 아시아, 중남미, 사하라이남 아프리카 등을 중심으로 지속될 전망이다. 이외에도 농업, 임업, 어업활동에서 나오는 플라스틱, 중금속, 환경호르몬, 농약 등에 의한 생태계 피해는 지속되거나 증가할 전망이다.

그림 4-4 **환경 내 질소 과잉 추세**

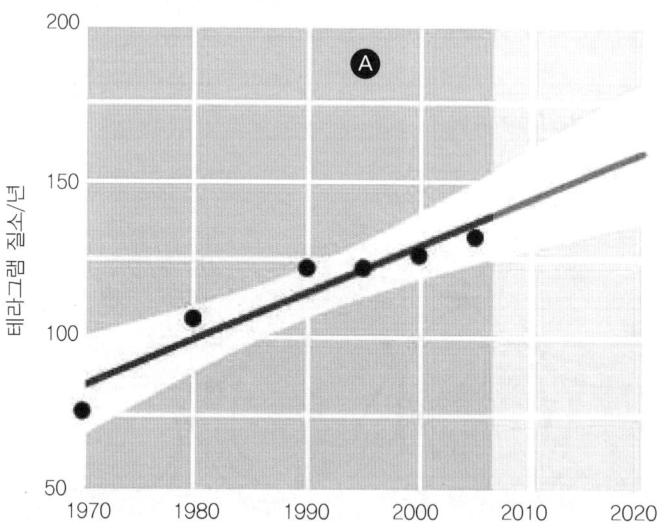

출처: UNEP(2014). Global Biodiversity Outlook 4.

2. 해양생태계 문제(G14)

바다는 지구 표면적의 약 70%를 차지하고, 해안선에서 60km 이내 지역에 세계 인구 절반이 거주하고 있으며, 지구상 97%의 물을 포함하는 광활한 공간이다. 지구상에 존재하는 생물 중에서 80% 이상이 바다에 서식하며, 석유·천연가스 등 다량의 에너지 자원이 해저에 매장되어 있다. 이러한 이유로 바다는 예로부터 선진 강대국들 간의 세계 문명 주도권 확보를 위한 격전장이 되었던 곳이며, 현재도 전 세계 무역량의 90%가 바다를 통하여 이루어지고 있다.

한편, 바다는 지구의 기후 시스템을 조절하는 중요한 역할을 한다. 우선 열염순환(thermohaline circulation)[1] 또는 컨베이어 벨트(conveyor belt)라 불리는 해양의 대순환 과정을 통하여 지구의 열을 남반구에서 북반구로 북반구에서 다시 남반구로 이동시킨다([그림 4-5] 참조). 그리고 바다 속에서 자라는 식물 플랑크톤은 광합성 과정을 통하여 바닷물에 녹아 있는 이산화탄소를 흡수해 양분을 만들고,

그림 4-5 대양의 열염순환

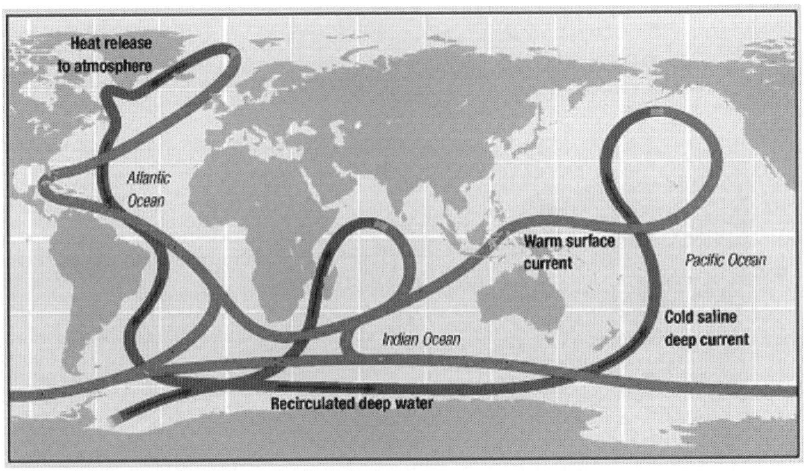

출처: Coastal Wiki(http://www.coastalwiki.org/).

1) 북대서양에서 가라앉은 해수가 대서양을 따라 남하하여 인도양, 태평양으로 이동하다가 염의 밀도차에 따라 표층으로 올라와서 다시 대서양으로 이동하는 하나의 거대한 순환을 의미한다.

그와 동시에 산소를 생성한다. 이렇게 만들어진 산소는 지구에서 소요되는 산소의 30~50%에 해당하며, 바다의 이산화탄소 흡수량은 연간 24~37억 톤에 이르는 것으로 추정된다.

하지만 생명의 근원인 바다가 무분별한 간척, 수산자원의 남획, 해양오염, 기후변화 등 인간 활동으로 인한 여러 가지 위협으로 지속가능성을 상실해 가고 있다.

1) 수산자원의 남획

2016년 기준 세계의 어업 생산량은 9,090만 톤, 우리나라의 어업 생산량은 327만 톤으로 집계되었으며, 이를 통하여 전 세계 동물성 단백질의 약 17%가 수산양식 활동을 통하여 공급되고 있다. 전 세계 1인당 수산물 소비량은 1961년 9.0kg/년 대비 2배가량 증가한 20.3kg/년이었고, 우리나라는 2015년 기준 59.9kg/년으로 전 세계에서 1인당 수산물 소비량이 가장 많은 나라인 것으로 나타났다. 2015년 기준 세계의 생물학적으로 지속가능한 수준의 수산자원 비율은 66.9%로 1974년 90%에 비하여 큰 폭으로 감소하였고(UNFAO, 2018), 국내에서도 약 200여 어종의 이용량이 20~30% 정도 초과하고 있는 것으로 추정되고 있어 지속가능한 수산자

그림 4-6 세계 수산자원의 지속가능 수준

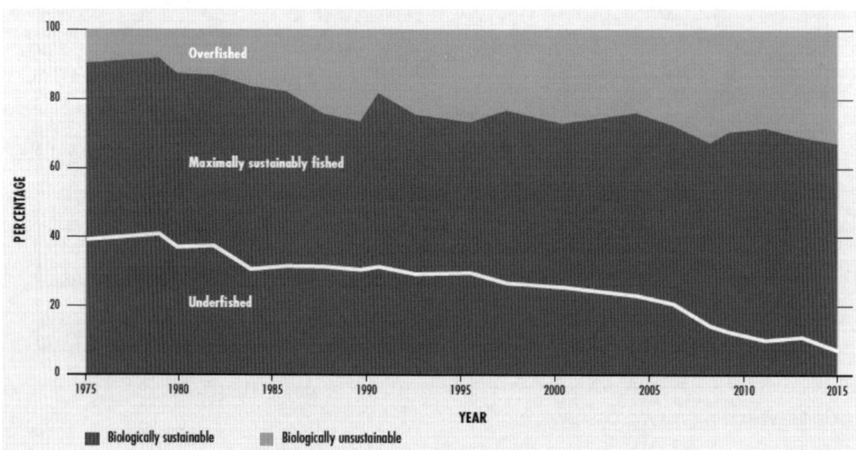

출처: UNFAO(2018). The State of World Fisheries and Aquaculture.

원 관리대책이 필요한 것으로 분석되었다(류정곤, 2005).

2) 매립 · 간척 및 해양오염

지형적 한계를 극복하거나 농경지 등 증가하는 토지 수요를 충당하기 위하여 대규모 매립 및 간척사업이 과거부터 지속적으로 이루어지고 있다. 최근 들어 사업규모가 줄어들기는 하였지만 여전히 세계 곳곳에서 매립 및 간척사업이 진행되고 있다. 최근 20여 년간 우리나라의 갯벌 면적은 22.3% 감소하였으며, 이로 인하여 갯벌에 서식하는 생물종의 수와 물새 서식공간은 급격히 줄어들었다.

그림 4-7 우리나라의 갯벌 면적 변동 추이

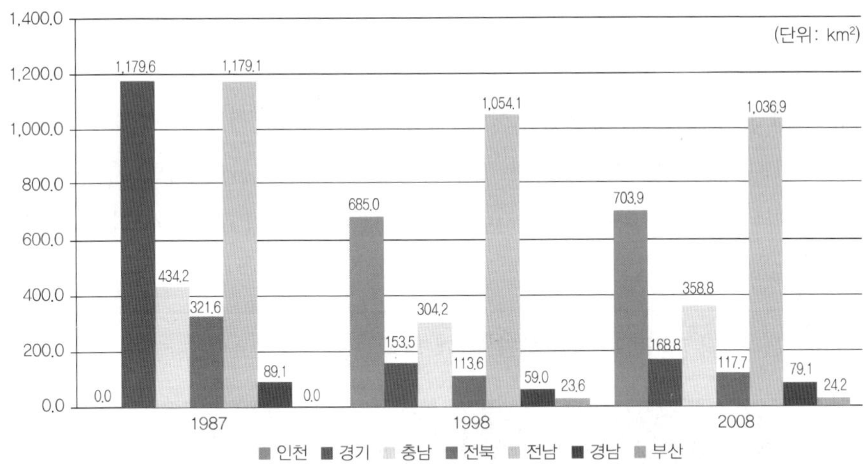

출처: e-나라지표(www.index.go.kr), 연안습지(갯벌) 면적의 변동 추이.

인간 활동으로 인하여 생겨나는 모든 오염물질은 최종적으로 바다에 모이게 된다. 전 세계 해양 오염물질의 약 80%는 생활하수, 축산폐수, 산업폐기물 등 육상에서 기인한 것으로 추정되며, 선박에서 버려지는 기름과 쓰레기, 양식활동에서 배출되는 사료, 배설물 등도 해양환경을 위협하는 요인으로 작용한다. 또한, 엑슨 발데즈 호 사고(1989년 알래스카), 국내에서 발생한 시프린스 호 사고(1995년 여수), 허베이 스피리트 호 사고(2007년 태안) 등 기름 유출 사고는 짧은 시간에 많은 양

그림 4-8 세계 연안 해역의 데드 존 분포 현황

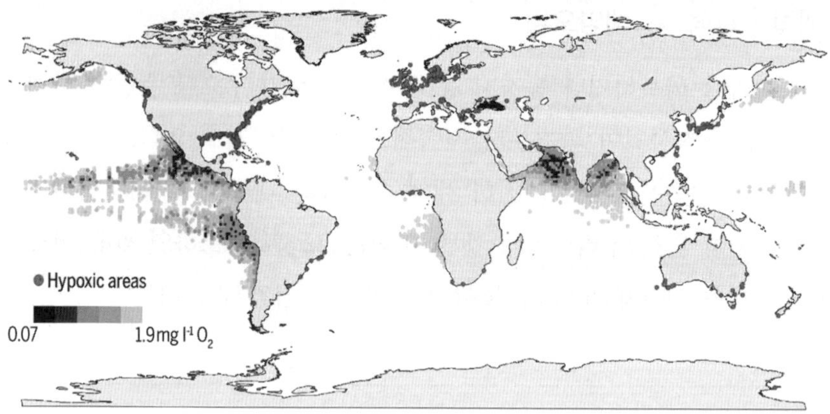

주: 해안의 어두운 색으로 표시된 지점은 산소 부족 현상이 나타나는 지역을 나타낸다.
출처: Denise Breitburg et al.(2018). Declining oxygen in the global ocean and coastal waters.

의 석유가 유출되어 인근 해양생태계에 치명적인 영향을 끼친다. 유네스코 산하 글로벌해양산소네트워크는 해양오염과 기후변화 가속화로 인하여 데드 존(dead zone), 즉 산소가 없는 상태의 바다가 1950년 이후 4배 증가하였고, 같은 기간 동안 바다

그림 4-9 플라스틱 폐기물에 의한 해양생태계 파괴

출처: (좌) Polar bear cubs chewing plastic on remote island shows huge scale of pollution. Metro (2018.7.12).
(우) 콧구멍에 플라스틱이 박힌 거북이가 4개월 만에 또다시 발견되었다. 허핑턴포스트코리아(2015.12.17).

의 산소량도 770억 톤 감소하여 해양생태계가 빠른 속도로 악화되고 있음을 경고하였다(Denise Breitburg et al., 2018).

최근 비닐봉지 쓰레기에 노출된 북극곰 새끼, 콧구멍에 박힌 플라스틱 빨대로 인하여 고통받는 바다거북이 사진 등이 공개되면서 전 세계는 큰 충격을 받았다. UNEP에 따르면 매년 8백만 톤의 플라스틱이 최종적으로 바다에 유입되며, 유입된 플라스틱으로 인한 해양생태계 피해 규모는 80억 달러 이상인 것으로 추정된다.

3) 해양산성화

이산화탄소 배출 증가는 바다가 저장하여야 할 이산화탄소의 양을 증가시키며, 이 때 발생하는 탄산이 바다의 수소이온농도(pH)를 낮추는 해양산성화(ocean acidification) 현상이 일어난다. 해양의 pH는 오랜 기간 동안 거의 일정하게 유지되어 왔고, 해양생물들도 여기에 적응하여 왔지만, 해양산성화에 의한 급격한(과거에 비하여 급격한) pH 변화는 해양생태계에 엄청난 스트레스를 유발한다.

그림 4-10 하와이 해안의 이산화탄소, 탄산이온 및 pH 변화 추이

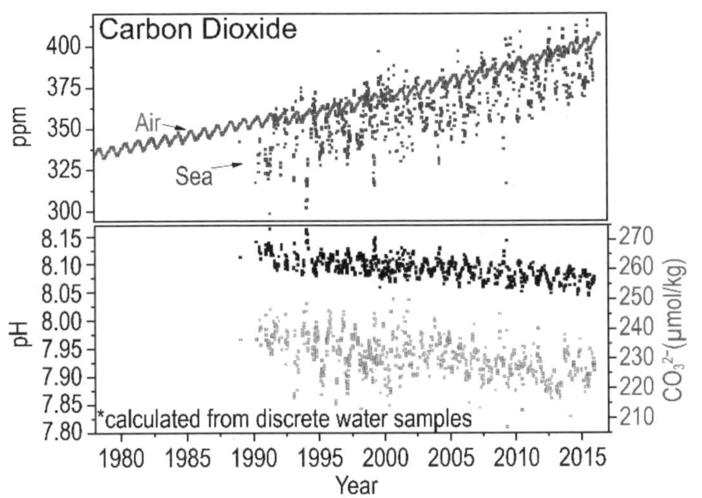

주: 위쪽 그림은 대기(짙은 색)와 바다(옅은 색)의 이산화탄소 농도를 나타내고, 아래쪽 그림은 하와이 해안의 pH(짙은 색)와 탄산이온 농도(옅은 색)를 나타낸다.

해양산성화는 플랑크톤, 홍합, 굴, 게 등 껍데기가 탄산칼슘으로 이루어진 해양 생물의 생장을 방해함으로써 해양생태계의 먹이사슬을 교란시킨다. 또한, 다양한 어류의 서식처이자 기후 조절 능력을 보유한 산호는 탄산에 의한 해양산성화로 인하여 골격 형성 속도가 느려지고 백화 현상이 일어나 쉽게 부서지거나 저항력이 약해져 폐사하기도 한다. 산호의 폐사는 다른 어종의 생산량을 감소시키고, 바다 속 산소를 고갈시켜 해양생태계를 더욱 악화시킨다.

제 2 절 물과 기후변화 문제(G6, G13)

1. 물 문제(G6)

지구상의 물은 수증기, 물, 얼음의 형태로 하늘과 땅의 표면, 지하, 바다를 끊임없이 순환한다. 전 세계에 존재하는 수자원의 총량은 약 13.9억km^3로 추정되며, 이 중 인간이 손쉽게 이용할 수 있는 담수호 또는 하천의 물은 0.01%(약 10만km^3)에 불과하다. 우리나라의 경우 연평균 강수량은 1,300mm로 세계 평균에 비하여 60%가량 높지만, 높은 인구밀도로 인하여 1인당 연강수량은 세계 평균의 1/6 수준인 약 2,500mm에 불과하다.

표 4-4 전 세계 수자원 부존량

구분	부피(백만km^3)	비율(%)
총량	1,386	100.00
해수	1,351	97.47
담수	35	2.53
빙설(빙하, 만년설 등)	24	1.76
지하수	11	0.76
호수, 하천 등	0.1	0.01

출처: 국토교통부 · K-Water(2018). 「물과 미래」.

그림 4-11 주요 국가별 1인당 강수량 분포 비교

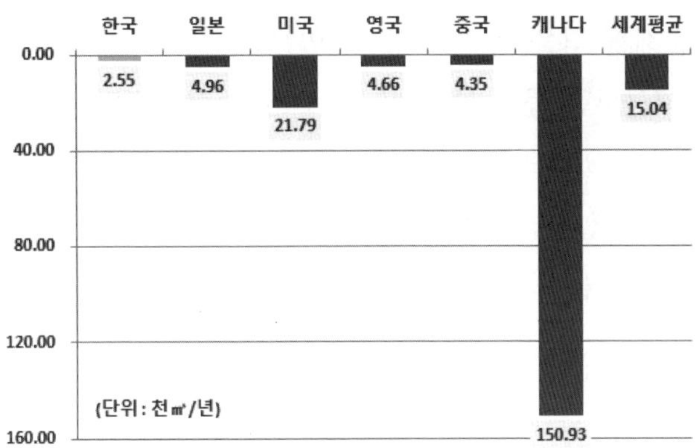

출처: 국토교통부 · K-Water(2018), 「물과 미래」 참고 재구성.

1) 물 부족과 물분쟁

지구 전체의 수자원 총량은 거의 일정한데 반하여 인구 및 물 사용량은 급격히 증가하고 있으며, 이로 인하여 물 부족 문제가 심화되고 있다. 국제인구행동연구소

그림 4-12 세계 물분쟁 지도

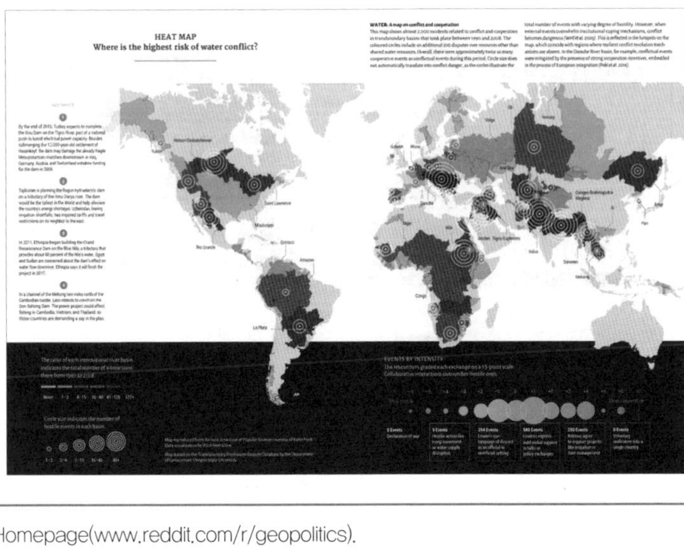

출처: Reddit Homepage(www.reddit.com/r/geopolitics).

(Population Action International: PAI), 세계기상기구(World Meteorological Organization: WMO) 등에서는 2025년까지 전 세계 6.5억 명에서 최대 34억 명의 사람이 물 부족 문제를 겪을 것으로 내다보았으며, 세계경제포럼(World Economic Forum: WEF)은 최근 4년 동안 물문제(water crises)를 글로벌 리스크에 영향을 끼칠 수 있는 주요 위험 요인으로 꼽았다. 증가하는 물 수요에 대처하기 위하여 국가별로 수자원 확보에 심혈을 기울이고 있으며, 요단강, 나일강 등 여러 국가의 영토를 흐르는 공유하천을 둘러싸고 물분쟁이 과거부터 지속되고 있다.

2) 홍수와 가뭄

기후변화로 인한 강수 변동성 증가로 홍수 및 가뭄은 이미 세계 곳곳에서 빈번하게 발생하고 있으며, 이러한 현상은 앞으로 더욱 심해질 전망이다. 홍수와 가뭄은 폭풍, 지진, 폭염 등과 함께 발생 빈도가 높은 자연재해이며, 아시아개발은행에 따르면, 1960~2015년까지 홍수로 인한 전 세계 피해액은 6,960억 달러, 가뭄 피해액은 1억 달러인 것으로 조사되었다(아시아개발은행, 2016).

그림 4-13 최근 10년간 재해 유형별 인명 피해 및 발생 빈도

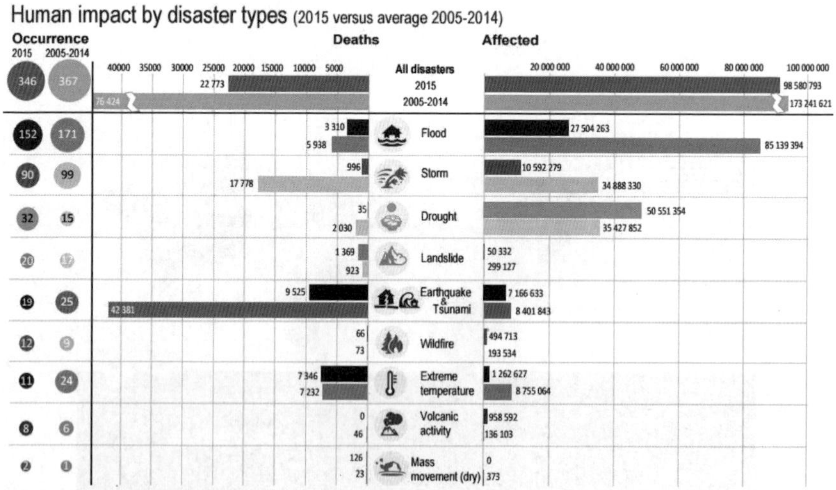

출처: UNISDR(2016), 2015 Disaster in Numbers.

표 4-5 강수 변동성 증가가 물 관리에 미치는 영향

구분	주요 내용
홍수 위험성 증대	• 100년 빈도 일 최대 강수량의 빈도가 약 60년 빈도로 낮아져 홍수 위험성이 높아질 전망 • 현 계획이 목표로 하는 홍수 안전도 수준이 장래 극한 강수량 수준을 맞추지 못하여 위험한 상황이 자주 발생할 수 있음. • 도시화로 인한 불투수층 증가로 내수 침수, 범람 위험이 심화되어 도시기반시설, 주거지, 시설물의 피해 예상
가뭄 위험성 증대	• 수량 및 강우 패턴 변화, 증발산량 변화로 인하여 안정적인 수자원 확보의 불확실성 증가 • 유출량의 계절적 특성 변화로 인한 수자원 수요-공급 간 시기 불균형 초래

출처: K-Water 물정보포털(www.water.or.kr).

3) 수질오염

인구증가, 도시화·산업화 등으로 인하여 강, 하천, 바다 등의 지표수는 물론 지하수까지 지구상의 모든 물은 오염의 과정을 거치고 있으며, 이렇게 오염된 물은 순환 과정을 통하여 다시 인간에게 되돌아오고 있다. 일본 도야마현과 구마모토현에서 발생하였던 이타이이타이 사건과 미나마타 사건, 유독성 살충제가 유입되었던 미국 버지니아주의 제임스강 사건, 낙동강 페놀오염사건 등은 우리에게 잘 알려진 수질오염 사건이다. 한편, 기후변화로 인한 평균 기온의 상승은 수질 악화의 원인이 되며, 육지생태계에도 영향을 미쳐 서식지 파괴 및 생물종 감소를 야기하기도 한다.

2. 기후변화 문제(G13)

모든 생물의 생존에 영향을 미치는 지구의 기후는 인류가 세상에 나타나기 이전에도 끊임없이 변화되어 왔다. 외부적으로는 태양 복사에너지 변화, 지구공전궤도 변화(밀란코비치 이론), 화산활동 또는 조산활동 등이 있고, 내부적으로는 기후 시스템의 자연변동성으로 인한 엘니뇨, 북극 진동, 몬순(장마)과 대기 및 해양 순환의 변화 등에 따라 변화되어 왔다. 하지만, 18세기 중반 산업혁명 이후 경제성장과 인구증가로 인한 석탄, 석유 등 화석연료의 연소, 삼림 훼손, 농업활동 증가 등 인위적인 원인으로 대기 중 온실가스가 많아졌으며, 이로 인하여 지난 130여년 간 지구 평균 기온이 상승하는 지구온난화가 나타나고 있다.

그림 4-14 지구촌 기온 현황(2018년 8월 8일 낮 기준)

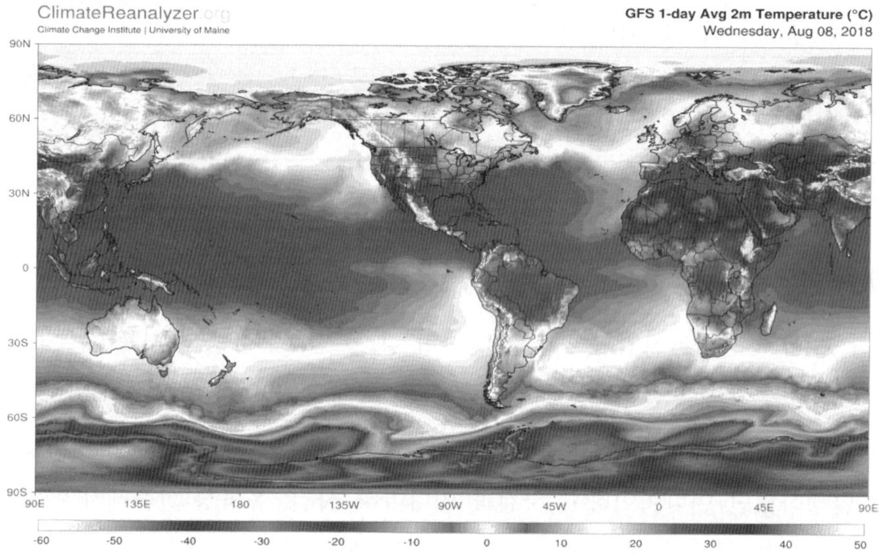

출처: https://climatereanalyzer.org.

1) 기후변화와 온실가스

일반적으로 기후변화는 기후의 상태 변화가 기후 특성의 평균이나 변동성의 변화를 통하여 확인되고 그 변화가 수십 년 이상 지속되는 것을 말하는데, 자연적 원인이나 인간 활동에 따른 대기 조성 또는 자연환경 변화 등 강제적인 외부 요인 때문에 발생한다. '기후변화에 관한 정부 간 협의체(Intergovernmental Panel on Climate Change: IPCC)'의 제5차 평가보고서에서는 지구 평균 기온이 빠르게 상승하고 있으며, 1950년 이후 나타난 지구온난화는 화석연료의 사용 때문일 가능성이 매우 높다(95% 이상의 확률)고 결론을 내렸다.

온실가스는 기후변화의 원인이라는 이유로 나쁜 존재로 인식되는 경향이 있다. 하지만 온실가스가 없다면 지구 평균 기온은 −19℃가 될 것이다. 하지만, 대기 중

이산화탄소, 메탄, 수증기 등 온실효과로 인하여 지구 평균 기온은 약 14℃로 유지되어 인류가 살기 좋은 환경을 만들어주고 있다. 문제는 급격한 온실가스 증가로 인한 지구의 평균 기온 상승, 이로 인한 기후변화인 것이다. 특히, 이산화탄소는 인류의 화석연료 소비 증가로 배출되는 대표적인 온실가스로 대기 중 머무르는 기간이 100~300년으로 전체 온실효과의 64%를 차지하고 있다.

최초로 이산화탄소 농도를 측정한 킬링(Charles David Keeling, 1928~2005)은 청정 지역의 지구 배경대기 값을 얻기 위하여 하와이 마우나로아에서 이산화탄소를 측정하였으며, 그 결과 이산화탄소의 농도 변동이 계절적인 변동을 넘어 매년 증가하는 것을 발견하였다. [그림 4-15]에서 보듯이 관측 이래 이산화탄소 농도는 산업혁명 이전의 280ppm보다 현저하게 증가하였다. 우리나라는 2013년에 402.4ppm, 전 지구는 2015년에 400ppm을 기록하였다.

그림 4-15 **마우나로아 이산화탄소 농도 그래프**

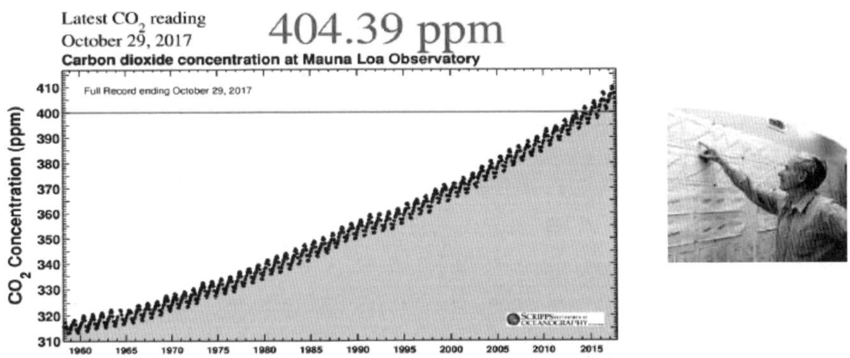

출처: http://scripps.ucsd.edu/programs/keelingcurve/

미국 국립기상학회(National Oceanic and Atmospheric Administration: NOAA)의 제28차 연례기후보고서에 따르면, 2017년 전 세계의 이산화탄소 평균 농도는 405.0ppm으로 지구 역사상 지난 80만 년 이래 최고치를 나타냈으며, 해수면 상승은 1993년에 비하여 약 7.7cm 높아졌고(10년마다 평균 약 3.1cm씩 상승), 전 세계 빙하 면적은 38년 연속 감소한 것으로 나타났다. 또한, 보고서는 역대 가장 더운

해는 2016년, 2위는 2015년, 3위는 2017년이었으며, 2018년은 역대 4번째로 더운 해로 기록될 전망이라고 밝혔다(뉴시스, 2018.8.2).

2) 국제사회의 노력

이러한 기후변화에 대응하기 위하여 국제사회는 1972년 IPCC를 발족시켰고, 1992년에는 각국의 자발적 온실가스 배출 감축을 촉구하기 위한 유엔기후변화협약(United Nations Framework Convention on Climate Change: UNFCCC)을 체결하여 1997년 제3차 당사국총회(Conference of the Parties: COP)에서 교토의정서를 채택하였다. 하지만, 교토의정서는 미국, 중국, 인도 등 온실가스 다배출 국가가 참여하지 않은 채 진행되어 실질적인 효과를 거두지 못하였으며, 국제사회는 교토의정서의 한계를 극복하기 위한 새로운 기후변화 대응 협정을 논의하여 왔다. 2015년 12월, 파리에서 개최된 제21차 유엔기후변화협약당사국총회는 195개의 선진국과 개도국 지도자들이 참석한 회의로서, 지구 평균 온도의 상승폭을 산업화 이전과 비교하여 2℃ 이상 상승하지 않도록 억제하면서, 1.5℃까지 낮추고자 노력

표 4-6 기후변화를 막기 위한 국제사회의 주요 노력

연도	주요 내용
1972년	과학자들 국제적 법규 마련 촉구
1988년	유엔 기후변화정부간협의체(IPCC) 발족
1992년	각국의 자발적 온실가스 배출 감축을 촉구하는 유엔기후변화협약(UNFCCC) 체결
1997년	선진국들은 온실가스를 2008~2012년까지 1990년 대비 5.2% 감축하여야 한다는 교토의정서 체결
2001년 3월	조시 W. 부시 미국 정부, "불공평, 고비용" 이유로 교토의정서 탈퇴 선언
2005년 2월	교토의정서 발효
2009년 11월	한국, 온실가스 배출량을 2020년까지 2005년 대비 4% 줄이는 목표치 발표
2009년 12월	15차 유엔기후변화협약 당사국총회(COP15)에서 지구 온도 상승을 2도 내로 제한하는 목표에 합의
2011년 11월	세계 195개국, 2015년까지 법적 구속력을 갖춘 새로운 기후변화 체제 수립 목표에 합의
2014년 12월	페루 리마서 열린 COP20에서 "공통적이지만 차별화된 책임을 갖는다"고 합의
2015년 12월	프랑스 파리 COP21 "지구온도 상승폭을 2100년까지 2℃ 이하로 제한" 합의
2016년 11월	파리협정 발효

한다는 내용을 골자로 하는 '파리협정' 합의문을 채택하였다.

<표 4-6>에서 보듯이 국제적인 노력에도 불구하고, 지구온난화 방지 목표인 2℃ 상승 제한은 무너질 가능성이 높다. 유엔환경계획(UNEP)은 모든 나라가 제시한 감축계획이 성공적으로 진행된다고 하더라고 금세기 말 지구 평균 기온은 2℃를 뛰어넘어, 빠른 시간 내에 3.0~3.5℃까지 올라갈 것이라고 전망하였다. 또한, 최근 발표한 IPCC의 「지구온난화 1.5도 특별보고서」에 따르면, 지구온난화로 인하여 산업혁명 전과 비교할 때 지구의 기온은 2017년에 1℃가 올랐으며, 지금의 온실가스 배출이 계속된다면 앞으로 10년마다 0.2℃씩 상승하여 2040년쯤엔 1.5℃ 상승할 것으로 예측하였다. 산업혁명 때인 1889년부터 2012년까지의 기온 상승은 0.85℃, 10년마다 약 0.06℃씩 증가폭을 보이고 있지만, 앞으로 이와 같은 추세가 진행된다면 기온 상승 속도는 3배 빨라질 전망이다.

3) 기후변화와 유엔 지속가능발전목표

기후변화의 원인인 온실가스 감축을 위한 국제적인 노력은 더디게 진행되고 있지만, 전 세계적으로 기후변화의 위험은 미래의 문제가 아닌 현실적인 문제로 인식되고 있다. 특히, 1차 산업에 의존하는 개발도상국가, 해수면 상승 위험에 처해 있는 해안가 지역, 사막 지역 및 대도시 등이 기후변화 위험에 노출되어 있고, 기후변화 영향에 취약할 것으로 보인다. 결국 기후변화의 피해는 국가 간 빈곤과 불평등의 문제를 심화시킬 것이다.

기후변화가 개발도상국가와 취약계층에 미치는 영향에 대하여 정리한 월드뱅크의 보고서(2010년)에 따르면, 지구의 온도가 2℃가량 올라가면 전 지구가 근본적인 변화를 겪게 되고, 이는 거대한 위험으로 이어진다고 한다. 또한, 기후변화와 관련된 온도 상승이 전 세계적으로 빈곤 문제와 불평등 문제를 악화시키고 이로 인하여 지구촌 곳곳은 사회 불안으로 이어질 것이다. 특히 이러한 문제는 40%의 빈곤국가에서 더욱 심각해질 전망이다.

유엔 지속가능발전목표는 이러한 현실의 문제를 해결하기 위하여 13번 목표인 '기후변화와 그로 인한 영향에 맞서기 위한 긴급 대응'을 제시하였다. 그리고 이에 대한 세부 목표로서 "모든 국가에서의 기후와 관련한 위험 및 자연재해에 대한 복원력과 적응 능력의 강화, 개도국 지원을 위한 녹색기후기금(Green Climate Fund: GCF)의 완전한 운용, 특히, 여성, 청년, 지역공동체 및 소외된 공동체에 초점을 맞추는 것을 포함하여 최빈국과 군소 도서 개도국에서의 기후변화와 관련한 효과적인 계획과 관리 역량 계발을 위한 메커니즘 증진" 등을 제시하고 있다.

하지만, 기후변화 문제는 그 원인이 화석연료의 연소, 삼림 훼손, 농업활동 증가 등 인류의 모든 활동에 따른 결과로 나타나는 것이며, 그 영향 또한 전 지구적이며 지역적이고 광범위하게 나타나기 때문에 UN SDGs의 '목표13'만으로 한정지어 다룰 수는 없다. 이에 따라 유엔 기후변화협약 사무국에서 2017년에 실시한 기후행동의 주요 성과 및 향후 비전을 제시하는 UNFCCC 사무국의 최초 연례보고서에서는 기후행동에 대한 투자가 지속가능한 발전을 위한 공동 편익에 기여한다고 보고, 목표 13을 포함하여 기후행동과 관련된 UN SDGs 9개 목표(Goal 1, 2, 3, 6, 7, 14, 15, 17)와의 연계성을 강조하였다.

4) 우리나라의 기후변화

우리나라의 경우 기후변화는 더 심각한 상황이다. 1912~2016년까지 평균 기온은 1.8℃ 상승하여 지구 평균보다 상승 속도가 빠르고, 강수량은 약 10% 증가하였다. 특히 여름철보다는 겨울철의 최저 기온이 크게 상승하였고, 강수의 횟수보다는 집중호우 발생의 증가로 강수량이 증가하였다. 현재 추세대로 온실가스 배출이 계속 증가한다면 21세기 말 기온은 현재보다 5.7℃ 상승하고, 강수량은 17% 정도 증가할 것으로 전망된다.

우리나라의 온실가스 배출량은 2015년 690.2백만 톤CO_2eq.로 세계에서 12번째로 많다(OECD 기준 6위). 배출량의 증가 추세는 둔화되었지만 여전히 증가하고 있는 상황이다. 국가의 온실가스 감축 목표는 2030년 배출 전망치(Business As Usual: BAU) 대비 37%이지만, 기후행동추적(Climate Action Tracker: CAT)은 한국의 국제 기후변화 대응 수준이 '매우 불충분'하다고 평가하였다.[2)]

기후변화 문제는 그 원인인 온실가스를 감축하고, 변화된 기후에 맞추어 긴급하게 적응해 나가는 것이 중요하다. 하지만, 한 국가만의 문제가 아닌 전 지구적 문

2) 관계부처 합동(2018), 「2030 온실가스 감축 로드맵 수정 · 보완(안)」, 2018.7.11.

제이기 때문에 국제적 합의와 개별 국가들의 노력이 모두 필요하다. 개별 국가들의 이익에만 맞추어 기후변화에 적극적으로 대응하지 못한다면 인류의 지속가능성은 심각한 위협에 놓이게 된다.

참고 문헌

국토교통부, K-Water(2018). 「물과 미래」.

권태호 등(2012). 「환경생태학-생태계의 보전과 관리」.

기상청(2012). 「한반도 기후전망 보고서」.

기상청(2017). 「기후변화감시 용어 해설집」.

뉴시스(2018). 2017년 온실가스 배출량 신기록-지구 사상 80만 년 내 최고.

류정곤(2005). 수산자원의 개발과 보전, 동시에 잡을 지혜를.

온실가스종합정보센터(2017). 「2017 국가 온실가스 인벤토리 보고서」.

허핑턴포스트코리아(2015). 콧구멍에 플라스틱이 박힌 거북이가 4개월 만에 또 다시 발견됐다.

Denise Breitburg et al.(2018). Declining oxygen in the global ocean and coastal waters, *Science*, Vol. 359, Issue 6371.

IPCC(2018). IPCC Special Report on Global Warming of 1.5℃.

Metro(2018). Polar bear cubs chewing plastic on remote island shows huge scale of pollution.

The World Bank(2010). Social Dimensions of Climate Change.

UNEP(2004). Global Biodiversity Outlook 4.

UNFAO(2018). The State of World Fisheries and Aquaculture.

UNFCCC(2018). UN Climate Change ANNUAL REPORT 2017.

UNISDR(2016). 2015 Disaster in Numbers.

한반도의 생물다양성. https://species.nibr.go.kr/

e-나라지표. http://www.index.go.kr/.

IUCN Red List. http://www.iucnredlist.org/

K-Water 물정보포털. https://www.water.or.kr/

Reddit 홈페이지. https://www.reddit.com/r/geopolitics/

제 5 장

사회적 지속가능성 위협 요인과 위기 문제

제1절 빈곤, 식량, 건강 · 웰빙 문제(G1, G2, G3)

1. 빈곤 문제(G1)

1990년에서 2013년 사이 세계 인구 중 10억 명 이상이 극빈에서 탈출하였으며, 1990년 이래 20여 년간 절대 빈곤 비율은 절반 이하로 낮아졌다. 이는 괄목할 만한 성과이긴 하지만, 아직 개발도상국 국민 5명 중 1명은 하루 1.9달러 미만의 생활비로 살고 있고, 어린이 100명 가운데 7명은 5세 이전에 사망하고 50명은 출생신고조차 하지 못하고 있다. 또한, 2016년 현재 세계의 노동자 10% 이하가 하루 1인당 1.90달러 미만의 수입으로 가족과 생계를 유지하고 있으며, 최저 개발도상국에서는 노동자 38%가 빈곤선 아래 살고 있다. 빈곤은 가난이나 기아 문제에서만 머무르지 않고 좀 더 심각한 문제를 일으킨다. 가난한 사람들 대부분에게는 기회가 쉽게 주어지지 않고, 인권을 차별받는 경우가 많으며, 범죄에 노출될 확률이 높다. 이처럼 빈곤은 단순히 생계 유지를 위한 소득과 재원의 부족만을 뜻하지 않는다. 빈곤의 개념은 기아와 영양실조, 교육과 사회 기본 서비스에 대한 접근성 제한, 사회적 불평등 및 의사결정 참여 제한과 소외 등을 포함하고 있다.

UNDP(2016)의 인간개발보고서에 의하면, 1990~2015년간 인간개발 측면에서 전 세계 모든 지역이 평균적으로는 큰 진전을 보였음에도 불구하고 여전히 3명 중 1명은 낮은 인간 개발 수준에서 벗어나지 못했다고 발표하였다. 그리고 빈곤과 소외가 선진국 역시 주요 과제이며, 선진국의 3억이 넘는 인구(이 중 3분의 1은 아동 인구)가 상대적 빈곤 속에서 살고 있다. 이 보고서는 소외계층의 경우 박탈의 정도가 높을 뿐만 아니라, 형평성이 결여된 불리한 대우를 받는 경우가 많으며, 모든 국가에서 소외계층이 마주하는 각종 불리함·불평등이 중첩되어 나타난다는 점, 소외된 이들의 취약성이 커지고 여러 세대에 걸쳐 개발 성과 혜택의 격차가 발생한다는 점, 시간이 지날수록 이 격차를 좁히는 것이 어렵다는 점을 밝히고 있다.

사회보장 시스템은 어린이, 신생아를 둔 여성, 장애인, 노인 및 직업이 없는 사람을 위한 혜택을 통하여 사람들의 삶의 모든 단계에서 빈곤과 불평등을 예방하고 줄이기 위한 기본적인 제도이다. 2016년, 세계 인구의 45%만이 사회보장제도에 의하여 효과적으로 보호되고 있으며 그 적용 범위는 국가와 지역에 따라 다르게 나타난다. UN에 의하면 2016년에 은퇴 연령에 있는 전 세계 인구의 68%가 연금을 받았으나, 오스트레일리아와 뉴질랜드를 제외한 오세아니아 및 사하라사막 이남 아프리카에서는 각각 10%와 22%만이 연금을 받고 있다.

취약계층에 대한 사회보호도 부족하여 2016년 현재 중증장애인 중 28%만이 장애 혜택을 받았고, 전 세계 실직자 중 22%만이 실업수당을 받고 있다. 그리고 출산 여성의 41%만이 출산수당을 받고 있다. 이러한 배경으로 빈곤 종식은 빈곤층 및 취약계층의 재난·재해[1] 위험으로 고통받는 국가의 복원력을 구축하고, 강화하는 핵심 전략이다.

---

1) UN에 의하면 재해로 인한 경제적 손실은 현재 연간 2천 5백만 달러~3천억 달러이며, 재해 위험은 전 세계적으로 중·저소득 국가에 집중되어 있다(https://www.un.org/).

1) 빈곤의 추이

우리나라의 빈곤층 규모는 지난 20년 동안 계속 늘어나는 추세이고, 다른 선진국에 비해서도 높은 편이다. 보건복지부가 발표한 '2017년 기초생활보장 실태조사' 결과에 따르면 빈곤층 규모는 2014년 336만 명에서 2015년 309만 명으로 27만 명이 줄었다. 빈곤층에는 1인 가구, 노인 가구, 장애인 가구 비율이 전체 가구보다 2~6배 높았다. 또한 가난하면서도 정부의 지원을 받지 못하는 '비수급 빈곤층'은 93

그림 5-1 빈곤율 추이

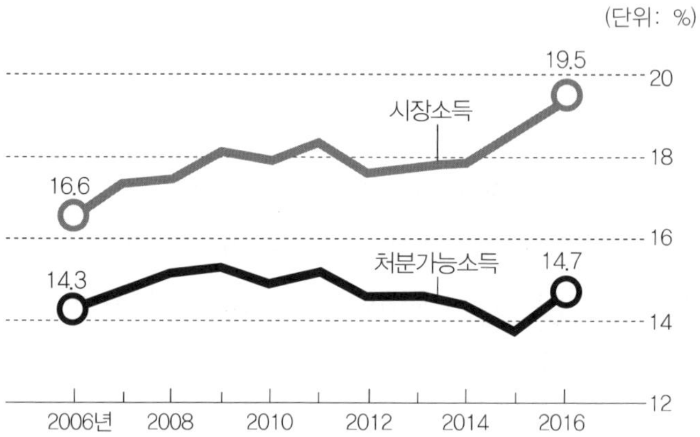

출처: 제1차 기초생활보장 종합계획(2018~2020); 중앙일보(2017.08.10).

그림 5-2 비수급 빈곤층 추이

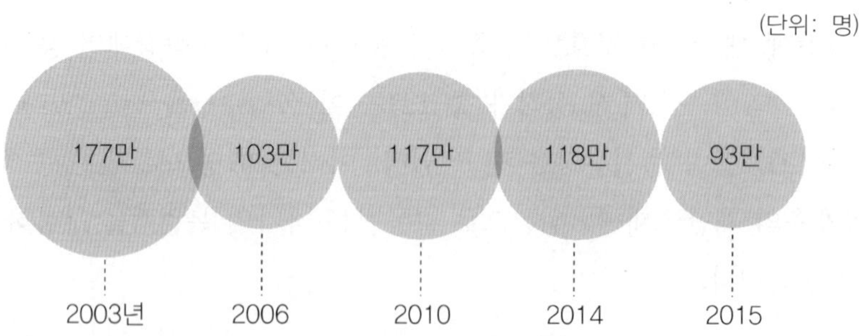

출처: 제1차 기초생활보장 종합계획(2018~2020); 중앙일보(2017.08.10).

만 명에 달하고, 이들은 수급자보다 열악한 상황에 있다. 2016년 중위소득 50% 이하 상대빈곤율(가처분소득)은 14.7%로 2015년 대비 0.9% 증가하였으며, 시장소득 빈곤율은 2012년 이후 꾸준히 증가하고 있다.

2) 특성별 빈곤 현황

노인빈곤율은 다른 선진국에 비하여 매우 높은 편이다. 특히 노인 단독, 노인 부부 등 노인 가구의 소득이 가장 낮았으며, 여성, 고령층, 저학력층, 농어촌 거주자, 미취업자 등은 다른 집단에 비하여 소득이 낮다는 특징을 갖고 있다. 연령별로 2003년 대비 66세 이상, 특히 75세 이상 고령층의 빈곤율[2]이 크게 증가하였다. 35세 미만 청년의 빈곤율은 하락 추세이나, 청년 단독 가구의 빈곤율은 지속적으로 증가하고 있으며, 이들이 빈곤층에서 차지하는 비중 또한 상대적으로 높은 편이다.

그림 5-3 빈곤인구의 구성 변화

(단위: %)

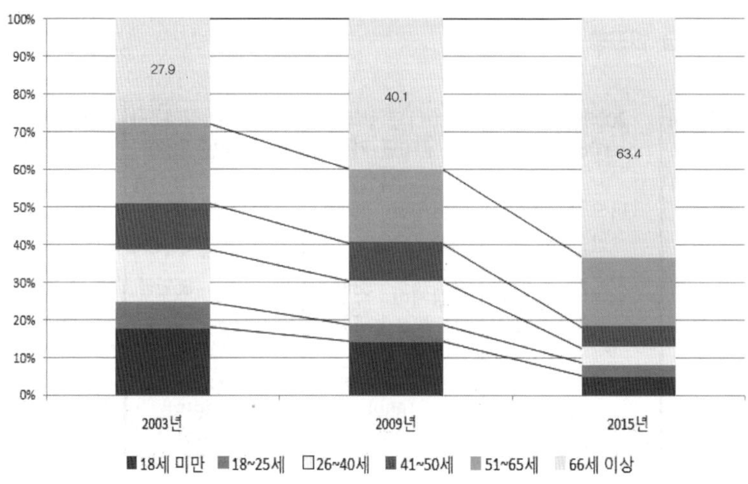

출처: 제1차 기초생활보장 종합계획(2018~2020).

2) 가처분소득, 기준 중위소득 50% 이하 말하며, 빈곤 인구 중 노년층이 차지하는 비율은 2015년 63.4%까지 증가하였다.

3) 빈곤 사각지대 현황

복지제도의 지속적인 확충에도 불구, 빈곤율 악화 및 양극화 심화 등 빈곤 문제는 제자리걸음을 하고 있으며, 여전히 비수급 빈곤층 등 복지 사각지대 문제가 상존하고, 낮은 보장 수준, 근로 유인 부재 등은 한계로 지적되고 있다. 이를 구체적으로 살펴보면 빈곤층[3]은 2015년 309만 명으로 2014년 336만 명 대비 감소하였으나, 총규모는 165만 명(101만 가구)이고, 생계·의료급여 수급자[4]는 144만 명(89만 가구)이며, 차상위계층[5]은 144만 명(93만 가구)으로 2006년 이후 점증하다 2015년 급감하였고, 비수급 빈곤층 역시 2006년 이후 점증하다 2015년 약 25만 명이 급감한 93만 명으로 추계된다.

이처럼 복지 사각지대가 여전히 광범위하게 존재하고, 노인빈곤율이 심화되며, 주거·교육급여 수급자 수가 크게 증가하고 소득분배지표가 악화되는 등 저소득층의 생활은 오히려 어려워지고 있는 현실이다. 빈곤층 사회안전망의 사각지대를 해소하고, 저소득층의 빈곤 예방을 위한 중층적 보호 체계를 마련할 필요가 있다.

그림 5-4 비수급 빈곤층 규모 추이

2005년 실태조사 ('03년 기준)		2008년 실태조사 ('06년 기준)		2011년 실태조사 ('10년 기준)		2015년 실태조사 ('14년 기준)		2017년 실태조사 ('15년 기준)	
비수급	177만명 (85만 가구)	비수급	103만명 (53만 가구)	비수급	117만명 (66만 가구)	비수급	118만명 (71만 가구)	비수급	93만명 (63만 가구)
최저생계비 ~ 120%	86만명 (35만 가구)	최저생계비 ~ 120%	67만명 (29만 가구)	최저생계비 ~ 120%	68만명 (36만 가구)	중위 40% ~50%	85만명 (45만 가구)	중위 40% ~50%	51만명 (30만 가구)
계 (차상위) 263만명 (120만가구)		계 (차상위) 170만명 (82만가구)		계 (차상위) 185만명 (102만가구)		계 (차상위) 203만명 (116만가구)		계 (차상위) 144만명 (93만가구)	

주: 2003년, 2006년, 2010년은 최저생계비, 2014년 실태조사 중위소득, 2015년 기준 중위소득 기준
출처: 제1차 기초생활보장 종합계획(2018~2020).

3) 기준 중위소득 50% 이하.
4) 기준 중위소득 40% 이하.
5) 비수급 빈곤층을 포함한 기준 중위소득 50% 이하.

3) 여성의 빈곤

2016년 생애주기별 남녀의 총인구 대비 수급자 비율 분포에 따르면, 남자는 중년기(38.7%)가, 여자는 노년기(33.8%)에 큰 폭으로 증가하는 나타났다(보건복지부, 2017)[6]. 이는 여성과 남성의 사회보험 가입률 차이에 기인하며, 우리나라에서 여성은 결혼 및 육아 때문에 경력이 단절되고, 여성의 경우에 비정규직 비율이 남성보다 많기 때문이다. 따라서 사회보험에 가입하는 것 자체가 불안정한 경우가 많고, 이는 결국 여성들의 노후 대비 불안정성으로 이어진다. 따라서 여성의 사회보험서비스 접근 가능성 및 여성의 고용 형태, 임금 수준 격차의 감소가 전제되어야 한다.

2. 식량 문제(G2)

1990~1992년, 세계 인구 대비 23.3%, 10억 1천 5백만 명이던 영양 결핍 인구가 2015년에 7억 9천 5백만 명으로, 세계 인구 대비 10.9%로 감소하였지만 여전히 전 세계 인구 9명 중 1명은 충분한 식량을 얻지 못하고 있다(FAO, 2015). 유엔의 '2017 세계 식량안보 및 영양 상태' 보고서에 따르면, 2016년에 만성적인 영양 부족 상태에 놓인 사람들은 세계 전체 인구의 약 11%에 해당하는 8억 1천 500만 명으로 집계되었다. 이는 2015년의 7억 7천 700만 명에 비하여 약 3천 800만 명 증가한 수치이다. 기아에 시달리는 인구는 아시아가 5억 2천만 명으로 가장 많았고, 아프리카 2억 4천 300만 명, 중남미와 카리브해 국가가 4천 250만 명으로 뒤를 따르고 있다(연합뉴스, 2017).

또한, 유엔 식량농업기구(Food and Agriculture Organization of the UN: FAO)의 「세계 식량위기 보고서」(2018년)를 보면 2017년 심각한 식량 부족에 시달린 지구촌 인구가 51개 나라에서 1억 2천 400만 명으로 집계된 것으로 나타났다. 이는 2016년 48개국 1억 800만 명, 2015년 8천만 명에 비하여 눈에 띄는 증가이다. 2017년 최악의 식량 위기가 엄습한 지역은 나이지리아 북동부, 소말리아, 예멘, 남수단

6) 중년기(40~64세)에는 남자가, 학령기(6~11세), 청소년기(12~19세), 청년기(20~39세) 및 노년기(65세 이상)에는 여자가 높게 나타났으며, 특히 노년기에서 현저한 차이가 나타났다(보건복지부, 2017).

으로, 약 3천 200만 명의 주민이 긴급 구호가 필요한 상태에 놓였으며, 이 밖에 아프가니스탄, 중앙아프리카공화국, 콩고, 차드, 남수단, 시리아, 리비아 등에서도 식량이 부족한 실정이다([그림 5-6] 참조; 연합뉴스, 2018).

그림 5-5 만성 영양실조에 시달리는 인구 비중과 수

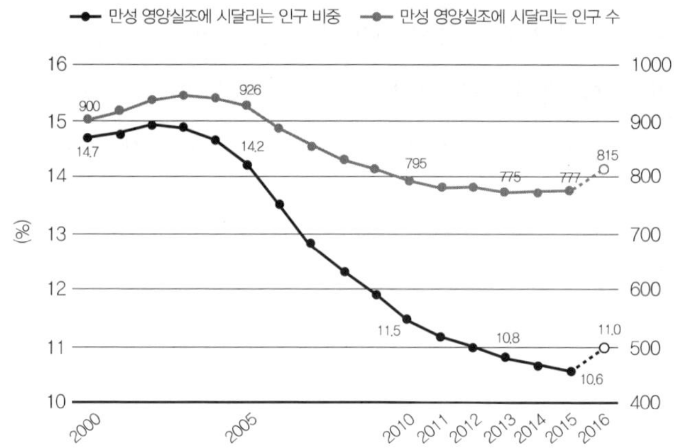

출처: 세계농업기구 홈페이지(http://www.fao.org).

그림 5-6 2017 세계기아지수

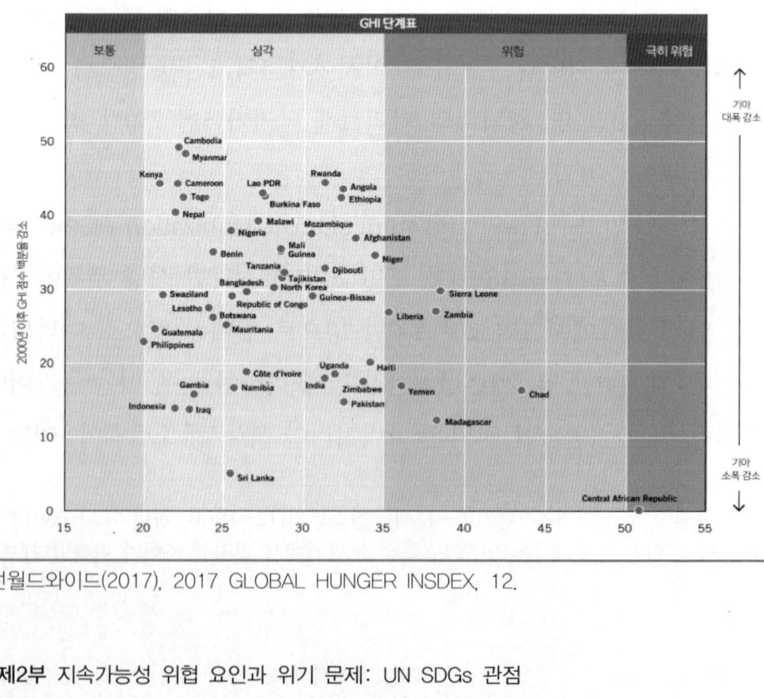

출처: 컨선월드와이드(2017). 2017 GLOBAL HUNGER INSDEX, 12.

농업기술의 발달 등에 힘입어 2006년 이후 10여 년간 하강 곡선을 그리던 기아 인구가 급증한 것은 미얀마, 나이지리아 북동부, 콩고, 남수단, 예멘 등지에서 새로운 분쟁이 일어났거나, 기존 충돌이 격화되었기 때문이다. 또한, 자연재해, 기후변화로 인한 극심한 가뭄 등도 식량 위기 심화에 영향을 미쳤으며, 향후 분쟁으로 인한 기아 인구가 더 늘어날 가능성이 있다(연합뉴스, 2017).

2016년 영양 부족으로 인하여 성장저하증을 겪는 5세 이하 아동의 수는 1억 5천 500만 명이며, 반면에 전 세계 비만 아동 수도 4천 60만 명에 이르고 있다. 2017년 세계 식량안보와 영양 상태에 대한 보고서에 따르면, 북한 주민의 영양 상태는 10년 전보다 악화된 것으로 나타났다. 2014~2016년 영양 부족 상태인 북한 주민은 전체 인구의 40.8%인 1,030만 명으로 2004~2006년 조사에서 35.4%인 840만 명이었던 것과 비교해 5.4%포인트 상승, 190만 명이 증가하였다. 발육 부진 상태 5세 미만 어린이는 27.9%인 50만 명이고, 급성영양실조 상태 5세 미만 어린이는 10만 명이었다. 15~49세 사이 가임기간 여성의 빈혈률은 32.5%인 220만 명에 달하였다. 반면 2016년 비만 인구는 60만 명으로, 2005년 40만 명과 비교해 20만 명이 증가하였다(월간조선, 2017).

1) 식량안보

2000년대 이후 세계 총 식량 생산량은 총 소비량보다 작아져 식량 위기가 확산되고 있다. 이에 EU는 공동농업정책(Common Agricultural Policy: CAP)을 통하여 식량자급률 제고를 도모하고 있으며, 미국은 글로벌 식량안보법을 입법하는 등 식량 확보에 여념이 없는 모습을 보이고 있다. 또한 중국과 일본 등은 해외 농업을 통한 식량자급률 확보로 식량 위기에 대비하고 있다.

2015년 기준 세계 식량안보지수 순위를 보면 미국이 89.0%로 1위이며, 한국은 74.8%로 26위이다. 국내 곡물자급률은 24.0%, 식량자급률은 50.0% 수준으로, OECD 34개 국가 중 32번째로 최하위 수준이다(세계일보, 2015). 식량자급률이 낮다는 것은 국가의 안정적인 식량 수급이 크게 위협받을 수 있음을 의미한다. 더욱이 국제 곡물 수급과 가격이 크게 불안해지면 농업뿐만 아니라 경제, 사회 전반에 적지 않은 영향을 미치게 된다. 따라서 식량안보에 안정적이고 안전한 식량 생산과 공급은 매우 중요하다. 이를 위하여 필요한 양의 농지 및 농업용수, 높은 수준의 농업노동력, 농업기술을 확보하여 지속가능한 식량자급력을 향상시키고 유지할 필요가 있다(배민식 · 장영주, 2016).

그림 5-7 식량안보 및 식량자급률

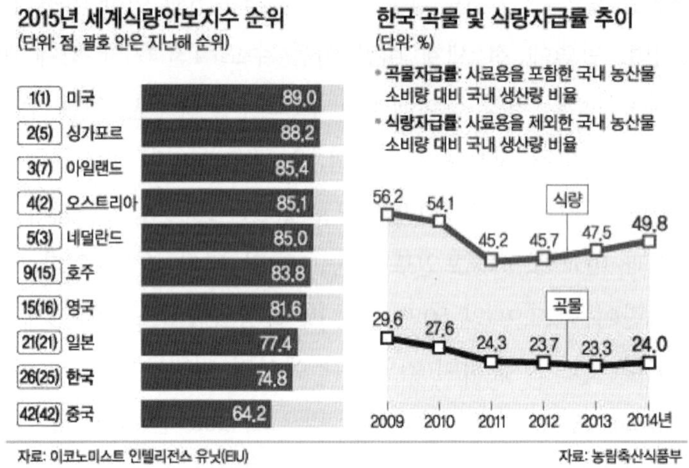

출처: 세계일보(http://www.segye.com).

2) 농가 소득

전 세계 인구 중 약 20억 명이 농업에 종사하고 있으며, 이들 중 대다수가 가난한 소규모 농업인이다. 우리나라도 전체 농업생산량은 증가하였지만 농가의 실질적인 소득은 정체되고 있다. 농가 소득은 지난 20여 년간 꾸준히 증가해 왔다. 1990년 1,102만 6,000원이었던 농가 소득(조수입)은 3배 가까이 뛰어 2014년 3,495만 원, 2015년 3,721만 원, 2016년 3,719만 원으로 증가하였다. 농업 소득(순수익)만을 따져보면 농업 소득은 정체되어 있는 것을 볼 수 있다. 1995년 농업 소득이 1,046만 9,000원이었던 것이 2016년에는 1,006만 8,000원으로 감소하였다. 총 농가 소득에서 농업 소득이 차지하는 비중도 감소하였다. 2003년 이전까지 농업 소득은 농업 총수입의 50.0%를 차지하였으나, 2016년에는 27.1%로 감소하였고, 농가 소득 중에서 농업 외 소득의 비중이 41.0% 차지하고 있다.

표 5-1 농가 소득

(단위: 천 원, %)

구분	2013년		2014년		2015년		2016년		증감률
		구성비		구성비		구성비		구성비	('16/'15)
농가 소득	34,524	100.0	34,950	100.0	37,215	100.0	37,197	100.0	-0.0
농업 소득	10,035	29.1	10,303	29.5	11,257	30.2	10,068	27.1	-10.6
농업외 소득	15,705	45.5	14,799	42.3	14,939	40.1	15,252	41.0	2.1
이전 소득	5,844	16.9	6,819	19.5	7,906	21.2	8,783	23.6	11.1
비경상 소득	2,940	8.5	3,029	8.7	3,114	8.4	3,095	8.3	-0.6

출처: 통계청(2017). 「2016년 농가 및 어가경제조사 결과」.

3) 지속가능한 농업

유엔 식량농업기구는 2050년 세계 인구가 90억 명 이상으로 늘어나고 세계 인구증가에 따라 2030년에는 세계 곡물 수요가 50.0%가량 증가할 것이라고 전망한다. 늘어나는 식량 수요에 적절히 대응하기 위해서는 식량 공급이 늘어나야 하고, 이를 위해서는 농업 생산 면적이 증가하거나 동일 면적 하에서 생산성이 획기적으로 증가하여야 한다. 하지만 「OECD 2011~2020 농업 전망」은 2011~2020년 세계 농업생산성이 1.7% 증가할 것으로 예상하며, 이는 이전 10년간의 2.6%보다 낮은 수준이다.

우리나라의 경우 1990년대부터 친환경농업의 중요성이 부각되면서, 2002년 2,488농가, 2,039ha에서 3,500톤이 생산된 친환경 인증 농산물이 2014년에는 85,165농가, 100,046ha에서 825,000톤이 생산되어 친환경농업이 급속도로 성장하였다. 그러나 농업 생산은 여전히 화학비료와 합성화학농약을 다량으로 사용하는 고투입 농법이 이루어지고 있다. 이러한 결과로 농업 분야의 환경 상태를 종합적으로 파악할 수 있는 지표의 하나인 양분 수지(養分收支, nutrient balance)[7]가 전국 상당수의 지역에서 적정 수준(30~50%)보다 높게 나타났다. 우리나라의 양분수지는 OECD 주요국과 비교해서도 상당히 높은 수준인데, 이로 인하여 지속적인 친환경 농업정책을 추진함에도 불구하고 농업생태계는 크게 파괴되어 복원에 어려

7) 농경지에 투입되는 화학비료나 가축 분뇨 등의 양분량(질소, 인산)에서 농작물 생산 등을 통한 반출량을 제외하고 남은 양분량을 나타내는 값.

움을 겪고 있다. 따라서 농업이 안정적인 식량 공급과 생물다양성의 보존에도 기여하는 지속가능한 농업을 유지하여야 한다(배민식 · 장영주, 2016).

4) 종자은행

기아를 종식하려면 지속가능한 식량 생산 시스템과 탄력 있는 농업 관행이 필요하다. 그 노력의 한 측면은 식물과 동물의 유전적 다양성을 유지하는 것인데, 이는 농업과 식량 생산에 결정적이다. 2016년에는 식품 및 농업용 종자 및 기타 식물 유전물질 470만 개가 82개국 602개 유전자은행 및 14개 지역 및 국제센터에 보존되어 2014년 이래로 2% 증가하였다. 동물 유전물질은 극저온 보관되었으며, 128개국에서 얻은 정보에 따르면 전체 번식 개체의 15%에 해당한다. 저장된 유전물질은 멸종될 경우에만 전체 번식 개체의 7%만 재구성하기에 충분하다(UN, 2016).

그러나 2050년 세계 인구는 90억 명에 이를 것으로 전망되며, 90억 명에게 식량을 공급하기 위하여 세계 농업 생산이 70% 증가하여야 한다. 중국 · 인도 등 신흥국의 경제 발전으로 1인당 곡물 소비량도 증가하는 추세이다. 반면 지속적인 경지 면적 감소와 이상기후로 농산물 공급은 오히려 불안정하며, 유엔 식량농업기구는 34개국이 식량 부족 사태를 겪고 있다고 발표하였다. 국제식량정책연구소(International Food Policy Research Institute: IFPRI)는 세계 인구의 11%가 굶주리고 있다고 추산한다.

그동안 국내에서 종자산업은 생산력이 좋은 농산물을 만들기 위하여 품질 개량을 하는 사업 정도로 간주되어 왔다. 하지만 21세기 들어 종자는 거대한 산업으로 부상하였다. 2014년 기준 537억 달러(약 64조 원) 수준인 세계 종자산업 규모는 2020년 920억 달러(약 110조 원)까지 성장할 것이란 전망이 나온다. 종자 자원이 풍부한 미국 · 프랑스 · 일본 · 중국 · 인도 · 브라질 등 6개국이 전 세계 종자시장의 60% 가까이를 점유하고 있다. 이처럼 종자산업은 수요가 다양해지면서 빠른 속도로 확장하고 있다. 첨단 생명공학 기술을 접목하여 해충이나 이상기후에 강하면서 맛과 영양이 향상된 품종에 대한 수요가 늘고 있다. 한 발 더 나아가 기능성 식품, 의약품 원료, 바이오 연료 등과 연계하여 종자산업은 고부가가치 첨단 융복합 산업으로 외연을 넓히고 있다(조선비즈, 2016).

3. 건강 · 웰빙 문제(G3)

건강한 삶의 보장과 전 세대를 위한 웰빙(well-being) 증진은 지속가능발전의 핵심이다. 그동안 인류의 기대수명은 크게 증가하였고 영아 및 산모의 사망 원인이 되는 질병 발병률은 획기적으로 감소하였다. 깨끗한 물 및 위생시설에 대한 접근성 증대와 말라리아, 결핵, 소아마비 및 HIV(Human Immunodeficiency Virus)[8] · 에이즈(Acquired Immune Deficiency Syndrome: AIDS)[9] 억제에도 역시 많은 진전이 있었다. 그러나 다양한 질병의 완전한 근절과 현존하는 각종 보건 관련 문제를 해결하려면 더 많은 노력이 필요하다. 국내외의 보건 분야 지속가능발전목표 이행 현황을 구체적으로 살펴보면 다음과 같다(양성일, 2017: 640-653).

1) 모성과 영유아

2015년 세계 산모 사망률은 출생 10만 명 태어날 때 216명으로 2030년까지 70명 미만의 산모 사망 목표를 달성하려면 적어도 7.5%의 연간 감소율이 필요하며, 대부분의 산모 사망이 예방될 수 있다. 2016년 전 세계 출생자의 78.0%가 태어날 때 숙련된 보육 혜택을 입은 반면 2000년에는 61.0%였다. 그러나 사하라사막 이남 아프리카 지역에서는 2016년 혜택 비율이 53.0%에 불과하였다(UN, 2016).

우리나라 모성 사망 비율은 출생아 10만 명당 8.7명(2015년)으로 경제협력개발기구(OECD) 회원국 평균(6.0명)보다 높은 수준으로 개선할 필요가 있으며, 2009~2015년 평균 35~39세 모성 사망 비율은 출생아 10만 명당 26.4명, 40세 이상은 78.3명으로 나타나 고위험 임산부 모성 사망 예방의 중요성이 부각되고 있다. 우리나라의 모성 사망비가 OECD 회원국 평균보다 높은 수준이고, 고위험 임산부의 모성 사망 비율이 높다는 점은 출산 연령이 높아짐에 따라 고령 임신이 증가할 것으로 추정된다.

---

8) 인체 면역결핍 바이러스로 에이즈를 일으키는 원인 병원체.

9) 후천성 면역결핍 증후군으로 HIV에 감염되면 우리 몸의 면역세포는 서서히 파괴되어 면역체계가 손상되고, 손상 정도가 일정 수준을 넘게 되면 건강한 사람에게는 잘 나타나지 않는 바이러스, 세균, 곰팡이, 원충 또는 기생충에 의한 감염증과 피부암 등 악성종양 등이 생겨 사망까지 이르게 되는 질병을 말한다.

전 세계적으로 5세 미만 어린이의 사망률은 2015년 출생 1,000명당 43명이었다. 이 비율은 2000년 이후 44% 감소한 수치이다. 5세 미만 어린이의 사망률은 사하라 이남의 아프리카 지역에서 여전히 높다. 2015년 출생 1,000명당 사망자는 84명이다. 아이들은 생후 28일(신생아기)에 가장 취약하다. 2015년 세계 신생아 사망률은 출생 1,000명당 19명으로 2000년에는 1,000명당 31명이었다. 신생아 사망률은 중부 및 남부 아시아와 사하라사막 이남 지역에서 가장 높았으며 1,000 명당 29명이 2015년에 각 지역에서 출생하였다(UN, 2016).

2015년 우리나라 영아사망률(출생아 1,000명당)은 2.7명으로 OECD 30개 회원국의 영아사망률 평균인 4.0명보다는 낮으나, 슬로베니아(1.8명, 2014년 기준), 일본(2.1명, 2014년 기준)보다는 높아, 양호한 국가 수준으로 개선할 필요가 있다. 2014년 통계에 따르면, 전체 신생아의 약 5.7%, 2만 4,842명이 고위험 신생아로 태어나고 있는데, 이는 산모의 출산 연령과 다태아 출생률이 증가하면서 늘어나는 양상을 보이고 있다. 특히 만혼의 증가로 인한 고위험 임신이 증가하고 있고, 불임 진단 부부에 의한 비용 부담이 높으며, 분만 등의 의료시설 인프라가 대도시 등으로 치우쳐 있기 때문이다.

2) 감염성 질환

HIV(Human Immunodeficiency Virus)·AIDS(Acquired Immune Deficiency Syndrome) 2015년 생존 HIV 감염인은 3,670만 명(3,400만 명~3,980만 명)으로 추정되며, 매년 200만 명 이상이 신규 감염되며 약 170만 명이 사망하는 전 세계의 주요 보건 문제이다. AIDS와 관련하여 1985년 우리나라에서 최초 HIV 감염인이 발생한 이후 해마다 신고되는 내국인 감염자 수는 2011년 888명, 2013년 1,013명, AIDS로 숨지는 내국인 사망자도 2011년 148명, 2012년 110명, 2013년 139명, 2014년 128명에 이른다. 2014년 한 해 동안 총 1,081명이 새로 확인되어 현재까지 누적 HIV 감염 내국인은 11,504명이다. HIV 검사 수검률도 22.0%(2008년)에서 31.0%(2011년)로 증가하고 있다.

결핵과 관련하여 2014년 OECD 회원국의 국제결핵지표(발생률, 사망률, 유병률)는 인구 10만 명당 미국 3.1명, 영국 12명, 일본 18명인데 반하여 우리나라는 신고결핵 신환자율이 2008년 69.1명에서 2013년에 71.4명으로 악화되고 있어, 지속적인 결핵 퇴치정책의 추진이 요구된다. 위생 상태와 국민의 영양 상태가 양호한 우리나라가 결핵 후진국으로서 OECD 결핵 발생률 1위는 오명은 다제내성결핵 등 난치성 결핵에 대한 발견 · 치료 등에 대한 체계적 관리체계 구축과 함께, 노숙인 및 시설수용자 등 사회취약계층에 대한 관리를 강화하려는 노력이 필요하다.

말라리아 발생 현황을 보면, 2008년 1,052명에서 2015년 699명으로 전반적으로 감소하고 있으나, 2014년 638명 대비 9.6% 증가하여 연도별로 등락이 있으며, 말라리아 발생률과 사망률이 우리나라 환자 및 사망에서 차지하는 비중은 극히 일부이다. B형 급성간염 발생 현황을 보면, 2011년 462명에서 2015년 155명으로 전반적으로 감소하고 있다. 또한 B형간염 수직감염 예방사업 등록률은 2008년 103.0%에서 2013년 91.0%로 지속적으로 하락하고 있다. 이는 감염성 질환을 예방하기 위하여 2009년 3월부터 만 12세를 대상으로 필수 예방접종 14종에 대하여 국가 예방접종 지원사업의 효과로 판단된다.

3) 비감염성 질환

우리나라의 10대 사망 원인 중 만성질환이 7개를 차지하며 암, 심장질환, 뇌혈관질환으로 인한 사망은 전체 사인(死因)의 47.0%(2015년)를 차지한다. 암 사망률(인구 10만 명당)은 150.8명으로 2005년 133.8명에 비하여 증가 추세에 있으며, 남자의 암 사망률(187.3명)은 여자(114.4명)보다 1.6배 높지만, 점차 2014년에 비하여 감소한 반면, 여자는 1.2명(1.1%) 증가하였다.

자살의 경우, 자살에 의한 사망자 수는 2015년 총 13,513명으로 2014년 대비 0.7명 감소하였으나, 자살사망률은 10년 전 대비 1.8명(7.5%) 증가하였다. 자살은 10대부터 30대까지 사망 원인 순위 1위이고, 40대, 50대에서는 사망 원인 순위 2위이다. OECD 국가 간 자살률(OECD 표준인구 10만 명당) 비교 시 OECD 평균 12.0명에 비하여 한국은 25.8명(2015년 기준)으로 가장 높은 수준이며, 2013년 기준 OECD 평균은 12.1명인데 비하여 한국은 28.7명이며, 미국 13.1명, 영국 7.5명, 일본에 비하여 18.7명으로 매우 높은 수준이다. 자살률이 높은 이유는 자살이 개인적 책임이라는 인식이 사회 · 문화적으로 자리 잡고 있고, 정신질환에 대한 편견으로 우울증 등 정신질환 치료를 기피하며 이를 효율적으로 관리하지 못하는 등 다양한 요인에 기인한다. 특히, 경제적 요인으로 노인계층의 자살률이 높다는 특징을 가지고 있다. 따라서 정신질환에 대한 인식 개선 및 자살도 예방 가능하다는 문제 인식 확산 노력, 노인계층에 대한 경제적 지원 강화 및 정신건강센터 및 사회복귀 시설에 대한 기능 강화 및 확충 노력 등이 필요하다.

제2절 교육, 성평등, 불평등 문제(G4, G5, G10)

1. 교육 문제(G4)

지속가능발전목표 중 교육은 "모든 사람을 위한 포용적이고 형평성 있는 양질의 교육 보장 및 평생교육 기회 증진"을 목표로 한다. 우리 사회가 직면한 기존 교육의 한계를 극복하는 양질의 '교육', 사회양극화와 소득양극화로 사적 영역의 교육이 차지하는 비중과 생애주기에 맞추어 자기성취와 역량을 강화시키는 시각에서의 '평생교육' 등으로 지속가능한 '교육'은 설명할 수 있다.

1) 교육 여건과 현황

2018년 우리나라 유·초·중등학교 수는 전체 20,967개교로 전년(20,938개교) 대비 29개교(0.1%) 증가하였다. 유치원은 9,021개원으로 전년(9,029개원) 대비 8개원(0.1%) 감소, 초등학교는 6,064개교로 전년(6,040개교) 대비 24개교(0.4%) 증가, 중학교는 3,214개교로 전년(3,213개교) 대비 1개교 증가, 고등학교는 2,358개교로 전년(2,360개교) 대비 2개교(0.1%) 감소, 기타 학교는 310개교로 전년(296개교) 대비 14개교(4.7%) 증가하였다.

2018년 전체 유·초·중등 학생 수는 6,309,723명으로 전년(6,468,629명) 대비 158,906명(2.5%) 감소하였으며, 출산율 저하로 이러한 감소세는 지속될 것으로 예상된다. 유치원생 수는 675,998명으로 전년(694,631명) 대비 18,633명(2.7%) 감소, 초등학생 수는 2,711,385명으로 전년(2,674,227명) 대비 37,158명(1.4%) 증가, 중

표 5-2 유·초·중등 학교 수

(단위: 개교)

연도	전체	유치원	초등학교	중학교	고등학교							기타
					전체	일반	특성화	특목	자율	일반계	전문계	
2018	20,967	9,021	6,064	3,214	2,358	1,556	490	157	155	–	–	310
2017	20,938	9,029	6,040	3,213	2,360	1,556	491	155	158	–	–	296
2016	20,835	8,987	6,001	3,209	2,353	1,545	497	152	159	–	–	285
2015	20,729	8,930	5,978	3,204	2,344	1,537	498	148	161	–	–	273
2014	20,540	8,826	5,934	3,186	2,326	1,520	499	143	164	–	–	268
2013	20,336	8,678	5,913	3,173	2,322	1,525	494	138	165	–	–	250
2012	20,137	8,538	5,895	3,162	2,303	1,529	499	128	147	–	–	239
2011	19,974	8,424	5,882	3,153	2,282	1,554	499	120	109	–	–	233
2010	19,850	8,388	5,854	3,130	2,253	–	–	–	–	1,561	692	225
2000	18,659	8,494	5,267	2,731	1,957	–	–	–	–	1,193	764	210
1990	19,078	8,354	6,335	2,474	1,683	–	–	–	–	1,096	587	232
1980	11,213	901	6,487	2,100	1,353	–	–	–	–	748	605	372
1970	9,496	484	5,961	1,608	889	–	–	–	–	408	481	554

주: 1) 학교 수에는 신설 학교, 기존 학교, 휴교가 포함됨(폐교, 분교는 제외함).
2) 기타에는 특수학교, 공민학교, 고등공민학교, 고등기술학교, 각종 학교, 방송통신중·고등학교가 포함됨.
3) 2018년 특성화고: 특성화고(직업) 464개교, 특성화고(대안) 26개교
4) 2018년 특목고: 과학고 20개교, 영재고 8개교, 예술고 29개교, 외국어고 31개교, 체육고 16개교, 국제고 7개교, 산업수요 맞춤형고 46개교
(※ 공군항공과학고등학교는 국방, 치안 등의 사유로 조사 대상에서 제외)
5) 2018년 자율고: 자율형 공립고 112개교, 자율형 사립고 43개교
6) 2011년부터 고등학교 유형이 두 가지 유형(일반계고, 전문계고)에서 네 가지 유형(일반고, 특성화고, 특목고, 자율고)으로 변경됨.

학생 수는 1,334,288명으로 전년(1,381,334명) 대비 47,046명(3.4%) 감소, 고등학생 수는 1,538,576명으로 전년(1,669,699명) 대비 131,123명(7.9%) 감소, 기타 학교 학생 수는 49,476명으로 전년(48,738명) 대비 738명(1.5%) 증가하였다.

표 5-3 유·초·중등 학생 수

(단위: 명)

연도	전체	유치원	초등학교	중학교	고등학교							기타
					전체	일반	특성화	특목	자율	일반계	전문계	
2018	6,309,723	675,998	2,711,385	1,334,288	1,538,576	1,096,331	252,260	66,693	123,292	–	–	49,476

2017	6,468,629	694,631	2,674,227	1,381,334	1,669,699	1,193,562	274,281	67,960	133,896	–	–	48,738
2016	6,635,784	704,138	2,672,843	1,457,490	1,752,457	1,256,108	290,632	67,607	138,110	–	–	48,856
2015	6,819,927	682,553	2,714,610	1,585,951	1,788,266	1,278,008	302,021	67,529	140,708	–	–	48,547
2014	6,986,116	652,546	2,728,509	1,717,911	1,839,372	1,314,073	313,449	66,928	144,922	–	–	47,778
2013	7,187,384	658,188	2,784,000	1,804,189	1,893,303	1,356,070	320,374	67,099	149,760	–	–	47,704
2012	7,384,788	613,749	2,951,995	1,849,094	1,920,087	1,381,130	330,797	64,468	143,692	–	–	49,863
2011	7,601,338	564,834	3,132,477	1,910,572	1,943,798	1,425,882	340,227	63,727	113,962	–	–	49,657
2010	7,822,882	538,587	3,299,094	1,974,798	1,962,356	–	–	–	–	1,496,227	466,129	48,047
2000	8,549,865	545,263	4,019,991	1,860,539	2,071,468	–	–	–	–	1,324,482	746,986	52,604
1990	9,965,954	414,532	4,868,520	2,275,751	2,283,806	–	–	–	–	1,473,155	810,651	123,345
1980	10,044,891	66,433	5,658,002	2,471,997	1,696,792	–	–	–	–	932,605	764,187	151,667
1970	7,793,585	22,271	5,749,301	1,318,808	590,382	–	–	–	–	315,367	275,015	112,823

주: 1) 기타에는 특수학교, 공민학교, 고등공민학교, 고등기술학교, 각종학교, 방송통신중・고등학교가 포함됨.
2) 2011년부터 고등학교 유형이 두 가지 유형(일반계고, 전문계고)에서 네 가지 유형(일반고, 특성화고, 특목고, 자율고)으로 변경됨.

2018년 교원 1인당 학생 수는 유치원 12.3명, 초등학교 14.5명, 중학교 12.1명, 고등학교 11.5명으로 유치원, 중학교, 고등학교가 전년(유: 12.9명, 초: 14.5명, 중: 12.7명, 고: 12.4명) 대비 각각 0.6명, 0.6명, 0.9명 감소(초등학교는 전년 수준)하였으며, 이러한 추세는 계속될 것으로 예상된다.

표 5-4 교직원 1인당 학생 수

(단위: 명)

연도	유치원	초등학교	중학교	고등학교						
				전체	일반	특성화	특목	자율	일반계	전문계
2018	12.3	14.5	12.1	11.5	12.1	9.8	8.6	12.4	–	–
2017	12.9	14.5	12.7	12.4	13.1	10.6	8.9	13.2	–	–
2016	13.3	14.6	13.3	12.9	13.7	11.0	9.1	13.5	–	–
2015	13.4	14.9	14.3	13.2	14.1	11.4	9.3	13.7	–	–
2014	13.4	14.9	15.2	13.7	14.6	11.6	9.7	13.9	–	–
2013	14.3	15.3	16.0	14.2	15.2	12.0	10.0	14.3	–	–
2012	14.5	16.3	16.7	14.4	15.4	12.1	10.3	14.6	–	–
2011	14.6	17.3	17.3	14.8	15.8	12.5	11.0	15.2	–	–
2010	14.8	18.7	18.2	15.5	–	–	–	–	16.5	13.1
2000	19.5	28.7	20.1	19.9	–	–	–	–	20.9	18.2

1990	22.4	35.6	25.4	24.6	–	–	–	–	25.4	23.4
1980	19.9	47.5	45.1	33.3	–	–	–	–	33.9	32.6
1970	13.4	56.9	42.3	29.7	–	–	–	–	32.0	27.5

주: 1) 교원 1인당 학생 수 = 학생 수 / 교원 수
2) 교원에는 정규교원과 기간제교원이 포함되며, 퇴직교원 및 강사는 제외됨(단, 휴직교원 포함)
3) 직위별로는 교장, 교감, 수석교사, 보직교사, 교사, 특수교사, 전문상담교사, 사서교사, 실기교사, 보건교사, 영양교사가 포함됨.
4) 2011년 조사부터 고등학교 유형이 두 가지 유형(일반계고, 전문계고)에서 네 가지 유형(일반고, 특성화고, 특목고, 자율고)으로 변경됨.

2018년 현재, 학급당 학생 수는 유치원 17.9명, 초등학교 22.3명, 중학교 25.7명, 고등학교 26.2명으로 유치원, 중학교, 고등학교가 전년(유: 19.0명, 초: 22.3명, 중: 26.4명, 고: 28.2명) 대비 각각 1.1명, 0.7명, 2.0명 감소하였다.

표 5-5 학급당 학생 수

(단위: 명)

연도	유치원	초등학교	중학교	고등학교						
				전체	일반	특성화	특목	자율	일반계	전문계
2018	17.9	22.3	25.7	26.2	27.1	23.0	23.1	28.1	–	–
2017	19.0	22.3	26.4	28.2	29.3	24.7	23.7	29.6	–	–
2016	19.7	22.4	27.4	29.3	30.6	25.7	24.0	30.2	–	–
2015	20.0	22.6	28.9	30.0	31.3	26.4	24.4	30.3	–	–
2014	19.7	22.8	30.5	30.9	32.4	26.9	25.0	30.7	–	–
2013	21.5	23.2	31.7	31.9	33.6	27.6	25.8	31.5	–	–
2012	21.6	24.3	32.4	32.5	34.2	28.0	26.7	32.3	–	–
2011	20.9	25.5	33.0	33.1	34.7	28.5	28.4	33.5	–	–
2010	21.0	26.6	33.8	33.7	–	–	–	–	35.5	29.1
2000	26.3	35.8	38.0	42.7	–	–	–	–	44.1	40.3
1990	28.6	41.4	50.2	52.8	–	–	–	–	53.6	51.5
1980	38.4	51.5	62.1	59.7	–	–	–	–	59.9	59.6
1970	34.1	62.1	62.1	58.2	–	–	–	–	60.1	56.1

주: 1) 학급당 학생 수 = 학생 수 / 학급 수
2) 2011년 조사부터 고등학교 유형이 두 가지 유형(일반계고, 전문계고)에서 네 가지 유형(일반고, 특성화고, 특목고, 자율고)으로 변경됨.

2) 학령기 인구 감소에 따른 학교환경과 학교교육

한국은 2017년 출생아 수가 처음으로 30만 명대(35.8만 명)로 떨어졌다. 최근의

결혼 건수 하락 등 선행지표들의 추세를 살펴보면 당분간 출생자 수가 반등하기는 쉽지 않아 보인다. 이 아이들이 취학하는 2020년대 이후에는 초등학교부터 시작하여 중 · 고교 · 대학까지, 완전히 새로운 교육환경이 조성될 것이다. 전체 초등학생 수가 현재 270만 명대에서 200만 명 내외로 줄어들 가능성이 있고, 교실의 학생 수가 30명 이상인 과밀학급과 점심 급식을 위하여 긴 줄을 서 있는 시끌벅적한 학교 식당의 모습은 대도시지역 몇몇 학교에서나 볼 수 있는 희귀한 광경이 될 것이다. 안타깝지만 초저출산 현상이 먼저 시작된 농어촌 지역에서는 소규모 학교들을 유지하기가 점점 더 어려운 환경이다.

학령인구의 감소는 초중등교육과 관련하여 다음과 같은 이슈 유형이 발생할 것으로 구분하여 볼 수 있다. 첫째, 대상을 기준으로 하면 국가와 사회, 교육청, 학교, 교원, 학부모, 학생 차원으로 나누어 생각할 수 있다. 여기에 재외동포를 추가할 수 있다. 둘째, 영역을 기준으로 하면 교육과정, 교육매체 및 교수법, 교육시설과 여건, 교육환경, 교원 역량 등으로 나눌 수 있다. 셋째, 목적을 기준으로 하면 국가경쟁력 제고, 개인 삶의 질, 즉 행복도 제고로 나눌 수 있다.

한국고용정보원(2017)에 따르면, 2017년 기준 10년 뒤인 2026년에는 고졸자는 13만 명, 대졸자는 10만 명이 감소할 것이라고 한다. 이러한 시기에 가장 중요한 것은 졸업한 학생들이 행복한 민주시민으로 살아갈 역량과 함께 직업활동에 필요한 역량을 갖추도록 교육하는 것이다. 이러한 직업활동에 대한 의욕과 역량은 초등학교 단계에서 제대로 길러져야 한다. 그 핵심은 결국 교육의 질인데, 교육의 질을 좌우하는 핵심 요소는 교육과정, 이를 가르치는 교사, 교육에 필요한 여건, 이를 뒷받침하는 행정체제이다.

교육재정과 관련해서도 저출산으로 인한 학생 수 감소에 맞추어 초등교육예산도 줄여야 한다는 정부 부처와 사회적 압력에 부딪히게 될 것이다. 이러한 압력에 합리적으로 대응하기 위해서는 먼저, 현재 초등교육예산이 얼마나 합리적으로 집행되고 있는지를 분석하고, 미래 사회가 필요로 하는 시민, 인적 자원, 그리고 행복한 개인을 위하여 어떤 시설이 얼마나 더 필요하고, 이에 따라 어느 정도의 재원이 소요될지를 예측하는 노력이 필요할 것이다.

이와 관련하여 일본 사회가 시도하고 있는 학교를 포함한 공공시설 통합관리를

표 5-6 **2018년 평생학습 참여 현황**

(단위: %)

구분		영역별			
		전체(형식 · 비형식)	형식교육	비형식교육 소계	비형식교육 직업 관련 목적*
전체		41.2	2.3	40.4	18.8
성	남성	39.5	2.6	38.6	23.7
	여성	42.9	1.9	42.2	13.8
연령	25~34세	52.0	8.5	48.3	28.6
	35~44세	44.1	2.0	43.8	22.8
	45~54세	41.8	1.1	41.5	21.2
	55~64세	34.8	0.2	34.6	13.4
	65~79세	32.7	0.1	32.6	5.5
학력	중졸 이하	27.9	0.2	27.8	6.5
	고졸	35.0	2.1	34.1	14.2
	대졸 이상	52.3	3.3	51.1	27.9
경제활동 상태	취업	42.4	1.8	41.9	23.7
	실업	43.8	8.0	41.0	18.1
	비경제활동	37.2	3.0	35.7	3.4
월가구소득	150만 원 미만	32.2	0.5	31.8	6.4
	150~300만 원 미만	33.6	0.9	33.2	14.4
	300~500만 원 미만	39.2	1.6	38.8	18.7
	500만 원 이상	46.8	3.6	45.4	21.9
지역	서울 및 광역시	41.9	3.1	40.8	17.1
	중소도시	40.9	1.8	40.3	19.1
	농어촌	40.0	1.1	39.6	22.4

1) 2018년 평생학습 개인실태조사 응답자(만 25~79세) 전체에 대한 현황임.
* 2018년 평생학습 개인실태조사 응답자(만 25~79세) 중 직업과 관련된 목적으로 비형식교육에 참여한 비율

출처: 한국 성인의 평생학습실태조사, 한국교육개발원.

사례로 들 수 있다. 우리 정부가 시도하고 있는 '여유 교실(활용)과 폐교 활용에 대한 법과 제도의 마련'에서 더 나아가 학교시설을 포함한 공공시설 복합화를 중요한 교육 이슈로 삼아 이에 필요한 '교직원 배치, 교육재정제도, 관련 법, 제도 개정' 등을 서둘러야 할 것이다. 일본 초 · 중학교 체육관, 운동장, 수영장 등의 시설은

구청이 운영하는 사전예약 시스템을 통하여 주말, 평일 방과 후 저녁시간까지 지역민의 다양한 스포츠 활동 프로그램에 사용되고 있다. 학생이 급감하고 있는 우리나라 읍면지역 초·중학교 시설은 이미 일본의 사례와 유사하게 활용되고 있다. 이는 지역민을 위해서뿐만 아니라 학생이 줄고 저성장에 따라 교육예산이 줄어들 경우 교육시설 유지 보수와 개선을 위하여 학교가 나아갈 방향이기도 하다.

3) 고령사회 평생학습 기반의 역량개발정책 패러다임 전환

한국교육개발원이 조사한 '한국 성인의 평생학습 실태'에 따르면 2017년 우리나라 성인(만 25~64세)의 평생학습 참여율은 35.8%에 그치고 있다. 평생학습 참여율은 과거에 비하여 증가하고 있지만 변화하는 미래 사회에 대응하기에 시민의 학습 참여와 필요성에 대한 인식은 매우 낮다. 따라서 평생학습 내용과 제공 자원의 다양화를 통하여 시민의 학습이 생활화될 수 있는 여건을 마련하는 것이 요구된다.

2. 성평등 문제(G5)

지속가능발전목표 가운데 성평등은 "성평등 달성 및 여성·여아의 역량 강화"를 목표로 한다. 우리 사회에서 양성평등 추진제도와 정책의 상당한 진전이 있었음에도 불구하고, 우리나라의 성격차지수(Gender Gap Index: GGI)는 144개국 중 116위로 낮으며, 이 영역의 국제적 순위는 계속해서 낮은 순위에 머물고 있다. 특히, 불평등이 발생할 수 있는 주요한 삶의 영역에서 성별 생활 여건의 차이는 물론 여성 내 세대와 계층 간 차이가 크게 완화되고 있지 못하고 있는 것이 현실이다. 이는 그동안의 여성 발전, 여성복지적 접근을 넘어서 사회적으로 구조화된 성불평등 문제의 극복이 필요함을 시사한다.

그동안 정부가 많은 정책을 시행해 왔음에도 불구하고 정책과 국민생활과의 괴리를 줄여 나갈 수 있는 해법이 필요하며, 이를 위하여 성평등 정책이 삶의 현장에 정착될 수 있도록 구체화된 프로그램 및 실천 방법을 개발하고 확산할 수 있는 실천방안이 필요하다. 특히, 성평등 추진에서 중요한 전환점이 된 여성의 경력 유지와 일·가정 양립 문제는 정책 분야를 확장하고 신규 정책들을 산출하였으나, 국민들의 실생활을 변화시킬 정도로 큰 효과를 산출하는 데는 한계를 보여주었다.

한편, 성평등 전략의 지역사회 확산과 관련하여 지역 정책의 성 주류화를 표방하면서 추진되고 있는 여성친화도시 조성이 확장되고 있으나, 관련 정책을 시행하는 추진체계가 아직 미비하며 지역사회와 국민들의 구체적인 삶의 여건을 반영한 정책 수립 및 시행에 대한 요청이 커지고 있다.

유엔개발계획(United Nations Development Programme: UNDP)이 전 세계 189개국을 대상으로 조사한 '2018년 성불평등지수(Gender Inequality Index: GII)'에서 우리나라는 0.063점으로 189개국 중 지난해와 동일하게 10위를 기록하였다. GII는 UNDP에서 2010년부터 각국의 성불평등 정도를 측정하여 발표하는 지수로, ① 생식 건강, ② 여성 권한, ③ 노동 참여 영역에서 여성 수준과 격차를 고려한 지수인데, 부문별 세부 현황을 살펴보면, 모성 사망 비율, 청소년 출산율로 측정되는 생식건강 영역은 전년도와 동일한 수준이다. 여성 권한 영역에서 여성 의원 비율은 16.3% → 17.0%로, 중등교육 이상 교육받은 여성 비율은 88.8% → 89.8% 소폭 상승하고 있다. 노동 참여 부문에서 여성의 경제활동참가율은 50.0% → 52.2%로

표 5-7 우리나라 성불평등지수(GII) 현황

발표 연도	기준 연도	순위/대상	점수	생식 건강		여성 권한			노동 참여	
				모성 사망비[1]	청소년 출산율[2]	여성 의원 비율(%)	중등교육 이상 받은 인구(%)[3]		경제활동 참가율[4](%)	
							여성	남성	여성	남성
2018	2017	10/189	0.063	11	1.6	17.0	89.8	95.6	52.2	73.2
2017	2015	10/188	0.067	11	1.6	16.3	88.8	94.6	50.0	71.8
2016	2014	23/155	0.125	27	2.2	16.3	77.0	89.1	50.1	72.1
2015	2013	17/152	0.101	16	2.2	15.7	77.0	89.1	49.9	72.0
2014	2012	27/148	0.153	16	5.8	15.7	79.4	91.7	49.2	71.4

주: * 점수가 '0'이면 완전 평등(No Inequality), '1'이면 완전 불평등

1) 모성사망비(UN Maternal Mortality Estimation Group, 2017): 임신, 출산 관련 합병증으로 출생 10만명당 사망 수

2) 청소년 출산율(UNDESA, 2017): 15~19세 여성 인구 1,000명당 출산 수

3) 중등교육 이상 받은 인구 비율(UNESCO Institute for Statistics, 2018): 25세 이상 중, 중등 교육(중·고등학교) 이상의 교육 인구 비율

4) 국제노동기구 통계(ILO, 2018)

출처: 유엔개발계획(UNDP). '2018년 성불평등지수(GII).'

그림 5-8 국가성평등지수와 지역성평등지수 변화 추이

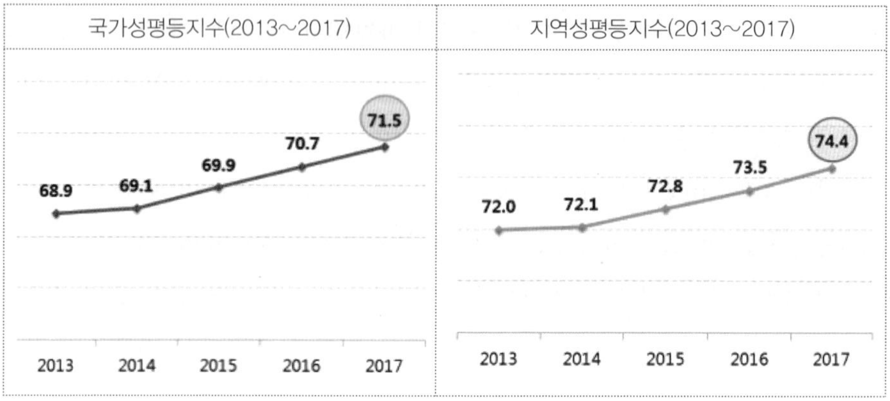

출처: 여성가족부 '2017년 국가성평등지수와 지역성평등지수' 조사 결과.

개선되었지만, 좋은 일자리로서의 여성 일자리는 여전히 과제이다.

여성가족부가 조사하는 국가 및 지역성평등지수는 성평등한 사회 참여, 여성의 인권·복지, 성평등 의식·문화 등 3개 영역, 경제활동, 의사결정 등 8개 분야로 구성되며, '완전한 성평등 상태'는 100점으로 산정된다.

[그림 5-8]에서 보듯이 여성가족부가 발표한 2017년 국가성평등지수와 지역성평등지수를 보면, 2017년 국가성평등지수는 71.5점, 지역성평등지수는 74.4점으로 2016년 대비 국가 0.8점, 지역 0.9점 상승하였다. 국가성평등지수는 2013년 68.9점에서 2015년 69.9점, 2016년 70.7점으로 꾸준히 개선되는 수치를 보이고 있다. 지역성평등지수의 경우도 2013년 72.0점에서 2015년 72.8점, 2016년 73.5점으로 개선되고 있음을 알 수 있다.

분야별 성평등 수준을 살펴보면, 보건 분야가 97.3점으로 성평등 수준이 가장 높은 반면, 의사결정 분야는 29.3점으로 가장 낮게 나타났다. 의사결정 분야에 해당하는 국회의원 성비(19.9점), 4급 이상 공무원 성비(17.1점), 관리자 성비(19.3점), 정부위원회 위촉직 성비(61.0점) 등으로 조사되었다. 2016년에 비하여 성평등 수준이 나아진 분야는 8개 분야 중 5개 분야이며, 특히 의사결정 및 문화·정보 분야가 가장 크게 개선되었다. 다만, 정부의 여성대표성 제고 노력에 힘입어 정부

표 5-8 국가성평등지수 영역 및 분야별 지수(2017년 기준)

(단위: 완전 성평등=100.0)

부문	2012	2013	2014	2015	2016	2017	(증감)
국가성평등지수	68.7	68.9	69.1	69.9	70.7	71.5	0.8
성평등한 사회 참여 영역	60.4	60.9	62.4	63.2	64.2	65.2	1.0
경제활동 분야	69.8	70.3	71.0	71.3	72.3	73.2	0.9
경제활동참가율 성비	71.0	71.5	72.4	73.4	73.9	74.4	0.5
성별 임금 격차 성비	64.4	64.0	63.1	62.8	64.1	64.7	0.6
상용근로자 성비	74.1	75.4	77.4	77.7	78.9	80.5	1.6
의사결정 분야	20.1	21.4	23.4	24.9	26.6	29.3	2.7
국회의원 성비	18.0	18.0	18.0	18.9	19.8	19.9	0.1
4급 이상 공무원 성비	11.0	11.9	12.9	14.0	15.7	17.1	1.4
관리자 성비	17.5	18.1	17.4	15.8	14.9	19.3	4.4
정부위원회 위촉직 성비	33.9	37.5	45.5	50.9	56.0	61.0	5.0
교육·직업훈련 분야	91.3	91.4	93.3	93.4	93.6	93.1	-0.5
평균 교육연수 성비	88.4	88.6	88.8	89.1	89.3	89.5	0.2
고등교육기관 진학률 성비	100.0	100.0	100.0	100.0	100.0	100.0	0.0
직업교육훈련 경험률	85.4	85.5	91.0	91.0	91.6	89.7	-1.9
여성의 인권·복지 영역	78.9	78.4	76.5	77.8	78.6	78.7	0.1
복지 분야	69.8	70.8	69.0	71.5	71.5	72.8	1.3
비빈곤 가구주 성비	89.1	89.7	90.1	88.2	88.4	86.5	-1.9
공적연금 가입자 성비	72.8	74.6	76.9	79.4	82.0	84.2	2.2
장애인 고용률 성비	47.5	48.0	40.1	47.0	44.2	47.9	3.7
보건 분야	94.7	95.7	96.1	97.1	97.3	97.3	0.0
건강 관련 삶의 질(EQ-5D) 성별 격차	97.0	96.6	97.0	97.7	97.5	97.2	-0.3
건강검진 수검률 성비	96.0	95.4	95.9	96.3	97.0	96.9	-0.1
스트레스 인지율 성비	91.1	95.0	95.3	97.3	97.5	97.7	0.2
안전 분야	72.3	68.8	64.3	64.9	67.0	66.0	-1.0
사회안전에 대한 전반적 안전의식 성비	70.4	67.4	63.2	65.2	66.7	67.3	0.6
강력범죄(흉악범) 피해자 비율	74.3	70.2	65.4	64.6	67.4	64.6	-2.8
성평등 의식·문화 영역	69.7	70.5	71.8	71.9	72.3	74.1	1.8
가족 분야	54.4	55.2	56.2	56.7	57.2	58.9	1.7
가사노동시간 성비	24.6	25.2	25.8	26.4	27.0	27.6	0.6
가족관계 만족도 성비	93.1	94.1	95.1	94.4	93.8	93.0	-0.8
셋째아 이상 출생 성비	97.1	98.1	99.4	100.0	98.7	99.6	0.9
육아휴직 성비	2.9	3.4	4.7	5.9	9.3	15.4	6.1
문화·정보 분야	84.9	85.8	87.4	87.1	87.3	89.3	2.0
여가시간 성비	76.7	77.3	77.9	78.6	79.2	79.9	0.7
여가만족도 성비	89.2	90.8	91.4	91.9	94.7	97.5	2.8
성별정보화 격차	88.7	89.4	93.1	90.9	88.0	90.4	2.4

출처: 여성가족부 '2017년 국가성평등지수와 지역성평등지수' 조사 결과.

위원회 성비, 4급 이상 공무원 성비, 관리자 성비 등이 상승하였으나, 여전히 의사결정 분야(29.3점)는 다른 분야에 비하여 현저히 낮은 상황이다.

3. 불평등 문제(G10)

지속가능발전목표 가운데 불평등은 "국가 내 · 국가 간 불평등 완화"를 목표로 한다. 국가 내의 불평등은 소득불평등과 임금불평등과 같이 노동시장과 계층 간 문제를 중심으로 불평등 문제를 다루고자 한다.

1) 소득불평등 현황

우리 사회 양극화 문제 가운데 소득양극화는 개선되지 않고 있다. 소득분배의 불평등도는 나아지지 않고, 가구부채는 증가하는 추세이다. 정부는 포용적 성장을 위하여 분배 개선을 위한 정책 노력 강화로 불평등을 해소한다는 방침이다.

통계청이 발표한 '2018년 가계금융 · 복지조사 결과'에 따르면, 2017년 처분가능소득 기준 지니계수는 0.355로 전년(0.355)과 동일하였다. 다만 2015년 0.352와 비교하면 악화된 추세가 이어지고 있는데, 지니계수는 소득분배의 불평등도를 나타

그림 5-7 소득불평등 현황

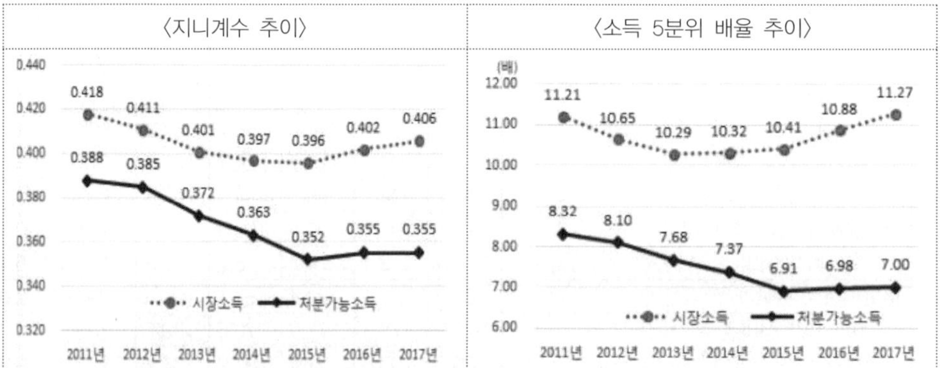

출처: 통계청(지니계수 추이).

내는 수치이다. 한 사람이 전체 사회의 부를 독점할 경우 1이 산출되고, 그 반대의 경우는 0이 나온다. 1에 가까울수록 불평등이 심하다는 의미이다.

즉, 지니계수가 전년도와 동일하다는 것은 소득불평등이 개선되지 않았다는 의미로서, 시장소득 기준 지니계수는 무려 0.406으로 전년(0.402) 대비 0.004 상승하여 2년 연속 악화되었다. 연금 등 정부정책을 통한 개선 효과는 0.051이었다.

같은 기간 양극화를 나타내는 소득 5분위 배율도 2016년 6.98에서 2017년 7.00으로 소폭(0.02) 높아졌다. 소득 5분위 배율은 상위 20%의 소득을 하위 20%의 소득으로 나눈 값이다. 이것은 상위 20%의 소득이 하위 20% 소득보다 7배 수준이라는 것을 의미한다.

빈곤지표는 2018년 현재, 상대적 빈곤율이 17.4%로 2017년 17.6% 대비 0.2%포인트 감소한 것으로 조사되었다. 균등화 처분가능소득 기준 근로연령층의 상대적 빈곤율은 12.7%로 2017년(12.9%) 대비 0.2%포인트 줄었고, 은퇴연령층의 상대적 빈곤율은 43.8%로 전년(45.0%)보다 1.2% 감소하였다. 상대적 빈곤율은 중위 소득 50% 이하인 사람들이 전체 인구에서 차지하는 비율이다.

2017년 5분위(최상위 20%) 가구의 균등화 처분가능소득은 6,460만 원으로 전년(6,180만 원) 대비 4.5% 증가하였고, 1분위(최하위 20%) 가구는 923만 원으로 같은 기간(886만 원) 4.4% 늘었다. 분배지표는 다소 개선된 반면, 부채 규모는 악화 추세이다.

2) 정규직과 비정규직 간 임금 불평등

정규－비정규직 간 임금 격차는 OECD 평균 약 15.6%, 한국은 25%로 상대적으로 큰 편인데, 개인 속성(성별, 연령, 학력, 스킬[수리력]), 일자리 속성(근속, 기업 규모, 직종, 업종)을 통제하면, 정규－비정규직 간 임금 격차는 OECD 평균 4.6%, 한국은 8.5%로 여전히 높은 편이다.

고용 형태(정규－비정규직)에 따른 직업훈련 참여율 차이는 OECD 평균 약 32.3%, 한국은 57.2%로 매우 큰 편이다. 개인 속성(성별, 연령, 학력, 스킬[수리력]), 일자리 속성(근속, 기업 규모, 직종, 업종)을 통제하면, 정규－비정규직 간 직업훈련 참여 격차는 OECD 평균 약 20.6% 한국은 30.6%로 여전히 높다.

그림 5-10 정규·비정규직에 대한 고용 보호 수준

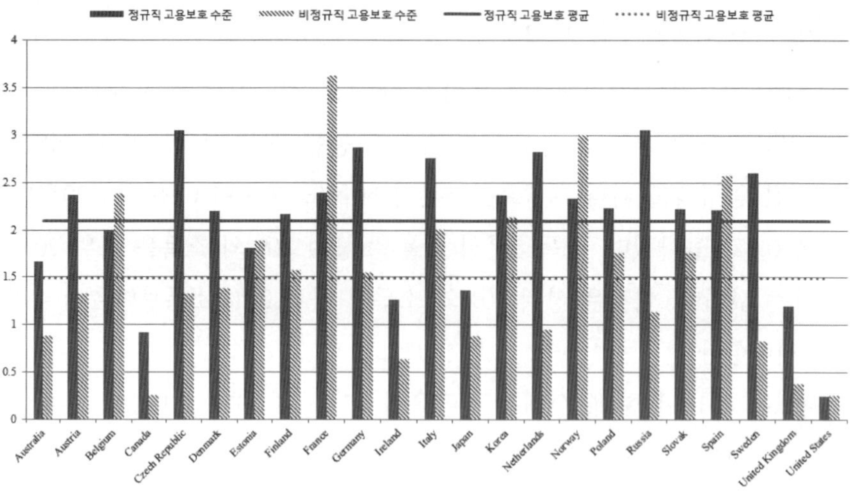

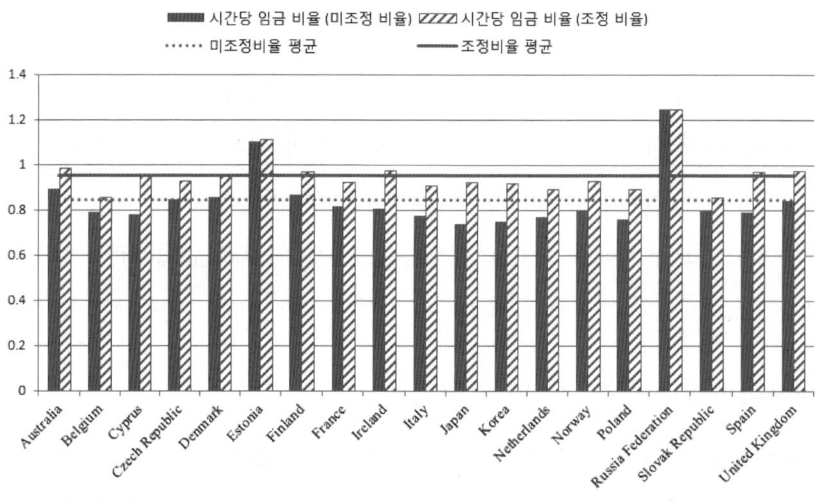

출처: OECD 구조개혁평가보고서(Going for Growth 2017).

실업보험의 관대성, 노동시장 활성화 정책의 강도, 단체교섭의 중앙집중화 정도, 기업의 직업훈련 관여 정도(듀얼 훈련 투자), 국가의 공적 직업교육훈련 투자 등 다양한 제도의 특성에 따라 정규－비정규직 간 임금 및 훈련 격차가 변화하는지 분석한 자료이다.

그림 5-11 정규-비정규직 간 임금 수준 상대 비율

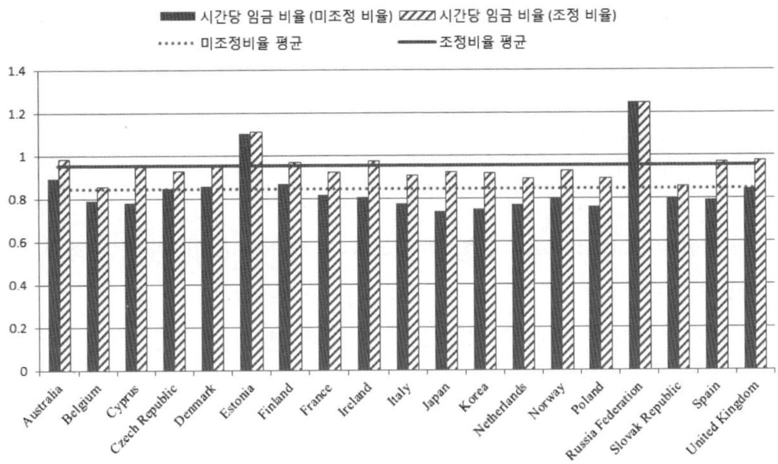

주: 1) 조정된 비율(Adjusted Ratio)은 개인 속성(연령, 학령, 성별, 혼인 상태, 자녀 유무), 일자리 속성(근속, 기업 규모, 직종 및 업종)을 고려한 이후 비정규직/정규직 시간당 임금 비율임.
2) 값이 클수록 정규-비정규직 간 격차가 작다는 것을 뜻함.
출처: OECD 구조개혁평가보고서(Going for Growth 2017).

분석 결과, 정규-비정규직 간 고용보호 수준 격차가 클수록 정규-비정규직 간 임금 및 훈련 격차가 커지는 것으로 나타났으며, 실업급여가 관대하게 제공될수록, 노동시장 활성화 정책이 강할수록, 단체교섭이 탈집중화되어 있는 경우에 비정규직이 정규직과의 임금 및 훈련 참여 격차를 좁히는 데 도움이 되는 것으로 나타났다.

기업의 직업훈련 참여는 비정규직에 불리한 영향을 미치는 반면, 국가의 공적 직업훈련 투자는 정규-비정규직 간 훈련 참여 격차를 줄이는 데 기여한다. 일터에서 다양한 스킬의 활용에 따라 정규-비정규직 간 임금 및 직무 관련 교육훈련 참여 격차의 차이가 좁혀지는지 분석한 결과, 전체적으로 비정규직은 스킬의 추가적 활용으로 인하여 큰 이익을 얻지 못하고 있으며, 다만 손기술, 육체노동 스킬 등은 비정규직에게 추가적인 임금 이익을 가져다주고 있다.

노동시장 구조개혁은 더 많은 근로자에게 공정한 소득 확보, 훈련 참여를 통한 직무 역량 향상 및 상향 이동 등의 효과를 정책 목표로 하고, 실업급여, 적극적 노동시장 정책, 기업의 직업훈련 관여 및 국가의 공적 훈련 투자 등 다양한 정책 조합의 효과에 대한 면밀한 분석이 필요하며, 이를 기반으로 한 정책 개입이 필요하다.

참고 문헌

배민식 · 장영주(2016). UN 지속가능한 개발목표(SDGs)의 농업 관련 정책과제. 「이슈와 논점」, 국회입법조사처.

보건복지부(2017). 「2016년 국민기초생활보장 수급자 현황」.

세계일보(2015). 곡물자급률 OECD 최하위권… 대책은 겉돌아. 7.3일자.

연합뉴스(2017). 유엔 '세계 기아인구 증가 반전…전체 인구 11%, 영양 부족'. 9.15일자.

연합뉴스(2018). FAO '식량위기 처한 전 세계 인구 1억 2천 4백만 명…전년비 15%↑'. 3.23일자.

월간조선(2017). 유엔 '북한주민 영양상태 악화, 반면 비만인구도 늘어'. 10.2일자.

유엔개발계획(2014~7). 「2013~6년도 인간개발보고서」.

이효정(2015). 지속가능개발목표(SDGs) 수립현황과 대응방안. 한국국제협력단.

조선비즈(2016). 110조원 걸린 '씨앗전쟁'…한국도 '골드시드 프로젝트'로 도전장. 5.22일자.

통계청(2017). 「2016년 농가 및 어가경제조사 결과」.

한국농정신문(2016). 농가소득이 하락하고 있다. 1.3일자.

연합뉴스(http://www.yonhapnews.co.kr).

유엔식량농업기구 한국협회 홈페이지(http://www.fao.or.kr).

유엔 지속가능발전 홈페이지(https://www.un.org).

지속가능발전 포털(http://ncsd.go.kr).

코이카 웹진(http://webzine.koica.go.kr).

한국여성정책연구원(http://www.kwdi.re.kr).

Nnadozie, Kert(2018). [칼럼] 식량안보 달성을 위한 식물유전자원의 중요성 및 ITPGRA의 역할.

UN(2016). 「UN 사무총장 보고서, "지속가능한 발전 목표를 향한 진전"」.

제 6 장

경제적 지속가능성 위협 요인과 위기 문제

제 1 절 에너지, 지속가능한 소비 · 생산 문제(G7, G12)

1. 에너지 문제(G7)

인류는 태양 복사에너지와 달리 고도로 농축할 수 있고 저장하기도 쉬운 에너지원에 접근할 수 있는 화석연료를 사용함으로써 근대 사회의 총에너지 소비와 1인당 에너지 소비는 전례 없는 수준으로 증가하였다. 농기계와 농약의 사용으로 농업에서의 생물 노동력과 유기적 순환이 사라지고, 기계화로 인하여 광물자원 채취에서 힘든 작업이 없는 제조업 중심의 대량생산 시대가 시작되었다. 이러한 진보는 화석연료를 가장 유연하고 편리한 에너지 형태인 전기로 전환시키지 못하였다면 일어날 수 없었을 것이다.

에너지 투입이 많은 화석연료 에너지 문명에 따른 기술적 진보는 정보에 대한 접근성과 양질의 삶을 누릴 기회가 평균 소득보다 더 불공평해지면서, 가진 국가와 가지지 못한 국가 간의 격차를 확대하여 왔다. 또한, 21세기 들어서는 전 세계의 화석연료 의존도의 급격한 증가에 따라 그 전의 환경문제와 달리 규모와 범위가 다른 지구온난화의 위협이 이슈로 등장하게 되었다.

1) 모두를 위한 에너지 공급

석탄에서 시작해 석유와 천연가스로 이어지면서 선진국 시장에 등장한 화석에너지원은 선진국들의 자원 개발에 의하여, 세계 자원의 독점구조에 의하여 갈수록 공급량은 늘어나고 가격은 떨어져 에너지는 무궁무진하고 저렴하다는 인식이 생기게 되었다. 하지만, 오일 피크 논의에 따른 위기 인식의 등장과 에너지 산업의 과도한 발전은 경제적 불균형과 국제적 정치 위기를 초래하였다. [그림 6-1]에서 보듯이 더욱 큰 문제는 20세기에 이루어진 에너지 생산과 소비의 급격한 증가가 모두를 위한 에너지 공급으로 이어지지 못하였다는 것이다. 특히, 현대적인 에너지

그림 6-1 세계의 에너지 접근성

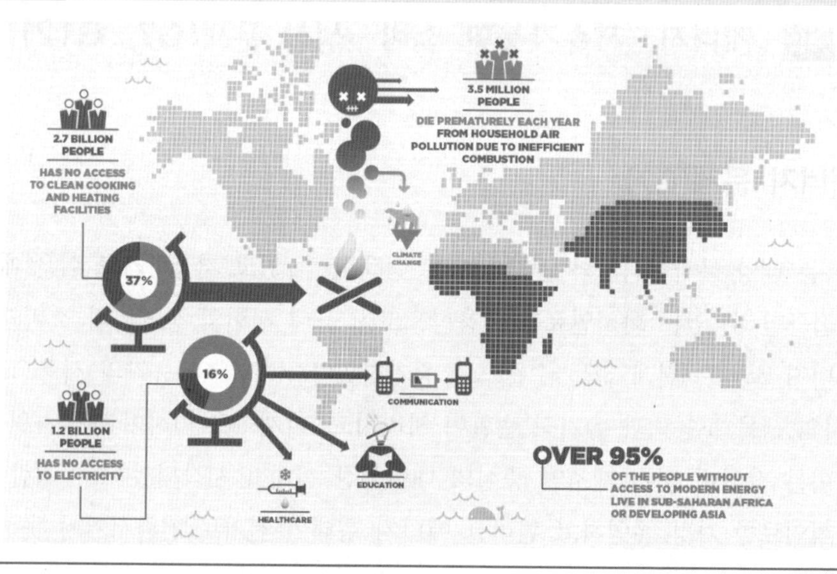

출처: http://www.wame2015.org/access-to-energy

의 공급을 빈곤층에게 확대하는 일은 최빈국과 개발도상국에게 결코 쉽지 않은 과제이다.

개발도상국들은 현대적 에너지를 제대로 공급받지 못하고 있고, 에너지 접근성의 부족은 최빈국들과 사하라 이남 아프리카 지역에 악영향을 미치고 있다. “모두를 위한 적정가격의 신뢰할 수 있고 지속가능하며 현대적인 에너지에의 접근 보장”이라는 유엔지속가능발전목표(UN SDGs) 목표 7의 진척 상황을 추적한 월드뱅크(World Bank)의 「2018 에너지 진전 보고서(The Energy Progress Report 2018)」는 이러한 사실을 잘 보여준다.

국제에너지기구(IEA)에 따르면, 전기에 대한 접근성 부족과 조리시설을 ‘현대적 에너지’에 대한 접근성 부족으로 정의하고 있다. 현재 세계 인구의 16% 이상인 거의 12억의 인구가 전기를 이용할 수 없으며, 전 세계 인구의 37% 이상인 27억 명이 깨끗한 조리시설을 갖추고 있지 않다. 특히, 95% 이상이 사하라사막 이남의 아프리카 또는 개발도상국에 집중되어 있으며, 이들 중 80%는 농촌 지역에 살고 있다. 이 에너지 빈곤의 세계 분포는 전반적인 극빈 빈곤의 세계 분포와 대체로 일치한다. 이에, UN SDGs 목표 7의 첫 번째 세부 목표가 “적정 가격의 신뢰할 수 있고 현대적인 에너지 서비스에 대한 보편적 접근을 보장한다”고 제시한 것은 현재적 상황을 반영한 것이며, 빈곤 퇴치, 불평등과 불평등 퇴치, 기후변화 해결에 기여하기 위한 세계적이며 큰 도전 과제인 셈이다.

2) 우리나라의 에너지 불평등

우리나라의 상황도 에너지 불평등의 문제가 발생하고 있다. ‘새로운 사회를 여는 연구원’에서 2015년에 분석한 에너지 불평등 상황을 살펴보면, 우리나라의 에너지 빈곤층은 정의 자체가 자의적이며 집계할 수 있는 기준 자체가 존재하지 않아 정확한 규모는 모르고 있는 실정이지만, 정부는 123만 명에 이르는 것으로 추정하고 있다. 소득 대비 연료비 비중은 소득분위 5분위 이하가 25.3%인데 반하여, 95분위 초과는 1.5%로 그 격차가 16.9배에 달한다. 또한, 연료비 지출이 극도로 낮음에도 불구하고 연료비 지출 비중이 매우 큰 집단을 뽑아 보면 노인인구가 72%에 달하기 때문에 고령화 사회로 진입한 우리나라의 경우 앞으로 에너지 빈곤층

문제가 더욱 중요한 사회적 문제로 등장할 가능성이 높다. 특히, 저소득 가구가 밀집한 지역에서는 인프라가 제대로 구축되지 않아 에너지 부담을 증폭시킨다. 대표적인 에너지 인프라로 값싼 전기와 도시가스 인프라를 들 수 있다. 우리나라에서의 전기는 거의 모든 가구에 공급되고 있으나 도시가스는 그렇지 않다. 이 때문에 긴급가구의 값싼 도시가스 지출 비중은 일반가구에 비하여 15%나 낮고, 가격이 비싼 기타 연료비 지출 비중은 더 높다(새로운 사회를 여는 연구원, 2015).

3) 청정에너지의 공급과 에너지 효율성 개선

에너지 불평등 문제와 더불어 매우 중요한 문제는 바로 청정한 에너지의 공급이다. 주로 화석연료 연소에 따라 나타나는 인위적인 기후변화의 위험을 최소화하기 위해서는 재생에너지의 비율을 높이고, 전 세계 에너지 효율성을 개선하여야 한다. UN SGDs 목표 7의 두 번째와 세 번째 세부 목표가 여기에 해당한다. 2015년 세계는 최종 에너지 소비량의 17.5%를 재생가능 에너지원으로부터 얻었으며([그림 6-2] 참조), 그중 9.6%는 바이오에너지, 지열, 수력 발전, 태양열 및 풍력과 같은 현대식 재생에너지에서 나온 것이다. 나머지 재생가능에너지는 연료재 및 숯과 같

그림 6-2 2010~2015년 최종 에너지 소비의 재생에너지 점유율 연간 증가

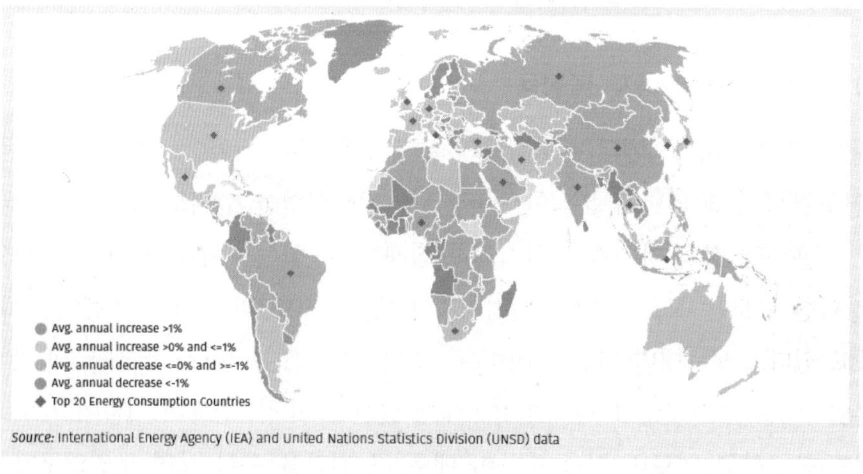

출처: The World Bank, 2018, THE ENERGY PROGRESS REPORT 2018, p. 7.

은 바이오매스의 전통적인 사용에 의한 것이다. 현재의 정책에 따라 전 세계의 재생가능 에너지의 점유율은 2030년까지 21%에 달할 것으로 예상되지만, 새로운 최신 제품들은 최종에너지 소비를 약 15% 정도 증가시킨다. 또한, 개발도상국에서 최종 에너지 소비의 지속적인 급격한 증가는 재생에너지에 대한 막대한 투자에도 불구하고 재생에너지 점유율을 높이는 데 특히 어려움을 겪고 있는 것이 현실이다.

우리나라의 재생에너지는 2016년 기준 발전량의 7.0%, 설비용량의 12%를 차지하고 있으며, 원별 구성에서 폐기물과 바이오매스 위주로 구성되어 있다가 최근 들어 태양광과 풍력이 증가세에 있다. 주요국의 재생에너지 발전량 비중은 독일의 경우 29.3%, 영국 24.7%, 프랑스 17.3%, 미국 14.9%, 일본 15.9%으로, 우리나라는 이에 비하면 매우 낮은 상황이다. 이에, 2030년까지 재생에너지 발전량 비중을 20%까지 올리는 '재생에너지 3020 이행계획'을 수립하여 추진 중에 있지만 부지를 둘러싼 주민수용성의 문제와 법 · 제도적 장벽, 투자 재원 확보 등의 문제는 시급한 해결이 필요한 상황이다.

마지막으로 에너지문제를 거론하는 데 가장 중요한 문제가 바로 에너지 효율성 개선으로, UN SDGs는 "2030년까지 전 세계 에너지 효율성 개선율을 두 배로 늘린다"고 세부 목표를 제시하고 있다. 전 세계적으로 에너지집약도(GDP의 단위당 에너지 사용 비율)는 2010년 이후로 빠르게 감소하고 있다. 이로 인하여 2010년에서 2015년 사이에 2.2%가 개선되었다. 그러나 SDGs 목표를 달성하는 데 필요한 연간 감소량 2.6%에 미치지 못하고 있어 추가적이며 지속적인 노력 없이 목표 달성은 쉽지 않은 상황이다.

4) 에너지와 지속가능발전

2100년이면 세계 인구는 90억~110억 명에 달할 것으로 전망되고 있다. 문제는 증가하는 인구에 필수적인 에너지 서비스를 차별 없이 제공하되 인류에 대한 위협은 가중하지 않는 방안을 찾아야 한다. 인류는 에너지 문제에서 네 가지의 위험에 동시에 대응하여야 한다. 화석에너지(석탄, 석유, 천연가스)의 고갈 혹은 품귀화의 위험, 화석에너지의 집중적 사용에 따른 온실효과 증대로 인한 기후변화의 위험, 핵의 위험(발전소나 핵시설, 핵물질 운송, 방사성 폐기물의 장기적 관리, 핵물질의 군사적 사용 등과 관련된 대형 사고의 위험), 마지막으로, 경작지가 에너지 생산 목적으로 너무 많이 사용됨에 따라 식량 생산에 제약이 가해지는 위험이다.

이에, 세계 에너지 전망 2017은 에너지 정책의 기본 요소와 SDGs의 세 가지 목표로서 막대한 에너지 서비스에 대한 보편적 보장(SDGs 7), 사망 및 질병을 유발하는 대기오염을 실질적으로 감소시키는 것(SDGs 3.9), 기후변화에 대처하는 효과적인 행동을 취하는 것(SDGs 13) 등을 결합한 새로운 미래지향적이고 규범적인 지속가능발전 시나리오를 도입하였다. 하지만, '경제개발'과 '지속가능성'을 서로 대립적 관계가 아닌 밀접한 공조 관계로 바라보며, 에너지의 공급과 수요를 어느 한쪽에 치우침 없이 균형 있게 다루는 것은 결코 쉽지 않은 문제이다. 이는 에너지 개발과 생산에 중심을 두었던 패러다임으로는 결코 해결될 수 없기 때문이다.

2. 지속가능한 소비 · 생산 문제(G12)

1) 버려지는 음식물, 음식물쓰레기

지구온난화의 원인 중 빼놓을 수 없는 것이 음식물쓰레기(food waste)이다. 음식물쓰레기는 식품의 생산, 유통, 가공, 조리 과정에서 발생하는 농 · 수 · 축산물 쓰레기와 먹고 남긴 음식찌꺼기를 말한다(환경부, 2015).

음식물쓰레기의 환경오염은 다섯 가지 방식이다. 첫째, 물 낭비이다. 작물을 재배하거나 가축을 기르는 데에는 많은 양의 물이 들어간다. 과일이나 채소를 재배할 때에도 많은 물이 투입되고, 가축에게 먹일 작물을 기르는 데 필요한 물, 가축에게 먹이는 물의 양까지 고려한다면 작물 재배보다 많은 양의 물이 사용된다. 둘째, 메탄가스 발생이다. 음식물쓰레기가 매립되어 부패할 때 발생되는 메탄가스는 온실가스의 하나로 기후변화의 주범이다. 셋째, 에너지 자원 낭비이다. 곡식을 재배하고 수확하고 운송하는 모든 과정에는 기계 사용이 동반되는데, 이러한 기계들은 석유나 디젤과 같은 연료가 사용된다. 음식물쓰레기가 배출된다면 먹거리 생산 과정에서 사용된 에너지가 낭비되는 것이다. 넷째, 토지 낭비이다. 전 세계적으로 음식물쓰레기 다수 비중은 고기류이다. 고기를 제공하는 가축을 기르기 위해서는 넓은 면적의 토지가 필요한데 이러한 토지는 작물을 경작하기에는 적합하지 않다.

세계적으로 약 9억ha(9백만m^2)의 토지가 가축 사육에 사용되고 있다. 이러한 토지는 나중에 작물 경작 용도로 전환하려고 해도 경작 능력을 상실하여 작물 재배가 불가능하다. 다섯째, 생물다양성의 위협이다. 작물을 경작하거나 가축을 사육하는 공간을 만들기 위한 무분별한 삼림 벌채와 과다한 어획활동으로 인한 수중 생태계 파괴는 생물다양성을 위협한다(www.newfoodmagazine.com/article).

전 세계 음식물쓰레기 배출량은 미국, 캐나다, 호주, 뉴질랜드에서 1인당 연간 110kg 정도로, 사하라 이남의 아프리카는 연간 10kg 정도로, 북미와 호주·뉴질랜드는 사하라 이남의 아프리카에 비하여 10배나 많이 음식물쓰레기를 배출한다. 아시아 국가들 중에서 중국, 일본, 한국이 배출하는 음식물쓰레기량이 많다(UN FAO, 2011: 3-6). 즉, 유럽과 북아메리카의 1인당 음식물 쓰레기의 양은 연간 95~115kg, 사하라 이남의 아프리카 또는 남아시아의 연간 6~11kg과 비교하면 10배 이상 차이가 난다. 음식물쓰레기는 부유한 국가들의 소비자들이 자신들이 먹는 음식의 양보다 더 많은 음식물쓰레기를 발생시키고 있으며, 이들이 버리는 음식물 쓰레기는 연간 약 2억 2,200만 톤, 아프리카 사하라 남부 지역의 식량 생산량인 2억 3,000만 톤과 유사하다(기후변화행동연구소, 2011.6 참고).

유엔 식량농업기구(FAO)가 펴낸 보고서 「음식물쓰레기 발자국(The Food Wastage Footprint)」에 따르면(2013.9.11), 매년 음식물 총 소비량의 약 3분의 1에 해당하는 약 13억 톤이 음식물쓰레기로 배출된다는 것이다. 전 세계 농지의 약 30%인 약 14억 ha(1,400만km^2)의 땅, 볼가(Volga)강의 연간 유량에 해당하는 약 250km^3 수자원이 낭비된다(FAO, The Food Wastage Footprint, 2013: 11-30). 온실가스 배출량은 중국 89.4억tCO_2eq, 미국 52.5억tCO_2eq, 인도 18.4억tCO_2eq 순인데(2010년 기준), 음식물쓰레기의 탄소발자국은 약 33억tCO_2eq으로, 세계 3위 배출국인 인도보다 2배나 많다. 농지, 물, 생물다양성의 손실과 기후변화에 대한 부정적인 영향으로 매년 발생하는 음식물쓰레기 비용(어패류 제외)을 생산자 가격으로 추산하면 7,500억 달러(약 81조 4,000억 원)에 이른다(FAO, The Food Wastage Footprint, 2013: 8-13).

우리나라에서 음식물쓰레기는 [그림 6-3]에서 보듯이 1일 14,389톤(2016년 기준)으로 생활폐기물 발생량의 26.8% 정도이다(환경부, 2017). 1인당 음식물쓰레기

그림 6-3 음식물쓰레기 발생량 추이

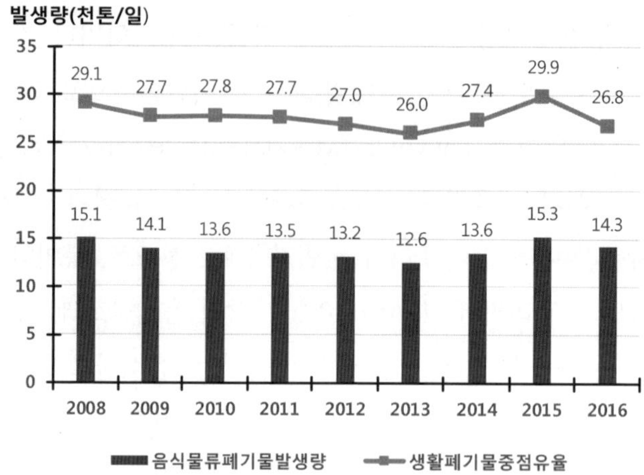

출처: 환경부(2017). 「전국폐기물조사」. 참고 작성.

발생량은 0.27kg(2016년 기준)으로 프랑스 0.17kg, 스웨덴 0.087kg 등에 비하여 많다. 음식물쓰레기는 2010년부터 2013년까지 소폭 감소 추세였다가 2014년부터 증가 추세로 2010년부터 2016년까지 생활폐기물 중 음식물쓰레기 비중은 약 27~30%를 차지하고 있다.

음식물쓰레기의 발생은 대형음식점 16.0%, 집단급식소 10.0%, 유통 단계 4.0%, 가정·소형음식점 70.0%로 가정과 소형음식점이 가장 큰 비중을 차지한다. 국가 전체 발생량의 70%를 차지하는 가정 및 소형음식점의 감량대책이 필요하다. [그림 6-4]에서 보듯이 음식물쓰레기 배출량은 유통조리 과정 57.0%, 먹고 남긴 음식물 30.0%, 보관하다 폐기하는 식재료 9.0%, 먹지 않은 음식물 4.0%로 유통·조리 과정에서 가장 많이 발생하고 있다(환경부, 2013; 한국환경공단, 2018).

음식물쓰레기는 환경오염뿐만 아니라 경제적 손실, 사회적 문제를 야기한다. 음식물쓰레기는 환경적으로 에너지 낭비, 온실가스 배출, 수거·처리 시 악취 발생, 고농도 폐수 발생으로 수질오염, 식량자원 가치로 연간 20조 원(2010년 기준)과 처리비용 8천억 원의 경제적 손실이 발생한다. 이와 함께 식량·곡물자급률이 낮아져 농·축 수산물 수입 증가(식량자급률 50%, 곡물자급률 27%)로 사회적 손실

그림 6-4 음식물쓰레기 발생 종류

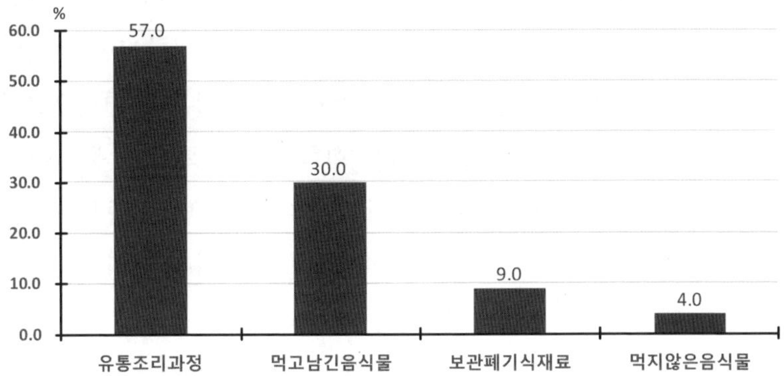

출처: 환경부(2013). 참고 작성.

을 야기한다(환경부, 2015). 음식물쓰레기 발생(4인가족 기준)은 온실가스 724kg CO_2eq가 배출되며 이는 20~30년생 소나무 149그루가 1년 동안 흡수하는 이산화탄소량, 승용차 한 대가 서울~부산을 4.8회 왕복(약 3,829km) 시 배출하는 온실가스량에 해당된다. 에너지로 환산하면 718kWh의 에너지의 양으로 한 가정이 2.5개월 동안 이용할 수 있는 전력량과 동일하다(환경부, 2013; 한국환경공단, 2018). 전 국민이 음식물쓰레기를 20% 줄이면 연간 1,600억 원의 쓰레기 처리비용이 줄고, 에너지 절약으로 5조 원에 달하는 경제적 이익이 발생한다. 온실가스 연간 145kgCO_2eq 감소,[1] 연간 에너지 144kWh 절약[2]이 가능하다(한국환경공단, 2018 참고).

2015년 9월 유엔 지속가능발전정상회의에서 2030년까지 유통 및 소비자 수준에서 1인당 음식물류 폐기물 발생량을 현재의 절반으로 감축하기로 하였다. 음식물쓰레기의 감량은 식품의 생산, 유통, 소비 단계에서의 경제적 손실을 줄인다. 그뿐만 아니라 음식물쓰레기 처리 과정에서 발생하는 환경오염을 방지하고 온실가스 배출량을 저감한다.

1) 4인가족 기준 서울 통영 간 왕복 운행 시 배출량, 소나무 30그루 연간 흡수량.
2) 냉장고 3.3개월 2,440시간.

2) 침묵의 암살자 유해화학물질

인간을 비롯한 모든 동식물과 유기물질, 무기물질은 모두 다양한 화학물질로 이루어져 있다. 물은 산소와 수소로, 다이아몬드는 탄소로 이루어진 것처럼 지구의 존재하는 물질은 화학물질로 만들어져 있다. 유해화학물질은 자연적으로 존재하는 물질보다는 인공적으로 만들어진 물질이다. 화학물질의 특성을 통하여 인간에게 필요한 많은 것을 만들어 왔으며, 인간 생활 전반에 걸쳐 많은 종류의 화학제품이 사용되고 있다(환경부, 2012). <표 6-1>에서 보듯이 어린이 장난감에서 인쇄용품에 이르기까지 화학물질의 이용 가능성은 무한하다.

화학물질은 유독물질이라 말할 수 있다. 어떤 물질이든 그 농도에 따라 인간에게 위험할 수 있기 때문이다. 가습기 살균제에 들어 있는 독성물질도 일정 농도 미만일 때는 인체에 그다지 영향을 미치지 않는다. 화장품, 삼푸, 선크림, 탈취제 등 생활 화학제품에 성분 표시가 있는데, 관련 법규에 따른 것이고 유해 화학물질이 기준치 미만으로 들어 있는 경우이다. 그럼에도 화학물질에 대한 경각심을 불러일으키는 사건이 발생하였는데, 우리나라의 경우 6,000명이 넘는 인명 피해를 낸 가습기 살균제 사건이다. 이 가습기 살균제들에도 성분 표시는 적혀 있었고, 더욱이 소비자들은 정부 허가를 받고 판매하는 제품이기 때문에 걱정 없이 사용한 것이다

표 6-1 생활 전반 화학제품 종류

어린이용품	학용품, 젖병, 식기 등
페인트 및 첨가제 유성	수성 페인트, 니스, 신나 등
접착제 및 접합체	본드, 풀, 접착제 등
세정제 세탁, 주방, 욕실용 세정제 등	세탁, 주방, 욕실용 세정제 등
탈취제 및 방향제	섬유탈취제, 자동차/실내 방향제 등
표백제, 소독제, 살균제	섬유표백제, 변기 소독제, 에어컨 살균제 등
얼룩제거제	풀/잉크/페인트/녹/물때 제거제 등
개인위생용품	샴푸, 비누, 치약, 물티슈 등
가정용 살충제	모기약, 파리약, 바퀴벌레약 등
인쇄용품	잉크, 토너 등
광택제 마루	마루/가구/자동차 광택제 구두약 등

출처: 환경부(2012). 「알기 쉬운 화학물질 이야기」 참조.

(김기범, 2018: 32－33).

한편, 전 세계적으로 유통되고 있는 화학물질의 수는 12만여 종에 이르며, 매년 2,000여 종의 새로운 화학물질이 개발되어 상품화되고 있다. 세계 화학물질 판매액은 중국이 153.9백억 USD로 가장 높고, 미국 등 NAFTA가 56.7백억 USD, EU 56.7백억 USD 순이다. 지역별로 중국, 일본, 인도, 한국 등 아시아가 235.7백억 USD로 전체 61.1%, 그 외 NAFTA와 EU가 120.4백억 USD로 31.2%를 차지한다(국가과학기술자문회의, 2016: 23－24).

국내에도 4만 4,000여종 이상의 화학물질이 유통되고 있으며, 이 중 유해화학물질은 약 2%(8,000여 종)를 차지한다(환경부, 2017 환경백서). 화학물질은 식품뿐만 아니라 화장품·위생용품, 생활용품, 가전제품 등 그 용도도 다양하다. 문제는 화학물질을 활용하는 과정에서 발생할 수 있는 특정 성분들이 신경 기능 장애나 나아가 인간의 생명을 위협할 수 있다는 점이다(강상옥·이준영, 2018 참조). 그뿐만 아니라 화학물질의 유통과 배출도 큰 위협으로 등장하고 있다. 이러한 위협은 화학물질에 대한 공포증을 뜻하는 케미포비아(chemiphobia)라는 신조어까지 등장하며 식품에서부터 생필품, 생활환경에 이르기까지 화학물질 안전관리의 중요성이 제기되고 있다.

다음 [그림 6－5]에서 보듯이 사업장에서 대기 배출하는 화학물질은 자일렌, 톨루엔,[3] 아세트산 에틸, 메틸에틸케톤, 메틸에틸케톤, 디클로로메탄, 에틸벤젠 순이다. 자일렌(29.0%), 톨루엔(15.7%), 아세트산에틸(9.5%), 메틸에틸케톤(7.4%) 등 4개 화학물질이 전체 배출량의 61.6% 수준이다(환경부, 2018). 배출량이 많은 자일렌은 기초 화학물질을 만들 때 원료로, 합성수지나 합성섬유 등의 원료로도 사용되며, 유성 도료, 접착제, 인쇄용 잉크, 시너 및 농약 등의 용매로도 사용되는 등 그 용도가 광범위하다(환경부, 2013).

업종별로는 기타 운송장비 제조업(30.3%),[4] 고무 및 플라스틱 제품제조업(13.6%),

---

3) 톨루엔은 유기 합성화학에서 중요한 화합물이며 물질을 합성하는 데 사용된다. 도료 용제로 많이 사용되는 시너(thinner)는 톨루엔을 주성분(65%)으로 하여 아세트산에틸을 배합한 것이다. 또한 화학적 특성이 비슷한 벤젠에 비하여 톨루엔은 독성이 낮고 가격이 저렴하여 유성 페인트나 인쇄용 잉크, 접착제 등을 만들 때 용매로 사용된다(환경부, 2013 참조).

4) 기타 운송장비 제조업은 코팅·열처리 공정에서 옥외도장, 분사(spray), 건조 등으로 다른 업종

그림 6-5 화학물질 대기배출량(2016년)

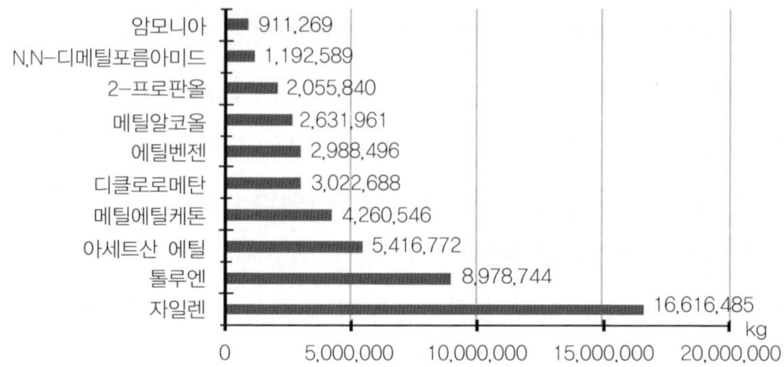

출처: 환경부(2018). 「2016년도 화학물질배출량 현황」 참고.

자동차 및 트레일러 제조업(10.2%), 화학물질 및 화학제품 제조업(9%) 등 4개 업종에서 전체 배출량의 63.1%인 3만 6,133톤이 배출되었다. 국제암 연구기관(IARC)이 분류한 발암성 물질[5](벤젠 등 54종, 그룹1~2B) 배출량은 전체 배출량의 14.0%인 8,011톤이며 2015년 7,795톤 대비 216톤이 증가하였다(환경부, 2018).

2003년부터 2018년까지 우리나라는 총 411건의 화학물질 사고가 발생하였으며, 그 원인은 시설관리 미흡 37.0%, 작업자 부주의 36.0%, 운송차량 사고 25.0% 등이다. 사상자 수는 2016년 총 125명(사망 5명, 부상 120명)에서 2017년 총 75명(사망 2명 부상 73명), 2018년 총 10명, 물적 피해 금액은 2016년 3억 7,000억 원에서 2017년 약 3억 1,000억 원, 2018년 23억 3,000억 원으로 증가하였다. 화학사고 물질은 질산(9.7%), 암모니아(7.8%), 염화수소(7.8%), 황산(6.0%), 포름알데하이드(2.9%), 톨루엔(2.3%) 등이며, 화학사고는 화학물질 유출·누출(73.0%), 폭발·화재(17.5%)가 대부분이다(화학안전정보공유시스템/www.csc.me.go.kr).

세계 화학산업 규모 증가와 더불어 국내 화학물질 유통량도 지속적으로 증가하고 있으며, 생활 수준과 기술의 발전으로 다양한 수요처가 생겨나면서 이의 충족

보다 배출률이 매우 높다(환경부, 2018).

5) 발암성물질은 그룹(Group)1~4까지 구분되고, 이 중 인체 발암성물질을 그룹1, 인체 발암성 추정물질을 그룹2A, 인체 발암성 가능물질을 그룹2B로 구분한다.

을 위하여 새로운 화학제품이 등장하고 있다. 증가하는 화학물질 유통량, 다양화 추세로 유해화학물질 취급사업장의 사고 위험성은 지속적으로 증대되고 있다. 전 세계적으로도 화학물질 규제를 강화하려는 움직임이 정부와 환경단체를 중심으로 커지고 있다. 유엔은 화학물질 전 단계(life-cycle)에서 인간 및 환경에 대한 위해성 최소화를 위한 원칙과 국가적 · 지역적 · 국제적 차원에서 2020년까지 달성하여야 할 원칙, 실행계획을 규정한 포괄적 추진 전략인 SAICM(Strategic Approach to International Chemicals Management)을 발표하였다. 자발성을 기본으로 하고 있으나, 향후 화학물질 관리 관련 국제질서의 기본 틀로 작용할 것으로 전망된다. 유럽연합(EU)은 2007년부터 화학물질의 양과 위해성에 따라 등록 · 평가 · 허가 · 제한하는 신화학물질관리제도(Registration, Evaluation, Authorization and Restriction of Chemicals: REACH)를 실시하고 있다. 유해성이 강한 화학물질에 대해서는 제조자가 대체 물질에 대한 계획을 제출하여야 하며, 제품군은 플라스틱에서 섬유, 페인트, 가구, 완구, 세제 등에 포함되는 화학물질에 이르기까지 포괄적으로 적용된다. 미국 캘리포니아 주(州)는 「캘리포니아 법령 65」라는 법안을 발의하여 근로자나 소비자가 발암 · 생식 독성 성분을 포함한 980여 가지의 화학물질에 노출될 위험에 대한 경고 문구 부착을 의무화하고 있다(환경부, 2016: 12-13).

2015년 9월 유엔 지속가능발전정상회의에서 2020년까지 화학물질을 친환경적으로 관리하고, 인간의 건강과 환경에 미치는 부정적 영향을 최소화하기 위하여 대기, 물, 토양에 배출을 줄이기로 하였다. 우리나라는 「화학물질의 등록 및 평가 등에 관한 법률」(2015.1)의 시행으로 정부의 책임과 권한이 확대되고 있으며,[6] 화학물질의 안전관리로 인간 공동체의 위협을 제거해 나가야 한다.

3) 생활 속 자원 낭비, 착한 소비로 전환

더 편하게, 더 많은 것을 누리려는 인간의 무한한 욕망은 인류 전체의 생존 기반을 위협하고 있다. 인간 삶의 편리성 추구 때문에 대량생산과 대량소비의 양상

6) 우리나라에서는 화학물질 이용목적과 성분에 따라 7개 부처의 14개 법률에 따라 관리되고 있다(환경부, 2016). 이 중에서 가장 중요하고 비중 있는 법률은 「화학물질 등록 및 평가 등에 관한 법률 및 화학물질관리법」(이하 화평법)이다. 이 법은 국내 화학물질관리의 기본이 되는 법으로서 화학물질 유해성 관리, 안전관리, 배출량 및 유통량 조사, 화학물질 사고 대응 등을 다룬다.

을 만들고, 지속 불가능한 생산과 소비 패턴으로 기후변화 및 환경오염을 유발시키고 있다. 예컨대 '패스트 패션(fast-fashion)'은 빨리 사서 입고 빨리 버릴 수 있도록 만드는 저렴한 의류회사의 옷이다. 옷을 만드는 과정에서 나오는 환경오염, 멀쩡한 옷을 버리고 새 옷을 사 입는 자원 낭비, 옷을 소각하는 과정에서 유해가스가 발생한다. 패스트 패션을 즐기는 동안 지구의 환경은 자원 낭비와 환경오염의 악순환을 낳는다.

인간의 생활환경을 위협하는 기후변화와 환경오염으로 지속가능한 소비 중요성이 높아지고 있다. 지속가능한 소비는 미래 세대의 욕구를 희생시키지 않고 현세대의 욕구를 충족시키는 소비이다. 꼭 필요한 상품과 서비스를 사용하여 생활의 질을 향상시키면서 자원의 사용을 최소화하고, 오염물질을 줄여서 환경을 파괴하지 않음으로써 다음 세대를 위태롭게 하지 않는 것이다(환경부, 2018: 9). 친환경소비는 지속가능한 소비생활을 아우르는 의미이다. 친환경소비는 상품과 서비스의 구매(친환경제품)-사용(절약)-처분(재활용) 전(全) 과정에서 환경적 측면과 경제적 측면을 고려하는 소비자 행동으로 탄소 배출과 자원 낭비를 줄이는 소비이다(곽소윤 외, 2016: 8-10). 구매는 환경에 대한 영향을 품질평가의 기준으로 사용하고, 에너지 및 자원 절약상품, 환경오염을 줄이는 상품, 폐기물을 줄이는 상품 등 환경상품을 구매하는 행동이다. 사용은 자신의 편리보다는 타인이나 환경에 미치는 영향을 고려하여 자원이나 에너지를 절약하는 행위이다. 처분은 분리 수거나 자원의 재활용에 적극 참여하는 소비행동이다(배순영 외, 2011: 3-7).

우리나라 친환경 소비 역량은 OECD 29개 회원국 중 24위로 하위권 수준이며, GDP 1달러당 온실가스 배출량은 0.43kg으로 선진국의 0.25kg에 비하여 높다(환경부, 2016 참고). 친환경소비를 위하여 친환경제품에 추가 지불 의사는 91.5%이나 구매 시 환경표지를 반드시 확인하는 비율은 29.5%에 불과하다(한국소비자원, 2015 참고). 소비자의 친환경소비에 대한 긍정적 인식은 확산되고 있지만 실천행동은 여전히 낮다. 한편, 환경표지 인증제품을 사용해 본 소비자는 제품 구매의 장애 요소로 정보 접근성, 원하는 제품 다양성 문제를 제기하였고,[7] 녹색제품을 희망

7) 녹색제품은 같은 용도의 다른 상품에 비하여 자원 절약 및 환경오염 저감 정도가 높은 제품으로, 적용 범위는 환경마크 인증제품과 GR마크 인증제품(우수재활용제품)을 말한다.

하는 품목으로 어린이용(22.1%)과 건축자재 및 인테리어용(37.2%)을 선택하였다(한국환경산업기술원, 2014).

환경오염을 줄이고 기후변화 대응을 위해서는 경제 주체들의 소비 행태 변화를 통하여 친환경제품의 생산과 공급을 촉진하고 불필요한 에너지 · 자원 낭비를 줄여야 한다. 소비자는 녹색구매, 친환경 · 에너지 절약 제품에 대한 정보와 인식을 공유하면서 소비행동으로 이루어져야 한다. 이러한 행동이 소비자의 착한 소비이다. 착한 소비는 친환경적이고 인간적인 소비로 값이 조금 비싸더라도 환경을 보호하는 상품을 구매함으로써 친환경 소비생활 확산과 올바른 소비로 이끌어 나가는 소비이다(환경부, 2018). 착한 소비는 유엔 지속가능발전목표(SDGs)의 지속가능한 소비와 생산양식의 보장과 맞닿는 부분이다. 자연자원의 과도한 사용, 높은 화석연료 의존도를 줄이고, 친환경제품 사용, 재활용, 재사용을 통한 폐기물 감소 등 착한 소비를 지향해 나가야 한다. 착한 소비는 개개인만을 위한 것이 아니라, 다른 사람들, 더 나아가 인간 생태계까지 보존하는 것이다. 전기 아끼기, 자원 사용 줄이기, 녹색제품 구매하기의 실천은 소비자의 습관을 바꾸기 때문에 불편한 행동이다. 그럼에도 친환경 착한 소비는 지구환경과 미래 세대에 이로움을 준다.

4) 플라스틱의 역습, 플라스틱 사용 줄이기

인류는 기술의 발전으로 자급자족을 벗어나 산업활동으로 생산된 제품을 구입하고 사용하는 소비생활을 한다. 인간공동체 소비생활에서 발생하는 것이 폐기물이다. 인간의 편리성 때문에 만들어진 인스턴트 음식, 일회용품, 비닐, 종이, 플라스틱, 고무 등 많은 종류의 물질들이 생활폐기물로 버려진다. 생활폐기물 중에서 플라스틱 쓰레기가 전 지구적 환경 현안으로 등장하였다. 플라스틱은 가볍고 유연하고 탄력적이다. 다른 재질에 비하여 가격도 저렴해 산업용품과 소비재로 폭넓게 사용되고 있다.[8)]

1907년 이래 전 세계에서 총 90억 톤의 플라스틱이 생산되었고, 산업이 발달함

---

8) 플라스틱의 시초는 1868년 코끼리 상아로 제작되는 당구공을 대체하기 위하여 개발된 '셀룰로이드'이다. 1907년 미국 화학자 베이클랜드(Leo Hendrick Baekeland)가 페놀계 합성수지 '베이클라이트'를 발명하면서 본격 플라스틱의 시대가 열렸다.

에 따라 플라스틱 생산량도 지속적으로 증가하고 있다(유엔 세계환경의 날 보고서 2018.7.5). 유럽플라스틱제조자협회(EUROMAP)에 따르면, [그림 6-6]에서 보듯이 1인당 포장용 플라스틱(PVC, PE, PP, PS, PET Resin, ABS, PA, PC) 사용량(2015년 기준)은 벨기에(88.2kg), 한국(61.97kg), 대만(60.17kg), 이스라엘(55.47kg), 체코(49.36kg) 순으로 한국이 세계에서 두 번째로 많이 소비하고 있다. 2015년까지 사용량을 토대로 2020년까지 예상 사용량을 추정하면, 한국은 포장용 플라스틱 사용량이 2020년에 67.41kg로 증가할 것으로 보여 세계 2위에 이른다(EUROMAP, 2016.10).

그림 6-6 1인당 연간 포장용 플라스틱 사용량

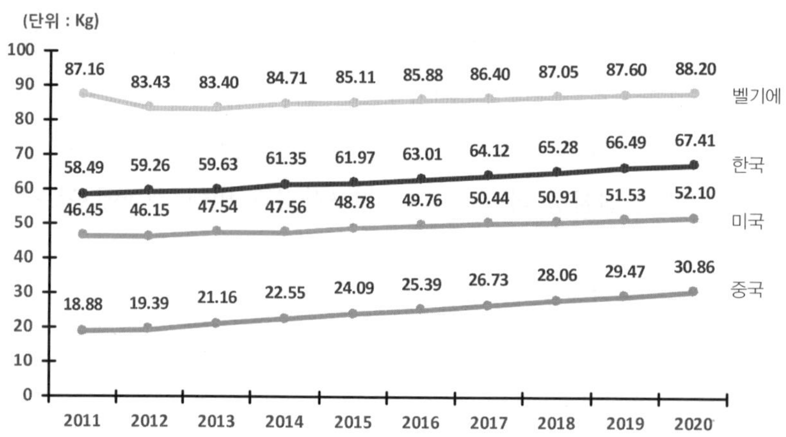

출처: EUROMAP Report, 2016, 참조 작성.

[그림 6-7]에서 보듯이 우리나라 플라스틱 생활폐기물 발생량은 2016년 기준 4,232톤/일으로 2011년 3,341톤/일에서 지속적으로 증가 추세이다(자원순환정보시스템/폐기물통계 참고). 플라스틱 소비량이 높을 뿐만 아니라, 폐기되는 양도 증가하고 있으며, 플라스틱 재활용률은 30.0%, 매립은 31.0%, 소각은 39.0%에 이르고 있다(환경부, 2018).[9)]

9) 우리나라 1회용 플라스틱 폐기물 사용량은 컵 257억 개, 비닐봉투 211억 개, 빨대 100억 개, 세탁

그림 6-7 플라스틱 생활폐기물 발생량

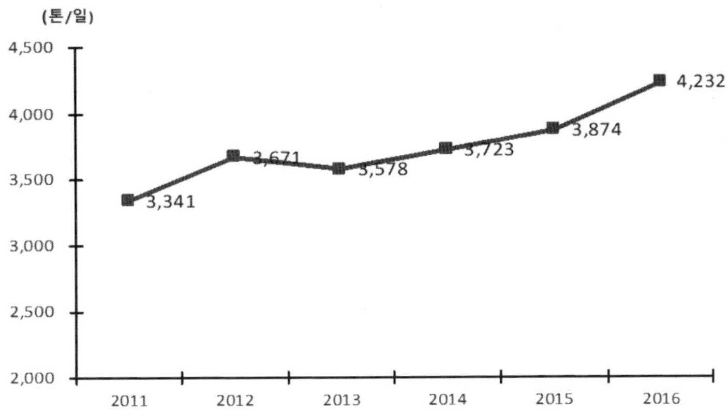

주: 1. 종량제 방식 혼합 배출＋재활용 가능 자원분리 배출 합산
출처: 환경부(2018). 「생활폐기물 발생 현황」. 참고 작성.

플라스틱의 심각성은 버린 플라스틱이 결국 다시 인간 건강에 악영향을 끼치고, 환경을 오염시킨다는 점이다. 플라스틱 쓰레기는 바다로 흘러들어가 분해되지 않고, 해류를 떠돌다가 자외선 또는 다른 물체와 부딪혀 작은 입자로 분해되는데, 분해된 미세플라스틱(microplastics)은 해양생태계에 악영향을 미친다.[10] 물고기, 새우, 그리고 바닷새 등이 바다에 떠도는 미세플라스틱을 먹어 해양동물의 몸에 축적되고, 먹이사슬을 통하여 바다 생태계에서 순환하여 축적된 유해성분은 결국 해양동물을 폐사하게 하거나, 미세플라스틱을 먹은 바다생물들이 식탁에 올라, 인간이 다시 미세플라스틱들을 먹게 된다. 즉, 미세플라스틱이 인체에 들어오는 과정은 미세플라스틱 바다 유출 → 플랑크톤이 미세플라스틱 섭취 → 물고기가 플랑크톤 섭취 → 식탁 위 생선 반찬 등의 먹이사슬을 통하여 순환된다(찰스 무어 · 커샌드라 필립스, 2013: 99−120).[11]

물 포장비닐 4억 개에 이르고(Plastic Free Seoul, 2018.9), 1인당 연간 비닐 사용 개수는(2015년 기준) 420개로, 하루 평균 1.15개 사용하고 있다(환경부, 2018.6).

10) 미세플라스틱은 2004년 영국 리처드 톰슨(Richard Thompson) 박사가 현미경 수준에서 식별되는 미세플라스틱 양이 해양환경에서 증가하고 있다는 연구 결과를 『사이언스(*Science*)』지에 발표하면서 'microplastics'라는 용어를 처음으로 사용하였다. 미세플라스틱은 의도적으로 제조되었거나 기존 제품이 조각나 5mm 이하로 미세화된 합성 고분자화합물로 정의된다.

우리나라 전국 40개 해안 조사 결과에 따르면, 해안가 폐기물 중 플라스틱류가 57.0%로 절반이고, 상위 3위를 차지하는 품목은 각종 뚜껑류 7.9%, 페트병 7.4%, 비닐봉투 7.1% 등 생활계 폐플라스틱이 대부분이다. 육상에서 사용 후 버려진 폐플라스틱이 하천수, 바람 등의 자연 요인, 지역주민, 관광객 등의 인적 요인에 의하여 육상에서 해안가로 흘러 들어가고 있다(해양수산부 · 해양환경관리공단, 2016. 11).

2017년 유엔은 해양 플라스틱 오염과의 전쟁을 선포하고, 2025년까지 육상 기인 오염원을 포함한 모든 플라스틱 해양 오염원을 줄일 것을 결의하였다. 세계 각국은 플라스틱 사용을 줄이기 위하여 억제정책을 마련하고 있다. 영국은 2025년까지 플라스틱쓰레기 근절선언(플라스틱 빨대 · 면봉 판매 금지 및 플라스틱용기 보증금), 유럽연합은 비닐봉투 사용량 감축(2019년 50%, 2025년 80% 감축), 미국 시애틀은 외식업체 플라스틱 빨대 · 식기류 제공 시 벌금 250달러), 미국 샌프란시스코는 2007년부터 비닐봉지 사용 금지, 2014년부터 공공기관 건물에서 페트병 생수 판매 금지, 2017년 스티로폼으로 만든 포장용기와 1회용품 사용을 금지하였다(Plastic Free Seoul, 2018 참고). 한국도 플라스틱 사용을 줄이기 위하여 카페 내 1회용컵 사용 규제, 1회용 비닐봉투 사용을 금지하고 있다. 플라스틱 문제해결을 위해서는 플라스틱 포장재나 일회용 플라스틱 용기의 사용을 줄이고, 플라스틱의 재활용 확대, 미세플라스틱 오염원 규제를 강화하는 방안이 필요하다.

제 2 절 일자리 · 경제성장, 산업혁신 문제(G8, G9)

1. 일자리 · 경제성장 문제(G8)

지속가능발전의 개념을 경제적 관점에서 보면 지속가능한 경제는 제한된 상황

11) 해양의 미세플라스틱(5mm 이하)은 상당 부분 육지에서 기인하는데, 주요 오염원은 타이어, 합성섬유(세탁), 선박 도색, 도로 표시, 미세플라스틱을 포함한 세정제나 화장품, 플라스틱 알갱이, 도시먼지 등이다(이혜경, 2017: 4).

에서 현재의 요구와 미래의 요구를 동시에 충족시킬 수 있는 경제 또는 경제구조를 의미한다(이영한 외, 2015). 즉, 모든 세대의 요구를 충족시키기 위해서는 환경이 파괴되지 않으면서도 그에 필요한 자원이 지속적으로 투입될 수 있도록 경제가 성장하여야 한다. 그러나 경제가 성장한다고 해서 사회가 모두 부유하게 되지는 않는다. 즉, 지속가능발전이 추구하는 경제적 · 사회적 · 환경적 목표에는 일정한 상충관계(trade off)[12]가 있다. 이에 대하여 삭스(Jeffrey D. Sachs, 2015)는 가난한 사회가 성장을 목표로 할지, 아니면 더 나은 환경을 목표로 할지 선택하는 것이 상충관계의 하나라고 말한다. 다시 말하면, 소득과 평등은 상충관계여서 경제가 성장을 추구한다고 해서 그에 따른 부(富)의 증대가 모든 사회에 평등하게 분배되지 않는다는 것이다. 실제 세계 경제는 18세기 중반 산업혁명 이후 지속적으로 급성장해 왔지만, 국가 간 소득의 불평등은 오히려 심화되어, 일부 지역에서는 빈곤이 지속되고 있다. 이에 따라 SDGs에서는 경제적 목표(G8) 제1항에 "국가별 상황에 맞게 1인당 경제성장을 유지하고, 특히 최빈국은 최소한 연간 7% 국내총생산(gross domestic product: GDP) 성장률을 유지"하는 것을 권고하고 있다.

또한 경제부문에서의 지속가능발전은 그 수단으로 경제성장보다는 일자리 분야가 주요한 이슈로 떠오르고 있다. 저개발국가의 경우 경제적 성장에도 불구하고 일자리의 증가 또는 실질적인 개선으로 이어지지 않는 경우가 많아 지속가능발전에 걸림돌로 작용하고 있다. 선진국에서도 인구의 저성장 및 감소시대에 직면하여, 기존의 패러다임으로는 경제성장을 유인할 방안을 찾기 어려우며, 오히려 경제성장을 유지하면서, 완전고용과 양질의 일자리를 증진하는 데에 초점을 두고 있다. 이러한 관점에서 이 절에서는 경제성장과 일자리에 대하여 세계 경제와 한국 경제의 주요 문제를 다루어 본다.

1) 세계경제의 성장과 경제적 불평등

대부분의 인류 역사에서 1인당 생산은 아주 낮은 수준이었다. 사람들 대부분이 농장에 살면서 호구지책으로 식량을 재배하였고, 대개 그들이 생존하는 데는 충분

12) 두 개의 목표 가운데 하나를 달성하려고 하면 다른 목표의 달성이 늦어지거나 희생되는 경우의 양자 관계.

하였다. 그러다가 18세기 중반 영국에서 시작된 산업혁명을 계기로 탄광, 제철, 직물과 같은 산업이 발흥되면서 세계 경제성장의 첫 도약이 이루어진다. 그러나 산업혁명 이후 대략 첫 100년간(1775~1885년)은 영국과 미국을 포함한 일부 지역에서만 경제성장이 시작되었고, 아직 전 세계로 확산이 고르게 나타나지 않았다. 그리고 1950년 이후 금융 시스템 같은 서비스의 증가와 더불어 세계 경제는 급속도로 성장하게 되었고, 지난 250년간 거의 30배나 성장하였다(제프리 삭스, 2015).

[그림 6-8]에서 보듯이 1960년 이후의 1인당 GDP(2000년 미국 달러 고정가격 기준)는 1960년 3,694달러에서 2017년 10,634달러로 2.8배 증가하였다. 그러나 2000년 이후로 한정하면, 세계 경제는 1.3배 성장하였고, 대한민국은 1.7배, 사하라사막 이남의 아프리카 1.4배, 북아메리카는 1.1배 성장하는 데 그쳤다. 특히 북아메리카와 사하라사막 이남의 아프리카와의 1인당 총생산 격차가 1960년 16,019달러에서 2017년 51,171달러까지 벌어졌다. 요컨대 세계 경제는 20세기까지 급속한 성장을 이루다가, 21세기 들어 성장 추세가 완만해졌고, 이와 더불어 일부 지역은 빈곤이 지속되는 경제적 불평등이 심해지고 있다.

그림 6-8 지역별 1인당 총생산 추이(1960~2017년)

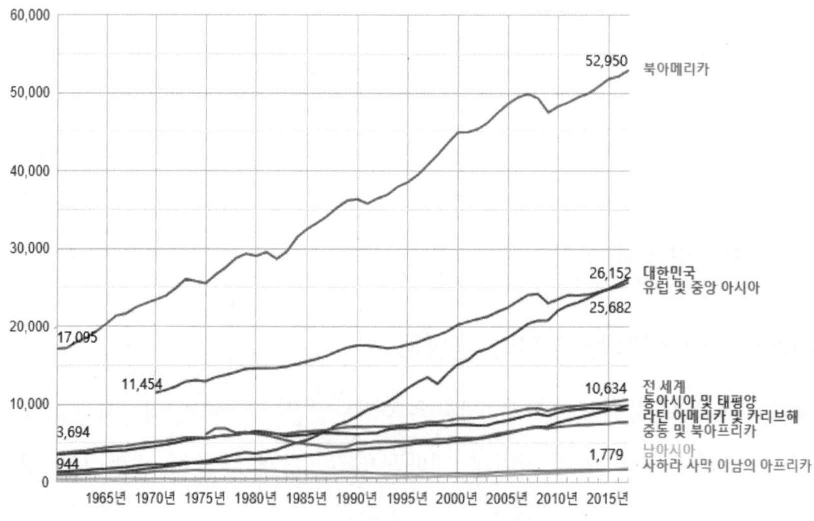

출처: World Bank Database.

그림 6-9 지니계수 상 · 하위 30위 국가(2010~2017년)

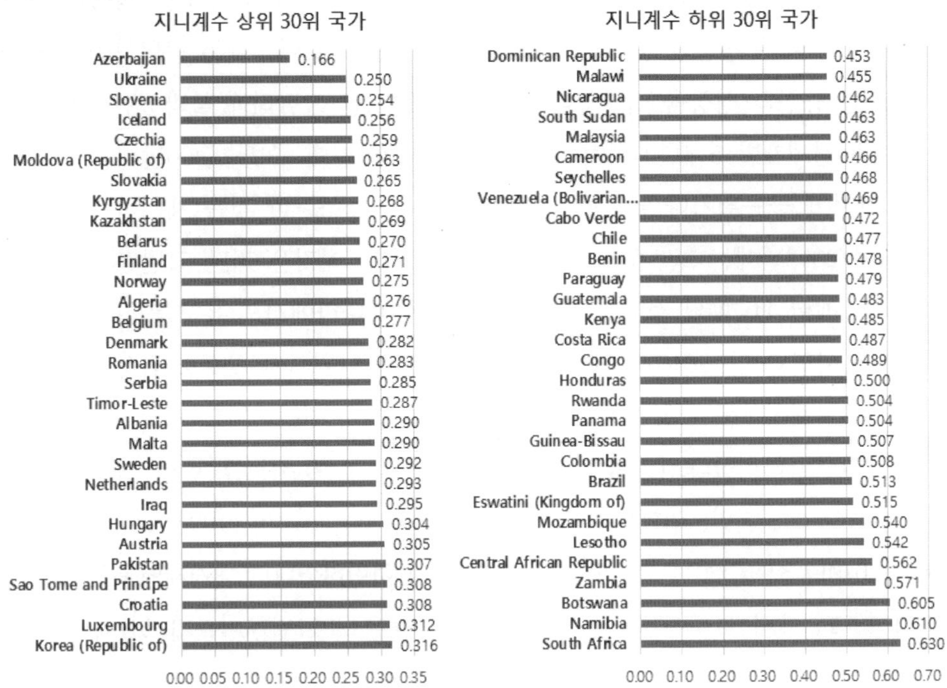

출처: UNDP(2018), World Bank Database.

국가나 지역별 경제적 불평등뿐만 아니라, 한 국가 내에서도 가정과 개인의 소득 격차도 존재한다. 이러한 소득의 불평등을 측정하는 가장 대표적인 지표는 지니계수(Gini coefficient)[13]이다. [그림 6-9]에서 보듯이 2010년부터 2017년까지의 소득 지니계수를 살펴보면, 북유럽과 중앙아시아의 많은 국가는 지니계수가 0.3 이하로 국가 내 소득이 평등한 사회로 간주될 수 있다. 반면 라틴아메리카와 사하라 이남 아프리카의 일부 국가들은 지니계수가 0.5를 넘어서며 국가 내 소득불평등이 심각한 수준으로 나타났다(UNDP, 2018).

13) 지니계수는 0과 1 사이의 값을 가지는데, 0은 모든 사람 혹은 가정의 소득이 같은, 소득의 완전 평등을 의미하고, 1은 한 사람 혹은 한 가정이 모든 소득을 독차지하고 나머지 모두는 소득이 하나도 없는 완전 불평등을 나타낸다(제프리 삭스, 2015).

2) 한국 경제의 저성장과 민간소비 위축

한국 경제는 지난 1960년대 중반부터 제조업 중심의 수출 주도형 성장을 이루어왔다. 초기에는 경공업 중심의 성장을 달성하였고 그 이후에는 중화학공업과 첨단 제조업 중심의 성장을 이루었다. 그 결과, 1962년 91달러에 불과했던 1인당 국민소득은 경제개발 5개년계획이 끝날 무렵인 1980년대 중반 2,400달러를 돌파하였고, 아시아 금융위기나 글로벌 금융위기 시 잠시 하락한 것을 제외하면 꾸준히 증가하여 2013년에는 2만 6,205달러를 기록하였다. 이것은 지난 51년간 1인당 국민소득이 매년 11.7%씩 성장한 것으로 세계 어떤 나라에서도 유례를 찾기 어려운 성과이다(이영환 외, 2015). 그러나 한국 경제는 외환위기와 글로벌 금융위기가 발생하면서 경제성장률은 급격히 하락하기 시작하였고, 최근까지도 가시적인 회복세를 보이지 못하고 있다. [그림 6-10]에서 보듯이 1990년대 초 한국 경제의 잠재성장률은 7.3%였지만, 외환위기와 글로벌 금융위기를 거치며 1996~2000년 5.6%, 2006~2010년 3.9%, 2011~2015년에는 3.2%까지 하락하였다(현대경제연구원, 2016). [그림 6-11]에서 보듯이 최근 실질 GDP성장률은 2017년 4/4분기 2.8%, 2018년 3/4분기에는 2.0%까지 하락하였다(한국은행 보도자료, 2018.10.25).

그림 6-10 한국 경제의 실질 및 잠재성장률 추이

주: 1. 잠재성장률은 국내총생산을 노동, 자본, 총요소생산성 등 생산 요소의 기여분으로 분해하는 생산함수법을 이용하여 산출.
출처: 현대경제연구원(2016).

그림 6-11 한국 경제의 국내총생산 및 경제성장률 추이

출처: 한국은행, 「국민소득」.

이처럼 한국 경제의 회복이 부진한 까닭 중 하나는 민간부문의 회복세가 예상보다 상당히 저조한 것이다. <표 6-2>에서 보듯이 1970년대 이후 한국 경제의 성장을 주도한 부문은 민간소비와 수출이었다. 그러나 외환위기와 글로벌 금융위기를 거치면서 민간소비는 위축되었고, 2010년 이후 민간소비의 GDP 성장기여도는 1.3%까지 하락하였다. 또한 [그림 6-12]에서 보듯이 민간부문의 평균 소비 성향은 1995년 59.9%를 기록한 이후, 최근 20년간 60%를 넘겼지만, 2017년 다시 59.8%까지 하락하였다.

표 6-2 GDP에 대한 지출 항목별 성장기여도 추이

(단위: %)

지출 항목	1971~1979년	1980~1989년	1990~1999년	2000~2009년	2010~2017년
민간소비	5.1	4.1	3.2	2.1	1.3
정부소비	0.6	0.7	0.6	0.7	0.5
건설투자	1.8	1.4	1.2	0.4	0.4
설비투자	2.9	1.1	1.0	0.5	0.5
지식재산생산물 투자	0.1	0.3	0.3	0.3	0.3
수출	4.6	3.5	3.7	3.5	2.7

주: 1. 각 해당 연도별 성장기여도의 평균치임.
출처: 한국은행, 「국민계정」.

그림 6-12 한국 경제의 민간부문 평균 소비 성향 추이

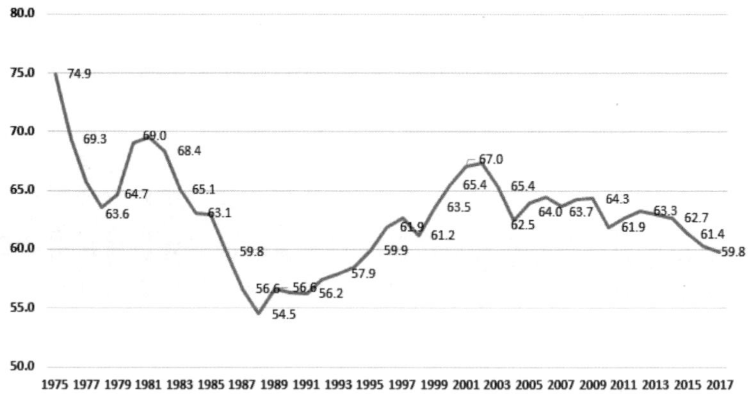

주: 1. 평균 소비 성향(%)은 가처분소득 대비 소비지출을 의미하는 것으로, 여기서는 국민처분가능소득 대비 민간최종소비지출액 비중으로 계산함.
출처: 한국은행, 「국민소득」.

이러한 점은 단순히 경기 변동에 의하여 민간이 소비를 줄이는 것이 아니라 구조적 요인에 의하여 소비를 줄이고 있다는 것을 의미하기 때문에 경기가 회복된다고 하더라도 민간부문의 소비 성향이 크게 증가하기는 어려울 것이다(이영한 외, 2015). 이러한 민간부문의 소비 침체는 재화와 서비스의 구매력 저하, 생산 감소, 기업의 투자 및 이윤 감소, 고용 감소 등으로 이어지는 경제 악순환의 원인이 된다. 이에 대한 타개책으로 여러 방안이 있을 수 있으나, 근본적으로 고용과 일자리의 안정을 통하여 민간부문의 소득 증대 및 소비 성향을 향상시킬 수 있을 것이다.

3) 세계 경제의 고용 격차

[그림 6-13]에서 보듯이 유럽과 중앙아시아, 라틴아메리카 및 카리브해, 북미 지역에서는 대부분의 사람이 서비스 부문에서 일하는 반면, 남아시아와 사하라 이남 아프리카 지역에서는 농업이 고용을 지배하고 있다. 2000년대 초반 서비스 부문은 세계 최대 고용주가 되기 위하여 농업을 압도하였다. 전 세계적으로 서비스는 고용의 50%, 농업의 30%, 산업의 20%를 차지한다.

노동연령의 모든 사람, 특히 젊은 사람들을 고용할 수 있는 것은 아니다. 그리고

그림 6-13 총 고용자수 대비 2016년 부문별 고용자 수 비율(%)과 1990~2016년 추이

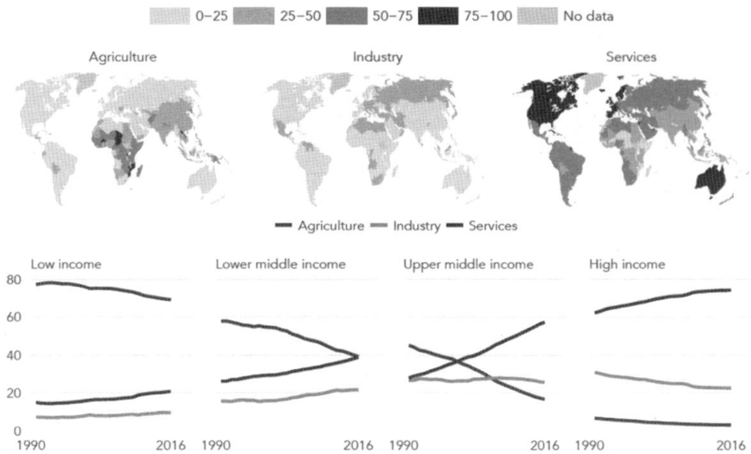

출처: ILO, World Development Indicators.

나이에 따라 일하는 인구의 비율이 떨어진다. 저소득 및 중간소득 국가에서 이러한 '고용 격차'는 일반적으로 인구증가에 의한 것이다. 반면 부유한 국가의 경우

그림 6-14 15세 이상 고용인구 격차 추이(1990~2016년)와 성별 고용 비중 차이(2016년)

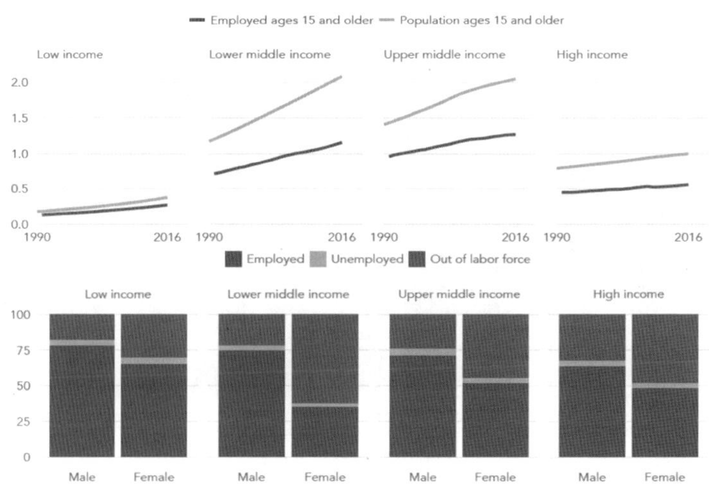

출처: ILO, World Development Indicators.

경우 이러한 격차는 종종 고령화에 의하여 유발된다. 앞의 [그림 6-14]에서 보듯이 전 세계적으로 여성은 남성에 비하여 고용될 가능성이 적지만, 그 격차는 저소득 및 중간소득의 국가에서 가장 두드러지게 나타난다.

4) 한국 경제의 고용 격차

한국 노동시장은 인력 수급의 미스매치로 인한 고용률 정체와 저고용·근로빈곤 및 노동시장의 이중구조라는 양·질의 문제를 안고 있다. 이로 인하여 노동시장에 진입하지 못하거나 소외되는 계층을 취업취약계층이라고 부른다(이규용 외, 2013). 경제활동참가율 또는 고용률을 보면 이러한 취업취약계층이 명확히 나타난다. [그림 6-15]에서 보듯이 2018년 기준 한국의 경제활동참가율은 63.1%, 고용률은 60.7% 수준이다. 15세 이상 생산가능인구의 연령별 경제활동참가율과 고용률을 살펴보면 전체 수준에 미달하는 연령이 15~24세의 청소년·청년과 60세 이상의 고령인구에 해당한다. 성별에 관계없이 현재 한국의 노동시장에서는 청소년·청년과 고령인구의 취업이 취약한 상황임을 알 수 있다.

성별·연령별로 경제활동참가율을 살펴보면, [그림 6-16]에서 보듯이 남성의

그림 6-15 연령별 경제활동참가율 및 고용률(2018년)

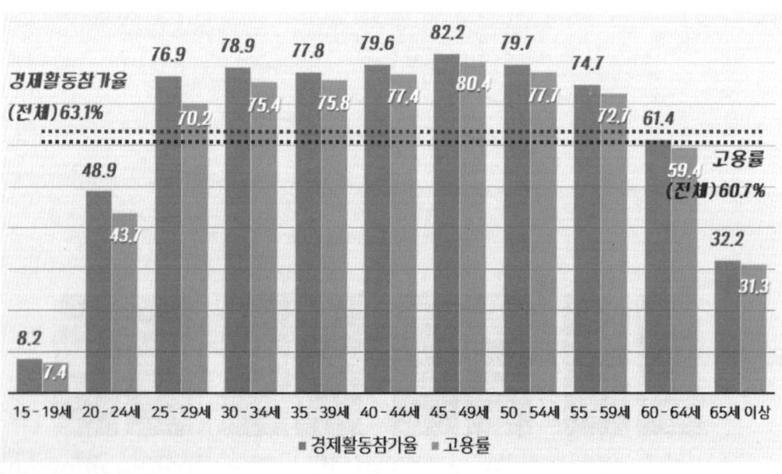

출처: 통계청, 경제활동인구조사.

경우 청년에서 중장년층으로 이행하는 과정에서 경제활동참가율이 증가하여 최고조에 달하는 반면, 여성의 경우 연령별 경제활동참가율이 명백한 M자형 곡선을 그리는 것을 알 수 있다. 이러한 이유는 한국에서 여성이 결혼과 출산 및 육아 등으로 경력 단절이 되어 노동시장을 떠났다가 다시 노동시장에 진입하는 과정이 존재하기 때문이다. 문제는 이러한 패턴이 여성에게서만 나타난다는 것이다. 이와 같은 여성 경제활동참가율의 M자형 곡선은 선진국의 경우 1980년대 이후 대부분 사라진 패턴으로, OECD 국가 중에서 우리나라와 일본 여성에게만 나타나는 것으로 알려져 있다.[14] 한국 여성이 노동시장에서 처해 있는 상황을 이야기할 때 자주 등장하는 것이 바로 이 M자형 곡선이다. 출산의 기능은 생물학적으로 여성이 부담한다 하더라도, 가사 및 육아는 공동의 부담으로 여겨진다. 그렇다 하더라도 현재 한국 여성의 M자형 경제활동참가율 곡선은 육아 및 가사의 부담이 여성에게 가중되어 있다는 현실을 반영한다. 즉 한국의 여성, 특히 경력 단절 여성의 경우 사회구조 또는 사회문화적으로 노동시장에 재진입하는 것이 어렵기 때문에 생애주기상 경력

그림 6-16 성별 · 연령별 경제활동참가율(2018년)

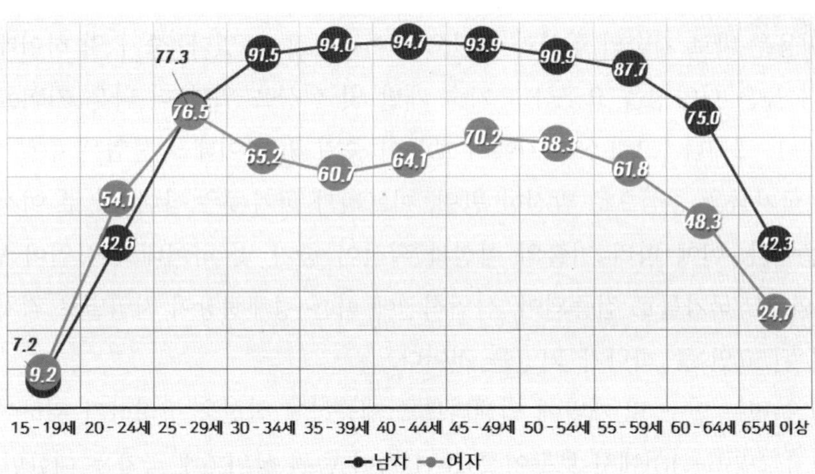

출처: 통계청, 경제활동인구조사.

14) 다만 일본의 경우 한국보다는 완만한 M자 형태를 갖는다.

단절을 앞둔 여성을 취업 취약계층의 범주로 보는 것이 당연하다.

2. 산업혁신 문제(G9)

지금까지의 경제체제는 경제성장이라는 명분 하에 다양한 환경적 문제를 야기하고 있다. 대기오염과 유독물질이 증대되고, 산림을 훼손하며, 기후변화 및 오존층 파괴, 생물다양성 감소 등 산업화로 인한 글로벌 환경문제가 대두되고 있는 것이다. 이로 인하여 미래 성장성 잠식에 대한 우려가 증대되고 있다(유의선, 2007). 이러한 한계에 직면하여, 현재의 성장 중심 경제 패러다임에서 지속가능발전이라는 새로운 패러다임이 등장하게 되었다. 경제활동 측면에서 지속가능발전은 앞 절에서 기술한 지속가능 생산과 지속가능 소비로 크게 구분할 수 있다. 즉, 지속가능한 경제공동체를 실현하기 위해서는 지속가능 생산과 지속가능 소비체계의 선결이 필수 과제인 것이다. 여기서 지속가능 생산이란 기본적으로 환경보호와 사회적 책임을 준수하며 경제적 가치를 추구하는 생산활동을 의미한다(이정재, 2012).

경제활동의 관점에서 지속가능 생산을 실현하기 위해서는 한정된 자원을 어떻게 배분하여 최소의 투입으로 최대의 효과를 가져오는지가 중요하며, 자원의 효율적인 이용은 바로 기술의 혁신과 확산으로 이루어질 수 있다. 중기 및 하이테크 산업은 더 높은 다양성을 요구하고 기술 개발 및 혁신을 위한 더 나은 기회를 제공하고 있다. 그러나 [그림 6-17]에서 보듯이 중기 및 하이테크 산업은 주로 OECD와 EU 국가들을 중심으로 발전한 반면, 아프리카 국가들은 상대적으로 여전히 낮은 수준이다. 이에 따라 기술의 혁신과 확산이 중기 및 하이테크 산업이 발달한 OECD와 EU 국가들로 집중되어, 산업혁신에 따른 경제성장이 지역별로 격차가 벌어지게 된 요인 중 하나가 되었을 것이다.

한편 특허는 연구 및 개발에 인센티브를 제공하여 혁신을 장려하기 위하여 고안되었다. [그림 6-18]에서 보듯이 2016년 특허 출원 상위 6개 국가는 대한민국, 일본, 미국, 중국, 독일, 싱가포르이다. 이 중 대한민국은 인구 10만 명당 특허 출원이 1980년대 이후 급증하여 2016년에 최상위를 기록하였다.

그림 6-17 중기 및 하이테크 산업의 제조업 부가가치 대비 비중(%)

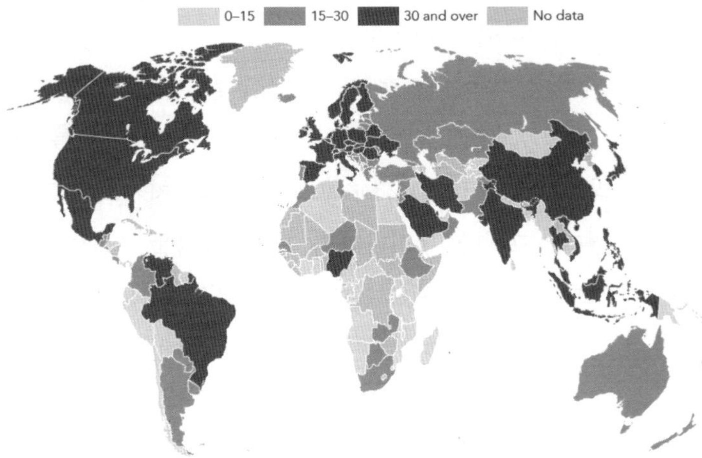

출처: UNIDO, World Development Indicators.

그림 6-18 2016년 특허 출원 상위 6개 국가

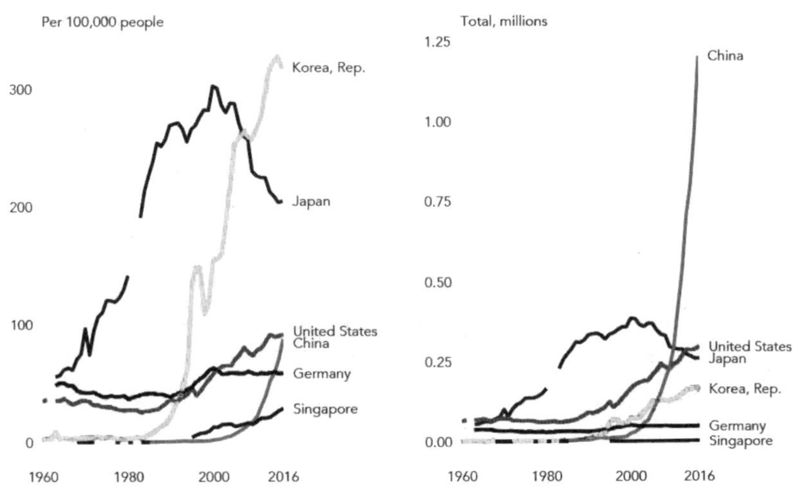

출처: WIPO, World Development Indicators.

한국과학기술평가원은 OECD 회원국을 평가 대상으로 2006년부터 매년 국가과학기술혁신역량평가를 실시하고 있다. 과학기술 혁신역량[15]이란 국가가 과학기술 분야의 혁신 및 개선을 통하여 최종 단계에서 경제적·사회적으로 가치가 있는 성과를 산출할 수 있는 능력으로 「국가연구개발사업 등의 성과평가 및 성과관리에 관한 법률」 제11조에 근거하여 평가한다.

2017년도 OECD 국가별 과학기술 혁신역량 지수를 비교해 보면, [그림 6-19]에서 보듯이 미국이 18.209점으로 다른 OECD 국가들과 큰 격차를 보이며 1위를 차지하였다. 우리나라는 COSTII가 11.440점으로 7위를 차지하였고, OECD 평균(9.216점)을 상회하였다. 그러나 우리나라의 평가 결과를 세밀하게 보면, <표 6-3>에서 보듯이 5개 부문 중 활동부문 순위가 3위로 강점인 반면, 환경부문은 23위로 상대적으로 취약하여 여전히 부문 간 편중이 존재하고 있다. 특히 연구개발 지원제도, 문화 등으로 구성되는 환경부문은 2013년 대비 평가지수가 하락하고 있으며, 국가별 순위에서도 하위권을 벗어나지 못하고 있다.

그림 6-19 2017년 국가별 과학기술 혁신역량 지수(COSTII)

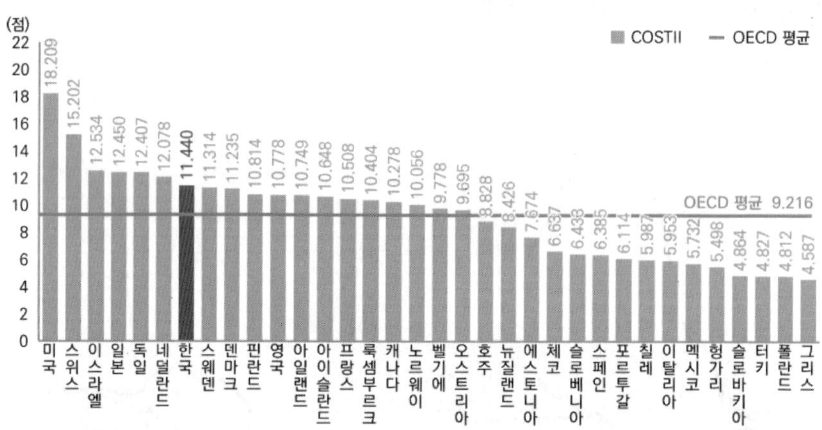

출처: 과학기술정보통신부 · KISTEP(2017), 한국과학기술기획평가원(2017) 재인용.

15) 과학기술 혁신역량은 과학기술 혁신역량 지수(COmposite Science and Technology Inovation Index: COSTII)로 평가하는데, 이 지수는 자원의 투입에서 최종 경제적 성과에 이르는 전 과정을 지원, 활동, 네트워크, 환경, 성과 등 5개 부문으로 구조화한 모형이다. 모형에 대한 자세한 설명은 한국과학기술기획평가원(2017)을 참조하기 바란다.

표 6-3 2017년 5개 부문별 COSTII 평가 결과 추이(2013~2017년)

부문	배점	한국										상대 수준(%)		OECD 평균	최고국 (지수)
		2013년		2014년		2015년		2016년		2017년		한국	OECD 평균		
		지수	순위	지수	순위	지수	순위	지수	순위	지수	순위				
자원	7	1.635	8	1.753	6	1.773	8	1.842	6	1.943	6	33.0	24.2	1.422	미국 (5.886)
활동	7	3.460	3	3.633	3	3.673	3	3.818	3	3.665	3	74.4	42.9	2.115	미국 (4.930)
네트워크	5	1.640	15	1.504	11	1.676	11	1.508	13	1.322	14	46.3	43.7	1.248	스위스 (2.857)
환경	6	3.072	20	2.909	25	2.921	24	2.633	23	2.570	23	67.1	74.3	2.845	네덜란드 (3.832)
성과	6	1.820	10	1.787	11	1.848	9	1.876	10	1.939	9	56.4	46.1	1.586	아일랜드 (3.439)

주: 배점은 각 평가 부문별 지표 수와 동일. 지수는 COSTII의 평가 기준으로 산정한 표준화지수. 상대 수준은 1위 국가의 수치를 100으로 할 경우 한국의 수준.
출처: 과학기술정보통신부 · KISTEP(2017). 한국과학기술기획평가원(2017) 재인용.

참고 문헌

강상욱 · 이준영(2018). 「케미컬라이프」. 서울: 미래의 창.

과학기술정보통신부 · KISTEP(2017). 「2017년 국가 과학기술혁신역량평가」.

곽소윤 외(2016). 「친환경적 태도-행동 분석 모형 구축을 통한 친환경소비 활성화 방안 연구」. 환경정책평가연구원.

국가과학기술자문회의(2016). 「유해환경 피해예방 및 대응전략」.

기상청(2012). 「한반도 기후전망 보고서」.

기후행동변화연구소(2011). 「음식물쓰레기의 정치경제학」.

기후행동변화연구소(2013). 「음식물쓰레기가 배출하는 온실가스는 얼마나 되나」.

김기범(2018). 「오늘도 녹색이슈」. 서울: 다른.

머니투데이(2018). 「플라스틱, 인류에 선물인가 재앙인가」. 2018. 9.10.

바츨라프 스밀, 윤순진 역(2011). 「에너지란 무엇인가」. 서울: 삼천리.

배순영 외(2011). 「녹색소비 인센티브제도 활성화 방안」. 한국소비자원.

베르나르 라퐁슈, 김성희 역(2013). 「에너지 미래학」. 경기: 알마.

산업통상자원부(2017).「재생에너지 3020 이행계획(안)」.
새로운 사회를 여는 연구원(2015). 에너지 불평등.「불평등지표」Vol.5.
서울특별시(2018).「Plastic Free Seoul(1회용 플라스틱 없는 서울)」, 2018.9.19.
유의선(2007). 왜 지속가능발전인가?.「과학기술정책지」166호. STEPI.
이규용 외(2013).「취업취약계층 노동시장정책 효율화 방안 연구」. 한국노동연구원.
이영한 외(2015).「전환기 한국, 지속가능발전 종합전략」. 한울아카데미.
이정재(2012).「제조업의 미래: 지속가능생산과 과학기술」. 한국과학기술기획평가원.
이혜경(2017).「플라스틱 오염 현황과 시사점」. 국회입법조사처.
제프리 삭스, 홍성완 역(2015).「지속가능한 발전의 시대」. 경기: 21세기북스.
찰스 무어 · 커샌드라 필립스, 이지연 역(2013).「플라스틱바다: 바다를 점령한 인간의 창조물」. 미지북스.
통계청 국가통계포털 홈페이지. http://kosis.kr/
한국과학기술기획평가원(2017a). 우리나라 민간기업 연구개발활동 현황,「KISTEP 통계브리프」2017년 제29호.
한국과학기술기획평가원(2017b). 2017년 국가 과학기술혁신역량평가 결과,「KISTEP 통계브리프」2017년 제30호.
한국은행(2018).「2018년 3/4분기 실질 국내총생산」. 2018.10.25.
한국은행 경제통계시스템 홈페이지. https://ecos.bok.or.kr/
한국환경공단(2018).「음식물쓰레기줄이기(www.zero-foodwaste.or.kr)」.
한국환경산업기술원(2014).「공공기관 미구매 사유분석」.
해양수산부 · 해양환경관리공단(2016).「2016국가해안쓰레기 모니터링사업관리」.
현대경제연구원(2016). 국내 잠재성장률 추이 및 전망: 잠재성장률 2016년 이후 2%대 진입.「경제주평」676.
환경부(2011).「알기 쉬운 화학물질 이야기」.
환경부(2012).「화학물질 바로 알기」.
환경부(2013).「음식물쓰레기 줄이기! 하나뿐인 지구를 지키는 위대한 실천」.
환경부(2015).「제3차 2016~2020 녹색제품 구매촉진 기본계획」.
환경부(2016).「제1차 유해화학물질관리기본계획(2016~2020)」.
환경부(2017).「환경백서」.
환경부(2018).「환경과 지속가능한 소비」.
환경부(2018).「보고, 느끼고, 즐기는 착한소비」.
환경부(2018).「생활폐기물의 발생 현황과 문제점」.

환경부(2018). 「생활폐기물 발생 현황」.
환경부(2018). 「재활용폐기물관리종합대책」.
환경부(2018). 「2016년도 화학물질배출량 현황」.
환경부 · 환경공단(2016). 「생활 및 음식물류 정책공유 워크숍 자료집」.
환경부 · 환경공단(2017). 「전국폐기물 통계조사」.
환경부 화학안전정보공유시스템 홈페이지. http://csc.me.go.kr/
EUROMAP(2016). Plastics Resin Production and Consumption in 63 Countries Worldwide (2016.10).
NEW FOOD Homepage. https://www.newfoodmagazine.com/
Shrink That Footprint Homepage. http://shrinkthatfootprint.com/
The World Bank(2018). Tracking SDG7: The Energy Progress Report 2018.
The World Bank Data Bank Homepage. https://databank.worldbank.org/
UN(2016). The Sustainable Development Goals Report.
UN FAO(2011). Global Food Losses and Food Waste.
UN FAO(2013). The Food Wastage Footprint: Summary Report.

제 7 장

도시의 지속가능성 위협 요인과 위기 문제

제 1 절 정주계획 · 주거환경, 건축, 환경관리, 재난대응 문제(G11)

1. 정주계획과 주거환경 문제(G11.1, G11.3)

1) 도시화: 지속되는 도시의 성장

도시화는 전 세계적인 현상으로 앞으로 수십 년간 더 지속될 전망이다(OECD, 2006; UN, 2008). 전 세계 인구는 2017년 76억 명에 달하였고, 2030년에 86억 명으로 증가할 것이라 전망되고 있다. 인구의 절반 이상이 도시에 살고 도시 주민의 수는 매년 약 7,300만 명 증가하였다. 많은 사람이 도시로 이주하면서 2050년 전 세계의 도시 인구 비율은 68%에 이를 것으로 전망되었다(현재 55%임)([그림 7-1] 참조). 유엔 경제사회국(United Nations Department of Economic and Social

Affairs: UN DESA)은 「2018 세계 도시화 전망」 보고서를 통하여 향후 약 30년 사이 25억 명이 도시지역에 새로 정착할 것이라 전망했다. 현재 시점에서 전 세계의 도시 거주자는 1950년 7억 5천 100만 명에서 42억 명으로 급증한 상태이다. 도시지역은 전 세계 총생산의 70%를 차지하는 등 경제성장을 이끌어 왔다.

최근 도시화가 진행되면서 도시계획, 정주계획, 그리고 주거환경의 중요성이 대두되고 있다. 왜냐하면 해당 사안들이 도시민의 건강과 생활에 밀접한 영향을 미치고 있으며, 그들의 요구를 충족하기 위한 방안이기 때문이다. 지역 내 기업, 학교, 녹지공간, 병원, 보행자 접근이 용이하도록 계획 및 조성된 주거환경은 도시민의 안전성을 제고할 수 있다. 이러한 내용은 보행환경, 시민 건강, 여성, 어린이, 노인 등 취약계층 보호 등 기본 서비스와도 연결된다. 단지(團地) 내 건물배치계획은 난방에너지 소비 및 비용 절감도 기대할 수 있다. 다양한 높이의 건물들은 도시공간 내 자연환기 및 온열환경 조성을 촉진하며, 냉방에너지와 온열질환 감소에 기여할 수 있다. 그리고 도시와 주변 지역 간 대중교통 연결, 적절한 보행환경 조성, 자전거 이용 등은 대기오염 및 소음공해를 저감하면서 도시민의 건강 유지에 도움이 된다. 녹지 및 수변 등의 공간 조성은 도시민의 정신건강에 긍정적인 요인으로 작용한다. 결국 잘 계획된 정주 및 주거환경은 도시 그 자체에 다양한 이점으로 작용하는 것을 알 수 있다.

그림 7-1 전 세계 도시 인구 비율과 2050년 전망

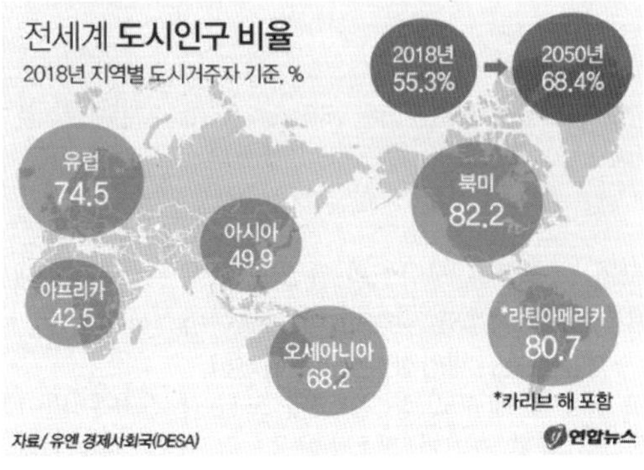

출처: 연합뉴스 홈페이지(http://www.yonhapnews.co.kr/ 2018.05.17).

2) 도시화의 단면, 무질서한 확산과 빈민가

하지만, 도시화가 무질서한 확산(urban sprawl) 형태로 진행되면서 도시공간에는 다양한 문제들이 발생되었다. 이와 같은 문제들은 이미 전 세계 수많은 도시에서 답습되고 있으며 관찰되고 있다. 특히, 도시 내 조성된 계층화는 대기 및 온열 환경, 에너지, 먹거리, 고용, 건강, 기본 서비스, 인프라 체계 등의 부문에서 끊임없이 사회·경제적 문제를 발생시키고 있다. 여기에 도시를 위협하는 재난·재해는 지속적으로 취약계층의 삶의 질 악화와 건강을 위협하고 이로 인한 사회적 부담비용마저 증가시키고 있다([그림 7-2] 참조).

개발도상국 빈민가에 거주하는 도시 인구의 비율은 2000년 39%에서 2014년

그림 7-2 정주환경의 계층구조

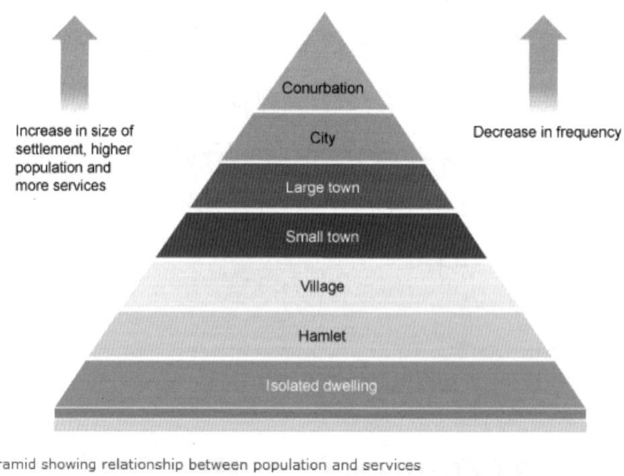

주: 피라미드는 도시에서 인구와 그들에게 제공되는 서비스 사이의 관계를 보여준다. 대도시로 갈수록 양호한 정주환경과 인구 및 서비스[1]가 증가되며, 빈도[2]가 감소한다.
출처: The Human Environment, http://geogscitt.blogspot.com

1) 서비스: 정주환경 규모가 커질수록 서비스의 품질과 양이 증가한다. 대도시는 그보다 작은 도시보다 다양하고 확대된 고급 서비스를 갖는다. (기본 서비스-우체국, 지역클리닉, 뉴스에이전트 등, 확대(고급)서비스-대형병원, 체인점, 레저센터 등)
2) 빈도: 피라미드 상부로 갈수록 대규모 정주환경의 도시 간 간격은 벌어지게 된다. 반대로 피라미드 하부로 갈수록, 즉 정주환경 크기가 작을수록 그 규모의 정주환경 공간이 더 많이 생기게 된다. 따라서 작은 마을보다 고립된 집들이 더 많이 존재하고, 큰 마을보다 더 작은 마을이 더 많이 존재하게 된다.

30%로 감소하였다. 수치상으로는 감소하고 있어 고무적으로 이해될 수 있지만 비율이 아닌 빈민가 거주 인구 수로 보면 내용이 달라진다. 2000년 전 세계 도시 거주자 중 7억 2천 2백만 명이 빈민가에 거주하였으나, 2014년에는 약 8억 8천만 명이 빈민가에 거주하고 있기 때문이다. UN은 2045년 도시에 거주하는 60억 명의 인구 중 25%가 빈민가로 몰릴 것으로 추정하고 있다. 즉, 여전히 빈민가에 거주하고 있는 취약계층은 증가하고 있는 실정이며, 이들에 대한 사회적 관심과 구제의 방안이 더욱 절실한 시점이다.

도시는 지속적으로 지리적·공간적인 경계를 확장하고 있다. 2000~2015년까지 전 세계 모든 지역에서 도시의 팽창이 도시의 인구증가를 앞지른 것으로 보고되고 있다. 2008년 역사상 처음으로 전 세계의 도시인구는 농촌인구를 추월했다. 한국의 경우 1970년대 중반 이미 도시 인구가 농촌 인구를 추월한 상태이다. 도시의 팽창은 농촌지역의 경제를 쇠퇴시키고 두 지역 간의 사회·경제적 격차로 인한 다양한 문제를 야기하고 있다. 이러한 문제는 하나의 공간에서도 유사성을 가진 형태로 발견되고 있다. 결과적으로 도시의 무분별한 확장은 도농 간의 상생적 지속가능성이 결여된 채 진행되고 있어 도농 간의 문제를 확대, 발생시키고 있으며, 도시공간 내에서의 지역 간 격차는 도시의 성장밀도를 저해함과 동시에 다양한 과제를 남기고 있다. 더 큰 문제는 이러한 과제들로 인하여 도시는 지속가능발전을 위한 통합적이고도 체계적인 정책의 추진이 곤란하게 된다는 점이다.

그림 7-3 두 얼굴의 도시

주: 베네수엘라 수도 카라카스는 '두 얼굴의 도시'로 불린다. 오일 달러의 수혜를 누리는 발달된 도시 이면에 빈민촌의 절망이 짙게 깔려 있다.
출처: venezuelanalysis.com 2006.12.03.

도시와 관련된 다양한 계층의 활동가 집단들은 이와 같은 현상이 2030 의제의 이행 과정에서도 지속될 것을 전망하고 있다. 현재 도시가 직면하고 있는 정주 및 주거환경에서 발생하고 있는 주요 문제들은 전술한 바와 같이 빈곤, 고용, 교육, 에너지, 복지 등이다. 특히, 도시공간 내 불량주거지 지역에 거주민의 증가는 대부분의 주요 문제들과 함께 연계되어 심각할 정도로 악화되고 있다. 보통 이러한 문제는 중앙정부의 정책실패와 지방정부의 적절치 못한 대처가 요인이 된다고 전문가들은 지적하고 있다. 그러나 이보다 더 큰 문제는 아직도 전 세계 여러 지역에서는 인간 정주 및 주거환경의 문제에 대한 인식이 낮아 문제를 개선하기 위한 투자마저 낮은 편이라는 점이다.

또 다른 문제는 도시공간 내 이와 같은 문제의 당사자(또는 해당 계층)가 참여할 수 있는 기회가 거의 제공되지 않는다는 것이다. 실제로 지속가능한 도시화를 위한 도시공간의 물리적 확대는 주거지에 대한 당사자의 참여와 이들과 만들어 낸 통합적이고도 지속가능한 계획, 그리고 관리 역량 강화로서 가능할 수 있다. 하지만 빈민가의 환경 개선을 위한 실질적 노력에 빈민가에 거주하는 당사자들의 참여는 기대하기 어려운 실정이다. 오히려, 참여할 여력이 없는 것일 수도 있다. 그러나 도시의 지속가능한 성장을 뒷받침하는 모든 정책에서 지역의 이니셔티브와 재정의 연동, 그리고 민간 및 시민사회의 협력은 매우 중요한 부분이다. 예를 들어 빈민가의 환경 개선을 위한 민간 협력에 기반을 둔 교통계획, 서비스 제공, 노동시장 활성화 등의 정책은 긍정적일 수 있다.

한국도 이러한 부분에서 자유로울 수는 없다. OECD 기준 우리나라의 빈곤층은 309만 명이다. 이들은 기초생활보장제도의 지원을 받는 수급자와 차상위 계층으로 구성된다(<표 7-1> 참조). 보건복지부는 「2017년 기초생활보장 실태조사」(2017)를 통하여 빈곤층 규모는 2014년 336만 명에서 2015년 309만 명으로 27만 명이 줄었다고 보고하였다. 빈곤층에서는 1인 가구, 노인 가구, 장애인 가구 비율이 전체 가구보다 2~6배 높은 것으로 조사되었다. 그리고 가난하면서도 정부의 지원을 받지 못하는 '비수급 빈곤층'은 93만 명에 달하는 것으로 파악되었다. 문제는 이들의 경우 정부 지원의 수급자보다 더욱 열악한 상황에 놓여 있어 부양의무자 기준 폐지 등 제도의 개선이 시급한 것으로 나타났다.

빈곤층과 빈민층은 '부자동네를 마주한 판자촌', 혹은 '서울 하늘 아래 달동네'와 같은 문구가 어색하지 않을 정도로 가까운 곳에 존재한다. 부문별한 재개발 및 건축정책, 그리고 빈곤층을 격리하는 임대아파트 정책 등으로 인하여 도시 내 빈곤층이 특정 지역으로 집중되면서 나타나는 '신빈민층'도 급증하고 있다. 이와 함께 최근 '쪽방촌' 형태의 빈민가도 존재한다. 성인 한명이 눕기도 벅찬 크기의 쪽방촌은 방은 있으나 최소한의 주거복지 요건도 갖추지 못한 공간으로서 도시화에 따른 부작용으로 발생된 사회적 소외계층의 공간으로 지적되고 있다. 마치 가난의 집대성과 같은 상황이다.

서울시내에는 종로구, 중구, 용산구, 영등포구까지 총 4개구 9개 지역 287개 건물에 3,504개의 쪽방이 있으며 3,201명이 거주하고 있다(2011년 6월 기준). 거주민의 약 40%는 국민기초생활대상자이며, 독거노인과 장애인이 약 45% 정도를 차지한다. 쪽방촌은 집안에 화장실이 딸려 있는 경우도 드물게 발견되고 있지만 거주민들 대다수는 공동화장실과 공동샤워장을 사용하여야 할 정도로 주거환경이 열악하다. 취사의 경우 전체의 절반이 넘는 약 54%의 가구가 휴대용 버너를 이용하여 해결하고 있다. 문제는 월세 10여만 원도 내는 것이 버거워 방을 빼는 사람이 늘어가고 있다는 것이다. 도시공간 내 빈민촌에서의 인간의 삶은 그 존재의 존엄성이 존중받기 어려운 환경으로 조성되어 가고만 있다.

표 7-1 한국 도시의 빈곤 실태

구분	1998년	1999년	2000년	2001년	2002년
절대빈곤율(%)	25.4	22.6	22.6	16.5	16.7
절대빈곤 차상위층(%)	8.9	8.9	7.0	5.6	4.7
상대빈곤율(%)	18.2	18.5	19.8	20.1	20.1
상대빈곤 차상위층(%)	11.9	13.0	11.5	11.9	9.2

주: 우리나라 도시지역에서 '절대적 빈곤' 가구는 감소하였지만 '상대적 빈곤'을 겪는 가구가 5곳 중 1곳으로 늘어나, 소득 불평등이 심화되고 있다.
출처: 1998~2003 한국도시빈곤실태(한국노동연구원 조사 결과).

3) 지속가능한 계획과 관리

이러한 실정 아래 최근 주거환경에 대한 관심이 고조되고 있으며, 특히 주거공간 내 위생환경에 대한 중요성에 대한 관심이 높아지고 있다는 점은 다행스러운 일이다. 세계보건기구(WHO)의 '주거의 공중 위생적 관점에 관한 전문위원회'의 보고서에서는 '건강한 주거환경의 기초로서 좋은 주거', 그리고 '건강한 생활을 가능케 하는 주변의 지역적 · 사회적 조건' 등의 내용을 제시하고 있다. '건강한 주거환경의 기초로서의 주거환경'은 주거의 규모, 프라이버시, 급배수, 폐기물 위생처리, 세탁 및 욕실시설, 조리 및 식사시설, 식품 등의 저장시설, 공조시설, 채광 및 조명시설 등이 주거환경 안에서 적절하게 적용되어 있어야 함을 의미한다. '건강한 생활을 가능케 하는 주변의 지역적 · 사회적 조건'으로는 상 · 하수도, 폐기물종합처리, 대기환경, 지역안전, 교통, 기타 사회적 시설, 각종 재난 · 재해로부터의 안전성 확보 등의 필요성을 의미하고 있다(두산백과).

종합하자면 도시의 정주계획은 도시계획, 교통 시스템, 물, 위생, 폐기물 관리, 재난 위험 감소, 정보 접근, 교육 및 역량 제고(회복력과 연관 될 수 있다) 등 모든 주제에 대한 고려가 필요하다. 그리고 이들 주제 간의 연계, 융합, 영향 등의 상호 간섭작용에 대한 면밀한 검토를 통하여 서비스 제공을 위한 최적화 방안을 마련하여야 한다. 여기에 지역 내 다양한 이해당사자들의 참여가 필요하다. 특히, 이해당사자들 중에서 취약계층이 소외되거나 배척되지 않도록 해야 한다. 즉, 그들의 목소리를 담아 계획에 반영할 수 있는 통합적이면서도 균형감 있는 개발정책이 필요하다. 이러한 노력은 도시의 지속가능한 발전과 삶의 질 제고를 위한 초석이 될 수 있다.

2. 건축계획 · 설계 문제(G11.c)

1) 건축계획과 도시공간 간의 네트워크

건축계획 및 설계에 대한 부분은 주거환경 · 정주계획, 건축, 환경관리, 재난대응 면에서 기본적인 과정이 된다. 건축은 도시공간 내 가장 기본이 되는 인간의 보호처(shelter)를 제공해 주는 역할로부터 의미를 찾을 수 있다. 현대 사회로 오면서 건축은 진화하게 되었으며, 기존 건축이 가지고 있던 보호처라는 개념을 넘어 인간다운 생활을 위한 시설과 서비스 및 다양한 권리를 누리도록 발전하여 왔다.

도시화 진행에 따라 건축은 크게 공급 위주 및 트렌드 중심의 건축행위 등의 형태를 보이고 있는 것을 확인할 수 있다. 전자는 증가하는 인구의 수용을 위한 공급적 관점에서 계획되는 것을 의미한다. 후자는 구식에서 신식, 비효율성에서 효율성, 일반에서 프리미엄 등 개선적 방향으로의 전환을 의미한다. 그러나 아무리 건축계획 및 설계를 잘 하여도 주위 환경, 나아가 도시환경과 연관시키기에는 장애요소가 따를 경우가 많다. 특히, 건축행위가 대부분의 도시에 일률적으로 적용되면서 도시의 규모, 기능, 특성을 살린 계획 수립이 어려워졌으며, 이로 인하여 도시공간 내 부작용도 야기되고 있다. 이것은 일부를 위한 건축행위가 진행되는 경우 두드러진다. 즉, 이러한 성격의 건축물이 도시공간 내 공존함에 따라 빈부의 격차, 지역 간 격차, 미관상 문제, 재난/재해 등 다양하고도 부정적인 영향을 초래되고 있다는 점이다.

그림 7-4 빈부의 격차를 나타내고 있는 도시공간 내 건축

a) 중국의 고층아파트와 판잣집의 공존　　b) 멕시코의 고급빌라와 빈민촌의 공존

출처: 대한민국파워 블로그, https://blog.naver.com/ 2017.12.28.

오늘날 도시공간 내 건축은 그 어느 때보다 밀접해졌으며 각각이 별개로 구분되어 규정되어 있지는 않다(유영수 외, 2003). 즉, 도시공간에서 건축공간은 도시구조의 네트워크를 구축하는 데 긴밀한 관계를 가지고 있다는 점이다. 따라서 이와 같은 연결을 고려하지 않은 계획은 도시의 지속가능한 발전을 저해하는 주요한 장애 요소가 되는 것은 자명한 일이다. 예를 들어 도시공간 내 사회 · 문화적 소외계층이 존재하는 것과 같이 소외를 받는 이른바 '소외건물'이 발생하면서 도시공간 내 조화를 더욱 곤란하게 만들고 있다. 이와 같은 건물은 도시에서 또 다른 위험요인으로 자리 잡고 있다.

아직도 많은 국가와 지방자치단체는 건축법규 및 기준 강화, 적절하고 비용 대비 효율적인 방법으로 허가를 내주기 위한 자원을 갖고 있지 않다. 이러한 상황에서 건축은 광범위하고 다양한 취약성을 가진 행위로 진행되어 왔다. 도시재난위험경감(United Nations International Strategy for Disaster Reduction: UNISDR)과 복원력센터(CUDRR+R)[3])의 최근 연구에 따르면, 참여한 지방자치단체의 35%만이 건축법규를 개정하거나 강화할 수 있는 역량을 갖춘 기술요원을 가지고 있으며, 이 중 46%만 그들의 행정 영역에서 모든 책임을 가지고 그러한 활동을 수행할 수 있는 권한을 가지고 있다([그림 7-5] 참조).

그림 7-5 건축법규 제정, 갱신, 그리고 이행 강제에 대한 설문 결과

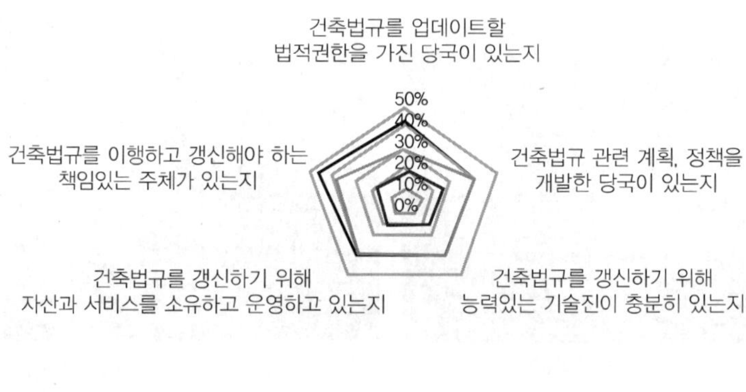

출처: 도시재난위험경감(UNISDR)(2017). 「어떻게 도시 복원력을 키울 수 있을 것인가?: 지방자치단체 리더를 위한 핸드북」.

3) Center for Urban Disaster Risk Reduction Resilience.

2) 지속가능하고 복원력을 담보한 건축계획

이에 대해 유엔환경계획(UNEP)은 '지속가능한 건물 및 건축에 관한 10개년계획(SBC)'을 수립하였다. 주요 내용으로는 지속가능한 건물에 대한 상호 이해할 수 있는 환경을 조성하고, 건물의 건축과 유지 및 사용에 필요한 지식과 재료를 갖추도록 하고 있다. 또한 주요 자원의 지속가능한 이용과 기후변화에 대한 대응, 지역사회의 사회·경제적 발전 보장을 목표로 하는 바, 이와 같은 목표 달성을 위하여 기술적 지원, 교육, 재정에 대한 접근 촉진을 강조하였다. 결론적으로 도시공간에서 지속가능하며 복원력 있는 건축물 필요성을 제시하고 있으며, 다양한 예산의 투입과 이해당사자의 참여와 활동을 요구하고 있다.

도시공간에서 복원력 확보를 위하여 사회적·재정적 역량 강화는 재난 발생 시 복원력 활동을 강화하는 데 필수적인 요소이다. 따라서 복원력 구축활동 지원을 위한 재정계획, 그리고 도시 취약계층 보호를 위한 재정·지원 수단, 재난 위험 경감 등을 위한 구체적 예산 및 자원, 시스템의 구축 등이 필요하다.

3. 환경(대기질 · 폐기물)관리 문제(G11.6)

1) 지속적인 폐기물의 생산

도시공간은 끊임없이 순환을 반복하는 구조이다. 특히, 자연적 공간과 인공적 공간이 지속적으로 상호 영향을 미치고 있다. 그리고 도시화가 진행될수록 복잡한 사회적 관계를 담아내는 선순환적 시스템 공간으로 진화하고 광역화되어 간다([그림 7-6] 참조). 이들 순환구조는 적절한 시간과 공간적 여유, 그리고 생태발자국[4]을 줄일 것을 요구하고 있다. 즉, 구축(조성), 사용, 폐기, 회복, 복원, 실천 등의 다양한 행위들이 순환되고 자정될 수 있도록 시공간적인 여유가 필요하다는 것이다.

그러나 오늘날 많은 국가와 도시에서 현대의 산업사회로 급격한 전향 및 도시화를 추진하여 왔으며, 이러한 과정에서 에너지·수자원·토지 등 각종 자원의 수요

4) 우리 인간이 지구에서 살아가기 위하여 필요한 의·식·주, 그리고 에너지·도로·폐기물 등 자원을 생산하고 소비하는 데 필요한 비용을 토지의 면적으로 환산한 것이다.

증대가 요구되었다. 그리고 이들의 소비 과정에서 매연·오수·폐기물·유독화학물·소음 등 오염이 발생하였으며, 오염물질이 도시공간 내 확산·확대됨에 따라 도시의 환경이 악화되었다. 이러한 상태는 도시의 경제가 발전함에 따라 비례적으로 심화되어 도시공간 내 자연생태계 파괴, 생물 생존 위협, 자연자원 고갈을 더욱 촉진하고 궁극적으로 도시민의 생활환경을 위협하게 된다.

그림 7-6 도시의 생태적 순환구조

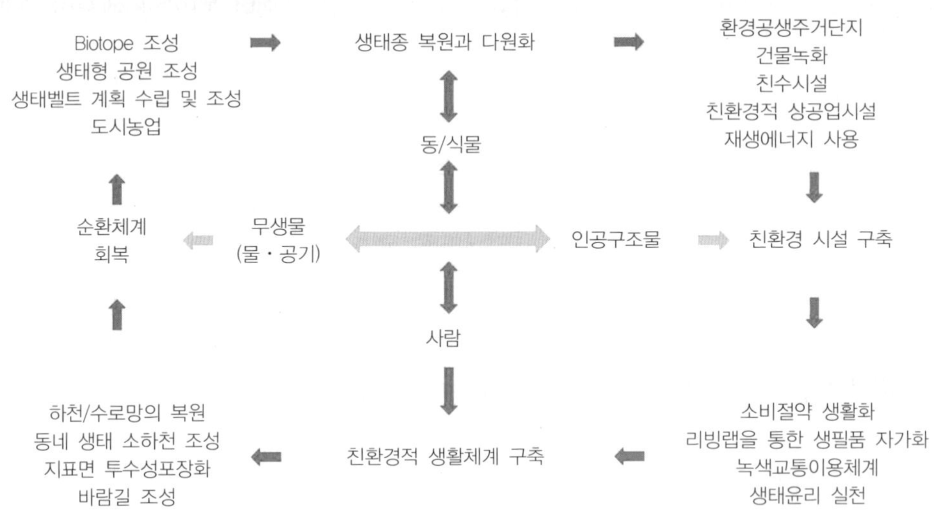

주: 도시의 생태체제는 크게 인간계(혹은 기술계)와 자연계로 구성된 채 자체의 물질대사(metabolism)의 기능을 가진 생태체제(ecological regime)이다.
출처: 조명래(2014). "도시의 지속가능성과 에너지 정의," 인권도시세미나 발제문. 저자 일부 수정.

대기·수질·해양·토양 등 오염 및 기후변화와 폐기물 등은 도시민의 생활에 직접적인 영향을 미치고 있다. 따라서 지속가능한 도시를 만들기 위하여 환경오염을 방지, 완화, 대응하는 것은 필수 사항이 되고 있는 실정이다. 이러한 관점에서 최근 도시의 발달과 확장에 따라 집중적으로 논의되고 있는 부분이 바로 대기오염과 고형폐기물 문제이다.

고형폐기물 문제는 도시에서 발생된 생활쓰레기 중 일부가 재활용된 뒤, 더 이상 재활용이 불가능한 폐기물 상태로 남는다는 것이다. 이에 따라 이 장에서의 폐

표 7-2 국내 생활, 사업장(일반, 건설) 폐기물 재활용 비율

구분	일반폐기물 발생량(톤/일)	재활용량(톤/일)	재활용 비율(%)
2010	365,154	304,381	83.36%
2011	373,312	312,521	83.72%
2012	382,009	322,419	84.40%
2013	380,709	319,579	83.94%
2014	388,486	329,268	84.76%
2015	404,812	345,114	85.25%
2016	415,345	356,086	85.73%

출처: e-나라지표(2018), http://www.index.go.kr

기물 처리는 재활용이 불가능한 상태의 폐기물을 대상으로 하여 서술하는 것으로 이해하여도 좋다. 도시는 그 공간에서 발생하는 폐기물을 가능한 재활용을 할 수 있도록 기술 개발과 여건 마련이 필요하고 이를 통하여 자연자원의 소비를 최소화할 필요가 있다. <표 7-2>에서 보듯이 우리나라의 경우 폐기물의 발생이 지속적으로 증가하고 있는 실정이기도 하지만 재활용 비율도 증가하고 있는 것을 알 수 있다. 그러나 재활용 비율이 높아지는 것이 중요하다기보다 폐기물 발생량이 지속적으로 증가하고 있다는 점에 주목할 필요가 있다. 다시 말해, 폐기물이 계속 발생되고 있다는 것이며, 결국 이는 도시공간에서 다양한 문제를 야기할 수 있다. 예를 들어 늘어나는 폐기물 매립장 위치 선정, 소각으로 인한 대기오염, 토양오염 등으로 인하여 발생하는 지자체와 주민들간의 갈등 양상은 대표적인 문제일 수 있다.

한편, 도시공간에서 발생되는 고형폐기물은 크게 가전폐기물과 비가전폐기물로 나눌 수 있다(송동필, 2016). 가전폐기물은 휴대폰, 컴퓨터, TV 등의 장비와 부품에서 배출되는 폐기물로서 납, 수은 등 유해물질을 다량으로 함유하고 있기에 각별한 관리가 요구된다.

2) 악화되고 있는 도시의 공기질

한편, 최근 사회문제로 주목되고 있는 미세먼지의 경우 대기오염과 결부되는 것으로 도시공간의 대기 상태를 적정한 상태로 유지하는 것은 매우 중요하다. 특히,

그림 7-7 스모그가 뒤덮은 인도의 뉴델리

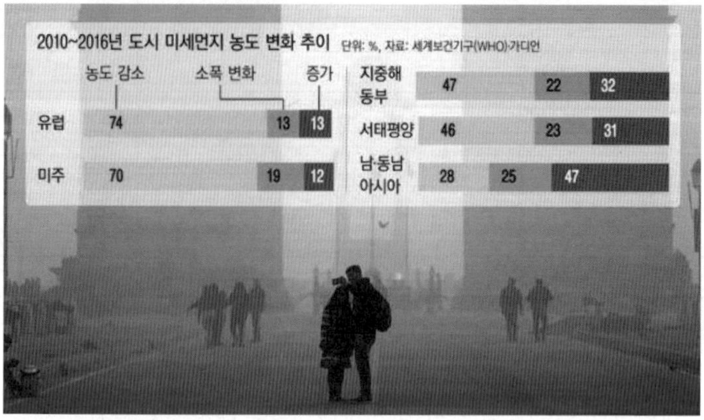

출처: WHO(2014. 4), 전 세계 4,300개 도시 분석, http://news.khan.co.kr

미세먼지는 그 발생 특성상 폐기물의 처리와 밀접한 관계가 있다. 예를 들어 생활폐기물 수거 후, 이를 소각하는 경우 오염물질인 미세먼지가 발생된다. 참고로 전술한 가전폐기물의 경우 소각시 매우 유독한 성분을 배출하기에 처리에 유의할 필요가 있다. 물론 이를 매립하는 것도 토양과 수질 등의 오염에 미치는 영향이 크다.

미세먼지는 통계상 관리를 위하여 PM10과 PM2.5로 구분하고 있으며, PM2.5를 초미세먼지로 구분하여 다루고 있다. 일반적으로 도시에서는 PM10의 70% 정도가 자동차 운행에서 유발되는 것으로 인식되고 있으나, 화력발전소 및 공업단지 등에서도 발생하고 있다. 이에 따라 도시는 대기오염 관리를 위하여 자동차에 대한 규제가 필요하다. PM2.5의 경우 대기 중 미세먼지가 특정한 조건에 반응하여 생성되는 2차 생성물이다. 입자가 극도로 작기에 호흡기에서 걸러지지 않고 폐에 직접적인 영향을 미쳐 다양한 질환의 원인이 될 수 있다고 지적되고 있다.

WHO는 108개국, 4,300여개 도시의 공기질 데이터를 수집, 분석하였다. 그 결과 전 세계 인구 10명 중 9명이 고농도 오염물질이 포함된 공기를 마시는 것으로 확인되었다고 보도하였다(가디언지, 2018.5.1). WHO의 보고서는 매년 약 700만 명이 대기 중 미세먼지에 노출되어 조기 사망하고 있다는 결과를 제시하고 있다. 2016년의 경우 420만 명이 오염된 외기(外氣)로 인한 질환으로 사망하였고, 380만 명이 가정 내 공기질 악화로 숨졌다고 밝혔다. 또한 전 세계 인구 중 40% 이상인 약 30억 명은 가정 내 취사와 난방 시 청정연료를 사용하지 못하여 유독한 공기를 마시고 있다고 보도되고 있다.

문제는 대기오염 관련 사망자의 90% 이상은 저소득·중소득 국가라는 점이다. 또한 사망자 수는 아시아와 아프리카의 저·중소득 국가에서 가장 많았고, 이어 지중해 동부 연안과 유럽, 미주 국가 순이었다([그림 7-8] 참조).

그림 7-8 환경오염으로 인한 주요 국가 사망자 비율(2015년)

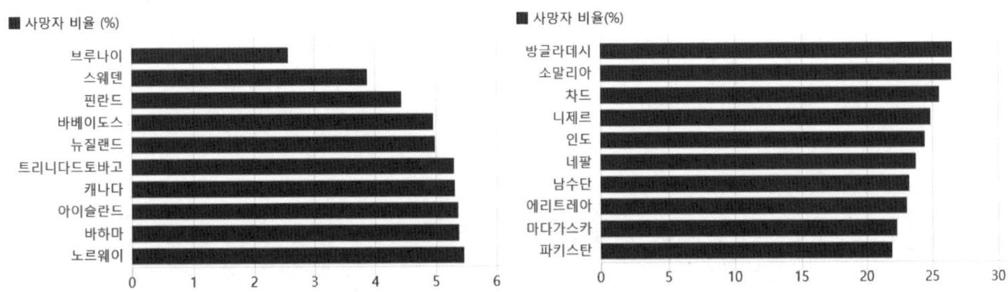

a) 환경오염으로 인한 사망이 적은 국가 b) 환경오염으로 인한 사망이 많은 국가

주: 전 세계 6명 중 1명이 환경오염 질환으로 사망하고 있다. 특히, 저소득 국가일수록 환경오염에 대한 피해가 컸으며, 많은 경우 전체 사망자의 25%를 차지한 국가도 있었다는 점에서 국가 간 불균형이 심각함을 알 수 있다. 주요 사망 원인으로는 대기오염이 가장 컸으며, 다음으로 수질오염으로 인한 질환이 전체 사망자의 33%를 차지한다.

출처: BBC 뉴스 코리아 홈페이지, https://www.bbc.com/, 2017.10.23.

4. 재난대응 문제(G11.5, G11.b)

1) 재난대응과 복잡한 도시 인프라

[그림 7-9]에서 보듯이 전 세계 국가 및 OECD 국가의 도시화는 빠르게 진행되고 있는 실정이다. 도시화는 다양한 정주 및 주거환경의 조성과 시설 등의 구축이 병행된다. 이로 인하여 도시공간은 시민이 살아가기 좋은 공간으로 점차 성장하고 진화해 갈 수 있다. 하지만 대부분의 사안에 양면성이 있는 것과 같이 잘 계획된 도시공간이 있는가 하면 반대로 무질서한 확장 형태의 도시화가 진행되는 도

시공간도 존재하게 된다.

기본적으로 도시화가 진행된 대부분의 도시가 나타내는 공통된 특징은 도시공간 내 인프라가 대단히 복잡하며, 심지어는 고정성을 가지고 있다는 점이다. 이러한 도시공간에서의 문제는 재난·재해 발생 시 시설 및 서비스의 전달이 어렵게 되며, 비상시, 통제와 지원에도 많은 장애가 발생될 수 있다. 최근 이상기후 현상으로 인한 피해와 일본 동해지진 등으로 인한 피해의 양상들로부터 도시가 재난·재해에 얼마나 취약한지를 확인 할 수 있다. 그뿐만 아니라 도시의 복잡성으로 인하여 화재, 산사태, 지진 등이 발생하는 경우의 취약성도 확인된다. 즉, 도시화된 공간에서의 환경적 영향(작게는 인위적 영향까지 포함)은 매우 역동적으로 나타난다. 그리고 이 영향은 비선형적·누적적 영향뿐만 아니라 지속가능성의 한계점 또는 불가역성을 수반한다(OECD, 2008b).

그림 7-9 전 세계 국가 및 OECD 국가의 도시지역 확장

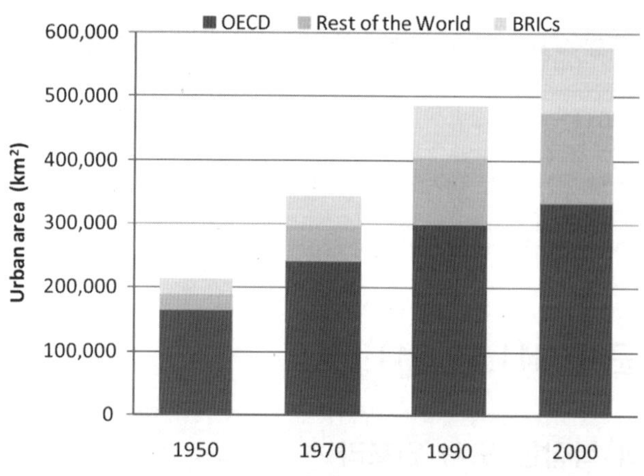

주: BRIC는 브라질, 러시아, 인도, 중국을 의미하여 이들 국가의 도시지역 확장이 눈에 띄는 것을 확인할 수 있다.
출처: OECD(2008b). *Environmental Outlook to 2030*. Paris: OECD Publishing.

2) 재난으로 인한 도시의 피해

재난·재해가 발생하면 저개발국에서는 취약계층의 주거지가 가장 큰 문제가

될 수 있다. 하지만 선진국에서는 도시 인프라(서비스 등)에 대한 이용 차단과 소외계층의 피해, 그리고 이들을 통한 2차적 경제 손실 문제가 더 크게 나타난다. 무엇이 되었든지 간에 재난·재해는 도시와 국가의 경제성장을 저해하고 그 부담의 영향을 도시와 국가에 미치게 된다. 물론 일부 재난·재해는 예측이 가능한 부분도 있다. 그러나 각 지역의 특수성에 따라 다양하게 발현되기 때문에 예측의 한계와 범위를 넘어서는 경우가 많다. 이러한 점은 도시에서 재난·재해 대응전략을 세우는 데 큰 장애 요소로 작용한다. 하지만 이런 장애 요소 때문에 재난·재해를 대응하지 않는 것은 예측되는 피해뿐만 아니라 향후 대응, 회복(복원), 진흥 등의 비용 가중과 직결되는 점을 인식하여야 한다.

도시의 인프라 개선 및 건설 등의 대응은 장기간에 걸쳐 점진적으로 진행되는 부분이며, 그 자체로서 막대한 예산이 소요된다. 예를 들면, 교통 및 물 관련 인프라는 재난·재해를 광범위한 측면에서 대응할 수 있도록 구축할 수는 있다. 하지만, 이러한 시설은 대부분 수십 년간 이용되는 점이 크기 때문에 재난·재해 발생에 대한 새로운 예측과 가능성에 따라 현시점에서 검토되고 요구되는 시설 수준으로 성능 개선이 필요할 수 있다. 도시 내 공간계획과 토지의 효율적 관리는 지진, 폭풍우, 태풍, 산사태 등의 대응에 효과적일 수 있다. 보통 도시공간의 토지 이용

그림 7-10 지진에 취약한 도시공간

a) 스피탁시 강진 피해

b) 경북 포항 지진 피해

주: a) 1988년 스피탁시를 강타한 지진은 사망자 2만 5천여 명, 주거피해자 50만 명, 그 외 약 1,000여 개의 건물에 피해를 준 참혹한 재난이었다.
b) 2017년 11월 포항지진 피해액이 3천 323억 5천만 원에 달하는 것으로 추산된다.
출처: UNISDR, 2017; 노컷뉴스 홈페이지, http://www.nocutnews.co.kr/, 2018.5.3.

은 수십 년에 걸친 변화를 반영하여 왔으며, 건물들도 적어도 30~50년 동안 사용되어 왔다. 결과적으로 도시의 재난·재해 대응전략이 효과적이려면 적어도 몇십 년 앞을 내다보아야 가능할 수 있다.

최근 들어 나타나고 있는 폭염, 가뭄, 폭풍, 폭우, 폭설, 한파 등의 기후변화 관점에서 보았을 때, 현재의 대응 노력은 미래 기후변화 영향의 예측 불가능성으로 인하여 다양한 위협을 받고 있다. 예를 들어 투자가 선행되어도 그 효과는 현상이 발생되어야만 알 수 있다는 점, 그리고 투자에 대한 근거도 현재의 기후변화 영향에 기반을 두어 진행되기 때문이다(Hallegatte et al., 2008). 그러나 이와 같은 불명확성이 있음에도 불구하고 도시는 위협에 대응하기 위하여 다음과 같은 투자를 하여야 한다. 첫째, 가장 극심한 재난·재해 발생에 대비하는 전략은 더 많은 투자를 필요로 하지만, 불확실성에 따른 리스크(risk) 또한 가장 크다는 점이다(Jones, 2004). 둘째, 역으로 가장 소극적인 대비는 그 이상의 기후변화가 발생하였을 때 얘기치 못한 위험 발생이 커지게 될 가능성이 높다(Nicholls et al., 2008)는 점이다. 확실한 것은 재난·재해에 대한 정확한 규모의 예측은 여전히 불확실하다는 점이 있지만 이에 대하여 대응이 늦으면 늦을수록 미래비용을 증가시키기 때문에 당장이라도 체계적인 대응을 준비하여야 한다는 점이다.

최근 전 세계 많은 도시가 재난·재해 대응을 위하여 시스템적인 접근을 주목하고 있다. 즉, 대비와 피해의 복구의 과정을 시스템화하는 것이다. 특히, 일본 센다이(仙臺) 프레임워크는 재난의 위험과 인적, 물적, 사회, 문화, 환경적 피해를 경감하고자 제시되어 도시의 대응 노력을 지원하고 있다(성장환 외, 2015). 이 과정에서 중요한 것은 소외계층, 취약계층에 대한 고려도 함께 하여야 한다는 점이다. 이러한 관점에서 아시아태평양지역의 도시에서 자연재해와 기후변화에 대응력을 키우는 것은 매우 고무적인 일이다. 전 세계 42%의 재해가 아시아 태평양 지역에서 발생하였고 50만 명이 목숨을 잃었다. 이에 따른 경제적 손실은 약 0.5조 달러에 달한다. 이는 전 세계 피해의 45%가 넘은 수치이다. 한편, 우리나라의 경우 [그림 7-11]에서 보듯이 자연재해 피해액과 GDP 대비 피해액 비율 자체는 미미하다. 그렇다고 재난·재해에 대하여 안심할 수 없다. 전술과 같이 발생 가능성에 대한 불확실성과 지역적으로 나타나는 피해 특성은 천차만별이 될 수 있기 때문이다.

그림 7-11 국내 자연재해 피해액

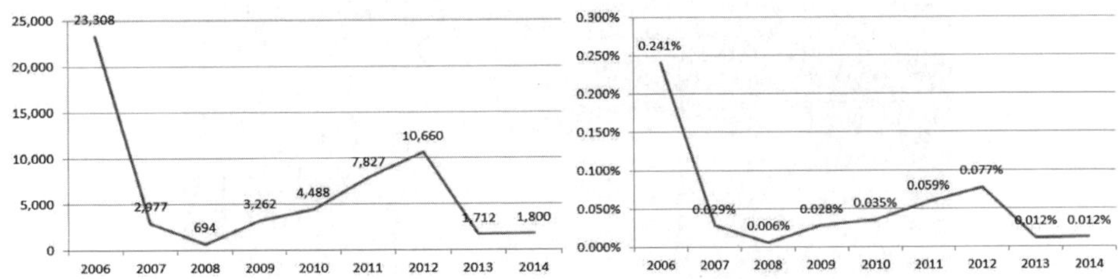

a) 국내 과거 자연재해 피해액(억 원) b) 국내 GDP 대비 자연재해 피해액 비율(%)

주: 과거 자연재해 피해액과 GDP 대비 피해액 비율 자체는 미비한 것으로 조사되었으나, 재난·재해의 발생 가능성에 대한 불확실성과 지역적으로 나타나는 피해 특성으로 인하여 대비가 필요하다.
출처: 송동필 외(2016).

이미 경북 포항, 경주의 지진으로 인하여 우리 사회는 '우리나라 = 지진 안전지대'라는 인식이 완전히 무너졌다.

제 2 절 교통, 문화유산, 녹지공간, 지역쇠퇴 문제(G11)

1. 교통 문제(G11.2)

인류의 역사 속에서 수많은 사람이 모이면서 도시가 형성되었다. 인구 천만 명 이상의 도시는 20세기 이후 등장하였지만, 역사는 콘스탄티노플, 에도(江戶), 베이징(北京)과 같이 1백만 명이 이상의 도시가 17세기 이후 존재하였음을 증명한다(Anthony Sutcliffe, 1984). 이 거대도시와 오늘날 도시는 한 가지 측면에서 큰 차이를 보인다. 인간의 이동과 직결된 교통이다. 당시의 대도시에서 이동 수단은 도보, 마차, 수레 등에 불과하였다. 조밀하고 압축적인 도시 개발이 필연적으로 발생하였다.

하지만 산업혁명 이후 기차, 지하철, 자동차 등의 새로운 이동 수단이 등장하면서 도시의 규모는 점차 평면적으로 확대하였다. 과거 도보로 이동 가능한 거리였

그림 7-12 타이완 타이난 중심 시가지의 도시교통

주: 자동차, 오토바이와 같은 교통 수단의 등장은 사람의 이동거리를 증가시키고, 도시 확장을 견인한다. 동시에 지역의 특색에 따라 다양한 교통 수단이 등장한다. 2045년까지 아시아 도시의 자동차와 오토바이는 유럽과 북미를 합친 것보다 많을 것으로 추정되며, 이를 아시아 도시가 견딜 수 있을지는 의문이다.
출처: 저자 조사 및 촬영.

던 5km를 벗어나지 못하였던 도시의 범위가 이전에 없었던 새로운 교통 수단이 등장하면서 점차 확대되었다. 20세기 이전까지 도시의 시민에게 '의식주'가 가장 큰 문제였다면 이제는 '이동'도 무시할 수 없는 중대한 수단이 되었다.

전 세계 교통부문의 에너지 소비는 2050년까지 두 배 이상 늘어날 것으로 추정한다. 이 중 도시교통은 교통에 관한 에너지 전체 소비에서 40%를 차지한다. 현재의 추세가 계속되면 도시에서 발생하는 승객과 거리의 총량이 2010년 대비 2050년에 3배까지 증가할 수 있다(월드워치연구소, 2016: 377).

1) 지속불가능한 교통 문제

그런데 문명의 이기이자 수단인 '교통'은 새로운 도시 문제가 되고 있다. 교통이 주는 편리함은 동시에 지속불가능성을 우리에게 준다. UN지역개발협력기구(UNCRD)는 2007년 교통이 우리 인류에게 미치는 영향을 <표 7-3>과 같이 조명하였다(UNCRD, 2007: 2). 이 문제는 대기, 소음, 안전, 에너지, 기후변화 등 도시의 거의 모든 분야에서 현재의 지속불가능한 교통이 야기하는 수많은 난제와 연결된다.

표 7-3 지속불가능한 교통의 다양한 영향

구분	주요 내용
공기의 질	자동차 배기가스가 인간의 건강과 자연환경에 해를 끼침.
소음과 진동	소음은 생산성과 건강에 영향을 미침.
사고	매년 120만 명이 자동차 사고로 목숨을 잃음.
글로벌 기후변화	화석연료 연소에 의한 이산화탄소 배기가스의 약 25%가 자동차로 인함.
폐기물 처리	자동차 및 자동차 부품의 폐기가 쓰레기 매립지 문제에 일조함.
정체	정체로 인한 시간 손실이 전반적인 생산성에 영향을 미침.
에너지 안보	석유 연료를 사용하는 교통 수단에 의존하는 것은 국가 안보에 영향을 미침.
경제적 효율성	자동차 관련 비용에 지출되는 재정자본은 다른 곳에 투자될 수 있는 자본을 감소시킴.
분리	도로가 지역사회를 단절시키고 사회적 상호작용을 어렵게 함.
시각적 피해	자동차, 도로, 주차장은 도시의 자연 환경을 침해함.
생활공간의 손실	도로와 주차장이 도시공간의 상당 부분을 차지함.

출처: UNCRD(2007), *Envirionmentally Sustainable Transport for Asian Cities: A SourceBook*, p. 2.

이러한 문제를 수치화한 몇 가지 사례를 볼 수 있다. 전 세계 도시에서 교통 혼잡비용은 상당히 크다. GDP와 비교하면, 아르헨티나 부에노스아이레스는 3.4%, 멕시코의 멕시코시티는 2.6%를 차지한다. 손실의 90%는 운전자들이 도로에서 낭비한 시간의 가치이며, 7%는 연료의 소비, 3%는 배기가스 문제이다. 교통 혼잡은 단순히 물질적 문제뿐만 아니라 정신 및 육체적 피로와 스트레스 그리고 호흡기 질환으로 인한 수많은 사망의 원인이 된다(UN Habitat, 2015: 54).

라틴아메리카, 중국, 인도에서 인구 50만 명 이상의 도시가 차지하는 전 세계의 여객 운송 온실가스 배출량이 2010년 9%에서 2050년 20%로 증가할 것이다. 이는 여객 운송부문의 온실가스 배출량 증가의 38%가 이 3개 지역의 대도시에서 나온다는 말이다(International Transport Forum, 2015). 교통은 이러한 도시 문제를 물리적으로 야기하는 온상으로 지적을 받지만, 사회적 형평성 측면에서도 적지 않은 문제를 야기한다. 이 현실의 문제를 타개하기 위하여 UN SDGs는 "2030년까지 모두를 위한 안전하고 적정 가격의 접근이 용이하고 지속가능한 교통 시스템을 제공하고, 특히 여성, 아동, 장애인, 노인 등 취약계층의 필요를 특별히 고려하여 대중교통을 확대함으로써 도로 안전을 향상한다"고 세부 목표를 제시한다.

2) 끝없이 늘어나는 자동차

한국도 동일한 도시교통의 문제에 직면하고 있다. 자동차 등록대수는 2015년 현재 2천만 대를 돌파하였다. 도시교통 문제의 가장 기본적인 요인은 자동차의 보편화에 따른 대량 보급이다. 급속한 자동차의 보급은 도시공간의 환경 용량을 초과하여 교통체증뿐만 아니라, 주차공간의 부족, 대기질 악화 등의 문제까지 일으킨다. 교통체증의 문제는 환경오염비용, 교통사고비용과 함께 교통 수요의 증가에 따른 사회적 비용을 말하는 교통혼잡비용을 통하여 확인할 수 있다. 한국교통연구원은 2015년 전국의 교통혼잡비용을 33조 3천억 원으로 2010년 대비 17% 증가할 것으로 예측하였다.

이 교통 문제 개선을 위하여 대중교통 체계의 개선은 필수적이지만, 문제의 해결은 쉽지 않다. 교통 문제는 지방정부에 지속적인 재정 부담을 증가시킨다. 이는 대중교통 운영, 도로 개설 및 관리 등에 관한 문제인데, 고령 인구증가에 따른 무임승차자의 증가, 소비자 물가지수의 상승에 적절하게 대응하지 못하여 요금 수입이 지속적으로 감소하는 데 있다. 동시에 고령화 시대를 적절하게 대응하지 못하는 대중교통 체계 및 시설의 문제도 나타난다.[5)]

그림 7-13 우리나라 교통혼잡비용 변화 추이(2005~2015년)

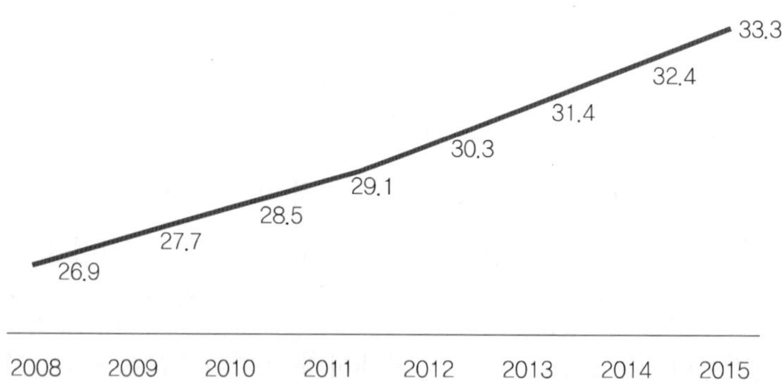

출처: 한국교통연구원(2015), 전국 교통혼잡비용 산출과 추이 분석.

5) 교통사고도 교통 문제에 심각한 난제이지만, 사회안전 부문에서 논의하기로 하고, 여기에서는 제외하였다.

2. 문화유산 문제(G11.4)

문화유산은 장래의 문화적 발전을 위하여 다음 세대 또는 젊은 세대에게 계승·상속할 만한 가치를 지닌 과학, 기술, 관습, 규범 등의 민족사회 또는 인류사회의 문화적 소산, 정신적·물질적 각종 문화재나 문화양식 모두 포함하는 것이다. 이것은 여러 형태로 이루어져 있으며, 사람들과 공동체의 정체성 구축을 위한 자원이다. 무형의 문화유산과 건축 유산의 의미와 관습은 계속 살아 있으며 끊임없이 진화한다. 이들을 역동적인 방식으로 삶과 사회에 통합되어야 한다.

도시는 사람 중심의 이야기를 통하여 지역 유산과의 소속감을 강화할 수 있게 하는 과정을 갖고 있다. 문화는 종종 처음 정착한 옛 사람들과 해당 사회의 정체성을 설명하고 토지, 장소, 경관, 산, 바다, 강 등의 요소에 의미를 부여한다. 따라서 경관에 대한 생각은 모든 공간(심지어 훼손된 환경까지도)이 환경적이고 문화적인 가치를 보존하고 재평가하여야 함을 인식하게 한다. 그래서 도시개발의 계획과 정

그림 7-14 부탄의 수도 팀푸의 변화

팀푸(2003.07) 팀푸(2014.01)

행복지수로 잘 알려진 부탄도 지속가능성을 보장하기 어렵다. 수도 팀푸는 현재 도시화의 영향을 직접적으로 받고 있으며, 이는 부탄이 지속가능성의 기로에 서 있음을 보여준다.
출처: 아시아문화연구소(2016). 「문화적 측면에서 본 도시 지속가능성 연구」.

책은 유산 보존 및 창조적 실천과 통합되어야 한다. 특히 문화적 쟁점을 명시적으로 고려하지 않은 도시계획은 유산의 보전에 부정적인 영향을 미친다. 또한 기억, 창의, 공존을 막고, 균질화만을 촉진하며, 시민의 문화생활에 접근하고 참여할 수 있는 기회마저 제한하게 된다.

지속불가능한 개발은 이러한 문화유산이 사라질 위기에 처하게 만든다. 도시지역에서 급속한 산업화와 도시화는 고유한 전통문화와 문화유산이 사라지게 만드는 요인이 되고 있다. 물질적 부와 경제적 이유로 개발도상국에서는 지금도 수많은 유무형의 유산이 부주의와 무분별한 개발정책으로 사라지고 있다.

다른 나라를 볼 것도 없이 우리도 수많은 전통과 문화가 '개발'과 함께 사라졌다. 강원도 강릉시 성산면 금산리, 경금리는 매년 정월대보름에 동네 공터에 나와 '용물 달이기'를 하였다. 그런데 전통 마을의 풍습과 민속놀이가 댐 건설 및 개발사업과 함께 인구 유출로 인하여 자연스럽게 소멸하고 있다. 국립민속박물관이 2006년 전국의 정월의 세시풍속이었던 '동제'를 조사하였는데, 12,111개 중에서 41.5%가 이미 소멸한 것으로 나타났다.

3. 녹지공간 문제(G11.7)

1) 도심 녹지공간의 필요성

최근 매년 여름 이상기온과 함께 전례없이 뜨거운 태양이 도시를 덥게 한다. 흔히 도시 열섬(heat island)이라고 말하는 이 현상은 대도시 지역에 주로 나타나며, 발생하는 주원인은 도시화로 인한 지표면의 개발과 에너지 사용으로 발생한 열을 꼽을 수 있다. 인구밀도가 높아지면서 도시는 넓은 면적의 토지를 개발하게 되는데, 이로 인하여 평균 온도가 상승하게 된다.

도시가 직면한 물리적인 위기를 녹지공간은 대기질 개선과 열섬 현상을 완화하는 데 기여한다. 또한 녹지공간은 배출되는 탄소를 흡수하면서 도시환경 개선에 크게 기여한다. 도시의 수목 면적이 10% 증가하면 냉난방에 사용되는 에너지 10%를 경감시킬 수 있다(McPherson, Nowak, & Rowntree, eds., 1994). 필지가 녹지공간에 가까울수록 자산 가치도 3% 증가한다(Frank, 1989).

2) 녹지공간이 부족한 우리의 현실

세계보건기구(WHO)는 1인당 최소 9m^{2}의 녹지가 필요하며, 모든 시민이 거주지에서 15분 이내에 녹지공간에 접근할 수 있도록 권장한다. 하지만 우리 주위를 둘러보면, 특히 원도심 지역에서 녹지공간을 찾기가 쉽지 않다.

한국은 1960년 이후 급속한 산업화와 도시화를 거치면서 시가지의 확대, 도시인구의 증가, 생활양식의 변화, 삶의 질 향상에 관한 관심 등이 도시공원의 필요성을 증가시켰다. 우리나라의 도시지역 내 국민들이 쉽게 이용할 수 있는 '생활권 도시림'은 전국 평균 9.91m^2/인(人)이다. 전국 평균으로 볼 때, 세계보건기구(WHO)의 1인당 권고 기준(9m^2)을 달성하였으나 선진국 도시에 비하여 부족하다. 또한 전국 17개 광역시도별로는 서울 4.35m^2, 경기 5.29m^2, 세종 5.66m^2, 인천 5.95m^2, 대구 7.88m^2 순으로 WHO 1인당 생활권 도시림 면적 권고 기준에 미달한다.

3) 공원일몰제 문제

과거 한국의 도시정책은 공원녹지의 조성을 등한시하였다. 급속한 도시화 과정에서 공원, 녹지, 수변공간은 배고픈 우리 사회에서 사치스런 존재로 치부되었다. 도시계획을 수립할 때, 곳곳에 공원을 지정하였지만, 실제로 공적자금을 투입하여 조성된 사례는 거의 없고, 지금 도심권에 존재하는 공원녹지도 거의 민간 개발에

그림 7-15 1인당 도시공원 조성 면적(㎡/인)

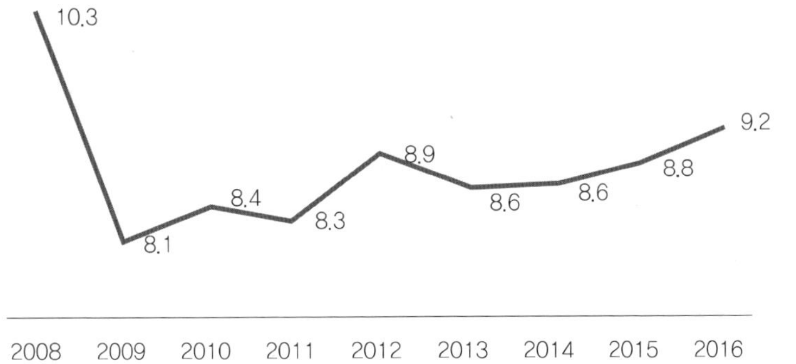

출처: 국토교통부(2017). 도시계획 현황.

의한 기부채납 방식과 개발제한규제에 의한 공원지정 방식을 차용하여 공원이 조성되었다.

그렇게 세월이 흘러 최근 도시공원에 심각한 위기가 발생하고 있다. 이른바 '도시공원 일몰제'가 바로 그것이다. 선진국의 1인당 공원 면적은 대략 20~30m^2이다. 캐나다 토론토는 29.7m^2/인, 영국 런던은 24.2m^2/인, 프랑스 파리는 10.35m^2/인이다. 한국은 2020년 공원 일몰제가 실행되면 고시된 공원 전체 면적의 43.49%가 사라진다. 그 결과 1인당 공원 면적은 약 4m^2로 축소된다. 현 상황에서 적극적인 대책이 마련되지 않으면 2020년 사라질 도시공원은 53.4%에 달한다.

4. 지역쇠퇴 문제(G11.1,5)

저성장 시대에 들어서면서 선진국과 중진국의 주요 도시에서 새로운 도시 문제가 등장하였다. 바로 원도심의 쇠퇴 문제였다. 과거 발전하고 세계적으로 유명한 도시가 한순간에 몰락하거나 쇠퇴의 길을 걷고 있다. 인구의 감소, 산업구조의 변화, 도시의 무분별한 확장, 주거환경의 노후화 등으로 성장하던 도시가 성장의 정점을 찍고 다시 쇠락의 길로 접어든다.

1) 저명한 도시의 몰락

이 역사는 오늘날에도 반복한다. 2013년 7월 18일, 디트로이트시의 파산보호 신청이 허가되었다. 미시간 주지사가 금융감독관으로 임명한 케빈 오어(Kevin Orr)는 디트로이트 시가 '명백하게 구제불능'이라 표현하였다. 디트로이트시의 미지급 채무액은 180억 달러를 넘었고, 채권자도 10만 명이 넘었다. 포드(Ford)의 고향이자 후기 산업혁명의 중심이었던 이 도시는 이제 미국에서 최대 규모로 파산한 몰락한 도시(Broken City)라는 오명을 얻었다(서울연구원, 2013).

이처럼 도시의 쇠퇴는 오늘날에도 심각한 문제를 낳는다. 도시 자체가 사람이 모여 형성된 공간이기 때문에 한 도시의 소멸은 그 도시에 거주하며 삶을 영위하는 수십만 명의 사람에게 일자리의 감소, 주거환경의 악화 등의 문제를 통하여 치명적인 영향을 준다.

그림 7-16 쇠퇴지역의 깨어진 유리창 사례

주: 도시의 쇠퇴는 결국 거주하는 시민을 떠나게 만들고, 깨어진 유리창만 남게 한다. 그리고 도시를 몰락의 길로 걷게 한다.
출처: PROP, http://www.policereformorganizingproject.org/

2) 현재의 성장지역과 미래의 쇠퇴지역

고령화 시대는 지역의 거점마저 옮기고 있다. 지역의 성장이 변하면서 지역패권이 변할 것이다. 지역의 성장 경로를 1990년에서 2015년을 대상으로 분석하면, 서울, 부산, 대구는 현재 한국의 거대도시이면서, 인구도 많고, 소득도 높으며, 활력

표 7-4 우리나라 쇠퇴지역 선정 기준

구분	세부 내용
인구가 현저히 감소하는 지역	최근 30년간 인구가 가장 많았던 시기와 비교하여 20% 이상 인구가 감소한 지역
	최근 5년간 3년 이상 연속으로 인구가 감소한 지역
총 사업체 수의 감소 등 산업의 이탈이 발생되는 지역	최근 10년간 총 사업체 수가 가장 많았던 시기와 비교하여 5% 이상 총 사업체 수가 감소한 지역 최근 5년간 3년 이상 연속으로 총 사업체 수가 감소한 지역
노후주택의 증가 등 주거환경이 악화되는 지역	전체 건축물 중 준공된 후 20년 이상 지난 건축물이 차지하는 비율이 50% 이상인 지역

주: 위 법에 따라 우리나라는 도시재생 활성화지역을 지정하고, 정기적으로 전국적으로 조사하여 해당 지역을 선정한다.
출처: 도시재생 활성화 및 지원에 관한 특별법 시행령 제17조.

도 넘친다. 그런데 이들 지역거점도시들도 쇠퇴하고 있다. 반대로 경기, 충남, 충북, 경남, 제주는 성장지역이 되고 있다. 이 지역들은 제주를 제외하면 모두 제조업이 최근 성장하는 곳이다. 충남의 성장이 눈에 띄는데, 최근 들어 GRDP가 가파르게 상승하고 있다. 2000년대 초부터 대규모 산업단지가 들어서면서, 제조업 일자리가 늘었다. 여기에 필요한 생산가능인구가 다른 지역으로부터 유입되면서 지역경제의 선순환 구조가 조성되었다. 물론 정부 부처의 세종시 이전, 혁신도시의 건설도 중요한 영향을 주었다(산업연구원, 2017).

쇠퇴지역에 대한 재생이 점차 높은 관심을 받으면서 매년 인구, 사업체 수, 노후주택을 기준으로 도시재생 활성화지역을 지정한다. 2017년 현재 자료를 기준으로 전체 3,605개 읍면동(행정동) 중에서 2,419개인 69.1%가 쇠퇴지역으로 판단할 수 있으며, 이곳에 대한 해법을 찾지 않으면 지역 쇠퇴는 당면한 현실이자 커다란 사회적 문제가 될 것이다.

참고 문헌

김동현 외(2015). 「도시의 기후 회복력 확보를 위한 공간단위별 평가 체계 및 모형개발(I)」. 한국환경정책 평가연구원.

대한국토도시계획학회(2015). 「도시재생」. 서울: 보성각.

두산백과. http://www.doopedia.co.kr/

보건복지부(2017). 「2017년 기초생활보장 실태조사」.

산업연구원(2018). 「젊은여성 일자리의 지역별 특성과 시사점: 지방소멸위기지역을 중심으로」.

서울연구원(2013). 몰락한 도시: 디트로이트의 교훈. 「세계와 도시」 3호.

성장환 · 이은엽 외(2015). 「지속가능한 발전목표(SDGs) 추진에 따른 LH사업 연계화방안 연구」. 한국토지주택공사 토지주택연구원.

송동필 · 오성훈(2016). 「지속가능발전목표 대비 건축 · 도시 분야 대응 방향 연구」. 건축도시공간연구소.

아시아문화연구소(2016). 「문화적 측면에서 본 도시 지속가능성 연구」.

월드워치연구소(2016). 「2015 지구환경보고서: 지속가능성의 숨은 위협들」. 서울: 환경재단 도요새.
월드워치연구소(2017). 「2016 지구환경보고서: 도시는 지속가능할 수 있을까?」. 서울: 환경재단 도요새.
유영수(2003). 「인프라스트럭쳐를 통한 현대도시와 건축의 통합에 관한 연구」. 서울대학교 대학원 석사학위 논문.
이주형(2009). 「21세기 도시재생의 패러다임」. 서울: 보성각.
조명래(2014). 도시의 지속가능성과 에너지 정의. 「환경과 인권 포럼」. 광주환경운동연합.
조진희 · 이동건 · 황희연(2010). 도시 쇠퇴 수준 및 특성 유형화. 「국토지리학회지」 제44권 1호.
한국교통연구원(2015). 「내일의 도시교통 정책」.
한국지방행정연구원(2012). 「지역쇠퇴분석 및 재생 방안」.
함연식 · 김동진(2008). 현대건축에 나타나는 '도시의 건축화' 특성에 관한 연구. 「대한건축학회 학술발표대회 논문집」 제28권 제1호.
BBC NEWS 코리아. https://www.bbc.com/korean/
e-나라지표. http://www.index.go.kr/
UNISDR & CUDRR+R(2016). 「재난위험 경감을 위한 지방자치단체 권한」.
UNISDR(2017). 「어떻게 도시 복원력을 키울 것인가? 지방자치단체 리더를 위한 핸드북」. 스위스 제네바.
Campkin, Ben(2013). *Remaking London: decline and regeneration in urban culture*. London: I.B. Tauris.
Colantonio, Andrea & Dixon, Tim(2011). *Urban regeneration & social sustainability: best practice from European cities*. NJ: Wiley-Blackwell.
Couch, Chris(1990). *Urban renewal: theory and practice*. London: Macmillan Education.
Frank, J. E.(1989). *The Costs of Alternative Development Patterns: A Review of the Literature*. Washington D.C.: Urban Land Institute.
Grosvenor(2014). Resilient Cities. A Grosvenor Research Report.
Gunawardena, K. R., Wells, M. J., & Kershaw, T.(2017). *Utilising green and bluespace to mitigate urban heat island intensity*. Science of the Total Environment.
International Transport Forum(2015). Urban Passenger Transport Scenarios for Latin America. China and India. ITF Transport Outlook 2015. Paris.
McPherson, G., Nowak, D., & Rowntree, R.(eds)(1994). *Chicago's Urban Forest Ecosystem: Results of the Chicago Urban Forest Climate Project*. Radnor. Pennsylvania:

Northeast Forest Experiment Station.

Nicholls, R., Hanson, S., Herweijer, C., Patmore, N., Corfee-Morlot, J., Chateau, J., & Muir-Wood, R.(2008). Ranking Port Cities with High Exposure and Vulnerability to Climate Extremes. *OECD Environment Working Papers No. 1*. Paris: OECD.

OECD(2008). *Environmental Outlook to 2030*. September. Paris: OECD Publications.

Phil, Jones & James, Evans(2013). *Urban regeneration in the UK*. London: SAGE.

Porter, Libby & Shaw, Kate(2009). *Whose Urban Renaissance?: An International Comparison of Urban Regeneration Strategies*. New York: Routledge.

Roberts, Peter W. & Sykes, Hugh(2000). *Urban regeneration: a handbook*. Thousand Oaks. Calif.: SAGE.

Roger, Jones(2004). Managing Climate Change Risks. *The Benefits of Climate Change Policies*. Paris: OECD Publications.

Stéphane, Hallegatte, Henriet, Fanny, & Corfee-Morlot, Jan(2008). The Economics of Climate Change Impacts and Policy Benefits at City Scale: A Conceptual Framework. Environment Working Paper No. 4. Paris: OECD.

UNCRD(2007). *Envirionmentally Sustainable Transport for Asian Cities: A SourceBook*.

UN(2018). *World Urbanization Prospects: The 2018 Revision*.

UN(2008). *State of the World's Cities 2008/2009: Harmonious Cities*.

UNEP(2015). *The 10YFP Programme on Sustainable Buildings and Construction*.

United Nations Human Settlements Programme(2009). Nairobi. Kenya. Own calculations based on data from the UN Population Database.

Wheeler, Stephen & Beatley, Timothy(2014). *Sustainable urban development reader*. New York: Routledge.

Economy Insight. http://www.economyinsight.co.kr/

PROP. http://www.policereformorganizingproject.org/

The Guardian. https://www.theguardian.com/.

The Human Environment. http://geogscitt.blogspot.com/.

Venezuelanalysis.com. https://venezuelanalysis.com/.

WHO. http://www.who.int/airpollution/en/

제 8 장

제도적 지속가능성 위협 요인과 위기 문제

제 1 절 폭력·범죄, 정의·인권, 부패, 제도 문제(G16)

1. 폭력 · 범죄 문제(G16.1, G16.4)

1) 다양한 형태의 폭력으로부터 공포

SDGs 목표 16은 평화로운 사회, 법의 지배, 거버넌스에 대한 포용적인 접근 및 제도 구축을 통하여 폭력 감소, 안전 보장, 국민들의 참여 기회 확대, 정부 책무성 강화, 공평한 사회 서비스 제공 보장, 사법권에 대한 국민들의 접근성 강화 등에 기여하는 데 초점을 맞추고 있다.

세계의 많은 지역은 무력 충돌 및 국내에서 발생하는 다양한 형태의 폭력으로 막연한 공포에 시달리고 있다(UN 지속가능발전 지식 플랫폼, 2018). 지속가능발전

표 8-1 인구 10만 명당 고의적 살인 희생자 수

(2015년 기준)

지역	비율(%)	인구 10만 명당 희생자 수(명)
오스트레일리아와 뉴질랜드	0.93	1.01
중앙아시아	3.62	4.55
동아시아와 동남아시아	1.34	2.16
유럽과 북아메리카	3.51	3.98
라틴 아메리카와 카리브해	21.26	27.30
북아프리카와 서아시아	3.57	7.74
오세아니아	8.16	9.71
사하라 이남 아프리카	9.25	10.76
세계	5.16	6.71

출처: UN(2017), 「*The Sustainable Development Goals Report*」.

보고서(2017)에 의하면, <표 8-1>과 같이 2015년에는 전 세계 인구 10만 명당 5.2~6.7명이 고의적 살인의 희생자가 된 것으로 나타났다. 지난 10년 간 의도적 살인사건은 전반적으로 감소하였지만, 중남미와 카리브해는 동아시아 및 동남아시아의 17배, 호주 및 뉴질랜드의 20배에 가까운 발생률을 보였다. 피해자의 대다수는 남성으로, 최근 몇 년 간 여성보다 4~5배 많은 남성이 살해된 것으로 나타났다(UN, 2017).

한편, 다음의 [그림 8-1]과 같이 고의적 살인율은 소득 불평등 수준이 높은 국가일수록 높게 나타났다. 2005년 이후 살인률은 전반적으로 하락 추세를 보이지만, 소득불평등이 높은 국가에서는 오히려 증가하였고, 소득이 균등하게 배분된 국가보다 무려 9배가 높은 살인율을 기록한 것으로 나타났다(UN, 2017).

폭력은 어떠한 형태로든 사회에 부정적인 영향을 미친다. 폭력은 어린이의 건강, 발달 및 복지, 성장에 영향을 미치고, 심리적 트라우마를 남기며, 사회적 포용을 약화시킨다. 나아가 무장한 폭력과 불안정은 한 나라의 발전과 경제성장에 악영향을 미치며, 지역사회 간의 불만을 야기하기도 한다.

지속가능발전목표를 달성하기 위해서는 평화롭고 정의롭고 포용적인 사회가 필

그림 8-1 고의적 살인과 소득불평등

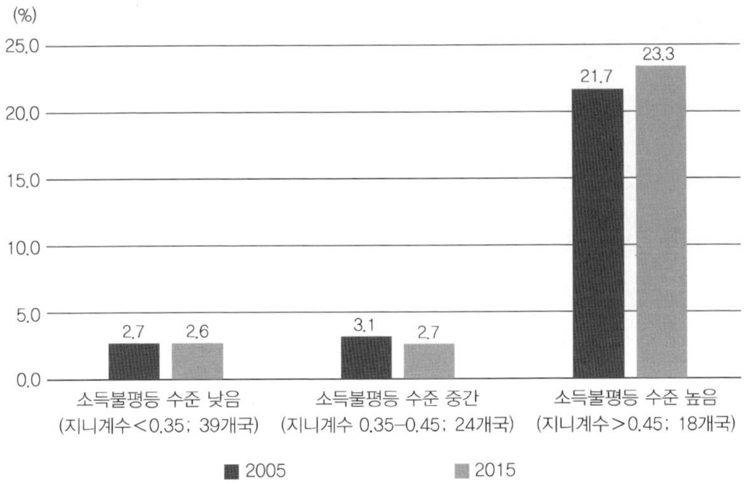

출처: UN(2017), 『*The Sustainable Development Goals Report*』.

요하다. 모든 사람은 모든 형태의 폭력으로부터 자유로울 필요가 있다. 민족성, 신앙 또는 성적 취향이 무엇이든 그들의 삶에 관해서는 안전하게 느껴야 한다(UN 지속가능발전 지식 플랫폼, 2018).

2. 정의 · 인권 문제(G16.2, G16.3, G16.8, G16.10)

1) 정의로 포장된 폭력과 세력

살인 위협, 아동 폭력, 인신 매매 및 성폭력은 지속가능한 발전을 위한 평화적이고 포용적인 사회를 촉진하는 데 매우 중요한 가늠자이다. 살인 사건과 인신 매매는 지난 10년간 상당한 진전을 보였으나, 라틴 아메리카, 사하라사막 이남 아프리카 및 아시아 전역에는 고의적 살인의 위험에 놓인 사람들이 여전히 많다. 반복되는 학대와 성폭력에 의한 아동 권리의 침해 역시 다수의 국가에서 발생되고 있다(UN 지속가능발전 지식 플랫폼, 2018).

지구상에는 체벌, 폭언, 정서적 학대 등 다양하고 폭력적인 처벌이 만연해 있다.

인간이 인간에게 가하는 서로 다른 형태의 폭력은 중복되기 쉽고 빈번히 발생하며, 그 피해가 장기간에 걸치기도 한다. 이러한 피해는 즉각적인 결과로 나타나기도 하지만, 아동의 경우 성인기에 이르기까지 극복하기 어려운 트라우마로 남기도 한다.

2) 추락하는 아동인권

[그림 8-2]와 같이 2005~2017년까지 수집된 자료에 따르면, 81개의 국가에서 1년에 10명 중 8명에 가까운 어린이가 정기적으로 심리적 학대 및 체벌을 받은 것으로 나타났다(UN 지속가능발전 지식 플랫폼, 2018). 이들 국가 중 7개국을 제외한 모든 국가에서 어린이의 절반 이상이 가정에서 폭언이나 신체적 처벌을 경험한 것으로 나타났다. 아동을 대상으로 하는 학대가 여전히 자행되고 있음을 보여준다(UN, 2017).

한국의 경우 <표 8-2>에서 보듯이 학대 피해아동을 발견하여 보호, 지원한 건수는 2000년 이후 꾸준히 증가하는 추세이며, 그 이유는 IMF 외환위기 이후 경

그림 8-2 폭력적 처벌

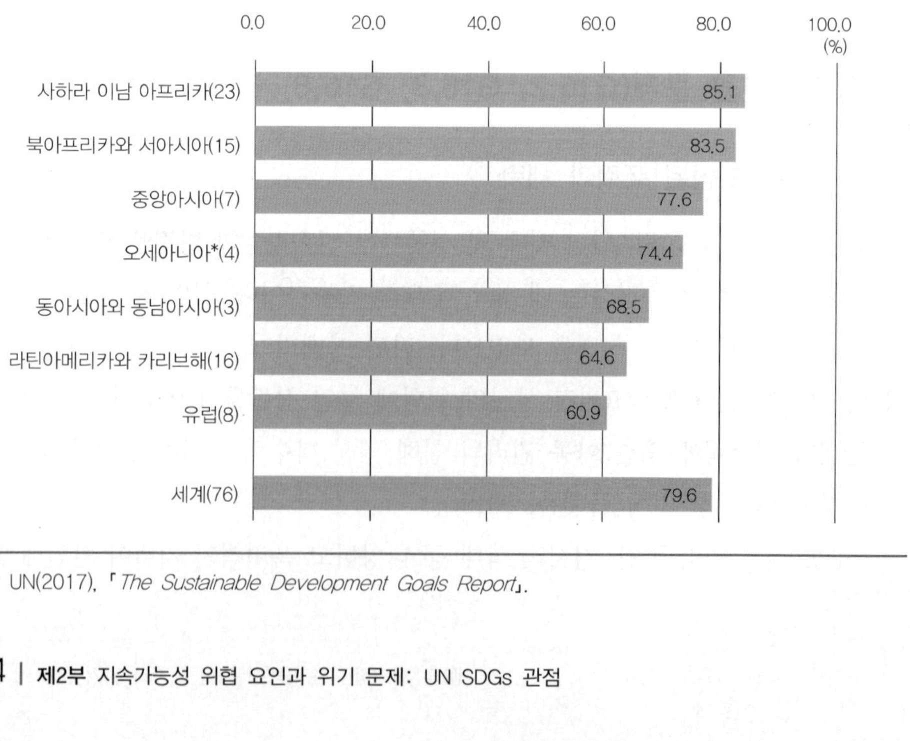

출처: UN(2017). 「*The Sustainable Development Goals Report*」.

표 8-2 학대 피해아동 현황

(단위: 건)

구분	2008	2009	2010	2011	2012	2013	2014	2015	2016
계	5,578	5,685	5,657	6,058	6,403	6,796	10,027	11,715	18,700
신체 학대	422	338	348	466	461	753	1,453	1,884	2,715
정서 학대	683	778	773	909	936	1,101	1,582	2,046	3,588
성학대	284	274	258	226	278	242	308	428	493
방임	2,237	2,025	1,870	1,783	1,713	1,778	1,870	2,010	2,924
유기	57	32	14	53	–	–	–	0	0
중복 학대	1,895	2,238	2,394	2,621	3,015	2,922	4,814	5,347	8,980

출처: 보건복지부 「전국아동학대현황보고서」; 국가통계포털(KOSIS).

제 침체로 인한 가정해체, 가족 기능의 약화가 주요 원인이다. 또한 2004년 이후 아동학대 건수 증가는 아동보호전문기관의 확충 등 신고창구의 확대에 따른 신고의 접근 용이와 국민의 신고 의식 제고에 기인한다. 특히 2013년 울산 아동학대 사망사건 등으로 아동학대에 대한 국민적 인식이 향상되었고, 2014년 「아동학대범죄의 처벌에 관한 특례법」 제정과 아동학대에 대한 「아동복지법」 개정 등 법제도 강화 등으로 아동학대 신고 건수가 지속적으로 증가하는 추세이다.

3) 아동 매매, 인권을 거래하다

지난 2012년부터 2014년까지 지구상에서 570가지 이상의 다양한 인신 매매가 이루어지고 있는 것이 확인되었다. 인신 매매는 모든 지역에 영향을 미치지만, 특히 저소득 국가에서 고소득 국가로 피해자가 이동한 경우가 많다. 그리고 2014년 결과에 의하면, 남성과 소년보다 여성과 소녀의 수가 더 많은 것으로 파악되었다. 2014년에 발견된 인신 매매 피해자의 4분의 1 이상이 어린 소녀들이었다.

지역별로 접근해 보면, 사하라사막 이남의 아프리카와 중남미와 카리브해 지역에서 피해자의 대부분을 발견할 수 있다. 그리고 알려진 피해자의 90% 이상은 성적 착취 또는 강제 노동을 강요받은 것으로 드러났다(UN 지속가능발전 지식 플랫폼, 2018). 다음의 [그림 8-3]에서 제시된 화살표는 인신 매매로 인한 총 희생자 중 5% 이상을 나타내는 이동을 의미한다(UN, 2017).

미국 국무부가 16년째 해마다 공개하고 있는 「인신매매 보고서(Trafficking in Persons Report: TIP)」에서 한국은 2002년부터 매년 인신 매매 방지 노력으로는 최고 등급인 1등급(Tier 1)을 계속 유지해 오고 있다. 하지만 여전히 돈을 갚지 못하여 성매매를 하거나, 외국인들이 예술 흥행 비자라는 이름으로 성매매, 염전이나 어선에서의 노동 착취 등이 자행되고 있다. 다양한 국적의 외국인 노동자들이 한국으로 유입되고 있기 때문에, 인신 매매의 피해자의 국적 역시 다양해지고 있는 것이 현실이다. 근본적인 원인을 찾아 처벌하는 것이 필요하다.

그림 8-3 인신 매매의 이동(2014)

출처: UN(2017), 「*The Sustainable Development Goals Report*」.

4) 정의를 위한 제어장치, 법정구금

다음의 <표 8-3> 법정구금 비율을 살펴보면, 법의 지배와 정의에 대한 진전이 매우 느리다는 것을 알 수 있다. 2003~2005년과 2013~2015년으로 구분하여, 범죄를 선고받지 않은 구금 상태(법정구금)의 비율을 살펴본 결과, 총 수용자의 32%에서 31%로 거의 변하지 않은 것으로 나타났다. 이는 사법제도가 효율적으로 피고인을 처리하는 능력이 크게 진전되지 않았음을 의미한다. 특히 미결 수용자의 비율이 가장 높은 지역은 중앙아시아와 남아시아이며, 전체 교도소 인구의 60% 이상이 재판 없이 억류되어 있는 사람인 것으로 나타났다(UN, 2017).

표 8-3 법정구금 비율

(단위: %)

지역	2003~2005년	2013~2015년
중앙아시아와 남아시아	68.05	62.02
라틴 아메리카와 카리브해	41.09	43.12
사하라 이남 아프리카	44.04	40.08
동아시아와 동남아시아	33.95	30.15
오세아니아	21.16	25.81
북아프리카와 서아시아	43.00	24.65
유럽과 북아메리카	21.90	19.90
세계	32.00	31.00

출처: UN(2017), 「*The Sustainable Development Goals Report*」.

5) 정보 접근성 현황

2015년 이후 61개국에서 최소 1,019명의 인권 옹호자, 언론인 및 노동조합원이 살해되었다. 이들은 대중에게 알리고 공포로부터 자유로운 세상을 만들기 위하여 노력하다가 죽은 사람들이다(UN 지속가능발전 지식 플랫폼, 2018). 지난 2016년에는 102명의 언론인이 직장을 구하면서 목숨을 잃었다. 2016년에 가장 많은 사망자(32명)가 발생한 곳은 여러 번의 무력 충돌이 발생하였던 아랍국가인 것으로 나타났다(UN, 2017).

정보의 자유에 관한 법률과 정책은 총 111개국에서 채택되었고, 최근 4년 동안 최소 15개국이 관련 법률을 채택하고 있다. 그러나 전문가들의 평가에 따르면 법률과 정책의 실현성은 여전히 과제로 남아 있다. 실행정보를 갖춘 109개 국가 중 정보 접근권에 대한 예외 조항을 갖춘 곳은 62개국에 불과하였다(UN, 2017).

정의에 대한 접근성 부족은 분쟁이 해결되지 않고 사람들이 보호와 구제를 얻을 수 없다는 것을 의미한다. 합법적 법률에 의거하여 기능하지 않는 기관은 권력의 독선과 남용에 포획되기 쉽고, 모든 사람들에게 공평한 공공서비스를 제공할 수 없다(UN 지속가능발전 지식 플랫폼, 2018).

법의 지배와 정의에 대한 접근을 진일보시키는 것은 불균등할 수밖에 없다. 그러나 정보에 대한 공공의 접근을 지속적으로 추진하고, 국가 수준에서 인권기관을 강화하는 규정이 진전되고 있다는 점은 고무적이다(UN 지속가능발전 지식 플랫폼, 2018).

3. 부패 문제(G16.5)

개발도상국의 경우 부패, 뇌물 수수, 도둑질 및 탈세를 화폐가치로 따지면 연간 1조 2천 6백억 달러에 해당한다. 이는 하루 평균 1.25달러 미만으로 거주하는 사람들을 최소 6년 동안 돕는 데 사용할 수 있는 금액이다(UN 지속가능발전 지식 플랫폼, 2018).

부패한 공무원은 불투명하고 부담스러우며 비효율적인 규정과 절차를 뇌물이나 비공식 보상을 통하여 얻을 수 있는 매개체로 활용하게 된다. <표 8-4>와 같이 2005~2016년까지 전 세계의 18.35%가 넘는 기업이 최소한 한 건의 뇌물 수수 요청을 받았다고 한다. 뇌물은 사기업이 경영 과정에서 필요한 다양한 활동, 즉 인·허가, 취득, 세금 납부 등에서 거래의 대가로 이루어진다. 수집된 자료에 따르면, 전 세계 모든 지역에서 뇌물 수수는 정부와 계약을 맺을 때 일반적으로 발생하며, 약 30%의 기업이 그렇게 할 것으로 예측되고 있다. 최악의 경우에는 공공조달에 종사하는 기업 중 절반 이상이 공공연한 뇌물 요구에 직면할 것이다(UN, 2017).

표 8-4 기업의 뇌물공여

지역	뇌물 수수를 할 것 같은 기업 비율(%)	실제 뇌물 수수 비율(%)
라틴 아메리카와 카리브해	19.76	9.54
유럽과 북아메리카	20.09	10.36
북아프리카와 서아시아	32.10	21.37
사하라 이남 아프리카	34.83	21.71
오세아니아	18.80	21.80
중앙아시아와 남아시아	39.46	27.56
동아시아와 동남아시아	47.72	29.56
세계	29.19	18.35

출처: UN(2017), 『*The Sustainable Development Goals Report*』.

세계 반부패운동을 주도하는 비정부조직인 국제투명성기구(Transparency International: TI)는 '2016년 기준 국가별 부패지수(Corruption Perceptions Index: CPI)'가 한국은 100점 만점에 53점으로 국가 순위도 176개 전체 조사 대상국 가운데 52위를 차지했다고 발표하였다. 1995년 첫 조사 이후 가장 큰 폭의 하락이다. 이는 방위산업 비리, 해외자원 비리, 검사 비리 등 대형 부정부패 및 비리사건이 순위 평가에 영향을 미친 것으로 보인다. 이를 개선하려면 반부패 시스템의 개혁이 필요하다(한겨레, 2017).

4. 의사결정과 제도 문제(G16.6, G16.7, G16.a, G16.b)

1) 정부예산의 투명성

국가가 발전을 위한 건전한 기반을 제공하려면, 정부가 사용하는 예산이 포괄적이고 투명하며 현실적이어야 한다. 2005년 이후 147개국이 정부예산 집행에 대한 최소한 하나 이상의 평가를 실시하였으며, 그중 103개국이 다양한 평가를 수행한 것으로 나타났다. 평가 결과 3개 국가 중 2개 국가의 지출이 원래 국가 예산 추정치의 10% 이내인 것으로 나타났고, 3분의 1 이상의 국가가 예산의 5%를 넘은 것으로 평가되었다.

다양한 평가를 수행한 103개국 중 일부에서는 시간이 지나면서 예산이 안정되었고, 특히 다음 [그림 8-4]와 같이 동아시아와 동남아시아 국가는 약 80%가 향상된 것으로 나타났다. 반면 사하라 이남 아프리카에서는 현실적인 예산을 구현하는 것이 특히 어려운 것으로 나타났다. 아프리카는 4분의 3 이상이 5% 이상 하락하였고, 약 40%에 이르는 국가는 정부예산 집행의 신뢰도도 하락한 것으로 나타났다(UN, 2017).

미국 비영리단체 국제예산협력단체(International Budget Partnership: IBP)가 공개한 '2017 국제 예산투명성지수(Open Budget Index)' 조사 결과에 따르면 한국은 100점 만점에 60점을 받아 115개국 중 27위를 기록하였다. 그 이유는 박근혜 정부 당시인 2016~2017년 예산안과 예산편성 과정 등을 평가하였으며, 한국은 실제 편성 과정에서 참여가 전문가에게 국한되어 있기 때문이라고 하였다. 그리고 연령·소득·종교 등 사회계층별 정부 지출의 효과, 공기업·국책은행 활동에 대한 정보, 장기부채 및 재정 지속가능성 추계 등에서 미흡하다는 평가를 받았다.

앞으로 국민참여예산제나 예산편성 관련 공청회를 열어 소통을 활성화하는 장치의 도입이 필요하며, 감사원이 결산검사를 철저하게 검토하여야 할 필요가 있다(서울경제, 2018).

그림 8-4 정부예산에 대한 신뢰도

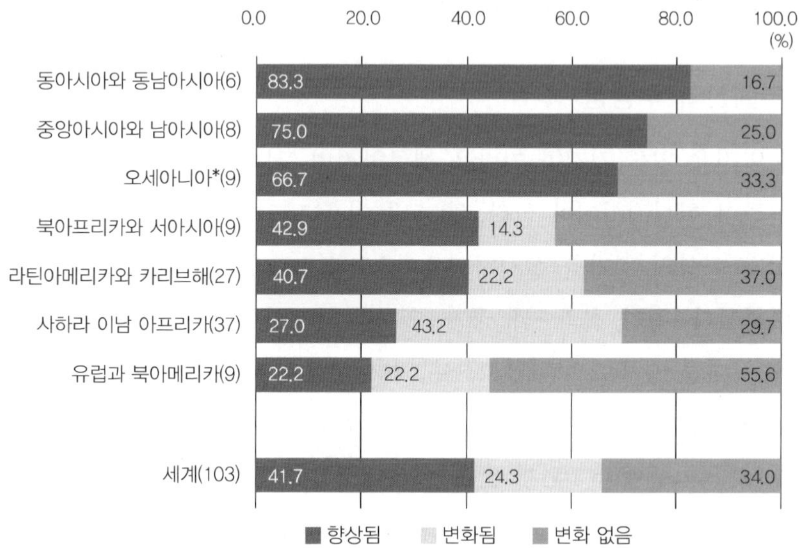

출처: UN(2017), 『*The Sustainable Development Goals Report*』.

2) 국가인권기구 보유와 준수

독립된 국가인권기구(National Human Rights Institutions: NHRI)의 존재는 국가가 국민의 인권을 보호하고, 누구도 배제하지 않도록 하는 데 중요한 역할을 하고 있다. <표 8-5>와 같이 2016년 말 기준 37%의 국가들이 국제적으로 합의한 국제적 인권 기준(파리 원칙)에 준하는 국가인권기구를 설치한 반면, 57%는 다른 국가들로부터 국제인권규약의 준수 여부를 검토받고 있다. 2000년 이후 국가인권

표 8-5 국가인권기구 보유 비율

지역	국가인권기구 보유 비율(%)	실제 준수하고 있는 국가 비율(%)
오세아니아	8.33	8.33
중앙아프리카와 남아프리카	71.43	21.43
사하라 이남 아프리카	50.00	33.33
북아프리카와 서아시아	62.50	33.33
동아시아와 동남아시아	52.94	35.29
라틴 아메리카와 카리브해	52.94	38.24
유럽과 북아메리카	9.57	45.63
오스트레일리아와 뉴질랜드	100.00	100.00
세계	57.30	36.50

출처: UN(2017), 『*The Sustainable Development Goals Report*』.

기구를 보유한 국가는 큰 폭으로 증가하였으나, 일부 지역의 낮은 준수율은 해당 국가의 역량 강화 및 국제 협력의 필요성을 보여준다(UN, 2017).

개인적으로나 공공장소에서나 인간이 의견을 표현할 자유는 보장되어야 한다. 사람들은 자신의 삶에 영향을 미치는 결정에 기여할 수 있어야 한다. 법과 정책은 차별 없이 적용되어야 하고, 분쟁은 객관적인 정치 및 사법제도를 통하여 해결되어야 한다(UN 지속가능발전 지식 플랫폼, 2018).

SDGs 목표 16은 "평화롭고 포용적인 사회와 모두에게 정의를 보장한다"는 것이다. 줄여서 '평화와 정의'라고 부르는 이 목표는 협상 과정에서 합의가 가장 어려웠다. SDGs는 기본적으로 경제 · 사회적 발전을 위한 목표이지만, 평화롭고 정의로운 사회, 즉 민주적 법치가 보장되는 사회가 되지 않고서는 발전도 어렵다는 고려에서 새로이 도입된 목표이다. 실제로 수십 년 간 원조를 받아온 개발도상국에서 원조액의 상당 부분이 독재자의 비밀계좌로 들어갔다든지 부패한 관리들이 개발에 사용될 자금을 사적인 이익을 위하여 사용하였다든지 하는 일이 흔하였기 때문이다. 아울러 모든 형태의 폭력 근절, 법의 지배, 책임 있고 포용적인 제도 구축, 부패와 뇌물 척결 등의 내용을 담고 있는 탓에 아무래도 민주적 법치가 확립되지 않은 개발도상국들은 협상 과정에서 거부감을 드러내기도 하였다.

하지만 어떤 국가나 사회도 완벽하지 않다. 한국의 경제성장과 민주화가 하룻밤에 이루어진 것이 아니고 오랜 세월이 걸렸듯이, 세계 모든 나라는 경제·사회 발전과 민주화의 도상에 어디엔가 위치하고 있을 것이다. 남보다 상대적으로 앞선 국가나 사회도 당연히 개선의 여지가 있는 것이다. 요컨대, 16번째 목표는 합의하기도 가장 어려웠을 뿐 아니라 이행하기도 가장 어렵다고 보아야 한다(아시아경제, 2016). 그러므로 이를 이행하기 위한 수단과 국가 간 파트너십은 어느 목표보다 더 중요할 것이다.

제 2 절 이행 수단, 파트너십 문제(G17)

1. 이행 수단(재원 · 기술 · 역량 · 정책 · 데이터) 문제(G17.1~15,18,19)

앞서 우리는 지속가능발전을 위협하는 요인들에 대하여 폭력·범죄, 정의·인권, 부패, 의사결정·제도에 대해 살펴보았다. 그렇다면, 현재의 문제를 전반적으로 해결하기 위한 재원, 기술, 역량, 정책, 데이터, 파트너십의 수준과 내용은 어떤지 확인하여 본다.

2017년 2월 세계은행(World Bank)이 발표한 전 세계 GDP에 관한 자료에 따르면, 세계 경제는 북미 대륙, 유럽, 아시아로 구분된다. 그중에서 미국의 경제 규모가 가장 크다. 미국은 24.3%로 세계 GDP의 거의 1/4를 차지한다. 미국의 영향으로 북미 대륙은 중국(14.84%), 일본(5.91%)이 있는 아시아 대륙과 거의 비슷한 경제 규모를 보인다.

한편, 유엔은 '최빈국'의 개념을 사용하면서, 공적개발원조가 필요한 국가를 선정한다. 최빈국은 '지구상에서 가장 가난한 나라'라는 뜻으로 1971년 유엔이 공식적인 기준을 만들면서 사용되었고, 일명 '최저개발국'이라고 한다. 유엔은 1971년부터 3년마다 1인당 GDP, GDP 중 제조업 비중, 성인 문자해득률 등을 기준으로 최빈국을 지정하고 있다. 최빈국의 개념이 사용된 이후 최빈국 지위를 벗어난 국가는 보츠와나, 카보베르데, 몰디브에 불과하다. 2017년 기준으로 유엔이 분류한 최빈국은 48개국으로 주로 아프리카 34개국, 아시아 8개국, 기타 6개국이다. 부패 정치, 빈약한 자원, 천재지변, 내전 등이 최빈국 문제를 야기하는 주요 요인이다. 게다가 사회 전반에 걸친 부패로 인하여 심각한 사회적 비용을 지불하고 있으며, 정부 정책의 실패와 국민의 삶의 질 저하를 경험하고 있다.

1) 경제의 규모와 공적개발원조(ODA)

경제의 규모에 따라 전 세계 공동의 문제 해결을 위한 재원이 필요하다. 이러한 재원은 국제개발원조의 형태로 진행된다. 이는 공적개발원조(Official Development Assistance: ODA), 기타 공적자금, 민간자금의 흐름, 민간 증여로 구분한다. 개발도상국의 개발을 주목적으로 하는 재원을 ODA라고 하는데, 국가의 중앙 혹은 지방정부 등 공공기관이나 원조집행기관이 개발도상국의 경제 개발과 복지

그림 8-5 국가별 GNI 대비 ODA의 수준

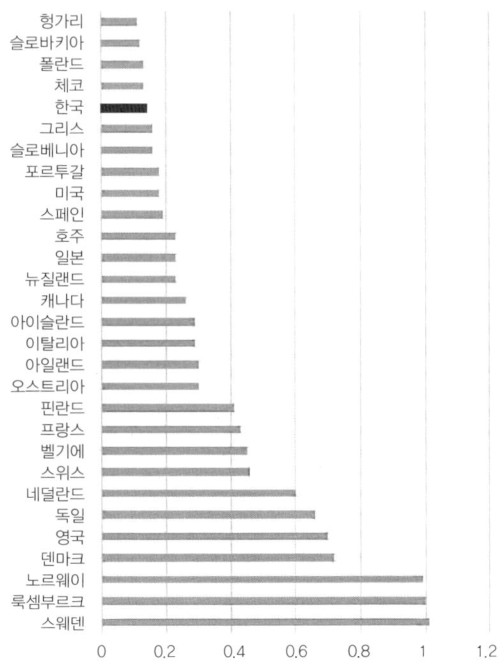

출처: OECD Stats(2016).

향상을 위하여 개발도상국이나 국제기구에 제공하는 자금의 흐름을 뜻한다.

2015년 기준으로 ODA에 대한 섹터별 배분 비율을 보면, 사회 인프라 및 서비스 35.2%, 경제 인프라 및 서비스 20.4%, 환경보호 및 기타 다부문 10.2%, 인도적 지원 9.7% 순으로 주로 기반시설 구축에 상당한 비용이 투입되고 있다.

SDGs를 달성하기 위해서는 2030년까지 연간 1조 4천억 달러가 필요할 것으로 예상된다. 하지만 현재 ODA는 연간 1,310억 달러 수준에 불과하여 개발재원을 충당하기는 사실상 불가능하다. 또한 현실적으로 지원하는 방식이나 지원 체계도 효율적이지 못하고, 지속가능성을 담보하는 방식이라 보기 어렵다. 사실 개발도상국이나 후진국에서 도시 서비스를 제대로 제공받지 못하는 경우가 빈번하게 발생한다. 현재의 성장에 보조를 맞추기 어려운 지방정부는 국제기구의 지원에 의존한다. 예를 들어, 아프리카 사하라사막 이남의 도시들은 급속한 속도로 성장을 하지만, 기반시설이 부족하여 충분한 서비스를 시민들에게 제공하지 못한다(월드워치연구소, 2017).

세계은행은 탄자니아 다르에스살람의 비공식 지역을 후원하려고 6천만 달러 이상을 제공하였지만, 탄자니아 정부나 해당 지역의 지방정부가 이 사업을 유지할 방법이 없고, 결국 지역의 지속가능성을 고려한 원조가 이루어지지 못하는 현실을 만들고 있다.

그림 8-6 우리나라의 연도별 ODA 현황

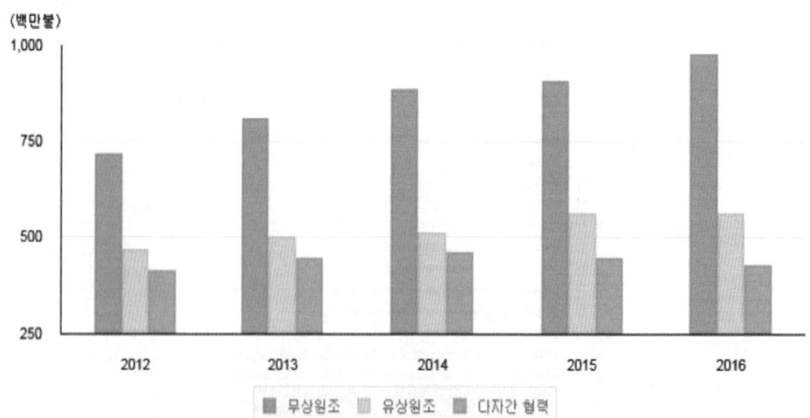

출처: OECD.Stat.

한편, 한국은 신흥원조 공여국(emerging donor)으로서 개발도상국의 발전에 기여하도록 ODA를 지속적으로 증가시켰다. 1991년 1.1억 달러이던 원조 규모는 2016년 22.5억 달러에 이르러, 절대 규모 면에서 큰 증가를 보였다.

2017년 한국의 ODA는 2,205백만 달러로 한국을 제외한 OECD 개발원조위원회(DAC) 28개 회원국과 비교하면, 덴마크(2,401백만 달러)에 이어 15위 수준이다. 하지만 총국민소득 대비 ODA 비율(ODA/GNI)이 0.14%로 전체 DAC 회원국 0.31%의 약 1/2 수준으로 25위를 기록한다. 이 문제의 개선을 위하여 우리나라 정부는 중기 ODA 확대계획에 따라서 국제적 위상에 걸맞도록 규모를 점진적으로 늘릴 예정이다.

2) 공적개발원조(ODA)에 대한 사회적 합의 문제

우리 사회에 이러한 국제개발원조에 대한 합의가 있었는지에 대해서는 또 다른 문제를 낳는다. 2013년 한국개발연구원(KDI)은 '경제발전경험 공유사업(KSP) · 공적개발원조(ODA)에 대한 인지도'에 대하여 조사하였다. 이 조사에 따르면, 현재 우리나라의 ODA 예산 수준에 대하여 적당하다는 의견이 53.8%였다. 이 응답자의 43.1%가 정부의 ODA의 재원이 세금이라는 사실을 모르고 있었다. 우리나라는 1조 9,000억 원을 ODA에 사용하고 있고, 이는 국민 한 사람당 1년에 2만 8,000원에 해당한다(한국행정연구원, 2017).

또한 응답자들의 무상원조보다 유상원조를 선호하는 비율이 46.5%였고, 축소 또는 중단에 대한 의견도 31.5%였다. 그 이유로는 "우리나라의 경제 상황이 좋지 않다", "국내 빈곤층이 많아 해외에 ODA를 제공할 만큼 부유하지 않다"는 등을 선택하였다. 물론 '경제발전 경험 공유사업(KSP)'은 긍정적으로 응답하였는데, 76.6%는 개발도상국의 발전, 74.7%는 우리나라와의 경제협력 활성화에 상당히 기여한다고 답변하였다.

이는 한국에서 ODA 예산을 확대하기 위해서는 국민적 공감대 형성이 중요하다는 것을 보여준다. 과거와 같이 단순히 퍼주기식 공적개발원조가 아니라 효율적 예산 운영을 통하여 개발효과성을 높이면서도 비교 우위를 살린 한국형 ODA를 추진하면서, 국민의 지지 기반 확보가 필요하다.

그림 8-7 우리나라 원조 규모의 적정성 설문조사

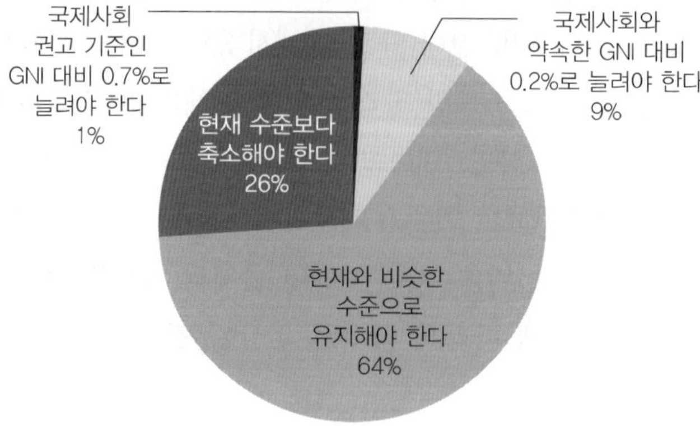

출처: 한국행정연구원(2017).

3) 기술 및 역량 강화는 상호 발전의 기회

유엔기후변화협약 기술 메커니즘(Technology Mechanism) 이행기구 성격을 지닌 기후기술센터 및 네트워크(Climate Technology Centre and Network: CTCN)는 개발도상국에 대한 기술 지원, 기후 기술 관련 지식에 대한 접근 강화, 기후 기술 이해관계자 협력 강화를 목표로 운영 중이나, 개발도상국들은 지속적으로 기술개발 및 이전에 관한 선진국들의 노력이 부족하다는 입장을 표명하여 왔다(CTCN, http://www.ctc-n.org/).

최근 들어 과거와 같은 공적원조 방식에 여러 가지 문제가 제기되고 있다. 몇 년 전 방한하였던 노벨경제학상 수상자 앵거스 디턴(Angus S. Deaton) 교수는 개발도상국의 발전을 고려한다면 기존의 전통적인 공적개발원조(ODA)보다는 지식과 아이디어를 공유하는 것이 더 필요하다고 지적한다. 그 사례로 지금까지 원조 효과를 살펴보면, 소규모 국가들은 상대적으로 더 많은 원조를 받았는데도 성장 속도가 느렸지만, 반면에 중국과 인도는 경제 규모보다 원조 규모가 작아도 빠르게 성장하고 있다는 점이다(이데일리, 2016.09.28).

따라서 국가의 역량이 상대적으로 부족한 개발도상국은 전통적인 원조 방식이 발전을 위한 제도의 형성을 저해하면서, 재원이 비효율적으로 활용되는 사례가 많다. 또한 근본적으로 빈곤 문제를 해결하기 위해서는 개발도상국의 제도와 정책 역량이 갖추어져야 하고, 이를 위해서는 지식 공유가 중요한 것이다.

이러한 환경에도 불구하고, 지금까지 우리나라의 과학기술 협력은 거의 대부분 '기술 획득'을 목적으로 하면서, 미국 · 일본 · 유럽 등 전통적인 기술 강국과의 협력을 위주로 진행되었다(교육과학기술부, KISTEP, 2008). 현재 우리 인류가 직면한 전 지구적 문제해결 등을 위해서는 개발도상국의 입지가 점점 커지는데도, 이들 국가와의 과학기술 협력을 원조 차원으로만 인식하는 데 그쳤다.

그런데 한국 과학기술의 발전을 위해서는 이공계 전문인력 및 자원의 안정적 확보가 필요하다. 또한 개도국의 풍부한 자원, 에너지 및 잠재적 고급 두뇌집단과 한국의 과학기술 및 기술 개발 간의 상호 교류가 절실히 요구된다. 선진국들은 이미 개발도상국과의 과학기술 협력이 자국의 발전에 매우 유익하다는 인식을 가지고 접근하고 있다(전승훈 외, 2006).

현재 세계 연구개발에 관한 투자 가운데 선진국 비중은 감소하고 개발도상국의 비중이 증가하고 있다. 특히 일부 국가에서 외국 기업의 R&D 비중의 경우에도 선진국에서는 정체하고 개발도상국에서는 증가하고 있다(UNCTAD, 2005).

따라서 한국도 개발도상국에 관한 협력 현황을 점검하여 성장 잠재력이 높은 국가와의 전략적인 협력 강화 방안을 모색하여야 한다. 지난 반세기의 성장과 과학기술의 비약적인 발전을 통한 우리나라의 경험은 개발도상국에 좋은 모델이 될 수 있다.

4) 정책 및 제도의 일관성

UN이 SDGs를 채택한 이후 선진국들을 중심으로 국가 차원의 정책일관성을 위하여 거버넌스 구축을 당면 과제로 하여 국가개발계획을 통합하고 있다. 독일은 2002년 국가지속가능발전전략(National Sustainable Development Strategy: NSDS)을 발표하였다. 이후 4년마다 이행 상황에 대한 경과보고서를 발간하고, 전략을 개편하고 있다. 핀란드는 총리실 산하에 지속가능발전조정국을 운영 중이고, 일본의 경우 범정부 간 태스크포스로 지속가능발전목표 추진본부를 설치하였다.

그런데 이 정책일관성을 강화하는 것은 효과적인 거버넌스뿐만 아니라 국제 개발 달성의 지속적인 도전 과제이다. 경제개발협력기구(OECD)의 개발원조위원회(Development Assistance Committee: DAC) 회원국 정부는 상충하는 정책 목표와 이해관계를 조정하고 관리하는 제도적 메커니즘과 절차를 마련함으로써 이러한 문제를 해결하려고 하였다. 약속 이행에 기여하는 정치적 의지와 정책 선언문, 정책 간의 충돌이나 불일치를 해결할 수 있는 정책 조정, 그리고 의사결정에 정보를 제공하기 위하여 정책 영향을 모니터링, 분석, 보고하는 시스템이 포함된다. 이러한 메커니즘의 목적은 국내외 정책이 개발도상국의 개발 목표를 지원하거나 적어도 약화시키지 않도록 보장하는 것이었다.

그러나 아직도 정책과 제도의 일관성에서 부족한 부분이 수없이 목격된다. 따라서 제도적 분야는 새로운 목표의 비전과 요구에 효과적으로 대응하도록 바뀌어야 한다. 이것은 외교, 개발 관련 부처, 원조 기관을 넘어서 범정부적인 참여를 이끌어 내고, 부문별 정책 간(정책 갈등, 상충관계, 시너지 효과), 국내외 정책 간의 다양한 상호작용을 관리할 수 있는 권한과 역량을 갖추어야 한다. 또한 사전, 시행 중, 사후에 정책 영향을 체계적으로 고려하고, 주요 이해관계자를 참여시키며, 모니터링 및 보고 시스템을 강화하기 위하여 국가 역량을 동원하여야 한다(OECD, 2016).

한국의 경우, 지속가능발전의 법제도적 체계에 근본적인 문제가 있다. 2010년 「저탄소녹색성장기본법」을 제정하면서 법체계에서 녹색성장의 개념을 지속가능발전보다 상위에 두는 오류를 범하였다. 녹색성장은 지속가능발전의 세 가지 축인 경제, 환경, 사회 중 경제와 환경의 조화만을 추구한다. 사회정의의 문제나 환경 파괴의 계층 및 지역 집중 문제와 같은 사회적 측면에 대한 고려는 누락되어 있다. 그래서 지속가능발전 개념의 진전이라는 측면에서 볼 때 오히려 후퇴라고 평가할 수 있다.

이러한 영향으로 인하여 대통령소속 지속가능발전위원회가 환경부소속 자문위원회로 격하되었다. 결국 범정부적 차원에서 대응하여야 하는 지속가능발전목표(SDGs)의 국내 이행은 환경부가 맡고 있고, 국제적 이행은 외교부가 담당하고 있다. SDGs 이행을 위하여 국무조정실, 외교부, 환경부 등이 관련은 있지만, SDGs 총괄 부처와 범부처 차원의 이행 체계 수립을 위한 논의가 필요한 실정이다. 또한 국무조정실 산하의 녹색성장위원회가 「저탄소녹색성장기본법」에 따라 저탄소녹색성장 국가전략과 5개년계획을 작성한다. 문제는 이 위원회의 역할이나 관련 법제도가 거의 사문화된 상황에서 일선 지방자치단체는 「저탄소녹색성장기본법」이 명시하는 계획의 수립·평가와 같은 형식적 행정행위를 계속하여야 하는 불합리한 상황이 전개되고 있다는 점이다.

5) 데이터의 부족

현재 전 세계 수많은 개발도상국은 통계 데이터가 부족한 문제에 직면하고 있다. 그래서 20세기 이후 미국와 유럽은 이와 관련한 국제원조를 하였고, 이를 통계원조라고 부른다. 이는 말 그대로 통계를 수집하고 분석할 재원 및 기술 등을 지원하는 원조이다.

왜 통계원조가 필요한가? 크게 세 가지로 설명할 수 있다. 첫째, 국가의 통계 생산을 위해서는 막대한 예산이 필요하다. 그런데 대부분의 개발도상국은 이를 충분히 수행할 만한 행정 역량 및 예산이 부족하다. 둘째, 통계 생산을 위해서는 통계 지식과 경험을 보유한 전문인력이 필요하다. 하지만 개발도상국에서는 이 인력을 교육할 있는 환경이 부족하다. 셋째, 고품질의 통계 생산과 데이터 처리를 위해서는 이를 처리하고 저장하며 서비스할 수 있는 컴퓨팅 기술이 필수적이지만, 이마저도 제대로 구비한 개발도상국은 많지 않다(통계청, 2018).

특히 UN의 SDGs는 지표에 수많은 자료와 분석을 요구하는데, 평가를 위해서는 자료의 수집과 정리 등 통계적 역량이 상당히 중요하다. UN의 지표 전문가그룹(IAEG-SDGs)은 데이터 가용성 및 방법론 존재 여부에 따라서 지표를 세 층위로 구분하고 있다.

최근 한국의 통계청이 이 기준에 준용하여 지표 작성 가능성을 평가하였다. 그 결과, 2017년 3월 기준으로 232개 지표 중 46%(110개)가 현재 국내 데이터 및 통계로 산출이 가능하였으며, 17%(41개)가 지표 산출을 위하여 새로운 조사 및 항목 개발이 필요한 것으로 나타났다. 그리고 지표 정의가 모호하거나 한국 상황과 무관한 경우가 37%(90개)로 분석되었다.

글로벌 수준에서의 SDGs 이행 평가가 제대로 이루어지기 위해서는 일정한 수

표 8-6 UN 지속가능발전지표 분류

1단계	2단계	3단계
방법론 및 데이터가 존재하여 기존 지표나 기존 통계 이용 작성 가능(글로벌 지표 수용 가능)	방법론 있으나 데이터 이용이 어렵거나 미승인 통계 이용이 가능(공통지표는 없으나 유사한 지표가 있는 경우)	국내 통계체계 하에서는 작성이 불가한 경우(한국적 맥락의 특수지표가 필요한 경우)
정부 승인 여부와 상관없이 현재 그대로 제공 가능한 경우 현재 국내에서 제공되는 통계로 SDGs 산식에 따라 산출이 가능한 경우	현재 조사체계 내에서 조사 대상 확장이나 신규 항목의 개발이 필요한 경우	메타데이터 부재나 메타데이터 내용의 보완이 필요할 경우
유관 국제기구에는 한국의 해당 통계가 존재하지만, 그 출처가 불분명할 경우	새로운 조사체계 개발이 필요한 경우	국제기구 소관이나 한국에 해당 사항이 없을 경우

출처: 통계개발원(2016).

이상의 국가에서 해당 지표를 생산하여야 하는 상황이다. 그러기 위해서는 각 국가에서 국제기구와 함께 <표 8-6>에서 보듯이 2단계와 3단계에 속하는 지표의 데이터 가용성과 측정가능성을 향상시키는 노력을 지속적으로 하여야 한다.

정말 아이러니한 사실은 현재 국내는 과학기술의 고도화로 인하여, 빅데이터 시대를 맞이하였다고 한 목소리로 이야기한다. 하지만 정작 유엔이 제시한 지속가능발전목표의 평가를 위한 통계자료 중 122개가 현 상태로는 측정이 불가한 상황이다. 이는 발전의 패러다임이 변화되었기 때문인데, 과거 개발시대의 통계 데이터는 충분하나, 저성장시대에 걸맞은 자료나 데이터는 절대적으로 부족하기 때문이다. 따라서 이를 대체할 데이터 수집 및 분석 방안이 필요하다.

2. 파트너십 문제(G17.16, G17.17)

국제사회의 문제에는 근본적인 차이가 존재한다. 일부에서는 이를 남북격차라고 한다. 선진국과 개발도상국 사이의 경제·정치적 차이로 인하여 발생하는 문제를 지칭한다. 특이하게 전 세계 지도를 놓고 보았을 때, 선진국의 대부분이 북반구에 있고, 개발도상국이나 후진국은 적도 인근이나 남반구에 집중되어 있다.

이러한 남북격차는 산업혁명 후 부각된 현상이다. 19세기부터 20세기 초에 걸쳐 유럽의 열강이 세계를 지배하였던 시기에 유럽은 남쪽 지역과 교류를 하였는데, 공업의 원료나 식량을 수입하고 제품을 다시 수출하였다. 두 번의 세계대전을 거치면서 미국이 세계 경제의 중심에 등장하면서 변화가 발생하였다. 미국은 유럽과는 달리 공업제품뿐 아니라 농수산품의 수출국이었다. 따라서 미국의 발전이 남쪽의 저개발국의 수출 증가로 직결될 수는 없었다. 물론 유럽이나 일본이 제2차 세계대전 전후에 부흥하던 시기에는 남쪽의 저개발국도 그 수혜를 받았으나, 일시적인 현상에 불과하였다. 이후 선진국이나 사회주의 국가의 수출증가율이 저개발국보다 훨씬 높았다. 즉, 선진국과 후진국 간의 남북무역보다 선진국 간의 무역이 훨씬 더 커서 남북 간 빈부의 격차는 더 확대되었다.

사실상 이러한 남북격차로 인한 경제·사회적 차이는 국제적 파트너십과 협력을 통하여 해결이 가능하다. 이를 위하여 국제사회는 끊임없는 논의 과정을 거쳤다. 과거의 새천년개발목표(MDGs)가 빈곤과 저개발의 문제에만 집중하였다는 비판을 받았다면, SDGs는 방대한 17개 목표와 169개 세부 목표를 설정하였고, 세부 목표의 중요도, 측정지표의 선정 등을 놓고 치열한 논의가 진행 중이다. 이들 목표 달성을 위해서는 국가 간, 지역 및 도시 간, 각 분야별 파트너십의 중요성이 무엇

그림 8-8 남북격차에 관한 현황

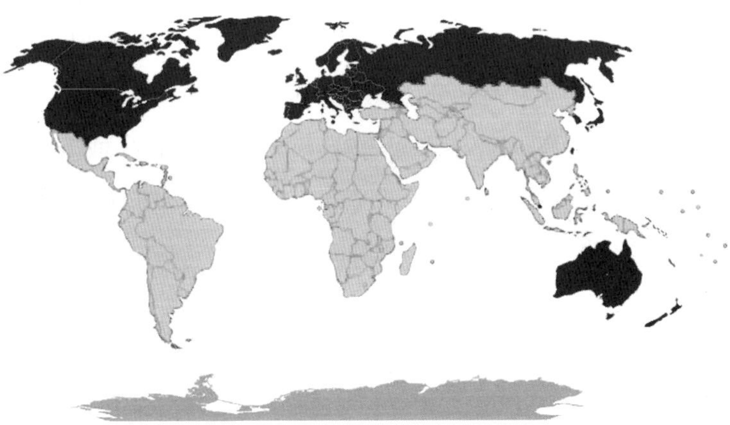

주: 남북격차를 보여주는 도면으로 짙은색은 선진국, 옅은색은 개발도상국(후진국)을 의미한다. 남과 북의 차이를 보여주기 때문에 남북격차라는 용어를 사용한다.

보다 필요하다.

SDGs 목표 17은 파트너십을 무엇보다 강조한다. 개발의 재원 마련, 기술, 역량 강화, 정책과 제도의 일관성, 다양한 이해관계자들 간의 파트너십, 통계관리, 모니터링과 책무성(accountability)의 중요성을 말하면서, 전 세계적 파트너십 강화를 강조하고 있다.

그렇다면 한국의 파트너십은 어떠한 상태일까? 파트너십에 대하여 가장 쉽게 확인할 수 있는 부분이 바로 '거버넌스' 분야이다. 2000년대 초반에 우리나라에서 거버넌스에 대한 관심이 커지기 시작하였다. 기존의 정부를 대신하는 신개념으로 거버넌스를 다중심성이면서 수평적 협력으로 생각하면서, 시민사회를 중심으로 다양한 요구를 담을 수 있는 새로운 대안으로 여겨졌다.

하지만 십수 년이 지난 지금도 거버넌스는 그저 좋은 용어에 불과하다. 수많은 정책과 학술적 용어로 '거버넌스'를 수도 없이 사용하지만 실질적 거버넌스는 요원해 보인다. 정부가 사회문제의 해결을 위하여 중앙집권적 권력구조를 가져야 한다는 우리의 고정관념은 여전하다. 이명석 교수는 이러한 사회적 현상을 '거버넌스 신드롬'이라고 말한다. '거버넌스'가 담고 있는 과거와 다른 개혁적 이미지만을 사용하면서, 이전과 같은 정부 중심의 해결 방식으로 문제를 고치려 하는 일종의 병리 현상이라고 생각한 것이다(이명석, 2017).

한국 사회가 '거버넌스'라는 용어를 얼마나 많이 사용하는지 살펴보았다. 네이버와 다음과 같은 포털의 뉴스 검색을 활용하였는데, 2018년 10월 기준으로 최근 1년간 거버넌스라는 용어를 사용한 뉴스는 네이버 25,030건, 다음 38,900건으로 나타났다. 포털마다 뉴스를 배급하는 기업의 수에 차이가 있기 때문에, 일부 다를 수 있지만, 여전히 우리 사회에서 정책, 행정, 기업에 이르기까지 다양한 영역에서 '거버넌스'라는 말은 대단히 인기 있는 말이다.

하지만 우리 사회의 실질적 거버넌스는 갈 길이 멀다. 관련 연구자들은 아직도 우리의 거버넌스는 아직도 '형식적 거버넌스'라고 진단한다. 이 과정에서 특히 거버넌스의 실패가 주로 논의가 된다. 이 실패는 우리 사회에 만연한 사회적 배제의 문제, 통합적인 정책을 추진하여야 하는 계획 주체의 역량 부족, 공공부문의 혁신 부재, 정치적 목적에 맞춘 단기적 수요 중심의 계획 등에서 기인한다. 특히 거버넌

그림 8-9 구글 트렌드(Trends)에서 살펴본 '거버넌스' 용어의 상대적 변화

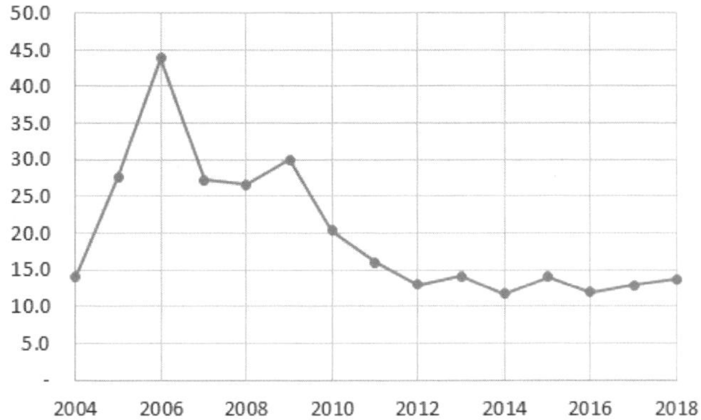

주: 위 그래프는 거버넌스 용어에 대한 상대적 순위를 보여준다. 2006년 최고점을 이룬 후 2012년 이후에는 별다른 변화 없이 일정한 모습을 보여준다. 이는 2006년 시점에 거버넌스에 대한 사회적으로 상당히 많은 논의가 있었고, 현재는 이 용어가 사회 전반적인 영역에 확산되어 사용되고 있음을 보여준다.

스의 실패는 정부 부처 간, 중앙과 지방정부 간, 민간과 공공 간의 신뢰의 부족과 직결된다(김동현, 2017).

참고 문헌

교육과학기술부(2008). 「전략적 국제협력 강화를 위한 정부 R&D 현황분석」. 한국과학기술기획평가원.

국가통계포털(KOSIS)http://www.kosis.kr.

권율 · 이상미 · 송지혜 · 유애라(2015). Post-2015 개발어젠다의 주요 특징과 이행과제. 서울: 대외경제정책연구원. 「오늘의 세계경제」 Vol.15. No.27.

권율 · 정지원 · 정지선 · 이주영(2012). 「최빈개도국 개발과제와 한국의 ODA 정책방향」. 서울: 대외경제정책연구원.

김동현(2017). 「기후 회복력과 미래의 도시」. 서울: 커뮤니케이션북스.

대외경제정책연구원(2016). 「SDGs 도입 이후 개도국 협력전략과 대응과제: 무역과 기후변화의 정책일관성을 중심으로」. 대외경제정책연구원 연구보고서.

대한국토도시계획학회(2015). 「도시재생」. 서울: 보성각.
대한민국 정책브리핑. http://www.korea,kr.
보건복지부(2017). 「2016 전국아동학대 현황보고서」.
월드워치연구소, 황의방 · 김종철 · 이종욱 역(2017). 「2016 지구환경보고서: 도시는 지속가능할 수 있을까?」. 서울: 환경재단.
이명석(2017). 「거버넌스 신드롬」. 서울: 성균관대학교출판부.
전승훈 외(2006). 「성장잠재력 있는 개도국과의 새로운 과학기술 협력전략 방안 모색」. 과학기술부.
전재경(2009). 지속가능발전과 녹색성장. 「서강법학」 제11권 제2호.
통계개발원(2016). 「지속가능발전목표(SDGs) 이행을 위한 모니터링 체계 구축방안」.
통계청(2017). 「SDGs 통계 거버넌스 연구」.
통계청(2018). 「지속가능발전목표(SDGs) 이행을 위한 개발도상국 통계역량 강화 방안 연구」.
한국지속가능발전센터(2016). 「한국 지속가능발전 거버넌스 활동현황 보고서: 지속가능발전 국제이행목표 연계」.
Mimiko, Oluwafemi(2012). *Globalization: The Politics of Global Economic Relations and International Business*. Durham, N.C.: Carolina Academic.
OECD(2016). 「지속가능한 발전을 위한 정책개선 2016: 정책 일관성을 위한 새로운 틀」.
OECD(2016). 「포용적 성장의 거버넌스」. OECD Publishing.
UN(2017). 「*The Sustainable Development Goals Report*」.
KOICA(2017). www.koica.go.kr.
UN. http://www.un.org/sustainabledevelopment.
UN 지속가능발전 지식 플랫폼. http://sustainabledevelopment.un.org.

제 3 부

지속가능발전을 위한 거버넌스 노력과 사례

제 9 장

국제사회의 지속가능발전 노력

제 1 절 UN의 지속가능발전 노력

1. 주요 회의(1972~2018)

산업혁명 이후 지나친 경제개발로 인한 환경 파괴로 인류와 지구생태계가 위기에 처하게 되자 유엔 주관으로 세계 각국의 정상과 정부 대표, 국제기구, NGO 등이 모여 지구환경을 훼손하지 않으면서 개발을 이어 나가자는 의미의 '지속가능발전'에 대한 논의를 시작하였다.

1) 유엔인간환경회의(UNCHE)

1972년은 지구 환경문제에 대한 범세계적 대응이 이루어지기 시작한 해이다. 그

해 6월 유엔은 스웨덴 스톡홀름에서 113개국의 대표가 참석한 가운데 "하나뿐인 지구(Only One Earth)"라는 주제로 인간환경회의를 개최하였다. 그 회의를 통하여 '인간환경선언(스톡홀름 선언)'을 제정 · 선포하고, 12월에는 유엔에 환경문제를 전담할 유엔환경계획(United Nations Environment Program: UNEP)을 발족시켰다(김병완, 2005: 399).

2) 유엔 환경과 개발에 관한 세계위원회(UN WCED)

UN 환경과 개발에 관한 세계위원회는 1983년 12월 유엔 총회에서 설립되어 전 노르웨이 수상인 그로 할렘 브룬틀란트(Gro Harlem Brundtland)가 의장을 맡으면서, 유엔 총회에서 "변화를 위한 전 지구적 의제" 주제를 정식화하고 특별위원회는 2000년 이후까지 지속가능발전을 성취하기 위한 장기적인 환경전략을 제안할 것을 요청하였다.

환경에 대한 관심이 개발도상국들 간의 그리고 경제와 사회 발전 단계가 서로 다른 나라들 간의 상호 협력을 증진시키고, 사람과 자원 그리고 환경과 발전 간의 상호관계를 고려하여 호혜적인 공동 목표를 달성할 수 있는 방법을 추천하고 있다.

국제공동체가 환경문제를 더욱 효율적으로 다룰 수 있는 방법과 수단을 모색할 것이며, 장기적인 환경문제, 환경보호에 대한 개선 문제를 성공적으로 처리할 수 있는 적절한 조치에 대한 인식을 공유하도록 하고, 앞으로 수십 년 동안 전개될 장기적인 활동의 의제와 세계 공동체가 열망하는 목표에 대한 인식을 제고할 수 있는 방법을 제안하였다. 그리고 특별위원회는 1984년 10월 첫 회의를 갖고 그로부터 900일이 지난 1987년 4월에 브룬틀란트 보고서 『우리 공동의 미래』를 발간하였다.

3) 유엔환경개발회의(UNCED)

1992년 6월 브라질 리우데자네이루에서 108개국의 국가 정상을 비롯한 172개국 3만 여명의 환경전문가 및 민간 환경단체 대표가 참여하는 지구정상회의(Earth Summit)를 개최하였다. 환경적으로 건전하고 지속가능한 발전(Environmentally Sound and Sustained Development: ESSD)을 주제로, 리우선언과 의제21(Agenda

21)을 채택하고, 지구온난화 방지를 위한 기후변화협약(United Nations Framework Convention on Climate Change: UNFCCC)과 생물자원의 보전을 위한 생물다양성협약(United Nations Convention on Biological Diversity: UNCBD), 산림의 보전과 지속가능한 이용에 관한 삼림 원칙 등을 채택하였다.

리우선언은 5개 항의 전문과 27개의 원칙들로 구성되었는데, 첫째, 지속가능한 개발의 중요성을 천명하며, 둘째, 각국의 효과적인 환경입법 의무와 타국에 의한 환경오염 피해의 책임을 지게 하며, 셋째, 오염자 부담 원칙을 적용할 것을 요구하며, 넷째, 환경오염을 미연에 방지하기 위한 예방 원칙을 제시하며, 다섯째, 환경에 미치는 영향을 사전에 조사하기 위한 환경영향평가의 실시를 촉구하였다.

리우환경회의의 내용을 크게 세 가지로 요약하면, 첫째, 21세기 지구환경 보전을 위한 기본 원칙으로서 WCED의 지속가능발전의 개념을 재확인하고 더욱 강화하는 의미에서 '환경적으로 건전하고 지속가능한 발전'이라는 이념을 채택하였고, 둘째, 지구온난화 방지를 위한 기후변화협약과 생물종의 감소를 막기 위한 생물다양성협약 등 지구 환경보전을 위한 각종 국제협약을 제안하였으며, 셋째, 지속가능발전의 이념을 실천하기 위한 지침으로서 21세기 지구 환경보전의 강령인 의제21을 작성하였다. 각 나라가 의제21의 내용을 추진하는 상황을 평가하고 촉진하기 위하여 유엔경제사회이사회 산하에 지속가능발전위원회(UN Commission on Sustainable Development: UNCSD)를 설치하기로 합의하였다.

지속가능발전위원회는 유엔환경개발회의의 논의 결과를 효과적으로 추진하기 위하여 1992년 12월에 창설한 기구이며, 지역적 · 국가적 · 국제적 수준에서의 유엔환경개발회의를 통하여 결정된 의제21이 효과적으로 실행되고 있는지 여부를 감시하고 보고하는 것을 주요 목적으로 하고 있다. 이 밖에도 유엔환경개발회의가 추구하는 지속가능한 발전을 성취하기 위한 활동 및 정책 방향을 제시하고 각국 정부 및 국제사회 중요 단체들과의 협력과 대화를 증진하기 위한 구체적인 작업을 추진해 오고 있으며, 다양한 환경 이슈에 대한 워크숍과 국제회의 등을 주관해 오고 있다. 유엔지속가능발전위원회에는 매년 50명 이상의 세계 정상들과 1,000개 이상의 비정부기구들이 참가하고 있으며, 환경과 개발활동을 조화시키기 위한 UN 내 지속가능발전에 대한 논의의 주류를 형성하고 있다.

유엔의 지속가능발전위원회가 지구촌 차원의 지속가능발전을 실현하기 위한 국제적 논의의 장으로서 역할을 하게 됨으로써 그 후 많은 나라에서 개별 국가차원의 지속가능발전위원회를 설치하여 운영하고 있으며, 지방정부에서도 지속가능발전위원회를 설치하여 운영하고 있는 사례가 점점 늘어나고 있다.

4) 세계지속가능발전정상회의(WSSD)

리우회의 이후 10년간 진행된 의제21의 이행 성과를 평가하고 향후 과제를 모색하고자 2002년 8월 남아프리카공화국 요하네스버그에서 "인간, 지구, 번영(People, Plant & Prosperity)"을 주제로 한 회의가 개최되었다. 리우회의 이후 10년 만에 열린다는 의미에서 일명 '리우(Rio)+10' 회의라고도 불린다. 174개국 100여 명의 국가 정상들과 대표단 및 각급 비정부기구(NGO)에서 참여하여, 리우선언 및 의제21에 대한 국제사회의 지난 10년간의 추진 실적을 평가하고, 2002년 이후 지속가능발전전략을 마련하기 위하여 회의를 개최하였다.

회의 결과 요하네스버그 선언문과 의제21의 구체적 실천계획인 '이행계획'을 채택하였고, 이행계획은 빈곤 근절, 생산과 소비 문제, 건강 문제와 같이 지구정상회의에서 논의된 주제들에 대한 행동 수단을 설계하였다. 특히 요하네스버그 선언은 현재 세계 공동체가 직면한 문제, 다국 간의 공동 정책과 실천적 이행 전략의 중요성을 강조하였으며, 더불어 세계지속가능발전정상회의(World Summit on Sustainable Development: WSSD)는 경제와 형평성 문제에 관한 논의를 더욱 효과적으로 통합하는 노력과 동시에 여성, 청년, NGO, 그리고 과학자들의 더 많은 참여를 강조하였다.

그리고 효과적인 프로그램 이행을 위한 또 다른 수단으로 모든 차원의 거버넌스 개선을 강조하고, 지속가능발전에 관한 유엔의 지도적인 역할을 지지하며, 요하네스버그 이행계획의 실천을 담보하고 있다.

5) 유엔지속가능발전위원회(UNCSD)

유엔환경개발회의에서 채택된 세부 실천계획인 의제21에 대한 각국의 이행 상황을 정기적으로 평가하고 지구적 차원에서 지속가능한 발전전략을 마련하고자

1993년 2월에 유엔지속가능발전위원회United Nations Commission on Sustainable Development: UNCSD)가 발족되었다. 2012년 "우리가 원하는 미래(The Future We Want)"라는 주제로 열린 '리우+20회의'에 90개국 각국 정상을 포함하여 180여 개국 정부 대표, 지방정부 NGO 등 4만여 명이 참석하였다. 회의의 주요 내용으로 지속가능발전의 의지 재확인, 리우회의 등의 공약을 확인하고, 빈곤 퇴치 및 지속가능성 수단으로 녹색경제를 채택하였다.

지속가능발전의 제도적 틀 강화를 위하여 유엔지속가능발전위원회를 강화하고자 고위정치포럼 설치, UNEP를 강화 및 격상하고, 지속가능발전목표의 설정 및 이행계획의 구체제인 내용은 유엔총회에 위임하였다. 그리고 리우+20회의에서 '지속가능한 소비와 생산에 관한 10년 계획(10YEP CSP)'을 채택하고, 제67차 유엔총회에서는 이를 전담할 기구로 UNEP를 지정하였다. '10YEP CSP'의 주요 목표는 첫째, 지속가능한 경제성장 및 환경오염의 탈동조화(decoupling), 둘째, 일자리 창출 및 복지 증진, 셋째, 자원의 지속가능한 이용 및 관리 강화, 넷째, 지속가능한 제품 및 서비스의 생산 소비 촉진, 다섯째, 저탄소 생활양식의 장려, 여섯째, 지속가능한 투자를 통한 지역사회 발전 강화 등이다.

6) 유엔지속가능발전정상회의(UNSDS)

2015년 9월 미국 뉴욕에서 유엔 창설 70주년 기념으로 제70차 유엔총회(UNSA 70th) 유엔지속가능발전정상회의 2015(United Nations Sustainable Development Summit 2015)를 개최하였으며, 2000년 이후 15년간 지구촌의 빈곤 퇴치와 삶의 질 개선을 위하여 수립된 새천년개발목표(Millennium Development Goals: MDGs)의 성과와 한계를 바탕으로 향후 15년간(2016~2030년) 글로벌 개발 협력의 비전과 목표를 제시하는 지속가능발전 의제로 지속가능발전목표(SDGs)를 공식 채택하였다. 이를 구체적으로 살펴보면 사회,[1] 환경,[2] 경제,[3] 그리고 제도[4] 4개 부문에 각 주제별로 17개 지속가능발전목표를 설정하였다.

1) 빈곤 · 기아, 보건복지, 교육, 여성 · 평등(4개 주제).
2) 기후변화, 생태자원, 수자원, 도시환경(4개 주제).
3) 일자리, 산업, 생산 · 소비, 에너지(4개 주제).
4) 평화체제, 파트너십(2개 주제).

이처럼 지난 50여 년 동안 지구 환경문제가 전 세계적으로 확산되면서 이에 대한 대응은 개별 국가 차원에서는 불가능하고 지구 차원의 공동 대응이 필요하다는 인식을 갖게 되었으며, 이에 따라 국제환경회의가 끊임없이 개최되었는데, 주요 회의의 내용을 살펴보면 <표 9-1>과 같다.

표 9-2 주요 국제 회의

연도	국제회의	주요 내용
1972	UNCHE	- 인간환경선언, Only One Earth - 환경의 날 제정, UNEP 발족
1983	WCED	- 1983년 유엔총회에서 특별위원회 설립 - Brundtland 보고서 『*Our Common Future*』(1987)
1992	UNCED	- Rio 선언, Agenda21, FCCC, UNCBD 등 - UNCSD 창설(1992)
2002	WSSD (Rio+10)	- Johannesburg 선언, SD 이행계획 채택 - Local Action21, Governance
2012	UNCSD (Rio+20)	- The Future We Want 선언 채택 - 지속가능발전 맥락으로 '녹색경제' - MDG를 넘어 SDG의 설정 - 10YEP CSP(지속가능한 소비와 생산) - 고위급 정치포럼 신설, UNEP 위상 강화
2015	UNSDS	- 유엔창설 70주년으로 제70차 유엔총회(UNGA 70th) - 유엔지속가능발전정상회의(Sustainable Development Summit 2015)에서 2030 의제로 지속가능발전목표(SDGs) 의제 17개 확정

2. 주요 협약

지구환경문제가 국제사회의 중요한 쟁점으로 부각되면서 각국의 환경정책 및 경제활동 전반에 직접적으로 영향을 미치는 각종 환경협약이 증가하고 있다. 지구환경문제에 대한 국제적 논의 및 활동의 전개는 각 국가의 환경정책은 물론 경제·사회에 영향을 주는데, 실질적 영향을 주는 것은 어떤 선언이나 결의보다 국가 간의 약속을 담은 법적 규범인 국제 환경협약들이다(김병완, 2005: 409).

<표 9-2>에서 볼 수 있듯이 우리나라는 2018년 현재 대기·기후, 해양·어업, 자연·생물보호, 핵안전, 유해물질·폐기물 등에서 57개의 국제 환경협약에 가

그림 9-1 국제 환경협약의 흐름

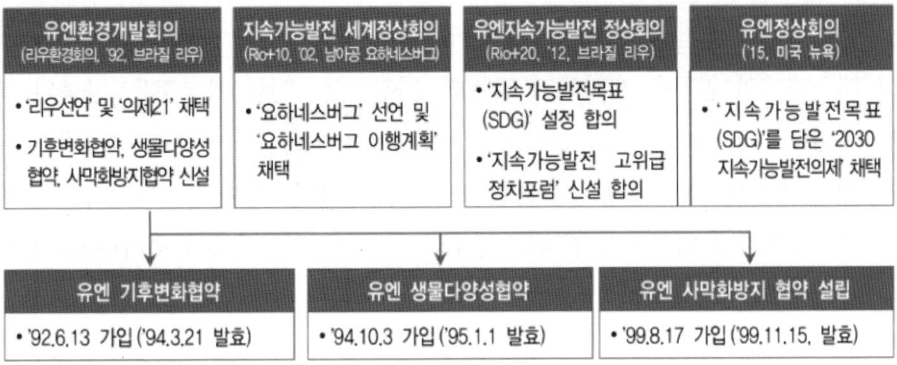

출처: 환경부(2018: 130).

표 9-2 국제 환경협약 체결 현황

(단위: 건)

구분	계	대기·기후	해양·어업	자연·생물보호	핵안전	유해물질 폐기물	기타
가입	57	9	23	9	7	3	6

출처: 환경부(2018: 630-636).

입하고 있다.

세계 각국은 경제 발전을 목표로 '개발'과 '경쟁'만을 중요시하여 생태계의 심각한 위기를 초래하였고, 이에 대한 반성으로 인간과 자연의 공존을 천명한 '리우선언'과 '의제 21'을 채택하였다. 아울러 이 회의를 통하여 세계 3대 환경협약이 만들어졌다. 기후변화의 원인이 되는 온실가스 배출 억제를 목적으로 하는 '기후변화협약', 전 지구적 생물종(생태계 및 유전자 포함) 보호를 위한 '생물다양성협약'이 채택되었고, 무리한 개발과 오·남용에 따른 사막화 방지를 위한 '사막화방지협약'에 합의(1994, 프랑스 파리)하였다(환경부, 2018: 130).

1) 기후변화협약(UNFCCC)

기후변화협약은 "인간이 기후 체계에 위험한 영향을 미치지 않을 수준에서 대기 중 온실가스 농도를 안정화”함을 목표로 하는 다자간 환경협약(Manual on Compliance with and Enforcement of Multilateral Environmental Agreements: MEA)으로서 1992년 6월 리우 유엔환경개발회의에서 채택되었다. 기후변화협약은 기후변화 대응행동의 원칙을 제시하고 있는데, 가장 많이 언급되는 것은 ‘공통의 차별화된 책임(common but differentiated responsibilities)’ 원칙이다. 최근에는 책임의 분배가 과거의 역사적 배출량만을 고려하는지, 또는 현재 및 미래의 배출량도 고려하는 것인지에 대하여 선진국과 개도국 간에 첨예한 갈등이 나타나고 있다(환경부, 2018: 133).

2) 교토의정서

기후변화협약은 선진국들에게 온실가스 배출을 2000년까지 1990년의 수준으로 복귀할 것을 요구하였다. 1995년에 개최된 제1차 당사국총회(독일 베를린)에서는 협약에 대한 평가를 토대로 선진국에 대하여 2000년 이후에도 온실가스 감축 의무를 부과하고 이를 위하여 협약 부속 의정서에 대한 협상을 하도록 하였다. 교토의정서(京都議定書)는 이러한 요구의 결과로 탄생하였다. 교토의정서(Kyoto Protocol)

그림 9-2 기후변화협약 주요 논의 경과

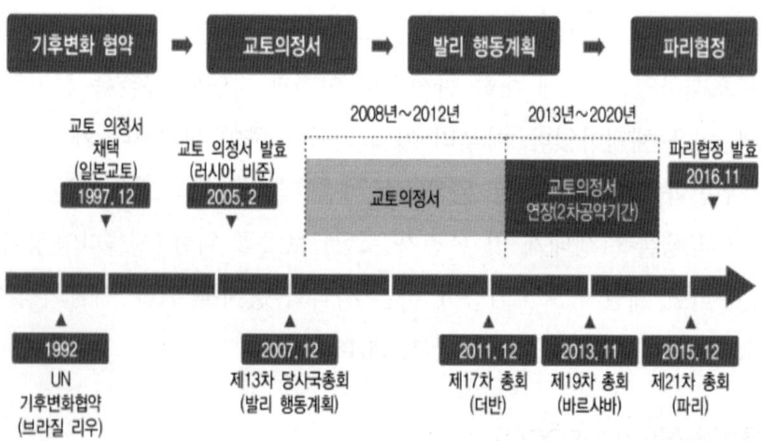

출처: 환경부(2018: 130).

는 기후변화협약 목적 달성을 위하여 더욱 강화된 온실가스 감축 노력이 필요하다는 인식에 따라 선진국(부속서1국가) 전체가 2008년부터 2012년까지(제1차 공약기간) 기준 연도인 1990년의 배출 수준에서 최소한 5%의 감축을 요구하였다. 또한 선진국들이 온실가스 감축 의무를 비용 효과적으로 이행할 수 있도록 배출권거래제(Emission Trading: ET), 청정개발체제(Clean Development Mechanism: CDM), 공동이행제도(Joint Implementation: JI) 등 시장 기반 메커니즘을 도입하였다.

2012년 카타르 도하에서 개최된 당사국총회에서는 교토의정서 2차 공약기간을 2020년까지 연장하는 개정안이 채택되었다. '교토의정서의 도하 개정문'은 2차 공약기간을 2013년부터 2020년까지로 설정하고, 감축 대상 온실가스에 삼불화질소(Nitron Fluorine Three: NF_3)를 추가하였다. 아울러, 첫 번째 공약기간과 관련된 이슈를 참조하고, 두 번째 공약기간에 대하여 업데이트가 필요한 교토의정서의 여러 조항을 개정하였으며, 2차 공약기간 동안 당사국들은 온실가스 배출량을 적어도 1990년 대비 18% 감소시킬 것을 공약하였다(환경부, 2018: 133).

3) 파리협정

신기후체제 합의문을 둘러싸고 선진국과 개도국 간의 치열한 협상 끝에 2015년 제21차 당사국총회에서 신기후체제 합의문인 '파리협정(Paris Agreement)'이 채택되었다. 파리협정은 전 지구적 위기 상황에 적극 대처하기 위하여 모든 국가가 참여하는 2020년 이후(Post-2020)의 새로운 기후변화 체제를 의미한다. 파리협정에서는 선진국, 개도국 구분 없이 모든 국가가 온실가스 감축 의무를 가진다. 즉, 기존 체제가 부속서I 국가로 분류된 선진국만을 의무 감축 대상에 포함하여 실질적 기후변화 대응이 어려웠던 점을 극복하여, 모든 국가가 참여하는 기후변화 대응체제를 구축했다는 점에 그 의의가 있다(환경부, 2018: 136-137).

또한, 파리협정은 선진국에게는 재정 지원 및 기술 이전에 대한 책임을 강조한 반면, 기후변화 영향에 특히 취약한 개발도상국의 특수성을 감안하도록 하는 등 기후협약 원칙인 '공통의 그러나 차별화된 책임'과 각국의 다양한 여건, 각국의 역량을 반영하였으며, 온실가스 감축뿐 아니라 적응, 지원(재원, 기술 이전, 역량 배양), 투명성 등 제반 분야를 포함하는 포괄적인 협정이다(환경부, 2018: 137).

그림 9-3 신기후체제로의 전환

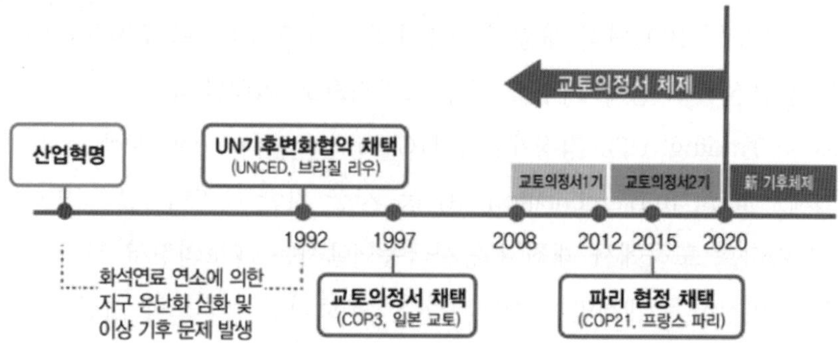

출처: 환경부(2018: 136).

4) 생물다양성협약(CBD)

생물다양성협약(Convention on Biological Diversity: CBD)은 생물다양성의 보전과 지속가능한 이용 및 유전자원의 이용으로부터 발생되는 이익의 공정한 배분을 목적으로 1992년 리우 유엔환경개발회의에서 채택되었다. 이 협약에서는 ① 각국의 생물자원에 대한 주권적 권리 인정, ② 생물 서식처의 파괴행위에 대한 규제, ③ 생물다양성의 보전과 지속가능한 이용을 위한 국가전략의 수립, ④ 생물다양성 보전을 고려한 환경영향평가, ⑤ 유전자원 제공국과 이용국과의 공정한 이익 공유, ⑥ 유전적으로 변형된 생물체(Living Modified Organisms: LMOs)의 안전관리 등을 규정하고 있다(김병완, 2005: 415). 1993년 12월에 발효되어 우리나라는 1994년 10월에 가입하였고, 2017년 5월 기준 196개국이 가입하고 있다.

5) 멸종위기에 처한 야생동식물종의 국제거래에 관한 협약(CITES)

멸종위기에 처한 야생동식물종의 국제거래에 관한 협약(Convention on International Trade in Endangered Species of Wild Fauna and Flora: CITES)은 불법거래나 과도한 국제거래로부터 야생 동·식물의 생존을 보호하기 위한 국제협약으로, 야생 동·식물 수출입 국가들이 상호 협력하여 국제거래를 규제함으로써 서식지로부터의 무질서한 채취 및 포획을 억제하고자 1973년 미국 워싱턴에서 81개국이 참가하여 채택되고, 1975년 7월에 발효되어 역사가 가장 오래된 환경협약 중 하나이다(김병완, 2005: 147). 우리나라는 1993년 7월 9일 120번째로 CITES에 가입하였으며, 2017년 3월 기준으로 183개국이 가입하고 있다. CITES는 무역 규제 조치와 가장 밀접하게 연계되어 있으면서도 가장 실효적으로 운영되는 환경협약 중 하나로 평가된다. 멸종위기 정도에 따라 부속서(Appendix) Ⅰ, Ⅱ, Ⅲ종으로 분류하고 있으며, 당사국총회를 통하여 부속서 등급 조정 및 신규 등재가 결정된다. CITES 부속서 등재종의 국제거래에 대해서는 수출입자 모두 자국으로부터 사전 허가를 받아야 한다(환경부, 2018: 142).

표 9-3　CITES 규제 대상 멸종 위기 동 · 식물

부속서 Ⅰ	부속서 Ⅱ	부속서 Ⅲ
멸종 위기에 처한 종 중에서 국제거래로 인하여 영향을 받거나 받을 수 있는 종	현재 멸종 위기에 처해 있지는 아니하나 국제거래를 엄격하게 규제하지 아니하면 멸종 위기에 처할 수 있는 종	협약 당사국이 자국 관할권 안에서의 과도한 이용 방지를 목적으로 국제거래를 규제하기 위하여 다른 협약 당사국의 협력이 필요하다고 판단하여 지정한 종
상업 목적의 국제거래 금지(학술연구 목적의 거래만 가능)	상업 · 학술 · 연구 목적의 국제거래 가능	상업 · 학술 · 연구 목적의 국제거래 가능(부속서Ⅱ에 비하여 규제 완화)
호랑이, 고릴라, 따오기, 밍크고래, 반달곰 등	하마, 강거북, 황제전갈, 오엽인삼 등	바다코끼리(캐나다), 북방살모사(인도) 등

출처: 환경부(2018: 142).

6) 물새 서식지로서 국제적으로 중요한 습지에 관한 협약(람사르협약)

물새 서식지로서 국제적으로 중요한 습지에 관한 협약(The Convention on Wetlands of International Importance especially as Waterfowl Habitat), 일명 람사르협약(Ramsar Convention)은 수조류(水鳥類), 어류, 양서류, 파충류 및 식물의 기본 서식지이자 가장 생산적인 생명 부양의 생태계인 습지의 보호를 위하여 1971년 2월 이란의 람사르(Ramsar)에서 채택되었다(김병완, 2005: 418). 2017년 3월 기준으로 169개국이 가입하고 있으며, 약 2억 1천ha의 면적에 해당하는 2,261개소 습지를 국제적으로 중요한 람사르습지로 지정하여 보호하고 있다(환경부, 2018: 143).

우리나라는 1997년 3월 28일 람사르협약에 가입하면서 자연생태계보호지역으로 지정 · 관리 중이던 강원도 인제군 소재 '대암산 용늪'을 람사르습지로 등록하였으며, 1998년 경남 창녕 우포늪, 2005년 전남 신안군 장도 습지 등 현재까지 총 22개(내륙습지 16개, 연안습지 6개)의 습지를 람사르습지로 등재한 바 있다. 국내적으로도 1999년 2월에 제정된 「습지보전법」을 통하여 내륙습지(환경부)와 연안습지(해양수산부)에 대하여 습지조사 및 습지보전 기본계획을 수립하고 우수지역을 습지보호지역으로 지정하는 등 체계적 관리를 도모하고 있다. 우리나라는 2008년 10월 경상남도 창원에서 제10차 람사르협약 당사국총회를 개최하였으며, 의장국으로서 '인류 복지와 습지에 대한 창원선언문' 채택 등 습지의 보전과 현명한 이용에 대한 국제 논의에 기여하였다. 또한 동 회의 의장국으로서 상임위원회 의장으로 선출되었으며, 2009~2012년 의장직 수행 경험을 토대로 2013~2015년, 2016~2018년 아시아지역 상임위원국으로 선출되어 람사르협약 운영에 기여하고 있다(환경부, 2018: 143).

7) 유엔 사막화 방지 협약(UNCCD)

유엔 사막화 방지 협약(United Nations Convention to Combat sudden quiet: UNCCD)은 심각한 한발 또는 사막화를 겪고 있는 국가(특히 아프리카지역 국가)들에 대한 재정적 · 기술적인 지원과 이를 위한 재정체계 수립, 그리고 개발도상국의 사막화 대응 능력 향상시키기 위하여 1994년 6월 17일 채택되었다. 우리나라는 1999년 8월에 비준하여 159번째 회원국이 되었고, 북한은 2004년 4월에 비준하여 191번째 회원국이 되었다. 1996년 12월 26일 발효된 이래 회원국은 2012년 기준으로 195개국이다. 기후변화협약, 생물다양성협약과 더불어 유엔 3대 환경협약에 속한다.

3. 주요 기구의 활동

1) 경제협력개발기구(OECD)

경제협력개발기구(Organization for Economic Cooperation and Development:

OECD)는 유엔 기구는 아니지만 세계 경제의 지속적인 성장과 복지 증진을 목표로 1961년 9월에 설립된 국제기구이며, 우리나라는 1996년 12월 12일 29번째 회원국으로 가입하였다. OECD 환경정책위원회(Environmental Policy Committee: EPOC)는 OECD 내 환경 논의를 주도하는 회의체로서 산하에 '환경성과평가작업반', '기후 · 투자 · 개발작업반' 등 7개 작업반을 두고 있으며, '무역과 환경 공동작업반' 등 다른 위원회와의 공동작업반 2개를 두고 있다. OECD EPOC의 주요 업무는 장기 환경 전망 및 환경전략 수립, 환경과 경제 정책통합, 자연자원의 지속가능한 관리, 세계화와 환경, 환경성과평가, 화학물질 관리, 비회원국 협력사업 등이다.

특히 회원국에 대한 환경성과평가는 OECD의 원칙과 권고 사항 등이 각국의 환경정책에 구현되도록 하는 주요한 메커니즘으로 매년 5~6개 회원국에 대하여 실시한다. 우리나라는 1996년 가입 당시 1차 평가, 2006년 2차 평가를 받고 2016년 3차 평가를 진행하여 2017년 3월 최종보고서를 발간하였다(환경부, 2018: 158).

2) 유엔환경계획(UNEP)

유엔환경계획(United Nations Environment Programme: UNEP)은 환경 분야의 국제 협력 증진 및 정책 권고, 세계 환경 상태의 지속적 검토 · 평가 및 유엔활동의 방향 설정, 환경 관련 정보의 수집, 평가 및 교환을 촉진하기 위하여 1972년에 설립되었다. 본부는 케냐 나이로비에 위치하며, 각 대륙별로 6개의 지역사무소와 파리에 기술 · 산업 · 경제국(DTIE)을 두고 있다. 제70차 UN총회에서 지속가능발전목표를 채택하여, 지속가능발전목표 달성을 위한 재원 확보, 점검체계 등에 대한 국제적 논의를 계속 진행하고 있다. 2017년 12월에는 제3차 UN환경총회가 개최되어, 환경오염으로 인한 인간 보건, 경제, 사회, 생태계, 안보 위협에 대한 경각심을 환기하는 계기가 되었다. 또한 오염 저감을 위한 협력을 촉진하기 위하여 '오염 없는 지구를 향하여'라는 제목의 각료선언문 및 대기 · 수질 · 해양오염 방지 노력 · 생물다양성 주류화 · 환경보건 등에 관한 11개의 결의안을 채택하였다(환경부, 2018: 159－160).

3) 세계은행그룹(WBG)

세계은행그룹(The World Bank Group: WBG)은 유엔 기구는 아니지만, 회원국에게 경제 개발 및 빈곤 문제 해결에 대한 자문 및 경제적 지원을 담당한다. 세계은행그룹은 비영리 국제기관이며, 회원국이 공유하는 형태를 취하고 있다. 현재 본부는 미국의 워싱턴 D.C.에 위치하며, 186개 회원국에는 해당 국 소재의 사무소가 마련되어 있다. 1944년의 브레튼우즈(Bretton Woods) 협정에 기초하여 1946년 6월에 국제통화기금(International Monetary Fund: IMF)과 함께 발족한 국제금융기관의 중심적 존재이며, 개발도상국의 경제 개발을 돕고자 자금 지원과 정책자문 활동을 하고 있다.

국제부흥개발은행(International Bank for Reconstruction and Development: IBRD), 국제개발협회(International Development Association: IDA), 국제금융공사(International Finance Corporation: IFC), 국제 투자보증기구(Multilateral Investment Guarantee Agency: MIGA), 국제투자분쟁해결본부(International Centre for Settlement of Investment Disputes: ICSID)로 구성된 컨소시엄 형태의 기구로서 흔히 국제부흥개발은행과 국제개발협회를 묶어 세계은행이라고 부른다.

세계은행그룹은 170개국 189개 회원국, 170개국 이상의 직원과 130개 이상의 지사가 있는 글로벌 파트너이다. 대한민국은 국제부흥개발은행에 1955년 회원국으로 가입하였다. 1960~70년대 경제 개발 과정에서 저리의 장기자금을 빌려 쓰는 혜택을 누렸으며, 1995년 말 융자 대상국에서 졸업하였다가 1997년 다시 외환위기를 맞아 금융 지원을 받은 바 있다. 그러나 이후 2010년에는 국제부흥개발은행 회원국 중 17번째로 많은 후원금을 내는 나라로 급진적인 성장을 이루어 냈다. 국제개발협회에는 1961년 회원국으로 가입하였다. 1970년에 대표이사로 선임되었으며, 1985년 10월에 제40차 총회가 서울에서 개최되었다. 이처럼 세계은행은 각국의 경제부흥과 개발 촉진을 목적으로 설립되었으나, 현재는 주로 개발도상국의 공업화를 위하여 융자를 행하고 있다.

제 2 절 ICLEI의 지속가능발전 노력

1. 지속가능발전 노력의 전개와 활동

1) 이클레이의 등장 배경

이클레이(ICLEI－Local Governments for Sustainability)는 지속가능성을 위한 지방정부협의체로서, 지속가능한 미래를 만들기 위하여 설립된 전 세계의 도시 및 지역 네트워크이다.[5] 이클레이는 캐나다와 미국의 지방정부 지도자들 35명의 선도적인 기후과학자들과 만나 오존층 파괴에 대하여 논의하였을 때 구상되었다. 이들은 지구의 오존층을 파괴시키는 화학물질을 단계적으로 제거하기 위한 법률을 제정하기로 약속하였다. 미국 캘리포니아주 어바인(Irvine) 시장이었던 래리 애그런(Larry Agran)과 젭 브러그만(Jeb Brugmann)은 지구 환경문제에 대한 지방정부의 대응을 조정할 수 있는 기관을 논의하였다.

2) 이클레이의 역사

이클레이는 43개국의 200개 이상의 지방자치단체가 1990년 9월 뉴욕 유엔본부에서 열린 '지속가능한 미래를 위한 지방정부 세계대회(World Congress of Sustainable Future)'라는 창립회의를 거쳐 설립되었다(이클레이 한국사무소, 2018). 헌장의 채택과 임시 집행위원회의 임명으로 4일간의 절차가 마무리되었는데, 존 채트필드(John Chatfield)는 이클레이의 첫 의장으로, 젭 브러그만은 사무총장으로 선출되었다.

2015년에는 서울특별시가 이클레이 세계총회를 유치하여 4월 8일부터 12일까지 동대문디자인플라자(DDP)에서 개최하였다. 역대 총회 중 최대 규모의 회의로서,

---

5) 이클레이는 지방자치단체국제환경협의회(International Council for Local Environmental Initiatives)라는 명칭으로 창립하였다. 2003년 세계총회를 통하여 환경문제뿐만 아니라 지속가능성에 대하여 폭넓은 주제를 반영하고자 조직의 사명, 헌장 개정과 함께 '지속가능성을 위한 세계지방정부 이클레이'로 공식 명칭을 변경하였고, '이클레이'라는 약칭으로 사용한다.

76개의 플래너리 세션(Planery Session: 본회의), 워크숍이 진행되었으며, 300명 이상의 연사 및 패널이 참석하였다. 총 참석자는 3,000여 명이나 되었으며, 국내인은 2,200여명, 외국인은 78개국 800여 명이었다. 참여 도시는 총 334개 도시였고, 이 중 지방정부는 61개국 200여 개 도시였다. 서울총회의 괄목할 만한 성과는 세계 도시의 지속가능발전을 향한 이정표가 되는 서울선언문, 서울액션플랜이 채택, 선포되었다는 점이다. 2020년 이후의 신기후체제에 대비한 국가 단위의 지지부진한 기후변화협상을 지방정부 및 도시 차원에서 견인하고자 하는 노력이 이 총회에서 논의되었다.

현재 이클레이(ICLEI) 네트워크는 120개 이상의 국가에 1,750개 이상의 지방정부가 참여하고 있다. 이클레이 회원 도시의 인구를 감안하면, 전 세계 인구의 20%가 참여하고, 도시지역으로 한정하면 25%가 이클레이에 참여한다고 볼 수 있다.

2. 지속가능발전을 위한 거버넌스 활동

1) 파트너십

이클레이는 전 세계의 다양한 지역사회를 대표하는 지역 및 지방정부와 함께 노력을 기울이고 있다. 이들은 모든 개발 과정에서 '지속가능성'을 근본으로 만들고 전 세계의 지속가능한 도시 개발을 확대하기 위한 방안을 제시한다. 이클레이 회원 도시는 정책 방향을 조율하고 전략을 수립하며 이클레이가 가진 사명, 임무 및 원칙 등을 지지한다. 회원 자격은 모든 지방정부와 글로벌, 지역, 국가 및 하위조직에 개방되어 있다. 이클레이 회원을 위한 유일한 요구 사항은 기후 보호에 대한 자체 규정과 인구 규모에 따른 연회비 지불이다.

이클레이의 리더그룹은 3년마다 선출되는 3개의 주요 관리기구, 즉 글로벌 집행위원회, 지역 집행위원회, 이클레이 이사회로 구성된다. 이사회는 이클레이 세계총회에서 3년마다 소집되며, 6년 전략계획의 채택을 통하여 이클레이의 우선순위와 방향을 수립한다. 가장 최근의 이클레이 세계총회는 2018년 6월 19일부터 22일까지 캐나다 몬트리올에서 개최되었다.

2) 이클레이의 비전과 목표

이클레이는 지속가능한 도시를 실현하기 위하여 다섯 가지 전략적 행동을 갖고 있다(ICLEI, 2018). 첫째, 저탄소 도시이다. 이는 기후변화를 억제하고 새로운 경제적 기회를 창출하면서, 사람들과 자연계의 건강을 향상시키기 위함이다. 이를 위하여 난방, 냉방, 조명 및 식품 시스템의 모든 환경 유해오염물질과 배출물질을 획기적으로 줄이고 소음을 줄여야 한다. 모든 활동, 특히 운송, 폐기물 및 건축 부문에서 온실가스 배출량을 감소시켜야 한다. 지구온난화 증가를 2°C보다 훨씬 낮추는 파리협정을 이행하고 산업화 이전 수준보다 1.5°C까지 온도 상승을 제한하기 위한

그림 9-4 이클레이 몬트리올 약속과 비전 전략(2018~2024)

출처: 이클레이 한국 사무소 참고(www.icleikorea.org).

노력을 추구한다. 또한 도시의 기반시설의 구축과 운영에서 화석연료를 억제하면서 재생에너지를 100% 사용하여 신재생 에너지 시대를 적극적으로 장려한다. 도시 생활에서 지속가능한 이동성을 장려하고, 재생에너지로부터 청정연료정책 및 전기자동차, 인간 중심의 보행, 자전거, 대중교통을 우선시한다.

둘째, 자연 기반의 도시이다. 이는 지역경제를 지원하고 지역사회의 안녕과 탄력성에 의존하는 도시 주변의 생물다양성과 생태계를 보호하고 강화하기 위함이다. 이를 위하여 공기, 물, 토양 및 생명과 건강을 유지하는 모든 천연자원이 보호되고 육성되는 건강한 지역 환경에 우선순위를 부여한다. 또한 자연을 이용하여 필수적 생태계 서비스를 제공하고 지역의 새로운 경제적 기회를 열어 놓을 전략과 계획을 배치한다. 그리고 자연에 기반한 해법을 적용하고, 그린 인프라를 사용하면서, 녹색도시를 조성하여 도시를 자연과 다시 연결한다.

셋째, 선순환 도시이다. 이는 재활용, 공유 및 재생자원을 사용하는 지속가능한 사회를 구축하기 위한 생산 및 소비의 새로운 모델을 만드는 것이다. '생산, 소비, 폐기'라는 과거의 선형모델을 종식시키고 전 세계 인구의 물질과 개발에 대한 요구를 충족시킬 수 있어야 한다. 도시와 경제 개발을 자원 소비와 환경 파괴로부터 분리하고 환경 및 사회적 비용을 재화와 서비스의 가격으로 내재화하여야 한다. 또한 자원을 교환하고 낭비하지 않는 생산적인 지역경제를 지원하고, 폐기물 발생 예방, 재사용 및 재활용을 포함하여 지속가능한 폐기물 관리를 우선시한다.

넷째, 회복력 있는 도시이다. 회복력(resilient)은 환경, 기술, 사회 및 인구 통계학적 변화가 급격한 도시환경에서 발생하는 충격과 스트레스를 예측하고 예방, 흡수, 회복을 하면서, 필수적인 기본 대응구조 및 기능을 향상할 수 있다. 이를 위하여 회복력을 도시 전략의 핵심 부분으로 삼고, 우리 사회의 취약 계층의 권리와 필요를 고려하여 새로운 위험과 영향에 대비한다. 또한 지방자치단체 운영을 포함한 필수 시스템을 지속적으로 강화하여 충격, 스트레스 및 예기치 않은 변화를 예방하고 흡수 및 복구하고 사람과 환경에 대한 부담을 덜어 주어야 한다.

다섯째, 공정하고 사람 중심의 도시이다. 살기 좋고 포용적인 도시 공동체를 건설하면서 빈곤문제를 해결한다. 이를 위하여 시민의 삶을 위한 자연의 지원 시스템을 보호하고, 포용적인 개발 과정과 방식을 추구한다. 도시의 자연 및 건설 환경이 거주 가능성과 안전성을 향상시키고 질병을 완화하며 인간의 건강과 복지를 증진 할 수 있도록 보장하여야 한다. 또한 깨끗한 공기와 토양뿐만 아니라 모든 음식, 물, 에너지, 위생, 문화 및 교육에 안전하게 접근할 수 있도록 노력해야 한다. 그리고 유·무형의 문화유산 활동이 중요한 자산이고 다양성을 고려한 인간 중심의 안전하고 문화적으로 활발한 공동체를 만들고 유지한다.

3. 파트너십제도와 프로그램 활동

이클레이는 지속가능발전을 위하여 기후, 생태교통, 생물다양성, 지속가능 공공구매 등의 다양한 분야에서 활동을 한다. 특히 기후 부문에서 중요한 역할을 하는데, 이클레이는 기후변화에 대하여 표준화된 도구를 활용하고, 통합적 접근 방법을 적용하면서, 수평 및 수직적 협력체제 강화를 통하여 지방정부의 역량을 강화하는 역할을 하고 있다(이클레이 한국사무소, 2018).

첫째, 기후 분야에서 다양한 프로그램과 정책활동을 진행한다. 시장협약과 카본 기후등록부(cCR)를 운영한다. 2014년 유엔기후정상회의에서 출범한 시장협약은 지역 온실가스 배출량 감축, 기후 회복력 제고, 목표 달성 과정 모니터링 등의 이행을 공약한 세계 지방정부들의 연합체로서, 세계 유수의 도시네트워크 및 그 회원들이 각 중앙정부의 기후변화 대응 노력에 맞추어, 중앙정부의 노력을 보완하면서 기후변화에 맞서기로 합의한 결과물이다. 이는 이클레이의 카본 기후등록부(carbonn® Climate Registry: cCR, 이하 국문+영문 약자 병행 표기)를 단일 플랫폼으로 하여 도시별 온실가스 배출량 감축 목표와 완화 및 감축계획을 보고하고 매년 온실가스 감축 데이터를 공개할 것을 핵심 내용으로 한다. 또한 지방 기후행동의 성과 측정 및 홍보 수준 제고를 위하여 관련 이니셔티브와 협업하는 등 기존의 공동 노력을 강화하고, 21차 기후총회와 그 이후를 위하여 도시 기후행동을 주목하고 계량화할 수 있는 사상 최대의 기회를 창출할 것으로 기대된다. 현재 전 세계 483개 도시가 가입하였고, 국내에서는 서울, 수원, 창원, 대구의 4개 도시가 가입하였다. 또한 카본 기후등록부(cCR)는 지방정부가 측정 가능하고 보고 가능하며 검증 가능한 방식(MRV)으로 기후 시책을 추진할 수 있도록 지원하기 위하여 만들어진 '지방정부 기후변화 대응 시책과 이행상황 보고 플랫폼(Reporting Platform)이다. 2010년 이클레이와 세계기후변화시장협의회(WMCCC)가 멕시코시티협약의 실행을 지원하는 혁신적인 메커니즘으로서 공식 출범하였다. 지방정부는 카본기후등록부(cCR)에 온실가스 감축을 위한 약속, 기후변화 대응 시책과 이행 상황을 정기적이고 지속적으로 보고함으로써 투명하고 책임성 있게 기후 시책을 추진할 수 있다. 그뿐만 아니라 세계 지방정부와의 네트워크를 통하여 자체사업을 보완 강화할 수 있으며, 기후변화에 대한 지방정부의 협력적 대응을 국제사회에 알림으로써 지구적 기후변화 대응을 국제적 대응을 촉구하는 기반을 강화한다. 이외에도 한국형 녹색기후도시(KGCC), 에너지 안전도시(ESC), 전환행동 프로그램(TAP), 100% 재생에너지 도시 네트워크 등을 운영하고 있다.

둘째, 이클레이는 생태교통연맹(ecomobility aliance)의 사무국을 담당한다. 경상남도 창원시가 의장도시를 맡고 있는데, 이 연맹은 비영리기구로서 세계 각국의 시민들이 개인 자가용에 의존하는 비중을 줄여 나가고자 하는 취지에서 시작하였다. 2011년 창원에서 처음 생태교통총회를 열었고, 지속가능한 교통 및 도시 미래 구축을 목적으로 시드니, 프라이부르크, 포틀랜드 등 12개의 선진 녹색교통도시와 아시아개발은행(ADB), 독일국제협력기구(GIZ) 등 녹색교통 전문국제기구가 모여 출범하였다. 2013년부터 생태교통축제와 생태교통 총회가 격년으로 열려, 수원(2013년), 요하네스버그(2015년), 가오슝(高雄, 2017년)에서 열렸다.

셋째, 생물다양성 분야에서 지역생물다양성전략 및 이행계획을 세우고, 지역실천사업을 진행한다. 독일에서 개최된 제9차 당사국총회에서 기존의 국가생물다양성전략(National Biodiversity Strategies and Action Plan: NBSAP)과 더불어 지역생물다양성전략 수립의 필요성이 강조되었다. 국가생물다양성전략(NBSAP)은 「생물다양성협약」 제6조 "각 당사국은 생물다양성 특수성과 능력에 따라 전략 또는 프로그램 개발·이행을 요구한다."라는 조항에 의거하여 협약 당사국들이 의무적으로 수립하는 국가적 생물다양성 정책 설계도라 할 수 있다. 국가생물다양성 전략을 실행하기 위한 지역의 실천을 촉진하고 지원하기 위해서는 생물다양성의 고려사항들을 지역 수준의 평가 및 계획 과정에 통합하여야 하는 필요성이 대두되었고, 이에 지역생물다양성 전략 수립의 근거가 마련되었다. 이후 지역생물다양성 전략 및 이행계획(Local Biodiversity Strategies and Action Plan: LBSAP)은 2010년 일본 나고야(名古屋)에서 개최된 제10차 생물다양성협약 당사국총회(CBD COP10)의 결정문에서 공식적으로 인정되었다. 많은 지방정부가 생물다양성의 보전과 지속가능한 이용을 정책에 반영하여 이를 실천하고 있으며, 생물다양성을 지역도시계획 과정에서 통합시키는 주류화 작업이 더욱 증가하고 있다. 대표적으로 일본의 아이치현(愛知縣), 캐나다 온타리오, 스페인 카탈루냐 등의 사례가 있다. 이클레이는 '생물다양성지역실천(Local Action for Biodiversity: LAB)' 사업을 2006년부터 추진하여 지역생물다양성 전략 수립과 이행을 적극 지원하고 있다.

우리나라에서는 2014년 평창에서 개최된 12차 당사국총회를 계기로 광역 지방정부를 중심으로 점차 확대되고 있다. 이클레이 한국사무소는 '지방생물다양성 전략 및 이행계획 지침서' 및 '지역생물다양성 전략 활성화 방안 연구(환경부)' 등 지역생물다양성 전략 및 이행계획(LBSAP) 수립을 위한 국내 가이드라인을 제시하고 있다.

표 9-4 이클레이 한국 사무소의 주요 사업

구분	주요 사업
기후 · 에너지	• 한국형 녹색기후도시(KGCC) 사업 • 유럽위원회(EC) 유럽(EU)-한국 저탄소 이행 사업(LCA) • 경기도 동북아 대기환경 개선 네트워크 기반 마련 사업(NALACA) • 블룸버그재단 기후변화 대응 글로벌 시장협약 국내 확산 및 강화 • 지방정부 온실가스배출 인벤토리 위한 국제프로토콜(GPC) 국내 적용 • 100% 재생에너지(100% RE) 도시네트워크 국내 확산 및 강화
생태교통	• 생태교통 시프트(SHIFT) 사업 • 유럽과 함께하는 친환경교통주간
생물다양성	• 유럽위원회(EC) 커넥팅(CONNECTING)사업 • 환경부 제4차 국가생물다양성 전략(NBSAP) 민간 참여 지표 수립 및 모니터링 • 충북지속협 생물다양성 포럼 in 충북 • 강원도 제14차 유엔생물다양성협약 당사국총회(UNCBD COP14) 사이드이벤트 (강원도 세션) • 생물다양성 지역실천(LAB-KOREA)사업
지속가능 공공구매	• ICLEI(ES & EAS), KEITI UN10YFP 지자체 공공녹색구매 이행 및 편익측정 지원 시범사업(수원시)
유엔 SDGs	• 유엔 지속가능발전목표(SDGs) & 도시 지속가능성 이슈 국내 확산

출처: 이클레이 한국사무소(2018).

한편, 우리나라에서의 이클레이 활동은 1995년 한국지방자치단체 국제화재단(이하 '재단')이 이클레이에 회원으로 가입하면서 시작되었다.[6] 한국사무소는 "지역의 실천이 지구를 바꿉니다!"라는 비전을 가지고 지방정부와 세계를 연계하고, 지역의 적극적 실천을 지원하며, 창의적 해결 방안을 모색하는 전진기지 역할을

그림 9-5 국내 이클레이 회원 지방정부 현황

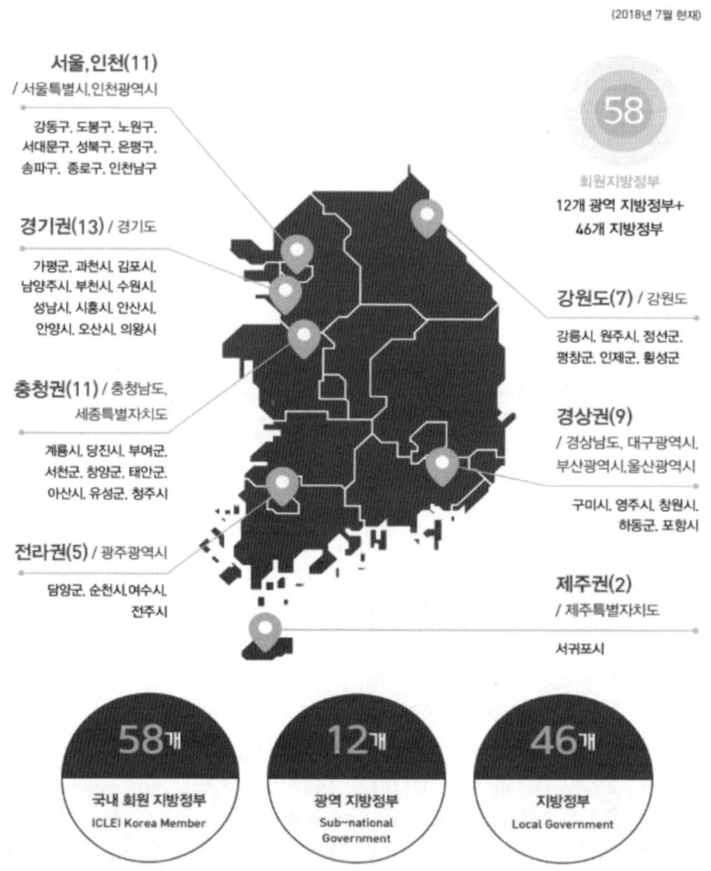

출처: 이클레이 한국사무소(2018).

6) 2002년 재단이 이클레이 한국사무소를 유치하면서, 국내에 사무소가 유치되어 실질적인 활동이 시작되었다. 이후 2006년 제주도에서 사무소를 유치하였고, 2012년 수원시가 사무소를 유치하여 현재까지 운영 중에 있다(이클레이 한국사무소, 2018).

수행하고 있다. [그림 9-5]에서 보듯이 현재 국내 회원 지방정부는 광역자치단체 12곳, 기초자치단체 46곳이 참여하고 있다. 이클레이 한국사무소는 기후 · 에너지, 생태교통, 생물다양성, 지속가능 공공구매, 지속가능발전목표(SDGs)를 중점 사업으로 한다. 또한 이클레이 회원 지방정부의 역량 강화, 네트워크 강화, 우수 사례 구축 및 확산, 지역 간 연계사업 등을 위하여 활동하고 있다.

참고 문헌

김병완(2005). 「환경정책의 논리와 실제」. 서울: 나남출판.

이클레이 한국사무소(2018). 「이클레이 한국사무소 소개자료」.

환경부(2018). 「환경백서」.

ICLEI(2018). 「The ICLEI Montréal Commitment and Strategic Vision 2018~2024」.

생태교통연맹 홈페이지. http://ecomobility.org/alliance/

이클레이 세계본부 홈페이지. http://iclei.org/

이클레이 유럽본부 홈페이지. http://www.iclei-europe.org/

이클레이 한국사무소 홈페이지. http://www.icleikorea.org/

제 10 장

독일의 거버넌스형 지속가능발전 사례

제1절 바이오에너지마을 거버넌스

1. 독일의 바이오에너지마을

독일의 바이오에너지마을은 마을 및 지역 내에서 발생되는 가축 분뇨와 에너지작물[1]을 혼합하여 혐기성 소화를 통하여 바이오가스를 생산한다. 생산된 바이오가스는 열병합발전기를 이용하여 전기와 열을 생산하고, 전기는 「독일 재생에너지

1) 에너지작물은 옥수수와 같은 성장이 빠르고, 재배가 용이한 작물이 주로 이용되며, 혐기성 소화에서 나오는 액상의 물질을 비료로 이용한다. 에너지작물은 바이오가스를 이용한 발전으로 발생되어 대기 중으로 배출된 이산화탄소를 에너지작물에 의하여 재흡수함으로써 자원순환의 중요한 매개체 역할을 수행하고 있다. 경작지가 적은 한국에서는 이러한 에너지작물을 대신하여, 하루 13,000여 톤이 발생되는 음식물폐자원을 활용한다.

법」에 따라 높은 가격에 판매된다. 전기와 함께 발생된 열은 지역난방에 이용되거나, 설비 인근의 시설원예에 이용된다.

바이오가스 생산설비에서 가축 분뇨와 에너지작물의 혼합물이 혐기성 소화된 후 남은 액상의 물질은 화학비료를 대체하는 매우 좋은 액체비료가 되는데, 이 액체비료는 바이오가스설비에 투입되는 에너지작물을 재배할 때, 비료로 뿌려져 에너지작물의 성장에 활용되고, 다시금 바이오가스를 생산하는 바이오가스 설비로 들어감으로써 완벽한 자원 순환을 이루게 된다. 기온이 떨어지는 겨울철의 부족한 난방열원은 지역 내에서 발생하는 산림자원인 목재를 태워서 충당한다.

경작지가 적은 한국에서는 음식물쓰레기와 같은 폐자원이 에너지작물을 대체하는 주요한 바이오가스설비에 투입되는 유기물 에너지원으로 활용되는 반면, 독일에서는 드넓은 경작지에 에너지작물을 재배하여 재생에너지를 생산하게 함으로써 에너지작물 재배 및 판매라는 농가의 새로운 소득원을 발생시키고 있으며, 이를 통하여 '에너지 농부'라는 신조어까지 만들어졌다.

바이오에너지마을이라 함은 하나의 마을이 필요로 하는 대부분의 전력과 열 수요를 지역 내에 존재하는 바이오매스를 이용하여 전기와 열에너지를 생산하고 충

그림 10-1 바이오에너지마을의 모식도 및 주요 시설

출처: HWS Holzwärme Stellshagen eG.

족하는 마을을 의미한다. 실질적으로 어느 정도의 전력과 열 수요를 이와 같이 충족하여야 하는지에 대한 명확한 정의는 있지 않으나, 다음과 같이 몇 가지 사항으로 그 개념을 대신할 수 있을 것이다.

- 최소한 마을에서 필요로 하는 만큼의 전력을 생산하여야 한다.
- 마을에서 필요로 하는 열 수요의 최소한 절반을 생산하여야 하는데, 가장 좋은 것은 열병합발전 방식을 활용하는 것이다.
- 이러한 생산설비의 50% 이상은 농부와 열소비자가 소유하여야 한다.
- 바이오매스는 단일품종 재배로 생산된 옥수수나 유전자조작식물(genetically modified organism: GMO) 등이 사용되지 않아야 한다.

바이오에너지마을은 바이오매스를 이용한 전력과 열을 생산하여 화석연료의 사용을 줄임으로써 기후변화를 완화할 뿐만 아니라, 지역경제 활성화에도 영향을 미친다. 바이오가스 설비를 통하여 바이오가스를 생산하고, 메탄과 이산화탄소가 주요 성분인 바이오가스를 열병합발전기에 연료로 제공함으로써 화석연료의 사용을 줄이고, 또는 바이오매스를 활용한 열생산발전설비를 통하여 열을 생산하여 공급함으로써 화석연료의 사용을 줄이게 된다.

바이오에너지(bioenergy, biomass energy)는 저장성이 용이하다는 장점을 갖고 있다. 태양광에너지 일조량이 부족하면 발전량이 떨어지고 별도의 저장설비가 필요하다. 풍력에너지 또한 일정한 풍속 이상이 부는 지역이 아니면 발전기를 설치할 수 없는 등 태양광에너지와 마찬가지로 자연환경의 제약이 따르고 별도의 에너지 저장설비가 필요하다는 단점이 있다. 따라서 저장성이 좋은 바이오에너지는 이러한 저장성이 취약한 일부 재생에너지설비와 결합하여 콤비 발전소를 이룸으로써 더욱 사용성을 높일 수 있다.

이러한 바이오가스설비 또는 바이오매스 열생산설비와 재생에너지설비와의 결합은 용이하게 이루어질 수 있다. 태양광에너지, 태양열에너지 등과 함께 결합하여 이용한다면 각 에너지원의 단점을 보완하는 것이 가능하며, 생산성과 저장성을 동시에 확보하여 경제성 및 효율성 증대 등의 효과를 가져올 수 있다.

2. 바이오에너지마을 운영 방식

바이오에너지마을은 장소적인 조건에 매우 제한을 받는 특징을 가지고 있다. 농촌지역에서는 바이오가스설비가 에너지 공급체계에서 중심적인 설비로서 기능하고, 농업과 관련한 기업 또는 단체들은 이러한 바이오가스 발전설비의 운영을 위하여 사일리지, 분뇨 및 다른 형태로서 다양한 바이오매스를 제공한다. 한편 산촌지역에서는 목재를 잘게 자른 우드칩 형태로 바이오매스가 공급되는 것이 용이하기 때문에, 바이오매스에 의한 열발전설비가 중심적인 역할을 하게 된다. 이러한 열병합발전설비들은 연속적으로 운전되어 항상 일정한 양의 전기와 열을 생산한다. 한 마을의 전력 수요는 하루의 일과시간에 따라, 또는 봄, 여름, 가을, 겨울의 계절에 따라, 또는 다른 여러 가지 요인에 따라 매우 변동될 수 있다. 한편 이러한 바이오매스를 활용하여 일정하게 생산되는 전기와 열을 마을의 전력 및 열 수요의 변동에 대처하기 위해서는 저장될 필요가 있는데, 작은 단위에서 전기를 저장하는 것은 매우 비용이 많이 들기 때문에, 전기는 공공전력망으로 송전되는 것이 훨씬 효율적이다. 이렇게 송전된 전기는 전력망 운영자가 좀 더 큰 단위에서 전기 수요에 맞게 관리하게 된다.

바이오매스를 활용한 전기의 생산은 「독일 재생에너지법」에 따라 더 높은 가격에 판매될 수 있도록 20년간 보장되며, 재생에너지 생산설비의 특별한 구성에 따라 특정한 보너스 형태의 비용이 지원됨으로써 더 높은 판매 가격을 받을 수 있다. 여기서 잠깐 「독일 재생에너지법」에 대하여 살펴보면, 지속가능 사회를 향한 독일의 재생에너지정책이 성공적으로 이루어졌으며, 성공적인 진행을 하고 있는 데에는 단연코 「독일 재생에너지법(EEG 2017, Das deutsche Gesetz für den Ausbau erneuerbarer Energien, 약칭 Erneuerbare-Energien-Gesetz)」이 크게 작용한다고 할 수 있다. 「독일 재생에너지법」은 재생에너지원으로부터 생산된 전기를 우선적으로 전력망에 송전할 수 있게 하며, 생산자에게 송전에 따른 판매비용을 20년간 법률로써 보장하는 것을 핵심으로 한다.

한편, 전기와는 다르게 열의 경우는 이동성이 적고 지역적인 이동성이 적어, 지역에서 열 수요 변동에 능동적으로 대응할 수 있는 열 활용계획을 수립할 필요가

그림 10-2 2050년 지역 바이오에너지 생산 전망

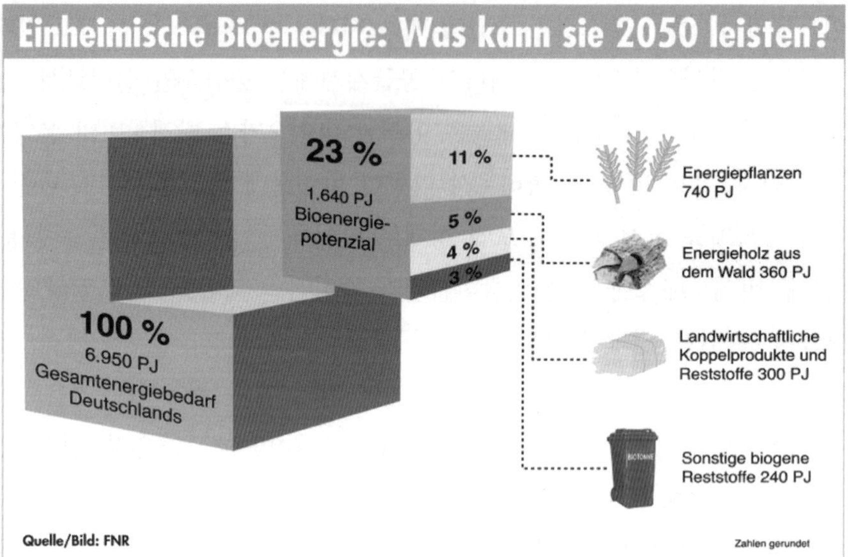

출처: FNR.

있다. 한 마을의 열 수요의 변동은 전기 수요의 변동보다 더욱 크게 나타날 수 있는데, 가령 여름에 목욕이나 샤워 등을 위하여 필요한 열이 지역난방망을 통하여 공급되는 것보다 겨울에 주택 및 건축물을 난방하는 데 들어가는 열이 월등히 많다. 이러한 열 수요의 조건들을 잘 고려하여 마을 또는 지역에서 중심적인 역할을 하는 열병합 발전설비의 규모를 적절하게 설계 및 설치할 수 있다면 여름에 사용되지 않고 불필요하게 버려지는 열을 줄일 수 있을 것이다. 따라서 일반적인 경우 겨울철의 높은 열 수요를 충족하기 위하여 바이오매스를 사용하는 우드칩 보일러와 같은 보조적인 보일러 설비를 설치할 수 있다. 또한 겨울철의 매우 추운 날씨에는 별도로 가격이 저렴한 난방유 및 바이오디젤 보일러를 설치 · 가동하여, 지역난방망의 안정성을 높임으로써 열 소비자가 자신만의 별도의 난방설비를 설치하지 않아도 되게 할 필요가 있다.

3. 독일 바이오에너지마을의 시초 '윤데마을'

1) 바이오에너지 윤데마을의 개요

바이오에너지마을의 시초라고 할 수 있는 독일의 윤데(Jühnde)마을은 독일 중부 니더작센주 쾨팅겐(Göttingen) 서남쪽 15km에 위치하고 있다. 마을 주민은 800명, 170 가구, 농민 9명, 농경지 1300ha(약 400만 평), 산림자원 800ha(약 240만 평)로 구성되어 있었다. 마을의 가구 수와 주민 수는 바이오에너지가 생산이 본격적으로 이루어진 2010년경 이후 20여 가구가 늘어났다.

그림 10-3 윤데마을 위치(좌) 및 위성사진(우)

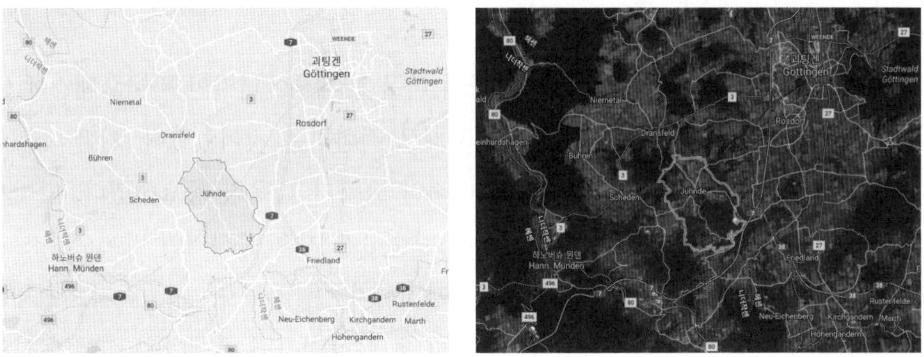

출처: 구글지도 maps.google.com

표 10-1 바이오에너지 윤데마을의 주요 설비

바이오에너지 윤데마을의 주요 설비
바이오가스 설비와 열병합발전기1기(700kW급)
열 생산설비 1기(중앙난방설비, 우드칩, 550kW급)
기름(바이오디젤 사용 가능) 보일러 (1기, 겨울철 가동)
열저장설비 2기 및 온수 공급시설(지역난방 마을 배관망)
사용 기질: 가축 분뇨(30m^3/d, 우분 90%+돈분 10%), 에너지작물(37m^3/d), * 물류비는 협동조합이 부담
목재 우드칩(산림자원의 10%)

바이오에너지 윤데마을을 이루는 주요한 설비는 앞의 <표 10-1>과 같다.

윤데마을은 <표 10-1>에서 보여주는 바이오가스 생산설비를 통하여 가축 분뇨와 옥수수 사일리지 에너지작물을 혐기성 소화를 통하여 바이오가스를 생산하고, 생산된 바이오가스는 열병합발전기를 통하여 전력을 생산하고 마을이 필요한 에너지의 약 60%를 충당한다. 한편 전력 생산을 위하여 열병합발전기를 가동하면서 발전기를 냉각하는 과정에서 생산되는 열을 지역난방 마을 배관망을 통하여 열 수요자인 주민에게 공급된다. 기온이 낮은 겨울철에는 추가적인 난방열 공급이 필요한데, 마을 인근에서 공급해 온 목재를 잘게 자른 우드칩을 보일러에서 소각하여 충당한다(마을에서 필요한 에너지의 약 35% 충당). 한편 -5℃ 이하의 혹한기 겨울철에는 바이오디젤의 사용이 가능한 기름보일러를 가동하여 추가로 열을 공급할 수 있게 함으로써 마을이 필요한 에너지의 약 5%를 충당하게 된다. 이로써 윤데마을은 에너지자립마을이 된다.

바이오에너지마을 윤데의 목적은 하나의 마을을 재생에너지인 바이오매스에 기반하여 열과 전력을 생산하고 공급하는 체계로 전환하는 것이었으며, 기술적 자연과학적인 부분보다 사회적·경제적·생태적인 요구가 더욱더 중요하였다. 따라서 윤데마을 프로젝트에 참여하는 전문가들은 단순하게 기술 중심적인 바이오가스 플랜트 설비를 위한 엔지니어가 아니라, 사회학자·심리학자·정치학자·경제학자·농업학자·지질지형학자들이 본 세계 최초 에너지자립 윤데마을 실행연구 프로젝트에 참가하였다. 이러한 프로젝트 계획은 2000년 10월부터 에너지작물전문기관(FNR)[2] 독일 연방식품농림소비보호부(BMELV)[3]의 지원을 받았다.

2) 독일 바이오에너지 윤데마을의 선정 및 조성 과정

윤데마을이 세계 최초의 에너지자립마을로 선정되고 조성되는 과정에는 우리가 일반적으로 생각하는 것보다 훨씬 많은 시간이 필요했다. 윤데 바이오에너지마을 선정 및 조성 과정은 1998년 3월 아이디어 발의부터 2015년 12월 윤데마을 완공

2) Fachagentur Nachwachsende Rohstoffe e. V.: Agency for Renewable Resources

3) Bundesministerium für Ernährung, Landwirtschaft und Verbraucherschutz: Federal Ministry of Food, Agriculture and Consumer Protection

까지 약 8년간의 여정이었으며, 이를 요약하면 다음과 같다.

① 1998년 3월, 괴팅겐대학 연구그룹과 교수들의 바이오에너지마을 아이디어 발의

② 1999년, 바이오에너지마을 개념 정립 및 자금 조달계획 수립

③ 2000년 초, 윤데마을 이장에게 처음 제안하였으나 마을 이장이 처음 거절한 후, 주민총회를 소집하여 결정(주민투표 결과 가구의 60% 주민 찬성, 프로젝트 시공 단계에서 15% 추가 참여 ⇨ 2008년 현재 75% 프로젝트에 참여)

④ 2000년 10월, 독일 에너지작물전문기관(FNR)과 독일 연방식품농림소비보호부(BMELV)에서 자금 지원 확정(독일 전역을 대상으로 바이오에너지마을 프로젝트 시작) ⇨ 바이오에너지마을 프로젝트 시작(경제적·기술적으로 가능성 여부의 연구 개시)

⑤ 2001년 4월, 괴팅겐대학이 주도하여 전국 바이오에너지마을 설명회(17개 마을 참여) ⇨ 현지조사와 설문조사를 통하여 4개 마을로 압축, 바이오에너지마을 윤데 발기인 모임 출범

⑥ 2001년 10월, 지속적 설문조사, 타당성 조사 등을 통하여 윤데마을을 바이오에너지마을로 최종 선정

⑦ 2002년 5월, 주민 47명이 참가하여 협동조합 법인 설립(열공급계약 체결 준비 및 바이오가스 플랜트 설비에 바이오매스 기질(基質)을 공급하기 위한 계약 체결 준비 목적)

⑧ 2003년, 일본으로부터 프로젝트 참관 차 첫 방문(첫 방문그룹임)

⑨ 2004년 11월 11일, 바이오가스 플랜트 착공식 ⇨ 2005년 1월, 지역난방 배관망 설비공사 시작 ⇨ 2005년 9월 27일 바이오매스 난방설비로부터 첫 난방열 공급 시작

⑩ 2005년 12월, 전기 판매 시작 및 바이오에너지 윤데마을 완공 ⇨ 2006년 4월, 1백만 kWh의 전력 생산 달성, 90만 유로 매출(75%는 전력 판매 수익금, 25%는 주민으로부터 받은 난방비)

그림 10-4 바이오에너지 윤데마을 발기인들(좌) 및 방문 학생들(우)

출처: FNR.

표 10-2 바이오에너지 윤데마을의 경제성 자료(투자와 자금 확보)

투자		자금 확보		
바이오가스 및 전기 생산설비	290만 유로	참여 주민 투자	50만 유로	9.3%
열 생산설비	90만 유로	공적지원금 (FNR/BMELV)	130만 유로	24.1%
온수 공급시설(파이프라인)	160만 유로	기타 지원금	20만 유로	3.7%
총액	약 540만 유로	금융기관 융자	340만 유로	63.0%
비고: 1유로 = 약 1,200원(2005.12) 투자비 회수는 10~15년 예상		총액	540만 유로	100%

윤데 바이오에너지마을의 2006년 지출 내역을 살펴보면 대출 상환 및 이자 16만 유로, 인건비, 오일교체비, 물류비 등의 고정비 15만 유로, 에너지시설을 가동하기 위한 에너지작물 구입비 40만 유로(10% 목재, 90% 에너지작물), 기타 이월금 등으로 구성되어 있다. 한편 마을의 경제성 확보를 위한 주요 소득원은 「독일 재생에너지법(EEG)」에 의한 전기 판매(16.7Cent/kWh(원화 약 200원/kWh)),[4] 생산열의 판매(4.9Cent/kWh(원화 약 60원/kWh) 등이 있다.

3) 바이오에너지 윤데마을의 성과

1998년 괴팅겐대학의 교수들이 모여 생각해 낸 아이디어를 현실에서 구현하기

4) 20년간 「독일재생에너지법(EEG)」에 따라 보장됨.

까지 무려 8년여라는 적지 않은 시간이 걸렸다. 바이오에너지 윤데마을이 가져온 효과를 살펴보면, 바이오가스 플랜트 운영을 통하여 전력의 판매에 따른 순수익을 통한 경제적 효과에서부터 이산화탄소 배출 감소라는 측면에서의 사회정책적 효과와 관광객의 증가와 같은 부가적 효과로 다양하게 구분할 수 있다.

바이오가스 플랜트 운영을 통하여 바이오가스를 생산하고, 이를 열병합발전기로 보내 전기와 열을 생산하며, 생산된 전기를 독일 「재생에너지법」에 따라 높은 가격에 판매함으로써 얻는 수익의 증대가 있다. 또한, 이를 통하여 마을 경제가 활성화되는 효과가 있다. 마을이 필요한 에너지의 사용을 위하여 지급한 비용이 해외의 원유(화석연료)를 구입하기 위하여 지불되지 않고 지역 내에 머무름으로 인한 지역경제 활성화 효과가 나타난다. 바이오가스 플랜트에 투입되는 에너지작물을 재배함으로써 농촌 수익이 증대되며, 부가적 효과로 나타나는 관광객이 방문하게 됨에 따른 관광 수익의 증대는 마을주민의 구매력을 향상시키고 자본이 지역 내에 환류하는 효과를 가져온다.

한편, 윤데마을의 사회정책적 효과로는 연간 3,300톤의 이산화탄소의 배출을 감소시키는데, 이는 기존 1인당 연간 배출량 대비 60%가 감소한 것이다. 윤데마을은 유럽연합이 2050년을 목표로 한 이산화탄소 배출 감소 목표를 이미 달성하였다. 윤데마을은 세계 최초의 에너지자립마을이라는 명성을 획득하였으며, 2006년 유로 솔라상(Euro Solar Prize)을 수상하고, 독일 내 바이오에너지마을 경진대회에서 2010년 우수마을로 선정되기도 하였다. 한편 바이오에너지마을 조성을 통하여 고용이 창출되었는데, 바이오에너지 플랜트 운영자 1.5명을 고용하고, 관광객의 증가에 따른 안내원을 고용해야 하였으며, 전문 투어가이드 14명을 교육하여 2개의 여행 관련 조직이 설립되었다. 바이오에너지마을 조성을 통하여 마을문화를 재정립하고 삶의 질을 증진하는 효과를 가져왔는데, 이는 마을주민들이 함께 모이는 마을 카페의 설치, 기념품 제작소 설치, 전시회의 개최, 여행자 안내소 설치 등으로 나타났으며, 이는 주민 간의 화합을 증진하는 역할을 하였다. 부가적 효과라 할 수 있는 관광객의 유치를 통하여 관광 수익이 증대되었다(연간 약 30~40만 유로, 2005년 2,500명 방문, 2006년 7,200명 방문). 한편, 지역 내 자원의 활용을 통한 재생에너지를 생산하고 소비하는 체계의 구축을 통하여 해외에서 수입하는 원유의 의존도를 감소시켜 국가적 에너지안전성 확보에 작게나마 기여하였다고 할 수 있다.

바이오에너지마을 프로젝트의 준비 및 시행에 대한 주민만족도 조사를 바이오에너지 윤데마을 완공 후 1년이 지난 시점에서 설문조사를 실시하였는데, 이에 대한 결과, 매우 만족 89.3%, 만족 10.7%로, 지역난방열을 공급받는 주민들의 100%가 만족하는 것으로 나타날 정도로 그 성과가 높이 평가받았다고 할 수 있다. 윤데마을은 마을에서 필요한 난방연료를 바이오매스로 100% 자급자족하고, 열병합발전으로 마을에서 필요로 하는 전력의 2배를 생산하고 있다.

4. 바이오에너지마을 거버넌스에 대한 지원제도 및 경진대회

지역의 바이오에너지마을을 촉진하기 위하여 다양한 형태의 지원제도가 존재한다. 바이오에너지마을 경진대회는 독일 전역의 농촌지역의 작은 게마인데(Gemeinde)를 대상으로 마을에서 사용하는 전기와 열 수요를 바이오매스를 활용하여 충족하는 마을들을 대상으로 한다. 2010년, 2012년, 2014년 등 세 차례에 걸쳐 진행되었다. 2010년에는 바이오에너지를 지역 발전과 연관하고, 지역주민을 바이오에너지마을 조성 과정에 결정적으로 참여시켰으며, 바이오에너지의 사용을 지역 마케팅에 능동적으로 결합시키는 등의 특별한 방식과 효율적으로 이용하였던 혁신적인 바이오에너지마을 세 곳이 수상하였다. 이로써 2010년 바이오에너지마을 경진대회 수상 마을들은 지역과 농촌지역 발전과 바이오매스의 지역적 이용을 위한 모델로서 역할을 할 수 있게 되었다. 2010년에 시작된 바이오에너지마을 경진대회는 매 2년마다 개최되었으며, 매년 세 개 마을에게 수상하고 상금 1만 유로를 수여한다. 한편 2016년부터 바이오에너지마을이 아니라, 바이오에너지코뮌 경진대회로 명칭을 변경하여 진행하고 있다.

이 밖에도 다양한 형태의 경진대회 또는 지원제도가 있는데, 독일 솔라상 2010(Deutscher Solarpreis 2010), 우리 마을도 미래가 있다(Unser Dorf hat Zukunft), 지역에서의 에너지효율 경진대회 2010(Wettbewerb “Energieeffizienz in Kommunen–Gute Beispiele 2010) 등이 그것이다. 독일 주정부 등 지역 차원에서의 다양한 경진대회와 지원제도도 운영되고 있다.

그림 10-6 독일의 바이오에너지마을 위치 및 개념도

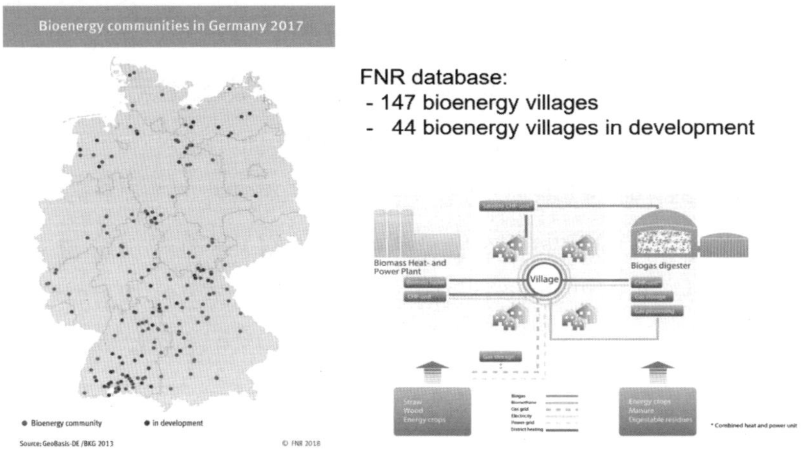

출처: Biovil and CoolHeating Conference, Bruxelles, 2018.

5. 독일 바이오에너지마을 거버넌스의 시사점

1) 성공 요인

독일에서 바이오에너지마을 프로젝트와 함께 재생에너지 분야의 성장을 이끌 수 있는 주요한 요인을 무엇이었을까? 지구온난화로 인한 기후변화에 대한 대응이라는 정책적 요구도 주요한 이유였겠으나, 이러한 정책적 요구는 독일뿐 아니라, 전 세계 모든 국가에서 공통적으로 나타나는 현상이라 할 수 있다. 그렇다면 독일 사회의 내부를 들여다볼 필요가 있다.

독일 국내적으로 세 가지 요소가 재생에너지 대국으로서의 독일의 위상을 만들었다.

첫째, 독일은 전통적으로 기계와 화학 분야에서 세계 최고의 기술을 자랑하는 국가이다. 독일은 21세기를 이끌어 갈 신성장동력 분야의 하나로, 세계 경제를 이끌어 나갈 수 있는 분야로서 재생에너지를 선택하였다.

둘째, 이를 위하여 다음과 같은 정치적 환경이 조성된 것이 또한 주요한 역할을 하였다. 환경과 생태를 최우선적으로 표방하는 독일 녹색당(Bündnis 90/Die Grünen)

이 1998년 총선거의 결과를 바탕으로 제1당이 된 독일 사회민주당(SPD)과 연립정부를 구성하면서 독일연방 정부 구성의 한 축이 되었다. 이러한 사회민주당과 녹색당의 적녹연정은 2005년까지 7년간 유지되었으며, 2000년 「독일 재생에너지법(Renewable Energy Law: EEG)의 제정을 이끌어 내었다. 한국의 발전차액지원제도와 유사한 「독일 재생에너지법」은 생산된 전력에 대하여 국가가 20년간 높은 가격으로 판매를 보장해 줌으로써, 민간 분야가 주도적이며 자율적으로 새로운 투자를 하게 하는 동력이 되었다. 생산된 전력에 대한 성공불제적 지원 방식으로 전력을 많이 생산하는 것이 직접적으로 설비운영자의 수익 증가와 직결되기 때문에 에너지설비의 각종 기술 개발에도 힘을 쏟게 하는 부수적 효과도 거두었다.

셋째, 독일 주민들의 지속적인 토론과 합의에 따른 바이오에너지마을의 조성과 주민의 참여에 의한 주민협동조합의 설립 및 운영이다. 현재는 전 세계의 주목을 받고 있는 윤데마을도 처음에는 마을 이장도 반대하였을 정도였으나, 끊임없는 토론과 프로젝트에 대한 주민들의 이해를 구하는 과정을 거쳐 모범적 성공 사례를 만들었다.

바이오에너지와 같은 재생에너지를 이용하여 마을의 에너지 자립을 위한 프로젝트를 성공시키기 위해서는 크게 두 개의 중심축이 존재한다. 하나는 재생에너지를 생산하고 소비하는 에너지 기술적인 분야이고, 또 하나는 이러한 재생에너지의 생산과 소비 분야를 연결해 주는 사람과 주민조직이다. 에너지 생산의 기술적인 신뢰를 높일 수 있도록 기술 개발에 힘쓰는 노력과 기술적으로 건설된 에너지설비를 주민들이 협동조합과 같은 조직을 설립하고 협동과 연대에 기반하여 운영되어야 한다. 주민과 공동체의 능동적 참여와 협력이 중요한 것이다. 독일의 바이오에너지마을과 같은 프로젝트의 모델화를 통하여 마을과 지역의 깨어진 사람공동체와 마을공동체를 복원할 수 있는 주요한 계기가 마련되어야 한다.

2) 재생에너지 지속가능 거버넌스의 필요성

재생에너지를 통한 지속가능한 사회로의 전환의 노력은 다양한 장점들을 가지고 있다. 우선 재생에너지는 전통적인 에너지 공급자와 전기, 천연가스, 석유 등의 가격 상승에 영향을 받지 않는다는 것과 에너지 소비를 위한 지출이 대부분 지역 내에 머무르며, 외부(외국)로 흘러나가지 않는다는 것은 지속가능한 재생에너지 정책의 커다란 장점이다. 재정적인 수입 측면에서 보면, 설비의 자체적인 운영을 통하여 공동체 또는 지역에너지회사는 수입이 증대되고 수익을 달성할 수 있다. 주민들이 운영하는 주민설비의 경우 직접적으로 수익을 낼 수 있으며, 상업적인 투자자들이 운영하는 설비의 경우에는 공동체가 영업세를 물릴 수 있다. 한편 일자리 고용적인 측면에서는 재생에너지 설비의 설치와 정비 및 운영은 수공예자, 서비스엔지니어 또는 에너지작물 운송자와 같은 지역 기업에게 종종 위탁계약을 하게 된다는 측면에서 고용 창출적인 장점이 있다. 재생에너지는 현대적이며 진보적인 에너지 공급을 한다는 브랜드적 가치가 있다. 솔라 분데스리가(Solar Bundesliga)와 같은 경연대회는 공동체와 지역사회에 혁신의 기제로 작용할 수 있다. 많은 공동체가 재생에너지 확충이라는 그들의 지속가능한 사회에 대한 헌신적인 노력을 외지인이 바이오에너지마을을 방문하게 하는 계기로 이용한다. 니더작센주의 바이오에너지마을 윤데 또는 라일란드-팔츠(Reinland-Pfalz)주의 에너지농촌 모바흐(Morbach)는 정말 많은 사람이 방문하는데, 이들은 하나의 공동체가 어떻게 에너지 자립을 하는지를 알려고 한다.

재생에너지 프로젝트는 농촌지역에서 실현되기 때문에, 이러한 프로젝트로부터 성과를 낳은 활동적인 지역사회의 움직임은 지역의 청년들이 미래에 대한 비전을 갖게 하고, 지역사회에 머무르게 하는 역할을 한다. 지역성이 강한 재생에너지 설비의 계획에서 공동체와 지역사회는 계획 및 시행에 대한 수용 여부 등 높은 권한을 가져야 한다. 한편 재생에너지의 확충에는 수년 후에나 회수될 수 있는 높은 초기 비용이 수반된다. 또한 바이오에너지마을 조성 프로젝트의 경우에는 지역 난방망에 연결되면서 열을 이용하고자 하는 일정 수 이상의 주민들의 참여가 필수적이다. 하지만 아직까지 몇몇의 바이오에너지 기술은 경제성 확보라는 측면에서 「독일 재생에너지법」과 같은 제도에 의한 국가적인 보조금들의 지원이 필요한 실정이다.

3) 한국형 재생에너지마을의 모델화 필요

화석연료에 의존한 에너지 생산 및 소비 방식은 지구온난화로 인한 기후변화를 야기하고 이에 대한 대응정책이 다양한 정부부처별로 진행되어 왔으나, 최근까지 진행되어 왔던 각종 에너지정책은 중앙정부 위주의 중앙집중적인 에너지 공급정책이었다. 독일의 바이오에너지마을과 바이오에너지코뮌(지역사회) 정책은 공동체 중심, 지역사회 중심, 지역 단위 재생에너지 공급체계를 구축하는 정책이다. 독일의 윤데마을과 다양한 바이오에너지마을 사례처럼 지속가능 사회를 향한 변화를 시작하는 새로운 전환이 필요하다.

이명박정부 시절 시작된 저탄소 녹색마을 사업은 박근혜정부를 거쳐 친환경에너지타운 조성사업으로 변화하여 추진되고 있다. 이러한 주민과 마을 중심의 재생에너지마을 조성사업의 모델화가 필요하다. 첫술에 배부를 수는 없더라도 저탄소 녹색마을 사업을 시작한 지 10여 년이 지난 지금 정부가 주도하는 것이 아니라, 민간의 자발적 참여를 유도할 수 있는 모델이 개발되어야 한다. 바이오에너지마을과 같은 재생에너지로 운영되는 마을의 성공 사례를 보기 위하여, 저 멀리 유럽의 윤데마을로 가지 않아도 되고, 일본의 바이오매스 타운으로 가지 않아도 되는 한국형 재생에너지마을의 모델을 만들어야 한다. 중앙정부와 지자체에서 성공 여부를 결정하는 것이 아니라, 많은 사람이 찾아와 느끼고 판단하여 성공 여부를 가늠할 수 있어야 한다.

한국형 재생에너지마을의 모델은 어떻게 만들어야 하는가? 아파트 모델하우스와 같은 형식적인 모델화가 아닌, 재생에너지마을을 만들어 가는 과정의 모델화가 필요하다. 주민과 마을공동체의 적극적인 참여를 유도하는 과정, 주민들의 님비 현상을 극복하는 과정, 재생에너지설비의 구성과 설계 및 건설 과정, 에너지 절약을 실천하는 과정, 설사 다른 의견을 가진 주민과 공동체 간에 양보와 협력을 바탕으로 이웃 주민들과 소통하는 과정, 재생에너지마을을 운영하는 방안, 재생에너지마을 조성을 계기로 주민과 공동체가 협동하고 활성화되는 과정, 다양한 시민조직과 연대하여 거버넌스를 형성하고 운영하는 과정 등 모든 것이 한국형 재생에너지마을의 모델을 만드는 방법이다.

독일의 바이오에너지마을과 마찬가지로 한국형 재생에너지마을에서도 그것을 이루는 두 개의 중심축이 존재한다. 재생에너지를 생산하고 소비하는 에너지 기술적인 분야가 하나이고, 이러한 재생에너지의 생산과 소비 분야를 연결해 주는 주민이 둘이다. 주민이 없는 마을은 유령마을과 마찬가지이다. 주민과 공동체의 역할이 중요하다. 재생에너지마을의 모델화를 통하여 마을과 지역사회의 소통, 나눔, 배려, 협력과 연대의 정신을 가진 주민공동체가 복원되고, 지역사회 이해당사자의 거버넌스가 형성되고 운영되는 중요한 계기가 마련되어야 한다. 지역 발전, 지역경제 활성화, 지역 일자리 창출의 역할을 하는 공동체 활성화를 이루어야 한다.

이를 위하여 중앙정부 중심의 정책패러다임을 자치분권의 지방자치단체, 지역사회, 주민공동체 중심의 정책패러다임으로 바꾸어야 한다. 정부와 지방자치단체는 경제성 확보를 위한 재생에너지설비를 지원하고, 주민과 마을공동체는 이러한 재생에너지설비에 대한 운영권을 갖게 하여야 한다. 재생에너지설비의 운영을 통하여 발생되는 수익을 가지고, 마을공동체 공동의 문제해결과 주민 및 공동체 발전을 위하여 사용하게 하는 것이 필요하다. 가령, 운영 수익을 기금으로 조성하여 장학재단을 만들 수도 있으며, 마을 출신의 학생들에게 장학금을 전달한다면, 마을에 대한 자부심과 지역사회에 대한 비전을 고취하는 계기도 될 것이다.

제 2 절 에너지 전환과 주민재생에너지 거버넌스

1. 에너지 전환정책의 시작과 전개

독일의 에너지 전환과 관련한 정책은 1970년대 환경과 에너지 위기에 대한 진지한 고민에서부터 연원하는 것이다. 1950년대와 1960년대에는 에너지정책이라는 것은 경제적인 측면에서만 논의되어 온 반면, 1970년대부터는 특히 1973년의 1차 오일쇼크가 더해져, 산업화와 세계화 그리고 에너지 시스템으로부터 촉진되어 세계적 차원에서 발생된 생태적 · 경제적 · 사회적 문제들을 둘러싸고 학문 분야와 전 사회적으로 지속적인 논쟁들이 진행되어 왔다.

제2차 세계대전이 끝난 뒤 유럽에서는 에너지 가격이 내려갔으며, 이는 역사적인 에너지 사용량의 폭발적인 증가를 가져왔다. 1950년부터 1973년까지 에너지 사용량은 매년 약 4.5%씩 증가하였으며, 석유는 이 기간 동안 가장 중요한 에너지원이 되었으며, 에너지 사용량의 증가에 중요한 부분을 차지하였다. 1948년부터 1972년 사이에 서유럽에서의 석유 사용량은 15배 증가하였으며, 같은 시기 에너지 사용량은 경제적 풍요를 재는 중요한 지표로써 기능하였다.

에너지 전환은 화석연료 에너지원 및 핵에너지라는 지속가능하지 않은 이용에서 재생에너지에 기반한 지속가능한 에너지 공급으로의 전환을 의미한다. 에너지 전환의 목표는 전통적인 에너지 경제로부터 야기되는 생태적, 사회적 및 건강적인 문제들을 최소화하고 에너지시장에서 거의 가격이 책정되지 않았던 외부적 비용을 전부 내부화하는 것이다. 인류의 생산활동으로부터 야기된진 지구온난화라는 차원에서 오늘날 특히 에너지 경제의 석유, 석탄, 천연가스와 같은 화석연료 에너지원의 이용을 끝내는 탄소 의존으로부터의 탈출은 의미가 크다. 또한 화석연료 에너지원의 한정성과 핵에너지의 위험성은 에너지 전환의 중요한 이유이기도 하다. 지구적 에너지 문제를 해결하는 것은 21세기의 중요한 요구이다.

에너지 전환의 독일어 표기는 에네르기벤데(energie-wende)이다. 이 용어는 독일의 생태응용연구소(Öko-Institut)가 1980년에 발간한 책 『에너지 전환: 석유와 우라늄이 없는 성장과 번영』에 처음 등장한다. 1980년 2월 16일 독일연방 환경부가 베를린에서 개최한 심포지엄에서도 발표된 이 책의 가장 획기적인 주장은 "에너지 소비를 증가시키지 않으면서 경제성장이 가능하다"는 것이다.

2000년대 이후 독일의 에너지 전환은 에너지정책의 중대한 변화를 나타내는 개념으로 확장되었다. 즉, 수요에서 공급으로의 방향 전환, 중앙집중식에서 분산형 발전으로의 전환, 과다 생산과 과다 소비를 에너지 절약과 효율성 향상으로 대체한다는 것이다.

넓은 의미에서 에너지 전환은 에너지의 민주화를 수반한다. 전통 에너지산업의 경우 공공기관 또는 대기업이 대규모 중앙집중식 발전소를 통하여 과점으로 시장을 지배하고 결과적으로 정치·경제적 힘의 우위를 갖는다. 반면, 신재생 에너지는 일반적으로 분산된 방식으로 추진된다. 풍력과 태양광은 많은 시민을 에너지 생산에 직접 참여시킬 수 있다. 태양전지 시스템은 개인이 설치할 수도 있다. 결국, 전통적 에너지 산업구조는 상대적으로 적은 수의 주주들에게만 이익이 되는 반면,

에너지 전환은 전력 생산 과정에 시민들의 참여와 이익을 권장한다. 또한 재생에너지의 분산된 구조는 중앙집중에서 벗어나 지역 가치 창출을 가능하게 하고, 지역의 자본 유출을 최소화한다. 신재생에너지는 지방자치 에너지정책에서 점점 더 중요한 역할을 하게 된다.

좁은 의미에서 에너지 전환은 에너지 공급의 근본적인 변화, 특히 청정 에너지로의 전환을 의미한다. 세계에너지협의회(World Energy Council)도 에너지 전환을 "일반적으로 에너지 시스템의 근본적인 구조 변화"로 정의한다. 원자력, 석탄, 석유, 가스 등 화석연료에 의존해 온 기존의 에너지 시스템을 풍력, 태양력, 수력, 바이오매스, 지열과 같은 재생에너지에 기반한 새로운 에너지 공급으로 대체한다는 것이다.

독일의 에너지전환 정책연구소인 아고라 에네르기벤데(Agora Energiewende)는 에너지 공급 변화 필요성을 <표 10-3>과 같은 요인으로 설명하였다.

에너지 전환은 과거에도 있었고 현재도 전 세계적으로 발생하고 있다. 원시시대에 인류는 사람의 힘이나 불, 물 등 자연에너지 자체를 그대로 이용하였다. 화석연료인 석탄을 사용하면서 산업혁명이 비롯되었고, 제2차 세계대전 이후 석유와 원자력을 에너지로 이용하면서 제3의 산업혁명이라 일컬어지는 정보화시대를 지나고 있다. 에너지 전환의 역사에 대해서는 바클라프 스밀(Vaclav Smil)의 저작에 광범위하게 기술되어 있다.

표 10-3 에너지 공급 변화의 필요성

요인	필요성
위험 예방	• 1986년 체르노빌과 2011년 후쿠시마 원전사고로 나타났듯 원자력의 위험을 안전하게 다루기 곤란 • 원자력발전소에서 발생하는 고준위 방사성폐기물은 수십억 년간 방사선이 남아 있어 안전하게 관리할 방법 부재
기후 보호	• 화석연료의 사용은 기후변화를 일으키는 온실가스 배출
자원 희소성	• 화석연료는 유한하므로 이에 기반한 에너지 시스템의 경제성은 점점 더 떨어질 것
국가 경제	• 수입에 의존하던 기존 에너지원(특히 석유, 가스, 우라늄, 석탄)과 달리, 재생에너지는 현지에서 생산되므로 부가가치를 높이고 수입의존도를 낮춤.

2. 에너지 전환의 요소와 단계

1) 에너지 전환의 세 가지 요소

덴마크는 자국 전력 수요의 30%를 이미 2012년에 풍력에너지로 대체한 에너지 전환의 개척 국가이다. 덴마크는 2050년까지 모든 전력, 열, 교통의 세 가지 분야에 완전한 재생에너지 공급체계를 갖추고자 노력하고 있다.

에너지 전환은 재생에너지로부터 생산된 전력과 열 및 교통을 세 가지 주요 요소로 삼고 있으며, 화석연료에 대한 의존을 벗어나겠다는 비전을 가지고 있다. 한편 석탄과 석유와 같은 화석연료에 대한 의존으로부터의 탈출한다는 에너지 전환의 또 다른 의미는 아직도 땅 속에 묻혀 있는 화석연료 에너지원을 사용하지 않아, 땅 속에 머물게 한다는 것이기도 하다. 에너지 전환의 중요한 요소는 에너지 저장소의 건설과 연계된 재생에너지의 확충과 에너지 효율의 증진 및 에너지 절약의 실현이다. 재생에너지는 수력, 풍력에너지, 태양열과 태양광의 태양에너지, 바이오에너지, 지열, 해양에너지 등이다. 각각의 재생에너지원의 연결은 중요한 역할을 한다. 특히 열펌프를 통한 열의 전기화와 전기자동차를 통한 교통 수단의 전기화는 의미가 크다.

전통적인 에너지원에서 재생에너지로의 전환은 세계적으로 진행되고 있다. 에너지 전환의 개념은 이를 실현하는 데 필요한 기술들과 함께 잘 알려져 있다. 기술적인 관점에서 2030년까지 완전한 세계적인 에너지 전환은 가능하다고 여겨지고 있다. 정치적이고 현실적인 문제들이 이러한 에너지 전환을 2050년까지 가능한 것으로 보이게끔 하는데, 정치적 의지의 결여는 매우 커다란 장애물이다. 세계적 수준에서뿐만 아니라 독일에 대하여, 재생에너지 시스템에서의 에너지 비용과 전통적인 화석연료-핵에너지 시스템에서의 에너지 비용이 같은 수준에 있는지 또는 더 저렴하게 될 것인지에 대한 연구 결과가 존재한다.

2) 에너지 전환의 진정한 의미

독일의 에너지 전환은 세계적인 지지와 벤치마킹뿐 아니라, 반면에 비판과 거부도 함께 경험하고 있다. 독일의 에너지 전환은 2011년의 2차 탈핵정책과 자주 잘

못 결합되었음에도 불구하고, 독일의 에너지 전환은 이미 1980년대 재생에너지의 확충과 핵발전소의 대안을 찾는 데에서 시작되었다.

재생에너지의 확충과 에너지 효율의 증진 및 에너지 절약의 근본적인 필요성에 대하여 과학 영역과 정치 영역에 일치된 의견이 존재하지 않지만, 정치적으로 구체적인 대책들이 종종 논란이 되고 있다. 공개적인 토론도 종종 독일 에너지 전환의 개념을 독일에서 오직 에너지 소비량의 20%를 차지할 뿐인 전력 분야로 한정하기도 한다. 또한, 정치 영역과 공공 영역에서의 에너지 전환과 관련된 논쟁에서 에너지 전환의 성공을 위하여 재생에너지의 확충과 에너지 효율의 향상뿐 아니라, 에너지 자급자족의 의미에서 상황 변화, 즉 소비 습관의 변화를 통한 에너지 절약이 필요하다는 것은 그다지 논의되지 못한다.

3) 에너지 전환의 단계

에너지 전환이라는 범주에서 에너지 시스템의 전환은 수십 년에 걸쳐서 다양한 단계로 구분될 수 있는 하나의 과정이다. 연구 결과들은 다양한 문제점들을 넘어서야 하는 다양한 전환 모델을 보여주고 있다. 예를 들어 룬트(Henrik Lund) 외의 ① 진입 단계, ② 넓은 범위의 시스템 통합과 ③ 100% 실현 단계로 구분되는 3단계의 전환 모델을 보여주지만, 헤닝(Hans-Martin Henning) 외와 피스셰딕(Manfred Fischedick)은 위의 ② 시스템 통합을 다시금 두 개의 소단계로 구분하여 전체적으로 총 4단계의 전환 단계를 구성한다.

에너지 전환의 시작에서는 무엇보다도 의식 형성과 재생에너지 및 에너지 효율 기술 등 필요한 기술에 대한 개발 및 시장 진입 그리고 비용의 절감이 먼저 고려되어야 하지만, 차츰 전력 분야에서 시스템 통합과 열 분야와 교통 분야로부터 화석에너지 사용의 감소라는 방향으로 에너지 전환정책의 중심이 이동한다. 이때 항상 각각의 분야에서 강한 해결책이 제시되는 대신, 고유한 분야를 넘어서서 연계되는 에너지 시스템의 통합이 해결책으로 제시된다.

초기 대책으로서 전통적인 화석연료 발전소의 운영방식 최적화와 전력망을 확충하는 등의 전력 생산과 전력 수요의 유연화는 또한 중요하다. 에너지 전환이 지속되는 과정에서의 조치로서 에너지 수요관리의 도입과 단기 저장 능력의 확대,

전력열펌프 난방의 확충, 열병합발전으로 운영되는 지역난방망 확충, 화학물질을 이용한 장기 저장 능력을 가진 합성연료의 생산이 필요하다. 4단계와 함께 전체 기간 동안 전력 사용과 난방열 분야에서의 에너지 효율의 증진은 필수적이다.

■ 1단계: 재생에너지 기술의 개발과 시장 진입

전력 사용의 25%까지 재생에너지로 충당하는 에너지 전환의 1단계에서는 재생에너지와 관련한 기초기술들을 개발하고 시장에 진입하도록 하는 것이 중요하다. 태양광 설비와 풍력발전설비와 같은 재생에너지가 있는데, 이들은 1단계에서 전력 공급 시스템에 그다지 영향을 주지 않는 재생에너지 용량을 확충한다. 또한, 1단계에서 대규모 생산과 규모의 경제에 의하여 빠른 비용 절감을 가져온다. 독일은 현재 1단계를 넘어섰다.

■ 2단계: 시스템 통합

에너지 전환의 2단계는 재생에너지에 의한 전력 사용 비율이 25%에서 60%에 이르는 구간을 말한다. 이 단계에서는 재생에너지의 시스템 통합이 필수적인데, 전통적인 화석연료에 의한 전력생산설비의 유연한 운전, 스마트그리드와 전력 피크 대응에 의한 전력 소비의 유연화, 열펌프와 전기자동차를 통한 열과 전력 시스템의 강력한 통합 등이 의미가 크다. 배터리–저장발전소 또는 양수차발전소와 같은 단기저장소를 전기자동차를 통한 완충 수단과 결합하여 투입함으로써 수분에서 수 시간의 범위에서 움직여지는 에너지 소비 피크를 공급의 안정성을 위하여 충분히 조절할 수 있다.

■ 3단계: 합성연료

플렌츠라우 발전소에서 연구 목적으로 실현된 물의 전기분해를 통한 합성연료의 생산은 다양한 재생에너지에 의한 전력 이용 비율이 60~70%에 이르면 필수적이다. 또한, 3단계에서는 북아프리카의 태양열발전소로부터 의미 있는 전력 수입도 고려될 수 있다. 한편, 3단계에서는 재생에너지의 잉여 생산이 점차 증대할 수 있으며, 이는 결과적으로 화학적 장기저장장치(Power to Gas)의 투입을 촉진하게 된다. 여기서 저장물질로는 예를 들어 물의 전기분해를 통한 수소의 생산, 메탄화 및 메탄올화를 통하여 메탄 및 메탄올이 생산될 수 있다. 이러한 합성연료들은 효율 감소를 일으키며 다시 전기를 생산하는 것보다는 교통 수단에 투입함으로써 화석연료를 대체하는 효과를 거두게 하는 것이 더욱 의미 있다고 할 것이다. 교통 수단에 투입하는 것은 합성 메탄, 바이오메탄, 천연가스로 움직여지는 수소전지 자동차와 천연가스 자동차를 고려할 수 있을 것이다.

■ 4단계: 완전한 재생에너지의 공급

마지막 4단계에서는 열 분야와 교통 분야에서도 화석연료(특히 천연가스)에 기반한 에너지원을 완전하게 차단하는 것이다. 독일도 이러한 완전한 차단이 독일 내에서 자체적으로 생산하는 재생에너지에 의하여 가능하게 될지, 또는 재생에너지에 의하여 생산된 합성연료를 해외로부터 추가로 수입해 옴으로써 가능할지는 지금의 상황에서는 아직 판단할 수 없다. 독일은 자국 내에서 생산되는 재생에너지를 통하여 완전한 에너지 전환을 이룰 수 있는 능력이 있음에도 불구하고, 외부로부터 에너지를 부분적으로 수입하는 것은 독일의 에너지 저장 수요를 감소시키는 반면 에너지의 안정성을 높이는 효과가 있다. 이 단계에서는 재생에너지 시스템의 각각의 구성 요소들, 즉 재생에너지 종류와 효율화 대책, 저장소 등등이 더는 전통적인 화석연료 에너지와 경쟁하지 않으며 상호간 지배적으로 된다. 각각의 개별적 기술들은 최대한 가능한 효율적인 전체 시스템을 구현한다는 관점에서 질적이면서 양적인 측면에서 상호간에 비교 평가된다. 재생에너지의 자연조건 등에 따른 생산의 유동성으로 인하여 시스템의 안정성 확보라는 측면이 중요한 역할을 한다.

3. 분산형 또는 집중형 에너지 전환

에너지 전환은 분산형과 집중형 시스템을 통하여 화석연료와 핵연료에 의존하지 않는 지속가능한 에너지 공급의 실현을 근본적인 목표로 한다. 시스템 간에 경계가 명확하지 않고 상호간 연계되어 있어 사실상 집중화된 모델과 분산형 에너지 체계의 명확한 구분은 가능하지 않다. 역사적으로 에너지 전환은 덴마크에서는

1970년대에, 독일에서는 1980년대에 명확하게 분산형 개념으로 시작되었다.

분산형 개념은 생태적 문제들의 원인자로 인식되고 전통적인 에너지 경제를 집중형으로 이끌어 왔던 집중형 시스템과 의식적인 단절을 위한 측면이 있다. 소규모이고 분산적인 특히 재생에너지 설비의 운영자들은 독일에서 1980년대부터 1990년대에 이르기까지 이미 형성된 에너지 공급자의 강력한 저항을 경험하였다. 이들은 이 시기에 독점적 지역 기업으로 기능하였다.

한편, 그로부터 개인들과 주민에너지협동조합 등에 의하여 건설된 재생에너지설비는 전력시장의 커다란 변화 및 분산화를 이끌었다. 2010년에는 재생에너지 설비용량이 오직 6.5%를 차지하였으며, 기술의 발전과 풍력에너지 분야의 대규모 프로젝트를 통하여 분산형과 집중형 체계의 강한 혼합이 있었다. 오늘날에는 분산형이 집중형 에너지 생산체계의 각각의 가령, 낮은 비용, 적은 저장 수요 및 주민 참여의 활성화 등과 같은 장점들을 살리는 개념들이 널리 이용되고 있다.

미래의 에너지 시스템 구축에서 어느 정도까지 집중화되거나 분산화되어야 하는지, 어느 정도까지 적절한 에너지 시스템이 통합 및 연계되어야 하는지는 지속적인 논쟁거리이다. 예를 들면, 지역의 에너지 독립을 통한 완전한 분산화는 높은 에너지 저장 수요로 인하여 현실적이지 않은 것으로 보이며, 그에 반하여 순수한 경제적이며 기술적으로 최적화된 시나리오들은 지금까지 시장에서의 우위적인 위치를 방어하는 에너지 공급자들이 본 시나리오에 미치는 강력한 영향력을 통한 에너지 전환의 사회적 요소 및 경로 의존성의 위험을 과소평가한다.

분산형 에너지 시스템의 지지자들은 태양광 설비가 개인들에 의하여 설치될 수 있는 것과 주민풍력단지와 주민태양광단지 및 주민에너지협동조합과 같은 주민참여모델에 대하여 많은 주민이 직접 에너지 생산에 참여할 수 있다는 것을 강조한다. 재생에너지의 분산적 설치는 지역의 가치를 창출하고 농촌 지역을 활성화할 수 있는 가능성을 보여줌으로써 지역에서의 자본의 유출을 최소화하는 데 이바지한다. 지역의 에너지정책에서 재생에너지는 점점 더 큰 역할을 수행하며 지역 정치에 의하여 종종 지원을 받는다.

4. 에너지 전환 거버넌스

1) 주민에너지협동조합의 형성과 발전

주민에너지협동조합(Bürgerenergiegenossenschaften)은 스스로 조직되고 상호간 네트워크화된 소규모 분산형 조직이다. 협동조합형 바이오에너지마을들은 농촌지역에서 전력과 열 공급의 자립을 이루는 목표에 대한 그들의 성과를 기반으로 성장하였다. 도시에서 전력회사에 지분 참여부터 전체 가스망 또는 전력망의 인수를 가능하게 하려고 주민들이 주민에너지협동조합을 설립하였다.

에너지 전환과 「독일 재생에너지법(EEG)」의 결합으로 협동조합적으로 조직된 에너지 생산자의 수, 특히 주민태양광설비 운영자가 2000년대 초반 이래로 증가하였다. 이 시기 새로운 협동조합 설립의 절반 이상이 에너지, 환경, 물 분야에서 이루어졌다. 2006년부터 2015년까지 812개의 주민에너지협동조합이 새롭게 결성되었다. 대부분 협동조합은 약 50%의 높은 자기자본율을 기반으로 프로젝트를 시행하였다. 10%의 협동조합은 자신의 전력을 스스로 판매하였고, 52%의 협동조합은 지역에 직접 판매하였다. 태양광에너지설비 분야에서 투자가 많이 일어났는데, 2013년에 이루어진 설문조사에서 53%의 협동조합이 향후 1년 이내에 태양광 설비 분야에 투자할 것을 계획한다고 응답하였으며, 41%의 협동조합이 풍력발전설비에 투자할 것이라고 응답하였다. 이외에 일부의 협동조합들이 열병합발전과 다른 에너지 형태에 투자할 것이라고 응답하였다.

주민에너지협동조합은 특히 2008년 이후에 급속히 증가하였는데, 2008년부터 2011년까지 재생에너지협동조합은 4배로 증가하였고, 2011년에만 150개의 에너지협동조합이 설립되었다. 이는 30,000명의 주민이 주민협동조합발전시설에 참여하는 것이며, 약 8억 유로(약 1조 원)가 에너지 전환에 투자되는 것을 의미한다. 작은 규모의 참여 및 투자가 가능한 태양광 공동설비도 중요하다. 독일 협동조합연합회와 영농협동조합연합회(Raiffeisenverband)는 에너지협동조합들을 현장에서 에너지 공급의 전환을 이루고, 지역에서 에너지 프로젝트의 수용성을 높이는 등의 역할을 통하여 주민들에게 효율적인 여건을 조성하는 독일 에너지 전환의 기관사로 치켜세운다.

2012년에는 약 450개의 에너지협동조합이 있었는데, 이 중 약 90%는 전력 생산 분야와 관련되어 있었다. 이러한 협동조합에 의하여 설치된 주민발전소는 2012년 5억 8천 킬로와트(kW)의 재생에너지 전력을 생산하였는데, 이는 연간 16만 가구의 전력 수요에 상응하는 것이다. 지역적으로는 바이에른(Bayern), 바덴-뷔르템베르크(Baden-Württemberg)와 니더작센 주에 가장 많은 분포를 보인다. 2013년 말에는 2012년에 754개에 비하여 약 18%가 증가한 888개의 에너지협동조합이 재생에너지 생산 분야에 종사하였다. 이리하여 협동조합은 총 136,000명의 조합원을 가지는데, 이 중 약 90%는 개인이었다. 조합원의 수는 1년 사이 50% 이상이 증가하였으며, 에너지협동조합의 수도 계속 증가하였다. 2013년까지 투자된 총금액은 약 12억 유로에 이르는데, 여기서 개별 에너지협동조합은 50유로 투자부터 참여할 수 있었다. 그러나 보통 투자의 참여는 액면가격 500~1,000유로로 책정되어 있다.

2014년에는 재생에너지법의 개정과 관련한 정치적 불안정성과 주민 참여의 장애물로 인식된 펀드투자표준화제도(Kapitalanlagegesetzbuch)의 도입으로 인하여 주민에너지협동조합들이 큰 혼란에 빠졌다. 이로써 2013년 129개의 에너지협동조

그림 10-6 독일의 에너지협동조합 증가 추이

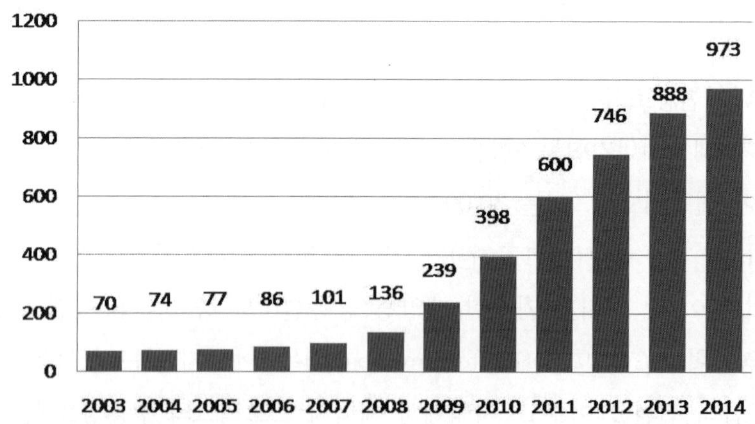

출처: Agentur für Erneuerbare Energien, Klaus Novy Institut, 5/2012.

합이 새롭게 설립되었지만 2014년에는 오직 54개의 에너지협동조합이 새롭게 설립되었다.

2) 주민에너지협동조합 사례

브레멘의 에너지하우스협동조합(die Bremer Energiehaus－Genossenschaft)은 상승하는 에너지가격에 대한 논쟁 가운데 2006년 설립되었다. 이 협동조합은 가스시장에서 첫 번째 대안적 공급자 중 하나였으며, 그 설립과 활동은 지역사회를 넘어 미디어의 주목을 받았다.

쉐나우 전력생산 유한회사(Elektrizitätswerke Schönau GmbH)는 1994년부터 유한회사로 운영해 오다가 2009년 9월에 약 90,000명의 전력 이용자를 대상으로 협동조합을 설립하였다.

모든 협동조합 설립계획서가 설립 후에 성공적이었던 것은 아니었다. 독일 전역을 대상으로 한 에너지 인 뷔르거한트 협동조합(Genossenschaft Energie in Bürgerhand)은 2009년 설립되었으며, 생태적이고 미래 지향적인 에너지 경제의 아이디어를 실현하고자 하였다. 또한, 독일의 대표적 에너지그룹 E.ON은 튜가 지역사회 참여회사(Beteiligungsgesellschaft Thüga)를 인수하고자 계획되었으나 무산되었으며 협동조합은 2013년 해산되었다.

독일 예나(Jena)시는 독일에서 첫 도시로서, 예나시 전력회사의 에너지 부문 지분 2%를 주민에너지 예나 협동조합(Bürgerenergie Jena eG)에 판매할 것을 결정하기도 하였다.

라인마인(Rheinmain) 지역에서 뫼르펠덴－발도르프(Mörfelden－Walldorf)시는 도시의 가스와 전력망를 다시 공공화하기 위하여 2017년 1월 주민에너지라인마인 협동조합(BürgerEnergieRheinMain eG)에 망 소유권 회사의 5% 지분을 가지고 참여하였다.

튀링겐(Thüringen)주와 바이에른(Bayern)주에서는 2013~2014년 이래로 에너지협동조합과 협력하여 지역에서 생산되는 태양광 전력을 판매하는 것을 규정하는 소위 생태지역 전력요금제와 같은 전력요금제가 운영되고 있다. 2017년부터 주민발전소를 통한 튀링겐 주전력의 판매가 협동조합들의 연방 차원의 합병과 함께 이루어지고 있다. 태양광 전력은 전력망에 공급되면서 받는 요금보다 높은 가격으로 태양광 설비의 운영자로부터 구매된다. 전력망을 공급할 때의 세금은 생략되고, 이로써 전력은 다시 지역의 소비자에게 판매되고, 전력은 지역 전력망에 머무르며 이를 통하여 전력망 사용요금을 내지 않아도 되면서, 전력요금은 이를 통하여 더욱 저렴해진다.

2014년 4월 29일 설립된 바이에른의 주민에너지협동조합은 주민에너지 바이에른협회(Verein Bürgerenergie Bayern e.V.)를 설립하였다. 이러한 바이에른주 차원의 협회는 바이에른에서의 주민에너지 활동자들의 이해를 경제적으로, 정치적으로, 시민 사회적으로 연계하여 준다. 협회에는 약 250개의 바이에른 에너지협동조합 및 시 전력공사와 분산형 주민재생에너지 프로젝트를 운영하는 기타 회사들이 참여한다. 바이에른협회는 모든 재생에너지 분야(태양에너지, 풍력, 수력, 지열, 바이오에너지)를 다루는 첫 번째 연합체이다.

한편, 2014년 1월 28일 주민에너지 연합이라는 명칭을 가진 연방 차원의 주민에너지-발의 연합체(Bündnis Bürgerenergie: BBEn)가 베를린에서 설립되었다. 이러한 연합체의 목적은 주민 에너지 행위자들에게 전문적인 내용을 알리고, 사회적 상황과 관련한 학문적인 주민 에너지 토론을 촉진하는 것이다.

2015년 7월 2일 지급 불능 상태에 빠진 프로콘 재생에너지 유한회사(PROKON Regenerative Energien GmbH) 채권자들이 협동조합으로의 전환을 위한 투표를 진행한 다음에, 37,000명의 조합원을 가진 독일에서 가장 커다란 프로콘 재생에너지협동조합(Prokon Regenerative Energien eG)이 탄생하였다.

3) 주민풍력단지 사례

주민풍력단지(Bürgerwindpark)의 개념은 풍력단지를 실현하는 과정에서 풍력단지 인근에 사는 주민들의 프로젝트 참여를 제공하는 것을 말한다. 이러한 주민풍력단지의 목적은 풍력단지 인근에 사는 주민들의 삶의 질을 해칠 수 있는 것에 대한 자금적 보상을 제공하는 데 있다. 많은 독일 연방 주에서 코뮌(지역사회)은 재생에너지 분야에서 경제적인 활동을 할 수 있게 되어 있는데, 가령 풍력단지와 같은 재생에너지 프로젝트가 경제적으로 성공적일 때, 그로부터의 배당금은 코뮌의 예산 상황과 재정 상황에 긍정적으로 영향을 미칠 수 있기 때문이다. 주민풍력단지의 프로젝트는 프로젝트 계획, 재정계획, 프로젝트 시행, 설비 운영과 같은 4단계로 구성된다.

■ 1단계: 프로젝트 계획

주민풍력단지에서 전문적인 기획설계사가 참여하여 진행하는 다양한 세부 단계를 포함하는 복잡한 계획공정을 거친다. 시작 단계에서는 풍속과 프로젝트의 법률적인 적정성을 예측하기 위한 설치 부지에 대한 예비평가가 이루어진다. 또한, 프로젝트를 수행하는 회사가 설립되고, 주민들에게 재정적 참여를 제안한다. 설치 부지를 확보한다는 측면에서 프로젝트 계획지역의 모든 토지 소유자를 대상으로 협의 자리에 초대하여, 그들과 토지 사용 승낙을 위한 계약서의 체결을 위하여 협상하고 계약 체결을 시도한다. 다음으로 단지 부지에 대한 설비 타입과 설비 생산자 등에 대한 비교 분석과 선택, 환경성 평가 등의 세부적인 분석을 진행한다. 또한, 전선망과 운송도로와 같은 필수적인 단지 내부의 인프라 구축 계획이 수립된다. 망 연계 단계에서는 향후 건설되는 풍력단지가 어떻게 지역의 전력 공급자 망에 최대한 경제적으로 연결될 것인지에 대하여 계획하고 협상한다. 프로젝트 과정에서 투자비용, 운영비용, 재정(이자, 대출기한 등), 수익구조 등과 같은 요인들이 상호간에 항시적으로 비교 평가된다. 이러한 과정을 통하여 만들어진 풍력단지 계획서에 근거하여 「독일연방 환경오염방지법(BImSchG)」에 맞게 허가 과정이 진행된다.

■ 2단계: 재정계획

추정된 투자비용에 근거하여 재정계획을 수립한다. 투자자는 은행과의 협상 과정에서 자기자본과 외부자본과의 적절한 비율을 선택한다. 재정계획의 범위 안에서 주민들도 자기자본 비율에 참여하게 된다.

■ 3단계: 프로젝트 시행

프로젝트 시행의 범위 안에서 설비 생산자와 프로젝트 수행자는 건설공정계획을 수립한다. 프로젝트 시행은 종종 전체 프로젝트를 총괄하는 턴키 시행사가 시행하거나, 각각의 건설사가 개별적으로 시행하는 예도 있다.

■ 4단계: 설비 운영 단계

마지막으로 풍력단지가 가동되며, 재정계획에서 정한 시한까지 시험 운전하게 된다. 소위 이러한 시험 운전 과정은 계획 단계의 내용을 보완하며, 외부 전문업체가 진행하기도 한다. 많은 기획설계사가 기술적으로 영업적인 시험 운전을 위하여 존재한다. 어떤 외부 전문업체가 설비의 운영을 담당하게 될 것인가는 일반적으로 프로젝트화 단계의 마지막에서 이루어지는데, 20년에 이르는 전체 운전 기간을 담당하게 할 수도 있다.

4) 주민태양광설비 사례

독일에서 주민태양광설비(Bürgersolaranlage)는 일반적으로 개인들이 공동으로 운영하는 태양광 설비를 의미하는데, 드물게는 태양열 설비를 포함하여 의미하기도 한다. 한편 주민태양광설비 프로젝트에서는 공동의 태양광 설비를 건설하고, 운영할 수 있게 하려면 개인들이 일정 금액을 투자하는 참여공동체가 중요하다.

■ 동기

주민태양광설비 운영자는 재생에너지를 촉진하고 독일에서는 20년 동안 수익이 확보된 자본설비가 문제없이 잘 운영되기를 바란다. 「독일 재생에너지법」에 따라서 국가적으로 보장된 송전보상금을 통하여 재생에너지 설비의 수익 안정성이 보장된다. 또한, 추가적인 안정성은 설비 생산자의 보증과 소위 모든 위험에 대한 보험을 통하여 이루어진다. 주민태양광설비를 위하여 사용되는 건물 옥상과 지붕은 지역법인들, 특히 지자체 또는 기업체들의 소유가 많은데, 이들은 주민태양광설비를 위하여 필요한 옥상 면적을 제공함으로써 에너지 전환에 함께 참여하고 일부 임대수입을 얻으려고 한다.

■ 조직

주민태양광설비는 대부분 주민법에 의한 회사의 형태이며, 드물게 합자회사(Kommanditgesellschaft: KG) 또는 협동조합의 형태로 운영된다. 종종 비영리협회나 주민 제안이 참여를 조직하고 안정성을 확보하게 하는 촉진자의 역할을 하기도 한다. 몇몇 경우에서는 주민 태양광협회가 설비의 운영회사로 예를 들어 뮌헨의 그린 시티 협회(Green City e. V.)나 지를란트(Saarland)주의 주민발전소협회(Bürgerkraftwerke e. V.)와 같은 유한회사나 주식회사를 설립하기도 한다. 주주들은 일반적으로 시작 단계에서 자금을 융통하여 참여하는데, 이익 배당은 생산된 전력을 판매함으로써 발생하는 수입에 기초하여 행해진다. 이러한 수입은 재생에너지법에 따라서 국가적으로 확정된 송전보상금을 통하여 쉽게 계산될 수 있다. 종종 투자재원은 국책 은행그룹인 KfW(Kreditanstalt für Wiederaufbau)와 기타 은행들의 보조금에 의하여 마련된다.

5) 주민에너지회사 사례

주민에너지회사(Bürgerenergiegesellschaft)는 가령, 주민들이 재생에너지설비의 소유자 또는 공동소유자로서 주민이 높은 지분을 갖는 에너지 경제 기업이다. 주민에너지회사는 지방 또는 지역의 가치 창출, 재정적이지 않은, 사회적 또는 환경정책적 목적의 의미, 에너지설비가 운영되는 지역의 주민들에게 공개 및 대표되는 등의 특성을 갖는다. 제도적 형태 및 소유주에 따라 이러한 특성을 다양하게 표출된다. 주민에너지협동조합은 조합원으로 다수의 주민 참여에 열려 있어 특히 주민 친화적인 제도적 형태를 특징으로 한다.

에너지 전환을 위한 주민 에너지의 의미는 재생에너지 수익의 지역화와 전기, 열, 냉열, 교통, 산업 등 분야들의 연결 및 주민들에 의한 에너지 전환과 연결된 지역의 변화에 대한 요구로부터 나온다. 2017년의 한 연구 결과는 주민 에너지의 행위자들에게 재생에너지 선택의 가장 높은 우선적 핵심 요소가 직접적 소비(공공전력망을 사용하지 않는 생산된 에너지의 현장에서의 사용)의 실행과 경제성임을 보여주었다.

에너지설비에 대한 주민의 재정적 참여는 크게 능동적 참여와 수동적 참여로 구

표 10-5 에너지설비에 대한 주민의 재정 참여 방법

구분	주민 참여 방법
능동적 재정 참여	협동조합, 유한회사 등 법인(eG, GmbH & Co. KG, GbR)의 설립 및 가입을 통한 주민이 직접 에너지 생산 참여
	재정투자를 통한 참여(후순위 대출, 이익 참여권, 무기명 채권, 저축 채권, 불특정 참여 등)
수동적 재정 참여	인근 주민으로서의 참여(지역 임대, 상주 보너스, 전기 / 열의 직접적 마케팅, 지역 전기요금 등)
	일반적 참여(시민의 배당, 주민재단, 운영자로서의 코뮌 등)

분되어 다양한 방법으로 실행된다(<표 10−5> 참조).

5. 독일 에너지 전환 거버넌스의 시사점

독일의 에너지 전환 거버넌스와 관련된 주민조직의 다양한 활동은 다음과 같은 특징을 보인다.

첫째, 에너지를 외부로 유출하지 않고 지역의 자본과 자원을 이용한 에너지 전환을 도모하고 있다.

둘째, 이러한 지속가능 사회를 위한 노력들은 거대 에너지 자본을 배제하고 직간접적인 지역주민의 참여를 원칙으로 하고 있다.

셋째, 이는 주민들이 주민풍력단지, 주민태양광단지, 주민에너지협동조합 등 에너지 전환 거버넌스에 직접 참여함으로써 더욱 능동적으로 지역의 지속가능한 에너지 문제에 대하여 고민하고 좀 더 발전적인 방향으로 나아갈 수 있는 계기를 마련한다.

끝으로, 주민의 직접적이고 능동적인 참여는 독일의 에너지 전환정책을 성공적으로 달성하는 원동력이 되고 있으며, 일자리 창출과 지역경제 활성화에 크게 이바지한다.

참고 문헌

바클라프 스밀(2010). 「에너지 전환의 역사 · 필요성 · 전망(*Energy Transitions: History, Requirements, Prospects*)」. 프레게르출판사.

브루크하르트 플리거(2011). 「에너지협동조합: 시민과 함께하는 에너지 전환」. 독일녹색협동조합.

조셴 하우프 외(2014). 「글로벌 에너지 전환」. 세계에너지협의회. https://www.agora-energiewende. de/die-energiewende/einfuehrung/

크라우스 외(1980). 「에너지 전환: 석유와 우라늄 없는 성장과 번영(*Energie-Wende: Wachstum und Wohlstand ohne Erdöl*)」https://book.energytransition. org/origin-term-energiewende

헨리크 파울리츠(2016). 「분산화된 에너지 생산-사회적 관계의 혁명」. 국제핵전쟁예방의사연맹. http://www.ippnw.de/atomenergie/energiewende/artikel/de/dezentraleenergiegewinnung-eine-r.html

환경부(2012). 「저탄소 녹색마을 조성사업 활성화 방안 연구」. 한국지방행정연구원.

Agentur für Erneuerbare Energien(2012). Meldung bei der Agentur für Erneuerbare Energien, 16. März 2012.

BEE(2018). DGRV-Jahresumfrage unter Energie-genossenschaften zeigt: Einbruch bei Gründungszahlen, Pressemeldung.

Berliner Zeitung(2010). Hausgemachte Energie. In: Berliner Zeitung, 27. November 2010, https://www.berliner-zeitung.de/archiv

Bioenergiedorf(2010). Informationsportal "kommunal erneuerbar": Modellkommunen im ländlichen Raum. https://de.wikipedia.org/wiki/Bioenergiedorf

Bioenergiedorf-Biogasanlage Martinshöhe(2010). Memento des Originals vom 25. Mai 2010 im Internet Archive.

BMELV(2010). Wege zum Bioenergiedorf, Informationsseite des Bundesministeriums für Ernährung, Landwirtschaft und Verbraucherschutz (BMELV), abgerufen am 11. Januar 2010.

Bundesverband Windenergie(2013). Broschüre Windenergie in Bürgerhand, S. 5-11, https://www.wind-energie.de/

BürgerEnergieRheinMain eG(2017). beteiligt sich am Stromund Gasnetz in Mörfelden-Walldorf. Netzwerk Energiewende jetzt e.V., April 2017, abgerufen am 15. Dezember

2018.

Bürger–Solarkraftwerke Rosengarten eG. (2014). Wachstumstrend der Energiegenossenschaften ungebrochen.

DGRV(2013). Energiegenossenschaften–Ergebnisse der Umfrage des DGRV und seiner Mitgliedsverbände, Frühjahr 2013.

DGRV(2018). Akteursvielfalt erhalten, von Eckhard Ott, Agentur für Erneuerbare Energien, o. J. https://www.dgrv.de/

Die Financial Times Deutschland(2006). berichtete am 6. Oktober 2006: "Gebt Gas, Genossen!."

Dörte Ohlhorst, Kerstin Tews, & Miranda Schreurs(2014). Energiewende als Herausforderung der Koordination im Mehrebenensystem. In: Achim Brunnengräber, Maria Rosaria du Nucci (Hrsg.): *Im Hürdenlauf zur Energiewende*. Von Transformationen, Reformen und Innovationen. Zum 70. Geburtstag von Lutz Mez, Wiesbaden 2014, 93–104, S. 94.

FNR(2008). Wege zum Bioenergiedorf–Leitfaden für eigenständige Wärmeund Stromversorgung auf Basis von Biomasse im ländlichen Raum, Hans Ruppert u. a.,Fachagentur Nachwachsende Rohstoffe e. V. (FNR), Gülzow 2008, als pdf oder kostenlose Broschüre, ISBN 978–3–9803927–3–0, 122–seitig.

FNR–Bioenergiedörfer: Wege zum Bioenergiedorf: Bioenergiedorf Renquishausen, http://www.fnr.de/

Franziska Kahla, Lars Holstenkamp, Jakob Müller, R., & Heinrich Degenhart(2017). Entwicklung und Stand von Bürgerenergiegesellschaften und Energiegenossenschaften in Deutschland

Gemeinde Sauerlach(2018). Wissenswertes über die Gemeinde Sauerlach. https://www.sauerlach.de/

Grafik–Dossier(2012). Energiegenossenschaften in Deutschland.

Hans–Martin Henning, Andreas Palzer, Carsten Pape, Frieder Borggrefe, Henning Iachmann & Manfred Fischedick(2015). Phasen der Transformation des Energiesystems. In: *Energiewirtschaftliche Tagesfragen* 65, Heft 1/2, S. 10–13.

Henrik Lund et al.(2012). From electricity smart grids to smart energy systems–A market operation based approach and understanding. In: *Energy* 42, Issue 1, 96–102, S. 96.

Ina Röpcke(2013). Büsingen heizt mit der Sonne. In: BUND–Jahrbuch 2014–Ökologisch Bauen & Renovieren. BUND, Stuttgart 2013, S. 182f.

IZNE(2010). Projekt "Das Bioenergiedorf," Projektinformation des Interdisziplinären Zentrums für Nachhaltige Entwicklung der Universität Göttingen zum Bioenergiedorf Jühnde, abgerufen am 11. Januar 2010.

Jakob R. Müller & Lars Holstenkamp(2015). Zum Stand der Energiegenossenschaften in Deutschland: Aktualisierter Überblick über Zahlen und Entwicklungen zum 31. 12.2014.

Julian Gröger(2013). Energiewende mit finanzieller Beteiligung der Bürger am Beispiel von Bürgersolaranlagen: Erfolgsfaktoren und die Rolle der Kommunen. Grin, München 2013, ISBN 978–3–656–32752–3 (Masterarbeit).

Katrin Gehles & Julian Schönbeck(2017). Klimaschutz mit Bürgerenergieanlagen. Hrsg.: *EnergieAgentur. NRW.* Düsseldorf, Wuppertal Juli 2017, S. 6.

Lars Holstenkamp R. & Jakob Muller(2013). Zum Stand von Energiegenossenschaften in Deutschland – Ein statistischer Überblick zum 31. Dezember 2012.

Lorenz Storch & Bayerischer Rundfunk(2017), Anbieter im Vergleich: Wie komme ich an guten Ökostrom? | BR.de. 24. Januar 2017.

Manfred Fischedick(2015). Wie müssen die Transformationsphasen des Energiesystems aussehen?. In: *Erneuerbare Energien. Das Magazin*, 28. Oktober 2014. Abgerufen am 1. März 2015.

Ökologische Siedlungen in Baden–Württemberg(2010). Auflistung auf der Seite oekosiedlung.de, abgerufen am 11. Januar 2010.

Peter Hennicke & Manfred Fischedick(2007). *Erneuerbare Energien. Mit Energiee–ffizienz zur Energiewende*, München 2007, S. 16.

Pressemitteilung Agentur für Erneuerbare Energien(2012). 19. Juli 2012 (Memento des Originals vom 26. Juli 2012 im Internet Archive).

Sebastian Strunz(2014). The German energy transition as a regime shift. In: *Ecological Economics* 100, 150 - 158, S. 154, 154f.

SOLNET.BW und Solares Wärmenetz(2014). Program Lebensgrundlage Umwelt und ihre Sicherung.

Stadtwerkeanteile Energie Jena–Poessneck für Genossenschaft(2018). In Ostthüringer Zeitung, 2. Februar 2012. Abgerufen am 3. April 2018.

Staffan Jacobsson & Volkmar Lauber(2006). The politics and policy of energy system transformation–explaining the German diffusion of renewable energy technology. In: *Energy Policy* 34, 256 - 276, S. 261f.

Stimme de(2013). Bioenergiedorf Siebeneich eingeweiht, abgerufen am 18. November 2013.

Super User(2018). Biomassekraftwerk Güssing. Abgerufen am 10. April 2018 (deutsch).

Varone, Alberto & Ferrari, Michele(2015). Power to liquid and power to gas: An option for the German Energiewende. In: *Renewable and Sustainable Energy Reviews* 45, 207–218, S. 208.

제 11 장

일본의 거버넌스형 지속가능발전 사례

제1절 마치즈쿠리 거버넌스

1. 마치즈쿠리 거버넌스의 의미와 진화 과정

1) 도시 내 다양한 이해당사자와 마치즈쿠리

마치즈쿠리(町作リ, まちづくり)[1]는 '마을조성', '마을만들기' 등의 의미로 이해(혹은 번역)할 수 있다. 언어적 의미로는 도시공간 내 무엇인가를 새롭게 만들거나

1) 일반 도시 마을에서의 마치즈쿠리(まちづくり)를 농촌 마을에서는 무라오코시(むらおこし, 마을부흥) 운동으로 부르기도 하는데 이것은 원래 오키나와의 풀뿌리 운동에서 시작된 용어로서 지역에 잠재성을 일으킨다는 의미를 내포하고 있다. 이 책에서는 마치즈쿠리를 따로 마을만들기 등으로 번역하지 않고 외국어를 국문 표현대로 사용하고자 한다.

발전, 혹은 마을을 새로 만든다는 느낌이 있으나, 아직까지는 마치즈쿠리에 대하여 명확한 정의는 없는 것으로 보인다. 그나마 『도시계획용어사전』(일본)에서 나타내는 정의를 통하여 보면 "지역주민의 거주공간을 공동(체) 혹은 지방자치단체와 협력하여, 살기 좋고 매력 있는 곳으로 만들어 가기 위하여 하드웨어와 소프트웨어 양면에서 개선을 도모하는 과정과 활동"으로 이해하여도 좋을 것이다. 마치즈쿠리의 의미에 대하여 타무라(田村, 1999)는 다음의 10개 항목으로 정리하여 설명하였다. ① 관 주도에서 시민 주도로의 변화, ② 하드뿐만 아니라 소프트웨어를 포함한 종합적인 '마을', ③ 개성적이고 주체성 있는 '마을', ④ 모든 사람들이 안심하고 생활할 수 있는 인간성 존중 기반의 사는 가치가 있는 마을, ⑤ 마을 사회와 그 구조 만들기, ⑥ '마치즈쿠리'를 담당자, ⑦ 환경으로 양질의 주식, ⑧ 소규모의 친밀성 제고 차원의 마을거리, ⑨ 광역적으로 생각하며 글로벌 '마을'과의 연관성, ⑩ 이념이나 명분만이 아닌 실질적인 마을 등의 종래의 가치관의 변화가 있다고 한다.

2) 마치즈쿠리 거버넌스의 진화 과정

마치즈쿠리는 1960년대 도시의 고도 성장에 저항하는 주민운동을 통하여 태동되었고, 1970년대에 정착하게 되었다. 최초의 마치즈쿠리의 주제는 전통건물 등의 역사와 마을 자체의 보전 형태로 시작되었다. 1980년부터 주거지 정비, 지구계획 등에 주민들이 적극적으로 참여하는 형태 등 다양한 주제를 다루게 되었다. 대부분의 활동에 주민 참여가 주류로 진행되었으며, 여기에 행정기관과 전문가 등이 연계되는 형태가 보편화되었다(<표 11-1> 참조). 시사점은 중앙정부를 비롯한 공공 영역에서는 주민 참여에 대한 개입이나, 방향성 제시 등을 최소화하고 있다는 점이다. 이는 개인의 주거권, 프라이버시 등을 중요시하는 일본의 문화적 성격이 반영된 것으로 이해할 수 있는 부분이다.

한편, 행정 영역이 소멸되고 다양한 형태로 합병되면서 '지방분권', '지역주권' 등의 중요성이 높아졌다. 이와 함께 민·관·학 등의 상호 연계 및 연대를 통한 '시민협동형 시스템' 구축에 대한 필요성이 부각되었다. 시민협동형 시스템은 지역 내 다양한 이해당사자(혹은 주체)[2]가 지역사회를 기반으로 공동체를 구성하고 이를 통하여 자주적·자율적으로 지역을 관리하고 운영하는 지역사회의 거버넌스로서 새로운 시스템을 구축하는 것을 의미한다. 즉, 마치즈쿠리는 환경과 사회에 대한 변화와 가치의 전이, 현안 해결 수단 마련 등을 통합적으로 관리하기 위하여 시민 협동형 시스템의 형태로 접근하고 있음을 알 수 있다.

표 11-1 마치즈쿠리 발전 과정

구분	주요 내용	비고
1960년대: 태동기	지역의 고도 성장에 대응하는 주민운동 형태	지역의 물리적 기능 개선 위주
1970년대: 정착기	지역의 전통건물 등의 역사 보전 및 마을의 지속가능성 확보를 위한 보전 노력 등	이 시기 마을운동은 전환과 정체가 논의되어 '마을운동의 겨울의 시대'라는 말로 표현되기도 함.
1980년대: 변환기	주거지 정비, 지구계획, 마을 주요 현안 등의 문제해결을 위하여 주민들의 적극적인 참여	
~현재: 안정기	시민협동형시스템 구축을 통하여 지역공동체가 자주적·자율적으로 지역을 관리 및 운영하는 지역사회의 거버넌스 시스템 형태	

출처: 일본의 「마치즈쿠리 사례와 시사점」, 저자 일부 수정.

3) 마치즈쿠리 거버넌스에 대한 지원제도

일본은 마치즈쿠리를 위한 다양한 지원제도를 마련하여 왔는데, 특히 다음의 두 가지 제도는 마치즈쿠리를 좀 더 촉진하기 위하여 마련되었다. 첫째, 1998년에 제정된 「특정비영리활동촉진법」이다. 이 제도는 기본적으로 10명 이상의 구성원을 충족하고, 정치·종교 등의 성격을 가지지 않은 비영리활동을 하는 단체를 'NPO 법인'으로서 지자체가 인정해 주는 제도이다. 이 제도를 통하여 일본 전체 약 5만 개 단체(2018. 7. 현재)가 활동하는 것으로 파악된다. 다음으로 같은 해 제정된 '마치즈쿠리 3법'[3]이다. 법의 주요 내용은 지역 개발, 지역경제 활성화 등을 가지고 있어 마치즈쿠리 성격보다는 구체적으로 파악된다. 이와 함께 마치즈쿠리의 종합적 담당을 위한 마을관리조직(Town Management Organization: TMO)[4] 시스템을

2) 지자체, NPO, 기업, 중간지원기관, 대학, 전문가, 시민(개인 포함), 기타 등을 의미한다.
3) 「도시계획법」, 「중심시가지활성화법」, 「대규모소매점포입지법」을 총칭하는 용어이다.
4) 미국의 BID(Business Improvement District)와 영국의 TCM(Town Center Management) 등을

마련하였다. TMO는 주로 마치즈쿠리 활동을 통하여 특정 지역의 개발을 목표로 하는 경우 지역의 상공회의소, 공익법인 또는 행정과 민간기업이 공동출자한 '제3섹터'가 운영 주체로 되어 여기에 시민과 NPO가 참여하는 형식으로 관리 및 운영되고 있다. 2007년 기준 일본 각지에서 약 400개의 TMO가 설립되어 지역에 맞추어 다양한 마치즈쿠리사업이 전개되었다.

일본은 TMO 등의 지원을 통하여 마치즈쿠리는 지역의 활성화로 바로 이어질 것으로 기대하였다. 그러나 많은 TMO에서 나타난 행정 지원 및 자체 운영자금 부족, 관리 및 운영 인력 부족, 행정과 TMO 간 부조화, 그리고 대기업과의 경쟁 실패 등의 문제점이 지적되기도 하였다. 이에 2006년 '마치즈쿠리 3법'은 개정되었다. 물론 이 과정에서도 TMO에 재원 지원 및 활동 등에 대한 사회적으로 다양한 부정적 시각이 있었다. 그러나 마치즈쿠리가 가지는 근본적 목표, 즉 주민들의 커뮤니티 조성이라는 관점에 대한 비중이 높게 다루어졌다. 여기에 마치즈쿠리를 통한 목표 달성이 지역 전체의 성쇠와 주민들의 생활에 중요한 과제라는 인식 제고가 기반이 되어 오늘날까지 유지되고 있다.

2. 거버넌스를 극복하는 마치즈쿠리 거버넌스

마치즈쿠리는 운영의 특징으로서 지역의 새로운 활동 형태로 다양한 담당자(혹은 이해당사자)에 의한 협력활동으로서 '사회지배구조'로 정리할 수 있다. 일반적으로 지역 거버넌스는 지역의 새로운 지배구조의 재구축과 지역통합을 위한 개념으로 행정이 주도하는 접근으로 이해되는 경우가 많다. 그러나 마치즈쿠리 거버넌스는 행정 주도에 의존하는 기존 정책들의 한계 극복의 가능성 및 방향성을 제시하고 있다. 이 때문에 마치즈쿠리는 각 담당자들의 역할, 지역 현안의 변화(혹은 개선) 등을 위하여 <표 11-2>와 같이 다음의 내용들을 요구하고 있다.

첫째, 담당자의 자주성 · 자율성에 의하여 마치즈쿠리의 주체적 역할 및 구체적 성과 도출이 유인되어야 한다.

모델로서 탄생한 것으로 알려졌다. 주로 전문적인 시민단체나 부동산 소유자 등에 의하여 운영되고 있다.

둘째, 공동체 정신을 통한 실천과 성과의 확보가 필요하다.

셋째, 네트워크 기반의 활동과 성과 달성, 나아가 다른 담당자 간의 네트워크 구축이 필요하다.

넷째, 마치즈쿠리 그 자체가 협의 과정이라는 인식이 필요하다. 따라서 진행 과정에 따른 적절한 목표 수준, 공유정보 등을 충분히 체크하고 대응하여야 한다. 이러한 노력은 공동체의 결속력 강화 및 양질의 성과 도출을 기대할 수 있게 한다.

다섯째, 마치즈쿠리는 마을문제에 대한 의식을 가진 주민들과 NPO 등의 자발적인 참여의 장으로 활용될 수 있어 좀 더 주체적이고 적극적인 마치즈쿠리가 가능할 수 있다.

여섯째, 마치즈쿠리는 주민, NPO, 행정 등 모든 참가자가 함께 배우고, 변화하면서 성장과 진화를 하고 그 과정에서 새로운 가치의 발견과 산출물의 생성 과정이기도 하다.

표 11-2 커뮤니티 · 거버넌스의 특징

구분	기존 거버넌스	커뮤니티 · 거버넌스
주담당자	행정기관	주민 · NPO · 행정 등 다양한 이해당사자
상호관계	권력적 상하관계	수평적 협력관계
조직편제 특성	피라미드형	플랫형
조직의 커뮤니케이션	top-down	네트워크형
행동양식	명령복종형	대등한 협동(력)형
주민 역할	서비스 대상	서비스 생산, 공급 등

출처: 新川達郎(2003). 저자 수정.

이러한 내용이 마치즈쿠리의 실질적인 운영에 반영이 요구되면서 마치즈쿠리 정책은 변화하고 있다. 큰 틀에서 보면 기존 행정에서의 하향(top-down) 방식의 일방적인 서비스 제공은 주민들이 주체가 된 가치 조정 형태로 전환되고 있다. 이것은 마을의 다양한 가치평가에서 성과 위주의 지표 이외에도 보이지 않는 가치에 대한 기준도 적용되는 것을 의미한다. 또한 평가는 절차적 정의 및 공정성에 기반을 두어야 한다는 시대적 요구에 맞추어 변화되고 있다.

3. 도쿄 미타카 마치즈쿠리 거버넌스 사례

도쿄(東京) 미타카(三鷹)시의 주식회사 '마치즈쿠리 미타카'는 성공적인 TMO를 설명하는 대표적 사례로서 미타카 시의 마치즈쿠리에 중추적 역할을 수행하여 왔다. 우선 사용되지 않은 주차장 철거지에 본사 빌딩인 '미타카 산업 플라자'를 세워 마치즈쿠리 활동의 거점 역할 및 수익사업을 동시 진행하였다. 그리고 커뮤니티의 활성화를 위하여 지역 중심의 인터넷 쇼핑몰(Mitaka－mall)의 운영, 지역 내 다양한 시민단체들을 지원 및 네트워크 활동, 그리고 지역주민 참여의 워크숍도 지속적으로 개최하였다. 이 중 주목받는 것은 '마치즈쿠리 미타카'가 거버넌스가 수익활동을 하고 있다는 점이 크게 평가받고 있다는 점이다. 수탁활동, 쇼핑몰 운영 등을 통하여 연간 수익은 약 8억 엔 정도 되는 것으로 확인되며, 매년 흑자를 기록하고 있다. 결국 행정이나 기업은 새로운 업무 위탁을 제안하고, 시민이나 시민단체의 참여 또한 증대하는 등 선순환적 구조 시스템이 확실하게 자리 잡고 있다([그림 11－1] 참조).

그림 11-1 마치즈쿠리 미타카

a) 미타카 마치즈쿠리 센터　　b) 미타카 마치즈쿠리센터 운영 자전거 주차장

출처: 주식회사 마치즈쿠리미타카 홈페이지 https://www.mitaka.ne.jp/

4. 시즈오카현 마치즈쿠리 거버넌스 사례

시즈오카현(靜岡県)은 중산간(中山間) 지역[5] 문제를 해결하기 위하여 '중산간 지역종합진흥계획'을 추진하였다. 이를 위하여 지역 내 각 지구에 위촉 형태의 직원을 파견하였으며, 이들 직원을 통하여 지역의 문제점을 분석하고 지역주민들로 구성된 경제위원회를 행정기관의 각 분야와 연계하는 역할을 하도록 하였다.

시즈오카현은 마시는 차(茶)를 주로 생산하는 지역이었으나, 인구 감소, 청년 계층 감소 등 다양한 문제로 차 생산 부진이 지속되었으며, 결국 경작 포기 가구가

그림 11-2 시즈오카현 건강관리프로젝트 전반적인 플로

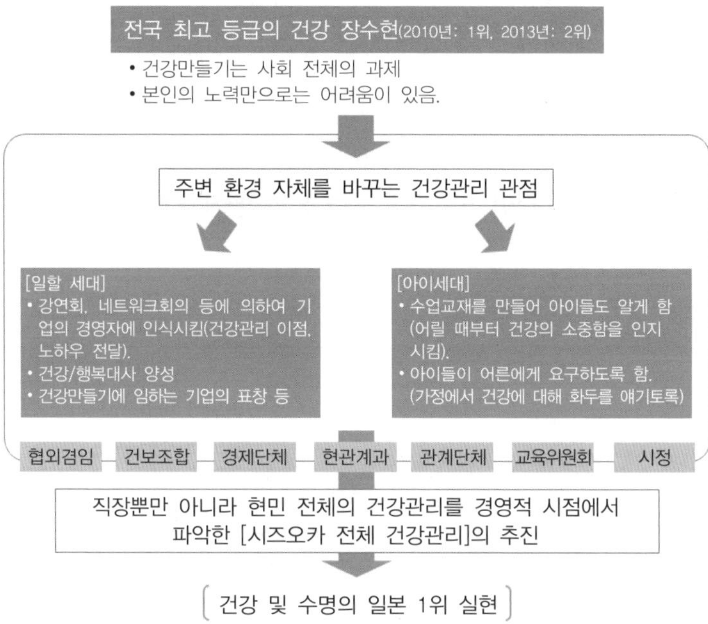

출처: 首相官邸 홈페이지.
「地方創生推進交付金等を活用した健康のまちづくりに関する事例」, 저자 수정.

5) 중산간 지역은 중간농업지역과 산간농업지역을 아우르는 지역이다. 토지 면적에서 차지하는 경작지 비율이 상대적으로 낮고, 임야 비율이 높거나 논밭의 경사도가 심한 것이 특징이다. 그 때문에 인구 감소, 고령화, 일자리 부족이라는 악순환을 거듭하고 심하게 되는 경우 지역 자체가 소멸하기도 한다.

증가하는 문제가 발생하였다. 이에 대하여 산간 기후에도 생산이 가능한 레몬을 심어 레몬의 생산 및 판매를 통하여 활기를 찾고 있다. 한편, 앞의 [그림 11-2]와 같이 지역 전체의 건강 증진을 위한 관리 방안을 도입하였다. 이와 함께 어릴 때부터 건강관리의 중요성을 이해하는 풍토 만들기를 추진하여 "시즈오카현에서 살면 건강해질 수 (살기 좋고 일하기 좋고)" 있다는 점을 콘셉트로 하는 매력적인 시즈오카현의 창조를 목표로 하고 있다.

5. 향후 마치즈쿠리 거버넌스 방향성

마치즈쿠리는 지역이 모든 구성원이 공동체로서 일체가 되어 그 안에서 다양한 노력과 땀이 요구되는 활동일 것이다. 이러한 의미에서 지역주민과 지역의 기업은 활동의 주체가 되는 것이다. 그리고 이들과 함께 마을을 만들어 가는 것을 조율하는 것이 바로 행정조직의 역할이 될 것이다. 국가가 지자체를 지지하는 구조, 그리고 지자체가 지역사회를 지지하는 구조로의 전환을 의미한다. 따라서 국가나 지자체의 시책은 지역사회의 현안 및 요구 사항에 대한 해결과 실현을 위하여 다양한

표 11-3 일본 마치즈쿠리의 방향성

이점	과제	개선
스케일 업	대규모화(인구, 예산, 조직, 면적 등) 중심부와 주변부와의 격차 확대	점선면의 일체적 발전(지역력) 주민의 직접 참여 · 참가 지역사회 전체의 균형
파워 업	업무량 증가 잉여 인원 감소 소수 정예주의	직원 · 시민의 능력 개발 여성 · 청년 · 노인 · 외국인 · 유학생의 인재 등용
스피드 업	IT화 고도 정보 사회화	최첨단 과학기술의 도입과 습득 직장 내 권한 이양(자기결정권 부여)
스킬 업	사무 능률 신속화 고급 전문기술 요청	전문 직업교육훈련 현실 · 현장 · 실무 · 상황 기반
이미지 업	개성 · 차별화 · 전문화 지역자원의 고부가 가치화	기획 능력 훈련 마을 부흥 신규사업에의 대처 정책으로 브랜드 상품 개발

출처: 田中豊治(2012. 3). 저자 번역 및 수정.

표 11-4 마치즈쿠리 발전을 위한 세 가지 관점 및 다섯 개 테마

세 가지 관점	다섯 개 테마
주체성 관점	지역의 관리
	지역의 마케팅
사업성 측면	지역자원을 활용한 지역브랜드의 창조 및 활용
지역성 관점	지역 커뮤니티에 대한 공헌
	외부와의 연계(네트워크 활동)

출처: 加藤博(2018. 10. 9). 저자 번역 및 수정.

제도적 과제의 해결도 선행될 필요가 있다. 이러한 새로운 변화와 움직임의 키워드는 참여와 협력, 파트너십과 네트워크, 커뮤니티 비즈니스와 사회적기업, NPO나 자원봉사 활동 등의 개념이 된다. 즉, 지금까지와 같은 특정 운영 주체가 이끌어가는 스타일이 아니라 다양한 담당자가 커뮤니케이션과 네트워크를 형성하고 상호작용에 의한 공감과 새로운 가치를 창조하는 과정이 마을만들기에서 중요한 것이다(<표 11−3> 참조). 끝으로 마치즈쿠리 거버넌스의 발전 및 활성화를 위한 세 가지 관점과 다섯 개의 테마를 제시하고자 한다(<표 11−4> 참조).

제 2 절 스마트한 에너지 전환 거버넌스

1. 일본의 에너지 전환 배경과 노력

1) 원전사고는 일본의 에너지 전환을 유인하였다

일본은 '전략적에너지계획(Strategic Energy Plan: SEP)'을 4년마다 수립하고 있으며, 현재 4차에 걸쳐 발표를 하였다. 기본 원칙과 목적은 에너지 안정 공급(energy security), 경제효율성(economic efficiency), 환경(environment) 등 '3E'에 기반을 두고 있다. 2011년 일본 동해(東海) 대지진 이후 안전(safety)이 추가되어 '3E+S'로 개선하였다. 특히, 3차 SEP에서는 2030년까지 총 발전량 중 원전 비중을 53%까지 높이는 안을 포함하고 있었으나, 후쿠시마 원전사고 결과 이후의 원전 건설

표 11-5 제4차 SEP에서 확인된 에너지의 주요 현안 문제

구분	과제
구조적 문제	높은 에너지 수입 의존도 사회-기술적 요소(노령화사회, 기술혁신, 중장기 에너지 수요구조 변화 등) 국제사회 에너지 가격의 변동성 증가 온실가스 배출 증가에 따른 기후변화에 대응 필요성 증가
후쿠시마 원전사고 관련 이슈 및 교훈	원전 해체로 인해 발생하는 기술적 문제점들의 해결 방안 필요 원전의 안전성에 관한 국내외적인 우려 증가 GHG 배출 증가와 무역적자(화석원료 의존 증대와 에너지 자급률 감소) 발전용 연료비 증가로 인한 전기사용료 증가로 실물경제에의 악영향 정부와 전력회사 간의 신뢰도 하락 또는 상실 후쿠시마 원전사고 후 석유와 도시가스 공급 회복의 요구 증가 관할지역(관서와 관동 지역) 간 유연한 상호 공급 연계 부족 높은 전기요금으로 인하여 수요자 측면의 관리 중요성 부각
기타 주요 국내외 문제	셰일가스혁명으로 산업경쟁력 약화(천연가스 가격 하락 및 제조원가 하락) 에너지수입망의 불안정성 지속 가능성 국제사회의 에너지 수급 구조의 변화(중국의 에너지시장 참여 등) 아시아 국가 중심, 에너지안보 관점에서 원전이 선호되고 있음.

출처: 부경진 외(2017. 6). 저자 수정.

계획은 모두 취소되었다.

이후, 일본은 2015년 7월, 2030년까지 온실가스 배출을 26% 저감하겠다는 국가 온실가스 감축 기여 방안(INDC)을 UNFCCC에 제출하였다. 그리고 이 목표를 토대로 2050년까지 온실가스 배출량 80% 저감을 달성하는 장기 전략을 수립하였다. 이를 위하여 2015년 7월 제4차 '장기에너지 수급 전망'을 발표하였으며(<표 11-5> 참조), 2016년 5월 '지구온난화 대응계획'을 수립하였다. 내용 중 신재생에너지의 비중은 1차 에너지 공급의 13~14%를 차지하며, 2030 전원 믹스의 22~24%를 차지하고 있다. 제4차 에너지 기본계획과 2030 장기 에너지 믹스 계획을 통하여 일본은 에너지 효율 개선을 우선 과제로 관리할 것으로 예상된다. 이미, 일본의 경우 에너지 효율 정책을 통하여 에너지원 단위를 지난 40년간 40% 이상 개선시킨 것으로 확인된다.

2) 지역의 문제해결을 위하여 에너지에 집중하다

일본 내 많은 지역은 일본 정부의 에너지전략, 에너지 믹스 등에 기반을 두어

지역의 에너지 전환을 위하여 신재생에너지의 도입을 궁리하기 시작하였다. 일본의 지방도시에서는 신재생에너지사업을 추진하고 이를 통하여 지구온난화 대응까지 염두에 두어 지역사회의 유지와 발전에 기여하는 것을 목표로 삼았다. 이러한 활동은 지역주민, NPO, 협동조합 등 다양한 주체가 적극적으로 참여하고 상호 연계하는 형태의 양상으로 나타나게 되었다.

중요한 것은 주민들이 스스로 지역의 현안을 해결하고 그 과정을 통하여 지역의 자치권을 확보해 가고 있다는 것이다. 이는 신재생에너지 발전사업을 추구하고 그것을 운영, 매전(買電)의 수입을 활용하면서 지역의 현안을 해결해 가는 일련의 과정들은 지역의 에너지 자치로 연결될 수 있다. 또한 그러한 과정에서 나타나는 주민 참여의 다양한 절차와 협의 및 합의의 결과물들은 지역에 새로운 기회를 제공하고, 주민자치의 강화로 연결되는 등 선순환이 가능할 것이다.

2. 스마트 에너지 거버넌스(1): 시가현 고난시의 시민공동발전소

시가현(滋賀県) 고난시(江南市)는 인구 약 55,000명으로 지역 내 많은 제조업 사업장이 입지하고, 유통업도 번성한 도시이다. 1997년에는 전국 최초의 시민 공동발전소 '무당벌레 1호'가 민간단체에 의하여 설치되었다. 2013년 사단법인 고난시민공동발전소 프로젝트를 통하여 [그림 11－3]에 나타낸 바와 같이 '고난시민

그림 11–3 고난시 시민발전소 현황

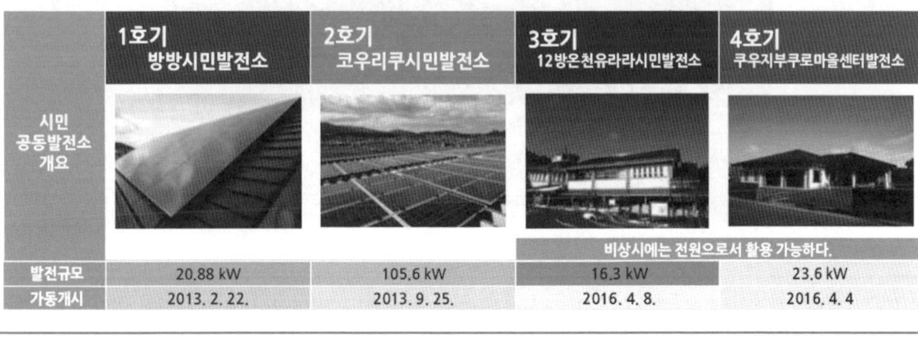

출처: 고난시 홈페이지, http://www.city.konan.shiga.jp/, 저자 번역 및 수정.

공동발전소 1호기'(약 20kW)가 설치되었다. 2013년 2호기(약 105kW), 2016년 3호기(약 16.3kW), 4호기(23.6kW)가 설치 완료되어 운행 중에 있다.

3. 스마트 에너지 거버넌스(2): 도쿠시마현 도쿠시마시의 지역에너지

도쿠시마시(德島市)는 도쿠시마현(德島県)의 현청소재지로 인구 약 26만 명의 도시로서 '도쿠시마 지역에너지'는 태양광발전 도입 사업계획인 '커뮤니티해피솔라'를 구축하였다. 커뮤니티해피솔라는 태양광 설치비의 약 10%를 기부금으로 모으고, 나머지는 현지 금융기관에서 대출 및 조달하며, 발전(發電) 개시 이후 기부자에게 특산품을 5년 동안 연 1회씩 제공한다.

2014년 3월에 가동을 시작한 사나고치촌 꿀벌(佐那河内村みつばち) 태양광발전소의 경우 사나고치마을의 소유지에 설치된 것으로 도쿠시마 지역에너지사업 주체가 되었다. 총 사업비 약 4,000만 원 중 300만 원은 현민(県民) 참여의 기부금으로 충당하였다. 기부금은 한 구좌당 1만 엔으로 300구를 모집한 결과로서 2개월 만에 달성하였다. 한편, 도쿠시마 지역에너지사업은 2018년 2월 농업농촌정비사업의 일환으로 소수력 등 신재생에너지를 활용한 발전시설의 도입 상황에 관한 자료

그림 11-4 사나고치촌 꿀벌 태양광발전소

주: 도쿠시마시에서 남서부에 접하고 있어 도시에서 차로 20분 정도 떨어진 곳에 설치되어 있다. 시설 면적: 3,007㎡, 태양광 판넬: 120 kW 파워콘 100kW, 연간 발전량: 125,000kWh의 규모를 가지고 있다.
출처: 社団法人徳島地域エネルギー 홈페이지, http://www.tene.jp/

표 11-6	도쿠사마현 신재생에너지 이용 현황

신재생에너지 사용 종별		합계 출력(kW)	충전 수입(만 엔/20년)
태양광 발전	지역자본에 의한 발전소	15,000	113억4,000
	커뮤니티해피솔라 (기부금형 사회공헌발전소)	1,577	13억6,000
	자부담 발전소	1,500	11억3,400
소수력발전		45	1억6,000
목질 바이오매스 열이용		100	

출처: 森英雄(2015. 11). 저자 번역 및 수정.

그림 11-5 도쿠시마현 농업 부담 경감 및 활성화를 위한 소수력발전 추진 방침

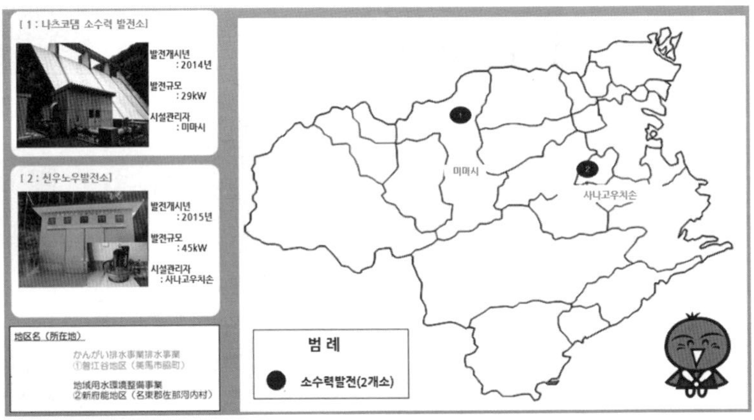

출처: 環境ビジネスオンライン홈페이지. https://www.kankyo-business.jp/. 저자 번역 및 수정.

와 현(県)의 신재생에너지 도입 방침을 정리한 '도쿠시마현 농업수리시설을 활용한 소수력(小水力) 등 발전 마스터플랜'을 발표하였다(<표 11-6>, [그림 11-5] 참조).

4. 스마트 에너지 거버넌스(3): 홋카이도 시모카와마치의 바이오매스

홋카이도(北海道) 시모카와마치(下川町)의 인구는 약 3,500명, 면적의 약 90%가 산림(숲)으로 조성되어 있는 특성을 가진 지자체이다. 시모카와마치는 매년 산

림의 성장량에 맞추어 벌채 및 조림하여 지속적인 산림 경영을 실현시키는 '순환형 임업경영'에 나서고 있다. 특히, 순환형 산림만들기를 기반으로 목질 바이오매스 자원을 활용한 지역만들기에 노력하고 있다.

2004년에는 대중 온천시설에 바이오매스 보일러를 도입하고, 이후에 유아센터, 육묘시설, 노인복합시설, 공공주택, 지역 초등학교 주변 등으로 목질 바이오매스

표 11-7 시모카와마치 바이오매스 적용 사례

구분		전경 사진	구분		전경 사진
시설명	오미온천		시설명	요양기관	
개시년일	2005. 3.		개시년일	2011. 3.	
용도	온수, 급탕, 난방		용도	난방, 급탕	
출력	180 kW		출력	450 kW	
연료소비	266 t		연료소비	727 t	
시설명	육아센터		시설명	공영주택	
개시년일	2006. 3.		개시년일	2011. 3.	
용도	난방		용도	난방	
출력	100 kW		출력	80 kW	
연료소비	60 t		연료소비	17.3 t	
시설명	육묘시설		시설명	지역열공급시설	
개시년일	2008. 12.		개시년일	2013. 5.	
용도	시설난방		용도	난방, 급탕	
출력	581 kW		출력	1,010 kW	
연료소비	278 t		연료소비	806 t	
시설명	지열시스템		시설명	학교병원열공급	
개시년일	2010. 3.		개시년일	2014. 3.	
용도	공공시설난방		용도	난방, 급탕	
출력	1,200 kW		출력	700 kW	
연료소비	497 t		연료소비	463 t	
시설명	에코하우스		시설명	중학교 열공급	
개시년일	2010. 4.		개시년일	2015. 1.	
용도	난방, 급탕		용도	난방	
출력	최대 14.9 kW		출력	240 kW	
연료소비	1.7 t		연료소비	222 t	

출처: 下川町 홈페이지. https://www.town.shimokawa.hokkaido.jp/. 저자 번역 및 수정.

에너지에 의한 열 공급을 진행하고 있다(<표 11-7> 참조). 이를 통하여 대부분의 공공시설에서 사용되는 난방의 약 60%(2014년 2월 시점)를 목재 보일러에서 조달하고 있다. 이러한 열공급 시스템의 원료인 목재 칩은 도시가 건설한 생산시설에서 동네의 민간 사업자가 설립한 시모카와 에너지 공급 협동조합이 지정 관리하고 있다.

5. 스마트 에너지 거버넌스(4): 나가노현 이이다시의 환경교육을 기반에 둔 자연에너지와 마치즈쿠리

나가노현(長野県)에 위치한 이이다시(飯田市)는 2016년 기준 인구 약 10.3만 정도의 도시이다. 이이다시는 산으로 둘러싸인 도시로서 재해에 안전한 도시로 인

그림 11-6 이이다시 에너지거버넌스 정책 연도표

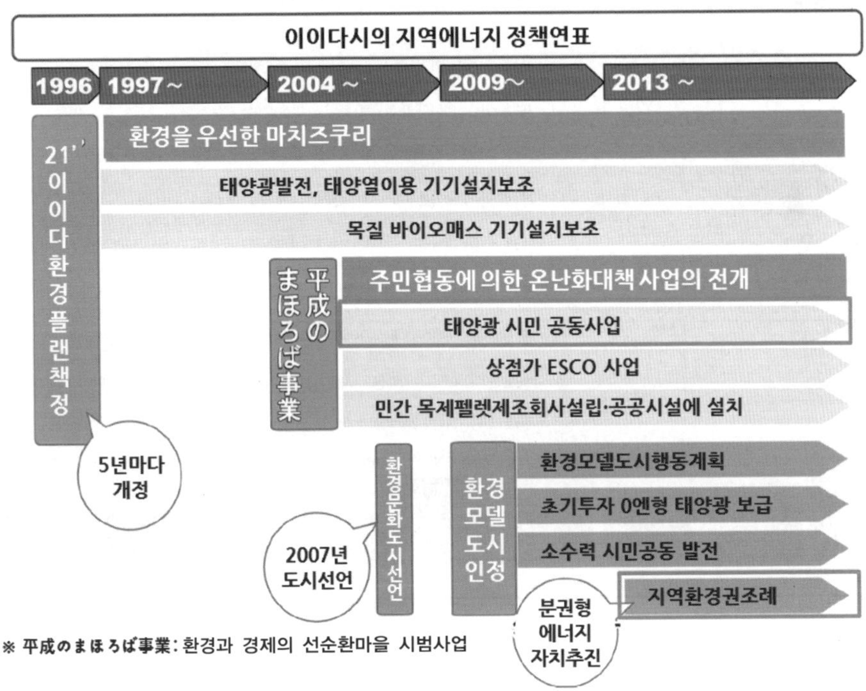

출처: 小川博(2016.8). 저자 번역 및 수정.

식되고 있으며, 2014년 기준 일조시간은 약 2,125시간 정도로 일본에서 가장 높은 도시이다. 이 때문에 2014년 3월 전국에서 최초로 '신재생에너지 도입에 의한 지속가능한 지역만들기' 조례를 제정하기도 하였다([그림 11-6] 참조).

조례의 목적은 지역 내 풍부한 신재생에너지 자원과 지역의 협력을 활용하여 '저탄소 활력 있는 지역만들기'를 실현하는 것이다. 한편, 2004년에는 5개의 민간기업이 지역 내 목재를 사용하여 목재 펠릿(pellet)을 만드는 제조공장을 시작하였다. 제3섹터가 아닌 완전한 민간기업으로서 이이다시는 이러한 활동에 전혀 관여하지 않고 있다. 현재 연간 1,200톤의 수급이 역내에서 이루어지고 있다. 이러한 조례 및 행정과 주민 등으로 구성된 신재생에너지 지역 거버넌스 활동 등은 지역경제 순환 창출의 기반이 되었으며, 나아가 지역의 에너지 거버넌스 구축을 통하여 에너지자치권을 강화한 계기가 될 수 있었다([그림 11-7] 참조).

그림 11-7 이이다시 에너지 거버넌스를 통한 공익적 이익 환원 사례

출처: 飯田市(2018. 1). 「地域環境権条例による地域づくり」. 저자 번역 및 수정.

6. 스마트 에너지 거버넌스(5): 나가사키현 운젠시의 오바마 온천에너지

오바마(小浜) 온천은 나가사키현(長崎県) 시마바라반도(島原半島)의 서부에 위치한 운젠시(雲仙市)에 있는 오래전부터 온천마을로 유명한 지역이다. 27곳의 원천에서는 약 100℃의 고온의 풍부한 유량(1만 5천 톤/일)을 보이고 있지만 용출 온천의 약 70%는 아무 활용 없이 바다로 흘려보내지고 있는 상황이다. 오바마 온천마을은 이와 같이 버려지는 온천수의 열에너지에 대한 재이용 방안을 고려하고 있었다. 2011년 '오바마 온천 에너지 활용 추진협의회'를 설립하고 지속적인 논의를 진행해 온 결과 온천열 이용을 추진하는 주체로서 일반 사단법인 '오바마온천에너지'가 같은 해에 설립될 수 있었다. 주목할 점은 협의회와 사단법인의 구성원들이 과거 동사무소에서 발전계획을 수립할 당시 반대운동의 핵심 멤버였다는 점이다.

그림 11-8 오바마 온천수열 바이너리 발전에 따른 효과

주: 발전 규모는 210kW급으로 최대출력 70kW 발전기 3대가 설치되어 있다.
출처: 社団法人 小浜温泉エネルギー 홈페이지, http://obamaonsen-pj.jp/, 저자 번역 및 수정.

2013년 환경성의 재정 지원을 통하여 실증실험의 형태로 온천 바이너리(binary) 발전 설비(총 210kW)가 설치되어 있다. 이는 숙박이 따르는 시설이기 때문에 온천 바이너리 발전은 관광자원으로서의 기대와 더불어 온천지의 활성화, 즉 지역의 활성화로 이어지는 구동력이 될 것으로 전망된다.

7. 스마트 에너지 거버넌스 종합

현재 일본 각지에서 지역 수준으로 전개되고 있는 에너지 거버넌스 사업 사례를 다음과 같이 다섯 가지의 유형으로 정리할 수 있다. 첫째, '지역주민 주도형'은 지역주민에 의하여 구성된 조직 형태이다. 둘째, '지자체 주도형'은 자치단체인 일본의 시정촌(市町村) 행정체계에 기반을 둔 형태이다. 셋째, '지역협동형'은 지역주민 주도형과 비슷한 부분이 있지만 지역의 NPO, 지역조직, 조합, 사업자, 지자체 등 여러 주체가 참여·협력하여 사업을 실시하는 형태이다. 넷째, '개발중시형'은 민간기업이 영리 목적으로 실시하는 대규모 사업 형태이다. 다섯째, '사회공헌·소셜비즈니스형'으로 주민이 아닌 사업자가 지역 공헌을 위하여 접근하는 형태이다. 개발중시형과 사회공헌·소셜비즈니스형은 주민 참여의 비중이 작기에 이를 제외한 나머지 유형을 정리하면 <표 11-8>과 같다.

표 11-8 지역의 신재생에너지 사업 유형에 따른 거버넌스 형태

유형		과제
지역주민 주도형	사업주체	지역주민에 의하여 구성된 NPO, 지역단체, 사업자 등의 조직
	주요 사례	타마(多摩)합동전력, 세노가와 태양광발전소, 산노(山王)자치회 등
	지역관계/ 주민참여	지역의 주체조직이 중심이 되어 발전사업을 담당 자금은 주민과 법인 등의 출자모집 및 지역 금융기관과 연계 등
	정책 관련성	일치하는 것도 없는 것도 있음.
	지역주체의 협동	지자체의 다양한 임대 제도 이용 및 보조금 지원 등
	지역사회에 영향	지역의 자립과 활력 기대 및 다른 지역의 벤치마크 모델 사업 규모가 작을 경우 지역 경제에 미치는 영향은 작을 수 있음.
지자체 주도형	사업주체	자치단체(시정촌: 市町村)
	주요 사례	시모카와마치(下川町), 시호로마치·우치코무라(士幌町·内子町), 구즈마키마치(葛巻町), 유스하라초(檮原町) 등

	지역관계/ 주민참여	지자체 주도적 신재생에너지 사업에 종사(대규모사업이 많음.) 주민 협의회 등을 통하여 지역 의견 반영함.
	정책 관련성	행정정책(인구 감소, 지역경제, 고용 창출 등)과 관련이 깊음. 온난화 대책이나 환경 에너지정책으로의 입지 거양
	지역주체의 협동	행정은 현지 사업자 선정 및 관리・운용 협의회 형태로 추진 다층의 참여와 협력을 촉진하나, 행정 주도 사업 행태가 기준 지역 내에서의 연계 상대 조직 찾고 또는 육성이 필요함.
	지역사회에 영향	녹색 공공사업 측면 및 지역 활성화에 일정한 효과가 기대됨. 사업 수익의 지역 환원 방법 마련 필요(지역의 지지・공감 확보 때문) 신재생에너지 사업 지역사회 전체에 파급이 크지 않을 우려
지역 협동형	사업주체	지역 NPO, 지역단체 , 조합, 사업자, 지자체 등의 참여・협력사업
	주요 사례	고난(湖南)시민공동발전, 다카라즈카시스미레(宝塚市すみれ)발전, 오바마(小浜)온천에너지, 도쿠시마(徳島)지역에너지, 교토시(京都市)시민협동발전제도, 나가노현 이이다시(長野県飯田市)태양광발전 등
	지역관계/ 주민참여	지역의 여러 주체가 연계하여 사업 추진 지역과 주민이 중심 활동을 지자체가 지원하는 형태
	정책 관련성	정책 과제와 지역의 실정을 반영이 많음.
	지역주체의 협동	다계층 구성 협의회의 사업 검토 후, 신재생에너지 사업 추진 지자체가 신재생에너지조례 등을 제정, 지역 주체의 노력 지원
	지역사회에 영향	지역활력 향상과 경제순환으로 인한 일자리 창출 등이 기대됨. 다른 유형 대비 신재생에너지 사업 지지 및 수용, 확산파급성 등 우위

출처: 「地域協働型」再生可能エネルギー導入の現状と推進のための ガバナンス構築に関する実証的研究, 저자 번역 및 수정.

제 3 절 지속가능한 자원순환 거버넌스

일본은 2000년대 초반 '순환형 사회'를 구축하기 위한 법체계 완성과 순환형 사회 구축을 통하여 생활폐기물에 해당하는 일반폐기물의 발생량이 감소하고 있으며, 재활용이 가능한 폐기물을 재생 및 이용하면서 폐기물을 최종 처분하는 시설에서의 폐기물 잔여 연수가 지속적으로 연장되었다.

이후 법체계가 구축된 지 10년이 지난 시점부터 해당 정책을 추진하면서 얻게 된 경험, 성과 그리고 한계 등을 종합적으로 검토하였다. 이를 통하여 정책이 실질적으로 적용되는 현장의 실정 반영, 방향 개선, 목표 수정 등 시스템적 접근을 통

그림 11-9 일본의 순환형 사회 진입을 위한 법체계의 변화

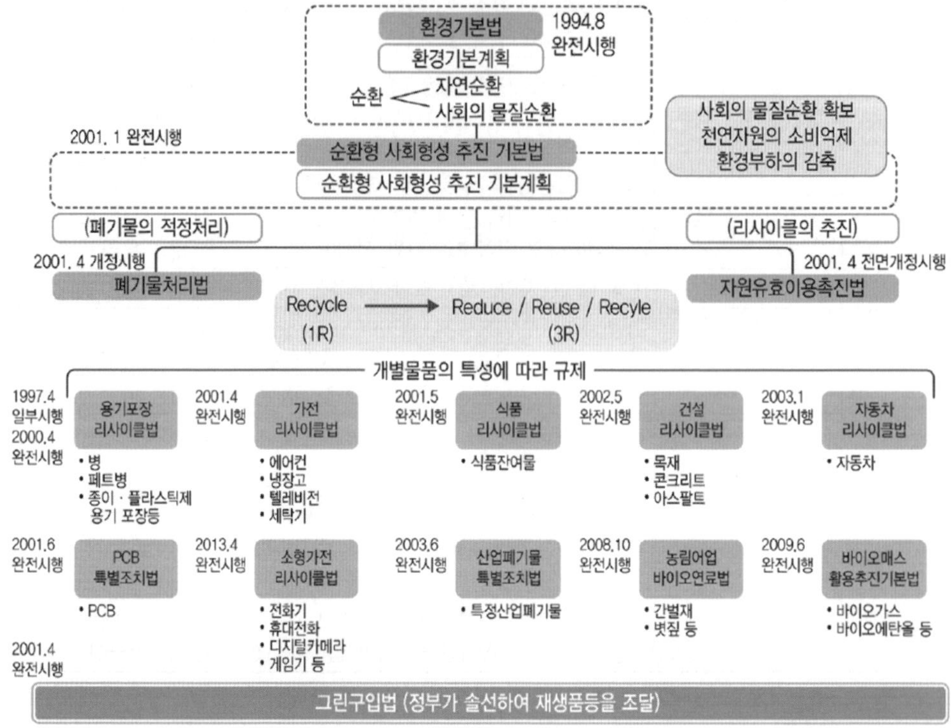

출처: 서세욱(2015. 5). 원자료 인용.

하여 고도화가 가능하였다. 여기에 2000년 후반에 들어서 농림수산물 수요 정체로 인하여 발생되는 문제를 바이오연료 생산지로 활용하는 등의 '바이오매스 일본 종합전략'을 마련하여 시행 중이다([그림 11-9] 참조).

순환형 사회에 대하여 일본에서 정리한 내용을 기반으로 부연하자면, 순환형 사회란 제품 등이 바로 폐기물이 되는 것을 제어하고 순환자원으로 활용이 가능한 경우에는 적정한 순환이 될 수 있도록 촉진하는 것이며, 역으로 순환이 어려운 자원에 대해서는 적정한 처분 방법을 확보 및 적용하면서 자원의 낭비를 제어하여 폐기물이 환경에 미치는 부하를 최소화하는 사회를 의미한다.[6] 순환형 사회 형성

6) 일본의 「순환형사회형성추진기본법(循環型社會形成推進基本法)」 제2조, 2000년 내용 참조.

의 참여 주체는 '주민(혹은 소비자)', '사업자', '행정'의 3자간의 파트너십(협동거버넌스)으로 구성된다.

이와 같은 특징과 참여 주체 등의 성격을 기반에 두어 지역의 거버넌스 참여형 자원 순환과 이를 통한 지역의 활성화가 요구되고 있다. 다만 지역의 자원순환의 대처는 기술적 · 경제적으로 가능한 범위에서 환경 부하의 저감을 최대한 고려하여 각 지역에서의 가용자원에 따라 적절한 규로로 순환한 것이 필요하다.

1. 지역 자원순환 거버넌스(1): 야마구치현의 음식물쓰레기 이용 달걀 생산

야마구치현(山口県)에서는 연간 19만 톤의 음식물쓰레기가 발생하고 있으며, 그 대부분이 소각 · 매립되고 있었기에 이에 대한 활용 방안이 논의되었다. 특히

그림 11-10 야마구치현 음식물쓰레기 순환자원 사료화

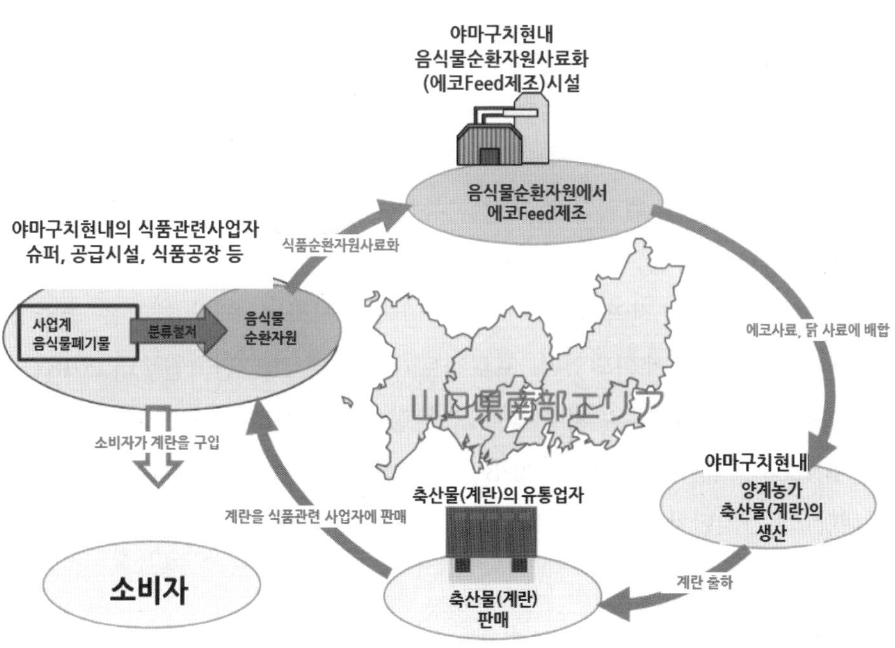

출처: 「平成30年版環境白書 · 循環型社会白書 · 生物多様性白書」, 2018. 1, 저자 번역 및 수정.

제조업에 비하여 소매업 등의 식품 관련 사업자의 재활용률이 낮아 식품유통 사업자의 식품폐기물을 일체 수집 및 운반하고 이를 사료(에코사료)화하는 시범사업이 시행되었다. 그리고 이 사료를 지역 내 양계장에 공급하여 닭의 먹이로 활용하고, 이 사료를 먹은 닭의 달걀을 소매점에 환원하는 형태로 사업을 진행하였다([그림 11－10] 참조).

사업을 통하여 수집 운반의 효율화 등에 의한 재활용 비용의 감축과 에코사료를 먹은 달걀의 품질 확보, 소비자의 수용 가능성 등 과제 및 성과를 파악할 수 있었다. 실증 사업에서 얻은 경험에 입각하여 식품폐기물 등의 재활용 등의 추진율의 향상과 환경교육, 농축산물 브랜드화, 지산지소(地産地消)[7] 등의 지역에서의 복합적인 가치를 생성하는 것을 목표로 하고 있다.

2. 지역 자원순환 거버넌스(2): 일본 전역 협력 프로젝트로서 도시광산 프로젝트

2020년 개최 예정인 도쿄 올림픽·패럴림픽 경기에서 활용되는 메달을 도시광산을 활용하여 제작하자는 "도시광산에서 만든다! 모두 메달 프로젝트"가 진행되고 있다([그림 11－11] 참조). 도쿄 2020 올림픽·패럴림픽 경기대회 조직위원회(이하 조직위원회)는 프로젝트 참여 사업자인 환경성, 도쿄도, ㈜NTT도코모, (재) 일본환경위생센터 등과 협력 프로젝트를 통하여 올림픽·패럴림픽에 활용할 금·은·동메달 약 5,000개를 제작할 예정이다.

이 프로젝트는 일본 전역에 거주하는 국민이 참여하며, 메달 제작을 국민 참여의 거버넌스 형식으로 계획되었다. 프로젝트가 시작된 2017년 4월부터 2018년 1월 말까지 회수된 소형가전[8]은 지자체 수거 물량이 약 8,915톤, ㈜NTT 도코모가 휴대폰을 약 266만 대 수거하였다. 2018년 3월 현재 일본 전역의 지자체 1,425개(약 80% 해당)의 자치단체가 이 프로젝트에 참여하고 있다.

---

7) 우리나라 '신토불이(身土不二)'와 유사한 개념으로서 "지역에서 생산한 농산물을 지역에서 소비하자"는 캠페인 활동을 의미한다.

8) 휴대폰, 컴퓨터 등의 소형 가전제품.

그림 11-11 도쿄2020 도시광산 프로젝트

출처: 東京2020オリンピック・パラリンピック競技大会組織委員会 都市鉱山 홈페이지, https://tokyo2020.org/, 저자 번역 및 수정

이 프로젝트를 통하여 2020년 도쿄대회 이후에도 소형 가전 재활용 제도를 추진하여 일본의 순환형 사회로 정착을 위한 계기로 마련할 것을 계획하고 있다.

3. 지역 자원순환 거버넌스(3): 사이타마현 오가와마치의 바이오플랜트

사이타마현(埼玉県)의 오가와마치(小川町)는 인구 37,000여 명의 작은 마을이다. 지역마다 다양한 특징이 있겠지만 오가와마치는 일본에서 가장 빠른 시기에 유기농농업을 시작한 마을로 유명하다. 오가와 지역은 지역의 음식물쓰레기가 증가하는 것에 주목하게 되었으며, 1999년 7월 자치단체는 '오가와 환경기본계획 수립 주민협의회'를 통하여 오가와 지역의 자원순환을 위한 음식물쓰레기 자원화사업을 시작하게 되었다.

2001년 5월 오가와마치의 시모사토(下里) 지역에 '오가와마치 자연에너지연구회'가 실증 플랜트를 건설하고, 히가시오가와(東小川)단지, 미도리가오카(みどりが丘)단지 등의 가정 100가구의 음식물쓰레기를 수집하고 자원화하였다. 2004년 5월 'NPO 풍토(ふうど)'는 지역의 바이오가스 플랜트 건설을 지자체의 지원(보조금) 없이 AP은행으로부터 대출과 시민 출자 펀드만으로 구축하기로 결정하였다. 2006년 2월 약 800만 엔을 투자하여 지역의 바이오가스 플랜트를 가미요코타(上横

田) 지구에 건설하였으며, 같은 해 6월 바이오가스 플랜트 시설이 본격적으로 가동되었다.

처음에는 가정의 음식물쓰레기를 대상으로 하였으나 이 시기부터 학교급식 쓰레기도 대상으로 하여 약 300세대분의 음식물쓰레기를 수집하고 자원화하고 있다.

운영비는 지역 음식물쓰레기 에너지화 사업으로 자치단체로부터 처리비용을 보전받고 있다. 또한 음식물쓰레기를 제공하는 가정에는 지역화폐(지역 마을장터에서만 사용 가능)를 지급하여 주민 참여도 제고를 유인하고 있다. 한편, 바이오가스 플랜트에서는 소각, 처리뿐만 아니라 미생물로 인한 메탄바이오가스를 활용하여 전기의 생산과 액체비료(유기질비료)를 만들고 있다. 이를 판매하여 부가적 수익도 창출하고 있다. 운영 개시 10년 이후 이미 은행 대출 및 시민출자펀드도 상환이 된 것으로 알려졌다.

그림 11-12 오가와마치 바이오가스 플랜트 시설

바이오가스플랜트

메탄가스 저장

유기물액체비료

출처: 自然エネルギーを考える川口市民の会. http://blog.livedoor.jp/, 2016.12.04.; 小川농장 블로그. https://bukubuku-farm.blogspot.com/, 2015. 09.

4. 지역 자원순환 거버넌스(4): 후쿠오카현 기타큐슈시의 에코타운사업

후쿠오카현(福岡県) 기타큐슈시(北九州市)는 인구 약 96만 명 정도가 거주하고 있는 일본의 대표적인 공업도시이지만, 과거의 대부분 공업(산업)도시에서 문제가 되는 것처럼 기타큐슈도 대표적인 환경오염도시였다. 기타큐슈에 거주하는 주부들이 아이들의 건강과 다음 세대의 지속성에 대하여 고민하기 시작하였으며, 이를 기반에 두어 환경오염에 대한 시민운동이 시작되었다. 1971년 기타큐슈 시에는 일본 정부보다 먼저 '공해대책국(現, 환경국)'을 설치하였으며, 「기타큐슈 공해방지조례」를 제정하면서 기업의 환경오염에 대한 규제를 시작하였다. 이를 통하여 1972년 지역 내 47개 기업과 54개의 공장이 기타큐슈 시와 '공해방지협정'을 체결하게 된다.

현재는 이를 극복하고 새롭게 기타큐슈 '에코타운'으로 진행을 위하여 노력하고 있다. '에코타운'사업[9]은 공해 방지와 삶의 질 향상을 위한 도시환경 정책의 비전이다. 이 사업은 도시산업시설의 쇠퇴와 구도심권의 슬럼화에 따른 도심재생 프로젝트의 일환으로 이해할 수 있으며, 더불어 자원순환형 사회의 도래에 대비한다는 차원에서 1988년 계획을 수립, 추진하였다. 이를 위하여 기타큐슈에서는 환경·재활용 산업의 진흥을 도모하고자 '기타큐슈 에코타운계획(경제산업성 및 환경성 승인)'을 수립하고 시 전역에서 다양하고도 구체적인 사업을 추진하여 왔다. 또한 '기타큐슈 에코타운계획 실시계획'을 수립하여 기본 방향을 정하고 환경정책과 산업진흥정책을 통합(융합)한 지역의 정책을 전개하는 등 체계적인 접근을 하였다. 이와 함께 계획의 원활한 진행을 위하여 '기타큐슈시 에코타운센터'을 설립하였는데, 일본 전역의 에코타운 중 가장 먼저 시작되었을 만큼 기타큐슈의 지역구성원들의 순환형 사회에 대한 요구가 컸다는 것으로 이해할 수 있다. 에코타운 사업은 크게 다음과 같이 구분할 수 있다. 첫째, 환경종합 콤비나토(コンビナート, kombinat)[10] 히비키(響) 리사이클 단지를 활용한 재활용사업(<표 11-9> 참조), 둘째, 후쿠오카(福岡)대학 연구소를 중심으로 한 16개의 실증연구 사업, 셋째, 기타큐슈시립대학을 중심으로 한 기초연구사업의 세 가지로 구성된다. 이 세 가지 특성을 통하여 기타큐슈는 환경 분야에 대한 교육·기초연구부터 기술·실증화 연구, 그리고 비즈니스 모델에 이르기까지 종합적으로 사업을 전개하고 있다.

기타큐슈의 자원순환의 대표적 사례를 보면 우선 자동차를 들 수 있다. 기타큐슈시 니시니혼(西日本) 오토 리사이클 공장에 폐차가 들어서면 불과 45분 만에

9) 에코타운사업이란 '모든 폐기물을 다른 산업 분야의 원료로 활용하고 궁극적으로 폐기물을 제로로 하는(zero emission)' 것을 목표로 자원순환형 사회의 구축을 도모하는 사업이다.

10) 기업집단을 의미하는 것으로, 생산 합리화를 위하여 관련 기업 및 공장설비를 한 지역에 모은 것을 의미한다.

표 11-9　기타큐슈 에코타운 종합환경콤비나토 히비키 리사이클 단지

입주시설	주요 사업 내용	비고
㈜ 유코 리프로	파칭코 기계 재활용	ⓐ
㈜ 에코 우드	폐목재, 폐플라스틱 재활용	
코카콜라 보틀 재팬 ㈜	음료용기 재활용, 자동판매기 재활용	
아미타 ㈜ 기타큐슈 순환자원 제조소	슬러지·금속 재활용	
㈜ 코세이	초경합금 재활용	
일본환경설계 ㈜	휴대폰 재활용	
니시니혼 페트병 재활용주식회사	페트병 재활용	ⓑ
주식회사 리사이클 테크	OA기기 재활용	
니시니혼 오토 리사이클㈜	자동차 재활용	
니시니혼 가전 리사이클㈜	가전 리사이클	
주식회사 제이·리라이츠	형광등 재활용	
에코노베이토향 아소광업㈜ 기타큐슈 사업소	의료용 도구 재활용	
㈜ NRS	건설 혼합 폐기물 재활용	
일본자력선광공사	비철금속 종합 재활용, 소형가전 재활용	
기타큐슈 ELV 협동조합	자동차 재활용	
규슈·야마구치 지방사업 협동조합	식용유 재활용	
규슈 리파인 주식회사	사용된 유기용제 정제 재활용	
㈜ 니시니혼 종이 재활용	폐지 재활용	
㈜ KARS	캔 재활용	
(유) KARS	캔 재활용	
타노시이㈜	식품 폐기물 재활용	ⓒ
㈜ 앵커 네트워크 서비스	OA 기기 재사용	ⓓ
규슈제지㈜ 기타큐슈공장	폐지 재활용, 제철용 포밍 억제제 제조	
㈜ 아스텍 후미	도시광산 재활용	

주: ⓐ히비키나다 동부지역, ⓑ콤비나토 히비키 리사이클단지, ⓒ실증연구지역, ⓓ기타 지역
출처: 北九州市エコタウンセンター 홈페이지, http://www.kitaq-ecotown.com/

완전히 분해된다. 해체된 자동차의 강판은 철, 구리 등의 금속자원을 분리하여 99% 이상을 재활용하는 데 활용한다. 재활용은 인근의 제철소에서 담당하는 것으로 이 금속자원을 녹여 다시 활용 가능한 금속재료로 가공하고 이를 다시 자동차의 외부 강판으로 재사용하는 것이다.

다른 사례로 음식물쓰레기 순환사업을 들 수 있다. 특히, 생분해되는 플라스틱

컵을 기존 종이 일회용 컵의 대용품으로 사용하고자 노력하고 있다. 한편, 음식물 쓰레기를 활용하여 에탄올을 제조하는 사업도 추진 중이다. 지역의 병원, 학교 등에서 음식물 쓰레기를 수거하여 에탄올 제조 원료로 사용하며, 이를 휘발유 대신 자동차 연료로 재사용한다. 유사한 사례로 기타큐슈시 지역 내 동네 슈퍼에는 폐식용유 수거통이 있어 수거한 식용유를 에코타운의 식용유 재활용공장(규슈・야마구치 지방사업 협동조합)에서 가공한 후 쓰레기 수거 차량의 디젤연료로 사용하고 있다.

지역사회에서의 노력과 함께 이를 지지하고 참여하는 시민들에게는 폐기물을 줄이고 자원순환을 활성화하기 위하여 엄격한 규칙이 적용되고 있다. 다른 도시와 달리 기타큐슈 시는 [그림 11－13]에서 확인되는 바와 같이 9종의 분리 수거 쓰레기봉투 및 4종의 전용 쓰레기봉투, 그리고 분리 수거 안내책자를 제공하여 시민들의 분리 수거 활동을 지원하고 있다.

기타큐슈 시는 자원순환형 사회 조성을 위하여 가장 중요한 것은 원료라고 판단, 폐기물의 안정적인 확보를 위한 노력을 하고 있다. 전술한 기타큐슈 에코타운은 현재 일본의 27개 에코타운 단지 중에서도 최고의 재활용시설로 인정받고 있

그림 11－13 자원과 쓰레기의 분리 배출 방법 안내서(가정쓰레기 대상)

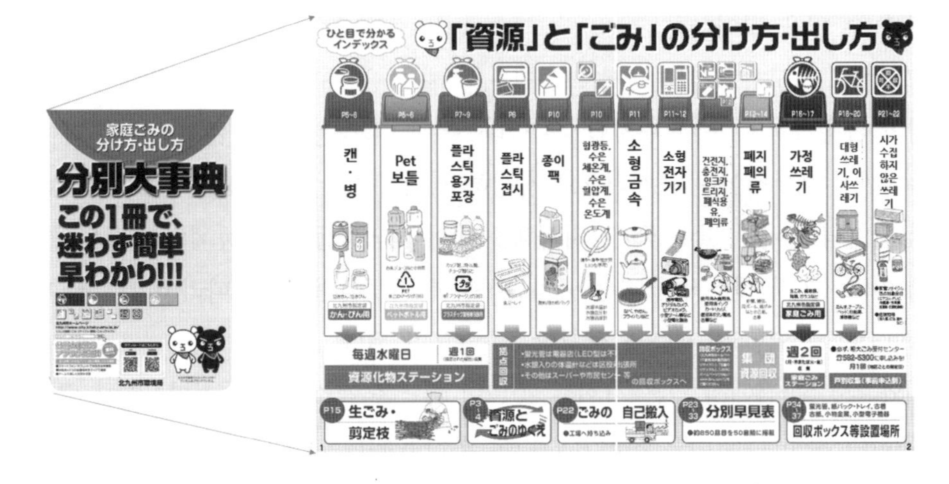

출처: 北九州市 홈페이지. www.city.kitakyushu.lg.jp/. 저자 번역 및 수정.

다. 이는 환경산업 관련 기술연구소와 일반기업 간의 협업의 결과로 평가되고 있다. 즉, 연구 성과가 바로 산업기술에 접목될 수 있도록 유기적 협조체제를 만들었기 때문이라는 것이다. 여기에 지역 시민들의 높은 참여 의식도 무시할 수 없다. 기타큐슈는 세계 환경수도를 목표로 지속적인 노력을 하고 있다.

제 4 절 리스크 분담을 위한 재난대응 거버넌스

2011년 동일본 대지진 이후, 행정 · 사회 전반에 대하여 과학적 분석 등이 적절하게 제공되지 않았다는 점이 사회적 문제가 되었다. 또한 행정이나 전문 분야에서 지금까지 과학기술의 한계나 불확실성을 감안하였을 때 적시적소의 정보 수신 및 발신이 이루어지지 못하였으며, 실제 리스크에 대한 사회와의 해결 노력이 미비하였다고 지적되고 있다. 이로 인하여 일본 국민들의 자신감 하락, 그리고 국민들의 정부의 불신 등의 사회적 현상이 나타났다. 특히, 일본 국민들의 자신감 저하는 일본 사회 전반에 적지 않은 영향을 미친 것으로 확인된다. 이와 함께 정부에 대한 신뢰도 하락은 결국 당시 정권 교체까지 이르게 되었다. 이는 일본 국민이 국가 재난대응 시스템에 대한 불신과 정부에 대한 불신으로 인하여 나타난 결과로 이해할 수 있을 것이다.

그럼에도 불구하고 일본에서 그동안 구축해 놓은 재난대응에 대한 체계적인 시스템의 활용가치는 높게 평가할 수 있다. 특히, 행정은 각종 규정, 지침, 가이드, 매뉴얼까지 세부적이며 구체적으로 작성하고 제시하고 있다. 또한, <표 11-10>에서 확인되는 바와 같이 국가, 지자체를 넘어 지역공동체, 공동체의 구성원 한 사람에 이르기까지 세부적인 적용이 가능하도록 만들어져 있다. 따라서 컨트롤 타워가 제대로 된 역할과 기능을 발휘할 수 있으면 된다.

이와 같은 관점에서 일본 사회는 2012년 재난을 감소시키는 지역사회를 구축하기 위하여 자조(自助),[11] 호조(互助),[12] 공조(共助),[13] 공조(公助)[14] 등의 내용에

11) 자조(自助): 자신이 주체가 되어 재난 시 스스로를 지원하고 관리함.

표 11-10 일본의 단계별 재난 · 재해대책

구분	내용
재난 · 재해 예방 및 사전대책	지역 특성을 고려, 재난 · 재해에 강한 국가 및 마을 만들기를 제시함. 사고재해 예방, 국민 방재활동 촉진, 재해/방재 연구 및 관측 등의 촉진, 재발방지대책 실시, 재해응급대책 및 재해복구 · 부흥 준비 기술
재난 · 재해 응급대책	가까이 있는 행정 주체의 역할 및 광역에 걸친 종합적 처리 필요 재해 발생 후 방재 관계 기관의 역할은 피해 규모 등의 정보 수집 및 연락이며, 그 정보에 근거한 구조 · 구급 · 의료 · 소방활동을 추진하는 것임.
재난 · 재해 복구 및 부흥대책	주민 의향 기반의 복구 및 부흥계획 수립(지자체 주체, 국가 지원 형태) 피해자의 안정성을 고려한 지역만들기를 목표로 함. 지역 활력 확보를 위하여 가능한 한 신속 및 원활한 복구 · 부흥을 도모

출처: 防災基本計画, 中央防災会議, 2014, 집필자 재구성.

기반을 두어 각 영역에서의 대책 및 대응, 합의 등이 전개될 필요성에 대하여 논의하였다. 또한 대책 및 대응을 위하여 지역주민의 집합체로서의 커뮤니티가 중시되고 있지만, 이를 가능하게 하기 위해서는 주민 간의 적절한 거버넌스 체제를 구축해야 할 필요성도 부각되고 있다. 이 경우 관련 활동에 대한 지역 리더의 존재는 매우 중요한 부분이 된다. 여기에 주민조직과 행정, 기업, 병원, NPO 등 재난 저감 및 대응을 위한 지역의 다양한 유관기관과의 연계 및 협동도 필요했다. 일본의 다양한 지역에서는 이와 같은 연계와 협력을 주도하는 인재를 양성하는 것이 자연재해 및 재해 저감 등을 위하여 필요한 필수 과제로 인식되고 있다.

도시공간에서의 재난 · 재해는 다양한 형태로 나타난다. 재난 · 재해를 크게 자연재난과 사회(인위적)재난[15]으로 나눌 수 있다. 물론 일부 사회재난의 경우 인위적으로 자연재해 발생의 임계치를 초과하게 되어 결국 자연재해 발생의 원인으로 작용하기도 한다. 대부분의 자연재해의 경우 인위적 노력으로는 대응하기 어렵다는 점이 있다. 자연재해의 경우 크게 대기의 모든 현상에 의하여 발생되는 기상재해(이상기후 포함)와 지구 내부의 여러 현상과 움직임으로 인하여 발생되는 지진,

12) 호조(互助): 비공식적인 상호 조력 활동으로 자원봉사활동 및 NPO 등에 의한 지원활동.
13) 공조(共助): 공식적인 상호 도움활동으로 사회보험제도 등을 통한 지원활동.
14) 공조(公助): 행정에 의한 최후의 지원 수단.
15) 화재, 붕괴, 폭발, 교통사고, 환경오염, 에너지, 통신, 금융, 의료, 상수, 감염병, 가축 등으로 인한 국가 및 지자체의 기반 체계 마비 및 피해를 의미함.

표 11-11 자연 재난 · 재해 형태

구분	내용	세부 내용
기상재해	비	하천 홍수, 도시 홍수, 수몰, 내수 범람, 사면 붕괴, 산사태 등
	눈	폭설, 한파 등
	바람	강풍, 토네이도, 태풍, 해일, 파랑
	번개	낙뢰(산불 등)
	기후	폭염, 혹서, 가뭄, 냉해
지진 및 화산재해	지진	지반 진동, 액상화, 사면붕괴, 눈사태, 해일, 지진화재
	화산(분화)	화산가스, 용암, 산사태, 해일, 지진 등

출처: 都市整備局, 東京都都政改革本部 홈페이지.
http://www.toseikaikaku.metro.tokyo.jp/, (2017. 11). 집필자 재구성.

화산 등의 재해로 나눌 수 있다(<표 11-11> 참조).

1964년 6월 니가타(新潟) 지진, 1948년 5월 도카치오키(十勝沖) 지진, 그리고 1976년 10월 사카타(酒田) 대화재 등은 도시에서 발생한 재해로서 재해 특성에 따른 도시의 대응 상황을 확인할 수 있다. 물론 이러한 재해에 대응하기 위한 일본의 가이드라인과 거버넌스 활동 등은 다른 도시의 참고가 되고 있다.

일본의 경우 재난 · 재해 발생 시 복구 및 부흥을 위하여 <표 11-12>에서 확

표 11-12 일본의 재해 복구 및 부흥 과정의 지원제도

구분	내용	세부 내용
초기	자원봉사자 중심의 복구 및 부흥	1995년 발생한 한신 · 아와지(阪神 · 淡路島) 대지진[16]의 경험을 기반에 두어 모든 이가 지원자가 되는 형태 볼런티어 중심의 지역 복구 및 부흥 노력(예, 고베 주말 볼런티어 등)
지자체 독자적 지원제도	지역부흥지원원(니가타현)	2004년 니가타현(新潟県) 주에쓰(中越) 지진 이후 '지역부흥지원원'사업을 도입 재난지역의 지역부흥네트워크 구축 지원, 재난지역 복구행사 기획 및 지원, 주민과 행정 연락 조정, 피해주민 돌봄 · 방문상담 · 정보 제공 등, 기타 지역의 부흥 지원
중앙정부 지원제도	부흥지원원(復興支援員) 제도	동일본대지진 이후 총무성이 신규 설치한 '부흥지원대'제도 기반 지역만들기, 복구마을만들기 등 지원 부흥지원원은 피해지역에 일정 기간 옮겨 살면서 재해지역 지자체가 정한 부흥계획이나 부흥계획을 기반으로 주민 돌봄. 지역 살리기 등 부흥에 동반되는 활동을 실천, 지역 커뮤니티 재구축을 도모하는 역할

출처: 김소영 · 황정임 등(2014). 저자 재구성.

인되는 바와 같이 ‘초기 지원’, ‘지자체 독자적 제도’, ‘중앙정부 지원’ 등 크게 세 가지 형태의 지원제도를 마련하고 있다. 초기 지원은 자원봉사자 중심의 복구 및 부흥 활동이 진행된다. 지자체 독자적 지원은 네트워크 형태의 지원을 의미하는 것으로 초기 지원보다 조직적인 성격을 보인다. 끝으로 중앙정부 지원은 최근 설치된 것으로 지자체의 계획과 정부 지원적 성격으로 지원되는 것을 의미한다.

1. 지역 재난대응 거버넌스(1): 동일본 대지진 이후 환경재생 거버넌스

2011년 3월에 일본 도후쿠(東北) 지방을 휩쓴 동일본(東日本) 대지진은 1990년 이후 일본에서 발생한 가장 큰 규모의 지진이었으며 막대한 피해를 야기하였다. 지진과 쓰나미는 사람들의 재산과 생명을 앗아갔다. 특히 쓰나미는 도쿄전력 후쿠시마 제1원전 시설에 심각한 수준의 문제를 발생시켰으며, 지진으로 인하여 사태가 더욱 심각해졌다. 아직도 주민들은 원전에서 쏟아져 나오는 강력한 방사선량으로 불편한 생활을 지속하고 있는 것으로 알려져 있다. 정부와 지역사회는 산업 기반의 재건과 이재민의 생활 재건, 흩어진 가족에 대한 지원, 방사능 노출 지역에 대한 사회적 배제 문제 등 많은 과제를 안고 있다.

기존의 지진과는 달리 동일본 대지진 때 나타난 원전사고는 원전 거버넌스에 입각한 원전행정으로의 변모를 가져왔다. 기본적으로 방사선 재해폐기물에 대한 연구조사, 대기 및 환경영향조사, 연안생태계 영향조사, 석유·탄화수소 오염 실태

그림 11-14 동일본지진 후 재해환경 연구 등을 통한 지역 부흥과 환경 회복 노력

출처: 独立行政法人国立環境研究所(2013. 3). 저자 수정.

16) 고베 대지진이라 불리기도 함.

파악조사 등에 대한 연구 수행하고 이를 통하여 지역의 재건과 부흥을 위하여 노력하고 있다.

2. 지역 재난대응 거버넌스(2): 구마모토 지진 후 지역 부흥과 환경 회복 노력

2016년 4월 14일 구마모토(熊本)에서 지진이 발생하였다. 일본에서 발생한 지진들과 비교하였을 때 한신·아와지 대지진의 규모에는 미칠 수는 없었지만, 2004년 니가타현 지진, 2011년 동일본 대지진 등에 버금가는 피해가 발생한 것으로 조사되었다(<표 11-13> 참조). 구마모토는 지진으로 발생한 막대한 폐기물에 대하여 2018년 2월 말 현재 약 303만 톤을 처리한 것으로 확인된다. 이는 구마모토현이 마련한 '재해폐기물처리실행계획'에 근거하여 재해 폐기물의 광역처리 및 보조로 임시 하치장 가동 등의 다각적인 노력이 뒷받침되었기 때문으로 알려졌다. 한편, 공원시설의 정비도 추진하였다. [그림 11-15]와 같이 아소쿠쥬우(阿蘇くじゅう) 국립공원 내 지진 피해를 입은 주차장, 휴게소, 산책로 등에 대한 시설을 조기에 복구하였다. 이와 함께 구마모토현 및 오이타현(大分県)의 공원시설에 대한 재해 복구도 지원하였다.

표 11-13 1990년대 이후 일본의 지진

지진명	발생일	최대 진도	사망자	피해 규모
한신·아와지대지진(고베대지진)	1995. 01.	7	6,434	10조 엔
니가타현 주에쓰 지진	2004. 10.	7	68	3.0조 엔
후쿠오카 지진	2005. 03.	6약	1	0.3조 엔
이와테·미야기 내륙지진	2008. 06.	6약	17	0.1조 엔
히가시니혼 대지진	2011. 03.	7	15,895	25조 엔
구마모토 지진	2016. 04.	7	67	0.3조 엔

출처: 熊本地震と地域経済(2016. 5). 저자 번역 및 수정.

그림 11-15 구마모토 지진 후 지역 부흥과 환경 회복 노력

출처: 「平成30年版 環境白書・循環型社会白書・生物多様性白書」, 環境省, 2018. 6, 저자 번역 및 수정.

3. 지역 재난대응 거버넌스(3): 나카오카시 야마코시무라지구의 대화로 만드는 지진훈련

니가타현(新潟県) 나카오카시(長岡市) 야마코시무라(山古志村)는 전형적인 중산간(中山間) 지역 형태를 갖추고 있는 마을이다. 2004년 니가타현의 주에쓰(中越) 지진으로 인하여 지역은 피해를 받게 되었으며, 지역의 14개 마을 전체가 2일간 고립되었다. 이후 일본의 자위대 헬기 등을 이용하여 2,167명의 전 주민이 나카오카(長岡) 시내로 피난할 수 있었다. 이때, 야마코시무라는 사망자 5명, 중경상자 25명이었다.

다케자와(竹澤)・가지카네(梶金)의 두 마을 주민조직(구청회 및 자주방재회)이 주최하고 지역의 재난 대응력을 높이기 위한 노력의 일환으로 '방재맵 만들기', '재해대응 시나리오 만들기' 등을 위한 워크숍을 실시하고 이 결과를 바탕으로 지진재해 훈련계획을 수립하였다. 2009년 10월 나카오카 시 주최의 야마코시무라 지역 지진종합방재 훈련에서 두 마을의 방재조직, 행정, NPO, 방재과학기술연구소(NIED) 등이 협력(동)하여 위성전화에 의한 피해정보 전달 훈련, 마을재해 대응 시나리오에 근거한 훈련, 위성 인터넷 기반 아동 및 학생 귀가 판단 훈련 등을 실시하였다. 또한 훈련 종료 후 주민이 참여한 방재 라디오 프로 등이 방송되어 정보 제공 등의 커뮤니티 활동을 수행하고 있다(다음의 [그림 11-16] 참조).

훈련 과정상 다양한 의견과 문제점이 도출되었다. 사전에 잘 준비하면 재난을

그림 11-16 야마코시무라의 재난 발생 시 관계자의 소재와 상황 등

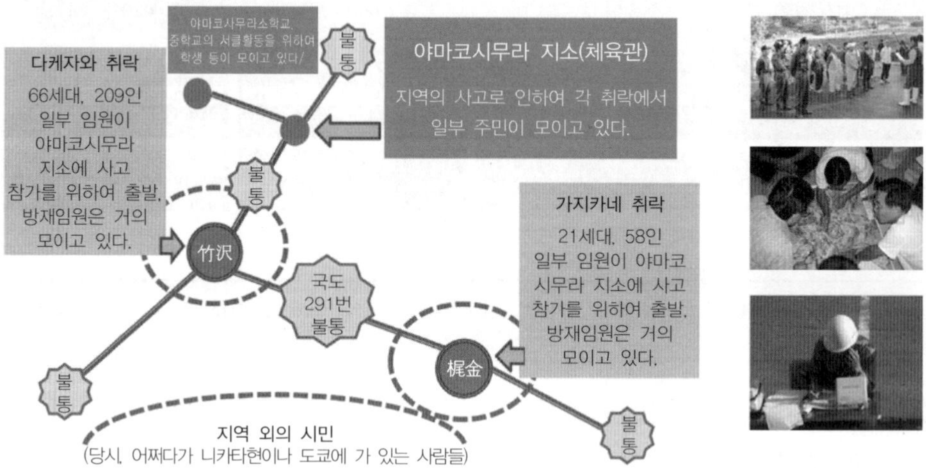

출처: 新潟県長岡市山古志地区の取り組み, 「対話でつくるオリジナルの震災訓練」, 国立研究開発法人 防災科学技術研究所 홈페이지, https://risk.ecom-plat.jp/, 저자 번역 및 수정.

최소화할 수 있을 것이라는 긍정적인 의견이 있었으나, 문제는 재난 초기에 마을 전체가 피난할 수 없는 상황이 발생하였을 때에 대한 주민들의 위기의식이 큰 것으로 나타났다. 이로 인하여 생명선(life line)인 통신이 두절되는 가운데 이전의 엔드포인트(end point)인 2일보다 긴 기간을 자립적으로 생활할 필요가 생겨 결국 엔드포인트를 재설정하였다. 이와 함께 재난 발생 시 단계적 철수 절차, 철수 장소 등이 새롭게 결정되었으며, 임시 집결지마다 주민들의 안부와 피해 상황 등을 확인할 수 있는 정보체계를 마련하였다. 여기에 각 마을마다 위성휴대전화가 1대씩 설치되었으며, 이를 활용한 통신훈련도 진행되었다.

이와 같이 주민의 재해대응 시나리오에 기반을 둔 훈련계획의 수립과 실질적인 훈련 결과는 행정 및 조정기관을 통하여 제공된 재난·재해에 대한 지식을 넘어 경험적이고 전문적인 지식을 확보할 수 있게 되었다. 이에 대한 시사점은 리스크 거버넌스의 고도화도 결국 리스크 커뮤니케이션의 기법을 통하여 가능해질 수 있다는 것이다.

4. 지역 재난대응 거버넌스(4): 도쿄도 세타가야구의 방재마을만들기

세타가야구(世田谷區)는 도쿄도(東京都) 23구 중 최대의 인구(약 84만 명)를 가진 곳이다. 1995년에 발생한 한신・아와지(阪神・淡路) 대지진을 계기로 안심・안전 마을만들기 사업을 추진하였다. 특히, 대규모 지진에 대한 방재도시만들기 방안을 정리한 '방재마을만들기 기본 방침'을 마련하였다(<표 11-14> 참조). 이 시기 국가는 2011년에 발생한 동일본 대지진으로 인하여 '방재도시만들기계획 수립지침'을 발표하면서 지자체의 방재도시만들기 계획의 수립 및 검토를 촉진하였다. 도쿄도에서도 '도쿄도방재대응지침'을 책정하고 피해 상정을 재검토하면서 '도쿄도지역방재계획'에 대한 수정 등을 진행하여 왔다. 세타가야구의 '방재도시만

표 11-14 세타가야구 방재도시만들기 과제와 해결 방안

과제	해결 노력
지진에 흔들림 없는 강한 도시 조성	건물 내진화 추진 노후 목조건축물 개축 벼랑, 옹벽의 안전성 제고 주택 안정성 제고 노력
화재에 강한 거리 조성	연소 차단 역할을 위하여 도시계획 기반도로 정비 연소 지연 효과를 위하여 도로, 공원, 녹지 정비 연소 차단 역할의 도로 주변에 마을만들기 소방활동의 원활성 향상 및 소방용수 이용 확보 노력 주택의 화재 방지 노력
안전하게 피난할 수 있는 거리 조성	광역 피난장소 확보 노력, 접근 경로 확보, 기능 향상 지역 대피공간 확보 및 접근 경로 확보 지진 발생 시 귀가의 안정성 향상 학교를 방재 거점으로 활용, 점검 및 기능 정비 재해 시 대규모 주택 등의 자립적인 생활 기능 확보
신속하고 효과적인 재난대응 도시 조성	재해 대책 거점의 방재도시만들기 추진 긴급수송도로 네트워크 기능 향상 노력 라이프라인(life line)의 내진화 추진 전선류의 지중화 추진 공공시설의 적절한 유지관리 교량의 안전성 제고

출처: 世田谷区 홈페이지. 「世田谷区防災街づくり基本方針(平成28年3月改定)」 http://www.city.setagaya.lg.jp/, 저자 번역 및 수정.

들기 기본 방침'은 대규모 지진에 따른 시가지의 피해를 최소화하기 위하여 하드웨어적 측면에서의 다루는 방재도시만들기와 마을의 지속적인 부흥을 추진하기 위한 부흥도시만들기를 목표로 하고 있다.

한편, 한신・아와지 대지진 당시 고베(神戸)에서는 지역의 보유 소방력을 초과하는 동시다발적 화재가 발생하였다. 특히, 목조주택이 있는 지역에서의 화재 건수가 많았다. 최근 2016년 12월에는 니가타현 이토이가와시(糸魚川市)에 있는 중화요릿집에서 대규모 화재가 발생하였다. 해당 지역도 목조주택이 밀집해 있었으며, 겨울 특유의 기압과 강한 바람으로 불길이 빠르게 퍼져 목조 밀집 시가지에서의 화재의 위험성에 대하여 다시금 경각심이 높아졌다. 이와 같이 도시에서의 화재가 발생하는 경우 도시에 구비된 소방력만으로 해결할 수 없는 경우가 많다. 이를 대응하기 위하여 도시계획적 관점, 지구단위 계획적 관점에서의 도로 구축, 공원, 녹지 등을 배치하는 등의 부가적인 노력이 필요하다. 도쿄도는 2011년 동일본 대지진 이후 '목조주택지역 불연화 10년 프로젝트' 개시를 결정하였다. 특히 2020년 도쿄도 내 목조건축물 조밀지역의 밀도를 70%까지 낮추는 것을 목표로 하고 있는데, 세타가야구 내 다이시도우(太子堂)의 경우 해당 프로젝트에 참여하고 있으며, 2011년도에 이미 63%를 달성할 정도로 높은 성과를 보이고 있다.

세타가야구 방재마을만들기의 경우 '부흥도시만들기'도 지향하고 있다. 이는 지진 발생 전의 지역 커뮤니티를 유지하고 주민의 생활 재건을 진행하면서 나아가 본격적인 시가지 부흥을 원활하게 전환할 수 있는 체제 만들기를 목표로 하고 있는 것이다. 또한 구청의 체계 및 구민, 전문가 등이 재해가 발생되는 경우를 대비한 협력 거버넌스 체제 구축을 목표로 하고 있다.

도시공간은 재난・재해에 따른 리스크로부터 자유로울 수 없는 공간이다. 이로 인하여 다양한 도시에서는 리스크 커뮤니티의 조성 및 운영이 사회적으로 높은 주목을 받고 있다. 재난 대응의 관점에서 리스크 커뮤니티의 역할과 기능은 지식을 매개로 하는 권력의 작동 방식이라는 측면에 대한 이해가 필요하다. 이는 정책활동의 수단으로 활용되는 리스크 거버넌스와는 차이가 있다. 즉, 리스크 커뮤니티에서 리스크 거버넌스를 강조하는 것은 지역 내 이해당사자, 사회단체 및 관계자들을 위험관리 과정에 참여시키는 것이 중요하기 때문에 요구되는 부분일 수 있다.

일본은 이를 위하여 지금도 다양한 사회적 실험을 하고 있다. 도시의 지속가능한 발전을 위하여 이와 같은 사회적 실험이 주는 시사점은 크다.

참고 문헌

강윤재(2012). 원전사고와 위험커뮤니케이션. 전문성의 정치: 후쿠시마 원전사고를 중심으로. *Journal of Engineering Education Research* Vol.15. No.1.

김소영 · 황정임 등(2014). 「위기가족 지원서비스 확대를 위한 정책과제 연구」. 한국여성정책연구원.

대전일보 홈페이지(2011.8.17.). 일본의 살기 좋은 마을에는 ‘전문 코디네이터’가 있다. 충남형 살기 좋은 지역만들기 ③일본의 사례. http://www.daejonilbo.com/

도시미래신문(2015.4.3.). 「주거재생의 패러다임 전환: 마치즈쿠리②」. ㈜도시미래종합기술공사.

동아사이언스 홈페이지. 「자원순환형 도시 일본 기타큐슈」. http://dongascience.donga.com/

박재목(2007). 「살기 좋은 지역만들기와 지역거버넌스」. 충남대학교.

부경진 외(2017). 「주요국의 에너지정책 사례 및 시사점 연구」. 자원경제학회.

서세욱(2015). 자원순환형 사회 전환의 정책과제: 일본 사례의 시사점을 중심으로. 「예산정책연구」 제4권 제1호.

서수정(2016). 「일본 도시재생기금 활용사례 조사: 일본 동경, 나가노, 이이다, 오노미치 도시재생활성화를 위한 근린재생형 기금 지원 프로그램 및 사업모델 개발 해외출장보고서」. 건축도시공간연구소.

월간전기(2014). 「지열에너지 활용 및 기술개발 동향. 온천바이너리 발전에 대해: 오바마 온천 바이너리발전소(환경성 위탁사업)를 중심으로 살펴본」. 12월호.

윤장식(2016). 일본의 마치즈쿠리 경험을 바탕으로 한 새로운 도시계획제도의 방향. 「한국도시설계학회 추계학술대회 발표논문집」.

정명운(2015). 일본 원전 거버넌스의 변화 양상과 전망. 「환경법과 정책」 제14권.

최일홍 · 이창호(2005). 일본의 ‘마치즈쿠리’ 사례와 시사점 일부 수정. 살고 싶은 도시 만들기. PLANNING AND POLICY. WN.288.

田村明(1999). 「まちづくりの實踐」, 岩波新書.

都市計畵用語. 「まちづくり」, https://ja.wikipedia.org/

石井清輝(2014. 3). 「地域社會學における住民運動・まちづくりの事例研究の分析視角「コミュニティ形成論と構造論」の交点から」, 地域政策研究, 高崎経濟大學地域政策學會, 第16巻 第4号.
宮澤正知. 「日本における中心市街地活性化—タウンマネジメント機關(TMO)モデルの検証—」マサチューセッツ工科大學.
古賀哲矢(2006.10). “研究會中心市街地活性化と地方都市の生き殘り: 多様な主体が參加するまちづくりを目指して”, ISFJ政策フォーラム２００６發表論文.
田中豊治(2012.3). “コミュニティ・ガバナンスとまちづくりNPOリーダー”, 佐賀大學経濟學會 佐賀大學経濟論集 第44巻 第6号. 1~22.
新川達郎(2003).「まちづくりの新しいガバナンス：地域計畵轉換の處方」.
首相官邸 홈페이지.「地方創生推進交付金等を活用した健康のまちづくりに關する事例」https://www.kantei.go.jp/
加藤博(2018.10.9).「まちづくりのポイントとタウンマネージャーの役割－ 青森市における経驗から」, https://www.machigenki.go.jp/
平岡俊一・豊田陽介ら(2014).「地域協働型 再生可能エネルギー導入の現狀と推進のための ガバナンス 構築に關する實証的研究」, (アサヒグループ學術振興財団 2013年度「サスティナブル・社會・経濟學部門」研究報告會(アサヒグループ本社ビル)).
大島堅一(2016).「第１章地域分散型エネルギーシステムへのパラダイムシフト」. 植田和弘監修. 大島堅一・高橋洋 編著.『地域分散型エネルギーシステム』. 日本評論社.
長谷川公一(2012).「脫原子力社會へ」. 岩波新書.
諸富徹(2013.5.). 「エネルギー自治による地方自治の涵養～長野縣飯田市の事例を踏まえて～」. 地方自治.
和田武(2011).「脫原發, 再生可能エネルギー中心の社會へ」, あけび書房.
下川町 홈페이지. 森林バイオマスエネルギーについて, https://www.town.shimokawa.hokkaido.jp/
社団法人 德島地域エネルギー 홈페이지. http://www.tene.jp/
社団法人 日本再生可能エネルギー協會 홈페이지. http://www.jrep.or.jp/547
全國ご当地エネルギー協會 홈페이지. http://communitypower.jp/
環境ビジネスオンライン 홈페이지.「德島縣、小水力發電など推進する方針 農業の負担輕減・活性化のため」, https://www.kankyo－business.jp/, 2018.02.05.
森英雄(2015.11).「再生可能エネルギーを地域のために」. 全國小水力發電大會.
社団法人 小浜溫泉エネルギー 홈페이지. http://obamaonsen－pj.jp/

Symenergy 홈페이지. 小浜温泉バイナリー發電所, https://www.symenergy.co.jp/
八木信一(2014.12). "自然エネルギーの普及へ向けた自治システムの構築: 長野縣飯田市を事例として",「經濟學研究」81 (4). 九州大學経濟學會.
全國知事會 홈페이지(2018. 7).「市場資金を活用したコミュニティ公民協働ビジネスの展開と、行政によるガバナンス～太陽光發電事業を事例に～」, http://www.nga.gr.jp/
小川博(2016. 8).「平成28年度再生可能エネルギーでの地域再生 飯田市におけるエネルギー自治の推進」全國市町村國際文化研修所 홈페이지. https://www.jiam.jp/
小川농장 블로그. https://bukubuku－farm.blogspot.com/, 2015. 09
2006年度循環ワーカー養成講座 第5回. 講師：池戸通徳氏(長野縣飯田市水道環境部環境課). 2006.10. エココミュニティ・ジャパン 홈페이지 http://ecocommunity.jpn.com/
飯田市. 環境自治体ベストプラクティス集.「環境省のまほろば事業で起業し、全國の市民による自然エネルギー普及活動をリードするパートナーシップ型環境エネルギー事業」. http://bp.eco－capital.net/
日本 環境省.「平成30年版環境白書・循環型社會白書・生物多様性白書」.
日本 環境省 홈페이지. 循環型社會形成推進基本法, http://www.env.go.jp/
日本 環境省(2008. 9).「循環型社會への新たな挑戰」https://www.env.go.jp/
Greener World 홈페이지(2007. 2.15.).「小川町の新しい生ゴミ資源化プラントが完成」, https://greenerw.exblog.jp/
NPO法人 埼玉エコ・リサイクル連絡會 홈페이지,「小川町地場産バイオガスプラントと液肥利用の農場」, http://ecorisa.com/
自然エネルギーを考える川口市民の會 홈페이지(2016. 4.).「小川町バイオガスプラント視察報告」. http://blog.livedoor.jp/
北九州市 환경국(2016. 3. 9.).「키타큐슈시의 지역에너지정책: 근대산업 발상지로부터 새로운 미래를 발신」. 東アジア経濟交流推進機構 홈페이지. http://oeaed.org/
北九州市エコタウンセンター 홈페이지. http://www.kitaq－ecotown.com/
經濟産業省 홈페이지. コタウン事業事例集. 北九州エコタウンプラン. http://www.meti.go.jp/
국가환경산업기술정보시스템 홈페이지.「기타큐슈현의 에코타운사업 동향정보」. http://attfile.konetic.or.kr/
防災基本計畵(2014). 中央防災會議.
佐倉市地域福祉計畵推進委員會(2012).「自助, 互助, 共助, 公助について」.
見える化改革報告書(2017.11.28).「防災まちづくり」. 都市整備局 東京都都政改革本部

홈페이지. http://www.toseikaikaku.metro.tokyo.jp/
吉田・山田ら(2014). "災型地域社會リーダーのコンピテンシーの提案と自主防災組織メンバーの認識".「自然災害科學 J. JSNDS」33 特別号.
公益財団法人 フォーリン・プレスセンター 홈페이지. (2017. 3.).「동일본대지진으로부터 6년」. http://fpcj.jp/
獨立行政法人國立環境研究所(2013).「東日本大震災後の災害環境研究の成果」.
公益財団法人「フォーリン・プレスセンター」홈페이지, http://fpcj.jp/
浦野正樹(2003). 第1章 安全・安心をめざすまちづくりく防災まちづくりへの系譜.「地域における安全志向型コミュニティ活動の可能性と地域文化の変容に關する研究」. 平成12年度～13年度科學研究費補助金 [基盤研究(C)(2)] 研究成果報告書. 早稲田大學 홈페이지. http://www.waseda.jp/
小山弘美(2013). "世田谷區民の'住民力'に關する調査研究",「都市とガバナンス」Vol.19.
熊本地震と地域経濟(2016. 5).「緊急レポート」. 地方経濟總合研究所 緊急レポート. https://www.dik.or.jp/
防災システム研究センター(2010).「防災力を向上する地域コミュニティの自治と絆:リスクガバナンスの高度化と災害リスク情報の活用」. 災害リスク情報プラットフォーム研究プロジェクト. 獨立行政法人 防災科學技術研究所.
長坂・坪川ら(2009). "リスクガバナンスの高度化のための防災訓練計畵策定過程におけるリスクコミュニケーションの有効性: 長岡市山古志地區の事例".「日本リスク研究學會 第22回 研究發表會講演論文集」Vol.22.
國立研究開發法人 防災科學技術研究所 홈페이지.「新潟縣長岡市山古志地區の取り組み: 對話でつくるオリジナルの震災訓練」, https://risk.ecom－plat.jp/
Miuri Hiroki(2007. 6). 민관협치 마치즈쿠리 '마치즈쿠리.' 시민사회신문. http://www.ingopress.com/
주식회사 마치즈쿠리미타카 홈페이지. https://www.mitaka.ne.jp/

제 12 장

한국의 거버넌스형 지속가능발전 사례

2000년대 이후 학계를 중심으로 크게 사용되었던 '거버넌스(governance)'라는 용어는 이제 정치 · 경제 · 사회 · 문화 등 거의 모든 영역에서 보편적으로 사용하는 말이다. 이 장에서는 거버넌스를 국내에 뿌리내리는 데 크게 기여하였다고 평가받는 지방지속가능발전협의회(구 지방의제21추진기구)를 개략적으로 살펴본다. 또한 지속가능발전의 3개 축인 환경 · 경제 · 사회의 영역에서 대표적인 거버넌스 사례를 간추려, 우리 사회에서 거버넌스형 지속가능발전을 어떻게 진행하고 있는지에 대하여 예시적으로 소개한다. 이러한 거버넌스라는 과정을 통하여 우리 사회가 얼마나 지속가능성을 담보하고 미래를 향하여 나아가는지에 대하여 조망하고자 한다.

제 1 절 지속가능발전(지방의제21)협의회

1. 지방의제21의 한국적 모델과 전국지속가능발전협의회의 창립

지방의제21은 지속가능발전 실현을 위한 국제적 행동지침인 의제21(Agenda21)을 지역 차원에서 추진하기 위한 지역행동계획으로 지역의 경제 · 사회 · 환경적 요소를 통합적으로 고려한 구체적인 실천 프로그램이다. 국내에서는 1992년 리우회의 이후 시민사회 내에서 의제21에 대한 활발한 논의가 진행되었고, 1994년 지방자치제도 도입과 함께 지방의제21이 구체화되었다. 국내의 지방의제21은 1995년 부산광역시가 '녹색도시 부산21'을 처음 수립한 이후 다른 지역으로 급속히 파급되었으며, 2016년까지 245개 지자체 중 220개 지자체가 지방의제21을 수립하여 추진 중이다.

한국의 지방의제21은 "지구적으로 생각하고, 지역에서 행동하라(Think Globally, Act Locally)"란 명제를 토대로 지역별 특색 있는 행동계획을 수립하고 실천한 국제적으로도 우수한 사례로 꼽히고 있다. 지방의제21은 2000년 6월 전국협의회 창립과 동시에 정책포럼 개최, 우수 사례 확산, 전국대회 개최 등을 통하여 기후변

표 12-1 지역별 지방의제21 지원조례 제정 현황

구분	지원조례 제정 차치단체 수		구분	지원조례 제정 차치단체 수	
	광역	기초		광역	기초
전국	17	167	경기	1	30
서울	1	17	강원	1	9
부산	1	16	충북	1	6
대구	1	6	충남	1	11
인천	1	7	전북	1	12
광주	1	5	전남	1	16
대전	1	5	경북	1	8
울산	1	0	경남	1	18
세종	1	–	제주	1	1

출처: 전국지속가능발전협의회 홈페이지, http://www.sdkorea.org/ 저자 재구성.

화, 하천살리기, 환경교육, 녹색교통, 마을만들기 등 사회 전반에 지속가능 개념의 도입을 시도하였고, 「지속가능발전기본법」 제정에도 큰 기여를 하였다. 지방의제21은 한국의 지속가능발전 전개 20년을 맞은 2015년에 명칭을 지속가능발전협의회로 변경하고, SDGs의 슬로건인 '단 한 사람도 소외되지 않는(Leave No One Behinds)' 지속가능한 사회 구현을 위하여 지역 실천사업을 지속적으로 추진하고 있다.

2. 전국지속가능발전협의회의 구성과 역할

전국지속가능발전협의회(이하 전국협의회)는 230개 지방지속가능발전협의회의

표 12-2 지속가능발전 전국대회 역대 대회 현황(1999~2018년)

연도	회차	개최지	주제
1999년	1회	제주	지방의제21 현황과 과제
2000년	2회	인천	지방의제21 현황과 발전 방향
2001년	3회	전북 전주	지방의제21 추진 현황 평가 및 향후 발전과제
2002년	4회	대구	WSSD 논의 동향과 향후 국내 추진 방안
2003년	5회	서울	지방의제21이 열어가는 분권과 참여의 세상
2004년	6회	충남	성찰과 창조, 지역에서 만드는 지속가능한 미래
2005년	7회	경남	지속가능한 미래, 참여의 힘으로!
2006년	8회	전남 순천	지속가능한 지역사회의 농업
2007년	9회	경기	지방의제21에서 지속가능발전으로!
2008년	10회	제주	지구의 희망, 지역의 행동, 지방의제21
2009년	11회	인천	지속가능한 도시를 꿈꾼다!
2010년	12회	충북 청주	지속가능한 미래 기후행동21
2011년	13회	대전	위기의 지구에서 희망을 말하다
2012년	14회	전남 여수	생명의 근원 바다, 바다에서 희망을 찾다!
2013년	15회	경기 수원	지속가능한 지역공동체
2014년	16회	강원 강릉	생물다양성과 지방의제21
2015년	17회	충북 청주	지속가능발전 20년, 로컬거버넌스
2016년	18회	경북 안동	지속가능발전 그리고 전통과 문화
2017년	19회	울산	유엔지속가능발전목표(SDGs) 이행 그 1년
2018년	20회	충남 아산	모두를 위한 가치있는 전환, 지속가능발전목표

출처: 전국지속가능발전협의회 홈페이지, http://www.sdkorea.org/ 저자 재구성.

연합조직으로 심의·의결기구인 총회와 정보 교류 및 협력, 지역 간 파트너십 강화 등을 위한 운영기구로 구성되어 있다. 운영기구는 17개 광역자치단체 협의회 대표가 참여하는 공동회장단, 광역자치단체 사무처(국)장 등이 참여하는 운영위원회, 고문 및 자문위원, 부설기관 등이 있으며, 이 밖에도 지방정부의 지속가능발전 협의회 활동 지원을 위한 특별위원회의 교육위원회, 대외협력위원회, 정책자문위원회, SDGs 이행추진기획단 등이 있다.

한편, 환경부는 지속가능발전에 관한 네트워크 및 정책 활성화, 시민실천운동 확산을 위한 방안으로 지방의제21 작성지침(1995년), 지방의제21과 생태도시개발(1995년), 지방의제21 모델개발 연구(1997), 지방의제21 작성요강(1997년) 등을 제작·배포함으로써 한국 지방의제21의 확산에 크게 기여하였다. 또한 지방의제21 추진기구 설치·운영 및 지원조례 표준준칙을 제정함으로써 지역에서 지방의제21 추진의 제도적 기틀을 마련하였다. 그 결과 2016년 2월 17개 광역지자체, 167개 기초지자체가 지방의제21 지원조례를 마련하여 운영 중인 것으로 나타났다.

전국협의회는 지속가능발전에 관한 지방의 다양한 시도와 성과를 한데 묶어 상호 교류하고 소통하는 장을 만들기 위하여 1999년부터 '지속가능발전 전국대회'를 개최하고 있다. 제1회 제주를 시작으로 매년 국내외 지속가능발전에 관한 시의적절한 주제를 채택하고, 전국에서 약 5천여 명 정도가 모이는 대규모 대회를 연다. 이를 통하여 전국 자치단체에 소재한 지방지속가능발전협의회들이 상호 교류하고, 우수 사례를 선정 및 시상한다. 또한 각 지역에서 필요한 내용을 학습하면서 지방의 지속가능발전에 기여하는 워크숍, 포럼, 토론회 등을 통하여 각 지역의 현안을 공유하고, 각자의 문제를 해결하는 방안을 배우는 상호 학습과 교류의 시간을 갖는다.

그리고 전국협의회는 환경부와 함께 매년 지속가능발전대상 공모전을 진행한다. 20여년간 1,000여 개의 사례가 제출되었고, 매년 10개의 사례가 선정되어, 200여 개의 지방자치단체와 지속가능발전협의회가 수상하였다. 또한, 매년 지속가능발전 대상 사례집을 발간하여 이 사례들을 홍보하고 기록하는 사업을 계속 추진하고 있다.

3. 지방지속가능발전협의회의 구성과 특징

우리나라 지방지속가능발전협의회의 특징은 지방정부, 시민사회, 기업 등 3자를 당사자로 하고, 이들이 계획－이행－평가 전 과정에 참여하는 참여적 거버넌스 구조를 띠고 있다는 것이다. 지방정부 지속가능발전협의회의 구성은 대부분 의사결정 기구인 총회, 지방정부, 시민사회, 기업의 대표들로 구성된 공동대표단, 운영위원회 및 실천분과위원회로 이루어져 있다. 매년 총회를 통하여 연간 사업계획 수립 및 보고·평가가 이루어지고, 수차례 분과위원회 회의를 통하여 분과별 의제 실천을 위한 사업기획과 이행 평가가 진행된다.

우리나라의 지속가능발전 활동은 시민사회와 지역에서부터 시작되어 현재까지 활발하게 진행되고 있음에도 불구하고, 지속가능발전 기본계획, 지속가능발전목표 국가이행계획, 국가지속가능발전지표 등 정부 계획 수립 과정에 시민사회와 지역 지속가능발전 그룹과의 긴밀한 교류·협력이 부족하다는 지적이 있다(한국지속가능발전센터, 2016). 우리나라의 실질적인 지속가능성 향상을 위해서는 국가지속가능발전목표 및 이행계획 수립 시 시민사회 참여 확대가 필요하고, 지속가능발전위원회의 역할과 기능 강화를 위한 법적 위상 재정립이 필요할 것으로 보인다.

표 12-3 지방지속가능발전협의회 기구 설치 현황(2017.1)

구분	분류	계(개)
추진기구 설치 지자체	광역	17
	기초	213
소계		230
추진기구 미설치 지자체		15
합계		245

제 2 절 환경 거버넌스

1. 지구를 위한 차 없는 거리 '대구시민생명축제'

대구는 낙동강 페놀오염 사건을 계기로 환경에 대한 시민들의 관심이 높아졌고, 시민이 참여하는 '지구의 날' 행사를 대구YMCA를 중심으로 1991년부터 시작하였다. 2000년부터 대구환경운동연합, 대구경북녹색연합, 맑고 푸른 대구21추진협의회가 동참하여 지구의 날 대구위원회를 구성하고, 대구에서 가장 번화하고 차량 통행량이 많은 중앙로에 차량 진입을 24시간 제한하는 차 없는 거리 행사를 추진하였다. 이 행사는 기후변화 위기를 지역 차원에서 대응하고, 지구환경 보호와 저탄소 사회 구축을 위하여 시민 모두가 자동차 의존형 생활방식을 개선하고, 사람과 녹색교통 중심의 사회로 전환하는 것을 목표로 하고 있다.

지구를 위한 차 없는 거리 '대구시민생명축제'는 지역 환경단체, 행정, 기업, 언론 등 다양한 기관과 단체들의 참여를 통하여 거버넌스형 시민환경축제로 발전하고 있다. 축제 프로그램에는 보행자와 자전거를 이용하는 시민들이 대구 도심을 행진하는 녹색교통 시민대행진, 플러그 뽑기, 물 아껴쓰기 등 녹색실천행동 캠페인, 녹색시민한마당 등이 있다.

그림 12-1 지구를 위한 차 없는 거리 '대구시민생명축제' 주요 활동 내용

생명축제 홍보

녹색실천녹색교통 시민대행진행동 캠페인

출처: 환경부 · 전국지속가능발전협의회(2014). 2014년 제16회 지속가능발전대상 공모전 우수사례집.

20여 년이 지난 지금 대구에서 '지구의 날'은 대표적인 환경보호 활동이면서 지역민을 위한 대표 축제로 자리매김하였다. 단순히 일부 환경단체만의 참여가 아니라 지역 내 대표 기업, 행정 및 유관기관이 대거 참여하면서, 대구의 모든 역량이 총결집되는 환경축제의 장이 되었다.

2. 지속가능한 물순환도시 광주 만들기

광주광역시는 급속한 도시화를 거치면서 도시 대부분이 콘크리트로 뒤덮였고, 수생태 환경은 점점 악화되고 있다. 그러던 중 2011년 4차 의제를 만드는 과정에서 무등산, 영산강, 황룡강, 광주천 등 광주의 자연자원을 생물다양성의 보고로 만들자는 논의에서 물순환이라는 개념이 언급되었고, '빗물 이용으로 맑은 물이 흐르는 물순환도시 만들기'를 의제로 설정하였다.

2012년 광주동산초등학교의 '빗물협동조합'을 시작으로 광주봉주초등학교 텃밭정원과 비오톱 조성, (사)시민생활환경회의의 '빗물을 이용한 물순환 마을공동체 만들기', 백운휴먼시아2단지의 '텃밭운영학교', 하남종합사회복지관의 '빗물로 만들어 가는, 더불어 웃음짓는 마을공동체' 등 시민운동과 함께 빗물사업이 확산되었다.

표 12-4 물순환도시를 위한 연차별 달성 목표

<table>
<tr><th rowspan="2">지표</th><th colspan="5">연차별 목표</th></tr>
<tr><th>2012</th><th>2013</th><th>2014</th><th>2015</th><th>2016</th></tr>
<tr><td>광주천 이용자 실태조사</td><td colspan="2">실태조사 및 분석</td><td colspan="3">광주천 관리에 적용</td></tr>
<tr><td>수생태계 모니터링</td><td colspan="5">지속적인 모니터링 및 DB 구축</td></tr>
<tr><td>빗물이용 교육</td><td>영상물 제작</td><td colspan="4">영상물을 이용한 홍보·교육</td></tr>
<tr><td>빗물저류조 확보</td><td colspan="2">협의체 구성, 워크숍</td><td>행정, 전문가 협력체계 구축, 연구</td><td>마스터플랜 구상</td><td>사업시행</td></tr>
<tr><td>수자원 활용 시범학교</td><td>계획 수립</td><td colspan="2">1개교 시행 및 평가</td><td colspan="2">2개교 시행 및 평가</td></tr>
<tr><td>광주천 투수층 확대</td><td colspan="5">민관합동포럼/워크숍/전문가자문/사업구간 선정</td></tr>
<tr><td>민관협의체 구성</td><td colspan="5">민관합동 포럼/시범사업 시행 및 평가</td></tr>
</table>

출처: 환경부·전국지속가능발전협의회(2016). 2016년 제18회 지속가능발전대상 공모전 우수사례집.

그림 12-2 물순환도시 광주 만들기 주요 활동

빗물저장시설

빗물 이용 텃밭상자

출처: 환경부. 전국지속가능발전협의회(2016). 2016년 제18회 지속가능발전대상 공모전 우수사례집.

또한, 지역사회의 관심을 유도하기 위하여 물순환도시 토론회, 물관리 심포지엄, 빗물도시 토론회 등을 진행하였고, 광주시, 시민단체, 기업, 전문가 등이 함께하여 환경부의 물순환 선도도시 사업에 당당히 선정되었다.

광주의 물순환도시 사례는 물순환 의제에 관한 시민사회단체의 끊임없는 추동과 행정의 최선을 다한 지원, 시민들이 마을 단위까지 직접적인 참여한 거버넌스의 주요 사례이다. 의제 실현을 위하여 지속력을 갖고 움직일 때 비로소 일시적 효과가 아닌, 중장기적 도시의 밝은 미래를 담보할 수 있다는 중요한 사실을 일깨워 준다.

3. 한국 강살리기 네트워크의 활동과 의미

물 거버넌스란 중앙정부, 지방정부, 공공기관, 시민사회, 전문가 등 물관리 및 물 서비스와 관련한 다양한 주체가 물과 관련된 규칙을 만들고 집행하는 데 참여하고 상호작용하는 시스템을 가리킨다(김경민 · 김진수, 2016). 1990년대 이후 물 관련 문제가 다양하고 복잡해짐에 따라 중앙정부 중심의 집중형 물관리 체계가 아닌 유역 및 지역의 다양한 의견과 이해관계를 조정하는 물 거버넌스에 기초한 물관리 체계의 필요성이 높아지고 있다. 특히, 현재의 물 위기를 거버넌스 위기로 진

표 12-5 국내 물환경 거버넌스(하천살리기 운동)의 주체별 역할

주체	역할
중앙 및 지방정부	– (중앙정부) 하천살리기 이행에 대한 관리 · 감독, 법 · 제도 정비 및 정책지원, 재원지원 등 – (지방정부) 지자체 간 합의 형성, 행정 협조 및 재원 지원, 지역 단위 주민활동 지원 등
시민단체	물 관련 생태학습 및 심포지엄 개최, 하천살리기 캠페인, 하천 정화활동 주최 등
학계	하천 정화활동 기술 지원, 사업 이행 및 방향 설정에 대한 자문 등
기업체	하천 정화활동에 필요한 제품 및 기술 제공, 친환경적인 하천시설물 제작, 하천 정화활동 주최 및 재원 지원 등
주민	하천살리기 운동 협력 및 참여, 지역 단위 정보 제공, 주민대상 홍보 및 교육활동, 지역 내 주민 교류사업 실행 등

출처: 환경부 비점오염원 홈페이지, https://nonpoint.me.go.kr/

단한 OECD는 정책설계와 규제 그리고 정책집행 과정에서 발생하는 다층적 거버넌스 격차를 줄임으로써 복잡한 물 문제를 해결할 수 있다고 진단한 바 있다.

우리나라에서도 중앙 및 지방정부, 시민사회, 학계, 기업 등이 하천의 환경 기능 강화를 위하여 추진한 하천살리기 운동을 중심으로 물 거버넌스가 전개되어 왔다(<표 12-5> 참조). 하천살리기 운동은 하천 복개, 하천부지 개발 등 과거의 하천 이용 방식들로 인하여 야기된 하천의 건천화, 수질오염 및 수생태계 파괴, 하천 및 지역 단절 등의 문제를 시민 참여, 지역발전전략과의 연계를 통하여 해결하고자 하였다. 오염된 하천을 되살리기 위해서는 시민들의 관심과 참여, 많은 예산과 기술력이 필요한 만큼 시민사회와 지역주민, 기업체, 공무원, 전문가들이 참여하고 협력하는 거버넌스 체계 구축이 필수적인 요인이다.

유역 보전을 위한 한국 강살리기 네트워크(이하, 강살리기 네트워크)는 유역 주민, 시민단체 등이 연대하여 수자원 및 수환경의 지속가능성을 확보하며, 지역주민의 유역 보전에 대한 이해를 높이고 건전한 유역공동체 형성을 목적으로 결성되었다. 강살리기 네트워크는 2000년 한일 강살리기 교류 워크숍에서 전국 단위의 강살리기 네트워크의 필요성이 제기되었고, 2002년 수원환경운동센터, 강릉 경실련, 온천천네트워크, 중랑천사람들, 환경정의시민연대가 컨소시엄을 구성하여 한국하천네트워크 구축을 위한 활동을 시작하였다. 그리고 2002년 10월 양평에서 열린 제1회 강의 날 대회에서 유역의 문화와 공동체를 복원하는 지속가능한 하천보전운동 모색, 다양한 관계자들이 참여하는 거버넌스 구축을 통한 물분쟁 및 갈등 해소

표 12-6 강살리기 네트워크의 주요 활동

주체	기능 및 활동
한국 강의 날 대회 개최	강과 하천을 사랑하는 전국 단위 NGO 네트워크 다양한 활동 사례 발굴 및 교류 유역 순회 방식의 개최지역의 하천운동 및 역량 강화 주민 참여형 하천살리기 운동의 경험 DB 구축 한일 간 국제 교류 및 청소년 교류
물운동 관련 정책 생산	한국 강과 하천살리기 현황 진단 및 의제 발굴 하천 관련 정책과 운동의 미래 지향적인 전망 모색 수자원장기종합계획 모니터링 및 대책 방안 마련 유역 보전을 위한 물정책 포럼 개최 하천운동단체 및 관계 전문가 중심의 정책연구
4대강 유역 네트워크 구축	강과 하천살리기 활동 단체 실태조사·발굴 및 활동 지원 주민 참여형 시민모니터링 진행 지속가능한 하천 복원 및 보전을 위한 주민 홍보 및 교육활동 물환경 코디네이터 및 활동가 양성
하천 모니터링 방법론 연구 및 매뉴얼 제작	유역 보전을 위한 조사연구 및 정책 모니터링 시민 참여형 하천 모니터링 방법론 연구 및 매뉴얼 제작 전국 유역의 현황 조사연구 DB 구축
국제교류 활동	한일 간 하천살리기 민간운동 교류 동북아 물운동 관련 NGO 간의 네트워크 구성 및 교류

출처: 유역 보전을 위한 강살리기 네트워크, http://www.rivernet.or.kr/

등을 목적으로 강살리기 네트워크가 본격 출범하였다. 이 네트워크는 '한국 강의 날 대회' 개최, 4대강 유역 네트워크 구축, 하천 모니터링 방법론 연구, 국제교류 활동 등을 진행하고 있다.

4. 부산하천살리기 시민운동본부의 거버넌스 사례

부산하천살리기 시민운동본부는 전국 최초의 민·관 거버넌스 조직으로 지역주민, 시민단체, 행정, 언론 등 다양한 단체 및 전문가들로 구성되어 있다. 민·관 파트너십의 중요성과 하천정책 전환의 필요성이 부각되어 2002년 9월 13~14일 부산하천의 미래 구현과 부산하천살리기를 위한 민·관 공동 워크숍의 결과를 바탕으로 구성을 추진하여 2003년 3월 26일 설립하였다.

표 12-7 부산하천살리기 시민운동본부의 참여 구성

구분	시민사회 단체	전문가	기업	언론계	학교	유관 기관	시·군·구
수	39	16	13	6	12	4	17

출처: 부산하천살리기 시민운동본부, http://www.busanriver.or.kr/.

하천에 대한 지역주민 참여 활성화를 통하여 하천 생명 살리기, 지역주민 중심의 범시민환경운동 전개, 하천의 역사·문화·생태 복원을 통한 지역공동체 활성화 등의 활동을 추진하고 있다. 해마다 주민과 시민환경단체를 대상으로 지역하천 만들기 공모사업을 진행하며, 찾아가는 하천아카데미, 권역별 하천아카데미 등을 통하여 지역하천 운동 활동가를 양성하고 있다. 또한, 부산강포럼 운영을 통하여 행정, 시민단체, 전문가들이 부산 하천의 현안을 논의하고, 사무국과 정책위원회는 하천에 대한 모니터링을 상시적으로 진행함으로써 하천변에서 일어나는 변화 상황을 즉각적으로 파악하여 대응하고 있다.

그림 12-3 부산하천살리기 시민운동본부 주요 활동

지역 멘토링

하천변 모니터링

출처: 부산하천살리기 시민운동본부, http://www.busanriver.or.kr/.

5. 시화호관리위원회와 시민유역의제

시화호는 대단위 간척종합개발사업으로 조성된 경기도 시흥, 안산, 화성을 둘러싼 인공 바다호수이다. 1987년 6월에 착공하고 1994년 1월 완공되었다. 시화호의 명칭은 바다를 가로막은 방조제의 양 끝단에 위치한 시흥과 화성의 앞글자를 따서 지은 것이다. 시화호는 원래 호수 주변의 간척지를 농업 및 산업용수로 이용하기 위하여 담수호로 계획되었다. 하지만 방조제 완공 이후 공장의 오폐수와 생활하수의 유입으로 수질이 급격하게 악하되었다. 결국 '죽음의 호수'라는 악명을 갖게 되었고, 시화화는 전 국민에게 수질오염의 대명사가 되었다. 이 문제를 개선하고자 환경부는 1997년부터 수질 개선을 위하여 해수 유입을 시작하였고, 이마저 부족하여, 2000년 12월 시화호는 담수화를 포기하고 해수호로 전환을 확정하였다(국토해양부, 2012).

2000년 12월 정부의 시화호 해수화 결정 이후 시화호 유역의 환경 개선 및 이용 계획과 관련된 정부 관련 부처, 기관, 지자체, 지역사회 이해당사자의 의견을 종합하여 '시화호종합관리계획'을 수립하고, '시화호 관리위원회'를 설치하였다. 이 위원회에 관련 부처, 지자체, 전문가, 지역사회 이해당사자 참여를 통하여 시화호와 관련된 의사결정 주체를 통합하고 일원화하여 시화호를 종합적이고 체계적으로 관리하기 위한 기구이다.

또한, 2003년 이후 시화호종합관리계획에 따라 시화호와 시화호 유역의 환경 개선 및 지속가능발전을 위한 정책 방향을 결정하였고, 이해 당사자들의 갈등 조정을 위하여 시화호해양환경개선사업을 시행하고 있다. 이러한 활동들로 인하여 시화호 유역의 지역주민과 함께 공존하는 관리 시스템을 구현하고 있다.

그림 12-4 시화호 관리위원회와 시화호의 주요 거버넌스 활동

시화호 관리위원회　　생명의 시화호 수영잔치

출처: 시화호, http://www.shihwaho.kr/

그리고 2008년부터 경기·시흥·안산·화성 지속가능발전협의회를 중심으로 시화호의 미래를 생각하는 시민들이 모였고, 이후 40여 차례 논의를 거쳐 2011년 시화호유역의제가 작성되었다. 이 의제는 "건강한 바다 호수, 아름다운 해안도시, 함께하는 지역"이라는 목표를 중심으로 5개 의제 10개 행동강령으로 구성되어 있다. 의제가 작성된 이후 세부 시행계획과 장기 로드맵을 작성하여 우선 실천사업을 선정하였다. 매년 시화호대회, 시화호청소년 생태문화캠프가 공동실천사업으로 진행 중이다(국토해양부, 2012).

6. 생물다양성 지역실천 프로그램

지속가능성을 위한 세계 지방정부 네크워크인 이클레이(ICLEI)의 도시생물다양성센터(Cities Biodiversity Center: CBC)는 세계자연보전연맹(IUCN)과 공동으로 생물다양성 지역실천(Local Action for Biodiversity: LAB) 프로그램을 2006년부터 운영하고 있다. 국내에서 유일하게 LAB 프로그램 선도사업에 참여한 서울시는 선도사업을 통하여 도시 생물다양성 보고서, 생물다양성 및 CEPA 평가보고서, 기후

표 12-8 서울시내 시민단체의 생물다양성 증진 주요 활동 사례

구분	주요 활동
생태보전시민모임	서울지역 산개구리 산란 모니터링(2010년~), 서울지역 맹꽁이 분포 현황 및 산란 모니터링(2009년~), 강서지역 자연환경(새, 식물 중심) 모니터링(2006년~) 등
서울환경연합	백사실 생태경관보전지역 모니터링, 서울 주요 새 서식지 모니터링(2005~2006년) 등
강동송파환경운동연합	생태탐사모임 달개비: 탄천생물도감 발간(2008년), 탄천살리기 시민위원회-탄천 시민조사단 운영 등
환경을 사랑하는 중랑천 사람들	중랑천 생태·수질모니터링, 청소년, 주부 모니터링단 운영, 표범장지뱀 모니터링 등
국립공원을 지키는 시민의 모임	진관동생태경관보전지역 야생조류 모니터링(2007년~) 등
습지를 가꾸는 사람들	둔촌동생태경관보전지역 장기모니터링(2007년~) 등
서울동북여성환경대	생태소모임 지역자연환경 모니터링 등

출처: 환경부(2014: 122).

변화 평가보고서 등을 발간하였으며, 시민단체와 전문가가 참여하는 파트너십 모니터링 체계를 구축하여 좀 더 실천적인 사업을 추진하고 있다.

한국형 생물다양성 지역실천 프로그램인 LAB-Korea는 이클레이 회원 도시를 대상으로 지역의 생물다양성 보전 및 증진을 위한 사업으로 지금까지 경기도(2014년), 안산시, 수원시(이상 2015년)가 참여하였다. LAB-Korea 프로그램을 통하여 경기도는 두루미 보호벨트사업, 시민과 함께하는 시화호 습지보호지역 사업 등 2개의 시범 실천사업을 도출하였고, 안산시와 수원시는 지역의 생물다양성 현황을 진단하고, 시민 참여형 실천과제를 제시하였다.

7. 시민 · 전문가 · 환경단체 · 행정이 함께하는 화성시 도시숲 바이오블리츠

2000년대까지만 하여도 40만 인구에 그쳤던 화성시는 현재 73만 명이 거주하는 급속한 도시화를 경험하고 있다. 불과 10년 만에 녹지 면적이 50% 이상 감소하였고, 도심 내 녹색공간은 거의 사라지고 있다. 도시에서 숲은 열섬 저감, 소음 감소 등의 좋은 혜택을 시민들에게 주지만, 점차 사라지는 숲을 보존하고 생물다양성을 확보하기 위한 시민들의 인식 전환과 참여가 계속 요구된다.

2014년 경기도, 화성시, 안산시의 지속가능발전협의회, 지역 환경단체, 전문가, 이클레이(ICLEI) 한국사무소가 함께 시화호에 모여 바이오블리츠(BioBlitz)[1]를 학습하는 장이 있었다. 이를 계기로 화성시는 화성 지속가능발전협의회를 중심으로 도시숲 바이오블리츠를 시작하였다. 도시숲에서 찾아볼 수 있는 생물종으로 곤충, 식물, 조류, 어류를 선정하고 전문가를 참여시켰다.

도시숲 바이오블리츠는 단순한 답사나 탐사가 아니라 일반 신청자와 함께 다양한 생물다양성을 쉽게 접하고 자유롭게 참여하는 방식으로 10여 개 지역 환경단체와 기관이 참여하였다. 2015년 시작한 후 지난 몇 년간 지역 네트워크 구성, 자연환경 모니터링, 생물다양성 탐사활동, 시민 참여 체험 부스 운영, 그린맵을 활용한

1) 바이오블리츠란 생물 분야의 전문가, 일반시민이 일정 지역에 함께 모여서 제한된 시간 동안 확인할 수 있는 모든 생물종을 찾아 목록으로 만드는 참여활동을 말한다.

그림 12-5 **LAB-Korea 사업의 추진 및 협력 체계**

두루미 보호벨트사업

시화호 습지보호지역사업

출처: 이클레이 한국사무소, 2014, 경기도 생물다양성지역실천(LAB) 사업.

지역 전파에까지 생물다양성 보전을 위한 기반이 조성되었다. 이 활동은 2018년 '화성시 동서간 발전전략 수립 보고서'에 채택되어, 2040년까지 화성시의 중장기 대표 자연환경 보전정책으로 결정되어 추진할 계획이다(환경부, 2018).

화성시의 바이오블리츠는 도시숲과 화성호로 점차 확대 중이고, 여기에서 발견된 생물종에 대한 보고는 국가 생물종 목록에 데이터를 제공하면서 생물다양성 증진에 기여하고 있다. 화성의 이러한 활동은 거버넌스가 지역의 생물다양성을 확보

그림 12-6 **화성시의 도시숲 바이오블리츠 활동**

출처: 환경부(2018). 지속가능발전대상 공모전 우수사례집.

하고 이를 기반으로 시민의 질을 향상하는 데 어떠한 영향을 미칠 수 있는지를 보여주는 대표적인 사례이다. 앞으로도 도시숲에서 시작한 생물다양성에 관한 인식의 확산이 바이오블리츠를 통하여 계획될 것이다.

제 3 절 경제 거버넌스

1. 시민이 만드는 미래 '에너지디자인 3040'

전주시는 중앙집중형 에너지 생산·유통 시스템의 한계를 극복하고 전주시를 에너지 안전도시로 조성하기 위하여 전주지속가능발전협의회, 이클레이한국사무소, 에너지기후정책연구소와 협약을 맺고 시민 참여형 지역에너지 계획을 수립하였다. 연구기관과 전주시, NGO가 모여 시민 참여를 통한 지역에너지 연구 과정을 디자인하고, 시민 50명이 참여한 가운데 2025년까지 에너지 자립률 30%, 전력 자립률 40%를 달성하겠다는 전주시의 미래 에너지 비전 및 목표를 설정하였다. 전주시와 전주시의회는 시민 워크숍을 통하여 수립된 전주시의 지역에너지 계획 전체를 채택하였으며, 이클레이 동아시아본부로부터 에너지 안전도시 인증을 수여받았다.

그동안 우리나라의 에너지정책은 경제성장과 산업활동을 뒷받침하기 위하여 중앙정부를 중심으로 안정적인 공급에만 치중하여 왔다. 중앙집중형 에너지관리 시스템은 값싸고 안정적인 공급은 가능하지만, 에너지 생산지역과 수요지역이 달라 수요관리가 어렵고, 전력 생산 및 송전 과정에서 핵폐기물 처리, 밀양송전탑 사건과 같은 많은 사회적·환경적 갈등을 야기한다. 이러한 한계를 극복하기 위하여 최근 들어 정부 주도의 집중형 에너지정책에서 지역 중심의 분산형 에너지정책으로 변화하고 있으며, 이 과정에서 지역 내 다양한 행위자들의 상호작용 및 주민들의 자발적인 실천을 담보할 수 있는 에너지 거버넌스 구축의 필요성이 높아지고 있다.

그림 12-7 전주시 에너지디자인 3040 추진 과정

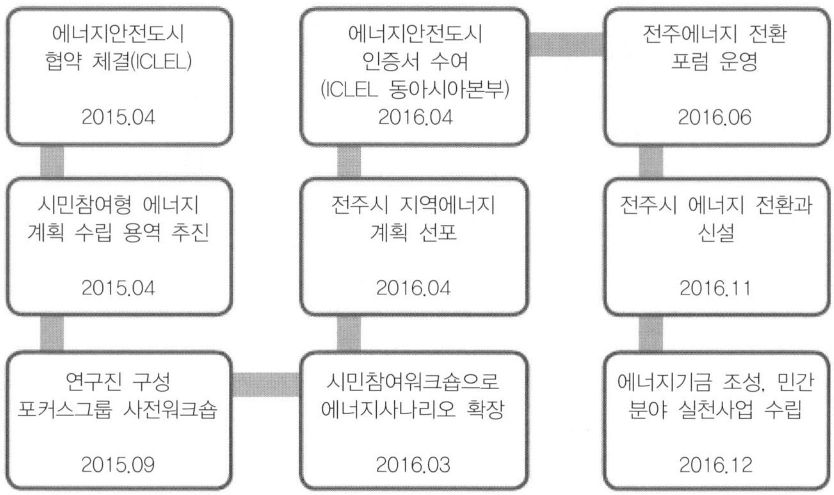

출처: 환경부 · 전국지속가능발전협의회(2017). 2017년 제19회 지속가능발전대상 공모전 우수사례집.

2. 서울시 원전 하나 줄이기

서울시는 박원순 시장 취임 이후 도시 내에서 에너지 소비뿐만 아니라 에너지 생산을 추진하고, 에너지 낭비와 절약의 이분법을 넘어선 에너지 전환(energy transition) 패러다임을 수용하였다. 이러한 노력은 2012년 '원전 하나 줄이기' 정책으로 구체화되었고, 신재생에너지 확대, 에너지 효율화, 친환경 고효율 수송 시스템 구축 등을 정책화하고, 태양광 발전시설 보급, 에코마일리지, 건물 에너지 효율화와 LED 조명 등을 통한 에너지 효율화를 적극 추진하였다(이주헌, 2017: 152-185).

서울시의 원전 하나 줄이기는 그 명칭에서 주는 파급효과를 생각하면 우리 사회에 중요한 화두를 던졌다. 현 정부가 탈원전 정책에 대한 관심을 갖게 하는데, 지방지차단체 차원에서 새로운 화두를 던진 중요한 사례가 되었다. 그 성과도 상당한데, 시민 387만 명이 참여하였고, 에너지 생산 · 절감 효과가 2017년 기준으로 470만 TOE에 이른다. 이 수치는 원전 2.35기의 가동과 같은 효과를 갖고 있다.

그림 12-8 에너지살림도시 서울의 비전 체계도

출처: 서울시(2015). 원전 하나 줄이기 2, 에너지살림도시 서울.

서울시는 원전 하나 줄이기 1단계 사업의 성과를 바탕으로 2단계 사업인 '에너지살림도시 서울' 사업을 추진 중이다. 이 사업은 시민과 함께 깨끗한 에너지를 생산하고, 절약하며, 효율을 높이는 서울시 에너지정책이다. 서울의 에너지를 알뜰하게 살림하겠다는 의미와 시민의 삶과 미래 세대 다른 지역의 주민까지도 '살리는' 에너지 나눔의 가치를 추구하는 '시민이 살리고', 시민을 살리는 '에너지정책'을 의미한다. 이 사업 역시 계획 수립 단계에서 시민위원회를 중심으로 민·관협력 거버넌스를 구축하여 시민 참여를 이끌어 내고 있다.

3. 전북형 에너지자립마을

전북지속가능발전협의회는 2012년 정부 주도의 고예산 대규모 에너지자립마을 조성사업과 차별화되는 주민참여형 저예산 에너지자립마을 조성사업인 '농촌·도시형 에너지자립마을 만들기'를 '전북의제 비전 2020' 사업으로 채택하였다. 전북은 과거부터 민·관 합동의 마을만들기 사업을 활발하게 진행하고 있었으며, 이러한 토대 위에서 에너지 절감, 주민교육 중심으로 에너지자립마을 조성사업이 추진되었다.

사업은 에너지에 관한 주민 의식을 높이기 위하여 가구별 에너지 사용량 조사, 교육, 견학 등에 초점을 맞추었으며, 마을 단위 에너지계획은 주민주도로 수립하고 실천할 수 있도록 지원하였다. 2015년 소규모 예산으로 추진된 3개 마을(부안 등용마을, 임실 천담마을, 전주 용신마을)은 평균 26%의 에너지를 절감하였으며, 절감 비용은 에너지 빈곤층에 되돌려주는 마을 단위 에너지복지 순환모델을 제시하였다. 이 사업은 2016년 김제 중촌·완주 종암·진안 능길마을, 2017년 고창 향산·남원 덕동·익산 하동권역·장수 평지마을 등 총 10개 마을에서 시범사업이 추진되고 있다. 전북형 에너지자립마을의 진짜 성과는 공동체 강화와 주민 화합에 있다. 마을 주민들이 마을 전체의 그림을 그리기 시작하였다.

또한, 마을 공동의 문제에 적극적으로 개입하기 시작하였다. 어르신들의 기억에만 남아 있던 예전 마을의 지명들과 이야기들을 전해 듣고 마을 에너지 지도에 반영하였다. 행정 지도에는 없는 길 이름이 마을 에너지 지도에 반영되어 설치되어 있다. 이 작업을 통하여 어르신들과 귀농인들과의 화합의 씨앗이 되기도 하였다.

표 12-9 전북형 에너지자립마을 성과

(단위: kw, 천 원)

마을명	가구 수	2015년		2016년		증감	
		전력 소비량	전기 요금	전력 소비량	전기 요금	전력 소비량	전기 요금
평균		164,062	20,405	136,284	15,939	−19%	−26%
전주 용신	76	180,142	21,338	153,129	16,471	−15%	−23%
임실 천담	32	78,980	6,641	58,166	4,285	−26%	−35%
부안 등용	108	233,063	33,237	197,558	27,061	−15%	−19%

출처: 전라북도 농촌활력과.

그림 12-9 전북형 에너지자립마을 주요 활동

태양열 온수기 설치

방 한 칸 단열

출처: 환경부 · 전국지속가능발전협의회(2016). 2016년 제18회 지속가능발전대상 공모전 우수사례집.

또한, 돈사 운영으로 마을과 갈등이 있던 한 가구는 이 사업에 참여하면서 관계를 회복하기 시작하였다(환경부, 2016).

이제는 지속적인 모니터링과 데이터 구축으로 전라북도의 에너지정책에 이를 반영하고, 마을 간 네트워크를 통하여 정보를 교류하며, 절약된 에너지 비용을 기금으로 마련하여 마을에서 판매 가능한 주민 햇빛발전소를 만들어 보는 것을 계획하고 있다. 또, 총사업비 1억 원, 도비 3천만 원, 시 · 군비 5천만 원, 마을 자부담 2천만 원이라는 저예산으로 추진이 가능하기에, 공동체가 살아 있는 전북형 에너지자립마을은 에너지자립마을 또는 에너지전환운동의 새로운 이정표를 세우고 있다(환경부, 2016).

4. 사회적경제와 커뮤니티 비즈니스의 만남: 울산 마을기업지원단

울산은 전 세계적인 조선업 불황 여파가 지역경제에 영향을 주면서 관련 기업이 경영상 어려움에 빠졌다. 생활 기반에 심각한 문제가 생기면서 소상공인들을 협력하고 돕는 지원 방안이 필요하였다. 특히 조기 퇴직이나 베이비부머 세대의 퇴직자 수가 증가하고, 고령화사회에 접어들면서 일자리 욕구는 더욱 증폭되었다. 기존의 일자리가 감소하면서 울산에서 벗어나고자 하는 인구 감소가 계속되었고, 일자리에

표 12-10 울산 마을기업지원단의 주요 활동

사업	대상
마을기업 아카데미(공동체 및 사업교육)	일반시민, 공동체
마을기업 교육 · 컨설팅 지원(육성사업)	울산 마을기업 (2016년 26개소 / 2017년 35개소)
사회적경제 판로 지원(판로활성화사업)	울산사회적경제기업 (2017년 8월 현재 367개소)
중소기업 제품 전시관 구축 · 운영(사회적경제기업 제품 홍보관)	울산사회적경제기업 일반시민 · 기업 · 기관 등
상시 구매 · 사업상담, 컨설팅, 문화기획 등 실시	울신시민 및 거점 홍보관 (시민공동체활성화 공유공간)

출처: 환경부(2017). 2017년 제19회 지속가능발전대상 공모전 우수사례집.

대한 경제적 불안감은 노령층을 벗어나 전 연령대에 걸쳐 부각되기 시작하였다.

이 문제를 전반적인 사회문제로 인식하고 전 연령과 계층을 아우를 수 있는 넓고 긴 안목으로 관련 정보의 공유 및 기회의 공평성을 고려하는 확장된 연대와 협동이 필요하였다. 지역과 소통하는 시민 참여 방법을 이끌어 낼 공간을 만드는 데 합의하였고, 울산의 사회적경제기업들의 제품 및 서비스 등 전시 · 홍보 공간, 다양한 분야와 연령층의 시민 참여 문화 공간, 지역거버넌스 형성의 마중물 같은 공간을 구상하게 되었다.

마침 경제진흥원 1층 로비 80여 평 기획전시홀에는 2002년 3월 27일 개원 이후 비어 있던 유휴공간이 있었다. 공공성을 띤 유휴공간의 활용을 공유경제에서 주목하는 가운데, 울산 사회적경제기업들의 제품 전시 · 홍보관을 구축 운영하겠다고 울산시에 건의하여 시비 1억 8천만 원으로 장을 펼쳤다. 상시 시민 개방으로 전시 홍보관, 사무실(마을기업지원단, 기업민원처리센터), 다목적 무대, 비즈니스 카페, 안내소 등 홍보와 참여, 행정과 편의를 동시에 추구하는 복합공간을 2016년 7월 26일 개관하였다(환경부, 2017).

이 과정에서 울산 마을기업지원단이 설립되었다. 사업 초기부터 지금까지 시민과 지역관계망, 전국 네트워크, 활동가 등과 공동체 활동 및 사회적경제, 도시재생 활동 등을 공유하며 쌓아온 일들이 평가를 받았고, 수상도 여러 차례 하였다. 지원단뿐만 아니라, 사업단체 및 시민공동체까지 무엇인가를 해보려 하는 시민과 공동체를 만날 때 지원단은 시간·예산 등과 무관하게 수요자 맞춤형 기획과 컨설팅, 현장 활동, 대회 인솔 등 종합적인 코디네이터 역할까지 하였다. 함께 한 사업단체와 시민들이 행복해하고 의기투합하여 지원단과 지속적인 소통과 관계 유지를 하는 과정에서 지역관계망의 응원과 도움은 그 자체가 공동체이며 지역과 함께 성장하는 힘이다. 공공기관, 기업, 시민, 학계 등이 거버넌스를 이루어 사회적경제를 활성화시킨 좋은 사례로 평가된다.

그림 12-10 울산 마을기업지원단의 주요 활동

마을기업 설립 전 교육

마을기업의 부스 운영 지원

출처: 울산경제진흥원, http://www.uepa.or.kr.

5. 모두가 행복한 화성시의 지속가능한 로컬푸드

로컬푸드(local food)는 생산자 입장에서 유통 단계가 짧아서 농민의 몫이 커지고, 안정적인 판로 확보가 가능해진다. 소비자는 저렴한 가격에 안전한 먹거리 섭취가 가능해지고, 지역사회는 새로운 일자리가 생기면서, 공동체 안에서 상호작용이 늘어나는 등의 장점이 있다. 무엇보다 짧아진 물류의 이동거리는 수송에서 발생하는 탄소 배출을 저감하면서 기후변화 대응에 기여하게 된다.

화성시는 2008년부터 장거리 운송을 거치지 않은 지역농산물, 로컬푸드 운동에 대하여 관심을 갖게 되었다. 당시 생산자와 소비자의 식품 이동 거리 단축과 친환경농업으로 인한 토양 보전 및 생태환경 회복에도 영향을 미치는 최종적으로 생산자와 소비자, 지구환경에도 도움이 되는 로컬푸드 운동이 실천과제로 거론되었다.

화성시 지속가능발전협의회 농촌경제분과에서는 2003년 의제로 작성된 친환경농업, 활기찬 농촌 만들기 실현을 실천하는 방법으로 2010년부터 로컬푸드 운동에 대하여 관심을 가지게 되었고, 로컬푸드를 적용한 직거래 장터를 시작으로 지역사회에 로컬푸드 운동을 뿌리내리기 위한 노력을 시작하게 되었다(환경부, 2017).

수차례 논의 끝에 직접 직거래를 진행해 보자고 분과 내에서 협의되고 결정되었다. 새로운 직거래 형태로 제시되었던 것은 첫째, 농사를 짓는 위원들 중 도매시장이나 마트에 납품하였던 경험이 있는 훈련된 사람들이 참여한다. 둘째, 친환경 인증을 받은 농산물로 한다. 셋째, 당일 수확한 농산물로 소포장하고 상품을 구성한다. 넷째, 현장에는 생산자와 소비자, 참여기관 담당자 등 각 1인씩 참여한다.

이후 로컬푸드 거점화를 고민하면서, 지역 내 많은 활동들이 있었다. 2012년에는 지역주민들이 농사의 중요성과 로컬푸드를 이해하고 탄소발자국 저감을 위한 도시농업 지원조례 제정을 위하여 위원과 시의원, 시민, 전문가와 함께 8차에 걸친 포럼과 모든 참여 그룹이 모인 공청회를 진행하였다. 2013년에는 로컬푸드 조례를 위한 소비자 서약·설문조사를 지역 내 행사, 축제 참여 시민들을 대상으로 진행하고 결과를 행정에 제안하여 로컬푸드 육성 및 지원에 관한 조례 제정을 위한 제도적 기반을 마련하였다(환경부, 2017).

로컬푸드 직매장은 화성시 소재 농가와 소비자를 '직접' 연결해 주는 통로이다.

그림 12-11 화성시의 로컬푸드 활동

화성시 로컬푸드 직매장

어린이 장보기 체험 프로그램

출처: 화성푸드통합지원센터, http://www.hsapda.net.

장소를 제공하고 운영을 대신하면서 수수료 10%만 뗀다. 나머지 수익금을 생산자에게 돌려준다. 이러한 과정을 통하여 로컬푸드 운동이 생산자와 소비자의 관계 개선을 위한 가정 적절한 수단인 직매장을 지역에 뿌리내리기 위하여 다양한 활동을 전개하였다. 위원으로 구성된 생산자와 소비자, 그리고 지역사회가 함께 만들어 간 직거래장터 운영, 참여하는 모든 그룹과 함께 선진 사례 학습과 농사를 이해하기 위한 시민교육, 성과를 바탕으로 로컬푸드 직매장이 오픈된 이후 지속적인 모니터링으로 변화되는 인식 확인을 진행하였으며, 결과를 바탕으로 포럼을 진행하고 발전 방향을 제시하였다.

현재 화성시의 로컬푸드 직매장은 각종 투어 사이트에 포함되어 소개되고 있다. 매년 급속한 성장세를 거듭하면서 각 지역에서 중요한 모델 사례로 알려지면서 전국적인 관심을 거듭하고 있는 것이다. 지역민의 건강을 살리고, 행복한 지역경제를 만들어 가면서, 기후변화 대응까지 생각하는 화성시의 로컬푸드는 경제 거버넌스의 중요한 사례이다.

제 4 절 사회 거버넌스

1. 도시재생, 역사재생, 지속가능한 지역공동체: 삼대가 함께 걷는 선미촌

전주시청 맞은편에 위치한 선미촌은 성매매 집결지로 성매매 여성들의 인권 보호, 서노송동 주민들의 불편 해소, 주변 초·중·고교 교육환경 개선 등을 위하여 정비의 필요성이 지속적으로 제기되었다. 하지만 선미촌 폐쇄 및 정비 시도가 있을 때마다 업주들과 주변 상인들의 강력한 저항으로 수차례 무산되었고, 사회적 갈등을 야기하였다. 그러다 2013년 전북여성인권지원센터, 전북여성단체연합, 전주시의회 여성의원, 전주의제21이 선미촌 폐쇄를 위한 거버넌스 기구를 만들기로 하고, 운영위원회의 합의를 거쳐 2014년 2월 선미촌 정비를 위한 '선미촌정비민관

협의회'를 구성하였다. 협의회는 여성단체들, 서노송동 주민들, 도시계획 전문가, 언론, 경찰, 시의원, 행정기구로 이루어졌으며, 전북여성인권지원센터가 협의회 운영과 사업 진행의 실무를 담당하고, 전주의제21이 행정과 협의 업무를 맡았다. 협의회 내 선미촌정책팀은 워크숍을 통하여 시민들과 소통하고, 선미촌 문제를 지역사회의 중요한 이슈로 만들었다.

협의회와 전주시는 선미촌 재생사업을 기존의 하드웨어 중심이 아닌 지역사회와 구성원들이 해법을 제시하는 소프트웨어 중심의 사업으로 구상하였으며, 실현 가능한 방안들이 도출될 수 있도록 많은 노력을 하였다. 그중 대표적인 사업이 참여자들이 선미촌의 모습을 직접 보고 생각하며 그 실체를 체감하는 '선미촌 걷기' 사업이다. 그동안 일반시민들의 접근이 쉽지 않았던 업소 뒷골목, 경제적 어려움을 겪고 있는 노인들, 버려진 주거지 등 참혹한 선미촌의 실체를 바라보며 선미촌의 정비사업에 대한 공감대가 형성되었다.

기존의 재생사업 방식이 아니기 때문에 겉으로는 큰 변화가 없어 보이지만, 성매매 여성 면담, 주민 인터뷰, 순찰 강화, 선미촌의 어제와 오늘에 대한 기록 등 선미촌 내부는 지금도 계속 변화하고 있다.

그림 12-12 선미촌 문화재생사업 주요 활동

선미촌 걷기

선미촌 지도 그리기

출처: 환경부 · 전국지속가능발전협의회(2015). 2015년 제17회 지속가능발전대상 공모전 우수사례집.

2. 거버넌스 인권도시 아산

인간으로서 존엄을 가지고 차별을 벗어나고자 하는 행동에 사회가 어떻게 행동하고 응답하는가는 그 사회의 지속가능발전의 수준이며, 삶의 질을 수준을 보여준다. 도농복합 도시인 충남 아산시는 농업 중심의 도시에서 삼성, 현대, 만도, 유성, 갑을오토텍 등의 공단 이전이 진행되고, 삼성 신도시 조성에 따라 도시가 변화하고 있다. 하지만 이 안에서 이전과 다른 다양한 형태의 인권 문제가 발생 중이다. 노동, 농업, 이주노동자, 결혼이주민에 대한 차별과 인권 문제들이 발생하는 가운데, 인권을 의제로 활동하는 시민사회단체는 열악한 상황이었다. 삶의 질이 향상되는 지속가능한 아산시가 되기 위해서는 '인권' 의제를 지역사회 중심 의제로 함께 해결하려는 공감과 의지가 절대적으로 필요한 상황이었다(환경부, 2016).

그림 12-13 **아산시 인권 관련 주요 활동**

인권기후강사단 워크숍

인권교육활동가 양성

출처: 아산시 지속가능발전협의회, www.greenasan21.or.kr.

이 문제를 해결하고자 2015년 여러 차례 진통을 거쳐 아산시 인권조례가 제정되고 아산시인권위원회가 설치되었다. 아산시인권위원회는 2016년 아산시 17개 읍·면·동의 이장단협의회, 주민자치센터 순회 인권 강의를 진행하였다. 아산시는 공무원 인권교육을 진행하고 아산지속가능발전협의회와 함께 찾아가는 인권교육을 진행하였다. 거버넌스를 통한 인권교육이 공무원, 주민조직까지 확대되었다.

인권교육의 내용은 시민사회와 아산지속가능발전협의회가 담당하고, 교육은 인권위원들이 직접 진행하는 등 역할 분담을 하였다. 조례 제정을 준비하는 과정뿐만 아니라 조례 제정 이후 아산시인권위원회 구성과 운영, 예산안, 전담자 배치 등을 아산시, 아산시의원, 아산지속가능발전협의회가 인권네트워크와 함께 협의 진행되어 온 과정을 살펴보면, 인권 거버넌스의 대표적인 사례라고 할 수 있다(환경부, 2016).

아산시인권위원회는 아산시인권기본계획 수립과 인권지표를 계획하며 인권 관련 컨트롤타워 역할로 자리 잡으면서, 위원회가 실질적인 거버넌스로 중심에 서게 되면 어떠한 영향력을 갖게 되는지 볼 수 있다. 2012년부터 지금까지 꾸준히 진행된 인권교육활동가 양성 과정을 통하여 모인 강사단 '인권21'이 지속적으로 모임을 유지하며 찾아가는 인권교육으로 아산지역 시민 인권 인식 확장 속에 도심 가운데 성매매 집결지인 '장미마을' 인권 문제를 거버넌스를 통하여 해결하려는 첫걸음을 떼고 있다(환경부, 2016).

물론 거버넌스를 통하여 인권도시 아산을 지향하지만, 아산지역의 인권 문제를 모두 해소할 수 있는가와 관련해서는 여전히 많은 과제와 어려움을 안고 있다. 지역에서 발생하는 많은 인권 문제가 정부 정책과 연관되어 있으며, 인권위원회 역할의 한계 등은 풀어야 할 과제이다. 남성 중심의 가부장적인 문화, 속담과 언어 속에 성, 지역, 장애, 이주민 등에 대한 차별을 담고 있는 한국 사회의 전반적인 인권 인식을 높이는 것 역시 과제이지만, 아산시가 거버넌스로 인권 문제를 해결하는 방식은 사회문제 해결을 위한 거버넌스의 중요한 방안을 보여주면서, 동시에 지속가능발전에서 말하는 사회적 배제나 불평등 문제를 해소하는 중요한 사례를 보여준다.

3. 다양한 세대와 함께하는 마을만들기 실험: 광주 다가치그린 마을만들기

마을만들기가 전국에 확산되면서, 2009년부터 마을만들기사업을 시민실천운동의 일환으로 진행하였던 광주광역시는 새로운 실험을 구상하였다. 이 구상 속에 나온 것이 바로 '다(多)가치그린 마을만들기'이다. '다가치그린'은 2014년 6월 정부 3.0 브랜드 과제로 선정되었다. 9월부터 12월까지 광주 시민사회 각계각층의 대표(디자이너, 주부, 대학생, 전문가, 시민활동가, 공무원) 등으로 구성된 서비스 디자인단은 10차례의 아이디어 회의를 통하여 다가치그린의 개념과 방향을 만들었고, 그 성과로 정부 3.0 브랜드 과제 최우수상을 수상하였다(환경부, 2018).

스마트 시대에 수많은 사람이 들고 다니는 스마트폰을 활용하여 주민 참여를 증진하면서, 다양한 세대가 소통하고 함께하는 방안에 대한 실험을 하기로 한다. 그 내용이 크게 독특하거나 다른 것은 아니었다. 기존에 이미 활용하던 서비스를 어떻게 마을에서 활용하게 할 것인가에서 참신성이 돋보였다. 동네생활환경정보를 쉽게 볼 수 있고 환경민원신고도 하면서 무엇보다 주민이 직접 마을문제를 해결하는 방식을 스마트폰을 통하여 구현하자는 취지였다.

그 결과 다가치그린 동네만들기의 본격적인 추진을 위하여 사업추진단이 구성되고 그 시스템을 구축하고자 하였다. 광주협의회, 광주광역시환경정책과, 구별 환경과(5곳), 마을만들기 센터(4곳), 유관기관(2곳) 마을활동가(10명), 광주광역시자원봉사센터(6곳) UN SDGs 실천사업단(10명), 생태문화마을사업단(18명) ESD 교원연구회(22명) 등 다양한 구성원이 참여하는 거버넌스 구조를 만들었다.

2017년 본격적으로 마을 문제 해결을 위한 시민펀딩이 시작되었다. 시범사업으로 12개 단체 2,800만 원의 시민펀딩이 있었다. 591건의 펀딩이 이루어졌고, 10개

그림 12-14 광주 다가치그린의 주요 활동

녹색 커튼 사례

문흥초등학교 마을 캠페인

출처: 광주광역시 지속가능발전협의회. http://www.greengj21.or.kr

의 공동체와 2개의 학교가 당당히 제안한 내용에 대한 펀딩을 완료하였다. 시범마을 및 학교지역은 행정. 시민단체, 의제별 전문가로 구성된 생태문화마을사업단이 현장을 방문하여 애로 사항을 청취하였다. 다가치그린 다짐 대회를 통하여 참여하는 공동체 및 학교와 이들을 지지한 시민들의 만남을 만들었다.

2018년에는 2017년의 성과를 바탕으로 총 예산 115,000천 원이 투입되어 22곳의 마을공동체와 8곳의 학교가 펀딩에 참여하였는데, 780건의 펀딩과 함께 사업이 100% 완료되었다. 5월에는 환경부에서 문흥초등학교, 농성초등학교, 새별초등학교의 지역사회와 연계한 마을운동으로 인정받아 환경부 인증 프로그램에 선정되었다. 또한 주민이 직접 마을의 문제를 펀딩을 통하여 지지를 받고 해결하는 사례가 이클레이 동아시아 본부 홈페이지에 소개되기도 하였다. 이처럼 다가치그린 앱을 통하여 시민들의 의견을 수렴하여 행정, 전문가, 학교, 유관기관, 마을활동가와 함께 운영정책을 수정해 왔고 UN SDGs와 5차 의제의 생활 속 실천을 풀뿌리 마을운동과 결합하는 가치를 부여하여 현재에 이르렀다.

다가치그린은 마을과 기술을 접목한 새로운 시도이자 실험이다. 충분한 효과와 성과를 내고 있지만, 아직도 지켜보고 고민하여야 할 부분이 많다. 간혹 문제를 일으키는 시스템, 스마트 기기 사용에 대하여 어려워하는 노령층에 관한 접근성 문제, 축적된 포인트의 사용 문제 등 여러 숙제가 아직도 남아 있다. 하지만 마을공동체 회복을 위한 다양한 시도는 앞으로도 계속되어야 할 것이다.

참고 문헌

강살리기 네트워크(2012). 「한국 강의 날 대회 자료집」.

국토해양부(2012). 「시화호 이야기」.

김경민 · 김진수(2016). 「통합적 · 참여적 물 거버넌스 도입의 필요성」. 『이슈와 논점』 1142호.

서울특별시(2015). 「원전 하나 줄이기」.

서울특별시(2017). 「에너지살림도시 서울」.

이주헌(2017). 대안적 에너지 정책에 대한 탐색: 서울시 원전 하나 줄이기 정책과 거버넌스의 역할. 「의정연구」 50: 152－185.
이클레이 한국사무소(2014). 「경기도 생물다양성지역실천(LAB) 사업」.
이클레이 한국사무소(2016). 「생물다양성과 지방정부」.
한국지속가능발전센터(2016). 「한국 지속가능발전 거버넌스 활동현황 보고서 2011~ 2015」.
환경부(2014). 「지역 생물다양성전략 활성화 방안」.
환경부(2015). 「지속가능발전대상 공모전 우수사례집」.
환경부(2016). 「지속가능발전대상 공모전 우수사례집」.
환경부(2017). 「지속가능발전대상 공모전 우수사례집」.
환경부(2018). 「지속가능발전대상 공모전 우수사례집」.
광주광역시 지속가능발전협의회 홈페이지. http://www.greengj21.or.kr/
부산하천살리기 시민운동본부 홈페이지. http://www.busanriver.or.kr/
시화호 홈페이지. http://www.shihwaho.kr/
아산시 지속가능발전협의회 홈페이지. http://www.greenasan21.or.kr/
울산경제진흥원 홈페이지. http://www.uepa.or.kr/
유역보전을 위한 강살리기 네트워크 홈페이지. http://www.rivernet.or.kr/
전국지속가능발전협의회 홈페이지. http://www.sdkorea.org/
화성푸드통합지원센터 홈페이지. http://www.hsapda.net/
환경부 비점오염원 홈페이지. https://nonpoint.me.go.kr/

제 4 부

거버넌스형 지속가능발전을 위한 과제

제 13 장

지속가능한 생태공동체를 위한 과제

제 1 절 혁신기반 기후정책 거버넌스

1. 기후정책의 전개 과정과 문제점

기후변화를 통하여 지구 환경에 부정적 영향을 미치는 온실가스는 1750년대 산업시대 진입 이후 지속적으로 증가하였다. 서유럽은 석탄으로 동력화된 기계화시대에 접어들고, 수공업이 수십 년 안에 화학 제조, 증기 동력 및 공작기계의 새로운 방법으로 대체됨으로써 공해, 이산화탄소 배출 및 인간의 활동은 밀접하게 연결되었다. 이후 1850년대 석유를 다양한 산업 공정에서 연료 및 원료로 사용하기 시작함으로써 석유가 전 세계 이산화탄소 배출량의 약 1/3을 차지하게 되었다. 또한, 1970년대에 접어들면서 자동차 운송의 확대와 직장 및 가정에서의 정보기술 사용에 따른 에너지 사용 증가와 더불어 이산화탄소 배출량이 급속하게 증가하였다.

하지만, 산업시대 이후 지속적인 온실가스 증가에도 불구하고 인간의 활동이 기후변화에 영향을 미쳤다는 주장은 오랜 시간이 흐른 뒤에야 받아들여졌다. 증기기사였던 영국의 공학자 가이 칼렌다(Guy Stewart Callendar)가 1938년 대기 중 이산화탄소가 지구의 온도에 영향을 줄 수 있다고 주장 — 당시 전문 기상학자들의 비웃음을 삼 — 한 이후 1990년 기후변화에 관한 정부 간 패널(IPCC)[1)]이 첫 번째 평가보고서를 통하여 "인간 활동으로 인한 배출은 실질적으로 온실가스의 대기 농도를 증가시킨다"고 발표함으로써 국제적 문제로 떠올랐다.

특히, 1980년대 후반부터 본격적으로 부상한 국제 환경규제 논의는 오존층 파괴와 관련된 물질을 제한하는 1987년 몬트리올 의정서 채택을 시작으로 1992년 6월 브라질 리우에서 개최된 '지구환경회의'를 통하여 에너지 소비에 의하여 발생하는 이산화탄소 등 온실가스가 장기적으로 기후변화를 통하여 지구 환경에 부정적인 영향을 미친다는 인식을 공유하는 수준으로 진전되었다(한국환경정책 · 평가연구원, 2018). 이러한 논의는 기후변화에 대한 최초의 국제적 노력으로 볼 수 있는 유엔기후변화협약(UNFCCC)[2)]의 채택으로 발전하였다. 197개국(196개 국가와 유럽연합)이 협정 당사국으로 참여하고 있는 UNFCCC는 개발도상국의 특수한 여건을 배려하면서도 각 나라의 능력에 따라 책임을 차별화해 부담한다는 기본 원칙에 따라 생태계가 기후변화에 자연적으로 적응하고, 생산량이 위협받지 않으며, 지속가능한 경제 개발이 가능할 정도로 온실가스 농도를 안정화하는 것을 궁극적인 목표로 삼고 있다. 이렇듯 기후변화 문제가 전 지구적으로 논의되기 시작한 1990년대 초반 이후 지속된 기후변화협약 당사국 회의를 통하여 CO_2를 비롯한 온실가스 배출 규제가 국제적인 핵심 현안으로 등장하였다.

기후변화 대응을 위한 정책은 1995년 이후 당사국총회가 지속되고 있는 기후변화협약이라는 대외적 요인이 시발점이 되고, 1997년 주요 선진국들이 합의한 온

1) IPCC(Intergovernmental Panel on Climate Change)는 기후변화 문제에 대처하기 위하여 세계기상기구(WMO)와 유엔환경계획(UNEP)이 1988년 공동 설립한 국제기구로서, 기후변화에 관한 과학적 규명에 기여하고 있다.
2) 유엔기후변화협약(UNFCCC)에 관한 구체적인 내용은 제9장에 서술되어 있다.

그림 13-1 CARBON STORY(1990년)

출처: http://www.globalcarbonatlas.org/en/outreach

실가스 감축 목표가 설정된 교토의정서(Kyoto Protocol)가 채택되면서 실질적인 감축 논의가 시작되었으며, 우리나라에 대한 감축 압력도 가중되었다. 이에 우리 정부는 1998년 이후 산업계와 전문 연구기관 등이 참여하는 범정부대책기구인 '기후변화협약 정부대책기구'를 설치하고, 1999년 최초의 기후변화 대응계획인 '기후변화협약 대응 제1차 종합대책'을 수립하여 추진하였다. 이후 2007년까지 총 4차에 걸친 종합대책이 이어졌고, 2008년 녹색성장이라는 다소 논란의 여지가 있으나 적극적인 성장 지향형 온실가스 관리정책 방안인 '기후변화대응 종합기본계획'을 수립하였다. 2009년 기후변화 대응, 지속가능발전, 에너지정책 등을 포괄하는 대통령소속의 '녹색성장위원회'를 설치하고, 기후변화 등에 체계적으로 대응하기 위하여 2010년 1월 「저탄소녹색성장기본법」을 제정·공포하였다(한국환경정책·평가연구원, 2018). 이후 2차에 걸쳐 녹색성장 5개년계획을 수립·시행하고 있으며, 기후변화 적응대책은 제1차 국가기후변화 적응대책(2011~2015)을 이행하고, 제2차 국가기후변화 적응대책(2016~2020)을 2015년에 수립하여 추진 중이다.

또한, 2020년 만료되는 교토의정서를 대체하는 새로운 기후변화 체제인 파리협정[3]이 세계 195개 참가국의 만장일치로 2015년 체결됨에 따라, 한국 정부는 국가

표 13-1 우리나라의 기후변화 대응 주요 계획

구분	녹색성장 5개년계획	에너지 기본계획	배출권거래제 기본계획	기후변화 적응대책	기후변화대응 기본계획
현행	2차(2014.6) 2014~2018	2차(2014.1) 2014~2035	1차(2014.1) 2015~2024	2차(2015.12) 2016~2020	1차(2016.12) 2017~2036
근거 법령	저탄소 녹색성장 기본법 9조	저탄소 녹색성장 기본법 41조	온실가스 배출권의 할당 및 거래에 관한 법률 4조	저탄소 녹색성장 기본법 48조	저탄소 녹색성장 기본법 40조
계획 기간	2050년까지 매 5년마다	계획기간 20년 매 5년마다	10년 단위로 매 5년마다	5년 단위	계획기간 20년 매 5년마다
주체	국무조정실	산업통상 자원부	기획재정부	환경부	국무조정실

별 기여 방안(INDC)[4)]으로 2030년 온실가스 감축 목표를 BAU(배출 전망치) 대비 37%로 확정하고 국제사회에 제출하였다. 이후 녹색성장위원회의 심의를 거쳐 제1차 기후변화대응 기본계획과 2030 국가 온실가스 감축 로드맵을 확정하여 시행 중에 있다. 현재 시행 중인 우리나라의 기후변화대응 주요 계획은 <표 13-1>과 같다.

유엔기후변화협약(UNFCCC) 채택 이후 지속된 국제사회의 합의 및 노력에도 불구하고 온실가스 배출량은 지속적으로 증가하고 있다. 유엔환경계획(UNEP)이 2018년 11월에 발표한 「2018년 배출량 격차 보고서(Emissions Gap Report 2018)」에 따르면, 세계 온실가스 배출량은 전년 대비 1.2% 증가한 535억 톤CO_2eq.을 기록하여 유엔이 온실가스 배출량을 측정한 이래 가장 많은 수준이다. 온실가스 배출량 증가세가 꺾일 줄 모르는 상황에서 각국이 현재의 감축 목표를 고수할 경우 지구 평균 기온은 2100년까지 3.2도 상승할 것이라고 경고하고, 평균 기온 상승폭을 2도로 묶으려면 현재 감축 목표보다 3배, 1.5도로 유지하려면 5배 더 많이 감축해야 한다고 지적하였다. 우리나라도 1999년 최초의 기후변화 대응계획을 수립

3) 파리협정(Paris Agreement)은 국제사회 공동의 장기 목표로 “산업화 이전 대비 지구 기온의 상승폭(2100년 기준)을 2℃보다 훨씬 낮게(well below 2℃) 유지하고, 더 나아가 온도 상승을 1.5℃ 이하로 제한하기 위한 노력(strive)을 추구한다”고 합의하였다.

4) INDC(Intended Nationally Determined Contributions)는 기후변화에 대하여 각국이 자발적으로 계획한 감축 목표, 추진계획, 적응 등의 기후변화 대응 및 국제사회 기여계획으로서, 이후 NDC (Nationally Determined Contributions)로 명칭이 변경되었다.

표 13-2 국가 온실가스 배출량

(단위: 백만 톤CO_2eq)

분야	온실가스 배출량						1990년 대비 증감률(%)	2015년 대비 증감률(%)
	1990	2000	2010	2014	2015	2016		
에너지	241.5	410.8	565.8	598.8	602.4	604.8	150.5	0.4
산업 공정	19.8	50.2	54.4	56.0	53.3	51.5	160.2	-3.4
농업	21.3	21.6	22.2	20.8	20.9	21.2	-0.1	1.6
LULUCF	-38.2	-59.3	-54.4	-42.7	-42.9	-44.5	16.2	3.7
폐기물	10.4	18.8	15.0	15.4	16.4	16.5	58.8	1.0
총배출량 (LULUCF 제외)	292.9	501.4	657.4	690.9	692.9	694.1	136.9	0.2
순배출량 (LULUCF 포함)	254.7	442.2	603.0	648.3	650.1	649.6	155.1	-0.1

출처: 환경부 온실가스종합정보센터(2018).

해 추진하였지만, 온실가스 배출량은 지속적으로 증가하고 있다. <표 13-2>에서 보듯이 2000년 501.4백만 톤CO_2eq.의 온실가스 배출량은 2016년에 694.1백만 톤CO_2eq.로 증가하여 2000년 대비 약 38.4% 증가하였다. 다만, 2013년 696.7백만 톤CO_2eq.로 정점을 기록하고, 2014년 690.9백만 톤CO_2eq.로 다시 낮아진 후, 2015년부터는 소폭의 증가를 보이고 있다. 온실가스 배출량의 집약도를 나타내는 '국내총생산당(GDP) 배출량'과 '1인당 배출량' 지표는 지속적으로 하락하는 추세이다.

이처럼 국제사회 및 우리나라의 노력에도 불구하고 온실가스 배출량의 지속적인 증가와 이에 따른 기후변화 현상의 심화는 현재와 같은 수준과 방법으로는 해결할 수 없다는 점을 보여주고 있다. 이에 2018년에 채택된 IPCC의 「지구온난화 1.5℃ 특별보고서」에서는 국가, 지자체, 시민사회, 기업 등 전방위적인 대응을 위한 시스템 전환이 필수적이라고 지적하였다.

실제적인 온실가스 감축으로 이어지지 못하고 있는 이러한 현실은 기후변화 문제를 여전히 환경문제로만 인식하는 경향에서 출발한다. 기후변화 문제는 환경문제와 성격적으로는 유사하지만 다른 성격들을 가지고 있다. 먼저, 일반 대기오염물질과 성격을 달리하는 이산화탄소가 그 원인이라는 데에서 기존 환경문제와 다른 해결책을 요구하고 있지만, 이산화탄소 감축을 위한 모든 과정이 일반 오염물질 저감 과정과 비교하여 상대적으로 명확하지 않다는 점이다. 다음으로, 이산화탄소는 직접적인 오염물질이 아니기 때문에 일반적인 오염물질과는 달리 직접적인 규제를 통하여 배출을 통제하기 어려운 성격을 지니고 있으며, 무엇보다 일단 배출된 이산화탄소는 전 지구적으로 공통적인 피해를 입힌다는 점이다. 이는 제한된 지역에서만 한정적으로 영향을 미치는 것이 아니라, 전 지구적 차원에서 영향을 미친다는 점이다. 마지막으로, 온실가스의 감축은 많은 비용과 노력이 필요하지만, 온실가스 배출의 대부분을 차지하고 있는 화석연료의 사용을 줄이면 경제활동이 위축될 수 있기 때문에 국가별 이해관계가 첨예하게 대립한다는 점이다.

그렇기 때문에 기후변화 문제를 해결하기 위한 접근방법으로는 첫째, 기후변화 현상과 정책의 불확실성과 불가역적 특성을 함께 지니고 있기 때문에 기후변화 문제를 대할 때 그것이 발생하지 않도록 하는 사전 예방적인 접근이 필요하다. 기후변화협약은 기후변화 문제에 대응하는 원칙으로 사전 예방 원칙(precautionary principle)을 제안하고 있다. "후회보다는 안전한 관리(better safe than sorry)"를 하자는 것이다.

둘째, 정책적 관점에서든 과학적인 측면에서든 기후변화 문제는 매우 복잡하고 논란의 여지가 많기 때문에 융합적인 접근이 필요하다. 물리화학적인 현상인 지구상의 에너지 흐름은 인간 사회의 정치·경제적인 특성과 변수에 따라 그 규모와 내용이 크게 좌우되기 때문이다.

셋째, 기후변화 문제는 인류 문명의 지속성 여부가 걸린 인류 공동의 문제이면서 개별 국가의 경제 발전이 걸린 문제이기도 하다. 즉, 국내와 국제 정책의 조화가 필요하다.

넷째, 기후변화는 불확실성 하에서 의사결정을 하고 행동하는 것이 불가피하기 때문에 불확실성 하의 의사결정이 필요하다.

다섯째, 기후변화 대응정책을 선택할 때 다양한 정책수단 간의 합리적인 혼합과 통합이 매우 중요하기 때문에 완화와 적응의 통합적 정책수단의 활용이 필요하다(정회성 외, 2013).

실제적인 온실가스 감축으로 이어지지 못하고 있는 두 번째 측면은 기후변화 문제는 과학적 · 기술적 문제가 아니라 정치 · 경제 · 사회적 문제라는 점이다. 구체적으로는 기술과 정책의 간극, 규제와 성장의 간극, 정책과 인식의 간극이라는 세 가지 간극을 좁히지 못하고 있기 때문이다. 이러한 간극은 상호연계성을 가지고 있으며, 시스템 전환을 위한 거버넌스가 그 중심에 있다. 즉, 기후변화 문제를 해결하기 위해서는 정책 거버넌스와 국제 거버넌스, 지역 거버넌스라는 측면이 모두 고려되어야 한다.

이에 여기에서는 기술과 정책의 간극, 규제와 성장의 간극을 좁히기 위한 첫 번째 혁신 과제로서 4차 산업혁명 기술을 활용한 기후변화 대응을 고찰하고, 정책과 인식의 간극을 좁히기 위한 혁신 과제로서 지속가능발전과 연계된 기후변화 대응 정책의 추진, 기후 위험으로부터 안전한 적응 거버넌스 구축이라는 두 가지 과제에 대하여 설명한다.

2. 4차 산업혁명 기술을 활용한 기후변화 대응

4차 산업혁명은 2016년 1월 20일 스위스 다보스 경제포럼에서 처음 언급한 개념으로 "3차 산업혁명을 기반으로 한 디지털과 바이오, 물리학 기술들의 경계를 허무는 기술 융합의 혁명"으로 정의하고 있다. 속도, 범위, 그리고 파급효과 측면에서 3차 산업혁명의 연장선이 아닌 새로운 혁명이며, 새로운 에너지원의 등장이 아닌 기존 에너지 기술이 정보통신, 전자, 화학, 바이오 등 분야에서의 신기술과 융합되어 새로운 산업혁명의 기폭제가 될 것으로 기대되고 있다.

경제 발전이라는 측면에서 4차 산업혁명이라는 변화가 나타나고 있는 반면, 기후 · 환경 · 에너지 분야에서는 신기후체제라는 새로운 기후 패러다임이 등장하였다. 2016년 세계경제포럼(WEF)이 발표한 「글로벌 리스크 보고서(The Global Risks Report)」에 따르면, 인류가 직면한 최대의 리스크로 기후변화 적응 실패를 들었다. 또한, 2015년 파리기후협정을 통하여 각국은 지구의 평균 기온 상승을 산업혁명 이전 대비 2℃ 이하로 억제하기 위한 자발적인 노력을 하여야 하며, 5년마다 각국은 온실가스 감축 목표치를 상향 조정하여야 하는 의무를 가지게 되었다. 이러한 리스크는 매우 복잡하고 느리게 진행됨에 따라 세계 각국은 4차 산업혁명과 기후변화의 상황 속에서 당면한 현안과, 향후 세계 경제가 나아가야 할 방향을 모색하는 데 집중하여야 할 것이다.

4차 산업혁명은 단순히 에너지와 과학기술을 변화시키는 것에 그치지 않고 우리가 살아가는 모든 분야를 근본적으로 전환시킬 것이다. 4차 산업혁명으로 인한 혁신적인 과학기술의 가속화는 사회 전 분야의 급속한 변화를 야기할 것이며, 기술의 적용 및 확산이 빠르게 진행됨에 따라 산업구조가 변모하는 등 큰 변화가 발생할 것으로 예상된다. 신기후체제도 궁극적으로는 기후 대응 기술 개발과 활용, 그리고 국제적인 공유가 핵심이며, 기후변화 대응 기술의 개발은 우리나라에게 새로운 기회가 될 수 있다. 특히, 전 세계는 향후 저탄소 기술구조로의 전환이 불가피하며, 4차 산업혁명과 기후변화의 문제가 맞물려 진행됨에 따라 4차 산업혁명에서의 적응과 기후변화 대응 역시 함께 이루어져야 바람직할 것이다.

기후변화 대응이라는 측면에서 4차 산업혁명은 반드시 긍정적인 효과를 가져오는 것은 아니다. 4차 산업혁명은 기술혁신이 수반되는 것이나 기술혁신이 된다고 해서 반드시 에너지 수요가 줄어드는 것은 아니기 때문이다. 4차 산업혁명의 기본이 되는 디지털, 데이터, 자동화 등의 진전은 기존 산업보다 오히려 에너지 소비를 더욱 증가시킬 것으로 전망되어 화석연료와 같은 기존 형태의 에너지 중심 체계의 소비는 온실가스의 배출을 더욱더 증가시키게 될 것이다.

하지만, 온실가스 감축이 이제는 선택이 아닌 의무로서 과거의 산업은 수급 안정과 산업경쟁력 지원에 초점이 맞추어져 있었지만, 미래의 산업 환경은 친환경 저탄소형으로 개선되어야 할 것이다. 증가하는 전력 사용량을 100% 재생가능에너지를 통하여 조달하지 않은 기업은 머지않아 미래에 탄소 배출 규제에 따른 경쟁력 약화를 초래할 것이며, 이러한 관점에서 4차 산업혁명은 신기후체제의 테두리 안에서 이미 진행 중이라 하겠다. 페이스북, 구글 같은 글로벌 IT 기업들은 자사 데이터센터를 100% 재생가능 에너지로 운영할 목표를 세우고, 재생에너지 전환 비율을 증가시키고 있으며, 세계의 영향력 있는 161개 기업은 향후 사용 전력의 100%를 재생가능 에너지로 충당하는 것을 목표로 하는 RE 100 그룹[5]을 결성하였다.

---

5) RE 100(Renewable Energy 100) 그룹은 기업이 필요로 하는 전력의 100%를 태양광이나 풍력 등 재생에너지로 생산해 사용하겠다는 것으로 2014년 국제 비영리 환경단체인 클라이밋 그룹(The

또한, 4차 산업혁명 견인 기술의 결합에 따라 전력산업의 디지털화, 공유경제 도입에 따른 에너지 사용의 최적화 등 에너지 분야의 기술과 제도적 혁신이 촉진되며, 자율주행차와 전기자동차, 블록체인, 연료전지 등 신재생에너지를 이용한 새로운 분산형 에너지 시스템의 구축 등이 용이해져 온실가스 감축에 기여할 수 있다. 예를 들어, 인공지능 에너지관리 시스템은 기존 에너지관리 시스템의 모니터링 기능에 수요 예측, 위기 대응 등과 같은 스마트화 기능이 추가되면서 에너지 절약과 안정적인 에너지 공급을 가능하게 해 줄 것이다. 또한, 공유경제의 활성화는 에너지와 모든 자원·원자재 사용을 줄일 수 있어 기후변화 대응에 기여할 수 있다.

앞에서 서술하였듯이 4차 산업혁명은 기후변화 측면에서 긍정적 및 부정적 측면을 모두 가지고 있다. 이에 4차 산업혁명에서의 적응과 기후변화 대응은 동시에 연결되어 추진될 필요가 있다. 이를 위해서는 새로운 기술혁신을 통한 에너지 소비의 효율화, 에너지 절약 및 친환경적 에너지 믹스 전환 등이 동시에 추진되어야 한다. 특히, 4차 산업혁명 기술을 기후변화 정책과 연계시킨다는 것은 기술과 정책의 간극, 규제와 성장의 간극을 줄여나가는 데 도움이 된다.

일반적으로 기후변화 문제는 여타 환경문제와 마찬가지로 매우 강력한 윤리적인 특성을 가지고 있으며, 인류 공동의 문제이면서 개별 국가의 경제 발전이 걸린 문제이기도 한다. 즉, 윤리적(정치적)인 문제인 동시에 경제적 문제인 것이다. 하지만, 그동안의 정책은 주로 당위적 측면에서 접근되고, 경제성장이라는 측면은 간과된 측면이 있다. 이제는 새로운 시장 확보의 기회를 창출하고, 새로운 성장 동력으로서 기후변화 문제를 인식할 필요가 있다. 이런 점에서 4차 산업혁명에 따른 기술의 활용은 경제적 발전의 동기 부여와 사회적 공감대 확산에 기여할 수 있다.

4차 산업혁명 기술을 활용한 기후변화 대응을 위해서는 먼저, 인공지능을 포함한 4차 산업혁명 혁신기술들에 대한 투자 확대와 인프라 육성이 매우 중요하다. 특히, 선제적인 투자를 통하여 녹색기후기금의 활용 기술 기반을 창출하고, 다가올 기후변화에 적응하고 대응하는 기후기술산업을 적극 육성하여야 한다. 2015년 파

Climate Group)과 탄소공개프로젝트(Carbon Disclosure Project: CDP)가 연합해 '2014년 뉴욕기후주간(Climate Week NYC 2014)'에서 발족하여 2019년 1월 기준으로 금융, IT, 제조업 등 다양한 분야에서 전 세계 161개 기업이 참여에 서명하였다.

리협정에 따라 온실가스 감축 의무 대상 국가가 선진국뿐만 아니라 개도국을 포함하여 광범위하게 설정되었으며, 지속가능발전과 동시에 온실가스 배출 저감을 위하여 개도국을 대상으로 한 선진국의 경제적·기술적 지원이 의무화되었다. 이에 따라, 기후변화 대응에 관한 핵심 기술 및 역량이 있는 기업을 보유한 선진국은 녹색기후기금을 지원할 뿐만 아니라 이를 활용한 프로젝트 추진으로 장기적 기금 회수 및 자국 기업의 새로운 시장 확보가 가능하다.

둘째, 온실가스 감축 및 적응 관련 혁신기술에 대한 기술 경쟁력을 높이기 위한 지속적이고 전략적인 투자가 필요하다. 예를 들어, 사물인터넷(IoT)의 활성화는 기후변화로 인하여 시시각각 변화하는 환경에 즉각적인 대응을 가능하게 할 것이며, 실시간 기상 레이더 이미지, 센서를 통하여 수집한 기상관측 데이터 그리고 소셜 네트워크 서비스 등을 발전된 인공지능 기술과 접목시키면 기후변화가 가져오는 기상 상태 변화를 실시간으로 예측할 수 있을 것이다. 또한, 사물인터넷과 인공지능 기술을 디지털 헬스케어 기술과 융합한다면 기후변화로 인하여 발생할 수 있는 매개체 감염성 질병의 이동과 확산 경로를 예측하여 조기에 대응할 수 있을 것이다. 이처럼 다양한 형태의 4차 산업혁명 기술은 기후변화 문제를 해결하는 데 기여할 수 있다.

셋째, 기후변화는 생태계, 자연, 산업·경제, 문화 등 생활 전반에 걸쳐 광범위한 파급효과를 초래할 것으로 예상되며, 신기후체제에서 높은 수준의 감축 압력과 이에 따른 탄소 감축 비용 증대는 기존 산업구조를 저탄소형 산업구조로 변화시키고 있다. 이에 따라, 세계 각국은 저탄소형 기술 및 산업과 관련된 새로운 시장을 선점하고자 노력하고 있다. 따라서, 에너지 양방향 거래 시스템, 에너지 핀테크[6] 서비스, 신재생에너지 산업 및 전기차 기술, 양방향 전기충전소 시스템 등 미래 유망 기술을 활용하여 저탄소형 에너지 네트워크를 구축할 필요가 있다.

넷째, 신기후체제에서 기후변화에 능동적으로 적응하고, 에너지 소비의 최적화를 위하여 기후기술을 적용한 스마트시티에 대한 연구와 도입이 필요하다. 도시의 기능을 최적화하고 지속적으로 발전할 수 있는 대안으로서 세계 주요 국가 및 도

6) 핀테크(Fin Tech)는 금융(Financial)과 기술(Technology)의 합성어로, 금융과 IT의 융합을 통한 금융 서비스 및 산업의 변화를 통칭한다.

시들이 스마트시티 조성을 위한 계획 단계에 들어서 있다. 이에, 데이터 및 서비스 분야를 개선하고 현재 달성한 기술적 인프라 구축 등을 균형적으로 발전시켜 나갈 필요가 있다. 국가적으로는 장기 전략을 세우고 스마트시티에 관한 연구 및 도시 모델을 확산시켜 나간다면, 기후변화에 적응하며 지속가능한 발전을 도모하는 미래형 도시로서 스마트시티가 대안으로 자리 잡아 나갈 수 있을 것이다.

3. 지속가능발전과 연계된 기후변화 대응정책 추진

지속가능발전의 개념은 1987년 세계환경발전위원회(WCED)의 『우리 공동의 미래(*Our Common Future*)』라는 보고서에서 "미래 세대의 욕구를 충족시킬 수 있는 능력을 위태롭게 하지 않으면서 현 세대의 욕구를 충족시키는 발전"이라고 정의하였는데, 이는 성장 위주의 산업화로 인하여 발생한 환경오염 및 파괴를 해결하기 위한 전략적 대응 방안으로 등장하였다.

이러한 지속가능발전 개념은 에너지의 생산·소비와 긴밀히 연결되어 있다. 지속가능발전을 추구하는 사회의 에너지 사용은 자연의 부양 능력의 한계 안에서 사회·환경적 영향이 최소화되는 방향으로 이루어져야 한다. 화석연료의 연소로 인한 대기오염 및 파괴(산성비와 스모그 현상, 성층권의 오존층 파괴, 기후변화 등), 석유의 운송 및 정제 과정에서 발생하는 해양오염, 유류저장시설의 관리 소홀과 송유관 부식으로 인한 토양오염 및 수질오염, 방사성 폐기물에 의한 토양오염, 원자력발전시설의 냉각수에 의한 해양 열오염 등 에너지 사용은 다양한 환경오염 및 파괴와 연결되어 있다. 즉, 에너지의 사용에 따른 환경영향이 최소화되지 않으면 지속가능한 발전은 기대할 수 없다(윤순진, 2002).

현재 진행되고 있는 기후변화는 화석연료 등에 의하여 발생하는 온실가스가 대기 중에 과도하게 축적되어 지구온난화 현상이 촉진되어 유발된다. 따라서 현재의 기후변화를 완화하기 위해서는 화석연료에 대한 의존을 줄이면서 화석연료를 효율적으로 사용하지 않으면 안 된다. 따라서, 지속가능한 사회로의 전환이라는 과제는 에너지와 환경, 사회의 상관성을 엄밀히 고려하지 않는다면 실현하기 어렵다. 에너지의 생산·소비는 지속가능한 발전이 추구하는 사회·경제·환경적 목적을

그림 13-2 지속가능발전과 기후변화의 이원 연결

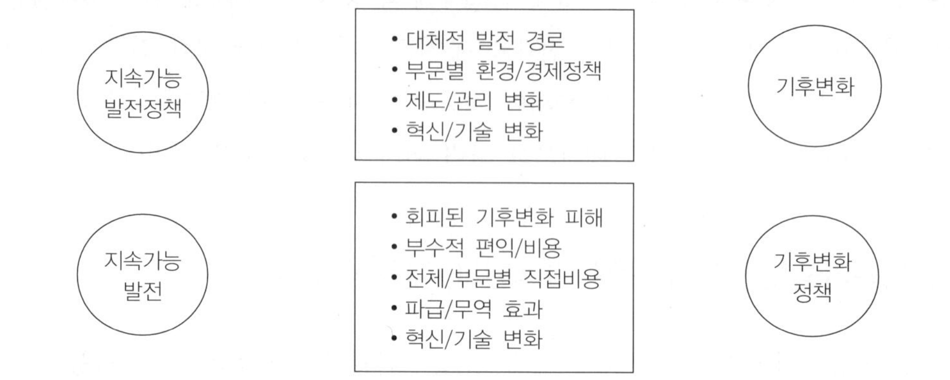

출처: Swart et al.(2003); IPCC(2007). "Summary for Policymakers", p. 818에서 재인용. 고재경 외(2011: 26).

달성할 수 있도록 이루어져야 한다. 이는 기후변화에 대응하기 위한 에너지정책이란 기후변화만이 아니라 지속가능한 발전의 관점에서 수립되어야 함을 의미한다. 아울러 에너지 문제가 제대로 고려되지 않으면 기후변화를 포함한 다양한 문제가 유발되어 지속가능한 발전 또는 성취되기 어렵다(환경부, 2005). 에너지 문제의 고려와 동시에 기후변화 정책은 지속가능발전정책과 상호간에 연결되며 시너지가 발휘된다. [그림 13-2]는 이러한 이원 연결을 보여주고 있다.

특히, 지속가능발전은 삶의 질을 유지하기 위한 여러 가지 목표 사이의 조정과 통합을 필요로 하고, 경제활동에 의한 에너지 사용이 온실가스 배출의 주요 원인이라는 점에서 기후변화 대응은 지속가능발전을 이루기 위한 핵심적인 요소라고 볼 수 있다. 또한, IPCC 제5차 평가보고서에서는 기후 회복 경로를 기후변화와 그 영향을 줄이기 위한 적응과 완화를 결합한 지속가능한 발전 궤도를 의미하며, 기후변화의 위험을 줄이는 데에 지속가능발전의 한 축으로 적응을 강조하고 있다.

결론적으로 기후변화와 지속가능발전의 관계에서 직접적으로는 기후변화의 부정적인 영향에 대한 노출이 증가하고, 간접적으로는 적응 능력이 훼손되면서 지속가능발전이 지체되는 상관관계를 가지고 있다. 이는 기후변화가 자연자원과 환경에 대한 압력을 가중시켜 지속가능발전 능력을 저하시키기 때문에 지속가능한 발전은 그 자체로서 기후변화 문제를 포함하고 있으며, 기후변화 문제해결은 지속가능한 발전을 이루기 위한 핵심적 요소이다(김태호, 2015).

하지만, 그동안 지속가능발전과 기후변화 대응은 상호연계성을 가지지 못한 채 독립적이거나 하위 개념으로 포함되어 정책이 추진되어 왔다. 지속가능발전 정책에서 기후변화는 지속가능발전목표 13번에 한정되는 것이 아닌 다른 목표들과 상호 연계되어 해결될 때 시너지 효과를 창출할 수 있다. 또한, 기후변화 대응이 환경문제라는 한정된 인식에서 벗어나 사회·경제적 문제로 좀 더 확장되기 위해서는 현재의 기후정책을 지속가능발전의 세부 목표들과 연계할 필요가 있다. 이는 인류의 공통된 가치로서 지속가능발전을 지향하고, 인류의 공통된 문제로서 기후변화를 해결하는 것을 의미한다.

또 다른 측면에서, 기후변화에 대한 좀 더 강력한 노력과 규제들은 지구온난화에 따른 적응 및 감축으로 인한 장기적인 비용 감소와 기후변화 영향, 빈곤 퇴치와 불평등 해소 등에 기여할 수도 있지만, 각기 다른 발전 단계에 있는 국가 간의 불균등한 분배적 영향, 빈곤하고 취약한 인구나 지역에 대한 감축 비용 증가 등에 따른 차별적인 악영향이 미칠 수도 있다. 이에 기후변화의 영향 및 대응은 사회적 복지, 경제 번영 및 환경 보호와 균형을 이루는 지속가능한 발전과 긴밀하게 연관되어야 한다.

이를 가능하게 하기 위해서는 먼저, 법·제도적으로 기후변화 대응계획이 지속가능발전목표와 연계되도록 하여야 한다. 현재의 일반법인 「지속가능발전법」을 기본법으로 개정하고, 「기후변화대응법」을 새롭게 제정하여 상호 연계성을 강화시키는 것이다. 이를 통하여 지속가능발전목표와 연계한 기후변화대응계획을 수립하도록 하여야 한다.

둘째, 기후변화 대응을 위한 세부 정책과 관련해서는 해당 정책들을 지속가능발전 세부 목표와 연계시키고, 해당 정책들이 지속가능발전에 어떠한 긍정적·부정적 영향을 미치는지에 대한 상호연계성 평가를 추진할 필요가 있다. 이는 지구온난화와 빈곤 퇴치, 불평등 감소 및 기후행동과 같은 발전 목표 사이의 연계 평가를 위한 틀로서 활용될 수 있으며, 정책을 추진할 때 시너지 효과가 높은 정책을 우선적으로 추진하도록 함으로써 정책 효과성을 증진시킬 수 있다.

셋째, 기후정책은 지속가능발전 목표와 연계될 때 문제해결형 거버넌스를 촉진시킬 수 있다. 이는 그 영향과 범위가 거대하고 복잡한 기후변화 문제를 국가나 지역적 문제로 가져올 수 있고, 목표를 정확하게 부여할 수 있기 때문이다.

넷째, 지구온난화에 대한 적응 능력을 강화하는 것은 지속가능발전을 위협하는 여러 문제를 효과적으로 제거하고, 지속가능발전과 기후정책과의 연계성을 증대시키기 위한 효과적인 방법이다. 온실가스 배출을 저감하는 완화정책은 기후변화로 인한 다양한 영향들을 회피, 저감 또는 지연시키는 데 기여하는 반면, 적응정책은 기후변화 위해(危害)에 대하여 취약성과 노출을 낮추려는 노력이다. 즉, 완화는 기후변화의 원인이 되는 온실가스 배출자 및 흡수원에 초점을 맞추는 반면, 적응은 기후변화에 대한 취약성과 노출을 줄이기 위하여 기후변화 영향에 민감한 부문과 활동을 대상으로 하는 특징을 가지고 있다. 그렇기 때문에, 적응 부문은 건강, 농축산, 물, 생태계, 재난, 해양 등 지속가능발전 세부 목표와 직접적으로 연계성을 가지고 있으며, 취약계층 및 지역의 적응 능력을 향상시키기 위한 사회경제적 요소들을 우선적으로 고려한다는 점에서 지속가능발전목표와의 연계가 매우 용이하다. 특히, 적응 조치는 이행 주체에게 이익이 돌아가고, 지역적 편익이 높다는 점에서 적응정책의 강화는 지속가능발전 목표 달성에 크게 기여할 수 있으며, 정책과 인식의 간극을 좁히기에 효과적인 수단이 될 수 있다. 이에 세부적으로 적응 정책의 강화를 위한 과제로서 기후 위험으로부터 안전한 적응 거버넌스 구축에 대하여 다루고자 한다.

4. 기후 위험으로부터 안전한 적응 거버넌스 구축

IPCC는 완화(mitigation)를 온실가스 배출원을 저감하거나 흡수원을 제고하는 인간의 개입으로 보며, 기후변화에 대한 적응과 함께 완화는 「기후변화에 관한 국제연합 기본협약(UNFCCC)」 제2조에 표현된 목적에 기여한다고 밝히고 있다(IPCC, 2014b). 제2조에 표현된 내용은 "이 협약과 당사자총회가 채택하는 모든 관련 법적 문서의 궁극적 목적은, 협약의 관련 규정에 따라, 기후 체계가 위험한 인위적 간섭을 받지 않는 수준으로 대기중 온실가스 농도의 안정화를 달성하는 것이다.

그러한 수준은 생태계가 자연적으로 기후변화에 적응하고 식량 생산이 위협받지 않으며 경제 개발이 지속가능한 방식으로 진행되도록 할 수 있기에 충분한 기간 내에 달성되어야 한다"(UNFCCC, 1992)고 밝히고 있다.

이에 반하여, 적응(adaptation)은 기후변화의 피해를 줄이거나 유익한 기회를 찾기 위하여, 현재 발생하고 있거나 미래에 예상되는 기후 영향을 평가하고 그 영향을 조정하는 과정이다(IPCC, 2007). <표 13-3>은 이러한 완화와 적응의 특성을 보여주고 있다. 이러한 차이로 인하여 완화와 적응은 동시에 고려되거나 통합되었을 때 기후변화 문제에 적절히 대응할 수 있다. 하지만, 기후변화 대응 초기에는 온실가스 감축 및 흡수를 목적으로 하는 완화가 중심이 되었으며, 적응은 소홀하게 다루어져 왔다.

기후정책에서 완화와 적응이 균형되게 다루어진 계기는 IPCC 3차 평가보고서

표 13-3 완화와 적응의 특성

구분	완화	적응
원인/결과	기후변화 원인을 다룸.	기후변화 결과를 다룸.
공간 규모와 목적	지구적 차원에서 기후변화를 줄이는 것이 주요 목적	지역적 피해를 줄이는 것이 주요 목적
협력 수준	지구적 수준의 협력	국가, 지역 단위의 협력
영향 범위	부정적·긍정적 영향을 모두 줄이며, 적응 촉진	긍정적 영향을 활용하고 부정적 영향을 줄이는 선택적 행위
시간 프레임	기후변화를 피하는 데서 오는 장기적 편익	현재의 기후 취약성을 줄이므로 주로 단기적인 편익
대안의 비용-편익	온실가스 감축 효과의 정량화 및 대안별 비교 가능	정량화가 어렵고 지역 여건에 따라 비용-편익 차이
비용 주체	배출원 혹은 지역의 비용 부담	지역의 비용 부담
수혜자	• 주로 타인에게 이익(이타적) • 지구적 편익, 미래 세대에게 편익	• 주로 적응 조치 이행 주체에게 이익(이기적) • 지역적 편익
대응 부문	주로 에너지, 수송, 건물, 산업 부문	주로 도시계획, 물, 농업, 보건, 연안지역 부문
형평성	기후변화에 덜 취약한 국가의 경우 무임승차 문제 발생	기후변화를 야기한 원인자가 아닌 사람이 피해를 입는 불공평성
인센티브	통상적으로 인센티브 필요	인센티브는 별로 필요하지 않음.
시급성	정치적 시급성 및 정당성 낮음.	정치적 시급성 및 합법성 높음.

출처: Swart & Raes(2007). Dang et al.(2003) 수정, 고재경 외(2013).

(2001)가 발표된 이후이다. 완화가 직접적인 피해 방지라면 적응은 간접적인 피해 방지를 위한 활동이다(Verheyen, 2005; 송경란, 2012).

환경부에서 2009년에 발간한 「지자체 기후변화 적응 업무 안내서」에서는 이런 적응 문제를 해결하기 위한 지방자치단체 적응 대책의 중요성을 강조하는데, 지방자치단체는 중앙정부와 파트너십을 구축하여 현장에서 적응 대책을 시행하는 주체이며, 지역 특성에 맞는 적응 사업을 발굴하여 기후변화로 인한 위험을 최소화하고 지역 발전의 기회를 최대화하기 위한 지역 적응 역량을 강화하는 주체로서의 역할을 강조한다(김태호, 2015).

이에 따라, 우리나라의 적응정책은 「저탄소녹색성장기본법시행령」 제38조(기후변화 적응대책의 수립 · 시행 등) 제2항에 따라 기후변화 적응대책 세부 시행계획을 중앙행정기관의 장 및 지자체가 수립 및 시행하도록 되어 있으며, 기후변화 적응정책에서 파생된 소관 사항에 대하여 중앙 및 지자체는 이를 적응대책 세부 시행계획으로 수립하여 시행하도록 되어 있다.

하지만, 이상기후와 기후변화 대응에서 적응의 중요성이 전 세계적으로 강조되고 있지만 감축보다 소홀하게 다루어지고 있으며, 적응정책의 특성인 지자체 중심이 아닌 국가 주도적 정책과 접근이 주요한 부문을 차지해 왔다. 또한, 계획 중심의 적응정책은 시민들의 실제적인 기후행동으로 이어지지 못하고 있다.

특히, 여러 적응 분야의 정책과 주체 등이 상호 연계된 통합적인 거버넌스 체계 마련 · 운영은 활성화되어 있지 못한 상황이다. 또한, 적응 대책 수립 및 이행을 위한 중앙정부, 광역지자체, 기초지자체의 역할 구분이 분명하지 않아 실제적인 적응대책 이행과 행동이 부재한 상황이다. 결국 이는 한국 사회가 지닌 기후변화 인지와 이에 대한 위기의식은 세계적 수준이나, 그 이행은 후진성을 면치 못하는 결과를 초래하고 있다(한국환경정책 · 평가연구원, 2018).

이러한 문제들은 적응정책이 가지고 있는 강점인 지속가능발전목표와의 연계성 확보 용이, 사회 · 경제적 요소에 대한 우선적 고려를 통한 기후변화 인식 및 실천 주류화, 거버넌스 활성화 기여 등 기후변화 대응을 좀 더 촉진시킬 수 있는 중요한 사항들이 제대로 작용되지 못하는 결과를 만들고 있다.

이에, 기후 위험으로부터 안전하며 지속가능한 사회를 조성하기 위해서는 적응

정책과 관련하여 다음과 같은 방안을 제고할 필요가 있다.

첫째, 적응계획 수립 및 이행을 위한 과학적 기반이 조성되어야 하는데, 이는 기존의 영향 및 취약성, 리스크 평가에 대한 지역 차원의 고도화와 단기·장기 기후변화에 대한 추적, 데이터 구축 및 분석 등을 통하여 이루어질 수 있으며, 이를 위한 기술의 고도화가 요구된다. 특히, 데이터 구축을 통하여 기후 위험 요소에 대한 공간적 접근전략이 필요하다. 이는 핫스팟(hot spot)을 찾아내고 개선하는 방향으로, 해당 지역의 기후 적응 능력 향상을 위하여 개별적인 정책수단이 아닌 정책수단 모두를 통합적으로 고려하여 해당 지역의 취약 요소를 전반적으로 개선하기 위한 방향으로 추진되어야 한다.

둘째, 계획 중심의 포괄적인 지자체 기후변화 적응대책은 단기적인 리스크 중심의 실행계획으로 변화시키고, 해당 지자체의 기후변화 영향 및 취약성 평가를 좀 더 고도화할 필요가 있다. 또한, 「환경영향평가법」 제9조에 따른 전략환경영향평가를 실시하는 경우 온실가스 감축과 기후변화 적응을 고려한 기후영향평가를 포함하도록 법·제도적 정비가 필요하다.

셋째, 적응정책이 안전 및 재난재해 관련 정책으로 인식되는 경향이 있다. 이는 적응정책을 추진하는 데 인식과 실천 범위를 축소시키고, 적응정책의 실효성을 높여나가는 데 현실적인 어려움을 발생시키고 있다. 이에, 적응정책을 미래 기후변화에 대한 피해 예방이라는 접근보다 기회의 활용이라는 접근이 좀 더 강조될 필요가 있다. 이를 위해서는 적응 기술 촉진을 통한 기후산업 육성이라는 경제적 기여와 함께 사회·경제적 취약계층과 지역을 우선적으로 고려하는 기후(환경)복지 정책으로 확장되어야 한다. 또한, 기후변화 적응의 실효적 효과를 높이기 위해서는 기후변화와 연계하여 식량, 건물의 회복력, 건강 및 사회복지 프로그램, 사회적기업 및 개별 기업, 경제 등 사회·경제적 부문과의 정책 연계성을 높이고, 내재화할 필요가 있다. 예를 들어, 건강 및 사회복지 프로그램은 지역의 보건전문가 및 관련 단체와 협력하여 기후변화로 인하여 직면한 위험과 기회를 파악하도록 하고, 그에 따라 적응하도록 돕는 것이다.

넷째, 실질적인 기후변화 적응 거버넌스 체계를 마련할 필요가 있다. 적응전략의 마련 및 조치는 다양한 파트너 기관과 풀뿌리 조직과의 협력을 통하여 마련될 때 실질적인 효과를 거둘 수 있다. 특히, 기후변화 리스크는 같은 지역이더라도 개개인의 대응 능력이나 주거 형태, 소득, 지역주민들의 대응 능력에 따라 달라질 수 있기 때문에 이해관계자(지역 주민 등)와의 협력과 참여를 통하여 리스크 평가 시 사회 취약성을 반영하여야 한다. 이를 통하여 지금 당장 할 수 있는 것들을 찾고 협업구조를 창출할 필요가 있다. 즉, 포괄적 형태의 거버넌스가 아닌 리스크를 발견하고 이를 해결하기 위한 이해당사자들 중심의 프로젝트형 거버넌스가 필요하다. 또한, 적응정책 전반에 대한 정책 이행과 실효성을 증진시키기 위하여 법적 기반은 없지만 지방정부 차원의 적응위원회를 구성하고, 적응에 대한 자문과 이행 보고 기능을 수행할 필요가 있다.

다섯째, 기후변화의 위험과 중요성을 강조하는 일반적인 교육이 아닌 국민들이 실제 체감할 수 있도록 해당 지역에 대한 취약성 정보, 실제적으로 일어났던 피해와 일어날 수도 있는 위험에 대한 정보 제공과 대응 방법에 대한 교육으로 변화시킬 필요가 있다. 또한, 시민들의 참여와 인식 개선을 위하여 '어떻게 해야 하는지, 나를 위한 적응의 의미는 무엇인지'를 강조할 필요가 있다. 기존처럼 이상기후와 기후변화의 영향과 리스크만을 강조하는 것으로는 시민들의 실제적인 기후행동을 이끌어 낼 수 없으며, 적응 역량이 강화될 수 없다. 이는 결국 세계경제포럼이 발표한 인류가 직면한 최대의 리스크인 기후변화 적응 실패가 현실화되는 것이다.

제 2 절 수자원 통합관리

1. 건전한 물순환체계 구축 및 수생태계 건강성 회복

1) 건전한 물순환체계 구축

인구집중과 도시화는 도시용지 수요의 증가를 야기해 지표면의 불투수면을 증가시킨다. 불투수면의 증가는 빗물의 침투량과 증발산량을 감소시키고, 지표 유출량을 크게 증가시킴으로써 물순환을 왜곡시키는 결과를 가져온다. 일반적으로 불

그림 13-3 불투수층 비율에 따른 침투량, 증발산량 및 지표 유출량 비교

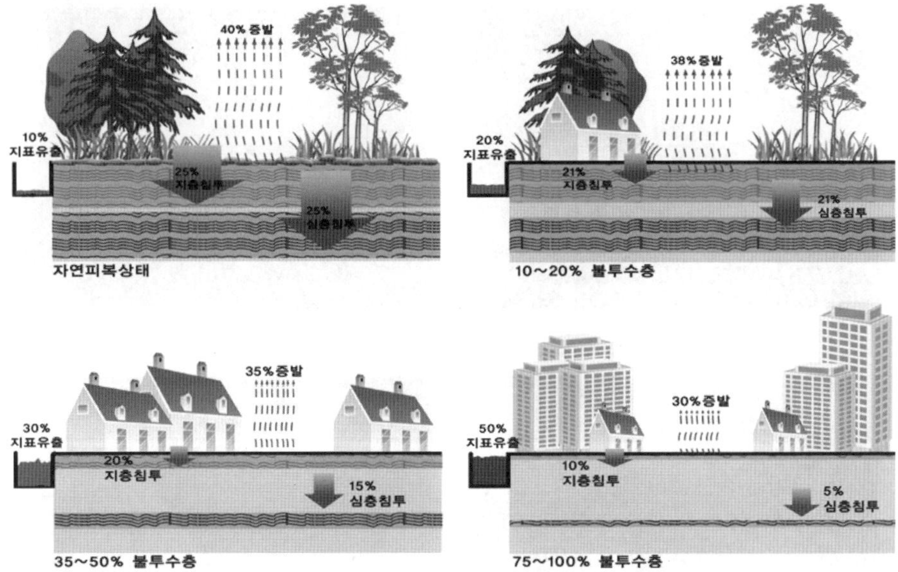

출처: 환경부(2016a).

투수층 비율이 75~100%인 토지는 자연피복 상태에 비하여 침투량은 40%, 증발산량은 75% 수준이며, 대신 지표 유출량은 5배 증가하는 것으로 알려져 있다(환경부, 2016a).

물순환 왜곡은 강우 유출량의 증가에 따른 비점오염원의 수계 유입 증가로 하천 수질을 악화시키며, 빗물이 한꺼번에 유출되어 도시 침수 및 홍수를 발생시킨다. 또한, 지하수 충진 감소로 기저 유출량이 줄어들어 하천 건천화가 심화되고, 증발량 감소로 도시 열섬 및 열대야 발생을 증가시킨다.

자연의 물순환에 미치는 영향을 최소화하는 저영향개발(low impact development: LID)은 식생과 토양을 이용하여 빗물의 저류・침투・여과・증발산 등을 촉진하고, 도시 내 물순환의 부정적인 영향을 최소화한다. 미국 프린스 조지 카운티(Prince George County)에서 처음 제안된 이후 독일, 호주, 영국 등의 주택개발사업에 널리 활용되고 있으며, 우리나라에서도 빗물유출제로화사업, 물순환 선도도시사업 등을 통하여 관련 시설이 확대되고 있다.

그림 13-4 국내외 저영향개발 적용 사례

(a) 미국 휴스턴 (b) 독일 프라이부르크

(c) 청주 오창과학산단 (d) 전주 서곡지구

출처: 환경부(2016a); 김이형(2016).

표 13-4 토지 용도별 저영향개발(LID) 및 그린인프라(GI) 적용 방안

구분	적용 시설
주차장	투수포장, 침투 화분, 식생 저류지, U자형 화단, 나무여과상자 등
건물 주변 (조경, 화단)	빗물정원, 식생 저류지, 식물재배화단 등
보도 및 가로수	침투 화분, 식생 저류지, 나무여과상자, 지하흐름 습지 등
도로 및 로터리	레인가든, 침투 여과, 침투 도랑, 소규모 습지 등
건물 옥상	빗물통, 옥상녹화 등

출처: 김이형(2016).

물순환 왜곡으로 인한 도시문제 해결을 위해서는 토지 이용 특성에 따라 저영향개발(LID) 및 그린인프라(green infrastructure: GI) 적용을 확대하고, 집중형 시설보다는 유역 단위의 소규모·분산형 시설을 설치하여야 한다. 또한, 단순한 빗물관리를 넘어 도시 전체의 환경 여건 개선, 도시 지속성 향상 등 종합적인 목표를 설정하고, 물리·환경·사회경제 등 전반적인 여건을 반영할 수 있도록 가이드라인을 만들어 추진하여야 한다(김영란, 2018).

2) 수생태계 건강성 회복

수체 내 생물군이 상호간 그리고 환경 요인과 상호작용하는 수생태계(aquatic ecosystem)는 생태계 중에서도 가장 큰 위험에 처해 있다(이병욱, 2013). 수생태계는 수질오염, 유량 변동, 과잉 개발, 서식지 파괴, 외래종 침입 등 다섯 가지 요인이 상호작용하여 수생태계 건강성을 악화시킨다. 기후변화로 인한 자연환경의 변화와 인간의 무분별한 개발은 녹지 면적을 감소시키고, 유량 변동을 초래해 외부 환경 변화에 취약한 종들의 쇠퇴를 가속화한다.

미국은 1970년대부터 시작된 하천환경복원사업 등을 통하여 수변지역에 습지 절대보전과 복원을 기본 방향으로 설정하고, 하천의 형상을 최대한 자연에 가까운 모습으로 조성하는 데 초점을 맞추어 관리해 왔다. 유럽은 독일을 중심으로 자연

그림 13-5 수생태계 위협 요인

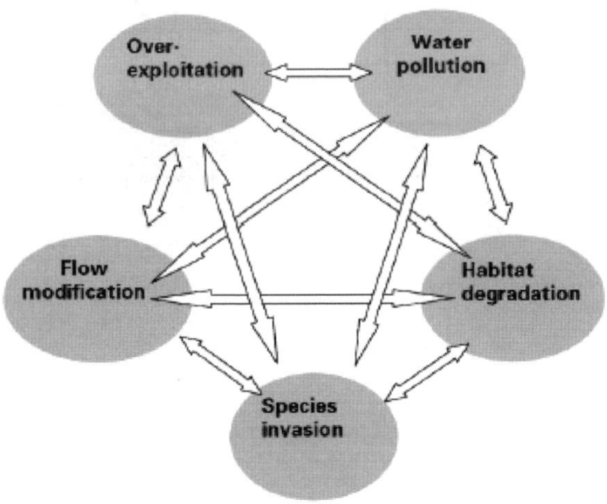

출처: Dudgeon et al.,(2006), 이병욱(2013) 재인용.

형 하천 복원사업이 추진되었으며, 친수 기능 및 주민들의 휴식과 여가활동을 위한 공간 조성을 위하여 노력하였다. 우리나라는 2007년부터 4대강과 전국 주요 하천의 수생태계의 건강성을 조사 · 평가하고 있으며, 2007년부터 2014년까지는 수생태계 복원기술 상용화를 위한 수생태복원사업단을 구성하여 운영한 바 있다.

수생태계 건강성 확보를 위해서는 우선 습지, 생태경관 등 생태적으로 보호가치가 높은 지역을 보호지역으로 지정하여 관리하고, 훼손 및 이용 강도에 따라 완충지역, 전이지역으로 구분해 복원, 지속가능한 이용 등 차별화된 관리전략을 수립하여 추진하여야 한다. 공공수역의 건강성 모니터링 및 평가는 지류, 소하천까지 확대 실시하고, 조사 지점마다 달성 가능한 목표를 설정하여 건강성 저해 요인을 체계적이고 종합적으로 저감시켜야 한다. 또한, 훼손된 하천에 대해서는 민 · 관 합동 협의체를 구성해 지역 특성에 맞는 복원사업을 추진하고, 본류와 지류 · 지천의 연

그림 13-6 수생태계 위협 요인

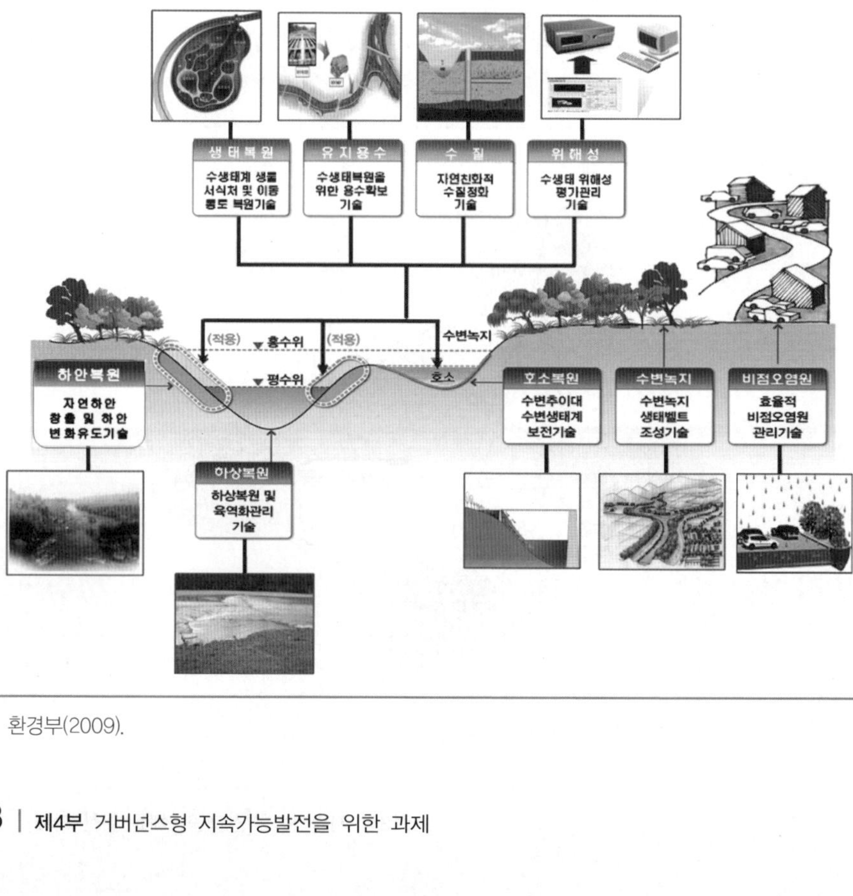

출처: 환경부(2009).

계, 어도 확보 등을 통하여 수생태계의 연결성을 확보하여야 한다.

2. 안정적인 물 확보 및 재해관리체계 고도화

1) 안정적인 수자원 확보 및 공급

사회가 제대로 기능하고 경제가 발전하기 위해서는 각 분야에서 요구하는 적합한 수질의 물을 필요한 만큼 안정적으로 공급할 수 있어야 한다. 인간이 손쉽게 이용할 수 있는 물의 양은 약 10만km^3로 한정되어 있는데 반하여 도시화, 인구집중, 기후변화 등으로 물 부족은 점점 심화되고 있다.

유엔의 조사 보고서에 따르면, 전 세계 10억 명가량이 식수를 구하는 데 어려움

표 13-5 유엔 선정 물 스트레스를 겪는 세계 11대 도시

도시	물 부족 실태
브라질 상파울루	세계 10대 도시로 꼽히는 상파울루는 2014년부터 3년간 가뭄에 시달렸으며 2015년 물 저장량이 4%에 불과 2016년 물 부족이 다소 해소되었지만, 2017년 기준 저수량은 15% 수준
인도 벵갈루루	인도의 IT 수도 벵갈루루는 급격한 개발로 인하여 상하수도 관리에 어려움을 겪고 있음. 낡은 수도 배관으로 인하여 상당량의 물이 낭비되고 있음.
중국 베이징	베이징은 세계은행의 물 부족 기준(1000㎥/인·년)의 1/7 수준(145㎥/인·년) 지표수의 40%가 오염되어 농업 및 공업용수로도 사용이 불가능
이집트 카이로	주 수원인 나일강이 농업 및 생활폐수로 오염이 심각함.
인도네시아 자카르타	1,000만 자카르타 인구가 수도 배관이 없는 곳에 거주하고 있으며, 불법적인 우물 이용으로 인하여 지하수 감소 초래
러시아 모스크바	물의 70%를 지표수에 의존하고 있는 모스크바는 심각한 수질오염 문제를 안고 있음.
터키 이스탄불	2014년 대비 저수량이 30% 감소함.
멕시코 멕시코시티	인구 1/5이 일주일에 단 몇 시간만 수도를 사용할 수 있음.
영국 런던	강수량이 적고, 용수의 80%를 강물에서 얻고 있음.
일본 도쿄	강수량은 많지만 강수량이 4개월 동안 집중 인구가 많아 물 스트레스를 겪고 있음.
미국 마이애미	대서양 해수의 침입으로 비스케인만 오염

출처: BBC(2018).

을 겪고 있으며, 2030년이 되면 물 수요량이 공급보다 40%를 초과할 것이라고 분석하였다. 보고서에서는 물 부족이 우려되는 도시로 브라질 상파울루, 인도 벵갈루루 등 11개 도시를 선정하였다.

물 부족에 효과적으로 대응하기 위해서는 용수 공급 체계를 고도화해 접근성을 향상시키고, 유수율 제고, 물 재이용 활성화, 대체수자원 확보 등을 위하여 지속적으로 노력하여야 한다. 우선, 지역별 물 수급 불균형 개선과 비상시 안정적인 용수 공급을 위하여 다목적댐과 광역상수도를 최대한 활용하고, 고도정수처리시설 도입 확대로 깨끗한 물을 안심하고 마실 수 있도록 하여야 한다. 수도서비스를 받지 못하는 지역에 대해서는 수도 기반시설을 확충하고, 노후화된 상수도 시설에 대해서는 개량 사업을 통하여 누수량을 절감하여야 한다. 그리고 빗물, 하수처리수 등을

그림 13-7 대체수자원시설

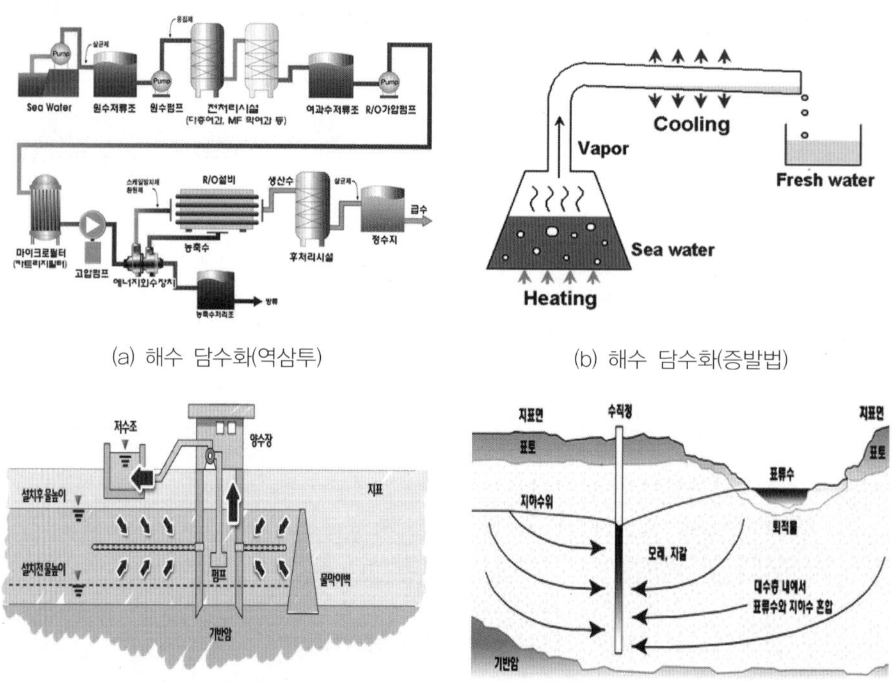

(a) 해수 담수화(역삼투)

(b) 해수 담수화(증발법)

(c) 지하수 저류지

(d) 강변 여과

출처: RO플랜트 홈페이지(http://www.roplant.or.kr); 조승희(2012).

사용 용도의 수질 기준에 맞게 재이용할 수 있도록 기술 개발 및 관련 제도를 개선하고, 해수 담수화, 지하수 저류지, 강변 여과, 해양심층수 등 대체수자원 시설을 다변화하여야 한다.

2) 재해 예방체계 구축

기후변화로 인한 집중호우의 발생 빈도 증가, 강우강도 증대 등 강우 패턴 변화로 홍수 피해 가능성이 크게 증가하였다. 아시아개발은행 연구보고서에 따르면 홍수는 전 세계에서 발생 빈도가 가장 많은 자연재해이며, 1960~2015년까지의 피해액은 6,960억 달러로 폭풍, 지진 다음으로 많은 것으로 나타났다.

그림 13-8 전 세계 재해 발생 빈도 및 피해액

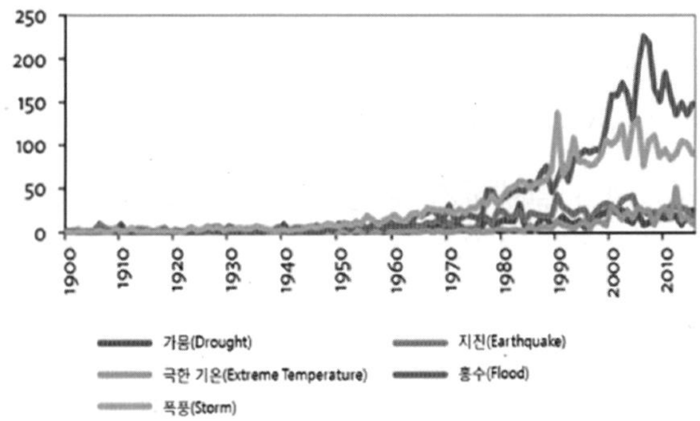

(a) 발생 빈도(1990~2015년)

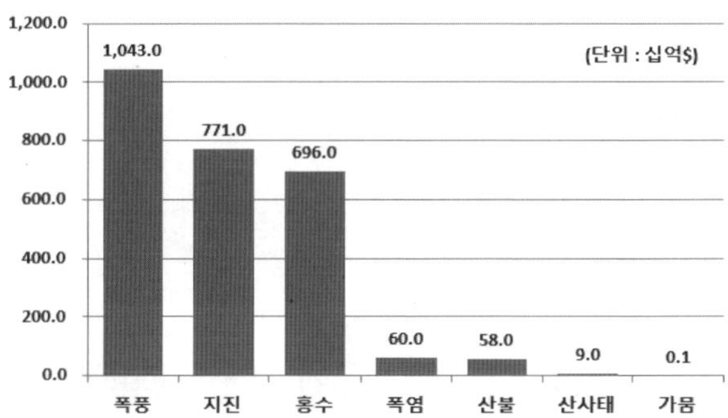

(b) 피해액(1950~2015년)

출처: 아시아개발은행(2016), 관계부처합동(2018b) 재인용.

홍수에 대한 예방적 관리체계를 마련하기 위해서는 우선 홍수위험지도 등 관련 정보를 고도화하고, 홍수 예보 능력을 향상시켜야 한다. 기상학적, 수문·지형학적, 사회경제적 요인을 고려하여 종합적으로 평가하는 홍수위험지도를 제작·활용 및 고도화하고, 홍수 예보의 시·공간적 범위 확대, 예보 기준 세분화, 기술 지원 체계 구축 등 홍수 예보 시스템을 향상시켜야 한다.

도시 침수 방지 및 홍수 방어 능력을 제고하기 위해서는 유역 단위로 홍수 배분, 홍수 방어시설 최적 활용 등 유역 단위 종합치수대책을 수립하여 시행하고, 물순환 정책과 연계한 우수유출 저감시설 및 저류지 확대, 분류식 하수관거 등 하수도의 우수(雨水) 배제 기능 강화 등을 추진하여야 한다. 또한, 하천 주변 지역의 홍수 피해 가능성을 고려하여 토지 이용 형태별로 방어 능력을 향상시키며, 기존 홍수방어시설 및 수자원시설의 안전성을 향상시켜야 한다.

가뭄은 자연 현상이나 인위적 행위에 따라 물의 공급과 수요 간의 상호작용에 따라 발생하는 현상으로 기상학, 농업, 수문학, 사회경제 분야별로 조금씩 달리 정의한다(국토교통부·K－Water, 2018). 가뭄 피해는 주로 수도 서비스가 원활하게 이루어지지 않는 지역에서 발생하기 때문에 물복지 차원에서의 정책적 접근이 필요하다.

가뭄에 효과적으로 대응하기 위해서는 가뭄 예·경보체계 구축과 함께 농업용수, 생활용수, 공업용수 등 용도별 수요관리를 강화해 물절약형 사회구조로의 전환을 촉진하여야 한다. 우선 농업용수에 대해서는 저수지 준설, 농수로 정비, 노후

그림 13-9 분야별 가뭄에 대한 정의

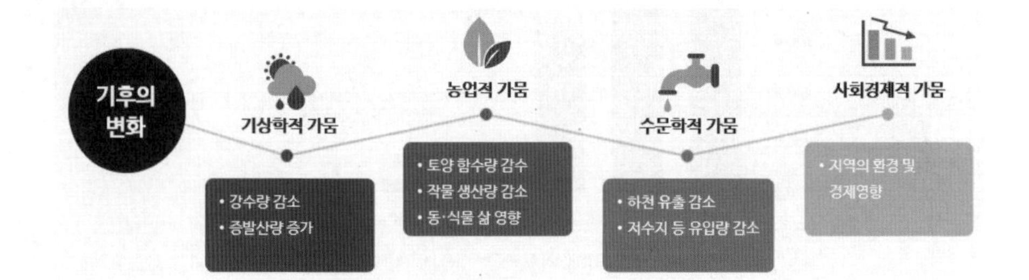

출처: 가뭄정보포털(http://drought.kwater.or.kr).

그림 13-10 지능형 상하수도 관리 시스템

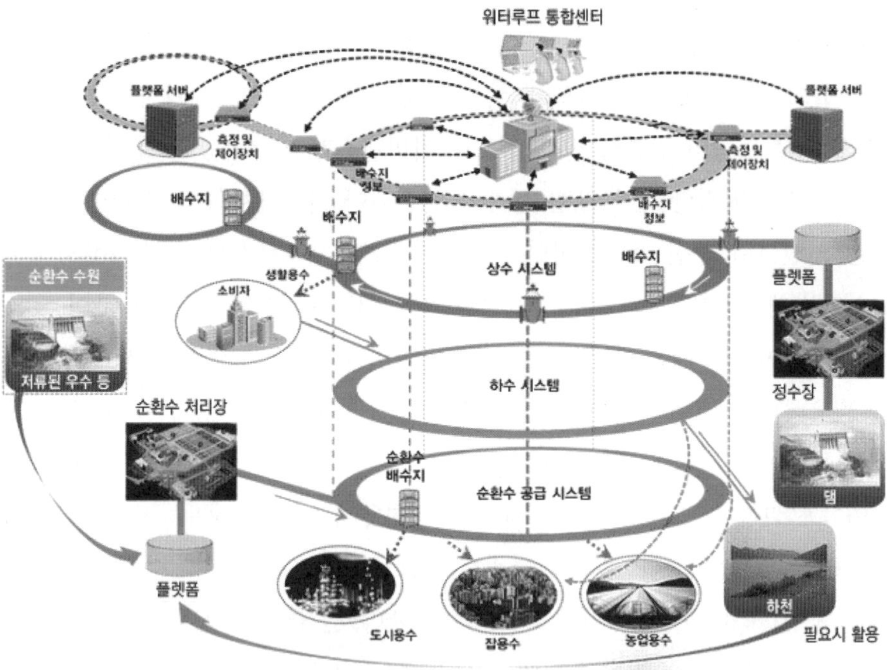

출처: 스마트워터그리드 연구단(http://www.swg.re.kr)

용수로 관로화, 절수형 재배(栽培) 기술 개발 및 보급 등을 추진하고, 생활용수에 대해서는 노후 상수관망 관리 강화, 절수형 물이용 시설 및 장치 확대, 주민 참여형 물절약 실천 등이 필요하며, 공업용수에 대해서는 물 재이용 시설 등의 설치를 확대하여야 한다. 또한, 댐, 보, 저수지 등 기존 수자원 시설 간 연계체계를 구축하여 비상시에 대응하고, 정보통신기술(information and communication technology: ICT) 지능형 물관리 시스템 도입을 통하여 안정적인 수량·수질관리를 하여야 한다.

3. 참여·협력 기반의 물 거버넌스 구축

물 거버넌스는 물관리와 물 서비스 시행과 관련하여 사회의 여러 계층에서 시행되는 포괄적인 정치, 사회, 경제 및 행정 시스템으로 이수(利水), 치수(治水) 및 수질과 연계되어 있다. 물 이용 측면에서는 사회 규모의 팽창과 함께 물의 효율적인 이용과 보전, 지속가능한 이용을 위하여 다양한 이해관계자가 참여하는 형태로 거버넌스가 발전하였고, 치수 측면에서는 홍수, 가뭄 등 자연재해와 관련된 인명, 재산 피해 저감 노력의 형태로 정부 주도로 거버넌스가 발전하였다. 또한 수질 및 수생태계 문제는 쾌적한 삶에 대한 문제와 연관되어 시민단체의 적극적인 참여를 요구하는 시민사회 중심으로 거버넌스 형태가 발전하였다(김성우 외, 2018).

유엔개발계획(UNDP)은 물관리와 서비스는 어느 한 정부기관이나 부서 혹은 전문가에 의하여 이루어질 수 있는 영역이 아니며 다양한 부서 및 여러 전문가의 참여가 필요하다고 밝혔다. 바람직한 거버넌스는 기존의 정부 주도형 물관리 및 서비스와 관련한 의사결정 과정을 유역관리자, 전문가, 시민단체 등과 긴밀한 협의를 통하여 그 권한을 이양하는 것이라고 주장하였다. 한편, 세계물파트너십(Global Water Partnership: GWP)은 통합물관리의 효율적인 이행을 위해서는 물 거버넌스가 반드시 필요한 전제조건이라고 했으며, OECD는 물관리 과정에서 발생하는 격차를 밝히고 해소하는 것이 물 거버넌스가 추구하여야 할 방향이라고 제안하였다.

그림 13-11 OECD의 다층적 물 거버넌스 프레임워크

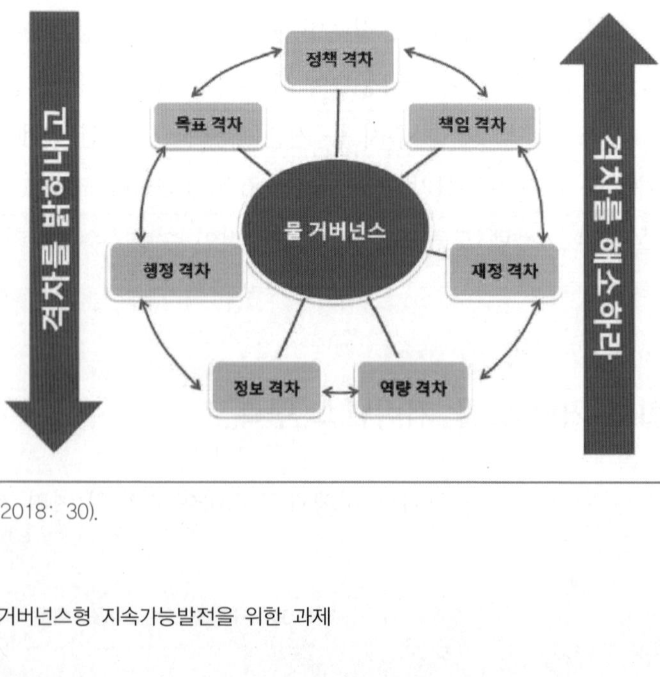

출처: 김성우 외(2018: 30).

국내외적으로 다양한 형태의 물 거버넌스가 구축·운영 중이며, 이해당사자의 참여 및 긴밀한 협력, 현장 중심의 맞춤형 활동 등을 통하여 물 거버넌스의 점진적인 확대가 필요하다. 금강수계위원회에서는 미국의 유역관리 거버넌스 사례들을 분석하여 열 가지의 성공 요인을 제시한 바 있다(<표 13-6> 참조).

전술하였다시피 물 거버넌스의 핵심은 현장의 물문제를 발굴하고 스스로 해결책을 만드는 데 있다. 또한, 현장의 물 문제는 이수, 치수, 수질 등 분야별 접근이 아닌 통합적 접근 방식을 통한 사업 추진이 필요하다. 물 관련 문제가 발생하는 지역을 중심으로 중소 유역 단위의 거버넌스를 구축·운영하고, 중간조직을 거쳐 정부에 건의하는 상향(bottom-up) 방식을 통하여 지역의 물 문제를 해결하여야 한다.

표 13-6 미국 유역관리 거버넌스의 성공 요인

성공 요인	주요 내용
현장 중심의 맞춤형 활동	유역 특성별로 다양한 문제를 가지고 있기 때문에 동일한 프로그램은 없음. 현장을 잘 아는 지역 전문가의 도움이 필수적임.
헌신적 리더	공정하고 신뢰받는 지역의 리더 존재 구성원들과 상호작용을 통하여 합의를 이끌어 내는 개인 또는 조직 존재
모든 이해당사자의 참여	단일 주체는 문제를 해결할 수 없으며, 파트너십을 통한 문제해결은 필수 모든 이해당사자가 참여·협력하는 유역협의체 구성
소유역 단위 활동	지역 리더, 활동가들이 관리 가능한 소규모 단위로 활동 1:1 상호작용이 가능한 단위로 구성
작은 성공 만들기	작은 성공이 유역 전체의 관리방안을 도입하는 데 촉진제 역할을 함. 주민들에게 의미 있고 해결 가능하며 실천할 수 있는 프로그램 추진
충분한 재원 확보	모든 성공 사례에는 적정한 재정 지원 필수
끊임없는 상호작용	하천에 대한 정확한 정보를 지속적으로 전달 잘 기획된 교육·참여 프로그램 필요 현장 체험, 언론보도 등 필요
하천 보호와 경제 발전의 조화	하천 보호가 경제적 이익을 가져온다는 인식 공유 공동의 목표를 통하여 구성원들의 네트워킹 강화
명확하고 측정 가능한 목표 수립	구성원들 간 명확한 목표를 공유함으로써 관심도 제고
긴 호흡으로 진행하기	장기간의 정보 공유 등 상호작용 필요

출처: 금강수계관리위원회(2016), 김성우 외(2018) 재인용.

그림 13-12 상향식 물거버넌스 구축 방안

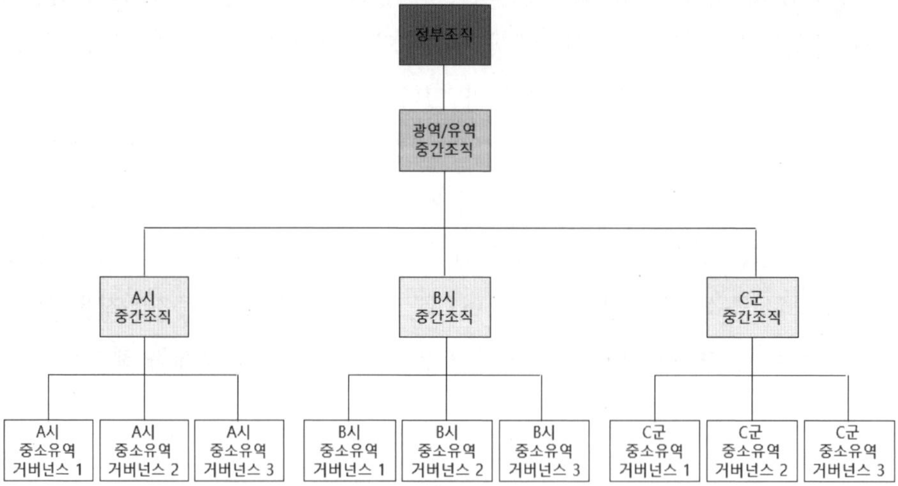

(a) 공간별

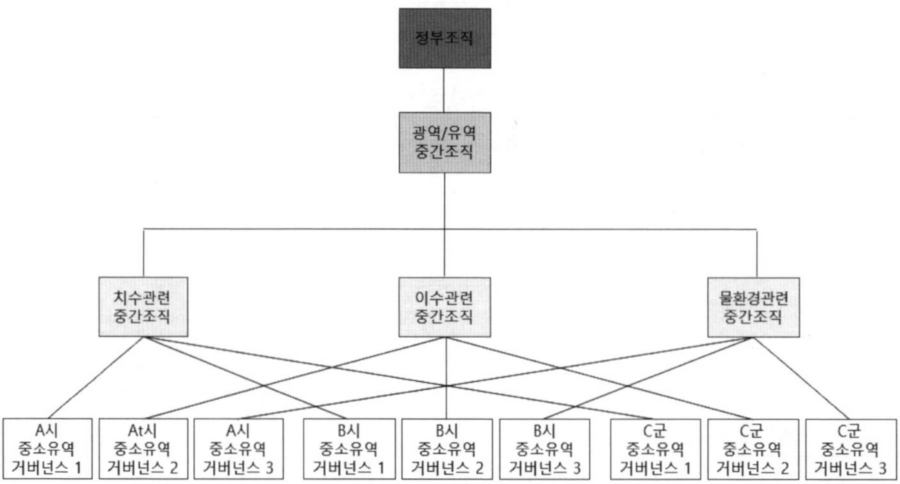

(b) 기능별

중소유역 거버넌스는 시민사회단체, 주민, 전문가 등으로 구성하며, 지역의 물 문제를 발굴하고 문제해결을 위한 주민 주도형 사업을 계획·시행한다. 중간조직은 민·관·학·연 협의체 성격을 띠도록 하며, 중소 유역 거버넌스에서 제안된 사업계획을 정부조직에 건의하여 사업이 반영될 수 있도록 하여야 한다. 정부조직

그림 13-13 관리 주체의 인식 및 실천 정도에 따른 거버넌스 유형

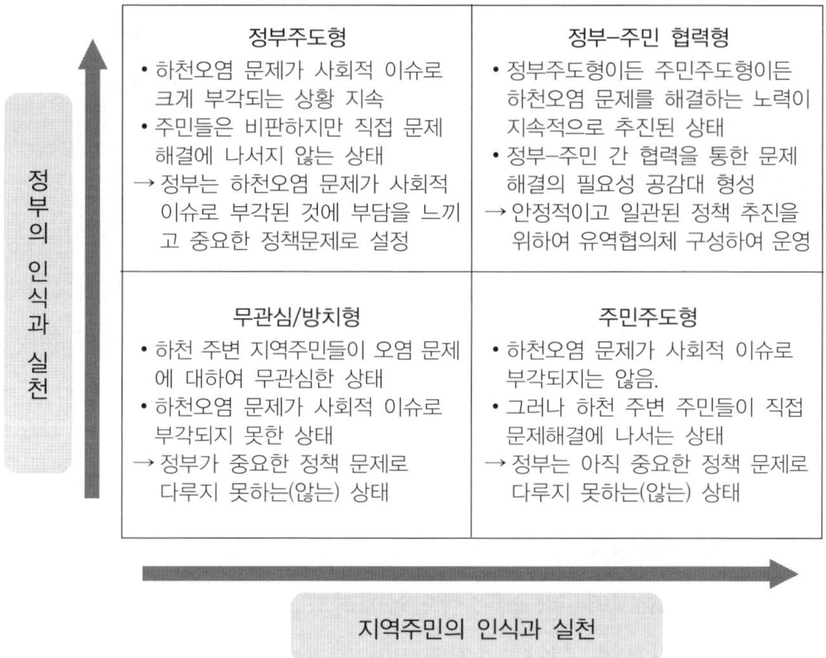

출처: 김성우 외(2018: 41).

은 중소 유역 거버넌스와 중간조직을 통하여 올라온 사업계획을 평가하고, 사업 추진에 필요한 예산을 지원하는 업무를 담당한다. 이를 통하여 정부와 주민이 협력하여 현장의 물 문제를 해결하는 가장 이상적인 물거버넌스 체계를 구성할 수 있다.

또한, 하천은 생태적 가치뿐만 아니라 경제적, 역사·문화적 가치도 가지고 있기 때문에 수자원·생태(환경, 토목, 생태, 농업, 산림 등), 유역 개발·경제(지역개발, 경제, 행정, 법, 경영 등), 역사·문화(역사, 조경, 관광, 지리, 문화)로 이루어진 다학제간 연구협력 네트워크의 구축도 필요하다.

제 3 절 생물다양성 증진 및 생태계 서비스 향상

1. 보호지역 확대 및 생물다양성 보전 · 관리체계 개선

1) 보호지역 확대

보호지역은 국제기구마다 조금씩 다르게 정의하고 있지만, 생태계의 기능 유지를 위하여 제한 및 관리되는 특정한 지역을 말한다. 보호지역은 생태환경 보호를 위한 다양한 조치 중 가장 효과적인 방법으로 유엔 생물다양성 협약의 전략계획인 아이치 목표(Aichi Target) 11에도 2020년까지 세계 육상 · 내수지역 17%, 해양지역 10%를 보호지역으로 지정하도록 권고하고 있다.

전 세계 보호지역 면적은 지속적으로 증가하여 2014년을 기준으로 육상 · 담수지역 15.4%, 해양지역 8.4%인 것으로 분석되었다(Juffe−Bignoli et al., 2014). 대륙별 육상 · 담수보호지역 비율은 중앙아메리카(28.2%)가 가장 높고, 아시아(12.4%)가 가장 낮았으며, 해양보호지역 비율은 남극해(17.7%)가 가장 높은 것으로 나타났다.

표 13-7 주요 국제기구의 보호지역에 대한 정의

국제기구	정의
유엔 생물다양성 협약(CBD)	특정 보전계획 목표를 달성하기 위하여 지정 혹은 규제와 관리되는 지리적으로 한정된 지역
유엔환경계획 (UNEP)	지역의 생물다양성과 생태계 기능이 유지 · 보수될 수 있도록 법적인 방법 등을 통하여 관리되는 육지, 담수 또는 하구의 일정 지역
세계자연보전연맹 (IUCN)	생물다양성 및 자연과 이에 관련된 문화자원의 보호와 유지 그리고 법률 혹은 기타 효과적인 수단에 의하여 관리되는 특별히 공약된 육상 혹은 해상지역(1994) 자연 및 이와 관련된 생태계 서비스와 문화적 가치를 장기간 보전하기 위하여 법률 또는 기타 효과적인 수단을 통하여 인지, 공약 그리고 관리되는 한정된 지리적 공간(2008)

출처: 김보현(2012), 이수재 외(2015) 재인용.

그림 13-14 보호종 비율 50% 달성을 위한 이행 곡선

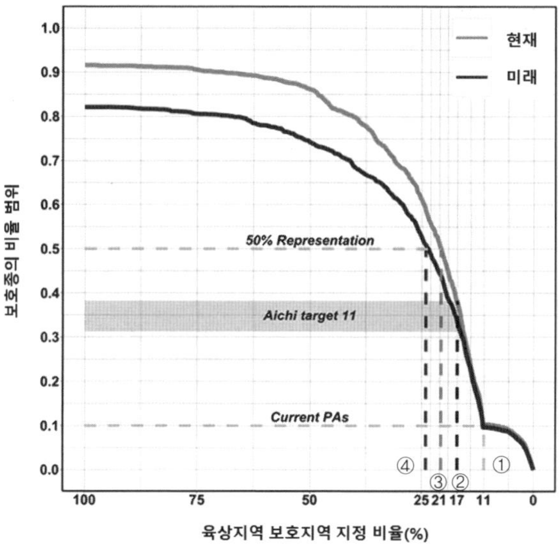

주: 점선 ①–현재 수준의 보호지역 비율, 점선 ②–아이치 목표 11의 보호지역 비율, 점선 ③ –2040년 보호지역 비율을 21%로 할당할 경우, 점선 ④–2040년 보호지역 비율을 25%로 할당할 경우

출처: Minin et al. (2016).

국내에서는 자연공원, 특정도서, 생태 · 경관 보전지역 등 20개 유형[7]의 보호지역을 지정 · 관리하고 있으며, 2014년 현재 육상지역의 12.6%, 해양지역의 1.41%가 보호지역으로 지정되어 있다(환경부, 2016b).

전 세계는 아이치 생물다양성 목표 11의 기준에 부합하는 보호지역 비율 달성을 위하여 2030년 및 2050년을 목표로 하는 중장기 보호지역 비율을 설정하고, 신규 보호지역 발굴 및 등록, 보호지역 지정 확대, 지정된 보호지역 관리 강화 등을 추진하여야 한다. 보호지역의 국제 기준에 부합하는 잠재적인 보호지역을 발굴하여 보호지역으로 추가 등록하고, 보호종 확대, 다양한 생태적 가치 적용 등을 통하여 기존 보호지역을 확대하여야 한다. 또한, 보호지역으로 지정된 구역에 대해서는 조

7) 국립공원, 도립공원, 군립공원, 야생생물 특별보호구역, 야생동물 보호구역, 특정도서, 생태 · 경관 보전지역, 시 · 도지정 생태 · 경관보전지역, 습지보호지역, 해양보호구역, 환경보전해역, 천연기념물, 천연보호지역, 명승, 백두대간보호지역, 산림보호구역(산림유전자원, 생활환경, 경관, 수원 함양, 재해 방지)

그림 13-15 전 세계 보호지역 지정 비율

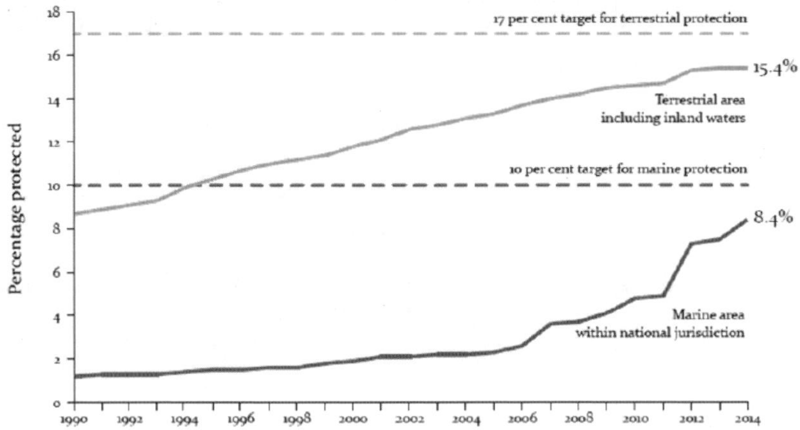

(a) 연도별

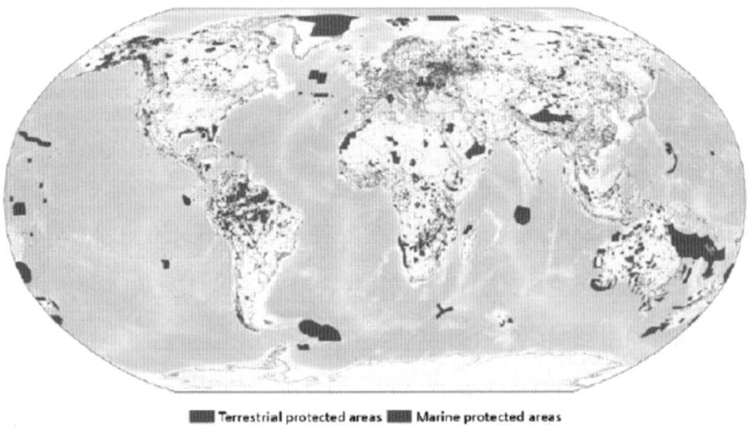

(b) 대륙별

출처: Juffe-Bignoli et al.(2014), 이수재 외(2015) 재인용.

사 및 관리계획 수립, 주민 참여형 보호지역 관리 거버넌스 구축 등을 통하여 관리를 강화하여야 한다.

2) 생물다양성 증진

OECD는 지구의 생물종 다양성은 지속적으로 감소하고 있으며, 2050년까지 육상생태계의 생물다양성은 10% 더 감소할 전망이라고 보고하였다(OECD, 2012). 국제사회는 생물다양성협약(CBD)을 중심으로 생물다양성 감소에 대한 문제를 인식하고, 생물종 보호 및 생물자원 활용에 대한 논의가 활발히 진행되고 있다.

표 13-8 생물다양성협약 당사국총회(COP) 주요 논의 결과

구분	정의
COP1(버마 낫소)	정보교환체계(CHM), SBSTTA(과학기술자문보조기구) 등 협약 틀 구축
COP6(네덜란드 헤이그)	2010년 생물다양성 목표 달성을 위한 국가전략 및 행동계획 마련 합의
COP9(독일 본)	• 생물다양성과 기후변화, 농업생물다양성 관련 결정문 채택 • 국가전략 작성지침 제공
COP10(일본 나고야)	• 유전자원의 접근 및 이익 공유에 관한 나고야 의정서 채택 • 생물다양성 보전 전략계획(2011～2020) 채택
COP12(한국 평창)	2011～2020 생물다양성 전략계획 이행 로드맵(평창로드맵) 채택 제4차 지구 생물다양성 전망 보고서 발간 및 아이치 목표 달성 행동계획 제시
COP14 (이집트 샤름엘세이크)	생물다양성 주류화를 위한 다양한 이해관계자 참여 촉구 선언문 채택

출처: 관계부처 합동(2014); 이석우(2015); 환경부(2018).

우리나라도 도시화, 토지용도 변경 등에 따른 생물다양성 감소에 대응하고자 국가전략 수립, 관련 법[8] 제정·시행, 멸종위기종 복원 및 생태축 연결 확대 등을 추진하고 있다. 그럼에도 불구하고 보호지역 지정 비율이 국제 권고 수준에 미치지 못하고, 민관 연계체계가 부족하며, 종합적이고 유기적인 대응체계가 부재하다는 문제점을 안고 있다(관계부처 합동, 2018a).

생물다양성 보전 및 증진을 위해서는 우선 자생생물 자원에 대한 조사·발굴 및 증식·배양기술을 개발해 적용하고, 바이오경제시대 도래에 대비하여 정부와 바이오산업계 간 파트너십을 구축하여 대내외 경쟁력을 강화하여야 한다. 그리고 생태축 복원 책무 확대, 생태통로 등 녹색 네트워크 구축 등을 통하여 서식지의 손실을 최소화하고, 멸종위기종 관리 강화, 생물유전자원 데이터베이스 구축 및 활용 등 생물다양성 증진을 위한 실질적인 사업들을 장기적으로 추진하여야 한다.

8) 유전자원의 접근·이용 및 이익 공유에 관한 법률.

2. 생태계 위협 요인의 영향 최소화

1) 기후변화 영향 저감

세계자연기금(World Wide Fund For Nature: WWF) 보고서에 따르면 기후변화는 서식지 변화, 외래종 유입 등 생물다양성을 위협하는 여타의 요소의 영향을 더욱 악화시키는 것으로 나타났다(세계자연기금[WWF], 2016). 또한, 영국 이스트앵글리아대학 워렌(R. Warren) 교수 연구팀 등은 지금과 같은 기후변화 양상이 지속된다면 아마존, 갈라파고스 등 생태적 가치가 높은 지역의 생물종 중 절반 이상이 멸종될 가능성이 높다고 밝혔다(Warren et al, 2018: 395-409). 이처럼 기후변화는 생물계절 변화, 서식지 전환·이동 등 생태환경을 변화시켜 생태계 교란 및 생물다양성 감소 등을 야기한다.

그림 13-16 기후변화가 생물종에 미치는 영향

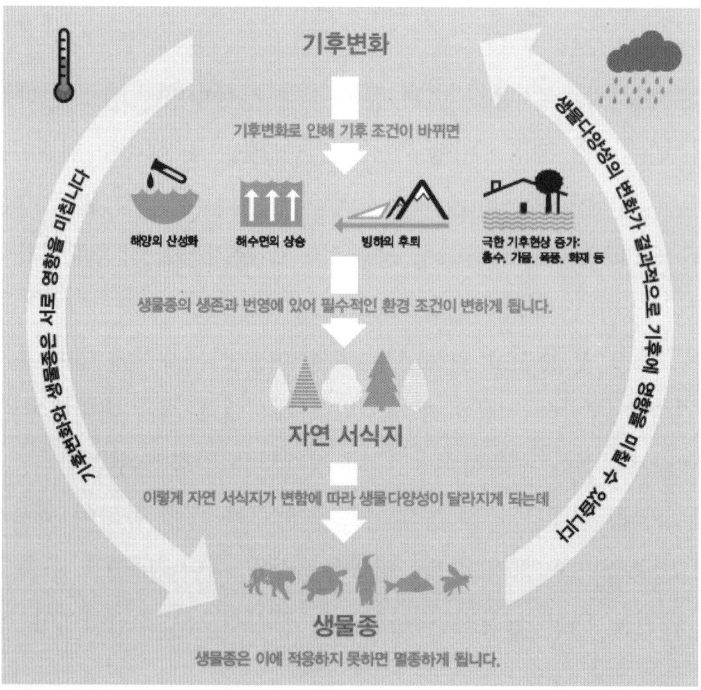

출처: 세계자연기금(WWF)(2016).

기후변화 영향은 향후 더욱 복잡한 형태로 진행될 전망이며, 이에 효과적으로 적응하지 못하면 생물종 감소는 더욱 가속화될 것으로 보인다. 기후변화로 인한 생태계 영향을 최소화하기 위해서는 기후변화로 인하여 피해를 받는 생물종의 변화상을 모니터링하고, 생태계 기후변화 리스크 평가체계[9]를 도입하여 리스크 대응 기반 적응 대책을 마련·추진하여야 한다. 또한, 기후변화 지표종을 선정하여 기후변화가 해당 지역 생물종 분포에 미치는 영향과 취약성을 평가하고, 기후변화 취약종에 대해서는 분포 특성을 고려하여 보호지역으로 지정·관리하거나 증식·복원을 추진할 필요가 있다.

그림 13-17 세계 주요 35개 지역의 기후변화 영향에 따른 멸종 위험도

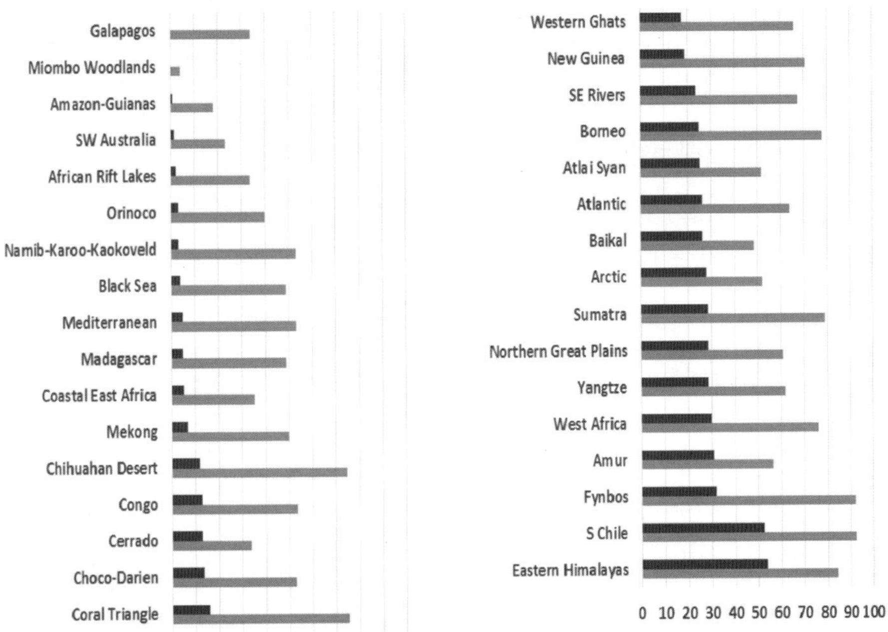

주: 옅은색 막대는 금세기 말 지구 평균 기온 2℃ 상승 시나리오에 따른 멸종 위험도이고, 짙은색 막대는 4℃ 상승 시나리오에 따른 멸종 위험도 전망치임.
출처: Warren et al. (2018).

9) 기후변화로 인한 야생생물의 서식지 파괴, 생물다양성 감소, 고유생물종 멸종 등 기후변화가 생태계에 주는 잠재적 위해 정도를 평가하는 과정.

2) 외래종 및 유전자변형생물체(LMO) 관리 강화

외래종은 지구 생물다양성에 큰 위협을 가하는 요인이며, 기후변화와 연계되어 복합적으로 나타나는 외래종 문제는 세계 GDP의 10%를 소모하는 것으로 나타났다(IUCN, 2010). 독일 생태학자인 한노 지벤스(Hanno Seebens) 박사는 전 지구적으로 1800년 이후 외래종 유입이 늘어났으며, 전체 외래종 침투 사례의 40%가 1970년 이후에 발생하였음을 밝혔다(Seebens et al., 2017). 외래종이 증가하는 이유에는 세계 무역의 규모화, 연구·농업·관상 등 인간의 의도적인 행위, 대기 중 CO_2 및 질소 축적(초본류의 빠른 성장 등), 기후변화(외래종의 생태적 변화, 산불 시 외래종 우점 등), 토지 이용 변화(생태계 교란 및 훼손, 생물종 이동 등) 등이 있다(박용하·김재욱, 2015).

세계자연보전연맹은 새로운 서식지에 정착하여 고유생태계, 서식지, 생물다양성에 부정적인 영향을 미치는 세계 100대 악성 침입 외래종을 지정·관리하고 있으며(IUCN, 2000), 우리나라도 국립생태원에서 국내로 유입되어 생태계에 위해를 미칠 우려가 높은 위해 우려 외래 곤충 100종 자료집을 발간한 바 있다.

외래생물종에 의한 체계적인 관리를 위해서는 우선 위해종 선정 방식을 기존의 규정된 종을 관리하던 방식을 생태적 위해 우려가 없는 종을 제외하고 포괄적으로

그림 13-18 전세계 연도별 외래종 침투 사례

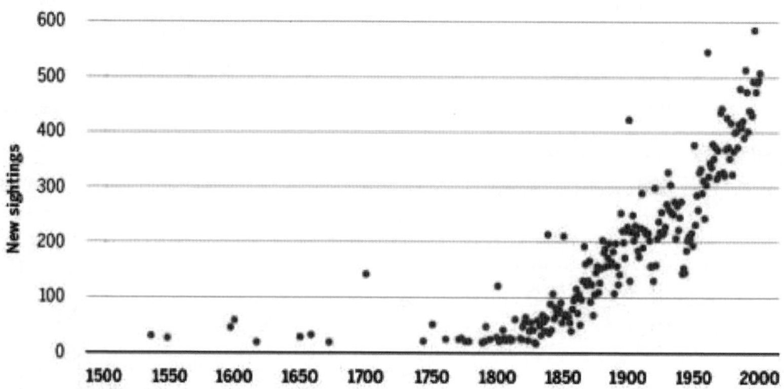

출처: Seebens et al.(2017); 「사이언스 타임즈」(2017).

지정·관리하는 방식으로 전환할 필요가 있다. 둘째, 공항, 항만 등에서 불법적인 외래생물종이 유입되지 않도록 전방위적인 관리체계가 마련되어야 한다. 셋째, 외래종에 대한 서식·분포 현황 모니터링, 위해성 평가 등을 통하여 생태계 교란종을 확대 관리하고, 침입 외래종 공간 지도를 작성하여 활용하여야 한다. 침입 외래종 공간 지도에서 침입 외래종 피해 가능성이 높은 지역에서는 민·관·학·연 거버넌스를 구축하여 확산 메커니즘 규명, 위해성 영향 평가, 확산 방지 및 퇴치를 위한 정책수단 도출 등을 통하여 지역 차원의 관리 역량을 강화하여야 한다. 마지막으로는 침입한 외래생물종이 확산되지 않도록 고유종을 활용하여 지역의 생태계 복원력을 향상시켜야 한다.

유전자변형생물체(living modified organisms: LMO)는 특정 생물의 유전자를 변형시키거나 다른 생물체의 유전자 일부를 가져와 적용시킨 생물로 병충해와 환경 변화에 강하고, 유용물질의 대량생산이 가능하다. 국제농업생명공학정보센터에 따르면 현재 전 세계 재배 면적 중 50.8%인 189.8백만 ha에 생명공학기술이 접목되었으며, 이는 2000년에 비하여 4.3배 증가한 수치이다. 재배 면적 기준으로 전 세계 작물 중 콩의 77%, 목화의 80%, 옥수수의 32%, 유채(카놀라)의 30%가 유전자변형생물체(LMO) 농산물이다.

그림 13-19 전 세계 생명공학기술 적용 재배 면적

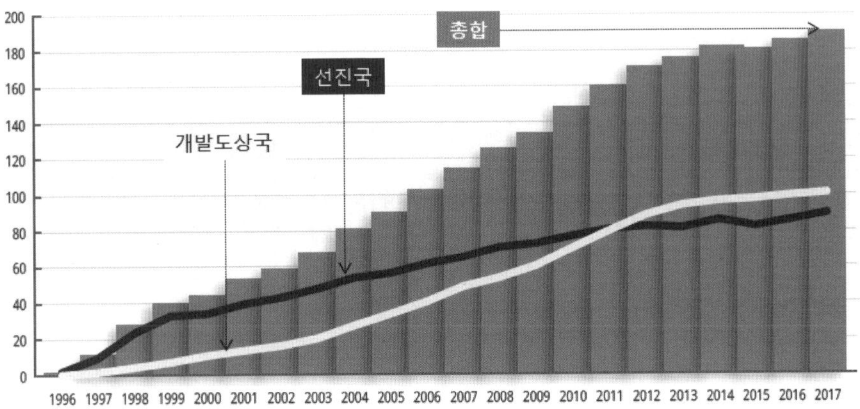

출처: ISAA(2017: 4).

우리나라에서는 2017년 한 해 동안 960만 톤의 식용·농업용유전자변형생물체가 수입 승인되었으며(한국생명공학연구원, 2018), 비타민A 강화 황금쌀, 바이러스 저항성 수박, 유전자 변형 초파리, 장기이식용 미니돼지 등의 연구개발이 진행 중이다(사이언스 타임즈, 2013).

유전자변형생물체(LMO) 재배 면적 및 개발 영역은 확장되고 있지만, 인체 및 환경에 피해를 끼칠 수 있다는 우려 또한 큰 것이 사실이다. 국제사회는 이러한 인식에 따라 2000년 바이오안전성의정서(Cartagena Protocol on Biosafety)를 채택하고, 생물다양성 보전 및 지속가능한 이용에 부정적인 영향을 미칠 가능성과 인체 위해성을 고려하여 LMO의 국가 간 이동을 규제하고 있다. 우리나라도 바이오안전성의정서 당사국총회 개최국으로서 관련법[10]을 제정하여 시행 중이며, 바이오

그림 13-20 우리나라의 LMO 국가관리 체계

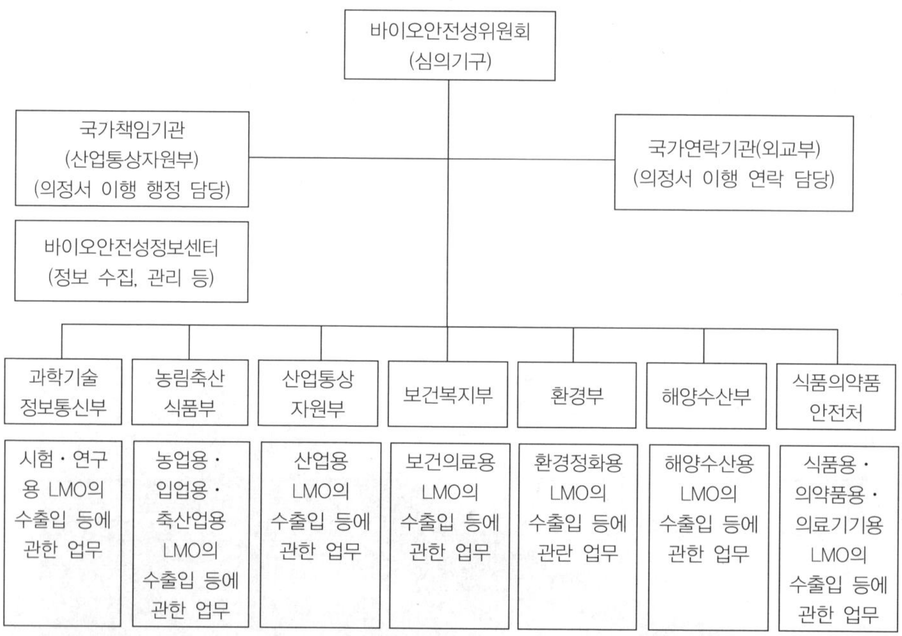

출처: 한국생명공학연구원(2018: 23).

10) 유전자변형생물체의 국가간 이동 등에 관한 법률.

안전성위원회, 코리아 바이오안전성 역량 강화 이니셔티브 등을 운영 중이다.

LMO의 효과적인 관리를 통한 생물안정성 확보를 위하여 LMO가 생태 및 인체에 미치는 영향을 지속적으로 평가하고, 관련 정보를 데이터베이스(DB)화하여야 한다. 자연생태계, 해양생태계, 농업생태계, 산림생태계 등 관련 분야 간 LMO 생물안전정책을 연계 추진하고, LMO 모니터링 지점도 점진적으로 확대하여야 한다. 또한, LMO 검출 기법을 고도화하고, LMO 발견 지역에 대해서는 주민참여형 생태계 영향평가를 실시하여 위해 요인을 제거하여야 한다.

참고 문헌

고재경 · 김희선(2013). 기후변화 완화와 적응 통합에 관한 시론적 연구. 「환경정책」 21(1).

고재경 외(2011). 「녹색도시를 꿈꾸는 저탄소 사회 전략」. 서울: 한울아카데미.

관계부처 합동(2014). 「제3차 국가생물다양성전략」.

관계부처 합동(2017). 「2017년 이상기후 보고서」.

관계부처 합동(2018a). 「제4차 국가생물다양성 전략(2019~2023년)」.

관계부처 합동(2018b). 「2018년 이상기후 보고서」.

국민경제자문회의 · 고려대학교 산학협력단(2017). 「4차 산업혁명과 신기후체제 대응」.

국제기후환경센터(2017). 4차 산업혁명과 기후변화 대응. 「기후환경정책」 Vol.16.

금강수계관리위원회(2016). 「미호천 유역 주민참여형 유역관리방안 연구」.

김보현(2012). 「한국 보호지역 관리시스템 개선방안 연구」.

김성우 외(2018). 「통합물관리를 위한 한강유역 거버넌스 구축 방안」.

김영란(2018). 「서울시 물순환정책 진단과 개선 방안」.

김이형(2016). 「물순환 도시 조성 위한 LID 기법 적용 방안과 효과」.

김준하(2017). 「새로운 기회와 도전 기후변화」. 광주: 광주과학기술원.

김태호(2015). 「지방정부 기후정책 효과성에 관한 연구」. 광주대학교 대학원 석사학위논문.

박용하 · 김재욱(2015). 「기후변화와 생태계 변화에 기반한 침입외래종의 관리전략」.

사이언스 타임즈(2013). 「유전자변형 생물체, 어떻게 관리하나」.

사이언스 타임즈(2017). 「세계 최초 외래종 침투 보고서」.

세계자연기금(WWF)(2016). 「Impact of Climate Change on Species(한국어 번역판)」.

송경란(2011). 「기후변화대응 정책방안에 관한 연구」. 조선대학교 대학원 석사학위 논문.

아시아개발은행(2016). 「자연재해가 경제에 미치는 영향」.

윤순진(2002). 지속가능발전과 21세기 에너지정책: 에너지체제 전환의 필요성과 에너지 정책의 바람직한 전환 방향. 「한국행정학보」 36(3).

이병욱(2013). 「수생태계의 효율적인 복원 및 관리를 위한 법률 제정 방안 연구」.

이석우(2015). 「제12차 생물다양성협약 당사국 총회 및 제1차 나고야의정서 당사국총회 결과와 대응 방안」.

이수재 외(2015). 「육상 생태 보호지역 확대 추진방안 연구」.

정회성 · 정회석(2013). 「기후변화의 이해」. 서울: (사)환경과문명.

조승희(2012). 「국가 물관리 정책에 따른 전남의 대응전략」.

한국생명공학연구원(2018). 「2017년 유전자변형생물체 관련 주요 통계」.

한국환경정책 · 평가연구원(2018). 「미래를 위한 환경정책 되돌아보기」. 서울: 크레파스북.

환경부 온실가스종합정보센터(2018). 「2018 국가 온실가스 인벤토리 보고서」.

환경부(2005). 「지방자치단체 기후변화 대응 활성화 방안」.

환경부(2009). 「수생태복원사업단 추진 현황 및 계획」.

환경부(2016a). 「물순환 선도도시 조성을 통한 물순환 관리 추진계획」.

환경부(2016b). 「제3차 자연환경보전 기본계획(2016~2025)」.

환경부(2018). 제14차 생물다양성 총회 막 내려. 보도자료(2018.11.30).

가뭄정보포털, http://drought.kwater.or.kr/

글로벌카본아틀라스 홈페이지, http://www.globalcarbonatlas.org/

기상청 기후정보포털 홈페이지. http://www.climate.go.kr/

RO플랜트 홈페이지. http://www.roplant.or.kr/

BBC(2018). The 11 cities most likely to run out of drinking water like Cape Town.

Dang, H. H., Michaelowa, A., & Tuan, D. D.(2003). Synergy of Adaptation and Mitigation Strategies in the Context of Sustainable Development: the Case of Vietnam. *Climate Policy* 3(1): 81－96.

Dudgeon, D. et al.(2006). *Freshwater biodiversity: importance, status, and conservation challenges.*

IPCC(2007). Summary for Policymakers. *Climate Change 2007: Impacts, Adaptation and Vunerability. Contribution of Working Group* Ⅱ *to the Fourth Assessment.* Cambridge: Cambridge University Press.

IPCC(2014). Summary for Policymakers. *Climate Change 2014: Mitigation of Climate*

Change.

IPCC(2018). Summary for Policymakers. *GLOBAL WARMING 1.5℃*.

ISAA(2017). *Global Status of Commercialized Biotech/GM Crops in 2017.*

IUCN(2000). *100 of the world's worst invasive alien species.*

IUCN(2010). Invasive species and climate change form a deadly due warn top scientists.

Juffe-Bignoli et al.(2014), *Protected Planet Report 2014.*

Minin, Enrico Di et al.(2016). Global priorities for national carnivore conservation under land use change, *Scientific Reports,* 6: 23814 | DOI: 10.1038/ srep23814.

OECD(2012). *Environmental Outlook to 2050: The Consequences of Inaction.*

Seebens, Hanno et al.(2017). No saturation in the accumulation of alien species worldwide. *Natuer Communications 8.*

Swart, R. & Raes, F.(2007). Making Intergration of Adaptation and Mitigation Work: Mainstreaming into Sustainable Development Policies?. *Climate Policy* 7, no.4, 288-303.

Verheyen, R.(2005). Climate Change Damage and International Law: Prevention, in the Martinus Mijgoff. Duties and State Responsibility. *Ncthcrlands.* p.418.

Warren, R. et al.(2018). The implications of the United Nations Paris Agreement on climate change for globally significant biodiversity area. *Climate Change* Vol. 147: 395-409.

제 14 장

지속가능한 사회공동체를 위한 과제

제 1 절 지속가능한 사회를 위한 통합과 포용

1. 사회통합과 포용사회를 위한 논의

양적 성장 중심의 도시 발전 경험과 그 한계에 대한 성찰 속에서 성장과 사회적 평등, 지속가능성이 함께 진행되어야 한다는 인식이 확산되고 있다. 사회 전반에 인권과 민주주의 진전이 지체되고 있으며, 사회구성원 간의 인정과 존중의 가치가 부족하고 사회적 공정성의 실현이 잘 작동하지 않고 있다.

국제사회와 각국의 도시에서 '포용도시' 패러다임이 현재의 사회문제를 해결하기 위한 대안적 도시운영 담론으로 부각되고 있으며, 국제사회는 '포용(inclusion)'을 통하여 주택, 일자리, 교육, 문화, 서비스, 사회네트워크 등 도시자원 배분의 정의 실현을 위한 노력이 구체화되고 있다. 유엔 인간정주계획(UN-Habitat)과 아시아개발은행(ADB)을 비롯한 많은 국제기관 및 단체는 '포용적' 도시화를 국제 의제화하고 관련 정책의 필요성을 강조하기 시작하였으며, 국내에서도 저성장, 양극화, 고령화, 다원화 등 사회환경의 급격한 전환 상황에서 새로운 도시 운영 패러다임인 포용도시론의 중요성이 증대하고 있다. 최근 사회적 계층 이동의 구조적 제약에 대한 좌절과 불만을 보여주는 '금수저, 흙수저', '갑질 사태', '청년실업' 등은 사회적 약자를 재생산하는 차별사회의 위험성이 증폭되고 있음을 보여준다.

국민주권, 시민주권 시대는 개인과 개인 간의 차별과 배제를 없애고, 동등한 권리 주체로 존중받는 사회환경을 필요로 하며, 이를 위하여 '포용'은 주요한 정책적 가치로 부상된다. 문재인정부 들어서 경제와 사회적 약자를 포용하면서 사회문제 해결까지 포함한 경제성장을 추구하는 것을 핵심으로 하는 '포용적 혁신 성장론'을 강조하고 있다. 도시 운영 및 지역의 사회정책의 방향 전환이 시급한 상황에서 '포용도시' 정책이 갖는 의미와 관련 사회정책의 방향과 의제 정립이 요구되는 시기인 것이다.

발전 패러다임의 무게 중심이 '개발과 성장의 시대'에서 '시민들의 행복과 삶의 질 추구'로 변화하고 있는 상황에서 새로운 발전 패러다임이 요구되고 있으며, 현 정부의 국정 목표와 국정전략의 중심 가치로 설정되어 있는 '포용'과 '혁신'을 지방정부 차원에서 재정립해 나갈 필요가 있다.

2000년대에 들어 '포용성(inclusiveness)'이 사회정책 분야에서 주요한 개념으로 등장하였지만, '포용'이 갖고 있는 가치와 의미를 대부분의 지역에서는 도시정책으로 수용하지 못하고 있는 것이 현실이다.

신자유주의 시장 만능의 성장에 맞서 지역사회의 공동체성을 회복하고 연대의 가치를 실현하기 위하여 포용도시 관점의 다양한 정책이 지역사회 전체 차원에서 구조화되어야 할 것이다.

1) 사회통합의 관점에서 포용의 이해

포용은 사회통합과 관련된 용어들 속에서 이해할 수 있다(한국보건사회연구원, 2017). 사회통합에 대한 캐나다 정책연구소위원회는 통합을 "모든 구성원 사이에서 신뢰, 희망과 상호 호혜성의 가치에 바탕을 두고, 공유된 가치, 공유된 도전과제와 동등한 기회의 공동체를 만들어 가는 과정"으로 설명한다. 유럽평의회(Council of Europe, 2005: 23)는 사회통합을 "모든 구성원의 장기적 안녕을 보장할 수 있는 사회의 능력으로, 가용한 자원에의 공평한 접근, 다양성을 인정함으로써 인간 존엄성을 존중, 개인적 · 집합적 자율성, 책임감 있는 참여를 포함"한다고 정의하고 있다.

한국의 사회통합위원회는 사회통합을 "다양한 특성을 가진 구성원들이 공동체에 대한 소속감을 갖고 공동체의 비전을 공유하며 긍정적인 관계를 유지하는 국민적 결집력"으로 규정하고, 이는 사회질서에 대한 개인과 사회의 상호 공감, 사회적 배제집단의 포용으로부터 출발한다는 점을 강조하였다. 과거 대통령소속 사회통합위원회는 사회통합 상태에의 도달을 사회마다 달리 요청되는 가치와 이해관계에 따라 상이한 정책과 방법으로 추진되는 것을 강조하며 사회통합과 관련된 유사한 용어를 <표 14-1>과 같이 정리하고 있다. 사회통합을 격차와 배제로 설명할 수 있는 사회적 포용의 한 축과 신뢰, 호혜의식 및 활동, 연대의식과 같은 사회적 응집의 한 축을 이용하여 설명하고 있다(한국보건사회연구원, 2017: 41).

사회통합(social cohesion)은 일반적으로 사회적 포용(social inclusion)이나 사회적 통합(social integration)이라는 용어와 함께 사용되는데, 사회적 포용은 사회

표 14-1 사회통합과 관련한 용어 비교

용어	내용
'사회적 포용' social inclusion	유럽연합이 1990년대 후반에 제시하였던 개념으로 경제적 · 복지적 차원에서 사회적 배제(social exclusion) 및 양극화를 해결하고 격차를 최소화하여 약자를 보호하려는 정책 목표를 가짐.
'사회통합(統合)' social integration	공화주의에 기초한 개념으로 개인과 소수집단으로 하여금 해당 사회의 보편적 이익과 가치를 수용하게 만든다는 정치적 의미를 가짐.
'사회통합' social cohesion	유럽평의회(Council of Europe)가 2000년대 중반 주목한 개념 – 민주주의와 사회건강성 문제를 포괄한다는 점에서 복지적 영역에 국한된 'social Inclusion' 개념을 넘어섬. – 통합 과정 속에서 시민들의 참여와 책임의식을 강조하는 면에서 'social integration' 개념을 넘어섬.

출처: 옛대통령소속사회통합위원회홈페이지(http://17harmonykorea.pa.go.kr).

통합의 하위 구성 요소로서, 각종 사회제도의 적용에서 배제되어 있는 사람을 최소화하여 보호·보장하는 것을 의미한다. 따라서 사회적 포용은 통합된 사회의 한 모습이기도 하지만, 통합된 사회를 만들어 가기 위한 전제조건이다.

사회적 포용은 다양한 영역에서 발생하는 사회적 약자의 배제(social exclusion)를 해결하기 위한 수단과 방법으로서 빈곤과 관련된 물질적·경제적 차원에서의 포용뿐만 아니라 사회 전반에 걸친 포괄적인 포용을 의미한다.

사회적 통합은 구성원에게 동등한 기회와 권리를 제공함으로써 통합적 목표를 지향하는 것을 의미하며, 이런 맥락에서 사회적 통합 개념은 각각의 다양성을 가지는 사회구성원이 존재하는 사회를 상정한다.

사회통합은 멸시나 모욕, 혹은 사회적으로 차별받아온 개인이나 집단들이 자신의 삶을 당당히 살아갈 수 있는 제도적·의식적 여건이 주어졌을 때 가능하며, 이는 상호 이해, 관용 및 배려를 통한 사회적 포용을 통하여 구현할 수 있다(유승호·김문조 외, 2017: 187).

2) 사회적 질의 관점에서 포용의 이해

사회의 질(social quality)과 관련한 논의는 1997년 6월 네덜란드 암스테르담 EU 회의에서 유럽 지식인 1,000여 명이 발표한 「사회의 질 선언(The Amsterdam Declaration on the Social Quality of Europe)」에서 시작되었다. 사회의 질 선언은 경제정책에 사회정책이 종속되는 기존의 방식으로는 '사회적으로 정당한 유럽'을 만들 수 없다는 인식에 기반을 둔다. 이 선언은 우선 사회의 질을 높이기 위한 핵심 가치를 제시한 후, 유럽 사회가 경제적 성공과 동시에 사회정의와 시민 참여가 보장되는 사회를 만들기 위하여 노력하여야 하며, 이를 성취하기 위해서는 사회의 질을 높이는 일이 핵심적이라고 본다.

사회의 질이란 "시민들이 그들의 복지와 개인적 잠재력을 향상시킬 수 있는 조건 하에서 그들이 속한 공동체의 사회적·경제적 삶에 참여할 수 있는 정도"를 의미한다(정해식·안상훈, 2015: 103). [그림 14-1]에서 보듯이 사회의 질은 개인의 생애사적 발전과 사회적 발전을 가르는 수직축과 체계와 생활세계를 가르는 수평축을 교차하여 네 개의 영역으로 구성된다.

그림 14-1 사회의 질을 구성하는 영역들

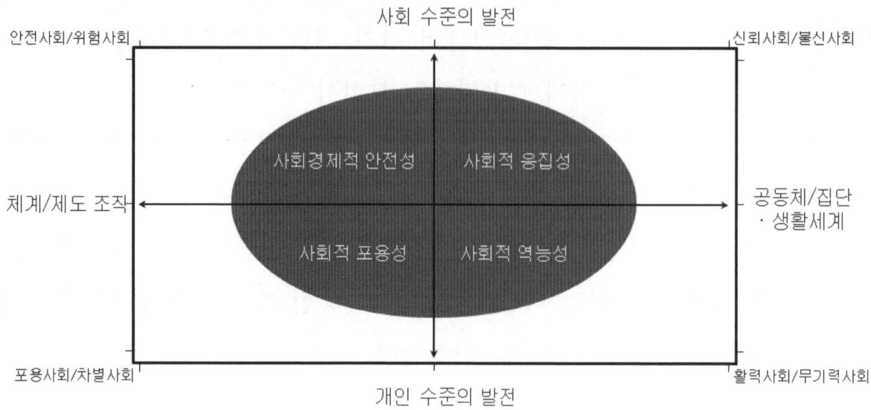

출처: 이재열(2015: 341).

표 14-2 사회의 질을 구성하는 네 가지 조건 요인

요인	내용
사회경제적 안전성	○ 빈곤, 질병과 재해, 실업으로부터의 안전 등을 충족시키는 조건 – 재정적 안정, 고용, 주거, 건강, 교육, 가족, 여가 등
사회적 포용성	○ 사회적 배제 정도 및 차별받지 않을 권리 등을 보여주는 척도 – 시민권, 노동시장 참여, 공적·사적 서비스 혜택, 사회적 접촉 등
사회적 응집성	○ 사회적 결속과 연대감을 보여주는 척도 – 신뢰, 공통된 규칙 및 가치, 사회적 관계, 정체성 등
사회적 역능성	○ 개인이 공동체 주요 의사결정과정 참여 등 역량이나 능력을 발휘할 수 있는 정도 – 지식 접근성, 노동시장 참여, 개방성과 제도적 지원, 사적인 관계 등

출처: 고동현 외(2018: 189), 재구성.

사회의 질 구성에서 사회적 포용성은 서로 상이한 사회적 관계에 놓여 있는 사람들이 일상생활을 구성하는 다양한 제도와 사회관계에서 배제되지 않고 얼마나 접근 가능한가를 나타낸다(이재열, 2015: 340). 사회적 포용성은 사회구성원이 사회의 다양한 제도나 기회구조에 평등하게 접근하는 것을 핵심으로 한다. 사회적 포용성이 잘 갖추어진 사회를 '포용사회'라 할 수 있으며, 이와 대비되는 사회는 '배제사회' 혹은 '차별사회'인 것이다. 결과적으로 포용사회는 사회적 포용성의 조건이 잘 갖추어진 사회를 의미하는 것으로, 이는 사회에서 보편적 인권 개념이 얼마나 잘 작동하고 있는지와 연관된다.

2. 저성장 고령사회에서의 사회통합과 포용

최근 한국 사회는 결혼과 출산에 대한 인식 변화, 핵가족화와 개인주의적 생활 방식, 청년층의 고용 불안 등 다양한 사회적 · 경제적 변화를 겪는 과정에서 OECD 국가 중 출산율 최하위라는 불명예를 기록하였다. 반면, 전체 인구 중 65세 이상 노인 비율은 2000년 7.3%로 '고령화사회'에 접어들었고, 그로부터 10년이 지난 2017년에는 노인 비율이 14.02%로 '고령사회'로 진입하는 등 전 세계적으로 유례없이 빠르게 고령화가 진행되고 있다.

인구의 고령화는 경제활동인구 감소에 따른 노동생산성의 저하, 사회적 부양 부담 증가 등의 문제를 발생시켜 결국 국가 및 지역의 경쟁력을 약화시키는 요인으로 작용하고 있다. 더구나 '지방 소멸'이라는 인구 감소에 따른 지역의 존폐 위기마저 커지고 있어 저출산 · 고령화의 문제는 더 이상 간과할 수 없는 현실로 다가왔다. 이에 따라 정부는 국가적 저출산 · 고령화 문제에 대하여 다양한 정책을 통하여 극복하고자 노력을 경주하고 있다. 지방정부 역시 저출산 · 고령화를 극복하기 위한 각종 인구 증가 정책을 마련하고자 고심하고 있다.

인구불균형은 사회구조의 총체적 변화를 예고하는 현상이자 예측 신호이다. 발전주의 사회 구성의 후유증을 경제 시스템 전반은 물론 개개인의 생애 전체 속에서 경험하고 있는 현실에서 성불평등과 성별 분업, 기득권 세대에 기초한 모순과 균열이 커지면서 젠더 갈등과 세대 갈등은 갈수록 심화될 것이다.

경제의 지구적 통합 속에서 소득, 자산, 노동불평등과 사회 전반의 단층과 위계 현상이 심화되고, 권능 만능으로 각자 도생으로 살아가면서 연대와 신뢰, 포용의 사회적 기반은 와해되었다. 공정과 사회 정의의 가치가 크게 혼란되고 갈등하는 사회에서 인구 감소와 불균형이 가져올 여러 가지 예측 신호를 위기가 아닌 전환으로 바꿔 갈 사회문화적 접근이 필요한 시기이다.

현재와 같은 사회구조 속에서 과거보다 오래 살고 건강하지만 할 일이 없고, 사회 참여가 낮은 가난한 노인에 대한 불평등과 존엄한 돌봄을 기대하기 어려운 상황이다. 인구 감소로 예측되는 사회 변화에 대한 논의를 보면, 다음과 같은 내용들이 다수이다.

첫째, 사회보장 시스템 속에서 볼 때, 청년세대가 노년세대를 부양하는 구조에서 청년세대의 부담이 커지는 등 사회보장비용이 지속적으로 증가할 것이다. 둘째, 미혼가구와 1인가구가 증가할 것으로 예측되는 가운데, 남성은 젊은 층에서 여성은 60대 이상에서 큰 폭으로 증가할 것으로 예상된다. 셋째, 지방의 인구 감소로 인하여 도시로 인구가 집중되고, 사람이 없는 지방은 사회 기반 시스템 유지가 어려울 것으로 예측되며, 도시의 공공시설을 비롯한 복지 인프라 등의 수요가 증가할 것이다. 넷째, 도시공간과 운영 시스템이 현재와 같은 젊은 층이 아닌 고령사회에 맞는 시스템으로 전환되어 갈 것이다. 다섯째, 여성의 출산 연령은 더 높아질 것이고, 만혼이나 비혼으로 출산율은 더 낮아질 전망이다. 여섯째, 부모 요양 등의 사유로 인한 간병 이직과 더블 케어(육아+간병)로 자식과 부모 모두가 힘든 삶을 영위할 것이며, 국가와 지역사회 차원의 돌봄정책이 확대될 것이다. 일곱째, 고령인구 돌봄 인력과 생산 인구 유입을 위한 이민정책 확대와 문화다양성에 대한 사회적 요구가 증가할 것이다. 여덟째, 빈집으로 인한 각종 치안 문제와 붕괴 등 안전사고, 유지·보수에 따른 비용문제가 확대될 것이다. 아홉째, 법률혼에 의한 가족공동체만을 인정하는 사회와 현실적 가족 유형의 다양화 간 갈등과 새로운 윤리와 법적·제도적 장치를 통하여 정부 정책에 반영하는 등의 가족윤리의 변화가 예상된다.

따라서 저출산·인구 감소에 따라 우리 사회가 성찰하고 합의해 가야 할 윤리적 가치, 사회적 공통자본의 재생과 상호부조의 윤리 재구축이 중요하며, 변화된 사회구조에 맞게 대안적 사회 디자인과 대응이 필요한 시기이다. 인구 감소 시대의 필요충분조건으로서 삶의 질과 성평등, 다양성이 존중되는 사회공동체로의 지향을 가져야 한다.

안정된 취업활동과 주거 여건, 돌봄 부담 및 교육비용을 분담해 주는 사회보장제도의 확대를 통한 객관적 삶의 조건 향상과 성차별 해소에 따른 사회적 상황에 대한 주관적 만족도, 행복 수준이 높을 때 출산 환경도 조성된다. 사회보장제도의 확대와 성평등은 순차적이 아니라 동시에 추구하여야 할 삶의 질 만족도 제고 과정에서의 필수적인 정책 어젠다가 되어야 한다. 출산율 제고의 필요충분조건으로서 사회보장제도와 성평등은 결국 객관적 삶의 조건과 주관적 만족도를 충족시켜주는 '행복 상태'의 삶의 질 구성 요소이기도 한다.

이러한 흐름을 반영하듯 정부는 저출산·고령사회에 대응한 국가 차원의 정책 패러다임을 새롭게 설정하여 지역 커뮤니티, 시민 삶의 질, 존엄과 신뢰, 선택이 있는 다양성, 맞춤형 지원 등을 돌봄정책의 주요 키워드로 제시하고 있다. 특히, 커뮤니티 차원의 돌봄 인프라 구축과 역할 강화가 예상되면서 출산과 보육의 역할 주체로서 지자체와 시민사회 영역과 역할이 커질 것으로 예상된다.

출산과 보육이 일자리와 주거, 복지와 문화, 나아가서는 가족공동체의 회복과 지원이라는 좀 더 확장된 여러 분야와의 유기적인 연계를 통하여 출산과 보육이 갖는 복합적 환경을 정책적으로 반영하여야 한다는 점을 간과하여서는 안 될 것이다. 이를 위하여 지역 차원에서 주민 주도로 실천할 수 있는 네 개의 정책 과제를 제안해 본다.

1) 지역민 삶의 질과 생활 단위 돌봄 안전망 확충으로의 정책 지향

지역의 지속가능성과 주민 삶의 질을 제고하면서 인구 감소와 미래 세대 우선, 일·가정 균형에 대응하는 시대적 흐름으로 볼 때, 가장 우선적 선결 분야로 출산과 보육환경의 개선이다.

국가 차원에서뿐만 아니라 지역 차원에서 본격적인 대응과 맞춤형 대처가 요구되는 인구정책이 지역의 주요 의제가 공론화되고 구체화되는 가운데 살기 좋은 도시, 현세대와 미래 세대가 함께 성장하는 도시가 되기 위한 포용적이고 연대적인 정책 구상이 필요하다.

2) 지역 커뮤니티 기반의 돌봄공동체와 돌봄체계 마련

지역이 관심을 갖고 있는 현안 과제로서 일자리와 청년정책, 출산과 보육을 비롯한 노인 등 취약계층 복지 지원이라는 돌봄 문제에 공감하는 것으로 해석되며, 이는 정책의 성과 목표가 될 수도 있고, 지역민의 삶의 질과 더 나은 시민의 삶을 위한 실천 과제이기도 하다.

정부의 출산과 보육정책은 출산율을 제고하고, 보육료 지원을 높이는 등의 단순 지원과 양적 성과를 지향하지 않고, 국민의 삶의 질 제고와 행복과 자존을 높임으로써 출산과 보육이 행복과 안정, 신뢰로 귀결되는 사회를 만들자는 새로운 정책 패러다임을 지향하고 있다.

일자리와 주거, 결혼과 출산, 보육과 교육, 문화와 여가, 가족공동체의 회복, 일과 가정의 균형을 지향하는 워라밸(Work & Life Balance), 근로 방식과 조건의 혁신, 지역 차원의 커뮤니티 케어가 주요 정책 목표로 언급된다. 지역 커뮤니티 기반의 인프라 설계와 보육자원을 키우고, 다양한 자원을 활용한 돌봄 안전망을 구축하는 동시에 지역민은 다양한 선택과 신뢰를 바탕으로 한 출산과 보육, 돌봄 지원과 사회 참여를 할 수 있도록 새로운 실험과 돌봄 주체와 인력, 이를 공감하고 참여하는 지역문화를 만드는 노력이 필요하다. 지자체와 기업, 시민사회와 돌봄 주체가 함께 하는 지역 단위 협의체가 마련되고, 상시적으로 운영되는 가운데 관련 의제는 정책화시키는 동시에 각각의 역할과 기능을 실천하는 돌봄 거버넌스 설계를 제안한다.

인구정책과 연동하여 육아 지원과 노인돌봄이 연계된 돌봄 플랫폼을 마련하고 다양한 돌봄 인프라를 생활 단위로 확장하는 구상이 필요하다. 광역 플랫폼은 돌봄 공간에 대한 통합적 거점으로서의 기능을 수행하고, 중앙과 기초의 정보를 수집, 공유하는 동시에 인구자원에 대한 세분화된 관리 기능, 출산에 대한 지표를 개발하고 지속적으로 모니터링하여 실효성에 대한 진단과 성과를 환류하는 기능도 제안한다. 아직 경험해 보지 못한 돌봄 플랫폼에 대한 지역적 특성을 반영한 독자적인 모델을 발굴토록 공모사업이나 지원사업을 실시하고, 경험적 과정과 내용을 공유하는 상호작용이 행정과 민간에서 진행되어야 한다. 예를 들어 도서관이나 마을회관과 같은 근린 단위 시설에서의 돌봄 플랫폼이나 주민자치센터 같은 보편적 거점시설에의 적용, 아파트 단지 내의 돌봄 플랫폼 형성 등을 고려하여 볼 수 있다.

3) 근린 단위 마을기업과 같은 공동체 자원 육성

마을은 아이를 함께 키우기 위하여 공유할 시간과 공간을 확보하는 데 적합한 장소이며, 근린 단위의 마을기업형 돌봄공동체 육성과 지원을 통하여 보육은 물론 돌봄의 사각지대라 할 수 있는 초등 학령기 아동의 돌봄 기능도 강화하여 방과 후 나홀로 아동에 대한 사회적 책임을 강화해 가야 한다.

공동육아의 터전, 지원 인력 등의 확보를 위하여 지역 내 다양한 관련 자원들과의 연계 협력체계 구축이 필요하며, 시 · 도육아종합지원센터, 다문화가족지원센터, 건강가정지원센터, 지역사회복지협의체, 기업 등의 협력을 위한 민관협의체의 구성도 필요하다.

육아에 대한 정보 제공과 인지도 제고 및 남녀 평등의식이나 다양한 가족 형태의 사회적 · 제도적 수용도 증대를 위한 홍보도 확대되어야 한다. 프랑스, 스웨덴, 미국 등 상대적으로 출산율이 높은 국가들은 사회정책적으로 일 · 가정 양립의 제도적 지원을 강화하는 동시에 세제나 연금크레디트 등 간접 지원을 통한 출산 촉진 환경을 조성하고, 보육 인프라가 공보육 중심으로 설계되어 있어 보육의 공공성과 신뢰도가 상당히 높은 의식 수준을 보이는 점은 성역할에 대한 보수적 인식이 강한 우리에게 시사하는 바가 크다.

성평등에 기초한 사회를 지향하는 동시에 광역 단위 육아종합지원센터를 통하여 공동육아에 대한 정보 제공 및 홍보를 확대하여 다양한 가족 형태와 삶의 방식을 수용하는 개방성과 유연성의 증대를 기대할 수 있다.

4) 건강한 존엄이 있는 노년을 위한 정책설계

노인의 양적 · 질적 변화에 따라 노인의 삶의 질을 향상하고 사회적 지속가능성 유지라는 과제에 대응하기 위하여 사회의 다양한 주체 간의 적절한 역할 분담이 고령정책에서도 이루어져야 한다. 관련 서비스나 정책 영역에 따라 적극적인 역할 주체로서 정부, 시장, 시민사회가 협력체계를 구축하여야 하는 것이다. 예를 들어, 노후 소득보장은 정부의 역할이 중요할 것이고, 노인 여가활동은 시민사회, 노인 경제활동은 민간의 역할이 중요할 것이다.

지자체 차원에서 경제 및 사회활동 주체로서 기존의 생산가능인구만을 고려할 것이 아니라 노인을 주체로 한 경제사회활동 정책을 적극적으로 설계하면서, 노동시장 참여와 노후 소득보장정책을 적극화하여야 한다. 즉, 보호의 대상이 아닌 경제와 사회활동의 주체로서 고령자정책이 마련되어야 하는 것이다. 노인 건강증진 정책에서도 보건소 중심의 노인특화 건강증진사업이나 노인 대상 예방관리사업도 필요하다. 교육과 여가 분야에서도 노인의 다양성을 고려하여 개인적 선택과 결정을 할 수 있는 프로그램의 제공이 필요하다.

3. 지속가능한 사람 존중 일자리와 연대 사례

시민이 필요로 하지만 시장 영역에서 제공받기 힘든 서비스, 생애주기에 따라 선택적으로 요구되는 맞춤형 인프라와 프로그램을 제공하는 주민과 커뮤니티 기반의 사회적경제와 마을공동체 영역은 지속가능성과 사회적 가치 실현의 중요한 영역이다.

저출산과 고령화, 다문화와 노동 방식의 변화 등 우리 사회가 경험하고 있는 새로운 환경에 맞추어 주민의 삶과 일자리가 어떻게 만나고 연대할 것인가, 지역사회는 어떻게 선순환할 것인가를 보여주는 좋은 사례들이 등장하고 있다.

좋은 일자리에 대한 지역 차원의 새로운 모델을 제시하면서 우리가 어떤 분야와 영역에서 다양한 시도를 지원하고 촉진시킬 것인가를 정책적으로 설계할 필요가 있다. 고령화와 1인가구 증가에 맞추어 사회서비스 영역에서의 돌봄 인력을 커뮤니티에 기반하여 발굴하고, 이들을 조직화한 사회적경제 조직을 육성할 시기이며, 커뮤니티 케어 등 변화된 복지서비스에 대처할 시기이다.

모두에게 이로운 일자리로서 공동체 기반의 사회적경제 일자리는 근로자에게는 자기 발전과 성취를 주고, 기업에게는 지속가능하고 민주적인 경영을 가능하게 한다. 주민은 더 나은 삶을 일상에서 누리는 환경 조성에 기여할 수 있다는 새로운 가능성의 영역이 될 수 있도록 행정과 사회적경제, 지원기관의 적극적인 실험이 필요하다. 특히, 사회적경제는 취약계층에게 일자리를 제공하고, 시장경제와 행정서비스의 사각지대, 기존 서비스와 다른 형태의 대안적 경제활동 영역에서 활성화된 경우가 다수이다. 최근에는 사회서비스형이나 도시재생형 등 사람과 지역의 특성을 존중하는 형태로 그 유형이 확장 중이다.

저출산과 고령화, 인구 감소, 저성장, 이주민 등 우리 사회가 직면해 있는 다양한 사회적 변화와 함께 제3섹터 영역도 변화하고 있으며, 생활 단위 공동체 성장과 사회서비스 등으로의 사회적경제 분야의 확장이 예상된다. 고령화에 대응한 일본의 노동자협동조합연합회의 활동이나 이주노동에 대응한 미국노동자협동조합, 플랫폼 노동에 대응한 해외 사례들은 우리에게 시사하는 바가 크고, 우리도 공동체 기반의 주민 일자리를 창출하여 주민 수요에 부합하는 서비스를 제공하는 유형의 일터와 기업이 증가하고 있다.

1) 고령화 대응 사례: 일본노동자협동조합연합회의 돌봄 사회서비스 제공

일본의 노동자협동조합연합회(Japan Workers' Cooperative Union)는 1986년 '중고령고용 복지사업단'으로 출발하여 스스로를 '노동자협동조합'으로 규정하고 2000년 돌봄 사회서비스사업에 진출하였다. "인간다운 노동, 좋은 일자리, 사람이 주인 되는 새로운 사업체, 새로운 복지사회 건설, 완전고용사회, 지역순환형 커뮤니티 건설" 등을 지향하며, 도우미 양성강좌 개최와 고령자협동조합만들기를 시도하여 1995년 일본 전국 최초로 고령자협동조합을 설립하고, 노동자협동조합법 제정운동을 추진하기도 하였다.

2000년 초반 지역복지사업소만들기와 새로운 복지사회를 지향하였으며, 2011년부터는 협동노동의 지역화와 사회화를 통하여 지속가능한 지역만들기를 추진 중이다. 일본노동자협동조합연합회의 주요 사업을 살펴보면 다음과 같다.

- 고령자와 장애인 공생 돌봄: 제도 안에서의 돌봄을 넘어서 누구라도 살아갈 수 있는 거주환경과 지역만들기를 통한 돌봄으로서의 커뮤니티 케어 사업
- 아이 돌봄과 육아: 아이가 중심이 되는 마을만들기를 목표로 영유아를 비롯한 학령기 방과 후 케어, 보육시설 등 다양한 사업을 운영, 최근에는 그룹 홈, 학습 지원, 아이들과 마을을 위한 식당 운영 등으로 확장
- 자활사업을 비롯한 협동조합 연대사업, 지역생활산업 등으로 지역 커뮤니티에 기반한 돌봄을 비롯한 복지, 육아와 교육, 공동식당 등 주민의 실생활 수요와 맞닿은 영역으로 확장되고, 근로와 운영 주체로서 주민이 성장하는 경험을 축적

2) 플랫폼노동 대응 사례: 미국과 유럽의 프리랜서조합

플랫폼노동이란 온라인 플랫폼에서 상품처럼 거래되는 노동을 의미하는데, 이는 오프라인 작업장에서 조직되던 생산이 온라인 플랫폼으로 전환되면서 주요하게 관찰되는 노동 방식의 변화 중 하나이다. 우리의 경우, 배달 대행, 대리운전, 가사도우미 등을 예로 들 수 있으며, 이들은 앱을 매개로 소득활동을 하는 독립노동자로 간주할 수 있다.

플랫폼노동은 정보통신기술의 발달과 함께 성장하고 있는데, 대체로 우버(Uber), 대리운전, 음식 배달 분야와 같이 저숙련·저임금 일자리 비중이 높은 분야로서 고용안정성이 낮은 일자리가 많다. 플랫폼노동이 소비자 수요에 대하여 노동 제공자들이 경쟁하는 구조를 갖고 있어서 이러한 업무는 더 작은 직무로 나뉘는 경향이 강하여 수입이 낮아지는 구조를 보인다.

미국의 경우, 노동인구 중 약 35%(2016 기준)인 5,500만 명이 프리랜서로 활동하며, 유럽의 경우도 영국은 16~75세 생산가능인구의 10% 이상인 490만 명이 디지털 플랫폼을 기반으로 하는 노동인구이다. 독일은 14%, 네덜란드와 스웨덴은 각각 12%가 플랫폼노동 경험을 갖고 있는 것으로 보고되었으며, 국내 플랫폼노동 시장 규모는 2020년에는 8조 7,000억 원으로 급증할 전망이다(한국과학기술정보연구원 보고서, 2016).

노동안정성은 낮지만 급성장할 노동시장으로서 플랫폼노동 영역에서 잉여의 노동자 분배를 위한 낮은 수수료, 공동소유기업을 통한 질 높은 서비스를 스스로 만드는 사회보장 등의 사회적기업이 늘어날 것으로 전망이다. 이들은 크게 계약(contract) 관리서비스와 활동(activities) 관리서비스를 회원제에 기반하여 공동으로 운영하는데, 회원 매출로부터 발생하는 수수료는 보증기금 조성에 투입되는 등 지속가능한 일자리와 경영을 지속하고 있다.

3) 도시재생 분야 주거복지 사회적기업 육성 지원과 발굴

도시재생 뉴딜사업 등 국가정책과 맞물려 지역경제 활성화를 돕고 사회적 가치를 실현하는 기업을 도시재생 활동 주체로 육성코자 국토교통형 사회적기업 지원이 확대되고 있다. 2018년 예비 사회적기업 추가 지정을 통하여 도시재생 분야 국토교통형 예비 사회적기업은 모두 52개소이다.

도시재생 뉴딜의 일자리 창출, 골목경제 활성화 등을 목표로 도시재생지역 내 사업자에 대하여 건설, 리모델링, 매입 자금 융자를 지원한다. 국토교통부는 지속적으로 도시재생에 참여할 예비 사회적기업을 매년 50개 내외로 추가 지원할 예정이다.

도시재생 분야의 대표적 사례로 천안주거복지센터 등이 언급되는데, 이들은 취약계층에 대한 믿을 수 있는 전문적인 주거환경 개선서비스 제공과 취약계층 고용과 민주적 기업 운영, 지역사회 취약계층 주거 문제 공론화 및 주거복지 증진에 목적을 두고, 취약계층 주거환경 개선사업, 일반공사사업, 사회공헌사업 등 수행한다. 이들은 성장 과정에서 다양한 사회적 자원을 연계하여 사업의 내용을 다각화하고, 저소득층의 에너지 빈곤 문제를 사회적 의제로 제안하면서 에너지 효율화사업 영역을 새롭게 개척해 나갔으며, 농어촌집수리사업 및 장애인가정 집수리사업 등의 주거복지와 관련한 다양한 주거환경 개선사업을 확장해 나갔다.

이 같은 신규사업 영역을 발굴해 나갈 수 있었던 것은 한국주거복지협회를 중심으로 하는 주거복지 분야 자활기업들의 협력사업이 중요한 기반이 되기도 하였다. 이들이 그동안 성장할 수 있었던 동력은 무엇보다 새로운 사업 기회를 발굴하기 위한 조직의 변화를 추동해 낸 리더십과 기관 종사자들의 역량 강화, 그리고 한국주거복지협회를 중심으로 하는 사업연합의 관계망을 통한 사회적 자원의 동원력 향상에 있다.

4) 주민 생활 수요에 대응한 서비스 발굴: 아파트 조식서비스 제공 사례

광주광역시는 아파트 주거율이 다른 지역보다 높고, 광산구는 주거율 전체의 84%를 아파트가 차지할 만큼 주거의 대부분을 차지하면서 2014년부터 아파트를 하나의 마을로 간주한 아파트생활문화공동체 운동을 추진하여 왔다. 아파트입주자대표회의의 투명하고 민주적인 구성과 운영을 비롯하여 경비원 등 근로자들의 인권, 주민조직 활성화와 경로당과 작은도서관 등 거점 조성을 지원하여 왔으며, 지난 10월부터는 아파트에서 주민이 체감하고 실질적 삶의 질을 개선할 수 있는 수요에 대응한 공동체 활동으로 아파트 조식서비스를 제공하고 있다.

아직 초기 단계로 홍보와 주민 참여를 독려하고 있지만, 이 사례가 갖는 시사점은 편리한 조식서비스 제공에 그치지 않고, 주민일자리 창출과 민관협력 사회적 서비스의 상생모델을 실험하는 데 목표를 둔 기초지자체 차원의 새로운 접근이라는 점이다.

여기에 관련된 공동체 자원을 보면, 아파트 주민 거점과 서비스 인력, 로컬푸드 연계 등 초기 인프라 구축은 지자체가 지원하고, 음식 제공과 배달 등은 사회적기업 ㈜워킹맘이 참여하는 등 지역자원이 선순환하는 구조를 갖는다.

그림 14-2 아파트 조식서비스 운영구조

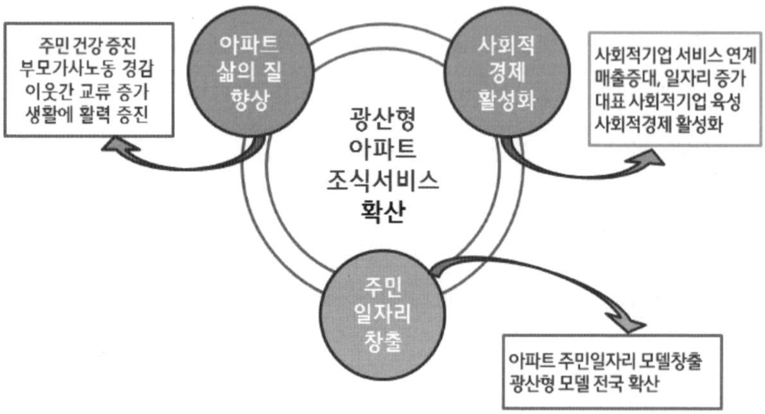

그림 14-3 아파트 조식서비스 운영계획

조식서비스 운영계획

- 운영 일시: 매일 06:00~09:00
- 이용 대상: 전체 아파트 입주민(맞벌이가구, 1~2인 가구, 학생, 고령자 등)
- 운영 방식: 뷔페식(한식 + 특별메뉴) + 도시락
  * 메뉴선정 시 주민설문
- 비용 지급: 현장 + 사전구매(쿠폰 등) * 1인 5천 원 상당
  * 광산구 아파트너앱 등을 활용하여 신청 접수 및 카드 결제 · 계좌이체

아침식사라는 주민의 중요한 생활 수요를 주민일자리 창출에 기반한 사회적경제를 통하여 제공하고, 이를 통한 이윤은 다시 공동체에 환원하는 동시에 경력 단절 여성이 모여 운영하는 사회적기업의 성장과 좋은 일자리 창출로 이어지는 선순환 모형인 것이다.

5) 마을육아플랫폼 '마을아이': 광주어깨동무 공동육아 사회적협동조합

우리 사회의 저출산은 다양한 사회문제가 결합되어 나타난 복합적 현상으로 전반적인 삶의 질과 가족공동체 회복, 출산과 양육이 즐겁고 편안하게 이루어질 수 있는 다양한 서비스를 선택할 수 있는 환경 조성이 무엇보다 중요하다. 어린이집과 유치원, 학령기 아동의 방과 후 프로그램이나 지역아동센터와 같은 출산과 보육, 교육 관련 인프라의 공공성과 서비스 질 향상은 우선 과제라 할 수 있다. 동시에 주거지 인근에 아이를 키우는 가족 단위 활동거점이 다양하게 조성되고, 육아 커뮤니티를 형성하는 소규모 육아공간을 확산시키는 것도 필요하다.

사회적협동조합이 운영하는 마을육아플랫폼 '마을아이'는 육아를 고민하는 주민들이 모여 회비구조를 통하여 독립적으로 운영되고 있으며, 활동가 여섯 명의 일터이기도 하다. 이곳을 이용하는 주요 대상은 어린이집을 가기 전 연령인 0~3세 아이들로 이 연령대의 놀이공간이 매우 적다는 점에 착안하고, 육아가 시작되는 엄마들의 육아정보와 고민을 소통으로 해결하는 엄마들의 네트워크를 지원하는 특징이 있다.

마을아이와 같은 생활 단위 돌봄공간이 다양한 연령층에 맞추어 보급될 수 있도록 인큐베이팅사업이나 마을공동체 주민조직을 대상으로 한 성장 프로세스를 설계해 볼 필요가 있다. 오랜 경험과 신뢰자본을 가진 공동체자원들이 독자적 사업에 국한하지 말고, 모델 발굴과 성장 지원에 멘토적 역할을 할 수 있는 협업구조를 지원하는 정책적 시도가 필요한 시기이다.

표 14-3 마을육아플랫폼 '마을아이' 소개 자료

명칭	마을육아플랫폼 '마을아이'
설립 연월일	2003. 3.
운영단체	사회적협동조합 광주어깨동무공동육아
직원	돌봄활동가 6명(파견 공무원 1인 포함) 주 12시간 근무
시설 운영 지원	회비 구조(자립 운영)-공모사업을 통한 강사비 등
이용 시간	월요일~금요일 10:00~14:00
이용 대상	광주광역시에 거주하고 있는 0세~만3세 아이들과 부모/조부모
이용료/등록료	무료/재료비 부담(1~2만 원)
지역 육아 지원 거점의 기능	- 만남·놀이광장 - 육아의 불안이나 고민 상담 - 육아 정보 제공 - 아이를 맡기고 맡는 육아 협력 촉진 - 일시보육 - 지역육아거점센터 인큐베이팅 - 육아 지원에 대한 관련 종사자들을 포함한 지역네트워크 구축 - 육아 지원 관련 종사자들을 위한 연수교육 실시
이용자 현황	2017년 (5월~12월) 57가족 118명 2018년 (5월~9월) 44가족 89명

제 2 절 지속가능한 생활 단위 마을공동체 활성화

1. 마을공동체 성장과 정책 확장 과정

1) 마을공동체 형성과 발전

1990년대부터 서서히 시작되었던 마을만들기(지역공동체)의 전개 과정은 맹아기(1990년대 중반 이전), 도입기(1996~2005), 도약기(2006~2008) 및 확산기(2008~현재)로 구분한다. 맹아기에는 본격적인 마을만들기(지역공동체 활동 및 사업) 이전의 흐름으로 볼 수 있는데, 도시빈민운동으로서 사회운동의 한 부분으로 진행하였으며, 특히 주민자치운동차원에서 저소득층 밀집지역 중심 주민공동체 사업이 이루어지기도 하였다. 1996년부터 2005년은 마을만들기 사례의 형성과 전파가 시작된 도입기로서 '걷고 싶은 도시만들기 시민연대' 등이 창립되었고, 이 시기에는 마을만들기 필요성에 대한 인식이 확산되면서 차 없는 골목 만들기, 쌈지공원 만들기, 어린이 통학로 확보운동, 담장 허물기 사업, 아파트 공동체운동, 도서관, 사랑방 만들기 등이 전개되었다. 2006년부터 2008년은 마을만들기와 관련하여 정부사업 및 주민자치센터가 결합하는 도약기이다. 2006년부터 정부가 분권 및 균형발전과 관련하여 마을만들기를 벤치마킹한 '살기 좋은 마을만들기 사업'과 결합되어 도약의 시기에 도입하여 건설부의 '살기 좋은 도시만들기', 농림부의 '살기 좋은 농촌 만들기' 등으로 전 부처로 확산되었고 행정자치부는 중앙부처뿐 아니라 지자체에도 관련 사업 목록을 작성하여 보고토록 하는 지침을 시달하는 등 확산의 계기를 마련하였다.

한편, 1999년부터 읍면동 주민자치센터가 이 시기부터 마을만들기 사업과 결합하게 되었고, 2000년대 후반부터 마을만들기는 '지역의 물리적 환경 개선'에서 '지역민의 삶의 질 개선과 지속성 확보'로 분화·발전하면서 소득 창출의 중요성을 강조하기 시작하였다. 이후 커뮤니티 비즈니스와 마을기업 등을 추진, 특히 이 시기에는 민간 차원에서 정부사업의 확대와 더불어 마을만들기 네트워크를 결성(2006년)하여 마을활동가 모임과 토론회, 워크숍 등이 개최되기도 하였다.

2008년부터 현재까지는 지역공동체의 확산기로서 체계적 중간지원조직으로서의 마을만들기 지원센터가 설립되었으며, 지역공동체 관련 지원조례가 제정되었다. 중간지원조직은 행정과 주민의 중간에서 지역공동체 사업을 지원하는 가교 역할을 담당, 지원조례는 지역공동체 사업을 수행하는 데 법적 근거를 마련해 가고 있다.

중앙정부 차원에서는 국정과제를 통하여 주민자치 기반의 생활밀착형 공동체 기반 활동을 다양하게 연계시켜 지역공동체 정책의 적극적인 의지를 표명, 각 부처에서도 지역공동체와 관련하여 적극적으로 정책을 수립하고 실행하기 위하여 노력하고 있다.

지역공동체 관련 지원사업이 본격화된 2000년대 중반부터 현재까지 정부부처에서 다양한 마을 단위 정책사업들이 진행되고 있다. 행정자치부에서는 정보화마을을 비롯하여 평화생태마을과 희망마을, 마을기업 등을 추진하였으며, 농림축산식품부에서는 전원마을과 농촌 마을 리모델링을 비롯하여 농산어촌개발사업, 농어촌

공동체회사 육성 등 다양한 사업을 추진하였다.

2) 지역공동체 지원정책과 실천사업

정부부처에서는 부처별 특성에 기인하여 지역공동체와 관련된 사업을 추진하고 있는데, 지역공동체사업의 특성은 초기 하드웨어적 시설사업에서 소프트웨어적 사업을 병행하는 사업으로 전환 중이며, 특히 중앙정부 재정 중심의 물리적·시설적 지원에 치중되던 것에서 점차 탈피하기 위한 노력이기도 하다.

지역공동체와 관련된 사업을 추진하고 있는 부처를 통합적으로 지원하고 관리하는 제도나 부처는 없는 실정이며, 부처별로 흩어져 있는 지역공동체 사업을 통합·운영하고, 각 지자체의 지역공동체 사업을 지원하기 위한 법적 기본 근거가 되는 지역공동체와 관련된 통합된 법령 시행되고 있는 것이 없다. 이에 각 부처에서는 지역공동체와 관련된 지원사업을 부처 특성 및 관련 지침 혹은 법령에 의거하여 추진 중이다.

행정자치부에서 2013년 「지역공동체 활성화지원법(안)」을 발의하였으며, 2014년 「공동체 발전 기본법(안)」을 준비하였고, 농림축산식품부에서는 2013년 「농촌마을공동체 활성화 지원에 관한 법률(안)」을 발의하였다. 공동체가 경제에 참여하여 지역경제를 살리고 공동체를 활성화하기 위한 방법으로 사회적경제가 대두되고 있으며, 마을공동체의 사회적경제 참여와 기반을 마련하기 위한 「사회적경제 기본법(안)」과 「마을기업 육성 및 지원에 관한 법률」이 2015년 발의, 지역공동체의 사회적경제를 위한 법률로서 「협동조합기본법」과 「사회적기업 육성법」 등이 시행되고 있다.

지방자치단체에서는 지역공동체 관련 지원 조례를 제정·운영하여 지역 특성에 맞추어 사업을 지원하고 있다. 이들 조례는 대체로 마을이라는 생활 단위를 중심으로 지역주민의 삶의 질 향상과 주민자치의 실현 및 민주주의의 발전에 기여하는데 그 목적을 두고 사업 지원 방안에 관한 전반적인 수단들을 포함한다. 마을공동체와 관련된 지원조례를 제정·운영하고 있는 광역자치단체는 전라북도와 제주특별자치도, 광주광역시와 서울특별시를 포함한 16개 시·도이다.

표 14-4 지역공동체 관련 법령

법령명	목적	내용 및 대상	관련 부처
지역공동체 활성화 지원법(안)	지역사회의 활성화와 지역공동체의 역량 강화를 효율적으로 지원함으로써 주민의 삶의 질 향상을 통한 성숙한 지방자치 실현과 주민 행복의 증진에 이바지함.	• 도시와 농촌을 아우르는 국가적 차원의 지역공동체 회복과 활성화로 부처 통합적인 지원체계 구축	행정자치부 발의 (2013.11.28)
공동체 발전 기본법(안)	참여·협력·호혜의 공동체 정신을 확산하고 주민 상호간의 유대와 신뢰를 기반으로 더불어 발전하는 행복한 사회를 구현	• 공동체의 육성과 발전을 위한 국가 및 지자체의 책무와 역할, 공동체의 구성과 활동, 공동체 발전을 위한 국가지원체계 등 그 기본사항을 규정	행정자치부 2015년 제안
농촌 마을공동체 활성화 지원에 관한 법률(안)	농촌마을 주민 스스로 마을 발전을 위한 계획을 수립하여 시행하도록 촉진하고, 이를 위한 국가나 지방자치단체 등의 지원체계에 관한 사항을 규정함으로써 농촌마을의 공동체 활성화와 지속가능한 발전을 도모함을 목적으로 함.	• 농촌마을만들기 계획 수립과 지원 • 농촌마을만들기 강화 및 인력 양성 • 농촌마을만들기 지원체계	농림축산식품부 국회 심의 중 발의 (2013.8)
사회적경제 기본법(안)	사회적기업, 협동조합, 마을기업,자활기업, 농어촌 공동체회사 등의 사회적경제조직이 자생력을 갖고 지속적인 발전을 할 수 있도록 지원환경을 조성하기 위한 법안	• 정책을 총괄하는 조정기구 신설 및 실무추진기관 명시 • 정책금융 기반 조성 • 공공 조달지원체계 확대 • R&D 등 각종 정부정책 지원사업 연계 강화 • 민간자원 확충	사회적경제 특별위원회 국회 심의 중 발의 (2014.5)
마을기업 육성 및 지원에 관한 법률	일자리 및 소득을 창출하고, 주민의 삶의 질 향상과 지역공동체 회복 및 지역경제 활성화에 이바지함을 목적으로 함.	• 마을기업 정의, 지정, 실태조사, 육성 및 지원 종합계획 수립 및 연도별 시행계획의 수립 · 시행 • 마을기업지원센터, 전문인력 양성 및 주민교육 등 규정	행정자치부 의원입법 발의 (2015.11)
협동조합 기본법	협동조합의 설립 · 운영 등에 관한 기본적인 사항을 규정함으로써 자주적 · 자립적 · 자치적인 협동조합 활동을 촉진하고, 사회통합과 국민경제의 균형 있는 발전에 기여함을 목적	• 협동조합의 설립 · 운영 등에 관한 기본적인 사항을 규정	기획재정부 시행 (2017.8.9.) 일부 개정 (2017. 8.9.)
사회적기업 육성법	우리 사회에서 충분하게 공급되지 못하는 사회서비스를 확충하고 새로운 일자리를 창출함으로써 사회통합과 국민의 삶의 질 향상에 이바지함을 목적으로 함.	• 사회적기업의 설립 · 운영을 지원하고 사회적기업을 육성	고용노동부 (2012.8.2) 일부 개정 (2012.2.1)

표 14-5 광역자치단체 지역공동체 관련 조례(2018년 12월 기준)

연번	자치법규명	시행 일자	구분
1	서울특별시 마을공동체 만들기 지원 등에 관한 조례	2013. 11. 14	제정
2	부산광역시 마을만들기 지원 등에 관한 조례	2012. 7. 10	제정
3	대구광역시 마을공동체 지원 등에 관한 조례	2013. 11. 11	제정
4	인천광역시 마을공동체 만들기 지원 조례	2013. 5. 27	제정
5	광주광역시 살기 좋은 마을만들기 지원 조례	2010. 3. 1	제정
6	대전광역시 사회적자 본 확충 조례	2013. 2. 28	제정
7	세종특별자치시 마을공동체 만들기 지원 조례	2013. 7. 30	제정
8	울산광역시 마을공동체 만들기 지원 조례	2017. 12. 28	제정
9	경기도 따뜻하고 복된 공동체 만들기 지원에 관한 조례	2012. 8. 1	제정
10	강원도 마을공동체 만들기 지원 등에 관한 조례	2014. 1. 3	제정
11	충청북도 마을공동체 활성화 지원 조례	2016. 12. 30	제정
12	충청남도 살기 좋은 희망마을 만들기 지원 조례	2012. 12. 31	제정
13	전라북도 마을만들기 지원 조례	2009. 12. 28	제정
14	전라남도 마을공동체 지원 등에 관한 조례	2015. 12. 31	제정
15	경상북도 마을공동체 만들기 지원 조례	2018. 12. 27	제정
16	경상남도(조례가 없음)	–	–
17	제주특별자치도 특별자치마을 만들기 지원 조례	2009 1. 7	제정

3) 지역공동체 관련 지원사업 추진 현황 및 지원체계

행정안전부에서는 마을기업 육성사업을 비롯하여 희망마을 및 지역공동체 활성화사업 등을 추진하고 있으며, 그 밖에도 부처별로 부처의 특성에 기인하여 지역공동체 지원을 위하여 다양한 사업 내용으로 추진하고 있다. 각 부처의 지역공동체 지원사업은 중복되어 추진되거나 유사한 내용이 존재하기도 하며, 국가적 현안에 따라 재원을 편성하고 관심이 시들해지면 없어지는 등 지속적인 추진과 지원이 결여되어 있는 것으로 나타난다. 부처별 지역공동체 지원사업은 지역공동체 육성 및 활성화를 중심으로 하고 있으나 일부 단순 지역 개발 및 발전에 초점을 두는 경우가 있으며, 지역공동체 사업으로의 구분이 모호한 경우도 있다. 지역공동체 주요 사업 내용은 주거환경 개선과 지역자원 활용사업, 사회적경제에 기반한 사업 등으로 구분될 수 있으며, 주민 주도의 지역공동체를 형성하고 공동체에 의한 다양한 사업을 통하여 마을활성화와 지역 자립, 역량 강화, 생활기반 조성, 삶터 가꾸기, 마을 활력 및 재생 등을 지향한다.

지방자치단체에서는 광역 혹은 기초자치단체 단위로 공동체 수준에 따른 공모 방식을 통하여 이루어지며, 일부 자치단체별로 추진되고 있다. 지역공동체 지원사업은 정부 단년도 예산에 기초한 공모 방식으로 진행되는데, 행정의 사업계획 일정과 선정조건에 맞추어 추진되고 있어 마을 단위에서 필요한 시점에 지원을 받지 못한다. 기존에 반영된 주어진 투자 금액을 기준으로 사업 지원 대상을 선정하여 사업 추진 기간 내에 이를 전액 투자, 이는 예산과 성과에 집중하는 전시성 행정이라는 비판과 함께 일회성 재정 지원으로서 사업의 연속에 문제가 제기되기도 한다.

지역공동체 지원사업이 장기적인 재정 지원을 하기에는 현실적으로 어려움이 있지만 정부 지원이 중단된 후에도 지역공동체가 소멸하지 않고 자립적으로 지속가능한 활동과 발전을 위한 관리 방안은 반드시 검토되어야 한다.

실제로 사업을 추진하고 있는 중앙부처 및 지방자치단체에서는 성과지표 등을 통한 사업 추진의 점검, 공동체의 역량과 수준의 진단 및 컨설팅, 사업 전 과정 모니터링, 사후관리 방안에 대한 내용은 포함하고 있지 않는 실정이다. 지역공동체 사업이 일회성에 그치고, 지속가능한 마을공동체 실현에 한계가 발생할 우려가 있다.

지역공동체 사업의 내용은 지역공동체를 중심으로 한 사회적 소통과 삶의 질 향상을 토대로 주민 주도의 지속가능한 발전을 도모하고 지향하여야 하지만 일반주민 혹은 공동체에서는 마을의 수요와 욕구에 부응하면서 주도적으로 사업을 진행하기에는 역량의 한계가 명확하다.

지역공동체 사업의 성과는 지역공동체의 역량에 좌우되며, 교육과 학습을 비롯한 전문적인 지원이 선행 또는 병행되지 않는다면 지역공동체 사업은 일회적이며 가시적인 성과 창출에만 그칠 것이다. 중앙부처에서 추진하고 있는 지원사업의 경우 사업에 대한 교육과 학습 등을 위한 별도의 지원은 존재하지 않는다.

지역공동체 사업에 대한 이해와 교육이 수반되지 않은 자치단체와 공동체의 경우 정체성에 혼란이 야기되어 주민의 요구 및 공동체 역량과 수준을 간과한 채 민관 협력에 기반하지 않는 서류상의 사업관리로 전락할 가능성이 높다. 지역 및 마을공동체 관련한 사업은 지역민들의 참여와 협력을 바탕으로 한 사업들의 지속가능성 확보와 지역 중심의 경제 활성화를 모색하는 것이 중요하다.

표 14-6 중앙부처 지역공동체 관련 지원사업 현황

부처	목적	내용 및 대상	근거	대상
행정자치부	마을기업 육성사업	지역주민이 주도적으로 지역의 자원을 활용한 수 사업을 함으로써 소득 및 일자리를 창출하여 지역경제를 진흥시키고 지역공동체를 활성화	① 행정자치부 마을기업 육성사업 지침	전국
	희망마을 및 지역공동체 활성화 사업	주민 주도형 지역공동체 사업을 발굴하여 ① 생활편익 확충 및 소득사업 추구 목적의 시설 조성과 ② 지역산업, 생활정비 등 공동체 활성화 프로그램을 지원 (사회적 취약계층 밀집지역 우선 지원)		전국
문화체육관광부	관광두레	지역주민 스스로 지역의 고유한 자원을 활용한 관광상품을 개발, 상품화하여 연계함으로써 지속가능한 지역관광활성화 및 지역경제 활성화	① 관광진흥법	전국
	생활문화 공동체 만들기	문화소외지역(임대아파트, 서민주택, 농산어촌 등) 주민 참여 문화예술 프로그램을 통하여 지역 공동체 문화 회복 및 지역의 변화 유도하기 위하여 공동체 형성을 지원	① 문화예술진흥법 ② 문화예술교육진흥법	전국
농림축산식품부	농촌 공동체 활성화 지원	① 농촌재능나눔 활동, ② 주민 주도 마을만들기, ③ 농촌공동체회사 우수사업 지원, ④ 농촌사회 복지 증진 및 농업인 행복버스 운영 등의 사업	① 농어업·농어촌 및 식품산업 기본법, 농어업인 삶의 질 향상 및 농어촌지역 개발촉진에 관한 특별법	농산어촌
	일반 농산어촌 개발	농산어촌에 대한 기초인프라 투자 및 특화발전을 위한 지역개발을 통하여 농어촌 주민의 삶의 질 제고 및 공동체 활성화 ① 농촌중심지 활성화와 ② 창조적 마을만들기, ③ 기초생활인프라, ④ 시군 역량 강화를 지원	① 국가균형발전특별법, ② 농어업인 삶의 질 향상 및 농어촌지역 개발촉진에 관한 특별법, ③ 농어촌정비법	농산어촌
보건복지부	자활기업 육성 (자활공동체)	수급자 등 저소득계층의 자활기업 참여를 통한 탈빈곤을 목적으로 함.	① 국민기초생활 보장법	전국
기획재정부	협동조합	공동구매 및 판매사업 등 경제적 활동	① 협동조합기본법	전국
해양수산부	자율관리 어업공동체 육성	어업인 스스로 자체규약을 정해 지역 특성에 맞게 자율적으로 자원을 관리하도록 하여 지속가능한 어업생산체계 구축, 공동체 공동이익 증진	① 수산자원관리법	어촌
	어촌특화 발전역량 강화	마을화단 가꾸기, 경관개선, 마을자원 발굴, 자원지도 만들기	① 어촌특화발전지원특별법	어촌
지역발전위원회	지역행복생활권 연계협력사업 (농림축산식품부 연계 협력)	(지방자치단체 연계협력사업) 융복합 6차 산업화를 통한 공동생산과 공동이익 증진, 지역공동체 활성화 사업, 역사자원 활용, 님비시설 유형(지역행복생활권 선도사업) 주민체감형 서비스, 님비문제 해결, 일자리 연계, 생활권 내 자원 공동활용	① 국가균형발전특별법, ② 지방자치법	전국

출처: 행정안전부(2017). 「지역공동체의 이해와 활성화」, 재정리.

2. 지역공동체 활성화 사례

1) 공동체 활성화 법과 제도: 영국의 「지역주권법」과 일본의 마을 · 사람 · 일 창생법

영국은 2011년 「지역주권법(Localism Act)」을 제정하면서 유휴 공유재산 등에 대한 '지역공동체 소유 · 관리(community ownership and management)' 제도를 도입하며 '지역공동체 소유권'과 관련한 권리들을 법제화시켰다. 영국 「지역주권법」의 유휴 공공부지에 대한 지역공동체의 사용 신청권(Community Right Reclaim Land)은 지역주민이 유휴 공공부지에 대하여 재개발 및 사용을 요구할 수 있는 권리이다. 영국은 기존 유휴 공공부지에 대하여 민간 매각의 효율성이 강조되며 공공기관이 소유한 유휴 부지들을 지역에 환원하여 주택부지, 지역의 공적 공간 등으로 활용할 수 있도록 촉진하고 있다.

유휴 공공부지 사용을 원하는 공동체는 지역사회 및 지방정부에 대상 유휴부지, 신청단체, 신청 이유, 활용계획 등을 제출하고 이를 평가하여 사용 여부를 결정하는데, 이러한 권리는 유휴 · 저활용 공적 자산의 지역공동체 활용을 통하여 자산화를 촉진할 수 있다. 영국의 공동체 우선구매는 공공서비스 공급 · 운영에 대한 지역공동체 우선참여권(Community Right Challenge)은 지방정부가 담당하던 기존 공공서비스의 전부 혹은 일부를 지역 공동체에게 우선권을 부여하는 권리이다. 지방정부는 공동체의 의사를 받아들일 경우 해당 서비스를 담당할 특정 조직을 선정하는 공개입찰을 실시하고 평가하여 참여 여부를 결정하는데, 이는 지역사회 현안의 주민 주도적 해결 역량을 강화하고 정부 및 지자체의 지원에 의존하지 않고 공동체가 지역 공공서비스를 직접 제공함으로써 생활자치를 구현한다.

일본은 저출산 · 고령화 및 지방도시의 과소화 · 대도시의 과밀화를 지역공동체를 통하여 해결하고자 마을 · 사람 · 일 창생법이라는 법적 근거를 마련하였다. 마을은 국민 개개인이 꿈과 희망을 가지고 풍요로운 생활을 안심하고 영위할 수 있는 지역사회를 형성하고, 사람은 지역사회를 형성하는 다양한 인재를 확보하는 것이며, 일은 지역의 다양한 취업 기회를 창출한다는 목표로 설정하고 있다. 창생법에 의거한 주요 전략은 지역의 고용 창출, 지방으로의 인구 유입, 젊은 세대의 결

표 14-7 일본 마을 · 사람 · 일 창생 종합전략

구분	주요 추진 시책
지방의 안정된 고용 창출	• 지역산업 경쟁력 강화 • 지방인재 환원, 지방인재 육성 및 고용대책 • ICT 활용으로 지역 활성화
지방으로 새로운 사람 유입 촉진	• 지방이주 촉진 • 은퇴자 커뮤니티 지원 추진 • 기업의 지방거점 강화 • 지방대학 등 활성화
젊은 세대의 결혼 · 출산 · 육아 지원	• 젊은 층 고용대책 추진 • 임신, 출산, 자녀교육 지원 • 일과 생활의 조화 실현(일하는 방식의 변화)
시대에 맞는 지역 만들기, 안심할 수 있는 삶 지키기, 지역 간 연계 촉진	• 작은 거점(다세대 교류, 다기능 집락생활권) 형성 지원 • 지방도시의 경제 · 생활권 형성–콤팩트화와 네트워크 형성, 연계 중추 도시권 형성, 정주자립권 형성 촉진 • 대도시권의 안심생활기반 확보

출처: 한국지방행정연구원(2016).

혼 및 출산 지원, 지역공동체 활성화 등이며, 구체적인 창생 종합전략은 <표 14-7>과 같다. 창생법은 지역 해체의 위기를 극복하고 매력적인 지역으로의 재생을 국가 수준에서 체계적으로 추진하고 그 재원을 마련 · 교부함으로써 각 마을의 일자리 창출과 지역 인구 유입 등 지역공동체를 활성화시키는 국가적인 전략과 추진체계를 제시하였다는 점에서 그 의의를 갖는다.

2) 마을공동체 기금과 협동조합은행 사례

지역공동체 활동을 위한 금융 지원 체계로서 전 세계 70여 국에서 1,800여 개가 설립되어 운영되고 있는 '지역공동체재단(Community Foundations)' 등 비영리 민간재단에 의한 기금을 들 수 있으며, 주로 기부 방식에 의하여 재원을 조달하고 있다. 그러나 지역 내 주민이나 풀뿌리 경제조직들로부터 예금이나 기탁 방식으로 재원을 조달하고 있는 협동조합은행 방식이나 사회적투자조합 등의 방식들도 존재한다.

유럽의 대표적 사회연대은행으로 볼 수 있는 '트리오도스 은행(Triodos Bank)'은 1980년에 설립되어 2011년 자산 규모 43억 유로에 이르고 있으며, 독일의 '대출과 나눔의 공동체은행(Gemeinschaftsbank fur Leihen und Schenken)'은 2.2만여 명의 조합원 출자로 조성된 2.6억 유로 규모의 협동조합기금을 운영하는 대표적인 협동조합은행으로 볼 수 있다.

한편 마을기업 등 자체적인 수익활동을 통하여 마을기금을 조성한 지역공동체의 사례 또한 주목할 만하며, 이러한 풀뿌리 마을공동체 기금들은 지역 단위의 사회연대기금이나 지역공동체재단의 기금 등을 위한 인프라로서의 의미를 지니고 있다.

미국 포틀랜드 시의 근린자치회(Neighbordhood Association)는 1970년대의 시청으로부터 공식적으로 주민자치기구로 인정받은 이후 95개의 자치회와 그 중간 지원조직의 역할을 수행하는 지구별 연합회(District Coalition)로 구성된 활성화된 지역공동체로서, 주민총회와 운영위원회 등을 운영하면서 필요한 활동을 추진하는 경우 크라우드 펀딩 방식으로 주민들의 자발적인 기부를 유도함으로써 재원을 마련한다.

일본 도쿄(東京)의 세타가야구(世田谷區)에서는 1982년 마치즈쿠리 지원 조례가 제정된 이후, 1992년 일본 최초의 '마치즈쿠리 지원센터'와 마을기금으로서 '마치즈쿠리 펀드'가 설립되었다. 2006년 세타가야 트러스트 협회와 통합하여 세타가야 구가 100% 출자한 '세타가야 트러스트 마치즈쿠리' 재단을 설립하여 마을사업의 수익금과 각종 기부금, 국가 보조금 등의 재원으로 운영한다.

도쿄 세타가야구의 마치즈쿠리 펀드는 공개심사를 통하여 주택 수리 및 생활환경 개선, 장애인·고령자 및 육아 등 복지, 교류 네트워크 만들기 등 다양한 분야에서 지난 20년간 250여개 마을공동체 대상으로 450개의 마을사업을 지원하는 등 일본에서 가장 주목할 만한 마을기금 사례로 널리 알려져 있다.

3) 광주광역시의 마을공동체 지원사업

광주광역시는 자치구와 함께 공동체가 실질적 시민 행복의 근간이며, 지속가능한 미래 사회 발전으로 인식하고, 참여와 소통, 연대와 협력, 나눔과 공유, 배려와 관용 등 광주정신과 공동체 가치의 철학적 기반 위에서 마을공동체 활성화 정책을 추진하여 오고 있다. 마을공동체를 통하여 우리가 직면한 양극화 극복, 생활민주주

그림 14-4 광주 마을공동체 비전 및 목표

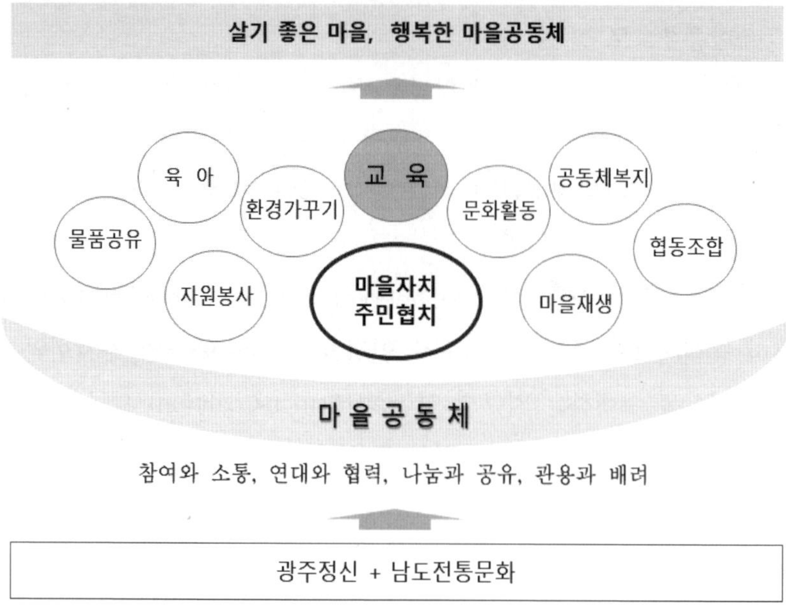

출처: 광주광역시 참여혁신단 자료.

의 발전, 삶의 질 개선 등을 근린생활권에서부터 실현하는 데 목표를 두고, 마을자치와 마을 협치 역량을 강화하고, 주민 스스로 마을의 과제를 서로 소통하고 협력하여 해결하는 살기 좋은 마을과 행복한 공동체를 비전으로 설정하고 있다.

2014년부터 마을공동체 정책의 기획 단계에서부터 관 주도가 아닌 활동가 중심의 주민 주도로 추진하기 위하여 현장에서 활동하는 전문가(광주전남연구원, 살기 좋은 마을만들기 네트워크)를 중심으로 마을공동체 정책 워크숍을 구성하여 추진 계획을 수립하여 왔다. 2015년부터는 지원 방식을 마을공동체 씨앗기, 형성기, 성장기로 구분하여 공동체 역량에 맞게 지원하고, 초기에는 공동체조직의 형성을 위하여 공동체에 대한 이해를 높이고, 이웃과 주민 간의 신뢰와 관계 형성에 중점을 둔 마중물사업을 추진하였다.

형성기, 성장기 사업은 씨앗기를 거쳐 공동체 활동의 경험을 쌓은 조직의 주민이 스스로 기획하고 집행하는 사업에 지원하고 있으며, 주민이 스스로 기획하는 사업은 마을의 문제를 해결하거나 주민들을 위한 공공성이 있는 모든 분야를 포괄한다.

마을공동체사업은 풀뿌리 자치에 맞게 자치구가 관심을 갖도록 강화하고자 자치구에 보조금을 배분하여 각자 자율적으로 추진하고 있다. 특히, 자치구 단위에서 다양한 마을공동체를 육성하고 지원하기 위해서는 현장에서 직접 공동체의 기획과 사업을 컨설팅하고, 공동체학습과 자원 연계, 자원조사를 수행하는 중간지원조직을 5개 자치구 모두 설립하고 운영의 일부를 지원한다. 지난 2017년에는 도시재생과 공동체, 여성 친화를 종합한 통합지원조직인 광주도시재생공동체센터가 설립되기도 하였다.

마을공동체가 활성화되기 위해서는 공동체의 가치와 철학에 대한 정확한 이해, 소통과 관계 형성의 방법과 다양한 공동체문화를 형성하기 위한 교육과 학습이 가장 중요한 기반이라고 생각하고 마을학교를 운영하였으며, 마을학교는 마을공동체 주민, 마을활동가, 마을코디네이터 등 활동가를 양성하고 있다. 마을공동체를 전체 도시로 확산하기 위하여 현장 활동가들이 중요하였고, 활동가 중에 컨설팅은 물론 모니터링까지 주도적으로 활동하는 마을코디네이터를 선발하여 현장은 물론 중간 지원기관에 전담활동가로 파견한다.

지원 방법은 마을에서 다양한 공동체조직들이 공공에 유익한 활동들을 자치구 보조를 통하여 지원하고 그 밖에도 마을공동체 활성화에 필요한 마을조사와 마을 계획 수립, 커뮤니티 공간 조성을 비롯하여 마을에서 쓰레기 또는 주차 문제, 이웃 간의 갈등 문제, 마을재생 등을 자율적으로 해결하기 위한 공동체 활동을 시범적으로 지원하여 좋은 사례가 되고 있다.

3. 생활자치 기반의 주민공동체 설계

1) 풀뿌리 주민자치 활성화 배경

주민자치는 중앙정부 차원에서 국정과제로 다루어져 왔으며, 주민자치의 확대와 주민 참여 실질화가 진행되어 왔다. 문재인정부에서도 국정과제 74번을 '획기적인 자치분권 추진과 주민 참여의 실질화'화로 설정하고 있다.

지방분권 종합계획(2018.9)은 내 삶을 바꾸는 자치분권을 비전으로 풀뿌리 주민 자치 강화를 핵심 전략으로 제시하고 있으며, 세부 과제로 숙의 기반의 주민 참여 방식 도입, 주민자치회 대표성 제공 및 활성화, 주민참여예산제도 확대를 언급하고 있다.

주민 중심의 자치분권 실현을 위한 「지방자치법」 전부 개정 등을 통하여 획기적인 주민 주권 구현을 위한 주민자치회 전면 실시 등이 추진되고 있다. 이를 통하여 주민 주도로 마을의제를 수립하고, 선정된 마을계획을 이행할 수 있도록 지원하는 풀뿌리 자치기구인 주민자치회의 설치·운영에 관한 기본 사항과 국가 및 자치단체의 행·재정적 지원 근거를 법률에 명시코자 한다. 주민자치회 운영에 필요한 구체적 사항은 지역 여건에 따라 자치단체가 자율적으로 정할 수 있도록 조례에 위임할 계획이다. 현재 지방분권법에 따라 주민자치회 시범 실시 중(읍 6/면 21/동 68, 총 95개)이다.

다양한 지자체에서 주민 주도의 마을공동체 활성화를 지원하고 있으며, 지속가능한 마을공동체를 위하여 주민자치 시스템의 구축이 필요하다는 공감대가 형성되고 있으며, 주민활동과 주민조직이 생활 단위 주민자치를 기반으로 지속적이고 민주적인 참여가 가능한 주민자치 시스템과 기반 구축이 필요하다.

근린 단위 주민자치는 지방자치가 본격화되면서 주민센터와 주민자치위원회로 그 근거를 찾을 수 있는데, 20여 년이 지난 지금에도 풀뿌리 주민자치의 한계와 문제점은 극복되지 못하고 있는 것이 우리의 현실이다.

먼저, 주민 대표성의 한계이다. 주민자치위원회 구성을 보면, 남성 중심, 50대~60대 집중, 자영업 종사자 중심의 주민자치위원회 구성이 여전히 유지되고 있다. 젊은 세대와 소수 계층, 여성, 직장인 등의 참여가 가능한 구조와 방식을 도입할 필요가 있다.

다음으로 민주성의 한계이다. 소수 주민 참여와 의사결정으로 기득권과 소외가 발생하고 있다. 지금까지의 주민자치는 권한이 없는 주민자치로 권한의 실질화가 필요하다. 주민봉사 활동, 상호 교류, 환경 정화, 주민센터 자문 및 관리 수준을 벗어나지 못한 주민자치 활동에 실질적인 권한을 부여하는 조치가 필요하다. 예를 들어, 주민자치 업무 수행 권한, 동 기능 협의와 같은 정책결정권, 주민세 지원과 참여예산위원회에 자치위원 참여 등 예산편성권 부여가 논의되고 있다. 이러한 한계를 극복하는 주민자치 사례들도 등장하고 있는데, 2018년 주민자치박람회의 선도 사례를 보면 다음과 같다.

표 14-8 주민자치 선도 지자체 사례

지자체명	주요 내용	지자체명	주요 내용
서울특별시 성동구	자치계획, 주민총회 주민자치회 동행정 업무 위탁	서울특별시 도봉구	주민자치회 위원 선발 추첨제 주민자치 전문지원체계 구축
서울특별시 금천구	주민자치회 전동 실시 자치계획, 주민총회	부산광역시 사하구	1개동 1개 특화사업 주민자치대학 운영 분과위 및 사업추진단 운영
대구광역시 남구	마을계획단 운영 동지역회의 자치사업 발굴 주민 주도 마을공방 운영	광주광역시 서구	마을총회 활성화, 동장 공모 시범운영 도입 주민생활 밀접형 주민센터 운영 및 동업무 직접 수행
대전시 유성구	인터넷투표주민참여예산제 타운미팅형 주민회의	광주광역시 북구	광주형 주민자치회 시범 실시 커뮤니티 공간 마련(공간혁신)
충남 논산군	주민세 환원을 통한 마을자치회 운영	세종특별자치시	주민세 전액 마을자치 지원 환원 세종형 도시재생 사업 추진
전북 전주시	동단위 마을계획단 운영 공동체, 도시재생, 사회적경제 연계	충남 당진군	당진형 주민자치사업 주민세 환원사업 실시 주민자치 역량교육 활성화
전남 담양군	주민자치 활성화 조례 마을자치회 활성화 상향식 주민자치 시스템	전남 순천시	지속가능한 공동체사업 추진 명예 주민자치위원제 운영

출처: 2018 전국 주민자치박람회 자료 재정리.

이들 지자체 사례가 보여주는 시사점은 주민총회, 동 지역회의, 타운미팅형 주민회의 등 숙의민주주의를 활성화하고, 주민자치위원 추첨제, 분과위 및 사업추진단 주민주도 등 대표성 확보를 위한 노력과 자치사업 발굴 및 동 위탁사업, 주민세 환원 등 권한의 실질화에 노력하였다는 것이다. 그밖에도 커뮤니티 공간, 전문지원체계 구축, 주민자치 활성화 조례 등 제도 및 자치환경 조성에 노력하고, 도시재생, 사회적경제, 마을공동체 연계사업을 통한 주민자치를 활성화하고 실질화해 가고 있다.

2) 풀뿌리 주민자치를 위한 과제

먼저, 주민의 대표기구이자 마을플랫폼으로서 주민자치회 설립이다. 이를 위해서는 읍면동의 인구 특성과 여성, 청소년, 아동, 다문화를 반영한 위원 구성을 규정에 포함하고, 모든 주민조직이 참여하는 형태의 네트워크 구조에서 주민자치회가 구성되어야 한다. 주민자치회는 마을 현안과 마을사업의 논의의 장이자 최종 의사결정 주체가 되고, 마을자치, 공동체 자원 데이터베이스를 지속적으로 구축하는 노력을 진행하여야 한다.

다음으로 주민 참여와 대표성을 보장하는 주민자치의 실천이다. 중·장기적으로 읍면동 단위에서 주민총회가 보급되어 운영될 수 있도록 하고, 주민 참여 1%, 온라인 참여 10%와 같은 참여를 확장하는 목표를 운동 차원에서 추진하여야 한다. 주민 추첨체와 주민선거를 통한 대표자 선출(위원, 동장 등) 등의 민주적 시도와 보상과 인정이 있는 주민 참여를 위하여 자치마일리지, 각종 포상, 유급휴가제 운영을 시도하여 볼 수 있다. 주민자치 활성화를 위한 제도 개선과 환경 조성의 진전이 있어야 한다. 지방자치법 개정과 함께 지역공동체 기본법, 주민자치회 근거 마련 및 표준조례 개정 등이 신속하게 추진되어야 한다. 지방자치단체 차원에서는 주민자치와 마을공동체 정책 종합기획 및 통합예산 편성과 협업을 시도하여, 협업팀에서 각 부서의 지원사업을 협업회의를 통하여 공동으로 수립하고, 각 부서의 사업에 대한 예산을 편성하는 통합적 노력이 있어야만 공동체와 주민자치의 시너지가 발휘될 것이다.

마지막으로 권한과 책임이 있는 주민자치의 실현이다. 정책결정권을 강화하여 마을사업 등 주민생활에 영향을 미치는 중요 사안을 주민자치회가 결정하고, 예산편성권을 갖는 권한이 있는 주민자치회가 되어야 한다. 예산편성은 주민참여예산제와 연계시키고, 그 과정에 주민자치위원이 참여예산위원으로 활동할 수 있도록 선정하는 노력도 필요하다. 시민참여플랫폼과 같은 일반시민의 정책 제안과 주민자치회와 주민총회를 통한 마을 단위 정책 제안으로 구분하여 일정한 동의와 공감을 얻는 정책이 사업화될 수 있도록 체계화하는 과정이 요구된다.

제 3 절 지역사회혁신과 지속가능발전

1. 지속가능한 지역 발전을 위한 사회혁신: 배경과 필요성

'사회혁신(social innovation)'은 기존의 방식으로 해결되지 않는 '사회적 수요'를 해결하는 새로운 접근방식으로, 수단과 지향점에서 '사회적'인 방식을 취하여 이러한 수요를 해결하는 것을 의미한다. 현재까지는 시장경제나 정부에서 해결하여야 할 영역으로 치부되었으나, 시장과 정부 역시 이에 효과적인 대처가 어려워지면서 시장과 정부, 사회적 문제해결에 대한 수요자와 공급자가 통합되고 시민사회가 참여 혹은 주도하는 새로운 방식이 주목받기 시작하면서 사회혁신에 대한 개념이 자리 잡기 시작하였다.

현대 사회에서 시장에서 해결하지 못하는 일련의 사회적 문제들은 '시장실패

그림 14-5 '큰 정부'에서 '큰 사회'로의 전환

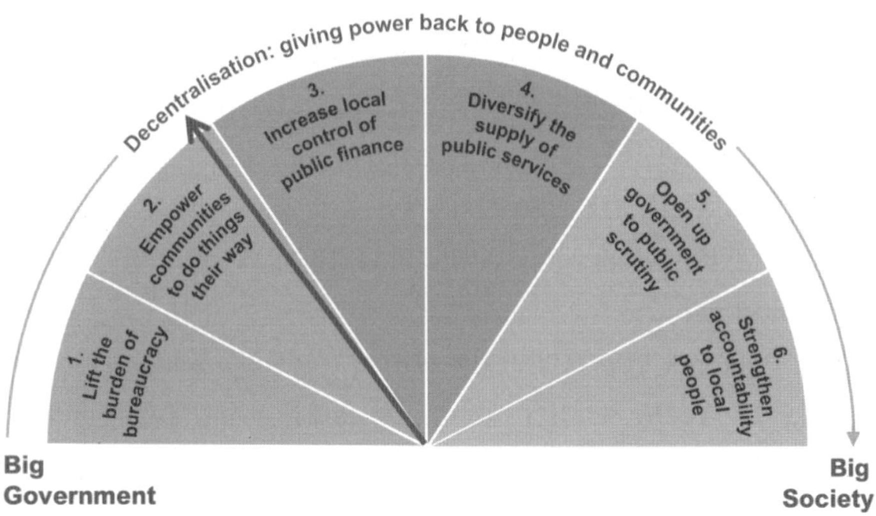

출처: 영국 자치행정부(DCLG, 2010), "Decentralisation and the Localism Bill: an essential guide," 안관수 외(2017: 23)에서 재인용.

(market failure)'로 불리며 국가가 해결하여야 할 영역으로 남겨졌다. 근대 이후 국가는 정책을 통하여 이렇게 시장에서 해결하지 못하는 문제들을 해결하기 위한 노력을 기울였지만, 현재까지 정부 주도적인 대응에도 불구하고 여전히 문제는 해결되지 않은 채 상존하거나 혹은 심화되었다. 특히 21세기의 고도화된 시장경제와 탈산업사회를 맞이하여 불거진 일련의 사회적 문제는 정부 일방의 노력만으로 해결하기에는 한계가 존재하였고 이는 '정부실패(government failure)'로 일컬어진다.

예컨대 현재 한국 사회에서도 제조업의 쇠락과 산업공동화, 4차 산업혁명 등 기술 변화로 인한 경제·산업구조와 노동의 변화, 노동시장에서의 탈락과 실업률의 증가, 저출산·고령화와 지방 소멸의 문제, 그로 인한 중앙정부 및 지방자치단체의 재정 위기, 양극화와 복지 사각지대로 인한 청년·고령자·여성·취약계층 등의 계층 갈등과 경제적 및 사회적 배제 등의 사회경제적인 문제에 봉착하고 있으며, 시장경제의 발전과 함께 정부의 막대한 재정 지출에도 불구하고 이러한 문제들은 여전히 해결되지 못하고 있다.

한편, 이러한 문제를 우리보다 앞서 경험한 서구 사회, 특히 영국에서는 2010년대 들어 이러한 문제들에 대한 새로운 혁신 주체로서 '빅 소사이어티(big society)'를 주창하기 시작하였다. 서구 사회는 20세기 전반기 대공황과 세계대전을 거치면서 케인스주의가 태동하였고, 특히 유럽에서는 공공부문의 확대된 역량과 민주주의의 발달, 경제적 잉여의 축적과 함께 현대 복지국가의 개념을 정립하면서 공공부문의 역할을 사회의 모든 영역으로 확장시킨다. 말하자면 '큰 정부(big government)'를 탄생시켰는데, 한편 이는 사회후생을 높였지만 동시에 관료에 의한 정책의 의사결정 권한이 집중되고 시민은 정책의 수혜자나 대상자로 전락시키는 한계를 보이기도 하였다.

또한 1970~80년대 이후 유럽 사회는 오일쇼크와 산업공동화가 초래한 재정흐름의 막힘, 즉 이후로도 지속적인 재정 위기를 초래하는 고질적인 '유럽의 동맥경화증(eurosclerosis)'을 경험하는데, 이는 현대 복지국가의 개념을 축소시키면서 '대처리즘(Thacherism)'과 같은 신자유주의를 대두시켰고 '정부실패'를 강조하면서 민영화의 흐름과 함께 '작은 정부(small government)'와 민간의 혁신을 추종하는 '신공공관리론(new public management: NPM)'을 지향하게 된다. 그러나 이러한 노력에도 불구하고 2000년 이후 공공지출은 줄어들지 않고 확대되었고 2008년의 재정 위기로 귀결되면서 새로운 방식, 즉 '제3의 길(Third Way)'을 본격화한 '빅 소사이어티(big society)'가 등장하면서 시민사회가 전면에 대두된다.

이러한 흐름을 안관수 외(2017: 6-16)는 영국의 공공부문의 혁신 과정([그림 14-6] 참조)을 통하여 설명한다. 영국의 공공혁신의 역사는 과거 '큰 정부'의 한계를 극복하기 위하여 크게 세 가지 방향으로 진행되었는데, 첫 번째는 민간부문으로 서비스를 이전하는 것(민영화, C1), 두 번째는 민간의 기술을 수용하여 관료조직의 효율성과 반응성을 높이는 것(신공공관리론, C2), 마지막은 행정서비스의 수혜자이자 동시에 공급자로서의 통합된 역할을 수행하는 시민 주권을 강화하는 것(사회혁신, C3)으로 볼 수 있다. 또한 21세기에 들어선 디지털 기술진보와 민간부문의 혁신은 시민들을 단순한 소비자에서 머물지 않게 하고 강화된 지식과 참여의 확대를 통하여 시민 역량을 강화시킴으로써 이러한 새로운 혁신을 촉진시킴을 설명하고 있다.

그림 14-6 영국 공공혁신의 흐름과 사회혁신을 위한 시민 주체의 강화

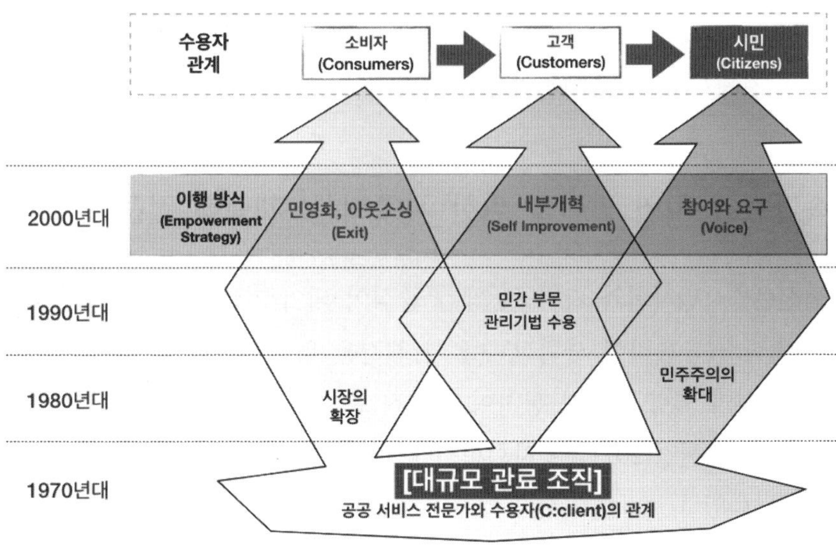

출처: Hambleton(2014: 60), 안관수 외(2017: 14)에서 재인용.

이와 같이 사회혁신은 사회문제 해결을 위하여 독점적으로 정책을 공급하던 정부의 역할을 정책 수혜자(소비자)들에 불과하였던 시민사회나 지역주민의 주도 혹은 정부와의 거버넌스를 통한 참여를 기반으로 해결하는 새로운 공공서비스의 공급 방식을 의미한다. 정책적으로는 시민사회를 중심으로 수요자와 공급자가 통합된 협력적 거버넌스 구조를 통하여 당사자가 문제를 직접 해결하는 '보충성의 원리(principles of subsidiarity)'에 입각하여 공공서비스 혹은 사회서비스의 효율성을 높이는 것을 의미하며, 시민 주체가 중심이 된 새로운 사회적 관계망을 형성하고 이를 통하여 시민과 지역주민에게 의사결정 권한을 부여하고 자원접근성 등의 역량 강화를 도모함으로써 과거 정부나 시장경제에서 해결하지 못하는 다양한 사회경제적 및 환경적 문제를 해결하는 것을 지향한다.

따라서 사회혁신은 지역의 지속가능발전과 불가분의 관계에 있다. 지속가능발전을 위해서는 지역사회의 경제적인 측면 외에도 사회적 및 환경적 측면의 고른 발전이 필요함은 이미 주지의 사실이다. 특히 시장경제 하에서 다양한 민간 경제 주체들이 경제활동을 영위하면서 경제적 번영을 도모할 때, 사회적 혹은 환경적 문제의 해결은 정부의 영역으로 치부되었다. 사회혁신은 이러한 정부의 역할을 공공과 민간의 다양한 사회 주체들이 거버넌스를 통하여 수행하고, 다양한 사회구성원들의 이해를 반영하는 것은 물론 이들의 혁신적인 방법에 의하여 공공의 문제를 해결한다는 점에서 지역의 지속가능발전을 위한 실천적 해법으로 볼 수 있다.

2. 지속가능한 지역 발전을 위한 사회혁신: 개념적 접근

사회혁신은 "시민사회와 지역공동체가 중심이 되어 기존 정부 및 시장경제와의 협력적 거버넌스를 통하여 사회적 수요의 해결을 위한 새로운 사회관계망을 형성하고, 시민사회의 역량 강화를 통하여 사회적 문제를 해결"하는 것으로 정의될 수 있다. 김정원 · 한선경(2011)은 사회혁신에 대한 다양한 정의를 <표 14-9>와 같이 제시하고 있다.

표 14-9 사회혁신의 정책 유형과 사례

구분	정의
Phills, Deiglmeier & Miller(2008)	(사회혁신 스탠퍼드 리뷰) 사회문제에 대한 새로운 해결책, 즉 기존의 해결책보다 더 효과적이고, 효율적이고, 지속가능한 해결책이며, 해결책에서 창출된 가치는 주로 사적인 개개인들보다는 사회 전체에 축적된다.
Social Innovation Generation, SiG@Mars, (워털루대학, 캐나다)	사회혁신은 어떤 사회 시스템에 대한 기본 규칙, 관련 자원, 권한의 흐름이나 믿음들을 근본적으로 변화시키는 시도나 결과물, 프로세스 혹은 프로그램이다.
Ville & Pol(2008)	사회혁신은 삶의 질이나 양을 향상시킬 잠재력을 가진 새로운 아이디어이다.
Mulgan(2006, 2007)	(광의적 정의, 영 파운데이션) 사회혁신은 사회적 목표를 충족시키는 새로운 아이디어를 가리킨다. 억압되어 충족되지 못한 필요를 충족시킬 새 아이디어를 디자인해 내고, 개발해 내고, 발전시키는 프로세스이다.
	(협의적 정의, 영 파운데이션) 사회혁신은 사회적 필요를 충족하고자 하는 목표가 원동력이 되는 혁신적인 활동과 서비스들을 가리킨다. 또한 사회혁신은 주 목적이 사회적인 조직을 통하여 대부분 개발되고 전파된다.
Definition by SI2 Workshop Blog (2007)	사회혁신이란 두 가지를 의미하는데, 사회문제 해결에 성과를 내는 새로운 것들과 기존의 지식을 새로운 방법으로 적용하여 성과를 내는 것 모두를 의미한다.
	(골덴베르그, 2004) 사회혁신이란 개인과 커뮤니티가 당면한 사회적·경제적 도전을 해결하기 위하여 설계된, 새롭거나 개선된 활동, 시도, 서비스, 프로세스, 결과물을 개발하고 적용해 보는 것이다.
	(Nilsson, 2003) 사회혁신이란 현 사회가 해결하여야 하는 빈곤, 질병, 폭력 또는 환경오염과 같은 심오하고, 기존에는 다루기 어려웠던 문제들을 다룰 때 중요하고 창의적이며 지속가능한 방식으로의 이동을 의미한다.
Center for Social Innovation in Toronto	사회혁신은 현존하는 사회적, 문화적, 경제적, 환경적 도전들을 해결함으로써 인간과 지구에 혜택을 가져다줄 수 있는 새로운 아이디어를 말한다. 진정한 사회혁신은 시스템 변화이다. 이상과 같은 도전들을 불러일으켰던 인식, 행동 및 구조를 완전히 바꿔버리는 것을 의미한다. 더 간단히 말하자면, 사회혁신은 공공에게 도움이 되는 아이디어이다.
Harayama & Nitta (2010)	(OECD LEED 사회혁신 워크숍, 2010) 사회혁신은 다양한 사회적 요구에 대한 시민사회의 역할을 확장하고 강화시키는 관점의 전략, 개념, 아이디어, 조직적 패턴들을 통칭한다. 이 정의의 핵심적 원칙은 사회적 웰빙이 결과가 아니라 목표라는 것이다.
Plan Institute	새로운 아이디어, 실행, 정책, 관계, 자원들을 더 큰 회복력을 갖는 방향으로 도입하여 깊이 뿌리박힌 사회적 문제들을 변환시키는 것이다.
Public Innovators	사회문제를 해결하기 위하여 변혁적이고 재정적으로 지속가능한 혁신으로 시장 실패에 대응하는 실천이다.
New Zealand Centre for Social Innovation	사회혁신은 사회적 요구를 충족시키는 더 나은 방법들의 디자인과 실현이다. '더 나은 방법'이라 함은 점진적인 양적 성취가 아니라 질적인 개선을 일컫는다.

Social Innovation Generation in Canada	사회혁신은 공공의 이득을 위하여 강력한 사회적 영향력을 갖는 연대에 기반한 서비스나 결과물의 혁신이며, 시민의 참여로 개발된다.

출처: 김정원 · 한선경(2011: 3–5).

한편 '지역사회혁신'(이하 '지역혁신'으로 칭함)은, 좁게는 특정 지역이라는 사회혁신을 의미하며(협의의 정의), 넓게는 사회혁신의 추진 주체인 시민사회를 지역사회를 중심으로 보는 개념으로서, 지역사회를 중심으로 한 사회혁신(광의의 정의)을 의미한다. 협의의 의미는 사회혁신의 대상이 되는 공공서비스의 공간적 범위를 중심으로 보는 개념이며, 광의의 개념은 사회혁신의 주체인 시민사회의 실존이 지역사회 내에서 이루어질 수밖에 없음을 강조하고 있다. 협의나 광의의 개념 모두 지역혁신은 공공서비스의 혁신을 지향하는 지역사회 거버넌스 중심의 접근방식을 의미하므로 사회혁신의 개념과 동일하다고 볼 수 있고, 특히 지속가능발전의 큰 지향점을 감안한다면 사회혁신은 실제적으로 지역적인 범위나 관점에서 추진될 수밖에 없다.[1)]

다만 지역사회혁신은 사회혁신의 작동 원리로서 이해될 때 좀 더 개념적으로 명확하다고 볼 수 있다. 즉, 당사자 중심의 '보충성의 원리'나 '협력적 거버넌스'가 충

표 14-10 사회혁신과 지역사회혁신의 개념 비교

사회혁신	지역사회혁신
정책의 참신성	지역 실정에 맞는 정책의 특화성 · 참신성
사회문제 해결 필요의 충족가능성	지역사회의 현안 문제에 대한 해결 가능성 지역 내 공익성 및 사회적 가치의 제고
(아이디어를 넘어선) 실현가능성	지역사회의 추진 의지 및 혁신 역량 지역사회 주도의 정책기획 및 집행가능성
정책수혜자의 참여성 · 주도성	지역공동체와 지역 이해당사자 생태계의 참여성 · 주도성
(권한 · 역량 강화) 사회적 관계의 전환성	지역 내 정책공급자–정책수혜자의 통합성

1) 다만 실제적으로 사회혁신의 추진은 기존의 후기산업사회의 공공관리 패러다임을 뛰어넘어야 하므로, 사회혁신이라는 새로운 접근을 위해서는 지역사회를 벗어난 국가적인 정책의제의 설정과 법제의 개편과 같은 국가적인 정책 드라이브에 기반하여 추진될 필요가 있다. 따라서 사회혁신을 국정기조로 채택하는 최근의 동향을 감안하여, 여기서는 국가와 지역사회의 역할을 구분하는 측면에서 사회혁신과 지역사회혁신을 구분하여 접근하도록 한다.

실히 작동되기 위하여 '분권(decentralization)'과 '자치(autonomy)'가 선행되어야 하며, 사회적 수요를 해결할 주체 역시 지역적으로 권한을 지니고 자치적인 원리에 따라 운영되어야지만 혁신적인 해결책이 도출될 수 있기에 지역사회혁신은 사회혁신의 실천적인 수단이 된다.

그림 14-7 지역사회혁신을 위한 분권과 자치의 필요성

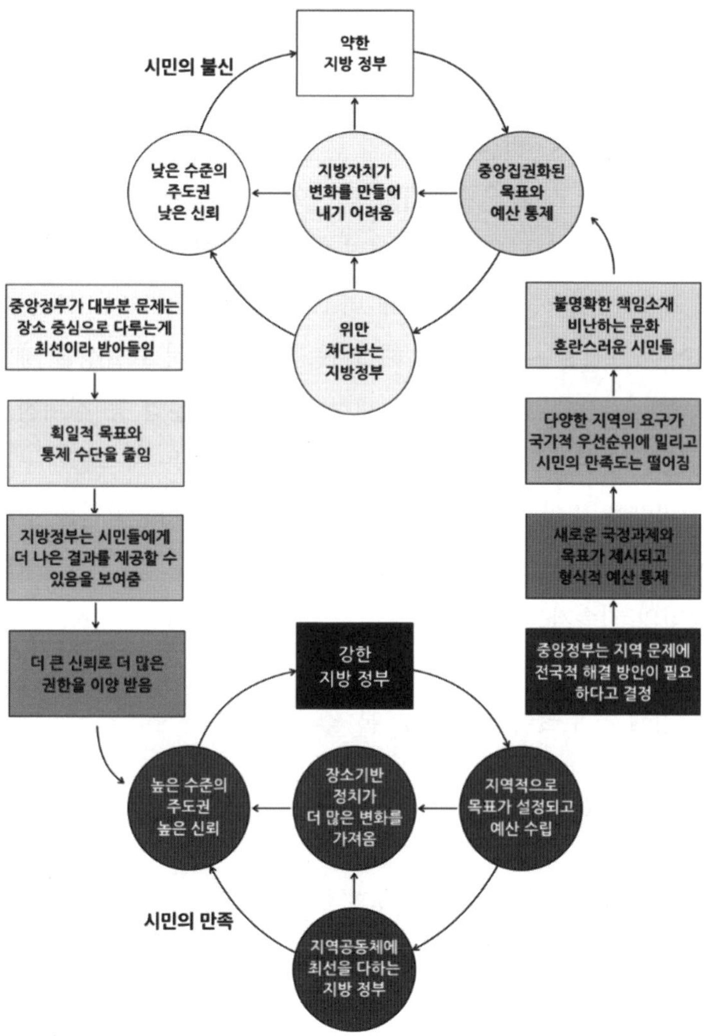

출처: 안관수 외(2017: 18).

즉, 중앙집권적 '통치'로부터 지방분권적인 '협치'로의 전환을 통하여, 지역적 특성을 살리고 다양성에 기반한 지역사회의 현안을 해결하며, 이러한 혁신적인 사례들의 상향식 확산을 통하여 국가적 사회혁신을 도모할 필요가 있다. 특히 지역주민과 지역사회는 단지 중앙정책의 대상이나 수혜자에 머무르지 않고, 적극적인 권한 부여와 역량 강화를 통하여 새로운 사회적 관계망으로서의 정책 거버넌스를 형성하는 주체로서 참여와 협치에 의하여 지역사회 문제를 해결하여야 한다.

이러한 관점에서 안관수 외(2017: 35－36)는 2016년 영국에서 제정된 「도시와 지방정부 권한이양법(Cities and Local Government Devolution Act)」[2)]을 설명하면서, 지역혁신을 위해서는 단순한 권한 이양이 아니라 새로운 문제해결의 단위로 도시 · 지역을 적극적으로 발굴하고 지역 중심의 혁신을 촉진하고 제도 역할을 수행하며, 지방정부는 스스로 문제해결과 발전의 주체가 될 수 있음을 역설한다.

즉, 지역혁신은 지역적으로 다양한 여건 하에서 주민과 지역 이해당사자 생태계가 주도하여 새로운 실험들을 가능하게 하고, 이러한 혁신적인 시도들이 상향식으로 피드백되어 국가적인 사회문제의 해결가능성과 동태적 효율성을 제고하는 효과를 보인다고 볼 수 있다. 금융 위기나 재정 파탄, 대량실업 등 경제적으로 급변하는 상황은 물론, 기후변화나 이로 인한 대형재난과 같은 예측불가능하거나 혹은 기존의 대응 역량을 벗어난 위기 상황에서 지역의 지속가능발전을 위해서는 새로운 대응 역량의 확보나 필요한 자원을 빠르게 동원할 수 있는 지역사회의 역량이 필요하다. 지역의 지속가능발전을 위해서는 지역사회의 '회복력(resilience)'을 높여야 하며, 지역혁신은 이러한 사회적 회복력의 제고를 지향한다는 점에서 지속가능발전을 위한 정책적 노력의 일환으로 볼 수 있다.

---

2) 영국에서는 2016년 동 법의 제정을 통하여, 하나의 도시 권역을 지정하고 이를 통괄할 수 있는 통합된 지방정부를 신설하는 절차를 간소화하고, 통합 지방정부의 선출된 단체장은 기존 지자체가 관할하던 지역경제, 재생, 교통 등의 범위를 넘어선 더 확장된 영역을 관할할 수 있도록 보장하였다. 다만 선출된 단체장이 관할하게 되는 행정 영역과 그와 관련된 통합지역을 관장하는 공공기관의 인사, 정책의 기획과 예산의 통제권 등 구체적인 내용은 중앙정부와 권한이양 협상을 통하여 결정하며, 협상을 통하여 정해진 내용 등은 추가적으로 자치법규(조례)의 제정을 통하여 법적 근거를 확보한다(안관수 외, 2017: 35－36).

3) 지속가능한 지역 발전을 위한 사회혁신정책론

이상과 같은 사회혁신의 개념은 보엘만 외(Boelman et al., 2014)가 제안한 사회혁신의 5대 요인으로부터 좀 더 구체적으로 정의된다. 사회혁신을 정의하는 5대 요인은 (1) 정책의 참신성, (2) 사회적 욕구에 대하여 긍정적이며 사회후생을 높이는 방향으로의 해결 가능성, (3) 단순한 아이디어를 넘어선 실천성, (4) 정책수혜자의 참여성·주도성, (5) 권한 부여·역량 강화를 통한 사회적 관계의 전환성으로 요약된다.

즉, 새로운 공공서비스의 혁신 방향은 시민과 지역주민들이 주체가 되어 역량 강화를 통하여 혁신적이고 실천적으로 추진하여야 함을 의미한다. 사회혁신과 지역사회혁신의 실천적이며 정책적인 의미를 강조할 때, 기존에 없었던 새로운 혁신적인 시책들로부터 정책 추진 방법이나 추진 주체의 구성 등 그 대상은 다양하게 볼 수 있으며, <표 14-11>과 같은 사회혁신 및 지역사회혁신의 유형의 구분이 가능하다.

또한 보엘만 외(Boelman et al., 2014)는 사회혁신과 지역사회혁신을 위한 정부의 역할을 공공부문 혁신의 '구성 요인(building blocks)'으로 구체화시키면서 다음

표 14-11 사회혁신과 지역사회혁신의 정책 유형과 사례

유형	설명	대표적인 사례
새로운 재화·서비스 (services & products)	사회적 수요를 충족시키는 새로운 프로그램·제품의 개발	카셰어링, 공정무역, 제로 에너지 주거단지 조성(BedZed 등), 서울 올빼미 버스, 환자안심 병원서비스 등
새로운 원칙·정책 및 실천 방안 (practices)	새로운 전문적 역할·관계에 의한 새로운 방식의 서비스	찾아가는 동주민센터, 중간지원조직 설치·운영, 읍면동 주민센터 허브화, 혁신학교 등
새로운 과정 (processes)	새로운 서비스의 공동생산(co-production)	민관 거버넌스, 주민참여예산, 인구 감소지역의 거점마을, 리빙랩, 디자인사고(design thinking) 등
새로운 규칙·규제 (rules & regulations)	새로운 법률의 제정, 새로운 권한 부여(new entitlement)	사회적경제 우선구매제, 사회성과연계보상제도(SIB) 도입, 롤링 쥬빌리, 기본소득 등
새로운 조직 형태 (organizational forms)	다목적 혹은 융합적(hybrid) 조직 형태의 구축	지역공동체 활성화와 경제적 가치를 동시에 추구하는 마을기업 및 영국 CICs, 미국PBCs(Public Benefit Corp.), 택시협동조합, 노동자자주기업 등

과 같이 제안하고 있다. 첫 번째는 '자원의 개방(open assets)'으로서 자료(data), 인력, 시설(facilities), 수단(tools), 네트워크 및 여타의 자원을 활용 가능하게 하고 공유하는 것이다. 두 번째는 '서비스의 개방(open services)'으로 다양한 주체들이 참여하여 공동으로 생산할 수 있도록 공공서비스를 개방하는 것을 말한다. 세 번째는 '참여의 개방(open engagement)'으로 다양한 주체들이 공공부문의 정책이나 의사결정에 참여할 수 있도록 보장하는 것을 말한다. 즉, 사회혁신 정책은 다음과 같은 구성인자들을 지닌 사회혁신 생태계의 촉진(facilitation)으로 요약할 수 있다.

- **기금**(fund): 사회혁신 단체들에게 재정 지원을 통하여 사회혁신과 사회 투자를 촉진
- **조달**(procurement): 공공부문에서 사회혁신 주체들이 생산한 재화나 서비스의 우선구매, 사회혁신 주체들이 공공조달 시장에서 형평적으로 참여하도록 촉진, 사회혁신을 활용한 새로운 시장의 창출 등
- **자산의 혁신적 활용**(alternative use of asset): 다양한 유무형의 지역자원과 자산에 대한 공유 및 지역공동체 활용 촉진 등
- **네트워킹에 대한 지원**: 다양한 혁신 주체 간의 네트워킹, 지식 확산 등 지원 등
- **역량 강화**(capacity building): 성장 단계에 맞는 인큐베이팅 및 엑셀러레이팅 등 다양한 계층의 주민과 시민의 참여 촉진 새로운 법제의 마련
- **사회혁신에 대한 측정**(measurement): 성과측정 및 평가 등 정보화기술의 활용, 연구개발 강화 및 증거 기반 정책 · 실행 방안의 촉진 등

이러한 개념적인 접근으로부터 좀 더 구체적으로 사회혁신의 정책 목표와 추진 방안을 도출해 보자. 우선 사회혁신의 정책 목표는, 정책의 수혜 대상이었던 다양한 계층의 국민들이 참여 · 주도하여 정부와 협업을 통하여 창의적으로 사회문제를 해결하고 국가와 지역사회를 발전시키는 것으로 볼 수 있다. 이를 위하여 다양한 계층의 국민들이 참여 · 주도하는 사회혁신 주체의 육성과 역량 강화, 사회문제 해결을 위한 해결 방안의 개발 · 확산, 정부의 정책 추진을 위한 협력적 민관 거버넌스의 촉진이 필요하다.

또한 사회혁신 정책 추진 방안 원칙으로 볼 수 있는 다음과 같은 정책 의사결정 기준이 필요하다.

첫 번째 기준은 "정책수혜자가 단지 정책의 대상으로 머무르지 않고 스스로 참여하거나 주도하는가?"이다. 즉 시민, 지역주민(지역공동체), 청년 · 시니어 · 여성(양극화와 불평등 해소), 취약계층 · 장애인 · 다문화 · 새터민 등 사회적으로 배제되기 쉬운 계층이 주도 혹은 참여하는가의 여부이다.

두 번째 기준은 "이들의 참여하는 활동이나 사업은 공공성(혹은 공익성, 사회적 가치)의 제고를 목적으로 하는가?"로 볼 수 있다. 이와 같은 기준에서 본다면 사회혁신의 정책 영역은 시민사회, 비영리섹터, 지역공동체, 주민 기반 공익활동 모임, 자원봉사, 사회적경제 등 기업이나 영리를 추구하는 민간 주체가 아닌 비영리 · 공익활동 부문을 총괄한다고 볼 수 있다. 또한 공공성(혹은 공익성, 사회적 가치) 및 수익성(경제적 가치)을 동시에 추구하는 제3섹터의 경우, 다양한 계층의 주민 · 시민의 참여를 촉진시킬 필요가 있다.

세 번째 기준은 "혁신적이며 실현 가능한 방법으로 사회문제를 해결하는가?"이다. 사회문제 해결을 위한 제품 및 서비스의 개발 · 제공, 새로운 프로세스나 방법을 활용한 현안 문제 해결, 기타 새로운 제도나 행태 · 문화 등을 통하여 사회문제 해결에 기여 등 다양한 유형의 사회혁신 활동이나 정책사업이 가능하며, 이러한 다양한 유형을 감안한 정책 의사결정이 이루어져야 한다.

네 번째 기준은 "사회적으로 건전하고 바람직한 파급효과를 창출할 수 있는가?"이다. 이는 기대효과 혹은 사회적 파급효과(impact)에 관한 것으로 민관 거버넌스의 정착 등 바람직한 사회관계의 강화, 지역공동체 활성화 및 지역정체성 강화, 민주성과 투명성의 제고, 계층 간 및 세대 간 형평성의 강화, 참여의 촉진 및 사회통합에 기여 등을 통하여 궁극적으로 사회문제에 대한 해결이 가능하도록 정책이 추진될 필요가 있다.

사회혁신의 정책수단은 다음과 같이 크게 두 가지로 요약될 수 있다. 첫째, 사회혁신 생태계 기반 조성 정책으로 ① 법제 개선, 재원 마련을 위한 기금 설치와 운영, 플랫폼 구축을 비롯하여, ② 공공조달시장 등에서 우선구매제나 사회성과연계채권(social impact bond: SIB)의 확산 등과 같은 사회혁신 활동에 대한 시장 창출, ③ 지역자원의 발굴 및 혁신적 활용 촉진 등을 들 수 있다. 두 번째 정책수단은 사회혁신 생태계의 활력 제고를 위한 정책들로서, ① 시민 주체 및 지역공동체의 역량 강화, ② 연계 및 가교적 사회자본(linking and bridging capital)의 확충을 위한 시민사회 및 지역공동체 네트워킹 및 확산 촉진, ③ 사회혁신의 성과측정 및 환류체계 마련 등으로 요약된다.

무엇보다도 시민과 지역공동체가 주도·참여하는 사회혁신과 지역사회혁신은 공공이 가지고 있는 권한을 이양하고 정부가 하여야 할 역할을 회피하는 것을 의미하지 않는다는 사실을 주지할 필요가 있다. 현재 공공부문이 주도하고 있는 공공서비스와 사회문제 해결의 방식을 전면적으로 전환시켜, 스마트 디지털로 무장한 시민사회 및 지역공동체와 함께 새로운 전문성과 사회적 관계를 형성함으로써 21세기 탈산업사회의 다양한 환경 변화와 사회문제에 대응하려는 정책적 혁신이 그 본질임을 이해하여야 한다.

이러한 관점에서 시민과 지역공동체가 공공성과 사회적 책임성을 갖는 것이 매우 중요하며, 또 한편 정부는 공공서비스의 일방적인 공급자라는 역할에서 벗어나 혁신을 위하여 시민사회 및 지역공동체와 현상에 대하여 통찰력 있게 소통하며, 다양한 자원들을 연계하며 창의적인 대안을 형성하고 민관 거버넌스를 학습공동체로 이끄는 스토리텔러이자 촉진자(facilitator)의 역할을 수행할 필요가 있다(UBPC, 2011).

4) 사회혁신정책의 추진 과제

지역의 지속가능발전을 위한 사회혁신 정책의 추진하는 데 따르는 현실적인 문제는 무엇일까? 이와 관련하여 영국 「감사원의 보고서(National Audit Office)」(2016)에 따르면, 지방정부의 공공서비스 혁신에 대한 핵심 성공 요인(Key Success Factors: KSFs)은 정확한 정보의 파악과 공유, 혁신을 위한 안정적 투자재원, 책임과 성과를 공유할 수 있는 협력적 인센티브의 마련, 강력한 지역사회의 사회적 관계망과 협력적 거버넌스 등으로 볼 수 있다. 그중에서 특히 안정적인 재원의 확보는 지역사회에서 시급한 혁신사업들을 중심으로 장기적인 투자를 가능하게 하며, 지역사회와의 협력적 거버넌스를 기반으로 투자의 성과를 견인함으로써 중장기적으로 민간과 공공의 재정투자에 대한 효율성을 제고한다는 사실이 강조되어 있다.

다만 특히 사회문제와 공공서비스에 대한 의사결정과 재원 조달, 실행과 책임을 정부에서 전담하는 우리나라와 같은 상황에서는, 정책의 선한 취지와 정부의 노력에도 불구하고 정책효과가 담보되지 못하는 상황이 존재하는 경우가 많다. 따라서 사회혁신과 지역사회혁신을 추진하려면 그 기반이 되는 재원의 마련에서도 기존과는 다른 접근방법이 요구된다. 현재 한국에서 중앙정부와 지방자치단체는 「국가재정법」과 「지방재정법」 등의 법령에 따라 사회혁신 및 지역사회혁신과 관련된 기존의 정책사업들을 매 회계연도의 사업예산을 편성하여 집행하는 단년도 사업예산제도에 기반하여 추진하고 있으나, 현장에서는 이러한 방식에 대한 비효율성을 지적하는 목소리가 높다.

예컨대 전대욱(2015, 2017b)은 사회혁신과 지역사회혁신과 관련된 대표적인 정책 영역인 마을공동체와 주민자치, 시민사회 활성화와 관련된 국내의 정책사업은 대부분 단년도 예산제에 기초한 보조금 지원에 편중되었으며, 지역의 주민조직이나 시민단체 등 민간단체에 주는 보조금이 오히려 정책의 취지를 저해하고 재정투자의 심각한 비효율성을 야기할 수 있음을 지적한다. 즉, 전술한 사회혁신과 관련된 영역들은 비시장기구로서 전형적인 비영리 부문에 해당되며 그 활동으로 인하여 창출된 공공의 이익·편익 혹은 사회적 가치가 적절히 보상되지 않기에 의존재원에 매달릴 수밖에 없는 만성적인 구조를 지니고 있고, 영·미 등 서구권과 달리 민간의 자선시장(charity market)이나 사회적 투자의 여건이 미흡하여 이를 대부분 정부의 지원금에 의존하고 있다고 설명한다.

그러나 이와 같은 정부의 보조금 지원은 다음과 같은 관점에서 다분히 수요자 친화적이지 않고 공급자 중심적인 방식으로서 비효율적이라고 주장한다.

첫째, 보조금 지원의 공급자 측면에서의 문제점들로는, 민간에 대한 공모 방식을 취하는 것이 지배적이나 지원 대상이나 보조사업자 선정 시 실제로 허위 및 부정 수급, 선정 오류의 방지를 위한 행정적 노력이 필요함은 물론 '보조금 사냥꾼(grant－hunter)'과 같은 부적격자를 걸러 내야 하는 등 실제적인 어려움이 존재한다. 또한, 때로는 특정 단체에 대한 편중된 지원이나 특혜 시비 등이 불거질 수 있는 등 지원 대상에 대한 선정 과정의 어려움이 존재하며, 부처 간 '칸막이 효과

(silo effect)'로 인한 중복 지원의 문제가 필연적으로 수반된다고 할 수 있다. 부정수급·부당 집행·부적정 정산 등 보조금 집행관리에 대한 행정적 부담도 상당한 수준이다.

둘째, 정책적 지원을 받는 수요자 측면의 문제점들로는, 실제적으로 담당 부처에서는 민간에 대한 공모 방식을 취한다고 하더라도 예산액을 일괄배분 혹은 할당함으로써 사회혁신의 주체들이 필요한 금액이나 용도에 맞는 지원이 어렵다는 문제점이 존재한다. 단년도 사업예산제의 특성상 당해 연도에 집행과 정산이 완료되어야 하므로, 자금 집행 일정이 자금이 필요한 사람들을 중심으로 마련된 것이 아니라 자금을 주는 사람들의 일정에 맞게 짜여질 수밖에 없다. 또한 정산 등 예산집행에 대한 관리절차 강화로 인하여 민간단체의 행정적인 업무 부담 등을 야기하는 등의 문제점이 노출되고 있다.

셋째, 지방분권 및 사회혁신 측면에서의 문제점들로는, 보조금을 지급하는 행정기관의 권한과 영향력을 강화시켜 '칸막이'가 강화되거나 관련된 정부 혹은 공공조직이 확대되는 등의 현상을 초래한다는 점이다. 이는 분명히 공공 및 사회혁신의 관점에서 적절하지 않으며, 지자체 등의 보조금 수혜기관이나 민간단체의 보조금에 대한 유치 과열이나 소위 말하는 '눈먼 돈'으로서 재정 책임성이 약화되는 악순환 구조를 만들게 된다. 지자체의 경우 특히 열악한 재정 상황에서 매칭사업으로 인한 부담의 가중 등을 들 수 있다.

이러한 문제점들은 물론 보조금에 대한 정부의 관리 의무 등으로 인하여 불가피한 측면이 없는 것은 아니지만, 본질적으로는 주민조직이나 시민단체 등 민간을 지원 대상으로 한정하고 이들과의 거버넌스나 소통, 신뢰가 배제된 채 불신을 기반으로 한 일률적인 규제의 결과로 볼 수 있다. 아울러 보조금 방식이 중장기적으로 지원 대상에 대한 재정 자율성과 책임성, 자생력과 지속가능성을 약화시킨다는 측면에서 사회혁신이 갖는 새로운 관계의 형성이나 시민·지역주민이라는 주체의 역량 강화와는 상당히 거리가 있다고 볼 수 있다.

특히 지역공동체 활성화나 낙후지역에 대한 지역사회 개발을 위한 중앙부처의 정책사업 중 상당수는 조그만 마을에 수억 원 혹은 수십억 원 규모의 시설을 투자하는 경우도 많은데, 이 경우 관료집단에 의하여 기획된 사업은 단년도 예산제에 의하여 시급히 추진되어 재정투자의 비효율성을 초래하기도 한다. 즉, 마을공동체나 관련 주민운영조직 등 민간 파트너가 충분히 성숙되지 않은 채 추진된 사업들은 지역사회 구성원들 간의 갈등을 야기하거나 혹은 무사히 마무리된다 하더라도 조성된 시설을 운영할 시민 혹은 주민 주체가 존재하지 않아 활용되지 않고 방치되는 사례도 다분히 존재한다.

분명히 지원사업의 산출(output)로서의 시설은 존재하고 담당부처의 공무원들은 정책 성과의 홍보를 위하여 보도자료도 배포하지만, 일정 시간이 흐른 후에는 본래의 취지와 무관하게 방치되어 지원사업의 성과(outcome)가 창출되었다거나 혹은 재정투자로부터 발생되는 지역사회의 편익을 기대하기는 어렵다. 단년도 예산제와 함께 공무원의 순환보직제나 지방선거 등 관련된 제도들의 시너지는 정부정책의 가시적 성과에 대한 시급함을 부추기고, 특히 민간부문의 역량을 끌어올리는 데까지 필요한 긴 시간을 이러한 제도와 규정은 기다려 주지 않기에, 사회혁신이나 지역사회혁신과는 더욱 거리가 먼 결과가 초래될 수 있다는 점은 상당히 시사적이다.

오히려 이러한 보조금제도가 정부혁신과 사회혁신의 대상이라고 여길 만큼 실제적인 관점에서 재정 지원에 대한 방식은 심각한 비효율성이나 문제를 야기할 가능성을 지니고 있다. 상급행정기관에서 하급행정기관으로 지원하는 보조금의 제도적 취지를 민간단체에 대한 지원으로 확장한 것에 대해서는 과거의 일이므로 그렇다 치더라도, 최근의 공공 및 사회혁신과 관련된 민간단체나 활동에 대한 지원 방식으로 이러한 과거의 제도를 답습한다는 것은, 앞서 살펴본 사회혁신의 이론적 · 실제적 논의로부터 그 추진 목적이나 취지에 전혀 부합하지 않을 것이라는 사실을 유추하는 것은 어렵지 않을 것이다.

이러한 이유로 특히 현장에서는 다양한 방식을 제안하고 있는데, 예컨대 전대욱(2017b)은 보조금제도에 대한 시민사회의 대응 방안과 관련되어 다음과 같은 몇 가지 방식을 제안한다.

첫째, 보조금이 갖는 경직성과 수요자 측면의 문제에 대한 개선 방안으로서 보조금 지원 대상자에 대하여 정부가 적극적으로 소통과 신뢰를 구축하고, 이에 기반하여 보조금의 집행과 관리를 추진하는 '자율규제(self-regulations)' 방식을 고려할 수 있다. 보조금 지급 주체(정부)와 수혜 대상(민간단체) 간 간담회와 협약 등을 통하여, 민간에게 권한과 책임성을 부여하고 이에 기반한 보조금의 집행관리를 추진하는 방식을 의미한다. 이미 환경규제나 기후변화와 관련된 다양한 정부규제에서 민관 거버넌스 방식에 의한 자율규제제도는 도입되었으나, 환경규제가 아닌 다른 분야에서도 이러한 자율규제 방식의 적극적 도입이 필요하다.

동태적으로 정부의 규제는 민간에 대한 불신으로 인한 규제 강화의 '악순환 고리'에 빠지기 쉽다. 즉, 어떤 규제를 시행할 때 규제망을 뚫고 나가는 소수 민간 주체의 행태로 인하여 정부에서는 규제를 강화하고 민간에서는 다시 규제를 뚫고 나가는 행태를 반복함으로써 상호 불신에 빠지는 악순환이 연속(trap)되는 구조가 창출된다. 자율규제는 정부와 민간이 상호 소통과 협치를 통하여 소통의 관계망을 형성함으로써 사전적으로 이러한 악순환 구조를 예방하는 것은 물론, 민간의 애로사항을 해결함과 동시에 규제의 목적을 달성한다는 점에서 효율적이라고 볼 수 있다. 이러한 자율규제는 새로운 사회적 관계망을 형성하고, 이에 기반한 사회적 문제해결이라는 측면에서 사회혁신의 취지와 특히 부합하지만, 한편으로 상당한 수준의 시민사회 및 행정의 역량과 책임성이 담보되어야 한다. 따라서 자율규제의 도입 등은 각 이해당사자의 충분한 역량과 거버넌스 구조를 필요로 한다.

둘째, 단년도 사업예산제에 따른 보조금제도가 갖는 공급자 중심적 접근법과 경직성을 해소하고 유연성을 제고하기 위한 방안으로 수요자–공급자 간 미스매치 해소를 위한 '완충장치(buffer)'로서 기금제도(pooling system)를 도입하고, 이에 따라 보조금을 지급하거나 혹은 투·융자 서비스를 제공하는 방안을 고려하여야 한다. 현재의 법령에 의한 공공기금 등은 재원의 취지와 집행의 일관성 유지를 위하여 사실상 별도의 계정으로 관리되고 있는데, 그럼에도 불구하고 사업예산의 집행 및 관리 방식이 일반 정부예산과 크게 다르지 않다. 따라서 현재 법제 하에서 정부나 지자체가 관리하는 공공기금으로는 단년도 사업예산제가 갖는 융통성을 실질적으로 해소하기 어렵고, 아울러 기금이 갖는 지속가능한 재원의 확보나 운영의 전문성·안정성 등 본질적인 문제점도 존재한다.

따라서 이에 대한 대안으로서 시민사회가 주도하고 민관 거버넌스 방식에 의한 제3섹터 방식의 기금을 생각할 수 있다. 민관 거버넌스에 의하여 추진되는 기금 등은 확실히 단년도 예산제 하의 공급자 중심적 균등 할당 문제, 일정의 비탄력성, 지원 대상의 특성을 무시한 정산 방법의 일률적 적용 등의 행태를 극복하고, 민간의 수혜자들이 원하는 시점과 원하는 액수를 차등적으로 지원하거나 보조금이 아닌 사회적 투·융자 방식의 지원도 가능하다는 장점이 있다.

이상과 같은 방법이 제도적인 해결책이 아닌 정책 이해당사자들 간의 행태적인 해결책이라고 한다면, 세 번째 및 네 번째 방법은 제도적인 접근법으로 볼 수 있다. 세 번째 방법으로는 사회혁신을 위한 정책금융과 간접투자의 확대, 성과보상 방식의 도입과 크라우드 펀딩 등 사회투자 시장의 확대, 보험 및 공제금융 확대 등을 들 수 있다. 또한 네 번째 방법으로는 비현금성 지원으로서 예컨대 유휴 국·공유재산 등 공적 자산에 대한 자산활용 권한 부여 및 공공조달 및 공공서비스의 위탁 확대,[3] 신용 제공·보증 및 2차 지원 등 다양한 지원 방안들을 보조금제도와 병행 혹은 이를 대체하는 방법을 고려할 수 있다. 그러나 세 번째 및 네 번째 방안은 상당 부문의 제도 개선 노력이 필요한 중장기적인 과제로 볼 수 있으며, 이러한 모델이 잘 작동하게 하는 사회경제적인 여건과 사회구성원들의 역량 강화 등을 동시에 추진할 필요가 있다.

이상과 같은 논의로부터, 지역의 지속가능발전을 위한 사회혁신과 지역사회혁신을 촉진시키기 위해서는 정부의 핵심적인 역할 중 하나인 제도적 기반의 정비와 재원 마련 등이 우선적으로 요구된다. 특히 기존의 정부보조금 지원 방식에서 탈피하여, 사회혁신 및 지역사회혁신의 취지에 맞도록 민관 거버넌스에 기반한 새로운 관계망의 형성을 통하여, 시민과 지역사회가 주도·참여하는 새로운 방식의 사회투자를 지향하여야 한다. 이러한 노력을 통하여 정부와 시민사회, 정부와 시장이라는 이분법과 기능적 역할 구분에서 탈피하여, 사회 전체가 주도하여 스스로의

---

3) 영국에서 지난 2011년 제정된 「지역주권법(Localism Act)」 등에서는 지역주민들의 자치공동체에게 지역의 유휴 공공자산과 민간의 공동체적 가치를 지닌 자산들에 대한 활용 권한을 부여하였다. 즉, 공동체적 의미를 지닌 자산(Assets of Community Values)의 매각 시 지역공동체 우선입찰권(Community Right to Bid), 공공서비스 공급·운영에 대한 지역공동체 우선참여권(Community Right to Challenge), 지역공동체의 근린계획권(Neighbourhood Planning), 지역공동체 자산개발권(Community Right to Build) 등이 부여되었다(전대욱, 2017a). 이러한 입법례는 사회혁신의 주체들로 하여금 시민자산화 혹은 지역자산화를 추진하도록 제도적으로 보장하였다는 점에서 사회혁신을 위한 재정 지원의 한 가지 방안으로 생각할 수 있다.

문제를 해결하고 책임성 있게 지역사회를 만들어 나가야 지역의 지속가능발전이 담보될 수 있다는 점에서 사회혁신의 의의를 논할 수 있다.

참고 문헌

고동현 외(2018). 「사회적경제와 사회적 가치」. 한울아카데미.

김기곤(2017). '포용적 인권공동체' 실현을 위한 지역 인권정책의 방향. 「광전 리더스인포」 제38호. 광주전남연구원.

김수진(2015), 「포용도시정책 수립을 위한 기초연구」. 국토연구원.

김원규 외(2018). 「포용성장의 측정과 결정요인 분석」. 산업연구원.

김정원 · 한선경(2011). 「한국 사회혁신 둘러보기」. 서울: 희망제작소.

문정호 외(2016). 「포용적 국토 실현을 위한 정책과제 연구」. 국토연구원

민현정(2018). '모두에게 이로운 일자리, 사례로 본 사회적경제 일자리의 가능성. 「광전 리더스인포」 제127호. 광주전남연구원.

민현정 외(2019). 「광주형 공동체 정책진단 및 발전방안」. 광주광역시.

박인권(2017). 도시에 대한 권리와 도시공유재. 희망제작소 내부 교육자료.

박인권(2015). 포용도시: 개념과 한국의 개념. 「공간과 사회」 제25권 제1호: 95－139.

변미리(2016). 「서울형 포용도시 지표체계 개발과 서울시의 포용성」. 서울연구원.

성경륭 외(2017). 「새로운 대한민국의 구상－포용국가」. 21세기북스.

안관수 · 김정원 · 임소정(2017). 「지방정부 혁신을 위한 영국 공공혁신 사례 연구」. 런던: 사회혁신연구소 SPREAD－i.

유승호 · 김문조 외(2017) 「우리는 어떤 사회에 살고 있는가?」. gasse · 아카데미.

윤성주(2017). '포용적 성장'의 개념 및 논의 동향. 「국토」 제426호. 국토연구원.

이재열(2015). 사회의 질 연구와 한국 사회발전. 「한국 사회의 질」. 한울아카데미.

전대욱(2015). 국가적인 지역공동체 활성화를 위한 정책제언: 정책이슈 관련 7개의 핵심영역(7 Pillars)을 중심으로, 공동체 정책 토론회 기조발제문. 행정안전부 주관 「2015 글로벌 공동체 한마당」. 2015. 11.

전대욱(2017a). 지역공동체 소유권과 자산화 전략. 「마을공동체 이슈프리즘」 Vol.12 (2017. 3.24). 서울: 한국지역진흥재단.

전대욱(2017b). 시민사회 활성화를 위한 과제 모색: 시민을 키우는 공공재원. 「국무총리실

시민사회 발전을 위한 연찬회」 발제문. 2017.12.4. 서울 올림픽파크텔.

정해식(2017).「사회통합 실태진단 및 대응방안 연구(Ⅳ): 사회문제와 사회통합」. 한국보건사회연구원

정해식・안상훈(2015). 사회적 응집성: 현실과 수준 제고를 위한 전략,「한국 사회의 질」. 한울아카데미.

조권중(2017). '포용도시 서울' 성과와 과제. 서울연구원.

옛대통령소속사회통합위원회홈페이지 http://17harmonykorea.pa.go.kr

한국지방행정연구원(2016). 인구 감소 시대의 지방소멸 위기, 어떻게 돌파할 것인가?「지방자치정책 Brief」 2016년 5월. 제3호.

행정안전부(2018).「지역공동체 이해와 활성화」.

Boelman, Victoria, Amy Kwan, John René, Keller Lauritzen, Jeremy Millard, & Rachel Schon(2014). Growing Social Innovation: A Guide for Policy Makers. A deliverable of the project: "The theoretical, empirical and policy foundations for building social innovation in Europe" (TEPSIE), European Commission–7th Framework Programme, Brussels: European Commission, DG Research

Harayama, Y. & Nitta, Y.(2010). "Introduction: Transforming Innovation to Address Social Challenges", Fostering Innovation to Address Social Challenges Workshop Proceedings. http://www.oecd.org/dataoecd/ 37/11/47861327.

Mulgan, G. (2006). "Social Innovation: What is is, Why it matters, how it can be accelerated", Young Foundation Report, http://www.youngfoundation.org/ files/images/03_07_What_it_is__SAID_.pdf

Mulgan, G. (2007). "Social Silicon Valleys", Young Foundation, http://www. youngfoundation.org/files/images/SocialSiliconValleys_06.pdf

NAO(National Audit Office)(2016). Local public service reform: NAO insight report and resource guide, Sep. 2016. https://www.nao.org.uk/wp–content/uploads/ 2016/09/Local–public–service–reform.pdf

Phills Jr., James A., Kriss Deiglmeier, & Dale T. Miller(2008). "Rediscovering Social Innovation", Stanford Review Social Innovation. http://www.ssireview.org/articles/entry/rediscovering_ social_ innovation

UBPC(University of Birmingham Policy Commission). (2011). When Tomorrow Comes: the future of local public service, http://www.birmingham.ac.uk/Documents/research/SocialSciences/FullPolicyCommissionreport1507.pdf

Ville, S. & Pol, E. (2008). "Social Innovation: Buzz Word or Enduring Terms?" Working Paper, Department of Economics, University of Wollongong, http://ro. uow.edu.au/cgi/viewcontent.cgi?article=1195&context=commwkpapers

Center for Social Innovation in Toronto, Canada, http://socialinnovation.ca/about/social-innovation

French Social Economy Actor, http://www.euclidnetwork.eu

New Zealand Centre for Social Innovation, http://www.nzcsi.org/Home/2011-01-01/what-is-social-innovation.aspx

Plan Institute, http://institute.plan.ca/social-innovation

Public Innovators, http://publicinnovators.com/what-social-innovation

SI2 Workshop Blog, http://www.si2.ca/?page_id=239

Social Innovation Generation in Canada, http://sigeneration.ca

World Bank, 2015, World Inclusive Cities Approach Paper, GSURR.

일본노동자협동조합연합회. http://www.roukyou.gr.jp/

제 15 장

지속가능한 경제공동체를 위한 과제

제 1 절 참여와 자치를 통한 에너지 전환

1. 에너지 전환의 불가피성과 시급성

인류의 역사는 에너지의 역사라고 하여도 과언이 아니다. 불, 인력, 축력 등 근거리 1차 에너지는 산업시대 진입에 따라 석탄 등에 의한 중거리 1차 에너지로 변화되었다. 1850년대 석유는 다양한 산업 공정에서 연료 및 원료로 사용되기 시작하였으며, 1880년대 말 첫 번째 고압가스 실린더의 건설은 천연가스를 산업적으로 착취하게 되었다. 또한, 자동차 제조에서 대량생산의 시작을 의미하는 1908년 모형 T 포드의 시장 진입은 1세기가 넘은 후 지금 10억 명의 사람들이 석유 공급에 거의 의존하는 자동차를 소유하게 만들었다. 즉, 석유를 중심으로 한 장거리 1차

에너지의 시대였다. 이후 장거리 1차 에너지와 함께 전기를 중심으로 한 근거리 2차 에너지의 등장 및 확대는 에너지 사용의 급격한 변화를 만들어 냈다.

에너지 시스템은 1세기도 안 되는 시간 만에 지역·국가·세계적으로 놀랄 만한 체계를 갖추었다. 석탄에 이어 석유가 에너지원으로서 주도권을 세계적 차원에서 장악하였으며, 이러한 시스템 속에서 정책결정 기관들은 수동적인 소비자가 되어버린 시민과는 점점 멀어지는 가운데 대안적 해결책과 에너지 전략 개발을 등한시하게 된다. 에너지는 경제적으로는 물론이고 전략적으로도 중요한 쟁점이 되었고, 산업혁명의 유산인 생산제일주의 문명의 성공을 가늠하는 상징이자 척도로 여겨졌다(베르나르 라퐁슈, 2013: 13-14).

에너지 공급이 중앙집중화되었으며, 화석연료에 따른 온실가스의 증가로 인한 기후변화 문제의 등장, 피크오일에 대한 우려 등에 따라 에너지 문제가 인류의 가장 중요한 문제로 재등장하게 되었다. 또한, 인구의 급격한 증가와 화석연료에 기반한 경제성장은 에너지 사용의 급격한 증가를 초래하게 되었다.

특히, 에너지 문제는 1970년대 오일쇼크 이후 더욱 중요하게 부각되어 왔다. 석유 위기로 일본 경제가 마비된다는 내용의 소설『유단(油斷)』을 쓴 일본의 소설가이자 공무원인 사카이야 다이치(堺屋太一)는 오일 쇼크 이후 재생가능에너지를 추진하는 관료체계를 수립하였다. 최초로 재생에너지를 강력하게 추진하였던 지미 카터(Jimmy Carter) 미국 대통령은 1979년 6월 백악관 옥상에 가설한 태양열 온수난방 장치를 공개하였다. 그는 "미국 시민이 지금까지 수행해 온 가장 위대하고 가장 흥미로운 모험"을 시작하였다면서 모험이 성공하지 못한다면 이 시설은 '박물관의 진열품'이 되고 말 것이라고 말하였다. 이처럼 오일쇼크 이후 재생에너지에 대한 관심은 높아졌으며, 인류의 에너지 체계가 석유를 중심으로 한 화석연료가 아닌 재생에너지에 기반한 에너지 체계로 변화될 수 있다라는 가능성이 확대되었다. 하지만, 그 이후 수십 년이 지난 현재 재생에너지의 보급은 확대되고는 있지만 기대하였던 것에 비해서는 매우 미비한 수준이며, 화석연료 기반의 에너지 사용 증가는 기후변화 문제의 심각성을 갈수록 증폭시켰다. 결국 백악관 옥상에 있었던 태양열 온수난방 장치는 카터 대통령이 밝힌 것처럼 정말로 박물관의 진열품이 되었다. 다행스러운 것은 34년 만에 백악관 지붕의 태양광 패널이 다시 설치되었다

그림 15-1 OECD 국가들의 발전량 믹스 추이

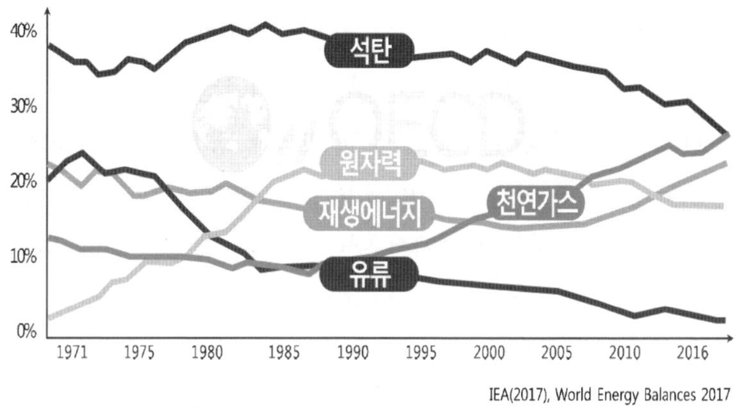

출처: 임춘택(2018).

는 것이다. 인류의 재생에너지로의 전환은 피크오일과 기후변화 문제를 해결하는 데 가장 중요한 문제임에도 불구하고 기대하였던 만큼 전환이 빠르게 이루어지고 있지는 못하다. 다만, 긍정적인 점은 세계적으로 석탄, 원자력, 유류 발전은 감소하고 있으며, 재생에너지 및 천연가스는 증가하고 있다는 점이다. 이런 점에서 분명한 것은 인류의 에너지 역사는 불의 시대를 지나 화석에너지 시대를 거치고, 재생에너지 시대라는 전환점을 향하여 달려가고 있다는 것이다.

또 다른 측면에서 살펴본다면, 에너지는 우리가 살아가는 데 필요한 필수적인 요건이며, 풍요의 가장 큰 게임 체인저임에도 불구하고, 우리의 삶과 분리되어 왔다는 점이다. GDP는 소득의 증가를 실물 생산량의 증대와 그것이 환경에 미치는 영향과 분리시켰고, 에너지 생산자과 소비자의 분리는 에너지 문제를 우리의 삶에서 분리시켰다. 이는 '에너지는 무한하다'라는 무한성의 패러다임을 형성하게 되었으며, 에너지의 안정적인 공급은 돈의 문제로 귀결되었다.

오늘날 우리가 알고 있는 에너지 시스템은 20세기 마지막 3분의 1에 해당하는 시기 동안 이루어진 급격한 발전에 따른 것이며, 에너지 시스템의 중앙집권적 구조도 바로 그 같은 역사적 흐름에서 비롯되었다. 20세기 후반에 나타난 에너지 시스템의 변화는 에너지 생산·가공 지역과 소비 지역 사이의 거리 증가, 주요 에너지 루트의 세계화, 지역의 결정권 배제로 특징지어진다. 이러한 변화의 결과로 시민은 자신이 소비하는 에너지에 대한 주도권을 점차 상실해 왔고, 결국 단순한 소비자의 역할로 밀려나게 되었다(베르나르 라퐁슈, 2013: 77).

이런 측면에서 에너지 문제의 해결은 다시 우리의 삶과 에너지를 연결시키는 것이다. 이는 에너지 문제를 닫힌 시스템에서 벗어나 경제적이며 사회적인 인간의 활동 전반으로 확대하도록 하는 것이며, 소비자는 참여하는 시민의 입장에서 자기 권리를 찾고, 지자체는 자치적 관점에서 에너지 문제 해결을 위한 새로운 주역으로서 결정적인 역할을 맡아야 한다는 점이다.

이에 여기에서는 에너지 문제 해결을 위한 일반론적인 방법에서 벗어나 에너지 전환을 위한 참여와 자치라는 방향에서 세 가지 과제를 설명할 것이다. 먼저, 에너지 문제 해결 주체로서의 시민과 에너지 자치권의 확보를 위한 지방정부의 과제에 대하여 설명하고, 시민 주도형 에너지 민주주의 플랫폼으로서 에너지협동조합의 활성화를 위한 과제들에 대하여 살펴보며, 마지막으로 에너지 문제 해결을 위한 기술의 혁신과 변화를 촉진하기 위한 에너지정책 변화에 대하여 설명한다.

2. 에너지 문제 해결 주체로서 에너지 자치권 확보

모든 에너지 공급의 수취인은 에너지 소비자이다. 에너지 소비는 결국 항상 분석적으로 이루어진다. 공장에서처럼 비교적 대량으로 소비되든, 대도시에서처럼 공간적으로 밀집한 상태로 소비되든, 가정과 자동차에서 비교적 작은 여러 형태와 소량으로 소비되든 마찬가지이다. 분산적인 에너지 소비는 전통적인 에너지 공급과 재생가능에너지 공급에서 설득력 있는 유일한 공통점이다(헤르만 셰어, 2012). 다만, 생산에서는 그러하지 않다. 화석연료가 기후변화에 미치는 영향을 제외하더라도 전통적인 에너지 생산은 에너지 생산의 공간과 에너지 소비의 공간이 분리되어 있다는 데 있다. 이에 반하여, 재생가능 에너지는 집중적인 강도는 다르더라도 자연에 존재하는 에너지로서 지구 어디에서나, 지역 어디에서나 존재하기 때문에 분산적인 에너지 소비를 위한 분산적인 에너지 생산을 가능하게 한다. 즉, 에너지 생산의 공간과 에너지 소비의 공간이 일치하는 것이다. 그렇기 때문에 전통적인 에너지 공급 중심의 사회는 에너지에서 보면 중앙집중화될 수밖에 없으며, 개인과 사회는 타율적인 에너지 결정에 따를 수밖에 없다. 이에, 에너지 생산과 소비의 주체로서 시민과 에너지 자치의 주체로서 지방정부의 에너지 자치권의 확보는 재생가능 에너지로의 전환을 전제로 한다.

또 하나의 측면에서 에너지 문제는 분산형 에너지 시스템으로 전환될 때만 해결이 가능하다는 점이다. 중앙집중 방식의 거대한 태양열 발전시설과 핵발전, 또 스마트 그리드는 에너지 공급 분야에서의 부족한 틈을 줄이는 역할을 할 수 있지만, 그것들은 그 자체로 화석연료를 대체하기에는 여전히 충분하지 않다. 또한 그러한 거대 중앙집중형 에너지 시스템의 확대는 2011년 후쿠시마의 지진과 쓰나미 같은 갑작스런 위험에 취약한 특성을 가지고 있다. 다양한 종류와 규모의 에너지원이 존재하고, 지역의 자립도를 높여주는 분산형 에너지 시스템이 저탄소, 에너지 저소비의 미래에 더욱 적합하고 지속가능한 선택이 될 것이다(마이클 루이스 · 팻 코너티, 2015: 210−211).

다음으로 에너지정책은 에너지 사용이 유발하는 다양한 환경문제는 물론 에너지를 둘러싸고 있는 사회, 정치, 경제적 측면까지 통합적으로 고려되어야 한다는 점이다. 이는 에너지의 생산 및 소비가 지속가능한 발전이 추구하는 사회, 경제, 환경적 목적을 달성할 수 있도록 이루어져야 한다는 것이다. 그렇기 때문에 지속가능한 발전을 실현할 수 있는 에너지 체계는 화석연료처럼 공급의 불안정성이나 임박한 고갈 가능성 없이 지역의 경제 안에서 지속적으로 거듭 생산되는 에너지원, 즉 태양과 바람, 물 등의 재생가능 에너지원을 바탕으로 두어야 하며, 공급보다는 수요관리에 관심을 두는 에너지 효율성 향상[1]과 에너지 절약[2]에 중심을 두어야 한다. 결국, 경제적 효율성은 물론 지속가능성과 환경친화성, 형평성과 민주성을 주요 원칙으로 하며, 이런 원칙에 부합되는 에너지 정책은 재생가능 에너지와 에너지 효율성 향상, 에너지 절약을 확대하는 방향으로 수립 추진되어야 한다. 에너지의 민주적인 이용과 통제를 중요시하는 소규모의 지역분산적인 에너지 체계는 에너지의 생산과 소비가 갖는 환경적 합의를 고려하여 환경적 부양 능력에 민

1) 한정된 에너지원이 주는 편익을 최대화하면서 부정적인 영향을 최소화.
2) 에너지 소비행위의 억제.

감하게 에너지 소비 수준을 조절하고 에너지 사용의 외부효과를 최소화하는 방향으로 추진되어야 한다. 다만, 모든 지역이 에너지 자립적일 수는 없기 때문에 에너지 자립적 지역공동체를 지향하는 방향에서 에너지 전환이 추진되어야 한다.

이러한 에너지 문제 해결을 위한 에너지 자치권의 원칙과 방향과 함께 지방정부의 에너지 자치권의 확보는 다음 몇 가지 측면에서 매우 중요하다.

표 15-1 에너지 전환의 다원성

	현재의 경성에너지 시스템	미래의 연성에너지 시스템
에너지원의 전환	핵·화석에너지 중심의 환경·사회·경제적으로 지속 불가능한 에너지원 사용	재생가능 에너지 중심의 환경·사회·경제적으로 지속가능한 에너지원 사용
에너지 이용의 의미 전환	에너지 자체에 주목하여 에너지 공급을 우선하는 태도, 그러나 에너지 빈곤은 지속	필요한 것은 에너지가 아니라 '에너지 서비스'(따뜻함, 쾌적함, 조명, 조리, 이동), 적정 에너지 서비스를 제공·개선하는 다양한 방법(소득, 건축, 교통)에 주목, 에너지 수요 절감과 에너지 복지 실현
에너지 이용자의 행동·규범의 전환	단순한 수동적인 소비자(Plug and Forget), 에너지 거버넌스에서 시민 참여보다는 시민 동원의 성격	에너지 절약은 물론 에너지 생산에 참여하는 능동적 '에너지 시민', 에너지 거버넌스에서 적극적인 참여 구현
에너지 생산·소비의 공간적 배치의 전환	중앙집중적인 대규모 에너지 생산·소비로 인한 지역 간 불균형	지역분산적인 적정 규모의 에너지 생산·소비로 인한 지역 간 균형
생태환경과 건조환경의 변화	생태환경과 건조환경(토지, 산림, 물, 해양, 도시 등)의 지속불가능한 이용 및 변형	생태환경과 건조환경(토지, 산림, 물, 해양, 도시 등)의 지속가능한 이용 및 변형
에너지 생산·공급의 소유·운영·관리 주체의 전환	해당 지역 밖의 자본에 의한 소유·운영·관리 시스템, 수익률과 전문성의 원칙	해당 지역 내의 지자체·공동체가 소유·운영·관리하는 시스템(지역에너지공사, 에너지협동조합), 민주성과 형평성의 원칙
에너지-사회 시스템의 전환	에너지 시스템의 개선·관리에 한정, 자연과 사회의 분리, 자연은 원자재, 에너지와 생명은 자본주의의 노동력으로 간주, 제한적 변화만 가능	에너지와 동시에 사회 시스템의 전환 추구, 자연과 사회의 대화, 사회적·환경적 가치를 추구하는 경제활동, 적정 생활이 유지되면서 인간의 자율적 생활 지향

출처: 이정필(2018).

먼저, 국제에너지기구(International Energy Agency: IEA)가 발표한 보고서 「Energy Technology Perspectives 2016: Towards Sustainable Urban Energy Systems」에 따르면, 2013년 기준 세계 도시지역은 세계 1차 에너지 소비량의 약 64%와 온실가스 배출량의 약 70%를 차지하고 있다. 2050년까지 세계 인구의 3분의 2가 도시지역에 거주할 것으로 예상되기 때문에 1차 에너지 소비량과 온실가스 배출량은 더욱 증가할 것으로 예측하고 있다. 이에 보고서에서는 도시가 '에너지 전환의 심장'으로 발전하여야 한다고 주장하였다. 특히, 도시는 건물과 수송 부문에서 에너지 소비량과 온실가스 배출량을 상당히 줄일 수 있는 잠재력을 가지고 있다고 평가하고 있다. 즉, 도시는 에너지 소비의 주된 주체이면서 에너지 전환의 핵심 주체인 셈이다.

다음으로 재생에너지 확대에 지방정부의 역할이 매우 중요하다는 점이다. 일반적으로 재생에너지에 대한 투자는 더 높고 일정한 가격이 보장되지 않을 경우, 민

그림 15-2 에너지 전환을 선도하는 지자체들

출처: 그린피스 서울사무소, 지금은 재생가능에너지 시대(국가/지자체편) 2017. 9.

간 투자가 확대되기 어렵다. 이런 측면에서 지방정부가 에너지 관련 발전설비를 소유하면, 현재보다 시스템적이면서 수익성이 높은 경영 전략을 실행할 수 있고, 시민들의 공익 증대와 기후변화, 환경오염으로부터 안전한 도시를 창출하기 위하여 지속적인 재투자가 가능하다. 이러한 소유권을 가진 지방정부는 재생에너지 투자에서 더 높은 수익을 창출하고, 탄소 배출량을 줄일 수 있으며, 지역의 에너지 자립을 높이는 성과를 지속적으로 만들어 낼 수 있기 때문이다.

또한, 에너지 전환에서 지방정부는 강력한 역할을 수행할 수 있다. 지방정부는 에너지정책에서 시간, 재능, 자원 투입 및 연계를 활성화하고 지속가능하게 유지시킬 수 있으며, 에너지 전환을 위한 중장기적이고 포괄적인 관점에서 실행전략을 수립하고, 세부 목표들을 달성하기 위하여 서로 가치가 극대화될 수 있는 국가 및 지역 지원 프로그램과 다양한 투자자원을 적절히 활용할 수 있다. 온실가스 감축, 에너지 효율, 에너지 생산 및 비용 절감 등과 같은 에너지 전환의 성과에 대하여 주기적으로 측정 보고할 수 있으며, 정부, 지역상권, 사회적기업, 시민들, 필요한 경우 다른 외부 전문기업 등 다양한 이해관계자들이 에너지 전환이라는 공동 목표를 달성하기 위하여 협력하고, 역량 강화와 네트워크를 확대할 수 있도록 지원할 수 있기 때문이다.

마지막으로 에너지의 분산화는 생활환경의 균등화로 이어진다는 점이다. 독일의 경제학자이자 사회학자인 헤르만 셰어(Hermann Scheer)는 『에너지 명령』이라는 저서에서 분산화를 통하여 얻게 되는 이익을 다음과 같이 말하고 있다.

주민이 100만 명인 지역이 현재 에너지 수요의 100%를 주요 공급자들로부터 얻고 있다고 상상해 보자. 1인당(설비 투자 없는) 에너지 비용은 독일에서 연간 평균 2,500유로 정도이다. 직접적이고 간접적인 에너지 비용이 전부 다 포함된다. 즉 전력, 열, 연료, 모든 제품뿐만 아니라 제공받은 서비스의 에너지 비용도 들어 있다. 총액으로 볼 때 이 지역의 에너지 비용은 연간 25억 유로 상당으로 지역의 경제 순환과 무관한 금액이다. 에너지 공급을 지역에 근거하는 재생가능 에너지로 완전히 바꾼다면, 이 25억 유로는 지역의 경제 순환 속에 그대로 남아 있을 것이다. 이 금액의 의미는 이 정도 규모의 경제 촉진 프로그램을 구동한 것과 같다. 그것도 매년 관료주의적인 비용을 들이지 않고 모두에게 골고루 분배되는 프로그램 말이다!

어떤 정부도 이런 프로그램의 비용을 댈 수 없을 것이다(헤르만 셰어, 2012: 253-254).

이러한 에너지 전환을 전제로 한 에너지 자치의 중요도에도 불구하고, 우리나라의 에너지 정책은 중앙집권화 중심으로 진행되어 오다, 후쿠시마 원전사고를 기점으로 에너지의 지방분권화가 본격적으로 논의되기 시작하였다. 이후 에너지 전환을 위한 담론과 실천들이 점점 활발해졌고, 2012년에는 에너지 전환을 위한 5대 분야 입법 과제가 제출되었으며, 시민사회와 지방정부의 지역에너지 전환과 시민참여의 흐름이 확산되기 시작하였다. 지방정부 또한 2012년 '탈핵 에너지 전환을 위한 도시 선언'에 45개 지자체가 참여하였다. 이는 그동안 소극적이었던 지방정부의 에너지정책의 실질적 변화와 지속가능한 에너지정책의 필요성 때문에 개최되었다. 도시선언문은 에너지 조례 제정, 불필요한 에너지 수요 절감 대책, 시민 주도의 에너지 협동조합 방식으로 신재생에너지 보급 확대, 녹색일자리를 활용한 국가균형발전 기반 조성, 수명이 다한 원전 가동 중단 및 원전 증설 반대 등을 내용으로 하고 있다. 이후 2017년 집권한 문재인정부는 제3차 국가에너지 기본계획을 '에너지 전환 종합 비전'으로 수립하겠다는 입장을 밝히고, 주요 의제 중 하나로 에너지 분권(지역분권형 에너지 전환 추진체계)을 설정하였다.

현재 진행되고 있는 우리나라의 에너지 전환 논의는 주로 수요관리와, 신재생에너지 중심의 공급, 에너지 분권을 핵심전략으로 하고 있다. 일부 지자체에서는 시민 참여형 에너지 시나리오 작성 및 지역에너지 계획 수립 또한 추진하고 있다. 하지만, 현재 추진되고 있는 내용만으로는 에너지 전환을 이루기에는 현실적인 어려움이 있다. 에너지 전환은 앞서 설명하였듯이 에너지산업에 대한 지역 공유화(共有化)를 중심으로 다루어져야 하기 때문이다. 이런 측면에서 에너지 분권은 동네에 재생에너지 발전소를 세우는 것과 동시에 지역에서 에너지 관련 발전설비에 대한 소유권을 확보하는 것이 우선되어야 한다. 또한, 에너지 분권과 자치는 법, 계획과 제도, 행정, 조직, 예산 관련 자치권 확보가 핵심이기 때문에 석탄·원자력발전소 가동중지권, 사회적 수명 결정권, 재생에너지 발전사업 허가권 등 에너지 자치를 펼칠 수 있도록 에너지 사업에 대한 허가권 및 감독 권한을 광역지자체에 이양하여야 한다.

먼저 재생에너지 이용 확대 등 에너지 전환을 촉진할 수 있도록 전력산업에 대한 구조개편이 필요하다. 구조개편은 모든 전력 이용자들에 대한 보편적 접근을 보장하면서도 사회경제적 처지에 부합하는 공정한 요금체계를 통하여 제공될 수 있도록, 사회적 · 지역적으로 민주적 통제가 가능한 방향으로 추진되어야 한다. 이를 위한 세부 과제로 <표 15−2>에서 보듯이 첫째, 송전 부문 및 지역 간 전력거래는 국가적 수준에서 공적으로 소유 · 운영 · 관리하며, 점차적으로 민간에게 판매된 주식을 재인수하여 이익을 사유화하는 지배구조를 개혁하는 한편, 이의 민주적 통제가 가능하도록 하는 제도를 마련하도록 한다. 둘째, 배전과 판매(소매) 부문은 지역적(광역 혹은 권역별)으로 분할하되 광역(혹은 그들의 연합) 지자체에

표 15-2 한국 에너지산업 지역화/공유화 구상

구분	현행 상태		개편 방향	비고
발전	원자력	한수원	한수원	• 신규 건설 중단 및 수명 종료 후 폐쇄 • 민간 지분의 재확보로 공공성 강화 • 투명성, 민주적 통제 강화
	석탄화력	5개 한전 발전자회사	5개 한전 발전자회사	
	LNG복합 집단에너지	5개 한전 발전자회사+민간 발전업사업자	5개 한전 발전자회사+민간 발전업사업자+지역에너지공사	• 광역(혹은 권역별)로 지역에너지공사 설립, LNG 복합발전 및 집단에너지 추진
	재생에너지	5개 한전 발전자회사+민간 발전업사업자	지역에너지공사+에너지공사+민간 발전사업자	• 광역(혹은 권역별)로 지역에너지공사 설립, 재생에너지 발전사업 추진
송전	한전		한전	• 현행 유지, 투명성, 민주적 통제
배전	한전		지역에너지공사	• 광역(혹은 권역별)로 지역에너지공사 설립, 배전 부문을 분할하여 인수
판매	한전		지역에너지공사 (+에너지협동조합)	• 광역(혹은 권역별)로 지역에너지공사 설립, 배전 부문을 분할하여 인수 • 그린 프라이싱 제도 도입에 따라 필요할 경우에 시장 개방 검토
수요 관리	에너지공단		지역에너지공사	• 광역(혹은 권역별)로 지역에너지공사 설립, 에너지공단의 지역본부 인수
관리 감독	전기위원회 전력정책심의위원회		전기위원회	• 위원회의 독립성과 투명성 강화

출처: 한재각 외(2017).

의하여 공적으로 소유·운영·관리되도록 한다. 셋째, 발전 부문은 현행 체제를 유지하되 국가 수준에서 공적으로 소유·운영·관리되는 한전 자회사 이외에 지역에너지(전력)공사와 지역별로 활동하는 에너지협동조합의 역할과 비중을 확대하는 한편 대규모 민간발전사업자의 추가적인 설립 허가는 엄격히 제한하도록 한다. 또한, 에너지협동조합은 지역에너지공사와 긴밀한 파트너십을 가질 수 있도록 제도를 설계한다. 넷째, 에너지 효율화 및 절약 부문에서는 한국에너지공단의 각 지역본부의 역할을 강화하고, 이후 분할하여 지역에너지(전력)공사별로 통합을 검토한다. 다섯째, 전기요금의 가이드라인 제시, 대규모 발전소 건설의 인허가, 송전망의 운영과 건설계획 등과 관련된 사항을 관리·감독하는 전기위원회를 독립적으로 설립·운영하도록 한다(한재각 외, 2017: 15−16).

다음으로 에너지 분권을 위해서는 법·제도에 기반을 둔 기반 형성이 필요하다. 에너지법 개정을 통하여 지방정부의 역할을 명시함으로써 권한과 책임을 분권화하도록 한다. 이행 기반으로는 앞서 밝힌 것처럼 에너지관리공단과의 역할 분담에 의하여 기후정책과 연계성을 확보한 권역형(또는 광역형) 에너지공사 설립을 추진하고, 기초지방정부는 지원센터형 모델을 구축하도록 한다. 또한, 국민들의 체감이 높은 에너지 복지 업무는 시도 위임 사항이나 에너지공단에 위탁하여 추진하도록 하되, 에너지 복지 업무부터 정확한 이관을 통하여 에너지 분권화를 유도할 필요가 있다. 다만, 에너지분권은 지금 당장 추진되기는 어렵기 때문에 단계별 로드맵 마련을 통하여 추진되어야 한다. 그리고 도시재생뉴딜과 연계하여 도시형·농촌형 에너지 전환마을 모델을 창출하도록 한다.

마지막으로 지역에너지 전환을 위한 과제로서 수요 부문에서는 분산된 에너지 통계를 공간정보와 연계한 통합적 지역에너지통계 시스템을 구축하고, 지역에너지 총량제 도입, 지역에너지 기본계획 의무화와 함께 국가계획과 지역계획 간 수요관리 연계성 강화 조치를 추진하도록 한다. 또한, 녹색건축물 조성계획 및 대중교통 기본계획 등 에너지 수요관리와 관련된 다른 계획과의 연계성을 강화하도록 한다.

공급적 측면에서는 재생에너지 통계가 구축되지 않은 상황에서 사물인터넷(IoT)과 연계한 재생에너지 관제 시스템을 구축하여 지역 재생에너지 생산 통계에 대한 지속적인 관리 기반을 마련하고, 지역별 활용 가능 부지에 대한 전수조사 및 관리

데이터베이스를 확보할 필요가 있다.

그리고, 재생에너지의 확대는 막대한 재정투자가 필요하기 때문에 국가보조금에 주로 의존하고 있는 현재의 지역 재생에너지 보급사업을 지자체 고유 재원으로 포함시키고, 전력산업기반 기금을 활용하여 지역에너지전환기금을 마련하도록 하며, 민간투자 방식보다는 시민이 참여하는 지역 펀딩 방식으로 재생에너지에 대한 재투자가 이루어지도록 한다. 특히, 보조금 정책 중심에서 녹색금융(지역에서 자체적으로 금융 연계성을 확보하기 어렵기 때문에 국가적 차원에서 금융상품 개발)을 활용한 정책으로 변화시킬 필요가 있다.

산업 및 일자리 분야에서는 에너지신산업과 관련 지자체 간 경쟁적 구조 방식이 아닌 상생적 관점에서 추진될 수 있도록 광역을 중심으로 권역 단위로 확대되는 에너지신산업 특성화 벨트 구축이 필요하며, 에너지서비스산업, 에너지협동조합 및 사회적기업, 중소기업의 혁신 역량 및 지원 확대 등을 통하여 에너지 분야의 일자리 확대를 촉진할 필요가 있다.

3. 시민 주도형 에너지 민주주의 플랫폼으로서 에너지협동조합 활성화

앞에서는 에너지 시스템을 지속가능한 방향으로 전환하기 위해서는 중앙집중적인 에너지 시스템을 지역분산형으로 전환하여야 한다는 점을 강조하며, 이를 위한 에너지 자치권의 등장과 그 중요성 및 과제에 대하여 설명하였다. 여기서는 지역 에너지 전환을 위한 시민 참여와 이를 통한 시민 주도형 에너지 민주주의 플랫폼의 구축 과제에 대하여 살펴본다.

지역에너지론자들에 의하면, 에너지의 생산과 소비가 같은 공간에서 이루어짐으로써 중앙집중식 에너지 시스템에서 발생하는 환경적 · 사회적 외부효과를 최소화할 수 있으며, 지역사회의 에너지 문제가 지역주민의 참여를 통하여 결정됨으로써 에너지 의사결정의 민주성을 높이고 지역주민의 에너지에 대한 통제력을 높일 수 있다. 또한, 경제적으로는 에너지의 생산활동에 지역주민이 고용되고 직접 생산자가 되기 때문에, 에너지의 생산에 투입된 비용과 그 편익이 지역사회 안에서 순환되어 장기적으로는 지역경제도 활성화시킬 수 있다고 본다(한재각 외, 2014: 3-4).

즉, 중앙집중적인 에너지 공급이 아닌 지역 분산형 에너지 공급 체계로의 전환은 지방정부 차원에서는 에너지 자치권을, 시민들에게는 에너지 시민권의 창출을 요구하고 있다. 에너지 시민권은 "에너지 관련 의사결정 과정에 관한 참여와 권리, 그런 참여를 충실하게 할 수 있는 에너지 쟁점에 관한 학습과 성찰, 자기가 살고 있는 사회의 에너지 문제들에 실천적으로 관여할 의무와 덕성"(에너지기후정책연구소, 2016)이라고 정의한다. 그렇기 때문에 에너지 시민권의 창출은 지역에너지 전환에 핵심적인 요소라고 볼 수 있다.

또한, 제레미 리프킨(Jeremy Rifkin)은 제3차 산업혁명에서 화석연료에 기반한 중앙집권형 거대 에너지 시민기업 중심에서, 거주지에서 직접 재생가능 에너지를 생산하고 잉여분은 에너지 정보 공유체를 통하여 교환하는 수백만의 소규모 생산자 중심으로 바뀌는 분산민주주의 시대가 열릴 것이라고 보고 있다. 이에 '시민에게 파워'를 돌려주는 것은 에너지 문제의 해결과 직접민주주의의 양쪽에서 상호보완적으로 긍정적인 시너지를 창출할 것이라고 본다. 그렇기 때문에 에너지 시민권에 입각한 에너지를 중심으로 한 시민 주도형 에너지운동은 직접민주주의 신장에 기여할 것이다.

우리나라는 후쿠시마 원전사고를 기점으로 에너지 전환과 관련된 시민 주도형 에너지운동이 활발하게 전개되고 있다. 그 형태는 지방정부의 지역에너지계획 수립 과정에서 시민 참여형 에너지 대안 시나리오 작성을 위한 실험, 에너지 관련 협동조합의 확대, 공동체 및 마을 등에서 진행되는 에너지에 대한 인식 제고 교육 등 매우 다양하게 전개되고 있다. 특히, 협동조합기본법의 발효와 후쿠시마 핵사고 이후, 재생가능 에너지 관련 협동조합을 통한 녹색일자리 창출은 기후변화에 대응하고, 에너지 안보를 높이며, 지역주민들의 에너지 비용도 절감할 수 있다는 점에서 주목받고 있으며, 주민 참여 활성화와 지역 거버넌스 구축, 지역주민들이 직접 소유하고 운영·통제함으로써 재생에너지 설비에 대한 수용성을 확대하고 자발적인 참여 노력을 증가시킬 수 있다는 점에서 그 확산 속도가 매우 빠르다.

특히, 국제노동기구(ILO)는 기후변화와 에너지 위기에 대응한다는 것은 환경적, 사회적, 그리고 정치적으로 지속가능한 전략을 요구한다고 분석하고 있으며, 그런 전략을 실현하는 데 협동조합은 핵심적인 역할을 할 것으로 보고 있다. 일반적으로 에너지와 관련된 소비자 협동조합은 소비자들이 협동조합을 통하여 에너지 투입이 적고 온실가스 배출이 적은 지역 농산물과 생활재를 구입하고, 화석연료나 핵에너지로부터 생산되지 않고 재생에너지로 만들어진 전력을 구입함으로써 기후변화와 에너지 문제를 해결하는 데 기여한다. 미국의 경우 협동조합을 통하여 전력을 공급하는 인구가 전체의 12%에 달할 정도로 에너지(전력) 협동조합의 비중이 크며, 덴마크의 에너지협동조합은 자국에서 설치된 풍력 터빈의 80%를 설치하였으며, 이것은 전국 에너지 수요량의 10%를 충족시키고 있다. 이런 측면에서 에너지 전환을 위한 경제적 참여를 촉진하기 위한 효과적인 방법인 에너지 협동조합 활성화를 위한 과제를 중점적으로 살펴본다.

에너지협동조합은 전통적으로 에너지를 생산·판매하는 협동조합을 말하는데, 최근에는 풍력, 태양에너지 그리고 바이오 연료 등 재생가능 에너지를 생산·판매하며, 깨끗하고 지속가능한 에너지를 제공하려고 노력하고 있는 협동조합을 말한다. 영국 에너지기후변화부는 2014년 초 '공동체 에너지 전략문서'를 발표하였는데, 다양한 방식으로 에너지 이슈에 참여하고 있는 다양한 형태의 공동체를 공동체 에너지라고 지칭하고, 에너지(전기 혹은 열) 생산, 에너지 효율화와 행동 변화를 통한 에너지 사용의 저감, 공급과 수요의 균형 조정을 통한 에너지 관리, 에너지 비용을 저감하기 위하여 집단적인 구매 혹은 구매 전환을 통한 에너지 구매라는 네 가지 에너지 활동을 제시하였다. 즉, 그동안 에너지 생산과 배분에 맞춘 에너지협동조합에서 에너지 효율과 컨설팅 등 그 범위가 매우 다양해지고 넓어졌기 때문에, 에너지협동조합은 "협동조합적 가치와 원칙 속에서 에너지 문제를 해결하기 위한 사람들이 자발적으로 결성한 자율적 조직"으로 볼 수 있으며, 「협동조합기본법」에 의하면 에너지 관련 재화 또는 용역이 그 대상이 된다고 할 수 있다. 하지만, 국내의 에너지협동조합은 그 중요도에도 불구하고 급속도로 확대되지 못하고 있으며, 재생에너지 생산을 넘어선 에너지 활동의 전 분야로 확대되지 못하고 있다. 이는 다른 협동조합과 마찬가지로 활성화를 위한 건강한 사회적경제 생태계가 취약하기 때문이다.

이에, 에너지협동조합의 활성화를 위해서는 사회적경제 생태계 조성이 매우 중요하다. 사회적기업, 마을기업, 협동조합을 비롯하여 자활기업, 마을만들기 등을 포괄하는 사회적경제 관련 영역이 상호 유기적으로 지역 현장에서 상생 발전할 수 있도록 장기적 비전과 청사진 마련이 필요하며, 경쟁과 양적 성장에 맞추어진 성과관리에서 벗어나 실제적인 사회적경제 그룹이 지속가능할 수 있도록 제도적·정책적으로 유도하고, 사회적경제 지원 및 육성 가이드라인의 마련이 필요하다. 특히, 사회적경제 사업체 내부의 물품과 서비스의 상호 판매 및 교환을 활성화시킬 필요가 있으며, 지방정부는 사업체 내부 교환경제가 활성화될 수 있도록 정보 수집 및 발신의 매개 역할을 하고, 내부 교환경제를 촉진하는 네트워크사업에 대한 지원이 필요하다. 이를 위하여 지역사회 연계형 마케팅 및 운영 환경 지원, 공공기관 우선구매 등을 통하여 사회적경제 공공시장을 창출할 필요가 있다. 다음으로, 에너지 및 기후변화 계획에서는 에너지협동조합을 적극적으로 활용하는 방안이 고려되어야 하며, 협동조합 및 마을기업 육성계획 수립 시 에너지협동조합 사업을 반영하도록 노력하여야 한다. 예를 들어, 주민이 참여하는 신재생에너지 사업에 대해서는 별도의 가중치를 지방정부 차원에서 확보하도록 하는 방법이 있다.

또한, 재생에너지 생산 및 판매를 목적으로 하는 햇빛발전협동조합의 발전소 설치장소 임대의 어려움을 해결하기 위하여, 재생에너지 자원 잠재량이 풍부하고 안정적 사업 부지인 청사, 학교 등 공공건물이나 부지를 우선 활용할 수 있도록 지원하여야 한다. 이는 사업부지에 대한 자원 잠재량 파악, 경제성 및 환경규제 등 사업의 타당성 분석을 위한 자료 제공이 전제되어야 한다. 소규모 햇빛발전소의 경우 지방정부와 발전회사와의 협약 체결을 통하여 소규모 시민 참여형 햇빛발전소에 의하여 생산된 신재생에너지 공급인증서(Renewable Energy Certificate: REC)에 대하여 전량 매입하는 안정적인 판매 창구를 만들 필요가 있다.

에너지 효율화와 관련해서는 서울에너지설계사 협동조합 사례에서 볼 수 있듯이 에너지설계사 교육을 통하여 인력을 양성하고, 양성된 인력이 협동조합을 설립하는 방식으로 추진할 필요가 있다. 에너지설계사는 방문 컨설팅과 홍보활동, 교육, 에너지 효율 제품 판매 등 다양한 방식의 사업 추진이 가능하기 때문에, 지방정부에서는 에너지 관련 녹색일자리 창출의 한 방안으로 창업을 적극 지원할 필요가 있다. 하지만, 재생에너지 생산 및 판매에 비하여 수익구조가 취약한 에너지 절약 및 효율화 관련 협동조합에 대해서는 지방정부의 에너지 절약 및 효율화 사업과 연계한 공적 자금이 투입될 필요가 있다.

마지막으로, 협동조합의 성공은 전적으로 주민 참여에 달려 있으나 현재 이에 대한 주민 의식은 기대에 미치지 못하는 상황이다. 이에, 협동조합의 관심과 이해를 높여 주민 참여를 이끌 수 있는 적극적인 교육과 홍보가 필요하다. 특히, 에너지협동조합은 협동조합에 대한 관심과 이해도를 전제로 에너지 분야의 전문성이 필요하기 때문에 기후변화 및 환경교육 프로그램의 활용과 대학의 관련 프로그램 개발 지원이 필요하다. 그동안 기후변화 및 에너지 교육과 협동조합 교육이 분리되었던 것을 에너지협동조합 설립을 위한 통합교육으로 묶어 협동조합 설립 주체를 양성하도록 하며, 에너지협동조합은 크게 재생에너지 생산 및 판매를 목적으로 하는 에너지 전환 부문과 컨설팅 및 에너지 효율 제품 판매 등을 목적으로 하는 에너지 효율화 부문으로 나눌 수 있기 때문에 부문의 특성을 고려한 맞춤형 교육이 필요하다.

에너지협동조합과 동시에 필요한 것은 마을 및 공동체 단위에서의 에너지 자치 플랫폼을 구축하는 것이다. 에너지의 효율적 사용과 재생에너지로의 전환을 위한 에너지 구조 변화에 대한 시민적 합의 창출이 필요하다. 또한, 지방정부의 지역에너지 기본계획을 마을 및 공동체 단위 및 수요관리(사용)에 맞춘 계획으로 변화시킬 필요가 있다. 다음으로는 마을공동체운동과 에너지운동을 결합시키는 것이다. 이는 하드웨어 중심의 에너지 자립마을에서 소프트웨어가 결합된 에너지 자치마을로 가치를 변화시키는 것이다. 도시 마을의 조건상 당위적이며 현실적으로 어려운 자립이 아닌 자치적 관점에서 변화가 필요하며, 공동체가 에너지 문제의 주체로서 선택할 권리와 책무를 부여하는 마을 단위 에너지 자치규약 등의 제정이 필요하다. 즉, 마을 또는 거주 단위의 에너지 정책 수립과 마을 및 공동체의 자치를 에너지 자치로까지 확대시키는 것이다.

4. 에너지정책 변화가 이끄는 기술의 혁신과 변화

세계 최대 비영리 벤처재단인 '엑스프라이즈 재단(X-PRIZE Foundation)'의 회장 겸 CEO인 피터 다이어맨디스(Peter H. Diamandis)는 현재 인류는 매년 약 16

조 와트를 소비하므로 지구 표면에 닿는 태양에너지는 우리가 1년 동안 사용하는 양의 5천 배가 넘기 때문에 태양에너지의 활용은 희소성의 문제가 아니라 접근성의 문제라고 지적한다. 또한, 태양에너지를 강조하는 이유는 오염, 탄소, 오명으로부터 자유롭고, 햇빛은 어디에나 있고 또 민주적이기 때문이라고 강조한다.

탄소전쟁 룸(Carbon War Room)의 최고운영 책임자이자 프로메테우스 지속가능발전연구소(Prometheus Institute for Sustainable Development) 소장 트래비스 브래드퍼드(Travis Bradford)에 따르면, 태양에너지 가격은 매년 5~6% 떨어지는 반면, 생산 능력은 1년에 30% 비율로 성장하고 있다. 그래서 말하기 좋아하는 사람들이 태양에너지는 현재 우리 에너지의 1% 정도만 담당한다고 지족하는 것은 기하급수적인 세계에서 직선적으로 사고하는 것이다. 오늘날의 1%의 보급이 연간 30% 비율로 확장되면 18년 뒤에는 에너지 수요의 100%를 태양에너지로 충족시킬 수 있다(어번던스, 2012: 281).

이처럼 인류의 에너지 공급체계를 화석연료 중심에서 재생에너지에 기반한 공급체계로 전환시킨다는 것은 사실 기술과 자원의 문제는 아니다. 문제는 에너지 관련 기술과 정책의 간극에 대한 극복이다. 기술 개발 속도를 정책이 쫓아가지 못하고 있는 상황이기 때문에 기술네크워크 구축을 통하여 정책과의 연계성을 높일 필요가 있다. 에너지정책의 변화는 결국 에너지 효율적이면서 지속가능하게 만드는 기술을 촉진시킬 수 있다.

에너지정책 변화를 통하여 기술의 혁신과 변화를 유도하기 위해서는 먼저, 클라우드 기반형 에너넷(Enernet, 에너지 네트워킹) 플랫폼 구축이 필요하며, 에너지 효율화에 기반한 전환운동으로 정책이 변화되어야 한다. 이는 재생에너지 중심의 전환운동적 사고에서 효율화를 중심에 둔 전환운동적 사고로의 전환을 의미한다. 건물이 소모하는 에너지는 전 세계 에너지 소비량의 40%를 차지하고 있으며, 온실가스 배출량의 3분의 1을 차지하고 있는 만큼 건물과 조명을 중심으로 한 진단 및 컨설팅, 맞춤형 효율화 사업의 확대를 통하여 관련 기술의 혁신과 변화를 유도하여야 한다. 또한, 에너지 생산자와 소비자의 합성어인 에너지 프로슈머 활성화를 위한 법 · 제도적 장애 요소를 제거하고, 실시간으로 모든 전자기기의 에너지 사용량을 확인 및 제어하는 스마트 그린 기술을 육성하여야 한다.

다음으로, 빅데이터를 활용한 에너지 정보 데이터의 구축 및 개방, 통합관제센터의 설치이다. 덴마크의 풍력에너지업체는 'VESTAS WIND SYSTEM'을 운영하여 날씨, 조수 간만의 차, 위성 이미지, 지리 데이터 등을 포함하여 분석함으로써 재생에너지 생산의 최적 조건을 만들어 내고 있으며, 중국 베이징(北京)시는 신재생에너지 예측 시스템인 Green Horizon 프로젝트를 추진하고 있다. 이 프로젝트는 각종 기상정보와 신재생에너지 발전량 등의 빅데이터를 인공지능 솔루션으로 분석하여 신재생에너지 발전량을 자동으로 예측하고, 이를 통하여 화석연료 기반의 발전량을 최소화하기 위한 프로젝트이다.

또한 한계비용 제로사회 또는 공유경제로의 도래는 다품종 소량 생산 및 공유를 통하여 자원과 에너지 낭비가 최소화되는 시대로의 전환을 촉진하고 있다. 새롭게 부상하는 혁신 분야들(가상현실, 인공지능, 사물인터넷, 웨어러블, 메이커 문화, 근거리무선통신기술, 블록체인, 3D 프린터 등)과 연계하여 관련 에너지 산업을 적극 육성할 필요가 있다.

마지막으로 저탄소형 에너지 네트워크 구축이 필요하다. 에너지 생산 및 소비를 네트워크하여 전력을 거래하는 시스템인 '에너지 양방향 거래 시스템', 에너지 발전 및 전력망과 핀테크 기술이 결합한 지능형 전력거래 서비스인 '에너지 핀테크 서비스', 신재생에너지원을 이용한 발전 및 전기자동차 생산 및 운영에 관련된 '신재생에너지 산업 및 전기차 기술', 전력망과 전기차가 양방향으로 자유롭게 접속하여 충전 및 역송신이 가능한 '양방향 전기충전소 시스템' 등 저탄소형 에너지와 관련된 미래 유망 기술에 대한 통합적인 기술 네트워크 구축과 정책적 투자가 필요하며, 기술 연구 및 개발 진전 정도에 걸맞은 시민의 인식 제고와 제도적 보완이 요구된다(김준하, 2017). 물론 에너지 문제는 정치적이며, 사회·경제적 문제이기 때문에 기술이 에너지 문제를 해결해 줄 수는 없다. 다만, 에너지 전환이라는 정책의 변화가 기술을 혁신시키고 변화시킨다면 기술이 에너지 문제를 해결해 줄 수는 있다.

제 2 절 생산적 완전고용과 양질의 일자리 증진

1. 지속가능한 일자리의 정책 방향

유로파운드(Eurofound)[3]가 정의하는 지속가능한 일자리(sustainable work)란 인간의 생애 근로기간 동안 일자리가 유지될 수 있도록 생계 및 근로환경(조건)이 이루어지는 것을 말한다. 이를 위해서는 노동자들의 노동시장 진입을 방해하는 요소들을 제거함으로써 과거의 일자리를 변화시키고 동시에 개별적인 상황도 고려하여야 한다. 생애주기에 따라 일은 다르거나 변화할 수 있다. 따라서 개인의 니즈(needs)와 역량(abilities)에 부합하는 일자리(job)의 질(quality)이 보장되어야 한다는 것이다.

[그림 15-3]에서 보듯이 유로파운드(2015, 2016)는 지속가능한 일자리를 두 영

그림 15-3 지속가능한 일자리의 주요 영역

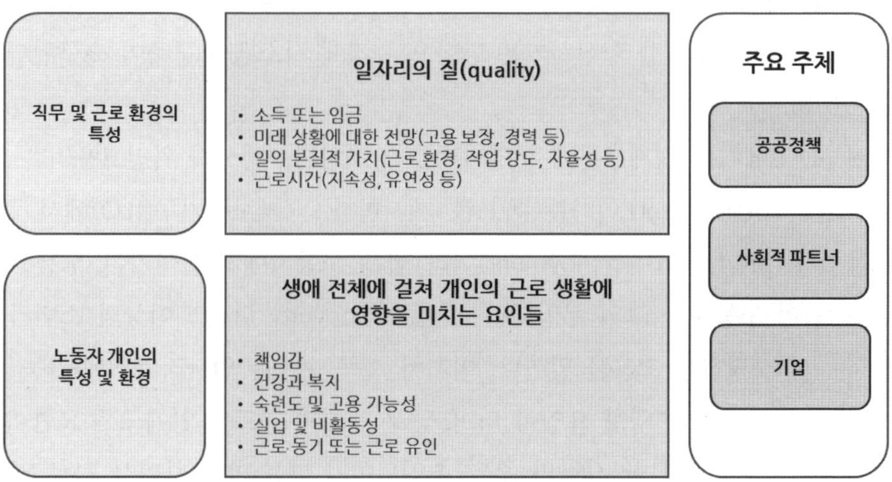

출처: Eurofound(2016)에서 재인용.

3) UN 산하 연구기관으로 EU 회원국 국민의 삶과 노동조건 개선 업무를 담당한다.

역으로 구분하여 주목하고 있는데, 하나는 노동자가 속한 직장의 직무 및 근로환경이 갖는 특성이며 다른 하나는 생애 전체에 걸쳐 변화하는 개별적인 상황이다. 이 중 첫 번째 영역인 직무 및 근로환경은 일자리의 질을 결정짓는 요소를 포함한다.

일자리의 질은 크게 소득 또는 임금 수준, 미래 상황에 대한 전망(고용 보장, 경력 등), 일자리의 본질적인 가치 또는 질(물리적·사회적 환경, 작업 강도, 자율성 등), 근로시간(지속성, 유연성 등)으로 평가할 수 있다. 질이 좋은 일자리는 노동자의 역량과 근로 유인을 증가시켜 생산성을 제고할 가능성이 높다. 노동자의 개별적인 상황에 대한 부문은 개인의 능력, 욕구 및 의무 등에 관한 것이다. 책임감, 건강, 숙련도 및 고용 가능성, 고용 경험 및 근로 동기 등을 예로 들 수 있다. 이와 관련한 다양한 공공정책이 지속가능한 일자리를 만드는 데 상당히 기여한다. 관련 수단으로는 입법(노동법, 산업보건안전법 등), 사회보장제도(실업급여, 가족 혹은 장애수당, 육아휴직 등), 공공서비스(고용, 교육, 보건 및 평생교육), 공공 인프라(보육 및 노인요양) 및 사내 복지(일자리 적응 프로그램 등) 등이 있다(경제사회노동위원회, 2016). 지속가능한 알자리를 만드는 것은 고용 문제에 국한된 고용정책에 한정되지 않고 경제 시스템 전체 속에서 담보되어야 한다. 그 때문에 일자리 수를 확대하고 고용의 질을 향상시키는 방향으로 경제 시스템의 구축이 요구된다(오학수, 2010).

한편 SDGs에서는 경제부문에서 일자리를 강조하며, '생산적 완전고용(full and productive employment)'이라는 목표를 제시한다. 국제노동기구(ILO)에서 보는 생산적 고용(productive employment)이라 함은 노동자에게 돌아가는 노동 수익(근로소득)이 노동자와 그의 부양가족이 빈곤선(poverty line)[4] 이상의 소비가 가능한 수준에 해당하는 고용을 말한다. 여기서 소득 수준은 일자리의 지속가능성에서 가장 중요한 간접적 영향 요인이 되며, 근무 능력과 근로 유인에도 중요한 영향을 미친다. 근로소득이 한 사람의 주된 수입원이기 때문이다. 따라서 근로소득은 소비의 기초와 인간의 수요를 충족시키고, 건강, 교육, 그리고 다른 집단의 생산활

4) 해당 국가에서 적절한 생활 수준을 누리는 데 필요한 최소한의 소득 수준을 말한다. 세계은행(World Bank)에 따르면 2015년 기준 절대 빈곤선은 하루 1.9달러(약 2,150원) 수준이다.

동 참여를 촉진시킬 수 있는 서비스에 대하여 지불하는 등 여러 가지 측면에서 매우 중요한 기능을 한다(Eurofound, 2015). 또한 완전고용(full employment)은 일자리를 찾는 사람과 현재 열려 있는 일자리의 수가 거의 엇비슷해진 상태를 말한다. 즉, 자발적 실업자를 제외하고, 구직자가 일자리를 구하는 일 자체가 어렵지 않은 상태를 의미한다. 따라서 생산적 완전고용은 근로자가 적절한 생활 수준을 누리는 데 필요한 급여를 받으며, 누구나 쉽게 일자리를 찾을 수 있는 상태라고 볼 수 있다. 결국 이것은 지속가능한 일자리를 통하여 구현될 수 있는 것이다.

2. 취업 취약계층의 고용 창출 및 안정화

1) 취업 취약계층의 의미와 고용 창출

일반적으로 취약계층에 대한 정의는 어느 집단을 지칭하는지 명확하지 않으나[5] 인구통계학적 변화에 따라 요구되는 지속가능한 일자리 정책 측면에서 접근하면 청년, 여성, 노인을 취업 취약계층의 대표적인 범주로 본다.[6]

유럽을 포함한 세계 각국은 인구통계학적으로 급속한 변화를 맞이하고 있다. 한국도 예외는 아니다. 저출산·고령화 추세는 경제성장과 사회 성숙을 이룬 사회에서 보이는 공통된 특성이기는 하지만 한국의 경우 그 속도와 추이가 유난히 빠르고 완화나 반전의 기미가 보이지 않다는 점이 문제라 할 수 있다(김종훈 외, 2018). 이미 미국의 경제분석가 해리 덴트(Harry S. Dent, Jr.)는 2014년에 출판한 그의 저서 『인구절벽(*Demographic Cliff*)』에서 한국 경제는 2018년부터 인구절벽에 다다를 것이라고 경고한 바 있다. 한국은 인구통계학적 변화에 더하여 사회·문화적으로도 혼인과 출산에 대한 인식이 변화하면서 혼인과 출산을 기피하거나 비혼·만산·단산이 확대되었다. 그뿐만 아니라 2017년 기준 한국의 합계출산율

---

5) 이재성 외(2016)는 취약계층을 크게 소득, 인적 속성, 고용 측면의 세 가지 방식으로 구분할 수 있으며, 연구 주제의 초점에 맞추어 그 정의와 분석 범위가 달라질 수 있다고 설명한다.

6) 이진영(2014)은 그의 연구에서 인구를 성·연령별 소집단으로 구분하였을 때 다른 집단에 비하여 고용률이 낮은 집단을 고용 취약계층으로 정의하고 20대 청년층, 출산·육아기 여성, 50대 이상의 장년층을 그 범위로 보고 있다. 또한 이재성 외(2016)의 연구에서도 인구학적 측면을 고려하여 청년층, 여성층 고령층을 고용 취약계층으로 보고 있다.

(total fertility rate)[7]은 1.052명을 기록하여 OECD 회원국(OECD 평균 1.68명) 중 유일하게 '초저출산 국가[8]'로 분류되고 있다. 인구절벽은 생산 및 소비 연령 계층의 감소로 소비 생산 위축이 발생하고 경제 위기를 초래한다. 또한 복지 지출은 늘어날 수밖에 없지만 이를 감당할 재원 마련이 인구절벽 상황에서 불가능하다.

유로파운드(Eurofound, 2015)는 인구구조 변화로 인하여 야기되는 각종 경제·사회문제를 해결하기 위해서는 한 국가의 복지 또는 사회보호 시스템의 역할이 지속가능성 면에서 매우 중요하다고 말한다. 다가올 문제를 국가 차원에서 해결하기 위해서는 사회복지 지출을 줄이거나 세금을 연금으로 대폭 확장하여야 하는데, 그 대안으로 유효 정년을 증가시키거나 고용된 근로연령인구의 비율을 증가시킴으로써 고용률을 제고하는 방안을 제시한다.[9] 이들은 이 두 가지 대안을 앞서 언급한 것과 같이 노동자의 생애주기에 따른 지속가능한 일자리의 관점에서 다루어야 함을 주장한다.

이와 같은 관점에서 본다면 한국이 현재 직면하고 있는 인구절벽과 노동시장의 문제를 극복하면서 고용률을 제고할 수 있는 방안은 바로 출산율을 제고하는 것과 동시에 취업 취약계층에게 지속가능한 일자리를 제공하는 것이라 할 수 있다. 취업 취약계층은 지속가능한 일자리를 통하여 생애 전체에 걸쳐 안정적으로 임금 소득을 얻고 소비 지출을 함으로써 삶의 질을 향상시킬 수 있다. 나아가 노동자의 생애 전 주기에 걸친 소득 증대와 소비 활성화는 경제성장의 원동력이 된다. 따라서 취업 취약계층을 포함한 모든 노동자에게 지속가능한 일자리를 제공하는 정책 개발이야말로 지속가능발전의 핵심 과제라 할 수 있다.

2) 생산적 완전고용을 위한 과제

생산적 완전고용은 넓은 의미에서 포용적 성장(inclusive growth)의 한 전략이다. 포용적 성장은 사회구성원이 계층, 성별, 장애 여부, 지역 등에 관계없이 성장에 참여할 수 있는 공정한 기회를 부여받아야 하며, 성장의 혜택은 이들에게 골고

---

7) 여성 1명이 평생 동안 낳을 것으로 예상되는 평균 출생아 수를 나타낸 지표이다.
8) 통상 합계출산율이 1.3명 미만일 경우 초저출산 현상을 겪고 있는 국가로 분류한다.
9) 이는 유럽연합의 유럽2020 전략에서의 포용적 성장을 위한 접근방식에 해당한다. 2020년까지 20~64세 사이의 목표 고용률이 75%이다.

루 분배되어야 한다는 것이다. 즉 포용적 성장은 지속가능한 성장, 빈곤과 불평등 완화, 공정한 기회와 참여를 도모하는 것이다. 이에 대한 전략을 생산적 완전고용의 측면에서 살펴보면, 사회보장제도를 통한 취약계층의 취업 가능성을 높이는 고용 활성화(activation) 추구, 취약계층의 생활에 영향을 미치는 교육 · 환경 · 건강 · 소득과 같은 요인들의 개선, 소득 양극화뿐 아니라 노동 · 교육 등 다양한 차원에서 발생되는 양극화 현상 극복 등이 있다(오양래, 2018). 결국 생산적 완전고용을 달성하기 위해서는 취업 취약계층을 어떻게 노동시장으로 진입시키는지가 중요하다.

청년 고용의 가장 근본적인 원인은 노동시장의 이중구조이다. 즉 1차 및 2차 노동시장 간에 발생하는 임금 및 근로조건 등에서의 격차는 청년층의 원활한 노동시장 이행을 가로막고 인력 수급 미스매치를 심화시켜 노동시장의 비효율성을 야기하며, 청년층의 높은 실업률, 비경제활동인구화 또는 NEET화를 가져오는 주된 요인으로 작용한다. 따라서 청년의 고용 및 실업 문제를 해소하기 위해서는 다양한 측면에서 나타나는 노동시장의 이중구조를 근본적으로 개선 · 해소하고 양질의 일자리 창출 기반을 강화하는 것이 시급하다(윤윤규 외, 2017). 이러한 노동시장의 이중구조를 완화하기 위해서는 대기업과 중소기업 간 근로조건 격차 해소가 요구된다. 이에 기업 임금분포공시제 도입 고려, 대기업－중소기업 · 정규직－비정규직 · 원청－하청 간 임금 격차에 대한 사회적 관심 유도, 임금 격차 해소를 위한 산업별 · 지역별 차원에서의 대화가 이루어져야 할 것이다(김유빈, 2018).

여성이 생애 전반에 걸쳐 경력을 개발해 나가며, 일과 가정생활을 조화롭게 영위하기 위해서는 단순히 경제활동 참가 제고를 위한 정책적 접근만으로는 한계가 있다. 여성 인력 활용의 극대화를 위한 가장 근본적인 방안은 남성과 여성 모두가 경제활동과 가정생활의 형평성 있는 책임 주체가 될 수 있도록 사회문화적 환경을 재설계해 나가는 것이다(최민정, 2015). 이를 위해서는 첫째, 시간선택제 일자리가 필요하다. 시간선택제 일자리란 전일제 일자리보다 짧은 시간을 근로하는 형태이며, 원칙적으로는 개인의 자발적 수요를 바탕으로 전일제와 비교하여 차별받지 않고 기본적인 근로조건이 보장되는 일자리를 의미한다(김유휘 · 이승윤, 2014). 따라서 이 제도는 여성 · 청년 등 시간 제약 계층의 고용 가능성을 확대하여 고용률 제고를 위한 핵심 수단이 될 수 있다(최민정, 2015). 둘째, 부모 취업 상황 맞춤형 보육지원체계가 개편되어야 한다. 부모의 근로 여부에 따라 무상보육시간을 다르게 설정한다. 이는 정부 재원을 복지에 대한 욕구가 강한 대상에 조준하면서 여성의 근로 유인을 높이는 효과도 있다(김인경 외, 2015). 셋째, 방과 후 보육·교육서비스의 체계화와 활성화가 필요하다. 이를 위하여 방과 후 보육·교육서비스 제공 체계를 현재의 '공급자' 중심에서 '수요자' 중심으로 전환할 필요가 있다. 넷째, 직장 어린이집이 확충되어야 한다. 기업 혹은 지역 차원에서 취업 부모의 보육 욕구를 조사하고 적절한 지원 조치를 협의·도출할 수 있도록 장려하고 도출된 대안에 대하여 적극 지원하여야 한다(오은진 외, 2015).

한국은 세계에서 가장 빠르게 고령화가 진행되고 있는 나라로 노동 공급과 수요 부족에 따른 잠재성장률 하락, 의료·복지 등 사회적 부담 증가, 산업경쟁력 약화 등과 같은 문제 대응을 위한 정부 및 민간의 대응책이 필요하다.

첫째, 고령자의 고용 확대를 위한 현장 수요 중심의 좀 더 세밀한 정책망 구축이 필요하다. 정년제도의 개선, 고령자의 일과 생활의 균형 등을 위한 정책 배려가 있어야 한다.

둘째, 고령자 고용 증대정책은 의료·복지는 물론 연금에 이르기까지 사회적 부담 감소와 연계되어야 한다. 이를 위해서는 고령자의 건강 유지, 작업환경 개선 등 관련 부문과 연계된 지원정책들이 동반 추진되어야 한다.

셋째, 고령자 고용 증대가 청년층 고용 축소를 유발하지 않도록 정부의 적극적인 정책 보완이 필요하다. 우리나라는 일본과 달리 청년실업은 물론 장년층의 고용 안정도 위협받고 있는 상황으로 고령자 고용 증대 과정에서 사회적 갈등이 유발되지 않도록 하여야 한다.

넷째, 기업들은 정년제도를 포함하여 고령자 고용 유지가 기업경쟁력 강화로 이어지도록 경영 전반에 걸친 고령 인재 활용을 위한 자발적인 노력이 필요하다. 기업 내 고령 인력들의 체화된 기술과 노하우 등은 이들의 퇴사와 더불어 단절되는데, 이를 방지하기 위한 기업의 자발적 노력과 정책 및 제도가 필요할 것이다(현대경제연구원, 2016).

3. 일자리의 질적 증진

유로파운드는 노동자의 생애에 걸친 근로기간 동안 직무 및 근로환경 측면에서 나타나는 일자리의 질이 인간의 전 생애에 걸쳐 지속가능한 일자리를 결정짓는다고 본다. 직무 및 근로환경에서 확인할 수 있는 일자리의 질은 다음과 같이 임금, 미래 상황에 대한 전망, 일의 본질 또는 본질적 가치, 근로시간의 네 부문으로 나누어 볼 수 있다.

첫째, 임금 즉 근로소득은 노동을 제공한 대가로 받는 노동의 가치이다. 경제학에서는 말하는 한계생산성이론(marginal productivity theory)에 따르면 각 생산요소(여기서는 노동)가 생산에 기여한 가치만큼의 보수를 받기 때문에 임금이 높다는 것은 노동이 만들어 내는 한계생산물이 높다고 할 수 있다. 그러나 현실에서는 이러한 이론이 적용되지 않는 사례를 많이 발견할 수 있다. 노동의 강도나 위험에 따라 임금 프리미엄이 존재하긴 하지만, 그 정도를 화폐가치로 평가하는 것이 쉽지 않을 뿐만 아니라 저평가되어 임금에 반영되지 않는 경우가 대다수이다. 게다가 노동의 강도가 세고 위험이 따르는 노동에 임금 프리미엄이 크게 붙어 임금수준이 높다 하더라도 해당 노동자의 생애에 걸친 일자리를 생각한다면 지속가능성을 담보할 수 없게 된다. 어떤 직장은 교대 근무, 장시간 근로, 높은 노동력의 강도 등이 포함되어 있을 수 있는데, 이러한 상황은 노동자의 건강에 장기적으로 부정적인 영향을 미칠 수 있다.[10)]

둘째, 미래 상황에 대한 전망(고용 보장, 경력 등)은 고용의 안정성과 진로 발전을 위한 기회 둘 다를 말한다. 과거보다 더 많은 근로자가 임시직이나 영구 계약을 통하여 각기 다른 직업을 갖고 있는 직장생활을 거치고 있다. 일부 근로자들은 의도적으로 임시직을 취하여, 특히 그들의 경력 초기에, 노동의 세계로 들어가는 디딤돌로 볼 수 있지만, 다른 근로자들은 그들의 선택에 반하는 이러한 형태의 일에 갇힐 수 있다. 그래서 이 직업의 질적 측면은 일의 지속가능성에 간접적인 영향을 미치는 반면, 지속적인 직업 불안정은 건강에 장기적이고 직접적인 영향을 끼친다.

---

10) 이러한 이유로 임금과 무관하게 모든 노동 상황에서 충족되어야 할 최소 기준과 조건이 고용규제를 통하여 정해지는 것이라고 설명한다(Eurofound, 2015).

반면에, 안정성과 진보의 기회는 경력계획을 용이하게 할 수 있고, 따라서 개인의 고용 참여를 노동시장의 요구에 맞게 조정할 수 있는 능력을 향상시킬 수 있다.

셋째, 일의 본질(일의 본질적 가치)은 건강과 웰빙에 가장 직접적인 영향을 미치며 따라서 일이 지속가능한지의 주요 결정 요인이다. 그것은 기술과 재량, 사회적 환경, 신체적 환경, 그리고 업무 강도라는 네 가지 하위 차원에 걸쳐 나뉜다. 물리적 환경과 작업 강도는 특히 장기적으로 볼 때 순수 인간공학적 관점에서 일자리의 지속가능성에 매우 강하고 직접적인 영향을 미친다. 즉, 위험하거나 강렬한 조건은 장기간 지속될 수 없으며 평생 동안 주의 깊게 관리하여야 한다. 기술과 재량, 그리고 사회적 환경은 심리사회적 관점에서 볼 때 일의 지속가능성을 결정하는 중요한 결정 요인이다. 즉, 그들은 노동자들의 동기 부여와 만족도에 강한 영향을 미치는 것으로 알려져 있고, 따라서 고용에 대한 만족할 만한 장기간의 애착의 중요한 측면이다. 기술과 재량권은 직원들이 평생 동안 고용 가능성을 높일 수 있는 기술을 보유하거나 습득할 수 있도록 하기 때문에, 다른 방식으로 일자리의 지속가능성을 위하여 중요한 요소이다.

마지막으로, 근로시간의 지속시간, 일정 및 유연성을 포함하고 이에 대한 재량권을 갖는 근로시간 품질은 또한 노동의 지속가능성에 두 가지 영향을 미친다. 즉, 노동력의 시간집중도를 측정하는 것이며, 따라서 노동의 지속가능성에 직접적이고 누적된 중요한 영향을 미친다. 또한 비업무 활동에 사용할 수 있는 시간을 의미하며, 이는 일과 생활의 균형을 위한 가장 중요한 차원으로 만든다.

일자리의 지속가능성을 담보할 대표적인 예가 독일의 '근로시간 저축계좌제'이다. 이 제도에서는 회사와 계약한 근로시간을 초과하여 일한 만큼의 시간을 저축하여 휴가 등 필요할 때 사용한다. 휴가를 미리 쓰고 나중에 그 시간만큼 일을 더 하는 '마이너스 계좌제'도 존재한다. 독일 기업의 절반 가량이 이 제도를 채택하고 있으며, 대기업의 경우 90%가 시행하고 있다. 독일의 경우 노동법에 따라 1일 8시간 근로(휴식시간 제외)가 명시되어 있으며, 근로시간 계좌제 시행에 따라 연장근로는 6개월 간 1일 평균 근로시간이 8시간 이하인 조건에서 하루 10시간까지 허용한다.

제 3 절 지속가능성을 위한 사회적경제 구축

1. 저성장시대에 지속가능발전을 위한 사회적경제의 역할

지역경제는 재화와 서비스가 생산되고 그 과정에서 발생한 소득이 분배되고 처분되는 순환을 끊임없이 반복한다. 즉, 지역의 기업은 원재료에 생산 요소인 노동이나 자본 등을 결합하여 재화와 서비스를 생산하여 판매한다. 이러한 생산물의 판매를 통하여 임금, 이윤, 지대 및 이자 등의 소득이 발생하며, 이 소득은 생산 요소를 제공한 지역경제 주체에게 분배되어 일부는 소비재의 구입에 사용되고 나머지는 저축으로 남아 지역 투자재원으로 활용된다. 이와 같이 반복적으로 이루어지는 지역경제 활동을 지역경제 순환이라고 부른다(허재완 · 고영구, 2015).

그러나 저성장시대에서 지역경제는 만성적인 구조조정과 높은 실업률, 시장의 활력 둔화, 생산의 고비용 및 소득의 양극화 등이 고착화될 수 있다. 따라서 성장하지 않는 경제로의 전환에 대비하고 그에 맞는 사회적 체질 변화가 요구되고 있다. 저성장시대는 새로운 성장 엔진을 발굴할 수 있는 기회도 제공하지만 빈곤의 악순환이라는 위기를 동시에 포함한다. 이에 따라 양적 성장 위주의 기존의 경제발전정책에서 양적 성장과 질적 성장을 동시에 추구하는 정책으로 패러다임 전환이 요구되고 있으며, 지역정책 차원에서 인력 · 자원 · 환경을 지속가능한 형태로 전환하는 새로운 패러다임의 모색이 필요하다(나주몽, 2017). 이러한 저성장시대의 새로운 지역정책 패러다임의 하나로 사회적경제가 부각되고 있다.

사회적경제는 일반적으로 "국가와 시장 사이에 존재하는 모든 조직으로 사회적 요소와 경제적 요소를 가진 조직들"로 정의된다(OECD, 2007). 여기서는 모든 사회적경제 조직이 경제활동을 하는 것은 아니지만, 정치적 '주창' 활동을 하는 조직이나 시민들의 친목단체 등 무수하게 다양한 시민사회 결사체나 자원의 재분배를 하는 재단도 여기에 포함될 수 있다. 또한 사회적경제는 "모든 사회조직은 사회적 또는 공동체의 목표나 욕구를 충족시키는 데 일차적인 목적을 두고 있지만, 경제적 가치를 지니며, 그들은 사람들을 고용하고, 재화와 서비스를 생산하거나 구매하며, 가치 있는 자산을 소유하고, 다양하게 경제에 기여한다"고 정의된다(Goldenberg, 2004; 주성수, 2010). 즉, 사회적경제는 일차적으로 비정부, 비영리 특성을 갖고 있다. 따라서 사회적경제 기업들은 일반기업과는 달리 영리를 우선적으로 추구하기 위하여 조직되지 않고 일자리 창출이나 서비스 제공 또는 시민적 유대 등 사회적 목적을 위하여 영리활동을 하는 원칙상 '비영리' 조직으로 구분된다(변장섭 · 나주몽, 2018). 이러한 사회적경제는 고용 창출, 고용 안정, 유휴 인력 활용은 물론 소득양극화 해소, 사회안전망 강화, 공동체 복원 등에 기여할 수 있다(대한민국 정부, 2017). 이러한 측면에서 사회적경제는 지역의 지속가능한 공동체를 위한 방안으로 적절하다고 볼 수 있다.

지역경제 순환의 관점에서 사회적경제의 역할은 [그림 15-4]와 같이 지역 내 수요에 대응한 비기반산업에서 일자리의 다양성을 제공하고 주민과의 연대를 통한 비기반산업의 경쟁력을 강화하는 동시에 고용 창출을 강화하는 기능을 수행할 수 있다. 이러한 역할을 강화하기 위해서는 지역정책이 효과적으로 추진될 수 있도록 정부에서 제공하는 정책의 틀과 지역의 자율적 노력이 결합되어야 한다. 더욱이 지역공동체가 지역에 자긍심을 가지고 스스로의 삶의 질을 높여 가려는 다양한 노력 속에서 여러 형태로 제공되는 정책수단 중 가장 적합한 정책이 결합되었을 때

그림 15-4 지역경제 순환과 사회적경제의 역할

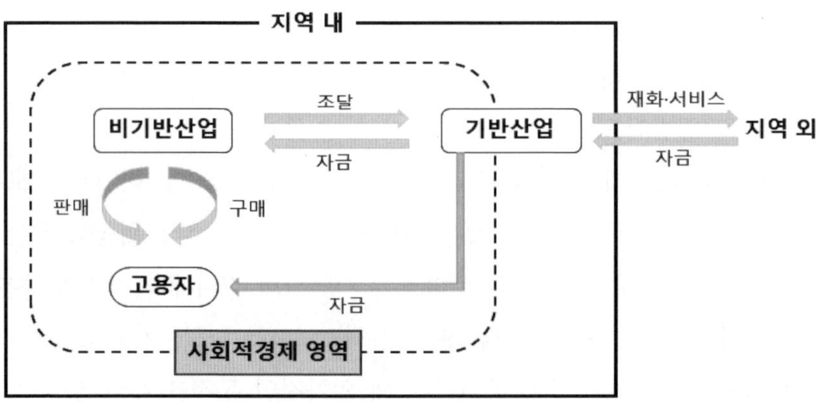

출처: 한국지역정책학회(2016).

지역경제 순환의 성공 확률도 높아지며, 이를 통하여 지속가능한 경제공동체로 가는 길을 담보할 수 있을 것이다(한국지역정책학회, 2016).

이처럼 사회적경제 영역이 지역경제 순환의 관점에서 중요성이 높아지고 있는 가운데, 한국은 정부 주도 하에 사회적경제가 양적 성장을 이루고 있으나, EU 국가에 비하여 우리나라는 아직 사회적경제 활성화가 미흡하다. 실제 2015년 기준 우리나라 사회적경제 기업의 고용 비중은 1.4%[11)]로 EU 6.5%의 22%[12)] 수준에 불과하다. 무엇보다 사회적경제 기업의 큰 문제는 자립 기반이 열악하다는 것이다. 이것은 사업비 대부분을 중앙정부와 지자체 지원금에 의존하고 있고, 정부의 정책도 인건비나 사업비 등 재정 지원 방식에 집중하여, 창업이나 일자리의 수를 늘리기에 급급하기 때문이다. 이에 따라 사회적경제 기업이 유기적인 환경체계로서 자생력과 역량을 키울 수 있는 생태계의 개념이 도입되었다(변장섭 · 나주몽, 2016). 따라서 지속가능한 경제공동체를 위하여 사회적경제가 우리 사회의 협력 성장 · 포용 성장을 견인할 수 있도록 사회적경제 생태계의 구축 및 강화를 통한 질적 성장을 도모하여야 한다.

2. 지속가능한 사회적경제 생태계 강화

1) 사회적경제 주체들의 역량 강화

사회적경제 기업은 사회적 가치 실현과 경제적 가치 실현의 양립이 요구되는 점에서 일반 기업보다 운영이 어렵기 때문에 사회적경제를 담당하는 인재는 높은 혁신 능력과 관리 능력이 요구된다. 그러나 사회적경제 기업을 제대로 관리하고 운영할 수 있는 관리 · 전문 인력이 절대적으로 부족하다(나주몽 외, 2017). 특히 우리나라는 사회적경제에 대한 사회적 인식 및 공감대 형성이 부족하여 청년 · 신중년 등 다양한 계층의 신규 인재 유입이 저조하다. 또한 부처별 창업 지원에만 편중

11) 대한민국 국회에 발의된 「사회적경제기본법」상 총 고용 인원(25,936천 명) 대비 사회적경제 기업 종사자 수(368,268명, 복수 지위에 따른 중복 포함).
12) EU는 사회적경제 관련 조직에 협동조합 · 협회 · 공제회를 포함하여 우리나라(사회적경제기본법 상 조직)보다 범위가 포괄적이어서 명확히 비교되지는 않는다.

되어 종사자 역량 강화 프로그램과 교육 전문가·지원 인력 등 분야별 전문가 양성 프로그램도 거의 부재한 상황이다. 이에 따라 새로운 인재가 사회적경제로 지속 유입되고, 전문성을 갖추어 성장할 수 있는 종합적·체계적인 사회적경제 인재 양성 시스템이 마련될 필요가 있다(대한민국 정부, 2018).

특히 사회적경제 기업을 직접 운영할 수 있는 인재를 발굴하고 육성하는 것이 가장 큰 과제이다. 예를 들어 몬드라곤대학에서는 협동조합 인력양성 프로그램인 Mondragon Team Academy(MTA)를 운영하고 있다. 협동의 개념이 반영된 팀(Team)을 기반으로 한 이 프로그램은 기업가를 양성하기 위한 학·석사학위 프로그램과 실업자를 대상으로 한 재활 프로그램, 전문가 양성 프로그램 등으로 구성되어 있다. 이 중 학사학위 프로그램인 LEINN은 학생들이 실제 회사(Junior Cooperatives)를 설립하여, 그에 따른 역할을 수행하고, 프로젝트를 개발하며, 법적인 지위가 보장되는 파격적인 교육 프로그램이다. 또한 실업자 재교육 프로그램

그림 15-5 몬드라곤대학 MTA의 로켓모형(Rocket Model)

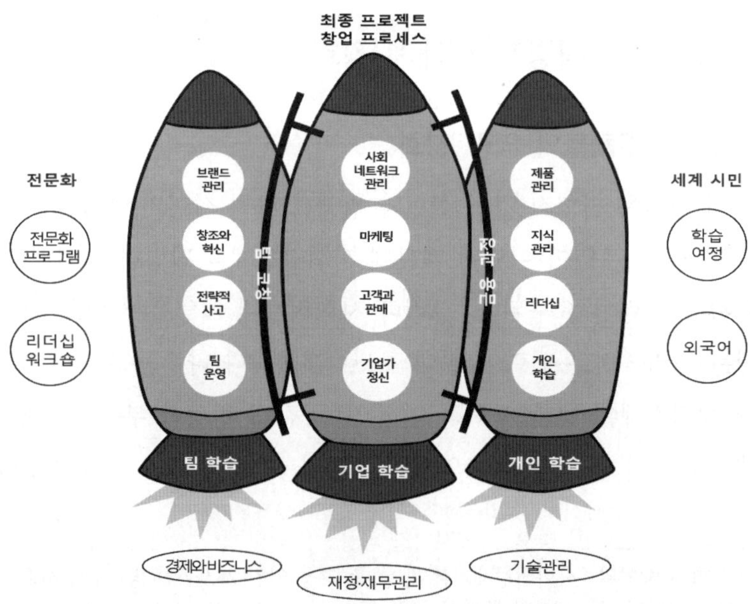

출처: Lopez(2015); 나주몽 외(2016). 재인용.

인 EKINN은 35~50세 실업자를 대상으로 신생 협동조합을 통한 실제 사업을 진행하며, 그에 따른 창업을 유도하고 있다. 또한 이 프로그램은 몬드라곤대학교에서 개발하여 지자체에 보급하였으며, 시정부나 지역기관에 의하여 기금이 조달되어 운영되고 있다. 이러한 프로그램들은 실질적인 사업 운영을 통한 교육을 진행함으로써 협동조합의 인력을 체계적으로 양성하고 있다는 데에서 의미를 찾을 수 있다(나주몽 외, 2016).

2) 생활밀착형 사회적경제 비즈니스모델 구축

사회적경제 생태계 조성은 그 자체가 목적이라기보다는, 이를 통하여 사회적경제가 시민들의 생활문제 해결에 얼마나 기여하였는지가 핵심이다. 대표적으로 서울특별시와 경기도 등에서는 보육시설 내 아동 학대 이슈로 공보육시설을 확충하거나 시민들의 주거비 부담 완화를 위한 사회주택 공급을 늘리는 과정에서 전체 공급 물량의 10% 이상을 사회적경제 방식으로 공급한다는 계획을 발표하였다. 이러한 과정에서 서울의 사회주택 분야 사회적경제 기업들은 공공의 정책 목표 수립을 적극적으로 이끌었을 뿐 아니라, 그간 빈집 및 노후주택을 활용하여 공유주택을 공급·관리해 본 경험을 토대로 사회주택의 건설관리가 가능하도록 역량을 키우며 (사)사회주택협회 창립을 통한 업종연대 활동도 확대하였다. 이 중 사회적기업 '더함'은 국내 최초의 협동조합 아파트단지를 건설·운영하는 사례를 만들어, 입주 조합원의 지불 능력별 차등 임대료 도입과 소셜믹스를 실현하고 상가 및 커뮤니티시설도 입주민과 지역사회의 필요에 기초하여 운영해 나가는 사업을 추진 중이다. 또한 서울에서는 자치구별 우선순위 생활의제를 선정하여 지역 내 사회적경제 앵커기업을 육성하며 다양한 사회적경제 기업과 지역사회의 협력으로 문제를 해결해 나가는 '사회적경제특구 지원사업'을 추진하였는데, 광진구의 돌봄 사회적경제특구 사례처럼 다업종 사회적경제 기업들의 사업연합을 통하여 지역 내 노인들의 본질적 돌봄 서비스 수요를 패키징하여 좀 더 저렴하게 공동 공급하는 사업 성과가 나타나고 있다(이은애, 2018). 이 비즈니스모델은 경력 단절 여성 등을 위해서도 적용할 가치가 있으며, 특히 사회서비스 바우처를 제공하는 기관들의 사회적경제 전환에 좋은 모델이 될 수 있다.

그림 15-6 사회적기업 더함, 협동조합 뉴스테이 아파트단지 건설 운영 사례

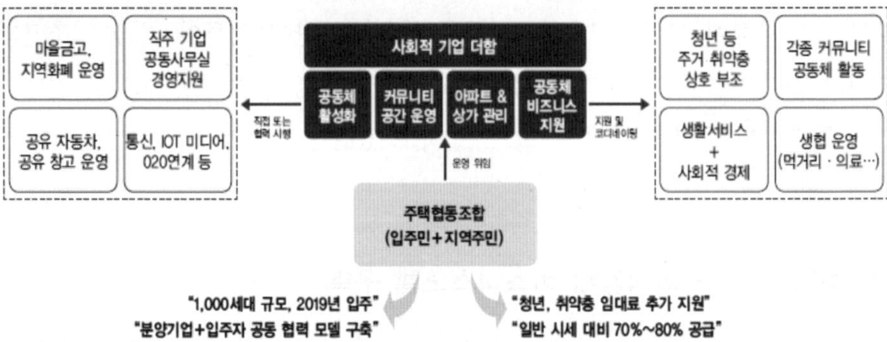

출처: 이은애(2018).

그림 15-7 광진구: 돌봄서비스 조직의 협동화를 통한 지역 돌봄서비스 혁신모델 발굴

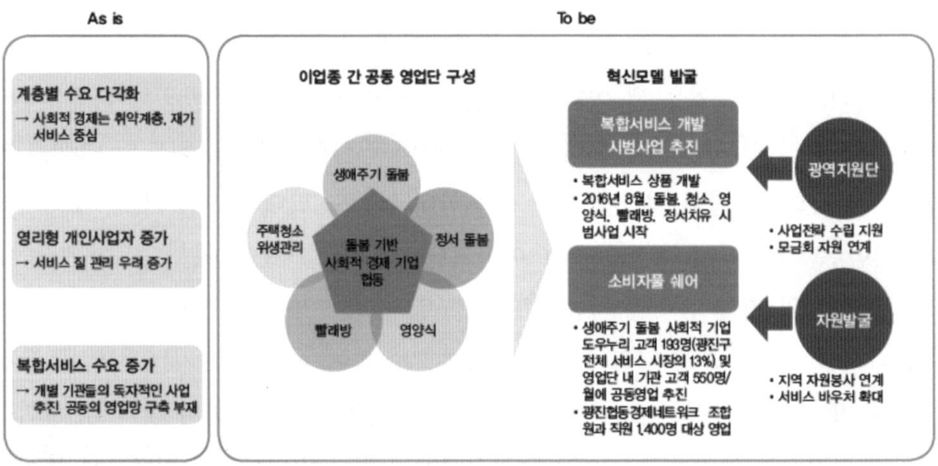

출처: 이은애(2018).

3) 공공조달과 협동경제시스템 구축을 통한 시장 확대

초창기 사회적경제 기업의 정착에 핵심 지원정책은 공공부문 소비시장을 지속적으로 제공하는 것이다. 그런 의미에서 서울특별시는 사회적기업 우선구매 목표 부여 및 달성 체계를 구축하였다. 특히 공공구매 활성화를 위하여 공공구매 지원

센터, 공공구매영업단, 공공구매지원 콜센터 등을 개설·운영하여 지원하였다. 이러한 제도적 지원의 마련으로 공공조달에 신규로 참여하는 사회적경제 기업이 지속적으로 확대되고 있으며, 참여 기업의 평균 매출도 2년 새 132% 신장되었다(서울연구원, 2017). 그러나 공공부문 소비시장의 확대를 위해서는 공공구매정책 집행 과정에서의 개선이 필요하다. 예를 들어 영국에서는 「공공서비스법(사회적가치법)」에 근거하여 공공기관 및 지자체에서 공공조달을 할 때는 사회적 가치를 고려하여 구매가 이루어진다(이영석, 2014).

공급사슬 관리의 관점에서 기업은 공급 사슬을 개편하기 위하여 광범위하게 사용하는 방법 중 하나로 협력적 파트너십을 활용한다. 일반기업에서는 사회적경제 기업과의 파트너십으로 사회적 가치를 창출함과 동시에 공급사슬 혁신을 통하여 가치사슬을 강화시킬 수 있는 전략적 기회로 삼을 수도 있다. 기업이 사회적경제 기업의 소모성 자재 구매와 원자재 구매를 일반 기업의 가치사슬의 관점에서 활용함으로써 사회적경제 기업과의 협력적 파트너십 형성을 통하여 사회적 가치를 실현할 수도 있다. 더욱이 현실적으로 구매하고자 하는 사회적기업의 제품들의 품질

그림 15-8 1사 1사회적기업 캠페인

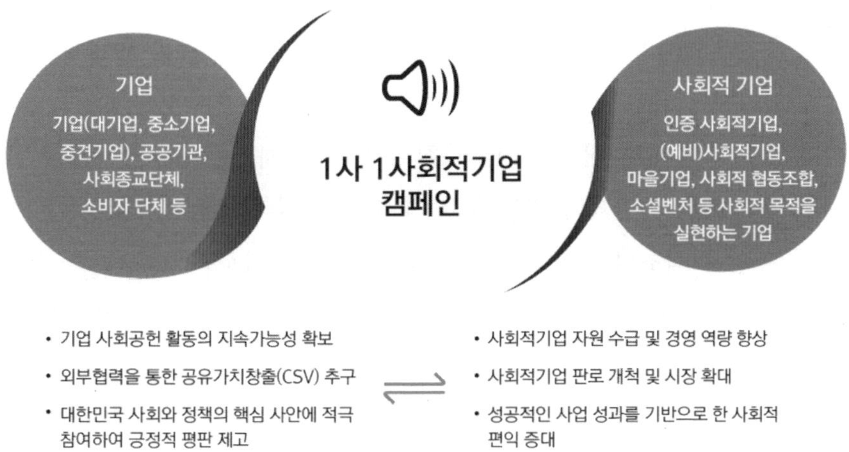

출처: 나주몽 외(2016).

이 상대적으로 떨어지거나 종류가 부족한 문제점을 해소하기 위하여, 기업이 직접 사회적경제 기업에 투자함으로써 제품 품질을 제고하는 방식의 노력도 필요하다. 대표적인 예로 앞의 [그림 15-8]과 같이 '1인 1사 캠페인'을 들 수 있다. 이 전략은 사회적기업 파트너십을 통한 공유가치 창출이라는 효과적인 기업 사회공헌 전략이다. 기업에게는 사회적기업과 협력할 수 있도록 정보를 제공하고 직접 사회적기업을 기업체와 매칭하는 컨설팅을 제공하는 한편 우수 사례를 널리 홍보할 수도 있다(나주몽 외, 2016).

4) 지역에서의 사회적 금융 활성화

사회적경제 기업은 취약계층의 자활 기회 제공, 좋은 일자리 창출, 양질의 사회서비스 제공, 영세 자영업자의 사업 경쟁력 확보, 안전하고 활력 넘치는 지역만들기와 같은 사회적 필요를 효과적으로 달성하기에 적합함에도 불구하고, 외부성이나 이용자의 지불 능력 결여와 같은 해당 사업의 특성상 창출한 사회적 가치를 시장에서 가격으로 보상받지 못하는 시장실패 현상에 노출되어 있다. 특히 일반 금융권에서는 대출 시에 대손 위험을 줄이기 위하여 일반적으로 신용보증을 요구하지만, 이러한 시장실패로 인하여 사회적경제 기업들은 자금 조달 측면에서 한계가 큰 것이 일반적이다. 따라서 사회적경제 기업들이 사업 특성·생애주기·경영 여건에 따라 자금을 적기에 조달하기 위해서는 사회적 금융 생태계가 잘 조성되어야 한다(서울연구원, 2017). 특히 사회적경제 기업의 지역순환 경제 생태계 활성화를 위해서는 사회적 금융을 중개하는 전문기관들의 존재가 필수적이다.

사회적 금융의 사례는 대표적으로 사회목적 투자, 사회투자기금, 사회혁신채권, 특별기금, 특례보증, 전담 금융기관 등을 제시할 수 있다(문진수, 2015). 우선 사회목적 투자는 영국 최초의 Social Venture Capital인 'Bridges Ventures'를 들 수 있다. 2002년에 설립되어, 정부가 50% 출자하였으며, 보유자산 4천만 파운드에 이르고, 영국에서 가장 가난한 25% 지역에 위험자본(venture capital)을 제공하며, 지분 투자, 전문 컨설팅을 제공하고 있다. 서울시 사회투자기금은 규모 1,000억 원으로 서울시와 민간에서 50%씩 조달하였다. 융자(loan) 방식으로 사회적기업, 마을기업에 대한 시설 및 경영안정자금을 지원한다. 사회혁신채권은 고비용의 어려운 사회적 문제를 해결해 나가는 성과기반의 사회혁신 프로그램으로 사회적 결과물에 따라 투자 수익이 결정되는 운영 메커니즘을 갖고 있다. 영국 피터버러(Peterborough)시는 성과 목표를 출소자 중 갱생교육을 받은 복역자의 1년 이내 재범 횟수로 설정하고 성과 달성 여부에 따른 손익을 계산하여 채권에 대한 회수 여부를 결정한다. 이외에도 사회적 금융을 지원하기 위하여 특별기금을 조성하는 방안이 있다. 예를 들어 유럽투자은행의 경우, 여신 제공 금융기관들에 대한 손실을 흡수하는 기능을 담당하며 미소금융 활용, 공동출자, 특수채권 발행 및 공모 등을 통하여 기금을 조성하여 사회적경제 조직에 대한 재원 조달에 금융기관들이 좀 더 적극적으로 지원할 수 있도록 하는 간접적인 지원 방식이다. 서울신용보증재단의 특례보증도 예를 들 수 있다. 신용 활동 능력이 부족한 협동조합에게 보증서를 발행하고, 사회적 융자에 주로 활용한다. 이것은 사회적기업 취약계층 융자사업 등에 이미 도입된 접근법이다. 마지막으로 전담 금융기관의 설립을 들 수 있다. 사회투자 전문 금융기관의 설립 및 운영과 특별법에 의한 '특수목적은행' 설립, 또는 사회적기업, 협동조합 등 사회적경제 조직 금융 지원 등을 재검토하여야 할 것이다(나주몽 외, 2016).

3. 사회적경제 거버넌스 구축 및 활성화

사회적경제의 발전은 지역경제의 여러 주체와 긴밀한 관계를 갖고 있다. 지역에 거점을 두고 발전해 나가기 위해서는 지역경제 공동체와 네트워크가 필수적이기 때문이다(이윤재, 2010). 따라서 중앙정부의 역할도 중요하지만 무엇보다 지역의 특색에 맞는 지방자치단체의 지원 및 협력을 필요로 한다. 지방자치단체는 지역주민들을 정책 수립과 집행 과정에 참여시켜 민관이 상호 협력 하에 지역 발전을 꾀하고, 지역주민들의 참여와 협조 하에서 인적 및 물적 네트워크를 활성화시키고 연계를 통하여 파트너십을 강화해 나가는 데 지역 거버넌스의 이념과 목적에 잘 부합한다(정지웅 외, 2013). 이러한 거버넌스를 통한 사회적경제 네트워크 구축을 잘 실현하고 있는 사례가 서울특별시이다.

서울은 사회적경제 생태계를 형성하고 그 바탕 위에서 지역의 필요를 충족시키는 전략사업을 펼칠 수 있게 도왔다. 서울은 공모사업에 따라 자치구 단위로 구내 사회적경제 기업, 중간지원조직, 이론가들로 구성된 생태계 조성사업단, 즉 자치구별 사회적경제 네트워크를 조직하여 구청과의 협의를 통하여 지역의제와 특화사업을 제출하였고 선정된 자치구로부터 이 정책을 실행하고 있다. 이것은 자치구 수준에서 상위 기관과의 협의 하에 정책의 공동 수립과 공동생산[13]이 이루어지는 것을 의미한다. 이러한 정책은 캐나다의 '퀘벡모델'과 유사하다. 우선 시민운동과 노동운동, 정당운동, 여성운동, 환경운동 등 각 자치구에서 활동하던 적극적인 시미들이 사회적경제협의체(네트워크)로 모여든 것이 가장 큰 성과이다. 자치단체장의 의지로 '중간조직'의 중요성을 강조한 것도 단기간의 성과를 낸 이유 중 하나이다(칼폴라니사회경제연구소, 2017). 서울은 지난 2012년 7월 '서울시 사회적경제

그림 15-9 서울 사회적경제 거버넌스 체계

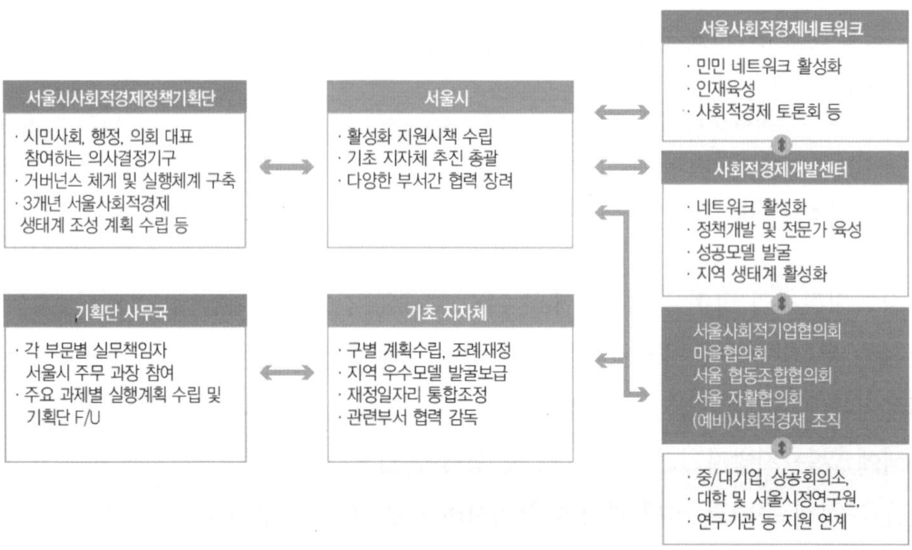

출처: 서울특별시 사회적경제지원센터(2016).

13) 공동생산(co-production)은 1960년대 미국에서 시민들의 공공서비스 참여를 규정하고 묘사하기 위하여 발전된 개념으로, 시민이 스스로 필요한 서비스를 생산하는 것을 뜻한다. 즉 국가의 직접적 개입이 아닌 공공재정과 규율을 기반으로 시민에 의하여 서비스가 자율적으로 전달되는 방식이다(Pestoff et al., 2006; 이경미·장원오, 2017. 재인용).

정책기획단(현 서울시 사회적경제 민관정책협의회)'이라는 새로운 거버넌스 구성에 합의하였는데, [그림 15-9]에서 보듯이 이 거버넌스는 서울시 사회적경제 정책에 대한 기본 방향과 사업계획을 세우고 민관 공동 수립 · 공동 집행 · 공동책임 구조를 갖추어 민-민, 민-관의 지속적 소통과 협력의 틀을 세웠다(서울특별시 사회적경제지원센터, 2016).

참고 문헌

경제사회노동위원회(2016). 「지속가능 일자리: 국가별 정책과 전략」.

광주광역시기후변화대응센터(2014). 기후변화대응을 위한 광주형 에너지협동조합 육성방향. 「정책브리프」 Vol.6.

그린피스 한국사무소 홈페이지 http://www.greenpeace.org/korea/

김유빈(2018). 청년고용의 현황 및 대응방안. 「월간 노동리뷰」. 2018년 3월호(통권 제156호). 한국노동연구원.

김유휘 · 이승윤(2014). '시간선택제 일자리' 정책의 분석과 평가: 한국, 네덜란드, 독일 비교 연구. 「한국사회정책」 21(3). 한국사회정책학회.

김인경 외(2015). 「영유아 교육 · 보육 지원방식 다양화 방안에 관한 연구」. 국무조정실 · 한국개발연구원.

김준하(2017). 「기후변화: 새로운 기회와 도전」. 광주: 광주과학기술원.

나주몽(2017). 저성장시대의 지역경제전략. 「지역정보」 No.11. 한국지역개발학회.

나주몽 외(2016). 「사회적경제와 지역혁신」. 광주: 전남대학교출판문화원.

나주몽 외(2018). 「사회적경제의 정책과 실천」. 광주: 전남대학교출판문화원.

김종훈 외(2018). 「저출산 · 고령사회 기본계획 보완 연구」. 저출산고령사회위원회 · 한국보건사회연구원.

대니얼 예긴, 이경남 역(2013). 「2030 에너지전쟁」. 서울: (주)사피엔스21.

대한민국 정부(2017). 「사회적경제 활성화 방안」.

대한민국 정부(2018). 「사회적경제 인재양성 종합계획」.

마이클 루이스 · 팻 코너티, 미래가치와 리질리언스 포럼 역(2015). 「전환의 키워드, 회복력」. 서울: 도서출판 따비.

문진수(2015). 사회적경제 조직 활성화 및 생태계 조성을 위한 사회적 금융 활용 방안,

「제4차 사회적경제 콜로키움(2015.6.26.) 자료집」, 전남대학교 지역개발연구소 · 광주NGO시민재단 사회경제센터.
변장섭 · 나주몽(2016). 광주지역 사회적경제 조직의 연계구조에 관한 연구: 사회네트워크 분석을 중심으로. 「한국지역경제연구」 No.35, 한국지역경제학회.
변장섭 · 나주몽(2018). NPO의 최종소비지출에 따른 경제적 파급효과: 세계산업연관표의 36개 국가를 중심으로. 「NGO연구」 No.13 Vol.2, 한국NGO학회.
베르나르 라퐁슈, 김성희 역(2013). 「에너지 미래학」. 파주: ㈜알마.
서울연구원(2017). 「서울시 사회적경제 5개년계획 수립을 위한 기초 연구」.
서울특별시 사회적경제지원센터(2016). 「2011－2015 서울시 사회적경제 활성화 정책 5년 성과 및 향후 과제」.
앤드류 니키포룩, 김지현 역(2013). 「에너지 노예, 그 반란의 시작」. 서울: 황소자리 출판사.
에너지기후정책연구소(2016). 「에너지전환과 에너지 시민을 위한 에너지 민주주의 강의」. 서울: 도서출판 이매진.
오양래(2018). 「한국형 포용적 성장의 방향과 과제 (2): 포용적 성장의 내용과 전략」. 나눔연구소.
오은진 외(2015). 「경력단절 여성을 위한 맞춤형 지원방안」. 한국여성정책연구원.
오학수(2010). 일본의 지속가능한 사회 실현을 위한 고용시스템. 「국제노동브리프」. 2010년 8월호. 한국노동연구원.
윤윤규 외(2017). 「청년 고용 · 노동시장의 현황, 문제점 및 정책과제: '정형화된 사실들' 분석」. 한국노동연구원.
이경미 · 정원오(2017). 서울시 사회적경제 생태계의 유형 및 특성 연구: 퍼지셋 이상형 분석의 적용. 「사회복지정책」 44(1). 한국사회복지정책학회.
이규용 외(2013). 「취업취약계층 노동시장정책 효율화 방안 연구」. 한국노동연구원.
이상신 · 전영신(2014). 지역 협동조합 설립을 통한 기후변화 대응 역량 강화. 「GREEN ISSUE」 2014－16. 한국기후변화대응연구센터.
이영석(2014). 사회적기업 공공조달. 「복지동향」 185. 참여연대 사회복지위원회.
이윤재(2010). 「사회적기업 경제」. 서울: 탐북스.
이은애(2018). 한국 사회적경제 생태계 조성 현황 및 전망. 「복지동향」 제200호(2018년 2월호), 참여연대 사회복지위원회.
이재성 외(2016). 「고용취약계층의 경제활동에 관한 연구」. 한국고용정보원.
이정필(2012). 역대 정부 에너지정책의 특징과 시사점. 「ENERZINE FOCUS」 No.41. 에너지기후정책연구소.

이정필(2018). 에너지 전환과 개헌. 「ENERZINE FOCUS」 No.85. 에너지기후정책연구소.
이진영(2014). 「고용취약계층의 경제활동참가율 추이 분석과 정책적 함의」.
임춘택(2018). 글로벌 에너지 전환과 대한민국의 선택, 「2018 대한민국 에너지전환 컨퍼런스 발표자료」.
정지웅 외(2013). 「경기도 사회서비스 공급 기관의 사회적경제 형태로의 전환 방안 연구」. 경기연구원.
주성수(2010). 「사회적경제: 이론, 제도, 정책」. 서울: 한양대학교출판부.
최민정(2015). 경력단절 여성 지원정책의 현황과 과제. 「보건복지포럼」 2015년 9월호(통권 제227호). 한국보건사회연구원.
칼폴라니사회적경제연구소(2017). 「한국 사회적경제 발전 전략 연구」. 서울시사회적경제지원센터.
피터 다이어맨디스・스티브 코틀러, 권오열 역(2012). 「어번던스: 혁신과 번영의 새로운 문명을 기록한 미래 예측 보고서」. 서울: (주)미래엔.
한국지역정책학회(2016). 「저성장시대 지역정책의 새로운 패러다임 모색」.
한재각(2014). 유럽의 공동체에너지와 재생에너지협동조합. 「ENERZINE FOCUS」 No.55. 에너지기후정책연구소.
한재각・이정필(2014). 영국 에너지전환과 공동체에너지의 의의. 「STEPI WORKING PARER SERIES」. WP 2014－02. 과학기술정책연구원.
한재각・이정필・김현우(2017). 에너지산업 구조개편과 에너지민주주의 대안_지역화/공유화 접근을 제안하며. 「ENERZINE FOCUS」 No.75. 에너지기후정책연구소.
허재완・고영구(2015). 「현대 지역경제론」. 서울: 커뮤니케이션북스.
현대경제연구원(2016.) 일본 고령자 일자리 창출 사례와 시사점. 「VIP리포트」. 통권 660호. 현대경제연구원.
Eurofound(2015). Sustainable work over the life course: Concept paper, Publications Office of the European Union, Luxembourg.
Eurofound(2016). Sustainable work throughout the life course: National policies and strategies, Publications Office of the European Union, Luxembourg.
Goldenberg, Mark(2004). *Social Innovation in Canada*. Canadian Policy Research Networks.
IEA(2018). World Energy Balances.
Lopez, J. M.(2015). Mondragon Team Academy & EKINN(Entrepreneurship Knowledge and Innovation), 6th Social Economy Colloquium (2015.10.16.) by Center for

Regional Development of Chonnam National University and Social Economy Support Center in Gwnagju Metropolitan City of Gwnagju NGO Civic Foundation.

OECD(2007). Social Economy: Building Inclusive Economies.

Pestoff, V., Osborne, S.P., & Brandsen, T. (2006). Patterns of co-production in public. services. *Public Management Review* 8(4).

제 16 장

지속가능한 도시공동체를 위한 과제

제 1 절 지속가능성을 위한 도시계획의 새로운 방향

지속가능한 도시계획은 무엇이고, 어떻게 하여야 하는가? 도시계획의 방향을 제시하는 연구는 19세기 서구의 산업혁명이 일어날 시기부터 나타났다. 에베네저 하워드(Ebenezer Howard, 1850~1928)의 『내일의 전원도시(*Garden Cities of Tomorrow*)』(1902)를 시작으로, 1920년대 전 세계적으로 일종의 '도시계획운동'이 일어났고, 우리나라도 1930년대 최초의 법정 도시계획이 등장하였다. 이후에도 계속하여 도시계획은 기술적인 도구에서 사회 · 경제 · 문화적 요소를 포함하면서, 도시의 미래를 담으려는 수많은 시도와 변화를 겪었다. 이러한 배경에는 도시에 사는 시민들의 삶의 질 향상이라는 궁극적인 목적을 두었기 때문이다(정환용, 2006).

이 장에서는 지속가능성과 도시계획을 연계시키면서, 우리가 바라는 도시계획의 미래를 살펴본다. 최근 UN이 SDGs를 채택하면서 도시학자 또는 이해관계자들이 계속 이야기하는 포용도시에 관한 내용을 사회적 포용을 도시계획과 연계하여 조명하고, 도시 회복력의 관점에서 도시계획의 대응 방향을 말하고, 마지막에는 도시계획에서 시민 참여의 중요성, 과정, 그 의미를 '참여도시'를 통하여 설명한다.

1. 사회적 포용과 다양성을 위한 도시계획의 역할

1) 포용도시의 배경과 개념

유럽에서는 1980년대 이후 경제와 복지국가의 위기 속에 장기적인 실업, 불안정한 취업, 청년 고용문제, 가족의 변화, 홈리스(homeless) 및 이민의 증대 등에 따라서 빈곤이 심각한 문제로 대두되었다. 이 문제에 대하여 '사회적 배제' 또는 '사회적 포용'이라는 용어가 등장하였고, 유럽의 사회정책에서 중요한 개념이 되었다. 최근에는 국제노동기구(International Labor Organization: ILO), 유엔개발계획(United Nations Development Programme: UNDP), 세계은행, 경제협력개발기구(OECD) 등에서도 사용하고 있다(박인권, 2015).

포용도시는 최근 심화되는 사회적 배제를 극복해 나가는 도시의 비전으로 제시된 개념으로서, '사회적 포용(social inclusion)'을 달성하거나 적어도 지향하는 도시를 말한다. 여기서 포용은 사회적 배제를 극복하는 과정과 그 이후의 상태, "정책적 관점과 전략, 제도적 과정"이다(Miciukiewicz, Moulaert, Novy, Musterd, & Hillier, 2012).

이런 맥락에서 포용도시는 도시 차원에서 다양한 형태의 사회적 배제를 극복하는 것을 목표로 지향하는 개념으로 볼 수 있다. 먼저 제3세계 도시들을 주요 표적으로 삼고 '도시 거버넌스에 관한 글로벌 캠페인'을 해온 유엔 해비타트(UN Habitat)가 제시한 비전으로서 포용도시는 주로 의사결정 과정에 모든 사람의 참여를 보장하는 것을 내용으로 한다.

2) 사회적 배제

포용도시의 핵심은 사회적 배제가 없는 상태를 지향하므로, 포용도시의 차원들을 살펴보기 위해서는 먼저 사회적 배제의 개념부터 좀 더 자세히 살펴볼 필요가 있다. 이 개념은 1960~1970년대 중반 프랑스에서 주로 사용되기 시작하였는데, 당시에는 편부모 가정, 장애인, 노인, 약물 중독자 등과 같이 사회적 안전망의 보호를 받지 못하는 취약계층의 상태를 가리키는 데 사용되었다.

처음 이 말은 프랑스의 빈곤자 구조활동을 하던 사회가톨릭운동단체 'ATD 제4세계' 등에 의하여 사용되었다. 당시 프랑스에서 논의된 '배제'는 경제 성장과 복지국가의 혜택에서 배제된 사람들로 주로 사회적 부적응자를 대상으로 사용하였다. 그러다가 1980년대와 1990년대를 거치면서 사회적 결속(social bond)의 균열을 지칭하기 위하여 더욱 광범위하게 이 용어가 사용되었다. 고도 경제성장이 끝나면서 완전고용이 붕괴되었고, 실업 증가와 불안정 고용이 늘어나면서 복지국가의 기본적인 근간인 사회복지에서 멀어지는 사람들이 증가하였다. 고도성장기에는 전혀 상상하지 못하였던 '새로운 빈곤'이 시작된 것이다.

1990년대 중반 이후 유럽연합이 마스트리히와 암스테르담 조약에 이 용어를 포함하고 구조기금(Structural Funds)의 목적으로 사회적 배제의 해결을 언급하면서 더욱 일반화되었다. 특히 이 개념은 1990년대에 영국으로 넘어가서 노동당 정부가 사용하기 시작하면서, 사회·경제 정책과 각종 연구의 핵심 개념으로 부상하였다 (Aalbers, 2009).

3) 포용도시에 관한 최근 논의

유엔 해비타트(UN Habitat)는 포용도시를 "모든 사람이 경제적 수단, 성별, 민족, 종교 등에 상관없이 도시가 제공해야 할 사회적·경제적·정치적 기회들에 충분히 참여할 수 있는 권능(enabled and empowered)을 가지고 있는 장소"로 정의한다(UN Habitat, 2004: 1). 이러한 비전을 달성하기 위하여 UN Habitat는 참여적 계획과 참여적 의사결정을 핵심적 전략으로 채택하고 있다. 이는 UN Habitat의 포용도시 개념이 최종적인 산출(outcomes)보다는 민주적 도시 거버넌스의 구축에 초점을 맞추고 있음을 시사한다(Beall, 2000; Stren, 2001).

2016년 20년마다 열리는 해비타트Ⅲ 회의에서 채택한 새로운 도시의제(New Urban Agenda)에서는 '모두를 위한 지속가능한 도시와 인간 정주를 위한 키토선

표 16-1 포용도시에 관한 국제사회의 동향

구분	주요 개념
UN 지속가능발전목표	11.3 포용적이고 지속가능한 도시
UN 해비타트 III	지속가능발전(포용도시)
OECD	도시의 포용성장
아시아개발은행	포용도시
세계은행	포용도시

언'을 제시하면서 "누구도 소외되지 않게 한다(Leave no one behind)"는 전제를 제시하였다. 그리고 모두를 위한 안전하고 평등한 접근을 보장하는 공공의 참여, 지속가능하고 포용적인 도시 경제, 환경적인 지속가능성을 제시하였다.

4) 포용적 도시계획의 개념과 방향

그러면 포용도시를 만드는 기본 방향에 대하여 해비타트(Habitat)의 '새로운 도시의제'의 내용을 중심으로 살펴보기로 한다. 새로운 도시의제는 '우리가 그리는 도시와 인간의 정주지'의 비전으로 말한다. 내용을 몇 가지로 정리할 수 있는데, 첫째, 참여적이고 시민 참여를 증진시키고 거주민들이 소속감과 소유의식을 느낄 수 있는 곳이다. 둘째, 안전하고 포용성을 지니며 접근 가능하고 녹색이면서 양질

그림 16-1 포용정책의 의미

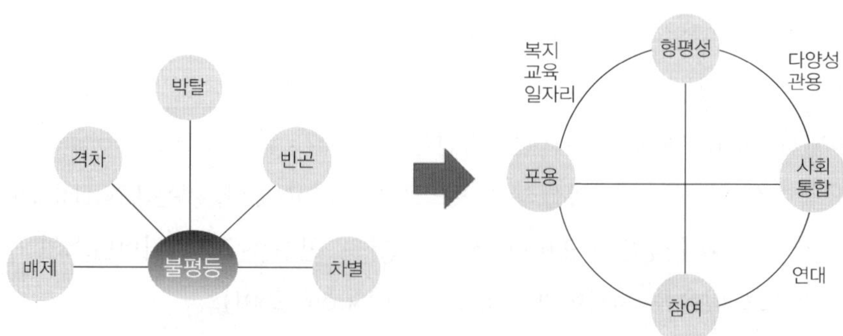

출처: 조권중(2017).

의 공적 서비스를 제공하는 곳이다. 셋째, 가족 중심적이며 사회적이고 세대 간 교류, 문화적 표현, 정치적 참여를 격려하는 곳이다. 넷째, 사회적 결속, 포용 및 안전, 모든 거주민의 수요가 충족되고 취약한 상황에 있는 사람들의 구체적인 필요를 인식하는 평화롭고 다원적 사회이다(UN Habitat, 2016). 전체를 묶어서 큰 틀에서 설명하면 '포용도시'를 구현한다고 말할 수 있다.

이 포용도시를 만들기 위하여 몇 가지 도시의 상(像)을 말할 수 있다(조권중, 2017).

첫째, 적정한 공공공간을 확보하는 도시이다. 다양한 사람들과 문화 사이에서 사회적 교류, 보건 및 복지, 경제 교류 및 문화적 표현과 대화를 위한 다기능 공간을 가진다. 이 공간은 거리, 보도 및 자전거 도로, 광장, 수변공간, 정원 및 공원을 말한다. 또한 안전하고 접근이 용이하면서 환경친화적이며 양질의 공공공간을 발전시켜야 한다. 그리고 이 공간은 인간의 발전, 평화롭고 참여적인 사회, 공존과 연대, 사회적 포용의 구축을 보장하도록 설계되고 관리되어야 한다.

둘째, 사회적 약자를 배려하는 도시이다. 안전하고 건강하고 질서가 잡힌 환경을 조성하여 폭력과 위협을 느끼지 않고 살아가고 일하고 도시생활에 참여할 수 있는 모두를 위한 도시와 인간정주지를 확보하여야 한다. 또한 이 과정에서 여성, 아동과 청년, 장애인이 특히 영향을 받기 쉽다는 것을 고려하여야 한다.

셋째, 문화다양성을 품는 도시이다. 도시에서 다양성을 포용하고 사회 결속, 문화 간 대화 및 이해, 관용, 상호 존중, 성평등, 혁신, 기업가정신, 포용, 정체성 및 안전, 인간 존중을 강화시켜야 한다. 또한 점차 이질적이고 다양한 문화가 존재하는 사회에서 다원주의와 평화로운 공존을 보장하기 위한 조치를 취하여야 한다.

넷째, 포용적인 사회 플랫폼을 갖는 도시이다. 도시에서 제도적, 정치적, 법적 재정적 메커니즘을 발전시켜야 한다. 시민 참여와 공동 조달 및 생산뿐만 아니라 모두를 위한 의사결정, 계획 및 의미 있는 참여를 허용하는 국가 정책의 연장선상에서 포용적인 플랫폼을 확장시켜야 한다.

5) 도시 거버넌스의 구축

이 포용도시를 구현하기 위하여 도시 거버넌스의 구축과 도시공간의 계획과 관리는 무엇보다 중요하다. 도시 거버넌스의 구축을 위해서는 지원체계를 수립하여야 한다. 도시정책은 투명하고 책임 있는 재정 메커니즘과 적절하게 연계되어 국가, 광역, 지방정부의 제도적 틀에 기반한 통합적인 전략과 계획의 부분으로서 지속가능한 도시 및 토지 개발을 하여야 한다.

또한 각 국가 또는 지방의 법제도에 따라서 효과적인 지방 및 대도시의 다층적인 거버넌스를 이행하기 위하여 광역 및 지방정부의 역량을 강화하여야 한다. 광역 및 지방정부의 의사결정에의 참여를 보장하고, 주요 도시, 광역도시, 지역 문제를 관리하는 데 필요한 권한과 자원을 제공하여야 한다. 동시에 모든 분야 및 지방정부를 포함해 모든 의사결정 수준의 리더십에서 여성의 효과적인 참여 및 동등한 권리가 이행될 수 있도록 조치를 취하여야 할 것이다.

6) 도시공간 개발의 계획 및 관리

사회적 포용성, 경제적 효과성, 환경보호 원칙을 바탕으로 한 주택정책을 추진하여야 한다. 적절한 인프라 시설이 있는 도심의 토지 등 지불 가능하고 지속가능한 주거를 위한 공공자원을 효과적으로 이용할 수 있도록 지원하고, 사회적 포용과 융합을 위하여 혼합 개발을 촉진하여야 한다.

또한 교육, 고용, 주거, 건강 이슈 간 연계를 강화하고, 배제와 분리를 방지하는 지역의 통합적 주거 접근을 촉진하는 주거정책 개발을 지원하여야 한다. 이를 위하여 종합적이고 포용적이며 지속가능한 주거 우선 프로그램 등 전담 정책 및 적극적인 포용전략을 수립하여야 할 것이다.

7) 포용성을 고려한 도시계획의 사례

포용도시에서 가장 중요한 점은 시민의 삶의 질을 높이는 도시환경의 세우는 일이다. 체계적인 주택 건설, 교통환경의 결정은 도시의 성장을 촉진하면서 포용성을 개선할 수 있다. 도시의 종합계획은 대중교통의 이용 개선, 빈곤지역의 노동시장 접근 개선, 교통체증이나 통근시간 감소 등의 향상을 유도할 수 있지만, 잘못된 설계로 인하여 도시의 사회적 배제를 야기할 수 있는 점도 있다. 여기에서는 크게 세 가지 측면에서 포용성을 고려한 도시계획의 사례를 소개한다(조권중, 2017).

그림 16-2 일본 구마모토현의 공공임대주택

주: 1989년 3월 착공해 1991년 8월 준공한 구마모토현이 운영하는 호타쿠보 1단지. 중앙정원을 110세대 전체가 바라보는 구조이다. 포용의 관점에서 공공임대주택을 바라보고 지난 30여 년간 운영한 사례이다.
출처: 연구진 조사 및 촬영.

첫째, 포용도시에서 주거의 안정은 가장 중요한 요소 중 하나이다. 이를 위하여 공공임대주택과 같은 저렴한 주택(affordable housing)정책을 지속적으로 추진하여야 한다. 시민들의 참여와 호혜적 관계가 아무리 잘 형성된다고 하더라도, 그 관계가 오직 지불 능력이 있는 사람들만을 위한 것이라면 결코 포용적 도시라고 할 수 없다(조권중, 2017). 이를 위한 정책적 수단으로 지속하였던 임대주택 의무비율 제도와 공공임대주택의 건설 및 공급은 공간적 포용성 확대에 기여하였음을 보여준다(박인권, 2015).

아직까지 우리나라는 '주거권'을 헌법에 명시적으로 규정하지 않았고, 다만, '인간다운 생활을 할 권리'로서 인정한다. 그래서 실정법상 일반적 권리로 인정받지 못하는 문제도 있다. 하지만 국가는 저소득계층을 포함한 주거 취약계층에 대하여 주거권을 인식하고 최저 주거 기준을 보장하기 위하여 주거복지를 제공할 의무는 있다. 현재 우리나라의 공공임대주택은 장기(영구, 50년, 국민)임대, 5년 건설(사원임대), 매입임대 등을 포함해서 2백 20만 호이다. 양적인 측면에서 공공임대주택의 공급은 성과가 인정된다. 하지만 주택의 면적, 품질, 관리 수준, 주변 환경 등 저소득층 및 서민의 인간다운 삶을 영위하는 부분에서는 의문이 든다. 이는 수요자의 요구에 부응하는 맞춤형 주택 공급이 미흡한 것이다.

그림 16-3 광주교통약자버스 스마트폰 어플과 저상버스

주: 교통약자를 위한 저상버스를 IT기술과 연계해 사회적 약자를 배려하는 사회서비스 제공의 방안으로 운영하는 사례이다.
출처: 광주광역시청 홈페이지.

대부분의 선진국은 임대주택정책을 사회통합적 관점에서 추진한다. 입주자격을 단순히 저소득층에 국한하지 않고, 전체 계층의 보편적인 주택 문제 해소의 수단으로 활용한다. 이를 통하여 저소득층 집중으로 인한 지역의 슬럼화를 방지하고, 사회계층이 혼합적으로 거주할 수 있는 방안을 제시한다.

이를 위해서는 '주거권'에 대한 사회적 공론화가 필요하다. 저소득층이 살아가는 주거공간의 개념이 아닌 대다수 시민이 내집 마련의 기회이자 삶을 영위할 수 있는 공간으로 생각하고 살 수 있는 공간에 대한 인식의 전환이 필요하다.

둘째, 시민들의 참여를 확대하고, 역량 강화와 호혜적 관계 형성을 위하여 마을공동체 지원사업과 같은 '공동체' 형성과 복원사업을 계속 추진하여야 한다. 지자체가 의욕적으로 추진해 온 마을공동체 지원사업은 지역주민의 참여 기회 확대와 역량 강화, 마을 활동가 양성에 크게 기여해 온 것으로 평가받고 있다(조권중, 2017). 도시지역에서 마을공동체의 회복은 과거 마을공동체 활동과는 약간 다른 의미를 갖는다. 과거 마을공동체는 공동의 목적과 공동체라는 지리 · 문화적 유사성 속에서 함께 거주하고, 일하면서 유지되었다면, 현대의 마을공동체는 인위적이면서도 사람과 사람을 잇는 새로운 형태의 공동체이다. 따라서 거주하고 일하며 참여하는 도시로 성장하기 위해서는 마을공동체의 회복이 절실하다.

마을공동체의 활동은 최근 문제가 부각되는 도시의 양극화 문제를 해소하는 하나의 방안이기도 하다. 급속한 산업화와 성장 과정에서 발생한 양극화 문제는 사회 전반에 걸쳐 과거에 생각지 못한 전혀 새로운 문제를 만든다. 자본과 소득에 관한 양극화는 결국 주거뿐만 아니라 교육에 이르기까지 계층 간 갈등을 야기한다. 주민들의 생활 전반에 영향을 주는 양극화 문제를 극복하기 위한 대안이 바로 마을공동체의 회복인 것이다.

마을주민들이 서로 얼굴을 맞대고 대화하며 함께할 수 있는 일들을 찾으면서, 마을에 신뢰와 생기를 되찾게 만드는 소중한 원동력이 될 수 있다. 이러한 경험을 지금 우리나라 마을만들기에서 발견할 수 있다.

셋째, 더 나은 교통시설은 성장을 촉진하고 포용성을 향상하는 데 기여할 수 있다(OECD, 2015: 136). 그런데 효율성과 형평성을 고려한 도시교통 시스템을 만들기는 쉽지 않다. 새로 개설된 도로가 출근시간을 단축할 수 있지만, 인근에 사는 사람들에게는 소음, 공해로 인한 삶의 질 저하를 일으킬 수 있다.

대중교통의 이용이 불편한 경우나 자동차 활용이 편리한 경우 도시의 교통시스템은 자동차 위주로 변화되고, 시민들 역시 자동차를 선호하게 된다. 따라서 자가용 이용이 현실적으로 어려운 저소득층의 이동성이 급격히 저하된다. 또한 도시 외곽에 적절한 대중교통이 연결되지 않으면 부동산의 가치 하락이 발생하여 저소득층 지역이 만들어진다. 결국 도시교통을 통한 이동성 향상의 범위는 대도시권에서 이루어져야 한다. 계획 시점의 거주자를 위하여 적합한 접근성을 제공하기 위한 용도지역제와 계획 가이드라인이 모두 세워져야 한다. 도시 이동을 위한 재원 문제는 도시의 모든 교통 수단 간의 연계가 고려되어야 하고, 이에 대한 수혜자에게 재원을 충당하여야 한다(문정호 외, 2016).

2. 도시 회복력을 위한 도시계획의 대응 방향

1) 회복도시의 배경과 개념

회복력(resilience)[1)]은 심리학의 용어로서 일반적으로 사람들이 가진 위기나 역경을 이겨내고 다시 긍정적인 상태로 돌아갈 수 있는 일종의 역량을 말하였다. 그런데 최근 도시를 대상으로 사용하면서 재난이나 재해, 테러 등의 상황을 겪은 도시가 이전의 상태로 회복할 수 있는 역량을 개념화하여 '리질리언스(resilience)' 또는 '회복탄력성'이라고 하고, 이러한 성격이나 특징을 가진 도시를 '회복도시'라고 지칭하기도 한다(정은주 외, 2016).

도시에서 재난에 대한 복구 시스템을 갖추기 위하여 고려하여야 하는 네 가지 요소가 있다(김동현 외, 2015). 첫째, '강건성(robustness)', 둘째, '여분력/대체성(redundancy)', 셋째, '신속성(rapidity)', 넷째, '자원 동원력(resourcefulness)'이다. 먼저 강건성은 재난/재해로 인한 시스템 전체의 내구성 의미한다. 여분력/대체성은 기능과 성격이 유사한 대체 자원의 존재를 의미한다. 신속성은 우선순위와 목표 설정을 통하여 시스템의 빠른 복구 능력을 의미한다. 자원 동원력은 문제 진단에 기반을 두어 다양한 복구자원을 적소에 배치할 수 있는 능력을 의미한다. 이러한 요소는 도시의 재난복구 시스템의 기틀로 활용할 수 있으며, 각각의 요소 안에서 다양한 대응 방안이 마련될 수 있다.

그림 16-4 세계 50대 주요 도시의 도시 회복력 순위

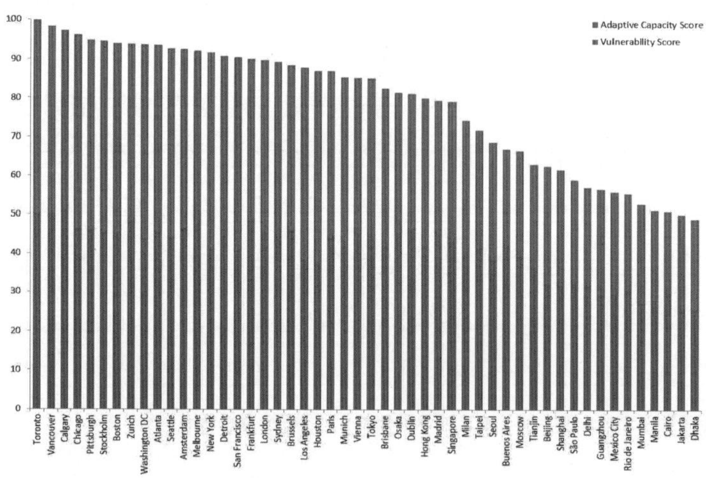

출처: Resilient Cities, A Grosvenor Research Report, 2014.

1) 최근 도시 분야에는 '리질리언스(resilience)'라는 개념이 자주 등장한다. 우리말로는 '회복력' 또는 '회복탄력성'이라고 번역하여 혼용하고 있다.

도시 재난에 따른 복원력, 회복력은 21세기 도시경영의 화두로 꼽히는 지속가능성 그 자체, 혹은 지속가능한 도시 발전의 수단이 되고 있다. 아직도 복원과 회복에 대한 정의적 관점차는 있지만 기존에 도시가 취하여 왔던 재난을 예방하고 대처하는 역량이 재난에 대한 안전관리까지 발전된 형태로 이해할 수 있다. 재난/재해에 대한 중앙정부 차원에서의 접근은 다양한 불합리적 요소가 있다. 결국 이러한 노력은 도시 차원에서 논의되고 체계화되어야 한다.

회복력의 개념에 대한 관심은 학계뿐만 아니라 UN, OECD, UNISDR, UN Habitat, IPCC, ICLEI와 같은 국제기구나 기관에서도 주목하고 있으며, 정책입안자나 워킹그룹을 위한 정책 프레임워크와 전략 도출, 평가지표 개발 및 도시 회복력을 위한 일종의 가이드 등을 제시하고 있다(김정곤 외, 2016).

2014년 그로스버너(Grosvenor)라는 회사에서 세계 도시들의 회복력을 측정하여 보고서를 냈다. 조사 결과 캐나다의 토론토, 밴쿠버, 캘거리가 1~3위를 차지하였다. 최상위 도시들은 북미와 북유럽 도시였고, 최하위 도시는 신흥국가의 도시들로 멕시코시티, 상파울루, 뭄바이 등이었다. 사실 특이한 점은 이 보고서를 발간한 그로스버너라는 회사이다. 이곳은 연구기관이기보다는 부동산 회사이다. 부동산의 가치를 판단하고 경제적 관점에서 도시를 바라보는 기업이 도시의 회복력을 중시하는 것은 그만큼 도시의 가치를 판단하는 부동산 회사의 입장에서도 중요함을 말한다.

이 보고서는 도시가 취약성과 적응력의 상호작용을 통하여 회복력을 갖게 된다고 말한다. 여기에서 취약성은 도시가 충격에 노출되는 빈도나 규모를 말한다. 충격은 요즘 우리가 말하는 도시 문제들로서, 기후변화, 환경오염, 자원 고갈, 노후 인프라, 사회적 불평등까시 도시에서 발생하는 지속 불가능한 문제들, 즉, 환경·경제·사회를 아우르는 종합적인 문제들을 말한다. 적응력은 이러한 충격에 도시가 어떻게 대응하면서 적응하는 것인지에 대한 역량을 의미한다.

이 보고서는 북미의 도시들은 국가나 지역의 위기 예방, 재정 투입 등의 체계가 잘 구비되었고, 재난이나 위협을 효과적으로 대처할 수 있기 때문으로 보았다. 하지만 유럽 도시는 높은 에너지 비용과 고령화로 인하여 양호한 위기 대응 체계가 있음에도 불구하고, 낮은 점수를 받았다. 그리고 아시아 도시는 상대적으로 재난 대응이나 환경 변화에 취약하다고 밝혔다.

2) 도시 회복력과 도시계획의 연계

오늘날 도시는 기후변화, 재난재해와 같은 위기를 종종 맞이한다. 수십, 수만의 사람들이 거주하는 도시에서는 단순한 재난도 심각한 피해를 초래한다. 따라서 회복력을 도시계획에 내재화하는 것은 필수적인 도시의 역량이다. 이 도시 회복력은 도시계획에 크게 세 가지 부분으로 연계할 수 있다(UN Habitat, 2015).

첫째, 기후변화에 대응 및 적응하기 위하여 회복력을 갖는 것은 도시의 입장에서는 이전에 없던 준비를 하여야 하는 어려운 문제이다. 하지만 이 기후변화 문제를 기회로 활용할 수 있다. 도시가 지구 전체 토지 면적의 단지 2%를 차지하지만 전체 온실가스 배출량의 30~40%를 차지하는 현실을 감안하면 문제의 해결은 도시에서 출발하여야 한다. 예를 들어, 평면적으로 확산된 도시는 낮은 밀도나 주택의 대형화로 인하여 토지의 방만한 이용을 발생시키고, 산림을 파괴하면서 자연의 이산화탄소 수용 능력을 감소시킨다. 또한 시민의 이동권을 지방자치단체 차원에서 보장하기 어렵기 때문에 승용차 중심의 교통정책이 나타나고 도로의 건설이 확대된다.

따라서 압축도시(compact city) 정책은 합리적인 토지 이용과 개발·보존을 동시에 도모할 수 있고, 짧은 이동 시간으로 대중교통 활성화로 인한 온실가스 배출량 감소나 도보로 인한 거리 활성화가 발생할 수 있다.

둘째, 도시계획은 도시의 미래를 구상하고 계획한다. 이 계획의 역량은 도시의 회복력을 결정한다. 기존의 도시계획이 도시의 발전을 그렸다면, 지금의 도시계획은 미래의 충격을 예상하고 그 영향을 반영하여 도시가 그 충격을 이겨내고 복원할 수 있어야 한다.

흔히 도시계획을 생각하면, 도로, 공원, 주요 시설과 같은 기반시설만을 생각한다. 우리의 도시계획이 아직까지도 물리적 시설에 기반한 도시계획에 국한되어 있기 때문이다. 도시에 재난이 발생하면 가장 심각한 피해를 입는 사람은 임산부, 장애인, 어린이, 노인과 같은 사회적 약자이다. 또한 취약계층은 적응력도 낮고 가진 자원도 많지 않아서, 위기에 대처할 능력이 현저하게 떨어진다.

따라서 도시계획도 경제·사회·환경을 바라보는 통합적 관점에서 접근하여야 하고, 회복력 역시 각 부문별이 아닌, 도시계획 전반에 걸쳐 내재화하여야 한다. 도시가 회복력을 갖게 하려면, 계획 중인 개발이 위험이 우려되는 지역에서 일어나서는 안 된다. 부족한 기반시설과 환경문제에 대한 해결 의지도 요구된다. 가장 중요한 것은 과거와 같이 취약성을 별도 해결하여야 할 문제로 보지 않고, 회복력을 도시계획의 중심 요소로 두는 패러다임의 전환이 필요하다.

셋째, 회복력이 있는 도시는 경쟁력이 있는 도시이고, 이를 도시의 매력을 부각할 수 있다. 회복력에 대한 예산 투입은 결국 도시의 안정성을 향상시키고, 경쟁력 있는 도시를 만들 때 효과적이다. 즉, 회복력에 관한 비용은 위험을 감소하는 매몰 비용이 아니라, 도시를 창조적으로 만들어 가는 중요한 방안이다.

예를 들어, 우리의 도시가 매년 여름 발생하는 태풍 피해와 홍수의 위험에 대비하는 것을 단순히 하천이나 하수관거에 대한 공사에 그쳐서는 안 된다. 급속한 도시화로 인하여 증가하였던 불투수면적으로 인해 발생하는 문제를 급한 불 끄는 식으로 대응하여서는 안 된다. 도시의 물순환 체계를 확립하면서 물을 활용한 도심 하천과 도시 습지를 확보하여야 한다. 물순환 체계를 다시 확보하면, 가장 먼저 도시의 생물다양성이 확보된다. 생태계가 회복된 도시는 건강한 주거환경이 만들어진다. 이러한 관점에서 회복력을 재난·재해에 대응하기 위한 대책으로만 생각하여서는 안 되고, 도시의 매력을 확보하는 최선의 방안이라는 사실도 함께 고려하여야 한다.

3. 살고 일하며 참여하는 도시계획의 방향

1) 참여도시계획의 등장

도시계획에서 참여는 중요한 수단이자 방법을 제시한다. 우리 사회는 계획 과정에서 주민의 적극적인 참여 방안에 대하여 2000년대 중반 이후 중요한 논의를 하고 있다. 도시계획 행정에서도 참여의 중요성을 점차 강조하는 추세이다. 참여란 일반적으로 이해당사자들이 자신에게 영향을 주는 의사결정이나 선택에 영향을 주거나 통제를 공유하는 것을 말한다. 과거에는 참여를 주로 계획의 결정에 국한시켜 고려하면서 참여의 대상도 엘리트 중심의 주민 참여로 이루어졌지만 최근에는 채택된 계획의 운영과 집행에도 초점을 두면서 저소득층을 포함한 주민의 범위가 확대되고 있다.

사실 유럽과 미국에서는 1960년 후반부터 참여계획의 중요성이 강조되기 시작하였다. 주민 참여가 포스트포디즘(post−Fordism)[2]에 따른 중산층의 붕괴, 탈현대적 가치의 분화, 전문성에 대한 불신 등의 추세에 따라 나타났다. 과거에는 전문가가 만든 비전에 따라서 최소한으로 주민 참여를 수용하였던 전통적인 계획이, 적극적인 참여 과정을 지향하는 방향으로 변화한 것이다. 그래서 1990년대 이후 주민 참여를 강조하는 경향이 더욱 증대된다. 상호소통적 계획(communicative planning), 협력적 계획(collaborative planning) 등의 등장을 통하여 도시계획의 합의 과정에도 다양한 영향을 주고 있다.

2) 우리나라 근대 도시계획의 한계

우리나라에서 근대 도시계획을 통한 도시 개발은 일제강점기인 1934년 나진의 시가지계획에서 시작된다. 한반도 최초의 근대 도시계획법제도였던 1934년 「조선시가지계획령」이 제정되면서 일제는 식민지 조선에 도시를 계획하고 개발하기 시작한다. 이로 인하여 도시계획이 규제적 수단으로 시작한 서구 유럽과는 시작한 배경이 전혀 다르게 식민지 경영을 위한 수단으로 변질되었다(윤희철, 2016).

최초로 계획이 수립된 나진의 경우 개발계획이 수립됨과 동시에 부동산 투기로 인하여 일대 지가가 대폭 상승하였다. 이 경험은 그대로 한반도 전체에 퍼졌다. 해방 이후에도 이 경험은 그대로 전해졌다. 1962년 1월 20일 「도시계획법」이 제정될 때까지 「조선시가지계획령」은 그대로 법적 효력을 가진 채로 유지되었다. 동시에 일제 시기 43곳에 수립된 시가지계획도 그대로 남아 있었고, 1960년대에 들어서면서 비로소 새로운 도시계획의 필요가 요구되면서 서울을 시작으로 전국적으로 도시계획 재정비가 시작된다. 물론 이 계획은 일제 시기에 작성된 계획을 수정 보완하는 형태로 만들어졌다. 거의 80여년 전 세워진 계획이 실제로 우리의 도시를 만

---

2) 포디즘의 대량생산 라인에서 벗어나 시장의 변화에 유동적으로 대응하는 범용기계와 숙련 노동자로 구성된 혁신적인 생산체제를 말한다. 직무의 수평 및 수직적 통합, 의사결정구조의 수평적 전환, 노동자의 자율권 보장 등 생산의 효율성과 함께 인간적인 작업환경을 조성하는 특징 등을 갖고 있다.

드는 밑바탕이 된 것이다.

그런데 더 큰 문제는 도시의 공간적 구조 외에도 도시계획을 이루는 기본적인 시스템마저도 일제강점기부터의 기조를 거의 그대로 유지하고 있다. 식민지의 성격상 시민 참여가 쉽지 않았던 점을 감안할 수는 있다. 하지만 지방도시를 위한 도시계획이 순전히 중앙정부에 의하여 작성되었다. 계획은 조선총독부 토목과에서 작성하였고, 지방도시는 단순히 지방의회를 통한 의견 청취만 할 수 있었을 뿐이다. 물론 이마저도 형식에 그쳤고, 제출된 의견이 받아들여진 적은 거의 없었다. 지방정부의 의견도 무시되는 상황 속에서 일반시민의 의견이 반영될 여지는 전혀 없었다.

해방 이후에도 이러한 기조는 그대로 유지되었다. 더군다나 1960년대 군사정부가 들어서면서 지방자치도 사라진 마당에 도시계획에 시민의 참여는 전혀 고려되지 못하였다. 게다가 급속한 산업화와 경제 발전을 위한 수단으로 도시를 보면서 도시계획도 규제적 측면이 아닌 사업적 측면만이 부각되었고, 대부분의 도시계획에 관련된 전문가와 행정 관계자들은 이러한 인식을 더욱 공고하게 만들었다.

그나마 최초로 도시계획 속에 시민의 참여가 시작된 것은 바로 1980년 도시기본계획이 시작되면서였다. 1981년 도시계획법이 개정되면서 도시기본계획에 대한 일반시민들 대상의 공청회가 이루어진 것이다. 하지만 이 역시 형식적인 의견 청취에 불과하였고, 도시계획 행정에서 이러한 기조는 지금까지 계속되고 있다.

일반시민에 대한 참여도 힘든 상황 속에서 도시계획과 도시개발에서 사회적 약자를 위한 배려는 전혀 없었다. 일제 시기의 토막민(土幕民)이 해방 이후에는 도시빈민이 되는 과정 속에서 사회적 약자는 그대로 개발이 전체를 위하여 중요한 것이라는 명분 속에 희생되었다. 물론 이러한 흐름은 여전히 현재 진행형이다.

3) 참여 도시계획이 나아갈 방향

유엔의 지속가능발전목표(SDGs)와 유엔 해비타트의 '새로운 도시의제'가 제시한 "누구도 소외되지 않게 한다"는 전제는 오늘날 우리 사회에 시사하는 바가 크다. 이는 지속가능한 사회가 사회적 형평성을 확보하여야 유지될 수 있다는 사실을 전 세계가 인식하고 있음을 우리에게 알려준다. 도시에서 기회의 형평성은 도시계획이나 도시 개발에서 시민의 참여를 통하여 실현될 수 있다.

새로운 도시 의제의 논의가 참여적 관점에서 우리 도시에 적용되기 위해서는 다음의 몇 가지가 정책적으로 뒷받침되어야 하고, 우리 사회가 이를 인정하여야 한다.

첫째, 도시계획의 참여에 대한 법제도적 장치가 확고히 정비되어야 한다. 기존의 시스템에 참여가 없다고 할 수는 없다. 하지만 단순히 몇 차례의 공청회와 공람 시스템을 가지고 시민의 참여가 보장된다고 말할 수는 없다. 도시기본계획, 도시관리계획, 도시 및 주거환경정비계획 등 도시에 관한 모든 공간계획에 대한 이해를 계획의 대상이자 주체인 시민들이 알 수 있는 적극적인 제도적 정비가 필요하다. 3차원의 도시공간에서 구현되는 도시계획에 대하여 일반 시민들이 쉽게 이해할 수 있도록 법제도적 정비와 함께 스마트 시대에 걸맞은 기술적인 방식도 도입되어야 한다. 현재 우리나라가 자랑하는 '스마트 시티(smart city)'와 같이 정보를 이용하여 편리한 도시를 만든다는 측면에서 한층 더 나아가 계획과 개발에 관한 정보에 대하여 상호 용이하게 의견이 교환되고 수렴되며 협의가 이루어지는 구조가 만들어져야 한다.

둘째, 과거 전문가 중심의 도시계획에서 벗어나야 하고, 이를 위해서는 일반 시민의 도시계획에 대한 역량을 강화하여야 한다. 이는 평생학습 차원에서 지속적으로 이루어져야 한다. 현대의 도시가 대단히 복잡하고 다양한 정치・사회・문화적 요소를 구비한 사실을 고려한다면, 도시에 사는 시민들도 이를 적극적으로 활용하고 도시공간에 구현할 수 있는 역량을 갖고 있어야 한다. 이는 과거와 같이 소수의 전문가들이 방향을 제시하고 기술자들이 공간에 기반시설을 구현하는 형태로는 만들어질 수 없다. 도시계획의 주체로서 시민이 계획에 참여하고 집행하며 평가하는 절차 속에 직접 관여하여야 한다. 이를 위하여 각 지자체에서 추진하는 평생학습 과정에 도시에 관한 문제와 해결 방안에 대한 구체적인 과정이 포함되어야 한다.

셋째, 여성, 청소년, 장애인, 노인 등 사회적 약자의 입장에서 도시 문제를 논하고 정책적 해결 방안을 제시하여야 한다. 이는 기존의 시민운동 차원에서 각 시민사회단체에서 개별 사안에 대하여 주장을 내세우고 정책운동을 펼쳤던 방식과는 다르다. 도시에 사는 공동체의 일원으로 확대하여 논의의 장을 펼쳐야 한다. 예를 들어, 오늘날 우리 사회에서 장애인단체에서 주로 장애인의 이동권을 이야기한다.

그런데 장애인의 이동권이 보장된다는 것은 다른 사회적 약자, 즉 여성, 아동·청소년, 노인의 이동권이 보장된다는 것도 동시에 의미할 수 있다. 이렇듯 포괄적이면서 수평적인 협력적 거버넌스 시스템을 민간과 행정뿐만 아니라 시민사회의 영역에서도 함께 발휘하여야 한다.

넷째, 시민의 다양한 역량이 결집되고 구현될 수 있는 플랫폼이 만들어져야 한다. IT 강국이면서 각종 관련 기반시설이 이미 구축된 우리나라는 기본적인 하드웨어 역량은 이미 구비되어 있다. 이를 도시에서 구현할 수 있는 체계가 만들어져야 한다. 시민들이 적극 참여할 수 있는 기본 틀이 구성되어야 스스로의 생각과 주장이 모이고, 이러한 생각이 각 도시를 만들어가는 원동력이자 기본 철학이 될 수 있다.

제 2 절 도시재생을 통한 공동체 회복과 도시활력 증진

1. 도시재생과 공동체의 회복

1) 도시재생의 등장과 변화

20세기 초 전 세계에 도시계획의 바람이 불었다. 그 당시에 사람들은 제대로 인식하지는 못하였지만 이는 일종의 국제적인 '도시계획운동(Urban Planning Movement)'이었다. 유럽과 미국의 도시계획이 전 세계에 퍼지면서 일종의 신문물처럼 확산되었다. 20세기 말부터 도시에 새로운 바람이 불었다(Anthony, 1981). 바로 '도시재생(urban regeneration)'이다. 과거 도시계획을 통하여 100여 년간 거대도시가 탄생하였다. 시간이 흘러 도시계획에 의하여 탄생한 새로운 도시가 '헌 도시'가 되었다. 예전 같으면 '헌 도시'는 버리고 '신도시'로 옮기면 된다.

하지만 2009년 전 세계 도시 인구의 절반 이상이 도시에 거주하고, 점차 도시는 인류 문명의 중심지로 확고히 자리하고 있다. 거주하는 도시를 버리고 새로운 도시로 옮기는 것이 불가능한 사람들이 늘고 있다. 이 현실 속에 '헌 도시'를 어떻게 매력적인 도시로 만들고, 그곳에 사는 사람들의 삶의 질을 향상시킬 수 있는가에 대한 해답으로 '도시재생'이 등장한 것이다.

산업화와 도시집중에 따른 도시 성장과 쇠퇴는 도시구조를 바꾸어 왔다. 서구 유럽과 미국에서는 일찍이 이러한 경험을 바탕으로 도시 정비와 개발사업을 진행하였다. 고성장시대의 도시는 물적 가치와 수없이 밀려드는 사람들로 인하여 경제성을 기반으로 도시가 외연적 확장을 거듭하였다. 그 결과, 도시는 더욱 거대해졌고, 2020년에는 전 세계 인구의 56.2%가 도시에서 살 것이다(박진수 · 김기수, 2012).

영국의 경우, 초기에는 물리적 환경 개선을 중심으로 정비와 개발사업을 시행하였지만, 산업구조가 바뀌면서 주택 · 교육 · 실업 · 보건 등의 사회문제와 도시가 상호 연결되어 있다는 인식의 전환을 통하여 환경보전, 도시 경관 제고, 사회 및 경제적 지속가능성을 염두해 두고 도시재생사업을 진행 중이다.

그림 16-5 프랑스 파리의 마레지구(Le Marais)

주: 파리의 마레지구는 1970년대부터 시작한 재개발사업에서 철저히 주민, 전문가, 행정기관의 소통 속에 진행되었고, 반 세기가 흐른 지금 전 세계에서 가장 매력적인 거리가 되어 전 세계에서 사람들이 몰려든다. 유명 연예인들의 화보 촬영지면서, 우리나라 여성들이 파리에 가면 꼭 들르는 곳이다.
출처: 연구자 조사 및 촬영.

독일은 산업혁명 이후 급속한 도시화에 따른 주택 부족 문제 해결을 위하여 시작하였다. 하지만 세계대전 이후 패전국이었던 독일은 전쟁 보상이나 높은 실업률 문제를 타개하기 위하여 경제적 관점에서 국토 개발과 도시재개발을 활용하였다. 이후 독일의 재개발사업은 공공성을 기반으로 하면서, 이익을 공공에 다시 되돌려

주는 '개발이익환수제'를 활용하는 방식으로 진화하였다. 최근에도 기존 도시의 기능과 공간적 특성을 고려하면서 역사적 의미를 가진 도시구조의 보존과 활용으로 도심지역을 유지하면서 발전하고 있다.

미국은 도시 정비와 재개발사업이 유럽 도시와 같은 방식으로 시작하였지만, 미국 사회가 갖고 있는 다양한 인종 갈등, 문화적 특수성으로 인한 범죄문제를 해결하는 것이 도시 정비의 최대 현안이 되었다. 최근에는 스마트 성장(smart growth)과 같이 도시성장 관리정책으로 전환하면서 중앙정부의 예산 지원, 민관의 협력 파트너십, 커뮤니티 중심의 사업 추진 등의 특징을 갖고 있다.

일본은 앞서 다른 선진국의 도시와 다른 양상으로 추진되는데, 경기 침체를 탈피하고자 국가경쟁력 확보 차원에서 도시재생사업을 국가정책으로 추진 중이다. 중앙정부, 지방정부, 민간 등 이해당사자들의 특성에 따라 각 분야별로 사업이 추진되며, 각 주체별로 거버넌스와 주민 참여를 진행 중이다.

우리나라의 경우도 주택 공급을 가장 우선정책으로 삼았고, 전면철거에 의한 재개발 방식이 주로 진행되었다. 또한 민간에 의한 사업이 주로 추진되면서 수익성과 사업성을 중시하게 되어, 기형적인 도시구조를 야기하였다. 이러한 문제를 전면적으로 개선하면서 사회적 공공성을 담보하고, 지역의 커뮤니티를 보존하면서 물리적인 도시공간을 만들고자 도시재생이 등장하였다.

2) 마을공동체의 회복

혹자는 말한다. "도시에 전통적인 마을은 없다." 맞는 말이기도 하고 틀린 말이기도 하다. 수십 년 전 우리나라 어디에나 존재하던 전통적인 마을공동체는 일부 농촌지역을 제외하면 거의 사라졌다. 급속한 도시화와 산업화를 거치면서 도시에서는 장소나 공간에 기반을 두었던 과거의 전통적인 공동체가 많이 약화되었다. 사회경제적인 요인에 따라 빈번한 이동, 아파트 발달에 따른 주거양식의 폐쇄성, 혈연이나 지역 연고 중심이 아닌 학연이나 직장 중심의 사회적 교류의 활성화 등이 주요 요인으로 작용하였다.

그런데 특이하게 사회가 복잡해지고 경쟁이 치열해질수록 마을공동체의 중요성이 강조되고 있다. 왜냐하면 마을 공동체는 각박하고 삭막한 도시에서 주민의 소속감과 정체성을 확인하는 거의 유일한 기회를 주기 때문이다. 이러한 현실은 커뮤니티 활성화에 주력하는 유럽이나 미국, 일본 등의 도시정책이나 사례에서도 쉽게 확인할 수 있다.

마을공동체에 대한 추억과 함께 사람은 혼자 사는 존재가 아닌, 더불어 사는 존재라는 인식의 확산을 통하여 일종의 공동체 운동이 2000년대 이후 확산 중에 있다. 이는 마을공동체가 주민 참여와 주민자치를 실현하고 주민들이 체감하는 삶의 질 개선에 기여할 수 있는 가장 효과적인 단위이기 때문이다.

이러한 마을공동체의 회복과 참여의 증대를 위해서는 크게 네 가지 방안이 준비되어야 한다.

첫째, 다양한 이해당사자들의 참여가 필요하다. 도시의 공동체에 존재하는 다양한 이해당사자는 지역에 대한 이해와 경험을 토대로 수많은 문제를 종합적으로 진단하고 공통의 지향점을 가지고 합의를 도출할 수 있다. 또한 참여 과정에서 일부 계층이 소외되지 않도록 배려하는 것이 중요하다. 특정 개인이나 단체가 주도하지 않고, 사회적 형평성을 고려한 참여는 마을공동체를 건강하게 살리는 지름길이 된다. 참여를 확대하기 위해서도 시간적 제약을 줄이기 위한 적절한 시간이나 장소의 배정이 요구되고, 직접 참여가 어려운 경우를 감안하여, 설문조사, 대표자 및 방문 면담, 인터넷을 통한 조사 등 다양한 방식으로 참여를 위한 준비를 하여야 한다.

둘째, 성과보다 과정을 중시하고 이를 위한 소통과 공유가 선행되어야 한다. 마을공동체의 주체는 마을주민이다. 마을의 현안과 문제를 가장 정확하게 직시하고 간파할 수 있는 존재도 마을주민이다. 외부 전문가가 이론적 토대로 객관화시키는 것도 중요하지만, 마을주민이 주체적으로 자신의 공간에 대한 자기주체성을 갖는 것이 더욱 필요하다. 물론 소수 전문가가 진행한 결과보다 내용이 세련되지 못하고 투박하거나 부족해 보일 수도 있다. 하지만 수혜자인 마을주민이 직접 참여하여 문제를 이해하고, 이를 통하여 목표 설정, 합의 도출, 후속 사업 진행 등의 과정이 이루어진다면 마을주민 입장에서는 진정한 마을공동체 활성화를 위한 방안이라 할 수 있다.

셋째, 물리적 여건 개선도 중요하지만 사회경제적 여건 개선을 포함하여 종합적으로 고려하여야 한다. 공동체 회복에서 물리적 환경을 개선하는 것은 예산을 제일 많이 수반한다. 사실상 기존의 도시개발 방식은 전문가나 공무원 중심으로 정해진 규정에 따라 물리적 환경 개선만을 하였다. 마을공동체 회복은 주민들이 주인의식을 가지고 지역과 공동체의 문제를 해결하는 방식이기 때문에 이와 관련한 분위기 조성도 중요하다. 따라서 법제도의 정비, 협력체계의 구축, 재원 확보 및 운영조직 등에 대하여 세부적인 체계의 정비가 필요하다. 과거 물리적 여건 개선 방식에 치중한 현재의 체계가 정비되지 않고는 마을 공동체 회복에 관한 기반이 만들어지기 어렵다.

넷째, 공동체는 1년 또는 2, 3년 만에 회복하기 어렵다. 지역사회의 변화가 요구되는 변화가 순식간에 이루어지기는 불가능하다. 따라서 마을공동체가 추구하는 목표를 달성하기 위해서는 단기 목표 달성에 치중하여 조급하게 일을 치르는 관행에서 벗어나야 한다. 마을공동체가 일종의 합의를 거쳐 모두가 공감하는 장기 비전을 설정하고, 전체 목표 속에서 종합적인 견지에서 활동을 계속 진행하여야 한다.

3) 마을만들기와 도시재생의 관계

도시재생의 가장 큰 목적은 주민의 삶의 질 향상에 있다. 거주하는 주민이 계속 거주하면서 자기 사는 공간에 대한 애정을 갖고, 이웃과의 관계와 소통 속에 함께 지역을 만들어 가는 것이다. 이것이 과거 재개발사업과 다르다. 개발시대에는 낙후된 공간을 철거를 통하여 도시에서 하나씩 지워 나갔다.

유럽 도시들도 비슷한 절차를 거쳤다. 도시재개발이 일종의 재정비사업으로 도시 인구의 증가나 산업기술의 발달 등 사회경제적 변화로 인하여 기존의 도시환경이 그 구실을 제대로 할 수 없게 되는 것을 방지하고 여건 변화에 적응할 수 있도록 하기 위한 사업으로 도시재개발('urban renewal' 또는 'urban redevelopment')을 사용하던 시기가 있었다. 하지만 물리적 변화가 도시를 다시 살리는 데 한계가 있음을 자각하고, 도시재생(urban regeneration)으로의 전환을 시도 중에 있다. 이는 과거와 달리, 저성장시대에 무조건적인 전면 철거를 도시가 수용할 수 있는 힘이 부족한 경제적 문제가 크게 작용하였고, 동시에 물리적 환경 개선만을 추구하였던 과거의 재개발이 공동체의 해체와 원주민의 이주와 같은 부작용을 양산한다는 사실에 기인하였다.

사실 최근 중앙정부의 사업으로 확대된 '도시재생사업'은 도시를 종합적으로 재활성화 또는 부흥시키는 방책이다. 과거 도시 외곽에서 발생한 신도시 개발로 인하여 낙후되는 기존 시가지를 재생의 방식을 통하여 새로운 활력을 불어넣어, 도심 공동화(空洞化)를 방지하고, 침체된 골목상권과 더 나아가 도시경제를 살리는 방식이다. 기존의 재개발이 원주민의 재정착에 최우선 순위를 두었다면, 도시재생은 여기에 경제 · 사회 · 문화적 요인을 고려하여 살고 싶은 지역만들기를 시도하는 것이다.

사회적 측면에서 보면 도시재생은 마을만들기와 일맥상통한다. 이전의 도시재개발이 물리적 측면에서 삶의 질을 제고하였고, 마을만들기가 사회경제적 측면의 향상을 도모하였다면, 이제 도시재생은 마을만들기의 이점을 최대한 활용하여 지역을 살리고 마을을 재생하는 새로운 전환을 맞이하여야 한다.

2. 살고 싶은 도시 만들기와 도시재생의 역할

1) 도시재생은 누구를 위한 것인가

도시재생은 원주민의 재정착을 위한다. 주민이 살기 좋고 행복한 공간을 조성하는 것을 최우선으로 삼는다. 거리 활성화나 관광객의 유입 등의 경제사회적 요소는 이 원칙을 기반으로 진행되어야 한다. 그런데 최근 우리가 진행하는 도시재생에서 원주민이 얼마나 참여하고 수혜를 받는지에 대해서는 생각할 점이 많다. 과거 도시재개발이 원주민을 몰아내고 새로운 도시를 만드는 데 중점을 두었기에 그 폐해를 막고자 도시재생이 등장하였다. 그런데 과연 도시재생이 근본적인 목적에 부합되는지는 생각해 볼 여지가 많다.

아직도 재개발을 반대하는 주민들이 많다. 사업 이후 원주민 재정착률이 20%도 못 미치는 현실을 보면 당연한 결과이다. 민간자본에 의존하는 사업체계를 유지하면서 높은 재정착률을 기대하기 때문에 발생하는 문제이다. 경기도 부천의 사례에서 알 수 있듯이, 전용면적 50제곱미터 다가구주택에 거주하는 3분위 소득계층 임차가구의 소득 대비 임차료 비율은 19~25% 정도에 불과하다. 재개발 후 같은 규모의 주택으로 입주한다면 70~91% 정도로 비율이 급등하여 입주가 현실적으로 불가능하기 때문이다(봉인식, 2010).

한쪽에서는 공동체를 회복하여야 한다고 하지만 아직도 다른 쪽에서는 삶의 질을 향상시킨다는 명목의 도시재개발이 공동체를 와해시킨다. 도시의 지속가능성은 그곳에 사는 사람들의 지속가능성을 말한다. 그 측면에서 본다면, 공동체의 유지와 연계를 통한 도시재생은 절대적으로 중요하다.

2) 젠트리피케이션의 위기와 기회

최근 '도시재생' 하면 따라 붙는 말이 하나 있다. 바로 '젠트리피케이션(gentrification)'이다. 흔히 원도심의 낙후지역이 활성화되면서 외부인과 돈이 유입되고, 이 과정에서 원주민이 밀려나거나 떠나는 현상을 말한다. 사실 이 말은 몇 년 전까지도 남의 나라 이야기였다. 1960년대 이후 런던, 뉴욕, 파리 등 대도시에서 원도심이 재활성화되면서 대규모 이주 현상을 분석하여 나타난 개념이다.

그런데 최근에 원도심 활성화를 위한 다양한 사업이 진행되면서 전혀 생각지도 못하게 우리의 도시에도 유사한 상황이 벌어지고 있다. 문화와 예술이 결합해 주거와 상업공간을 살기 좋게 만들지만, 정작 중요한 역할을 한 예술가나 지역주민은 높은 임대료 때문에 결국 삶터를 떠나게 된다.

젠트리피케이션은 여러 가지로 구분이 가능하다. 주거, 상업, 문화 · 예술 젠트리피케이션으로 나뉜다. 주거 젠트리피케이션은 낡은 동네의 주택이 개조되거나 재건축하면서 생겨난 것으로 살기 좋은 주거공간이 만들어지면서 새로운 중산층이 유입되어 변화가 발생한다. 상업 젠트리피케이션은 경제적 활력이 끝났던 노후 주택가나 영세한 상가가 중산층을 대상으로 도약하면서 변신을 꾀한 것이다. 문화 · 예술 젠트리피케이션은 예술가들이 낙후한 동네에 들어와 오래된 마을을 세련되게 만들면서 임대료가 상승하는 문제가 발생해서, 결국 지역의 면모를 쇄신하는 데 큰 역할을 하였던 예술가나 문화계층은 사라지는 것이다(정원오, 2017).

얼핏 보면, 젠트리피케이션은 부정적 요소로 가득 차 보인다. 그래서 바라보는 시각도 크게 세 가지로 나뉠 수 있다.

첫째, 젠트리피케이션 긍정론이다. 이것이 도시의 성장 과정에서 필연적인 과정라고 본다. 이를 과도하게 억제하면 오히려 도시의 슬럼화가 진행될 수 있다고 말한다. 기존 거주지에서 다른 곳으로 쫓겨나는 저소득층에게 지금 당장은 나쁜 일이지만, 전반적인 경제성장으로 결국 그들의 생활도 지금보다 개선될 것이라고 본다.

둘째, 이에 반대하는 부정론이다. 이들은 주로 '도시에 대한 권리(Right to the City)'라는 개념을 주장한다. 도시가 모든 시민의 힘으로 생성되고 유지된다고 보고, 시민도 누구도 혜택으로부터 일종의 사회적 배제를 당하면 안 된다는 것이다. 이 관점에서 보면, 젠트리피케이션은 도시에 대한 권리를 침해하는 것이고, 도시 전체의 성장과 발전을 저해한다고 한다. 부동산 가격의 상승은 동네의 문화적 매력을 상실하게 하고, 결국 다시 침체의 길로 이끈다는 것이다.

셋째, 긍정론도 부정론도 아닌 균형론이다. 균형론은 젠트리피케이션을 관리하여야 하는 현상으로 바라본다. 예술가, 상인, 건물주가 도시를 발전시키는 동반자 관계를 형성하면서 골목상권을 활성화하고, 정당한 몫을 나누는 선순환 구조로 가

그림 16-6 뉴욕 커뮤니티 보드의 회의 사례

주: 맨해튼 커뮤니티 보드 12의 회의 모습(2016년 2월). 이날 회의에서 인근에 입점할 대형 슈퍼마켓에 대한 잠재력 손실 등에 관한 우려에 대하여 논의되었다.
출처: 위키피디아. http://www.wikipedia.org.

야 한다고 말한다. 균형론은 급속한 젠트리피케이션을 발생시키는 부동산 투기를 제한하고, 지역사회 구성원이 협력할 수 있는 법과 제도를 정비할 것을 주장한다.

젠트리피케이션은 도시 개발과 재생 과정에서 발생하는 필연적인 현상이다. 이를 기피한다고 하여 피할 수 있지 않다. 따라서 이를 잘 관리하고 오히려 기회로 활용하는 자세도 필요하다.

뉴욕시에는 커뮤니티 보드가 있다. 커뮤니티 보드는 1951년 일부 지역의 도시계획 자문기구로 출발하였고, 1963년 뉴욕시 전역으로 확대되었다. 커뮤니티 보드는 독립된 행정조직으로 주민 참여 행정체계의 핵심적인 역할을 한다. 커뮤니티 보드는 자문기관이기는 하지만 합리적이고 공개적인 과정을 거쳐 주민 의견을 모으기 때문에 시의회나 시장도 그 의견을 존중할 수밖에 없다. 커뮤니티 보드라는 장치는 일종의 개발계획이 수립되고, 만약 반대하는 시민이 많을 경우, 주민의 뜻을 수렴하고 이를 지역발전계획과 연계하는 방향으로 가도록 한다.

2006년 파리시는 도시기본계획을 개정하면서 도시계획 수단을 통하여 골목상권과 수공업에 대한 특별 보호 조치를 강구하였다. '상업, 수공업 보호거리' 제도는 파리 도시 경관의 상징인 가로변의 1층 상가와 공방들을 보호하기 위하여 거시적

그림 16-7 파리의 파사쥬(Passage)

주: 파리는 곳곳에 골목시장과 소상공인이 존재한다. 파리시는 도시계획을 활용한 규제 수법과 비탈 카르티에(Vital Quartier)라는 사업적 수법을 활용하여 소상공인 육성과 함께 젠트리피케이션을 방지한다.
출처: 연구자 조사 및 촬영.

으로 행해지는 포괄적이면서 규제적인 성격의 제도였다. 또한 '비탈 카르티에(Vital Quartier)' 사업을 통하여 소상공인을 보호하는 정책도 시작하였다. 이 사업은 단일 업종의 지나친 증식, 골목상권의 고사, 문화산업의 쇠락 등을 겪는 몇몇 지역을 집중적으로 관리하고 소상공인들을 1:1 방식으로 지원하는 국지적·지원적 성격의 사업이었다.

이러한 젠트리피케이션의 관리 사례는 모두 현재 우리가 갖고 있는 법·제도적 장치에서 충분히 활용 가능한 사례들이다. 우리에게 전혀 새로운 것이 아니다. 만약 우리가 현재까지 법제도와 역량을 충분히 활용한다면 전혀 문제없이 이를 해결할 수 있을 것이다.

3) 대규모 예산이 지역을 망친다

공공을 위한 모든 사업은 예산이 수반되어야 한다. 하지만 우리의 성과주의는 대규모 예산 투입이 제대로 사업을 추진할 수 있다는 잘못된 선입견을 강조한다. 현재 우리가 직면한 저성장과 인구 감소 시대에서 도시재생에 가장 필요한 것은 과거와 같은 대규모 투자나 신속한 속도가 아니다. 과거에는 대규모 기반시설 구축함으로써 건물을 짓고 사통팔달 도로를 뚫는 일이 중요하였지만, 이제는 관리의 시대가 되었다.

흔히 사람들은 대규모 예산 투입을 통하여 공간을 크게 바꾸는 데 집중한다. 문제는 대부분의 예산 투입이 현실적으로 두 가지 문제를 갖고 있다. 하나는 토지 구입은 국가예산에 포함되지 않는다. 따라서 지자체가 보유한 토지가 기본적으로 해당 시설이 설치되거나 건설되는 입지가 된다. 공간적 중요성은 검토 대상이 아니다. 결국 아무도 원하지 않는 외딴 섬 같은 곳에 갑자기 대규모 시설이 들어온다.

다른 하나는 중앙정부에서 투입되는 예산은 거의 대부분 시설을 세우는 데 들어간다. 이후 관리비는 모두 지자체의 몫이다. 가령, 기반시설을 세우는 데 100억 원이 들어갔다면, 이후 매년 이 시설을 운영하는데, 10억 원이 들어간다. 10년만 지나도 지자체는 100억 원의 예산이 들어가고, 이후 몇 십년 간 그 시설이 유지되는 마지막 순간까지 예산을 투입하여야 한다. 그런데 이 중요한 숨겨진 비용은 전혀 고려 대상이 아니다.

여기에서 중요한 점은 도시재생사업에서 추진하는 상당수의 일들이 기존에 마을에서 일하는 소기업과 개인 기술자가 할 수 있는 일이다. 그런데 최근 문재인정부가 말하는 '도시재생 뉴딜'은 도시재생이 본래 추구하는 목적과는 전혀 다른 대규모 토목사업을 원도심에 구현하는 것으로 보인다. 과연 이 사업 방식이 행정의 속도와 성과주의와 무관하게 진행되면서 원도심을 살리고 공동체의 유지가 가능하도록 여유 있게 진행될 것인지 의문이 든다.

3. 모든 것을 담는 도시재생의 방향

도시에 사는 누구나 행복하게 살고 싶어 한다. 인간의 행복을 위하여 우리는 도시를 만들었다. 도시가 없었던 예전의 삶이 좋았다면, 지금도 수많은 사람이 도시 주변부의 농촌에 나와 살 것이다. 최근 베이비붐 세대가 정년퇴임을 하면서 도시에서 나와 농촌지역에 사는 사람들이 늘고 있지만, 실제로 그 수는 많지 않다. 많은 사람이 도시의 생활을 추구한다. 도시를 떠난 삶은 상상조차 못한다.

그런데 도시가 오래되고 삶의 공간이 '낙후'되면서 불편이 시작되었다. 그 도시에 잘 살고 싶은 욕망이 '도시재생'으로 구현되고 있다. 우리가 원하는 도시재생은 무엇일까? 도시재생의 방향을 크게 몇 가지로 소개한다.

1) 공동체에서 시작하는 도시재생

도시재생은 공동체에서 출발한다. 과거 도시의 역사에서 재개발 과정에서 발생한 공동체의 붕괴가 도시 사회에서 악영향을 주었고, 이를 개선하기 위하여 수많은 노력과 시도 속에 현재의 도시재생이 등장하였다. 공동체를 유지하는 것도 중요하고, 공동체가 사라진 현장에 다시 공동체를 부활하고 회복시키는 것도 필요하다. 도시재생이 어느 누군가 한 명의 생각 속에서 출발하지 않고 더불어 함께 행복한 사회를 만들어 가자는 기본 목표를 담고 있다면, 공동체는 무엇보다 중요하다.

형식적인 주민 의견 수렴은 아무런 의미가 없다. 파리 시가 1965년 마레지구를 보존지구로 결정하고 계획을 수립할 때, 계획가들은 두 가지 원칙을 세웠다. 하나는 계획을 세우면서 주민들이 납득할 때까지 대화하여 지역의 역사적 가치를 이해하고 보존에 동참하도록 하고, 다른 하나는 개발 이후 원주민의 삶의 질이 향상되는 것이다. 이 두 가지 원칙은 철저하게 고수되었고, 지금의 마레지구를 만드는 원동력이 되었다.

2) 모든 것을 담는 도시재생이 필요하다

물리적 재생은 구시대의 산물이다. 물리적 재생도 중요하지만 과거와 같이 물리적 성과에만 치중하면 결국 남는 것은 누구도 사용하지 않는 눈에 보이는 건축물, 도로, 공원과 같은 결과물뿐이다. 눈에 보이는 것 외에도 눈에 보이지 않는 것을 도시재생사업에 담아야 한다. 최근 공동체 영역에서 부각되는 사회적경제, 공유경제, 성평등, 기후변화와 자원순환 등 다양한 사회적 가치와 환경운동까지 모두 품어야 한다.

전주에는 도시혁신센터가 있다. 도시재생지원센터, 사회적경제지원센터, 공동체지원센터가 함께 있다. 다른 도시에 도시재생지원센터는 오직 도시재생 업무만 맡는다. 하지만 이곳은 도시재생과 관련한 기관들이 함께 한다. 공간적 가까움이 모든 것을 설명하지 못하지만 함께 협업할 수 있는 기회를 늘린다.

도시재생은 하나의 사업 방식으로 모든 것을 풀 수 없다. 건물이나 공원을 하나 만든다고 하여 그 지역이 활성화되지 않는다. 그곳에 사는 사람의 필요를 충족하면서, 주민의 요구가 반영될 때, 지역사회의 관심이 증가하고 참여의 효과가 나타난다. 전주는 이러한 일련의 과정을 한데 엮어 도시를 재생하는 효과를 창출하는 것이다. 도시재생을 위하여 사업을 추진하려면 관련 모든 행정기관과 단체들의 역량을 담아야 한다. 한 지역을 살리는 데, 단순히 한 개 부서나 개별 사업으로 가능할 것이라는 꿈은 지워야 한다.

3) 사회적 약자를 배려하는 도시재생

우리 사회에는 수많은 약자가 존재한다. 우리 자녀들도 포함된다. 그런데 우리는 그 사실을 간과할 때가 많다. 임산부, 청소년, 장애인, 노인 등 사회의 구성원 중 절반 이상이 사실상 사회적 약자이다. 게다가 경제적인 취약계층도 여기에 포함된다. 그런데 우리 사회의 공간은 주로 건강한 성인 남성을 기준으로 만들어진

그림 16-8 부산 감천문화마을의 전경

주: 주민이 모른 채 지정된 감천문화마을이 이제는 주민 참여를 통하여 젠트리피케이션을 이겨 낸 사례지역이 되고 있다. 도시재생은 일순간 사업으로 이뤄지지 않는다. 끊임없는 대화, 소통, 참여를 통하여 가능하다.
출처: 감천문화마을 홈페이지. http://www.gamcheon.or.kr

다. 계획을 세우는 계획가, 이를 집행하는 행정관료, 이를 수행하는 기업에 이르기까지 모두가 건장한 성인 남성이 참여한다. 이 과정에서 수혜자로서 사회적 약자는 배제된 채 계획이 수립, 집행, 평가된다.

실제로 부산의 감천문화마을은 지역주민들은 모르는 사이에 문화마을이 되었다. 도로가 확장되고 주차공간이 생기면서 카페가 생겼고, 소규모 전시공간이 나타났지만, 정작 주민들은 관련이 없었다. 주택이 모두 노후주택이니, 젊은이들은 떠나고 노인들만 남았다. 만약 사회적 약자를 배려하는 계획이었다면 눈에 보이는 것에 치중하지 않고, 지역주민을 고려한 계획 집행이 이루어지지 않았을까 하는 아쉬움이 남는다.

물론 이렇게 부산 감천문화마을이 끝난 것은 아니다. 관광객도 연간 200만 명을 넘지만, 지역주민 스스로 자생의 동력을 만들고 있다. 채소가게가 없어지자, 주민협의회가 자체 수익금으로 트럭을 섭외하여 불편을 해소하였다. 식당, 게스트하우스도 주민들이 직접 운영하고, 복지사업도 자체적으로 한다. 주민들이 직접 거동이 불편한 어르신의 이동을 돕는 '문화마을 행복버스'를 운영한다. '감내 작은 목간'과 '감내 빨래방' 등 필요한 서비스도 제공한다. 각종 사업을 추진하면서 100여 개의 일자리도 창출하고 있다.

4) 참여 플랫폼을 통한 스마트 시대의 도시재생

우리 사회가 점차 세분화되면서 여성, 청소년, 노인, 장애인, 노동자 등 사회적 계층의 목소리는 계속 증가한다. 도시재생은 이 목소리를 담아야 한다. 도시재생을 위해서는 단순히 사업 추진을 위한 지원기관 하나만으로는 부족하다. 해당 지역의 모든 기관과 단체가 연계하여 함께 소통하고 올바른 계획이 수립되고 집행될 수 있도록 목소리를 내야 한다. 목소리를 듣고 모으는 최선의 방법은 바로 우리 손에 있다. 누구나 들고 다니는 스마트폰이 바로 그 방법이다. ICT 기술이 발달하면서 모든 사람이 손쉽게 SNS를 통하여 소통한다. 이를 도시재생에서도 적극 활용하여야 한다. 단순히 기술적 요소만을 활용하면서 스마트폰으로 건축물을 제어하는 기술적인 부분에만 치중하여서는 안 된다.

누구나 가지고 있는 기회를 이용하기 위하여 참여 플랫폼을 만들고 적극 활용하여야 한다. 안타까운 사실은 참여 플랫폼을 사업 과정에서 만들었지만 콘텐츠가 없는 경우가 태반이다. 더욱 아쉬운 것은 이미 공간정보를 도시계획 분야에서 십여 년 전부터 만들었고, 이를 손쉽게 도시재생에서 활용할 수 있음에도 불구하고, 실제로 거의 사용되지 않는다.

주민 스스로 자기 주변에서 일어나는 개발행위나 사업에 대하여 적극 의견을 피력할 수 있도록 정보를 참여 플랫폼을 통하여 제공하여야 한다. 행정과 참여기관은 이 과정을 주민들에게 적극적으로 공개하고 알려야 한다. 참여가 전제되지 않은 도시재생은 의미 없는 시설사업에 불과할 뿐이다.

제3절 지속가능하고 스마트한 도시구조 형성

1. 지속가능한 스마트시티 플랫폼

1) 성장하는 도시, 진화하는 도시

오늘날 우리는 도시의 지속가능성을 얘기하고 있다. 그리고 이를 실현하기 위하여 다양하고도 체계적인 접근과 노력을 하고 있다. 이러한 관점에서 산업혁명 이후 도시의 성장이 다양한 문제점을 야기하였다는 점을 인지하고 향후 다가올 문제점에 대응 준비를 하는 것은 도시의 지속가능성을 현실화하고자 하는 노력의 원동력이 될 수 있다.

도시는 1차 산업혁명시대를 거쳐 오늘날 4차 산업혁명의 시대에 도래하였다. 1~2차 산업혁명은 시대의 변화에 따른 자연스러운 받아들임이었다면, 3차 산업혁명부터는 지식정보혁명에 기반을 두어 도시에 대한 진단과 미래의 도시로의 전환에 대한 가능성이 논의되기 시작하였다. 여기에 4차 산업혁명의 경우 정보통신기술(혹은 지능정보기술)이 글로벌 어젠다 해결을 위한 미래의 핵심 기술로 부각되고 있어 4차 산업혁명을 준비하는 것 자체가 미래를 위한 전향적 방법론으로 다루어지고 있는 느낌이다([그림 16-9] 참조).

그림 16-9 산업혁명의 변천과 지능정보 기술의 발달

출처: 과학기술정보통신부 홈페이지, www.msip.go.kr

사실, 4차 산업혁명 시대에 논의되고 있는 도시의 진화에 대한 대부분의 내용에 대하여 전문가들은 3차 산업혁명시대부터 예견한 부분이기도 하다. 특히 도시공간의 변화와 잠재력을 담아 등장한 것이 바로 스마트시티(smart city)이다. 참고로 스마트시티에 대한 가능성, 시장 잠재력 등은 이 책 이외에도 다양한 사례가 제공되고 있기에 생략한다. 또한 스마트시티의 정의도 각국의 특성과 상황에 따라 다양한 의미로서 존재하고 있기에 차별화된 정의를 내리는 것도 지양한다. 다만, 스마트시티가 도시의 문제점 해결 방안으로서의 역할, 지속가능성 등의 내용으로 한정하여 다루고자 한다.

4차 산업혁명의 시대를 맞이하여 도시공간 내 지능 및 정보기술에 기반을 둔 빅데이터(big data), 인공지능(artificial intelligence: A.I.), 로봇공학, 사물인터넷(internet of things: IOT), 나노기술(nanotechnology), 클라우드(cloud)기술 등의 분야에 대한 적용가능성이 도시의 새로운 패러다임으로 주목받고 있다([그림 16-10] 참조). 바로 이 패러다임을 스마트시티를 통하여 구현하고자 전 세계 국가들은 노력 중이다. 물론 우리나라도 예외가 아니다. 이미 2000년부터 빠르게 확산된 정보통신망 기반을 신도시 공간이 결합하고자 하는 형태가 제안되면서 2003년 오늘날의 스마트시티의 전신이 될 수 있는 U시티 사업이 시작되었다. 다만, U시티는 신도시와의 결합에는 좋은 솔루션이었으나, 기존 도시에서의 적용은 한계를 갖는 솔루션이라는 평가가 있다.

그림 16-10 기존 사회에서 ICT 접목에 기반을 둔 스마트시티

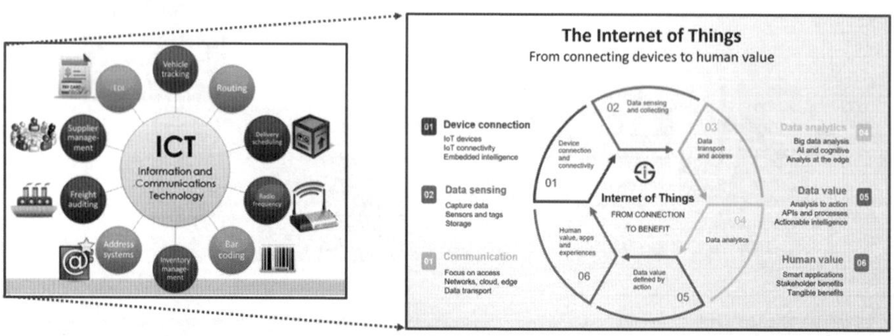

a) ICT 기반의 연결사회　　b) ICT + IoT 기반의 스마트시티형 초연결사회

출처: i-scoop 홈페이지. www.i-scoop.eu. 저자 재구성.

그렇다면 지속가능한 스마트시티는 어떻게 진행되어야 하는가? 여기에 대한 답으로서 유엔 유럽경제위원회 및 ITU가 지속가능한 스마트시티에 대하여 논의한 내용으로 정리하면 다음과 같다.

• 사람 중심(human centric): 경제적, 사회적, 환경적, 문화적 측면에서 현재와 미래 세대의 요구를 보장하면서도
• 도시혁신(urban process & institution): 시민들의 삶의 질 도시 운영 및 서비스 효율성, 경쟁력을 향상시키기 위하여
• 기술 활용(technology): 정보통신기술과 기타 수단을 사용하는 혁신적인 도시

2) 스마트시티는 도시병의 치유를 통한 삶의 질과 경쟁력을 향상시킨다

현재의 스마트시티는 도시문제 해결, 도시경쟁력 강화, 인간의 삶의 질 제고 등과 함께 도시의 지속가능발전과 새로운 가치를 추구하는 형태로 진행되고 있다. 즉, 스마트시티는 도시공간 내 노후화, 교통 혼잡, 에너지문제, 오염문제, 범죄문제, 계층문제, 차별화 등 현재의 도시가 가지고 있는 다양한 도시병(都市病)[3]을 치유해 줄 수 있는 새로운 패러다임으로서 다루어지며, 그 가치가 높아지고 있다. 즉, 스마트시티에서는 도시의 다양한 문제점이 그 안에서 구축된 인프라를 통하여 해결될 수 있으며, 그 결과 자체가 서비스로서 시민에게 제공되는 것으로 이해할 수 있다.

다만, 아직까지 국내외 사회는 스마트시티를 구축하기 위한 계획을 수립하거나 추진 중에 있어 스마트시티를 완벽하게 구현해 낸 사례는 거의 없는 것으로 파악된다. 그러나 스마트시티의 구현으로서 가능한 이론적 내용과 몇몇 실효적 사례가 주는 시사점을 통하여 스마트시티가 궁극적으로 구현되었을 때 도시는 새로운 전환의 국면을 맞이할 수 있을 것으로 기대할 수 있다.

스마트시티는 다양한 실험적 접근이 추진되어 왔다. 큰 틀에서만 구분하면 초창기 스마트시티는 그 자체를 구현하기 위한 목적적 관점에서 다루어졌다. 그러나 오늘날 스마트시티는 도시공간의 새로운 플랫폼으로 다루는 관점이 대세이다(<표 16-2> 참조). 물론, 범위와 주제가 한정되지 않는다는 특징 때문에 EU, 영국, 인도, 미국, ITU 등 다양한 국가 및 기관에서 스마트시티의 개념을 제각각

3) 저자는 오늘날 도시에 인구의 집중에 따라 도시 그 물리적 공간에 발생하는 사회 · 경제 · 환경 부문에서의 발생한 다양한 문제점을 통틀어서 도시병이라 지칭하고자 한다. 물론, 자극적이긴 하지만, 이 병이 낫을 수 있고 개선될 수 있고 회복될 수 있다는 점을 전제하에 활용하는 바이다.

정의하고 있는 실정이다. 이들 국가에서 제시된 개념에서 확인된 몇 가지 공통적 키워드를 정리하면 다음과 같다.

① 시민과 삶의 질, ② (공공) 서비스, ③ 시민 안전, ④ 지속가능한 도시, ⑤ 다양한 정보의 교류, ⑥ 상호 연결, ⑦ 기술, ⑧ 효율

표 16-2 스마트시티의 성격

분류		설명
목적적 성격	도시 관점	도시를 독립 단위로 보고 특정 상태에 도달하는 도시를 스마트시티로 정의
	시민 관점	시민과 기업 등 도시 주체들이 체감하게 될 효과(삶의 질, 거버넌스, 이동성 등)를 가지고 정의
수단적 성격	서비스 중심	과거와 차별화된 서비스를 제공하는 도시 ※ 스마트 거버넌스, 에너지, 빌딩, 이동성, 인프라, 기술, 헬스케어, 시민 등의 서비스가 제공되는 도시
	구조 중심	기존 도시와 구분되는 구조적 특징을 가지고 있는 도시 ※ 플랫폼 도시, 디지털기술이 도시 모든 기능과 접목

출처: 한국정보통신기술협회(2018.9). 저자 재구성.

상기의 개념과 관점, 구성 요소 등을 기반에 두어 스마트시티를 종합 정리해 보면 '요소기술 개발', '도시 내 물리적 인프라 구축 및 서비스', '정보통신기술(데이터) 활용' 등 세 가지 사안으로 집약할 수 있다. 요소 기술 개발 및 정보통신기술 활용은 '수단 혹은 과정적 측면'에서의 접근으로 이해할 수 있다. 도시 내 물리적 인프라 구축 및 서비스는 스마트시티 구축 환경 및 지속가능성 확보를 위한 목적 혹은 결과적 측면에서의 접근으로 이해할 수 있다. 이러한 내용이 플랫폼에 담기고 그 플랫폼 안에서 각각의 내용들은 궁극적으로 인간 삶의 질 및 도시 지속가능성 제고를 위하여 작동하고 서비스를 제공하는 것이 바로 스마트시티이다.

결국 앞선 내용을 종합적으로 고찰하여 보면 스마트시티의 지향점은 "시민의 안전을 보장하고 삶의 질 향상을 위하여 다양한 정보의 교류와 서비스의 제공을 통하여 지속가능한 도시를 구현하기 위한 플랫폼"으로 이해할 수 있다. 이러한 플랫폼은 도시를 효율적으로 유지 및 관리할 수 있으며, 최적의 서비스 제공과 부가적

그림 16-11 기존 도시와 스마트시티의 문제해결을 위한 대응 방식의 차이

출처: 스마트시티 정책 및 향후 방향, 융합연구정책센터, 2017, 저자 재구성.

인 가치 창출에도 기여할 수 있다. 그리고 이 과정에서의 모든 정보는 다시 데이터화되어 분석되고 플랫폼에 담기게 되어 궁극적으로 서비스의 질적 제고로 환류될 수 있다([그림 16-11] 참조).

3) 스마트시티는 도시의 모든 것과 끊임없이 대화하면서 진화하여야 한다

스마트시티의 조성에서 가장 중요한 것은 도시의 다양한 구성 요소와 끊임없이 대화하는 것이다. 도시의 특성이 반영된 스마트시티의 조성이야말로 그 도시의 지속가능성을 견인할 수 있다. 그러나 실상은 도시가 가지는 역사, 철학, 문화, 지형, 지세, 기후, 풍토, 공동체 의식 등의 특징이 반영되지 못하고 있다는 점에 있다. 이와 같은 내용을 제기하는 것은 현재의 국내 스마트시티 사업이 자칫 2003년 U시

티와 같은 문제를 답보하지 않을까 하는 우려가 있기 때문이다.

따라서 스마트시티의 조성을 위해서는 지역과의 융합적이면서도 개방을 하여 진행할 필요가 있다. 그리고 끊임없이 협의와 합의 과정을 거쳐 최적의 조성 방안을 도출하여야 한다. 그래야 도시의 특성이 반영된 지속가능성을 확보할 수 있다. 이것이 주는 내용은 결국 소프트웨어의 역할이 커져야 함을 의미한다. 전문가들은 하드웨어의 기술력은 높다고 평가하고 있다. 그러나 아직까지도 우리나라의 스마트시티는 관 주도형 하향식이다. 이는 U시티 사업이 성공적일 수 없었던 가장 큰 이유이기도 하다. 이 때문에 지자체 행정도 하향식의 형태로 접근될 수밖에 없었다. 반면 해외 사례를 보면 민간, 특히 기업 중심의 스마트시티 조성을 확인할 수 있다. 이는 기업의 사회적 공헌이며, 나아가 국가의 대표기업이 되어 국제적 위상을 드높이는 데도 긍정적인 영향을 미치는 것을 알 수 있다. 하지만 우리나라는 IT 강국을 내세우면서도 이러한 행보에는 보수적인 모습을 보이고 있다. 또 다른 문제는 바로 규제에 대한 다양한 해석, 그리고 관점 및 의식이다. 스마트시티에서 중요한 것은 IT에 기반을 두어 정보를 상호 공유한다는 점이다. 대표적으로 정부는 「개인정보보호법」 등으로 인하여 발생하는 마찰을 규제완화 등을 통하여 해결해 나갈 것을 얘기하고 있지만 여전히 물음표이다.

스마트시티는 도시 공간 내 시민들이 원하는 그림을 그려 주어야 한다. 이를 위하여 스마트시티는 도시와 지속적으로 소통하여야 한다. 우리들은 이러한 점을 인식하고 스마트시티와 적극적으로 소통하여야 한다. 우리의 요구를 무엇이든지 얘기하고 공론화하고 논의하고 협의하고 합의를 도출하고 방향을 잡을 수 있도록 하여야 한다.

2. 스마트한 에너지전환마을

1) 왜 에너지인가

스마트시티는 도시공간 내 하드웨어와 소프트웨어의 결합을 통한 플랫폼의 구성과 작동이 중심이 된다. 다양한 활동들이 끊임없이 진행된다. 이러한 활동에 원동력은 바로 에너지이다. 산업혁명이 진화되고 있음에도 불구하고 변하지 않는 어젠다가 바로 에너지이다. 스마트시티의 주요 기술인 IT 또한 에너지가 제공되지 않으면 무용지물이 된다. 정보 수집, 제어, 관리, 모니터링 등의 플랫폼의 작동과 이를 통한 서비스의 제공도 에너지에 대한 의존율이 높다. 병원에서의 정밀검사와 치료, 수술 등도 불가능해진다. 이로 인하여 신체적 제약을 받게 되며, 삶의 질이 저하를 비롯한 다양한 충격이 발생할 것이다.

이처럼 에너지는 삶에서 기본 생존 조건이 되고 있으며, 스마트시티를 위해서도 필요한 조건이 되고 있다. 스마트시티는 향후 도시의 에너지 소비량을 더욱 가속화할 것이다. 결국 스마트시티를 위해서는 에너지의 안정적인 공급이 필수적 요소가 된다([그림 16−12] 참조).

그림 16−12 풍요의 피라미드에서의 에너지와 지속가능한 마을공동체

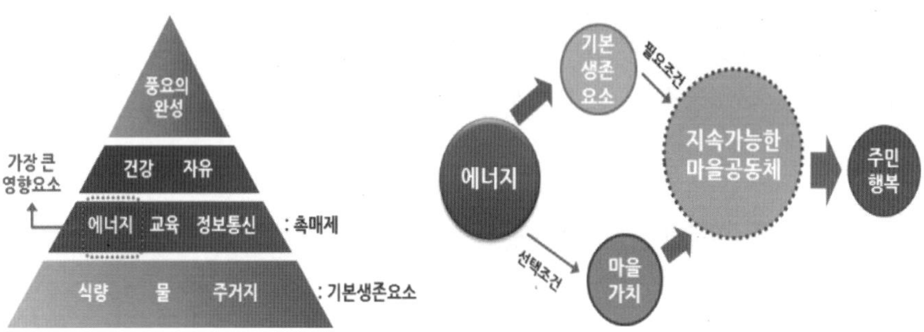

출처: Peter H. Diamandis, Abundance(2012). (좌); 오병철(2018). (우)

2) 그렇다면 왜 마을인가

도시의 에너지에 대한 3차와 4차 산업혁명의 공통적 키워드는 바로 분산형 전원으로의 전환이다. 특히, 기후변화 대응을 위하여 탈(脫)석탄, 탈(脫)원전에 대한 시대적 요구가 증폭됨에 따라 기존의 중앙집중형 전원 생산과 공급 방식은 머지않아 성장의 한계에 도달할 것이라는 점이 전문가들의 의견이다. 결국 분산형 전원으로의 전환이 필요하다. 이를 구현하는 것이 바로 신재생에너지이다.

최근 이를 적용하기 위한 공간으로서 국내외적으로 마을의 가치에 대한 논의가

지속되고 있다. 즉, 이와 같은 전환적인 활동에 가장 필요한 것은 시민(주민)의 참여이며, 이들의 노력이 바로 분산형 전원의 시작점이 될 수 있다는 것이다. 도시에서 마을은 공동체 관점에서 기본이며, 최소 단위로서 다루어진다. 마을공동체는 주민자치에 기반을 둔 공동의 목표 달성을 위한 활동이 가능하다. 이 때문에 마을이 가지고 있는 다양한 주제를 논의할 수 있으며, 해결을 위한 공동의 활동이 이 마을의 발전으로 직결될 수 있다.

이미 영국 토트네스(Totenes), 독일 윤데(Jüehnde) 마을, 일본 이이다(飯田)시, 벨기에 겐트(Ghent)시 등에서 지역의 다양한 현안 문제를 마을에서부터 해결하기 위하여 전환마을이라는 이름 아래 노력을 진행 중이다. 이미 '전환마을운동', '에너지자립마을' 등이 있었다. '에너지 전환'이라는 용어도 일부 사용되었으나, 마을을 결합한 '에너지전환마을'에 대한 정의는 아직 명확하지 않다. 따라서 에너지전환마을에 대해서는 아직까지 다양한 관점이 존재하며, 실제 마을에서는 이를 다양한 방향으로 추진해 나갈 수 있다는 점도 있어 기대되는 점이 크다. [그림 16-13]과 같이 한재각(2017)은 에너지 전환에 대하여 에너지원의 교체, 에너지 시티즌십의 변화, 에너지 시설의 소유/통제의 변화, 에너지 생산/소비의 공간 변화, 에너지 이용의

그림 16-13 에너지 전환의 다차원성

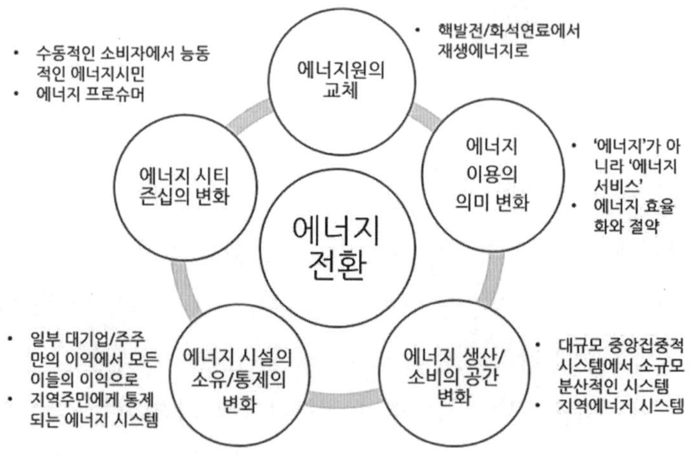

출처: 한재각(2017). 기후에너지정책연구소.

의미 변화 등 다섯 가지의 어젠다를 통하여 다차원적으로 설명하고 있다.

여기에서 주목되는 점은 에너지 시티즌십의 변화와 에너지 시설의 소유/통제의 변화이다. 이는 에너지 생산과 소비에 대한 기존 정의 및 시스템적 특성의 변화도 시사하고 있다. 즉, 사회 전체 시스템의 변화를 통하여 수동적인 공급과 사용에서 적극적인 생산, 사용, 거래까지 에너지 시장 전반을 시민이 참여하고 그 활동 안에서 새로운 경제적 이익이 창출됨을 의미한다. 바로 이 점이 에너지전환마을의 첫 번째 포인트가 될 수 있다. 다음으로 유사한 개념이었던 에너지자립마을에 대한 부분으로서 기존 국가 주도의 에너지자립마을은 마을의 에너지를 궁극적으로 자립하기 위한 사업으로 이해된다. 하지만 이는 실질적인 전환마을이나 에너지전환마을이 지향하는 바와는 거리가 있다(<표 16-3> 참조). 가장 큰 차이는 에너지전환마을은 에너지를 기반에 두고 있으나, 에너지 그 자체를 마을의 지속가능성을 유인하는 수단으로 활용하고 있다는 점이다. 이것이 바로 두 번째 포인트이다. 그래서 에너지전환마을은 에너지를 중심에 두고 마을의 모든 사안을 논의하고 협의하고, 합의하며, 목표 달성을 위한 행동을 하게 된다. 이 점이 전술한 풍요 피라미드에서 본 에너지 역할과 연결되는 지점이다. 이렇기 때문에 에너지전환마을에서

표 16-3 에너지자립마을과 에너지전환마을의 차이

구분	에너지자립마을	에너지전환마을
목적	대체로 에너지 자립만을 목적	에너지 전환 기반의 지속가능한 마을 공동체 형성
주체	대부분 관 주도 형태	주민 주도 기반, 관은 행정적 지원
특징	• top-down 방식 • 이슈 사업 위주, 성과 위주, 단발적	• bottom-up 기반, top-down 병행 • 목표 기반, 목적 달성형, 지속적 활동
주제	신재생에너지	신재생에너지를 넘어 에너지 전환 중심의 마을 현안 문제 전반
추진절차	국・시비 지원사업: 시범/선도사업형 • 마을 참여 여부 논의 후 해당 사업 추진 • 마을 내 자발적 운영조직 구성 불분명	마을공동체의 자체적(자발적) 추진 • 비전, 목표, 목적, 전략 수립 • 마을의 자발적 운영조직 구성 등 ※ 필요 시 행정 지원 또는 요청 가능
재원	국/시비 기반, 주민 재원 일부 등	민간재원 기반 및 국・시비(확보 시) 결합형 가능
운영방식	• 사업 완료 시, 마을에 일임하는 형태 • 유지관리체계 불분명, 책임 문제 야기	마을공동체 시스템상의 공동 운영 ※ 리빙랩, 마을연구소 등

출처: 오병철 외(2018).

의 에너지는 물리적 에너지 그 자체도 의미하지만 사람의 에너지, 집단지성 에너지 등 모든 종류의 에너지를 내포하고 있다.

3) 스마트시티와 스마트한 에너지전환마을

에너지전환마을의 배경은 다양하겠지만, 오늘날 기후변화 대응과 큰 접점이 있다고 말할 수 있다. 기후변화로 인하여 폭염, 혹서, 한파, 폭풍, 폭우, 홍수, 가뭄 등의 인간의 삶의 터전에 지대한 영향을 미치고 있으며, 몇몇 나라에서는 기후변화로 인하여 발생한 문제는 재해로 규명하는 등 적극적으로 대처하고 있기도 하다. 최근 우리나라도 전국적으로 폭염이 발생하고 있다. 폭염으로 인한 피해는 바로 우리 도시, 우리 마을, 내 주변에서 발생하고 있다.

이를 기후변화 관점에서 서술하면 도시는 지구온난화를 가중시키는 온실가스를 지속적으로 배출하고 있고, 이로 인한 기후변화는 도시, 마을, 내 주변에 나타나 피해를 받고 있는 실정이라는 것이다. 이에 대하여 두 가지 정도의 방안을 생각할 수 있다. 첫 번째는 온실가스 배출을 줄이는 것이다. 최근 인천 송도에서 합의된 「1.5도 특별보고서」의 승인이 주는 시사점은 크다. 특히, 에너지 사용 절감과 신재생에너지 도입의 필요성이 요구되고 있다. 그럼에도 불구하고 전 세계 곳곳에서 기상재해가 발생하고 있다. 이에 두 번째로 기상재해에 대한 적응 역량의 강화가 필요하다. 이 지점까지 생각이 닿게 되면 오늘날 요구되는 스마트한 에너지전환마을에 대한 필요성은 명료해진다. 즉, 스마트한 에너지전환마을은 기후변화 대응이 의무화되어 가는 시점에서 마을에서 시작될 수 있는 해법이 될 수 있다는 점이다. 결국 기후변화에 대한 마을 단위의 대응은 지역으로 도시로, 국가로 확장되어 각자의 지속가능성을 확보하는 데 기여할 것이다.

4) 결국 스마트한 에너지전환마을은 주민들의 의지의 산물이 된다

세계는 지금 기후변화 대응이라는 중요한 화두를 중심으로 전환의 시대에 놓여 있다. 그리고 이러한 전환은 과거와 현재의 가치가 아니라 내일과 미래의 가치로의 전환을 의미하는 것이다. 결국 다시 강조하지만 이 모든 전환의 중심에 에너지가 존재한다. 즉, 에너지의 패러다임의 변화는 새로운 가치를 창출하고 있다. 스마트시티와 함께 스마트 그리드(smart grid)가 종종 언급된다. 스마트 그리드의 핵심은 전력 시스템, 정보통신기술의 융합이라는 점이다. 전력 시스템은 신재생에너지원의 전력망에 접속을 촉진하기 위한 기술로 이해하면 좋다. 정보통신기술은 막대한 정보의 공유와 빅데이터화, 그리고 분석을 하여 인공지능에 탑재하고 플랫폼화되어 그 효용성을 제고한다. 이 때문에 스마트시티 조성과 에너지전환마을 조성에 스마트 그리드의 구성 체계는 필수적인 요소가 된다.

다음으로 에너지전환마을은 바로 '누구와', '무엇을', '어떻게'에 대한 끊임없는 물음과 해답을 찾아가는 과정에서 완성될 수 있다. 에너지전환마을의 조성에는 수많은 요소의 결합이 필요하고 지원이 필요하다. 왜냐하면 에너지전환마을은 그 마을의 특징을 고스란히 담고 있기 때문이다. 이러한 성격 때문에 에너지전환마을의 접근은 섬세하여야 하며, 더불어 기본이 되는 요소의 구축이 필요하다. [그림 16-14]에서 나타내고 있는 바와 같이 우선 마을주민의 관심과 참여이다. 그리고 마을의 특성을 나타내는 생활공간과 생활방식이다. 또한 마을이 어떠한 인프라(물리적 · 인적)가 있는지도 중요하다. 그리고 마을의 환경 현안(주차, 취약계층, 전기

그림 16-14 에너지전환마을의 구성 요소

출처: 오병철 외(2018).

차(수소차) 충전기, 안전/방범, 음식물쓰레기 등)은 그 자체로서 에너지전환마을의 주제가 된다. 여기에 이들 주제를 논할 수 있는 주민 간 협의체와 마을 리더의 역할이 중요하다. 때로는 마을의 역량을 넘는 주제가 있을 수 있기에 마을과 행정 간의 소통을 지원할 중간지원조직도 필요하다. 이 모든 활동에 전문가가 참여한다면 좀 더 실효적일 수 있다. 이와 같은 기본 요소들을 비기술적 활동이라 칭한다면 기술적 활동은 실질적인 개선, 관리, 전환활동 등이 될 것이다. 그리고 이 두 가지 활동은 지속적으로 순환되며 상호 보완하면서 시스템화될 것이다.

끝으로 마을은 위에서 언급한 기본 요소 이외에 좀 더 창의적이고 독창적인 요소를 만들거나 보완할 수 있다. 그러나 주민의 참여만큼은 불가역적 요소이다. 에너지전환마을은 마을의 지속가능성과 연계된다. 마을의 이러한 노력은 나비효과가 되어 마을은 지역으로, 지역은 도시로, 도시는 국가로 그 가치가 전달될 것이다.

제 4 절 도시의 지속가능성을 위한 기후변화 대응

1. 기후변화 대응을 위한 도시의 전환

1) 개발이 필요하였던 도시, 치유가 필요해진 도시

오늘날 도시는 그 어떤 시기와 비교하기 힘들 정도로 빠르게 변화하고 있다. 산업혁명만 봐도 보통 1세기 동안 1차 산업혁명 그리고 다음 1세기에 2차 산업혁명이 진행되어 왔다. 그러나 현재의 3차와 4차 산업혁명은 같은 세기 내 연달아 발생할 정도로 우리 사회의 변화는 급격히 빠르다. 이에 대한 원인에 대하여 저자는 대표적으로 IT 기반의 정보 공유와 기술 발달에서 비롯된다고 판단하고 있다. 그래서 4차 산업혁명은 마치 스마트폰의 시스템 업그레이드와 같이 매순간 진화하고 있다는 느낌을 받는다. 도시가 제공하는 서비스는 좀 더 종합적이면서도 최적화되고 있으며, 이에 대한 시민의 선택의 폭도 서비스의 품질 향상에 따라 넓어지게 되었다.

그러나 예측하지 못하였던 부분에서 도시공간 내 부정적인 영향이 발생하고 있었다. 바로 전술한 도시병이다. 물론 오늘날 이와 같은 부정적 영향이 야기되었기 때문에 과거의 도시화 방법이 잘못되었다고 말하고 싶지는 않다.[4] 왜냐하면 오늘날 또는 현재의 기준과 가치로서 새롭게 판단되는 부분인 것도 분명히 존재하기 때문이다. 그럼에도 불구하고 분명한 것은 오늘날의 사회적 가치는 도시공간 내에서 발생하고 있는 다양한 도시병을 우리가 치유하여야 하는 당면 과제로서 다루고 있다는 점이다.

2) 기후변화 시대 도시의 역할은 도시에 부가가치를 제공하는 것이다

도시의 지속가능성은 도시가 어떤 입장과 노력을 하느냐에 따라 해법 혹은 접근이 달라질 수 있다. 기후변화 시대에 바뀌지 않는 점은 기후변화 대응 노력을 하지 않을 경우 도시, 국가, 전 세계가 금세기 말이 되면 멸망할 것이라는 점이다. 「IPCC 1.5도 특별보고서」도 이와 같은 맥락으로 이해하면 좋다. 즉, 이러한 내용들은 결국 도시의 지속가능성을 위해서는 기후변화에 대하여 대응하여야 한다는 점을 시사하고 있다. IPCC가 1~5차에 걸쳐 발간한 보고서를 보면 기후변화에 대한 명확성, 방향성, 가능성을 이해할 수 있다. 간략히 말하면, '지구온난화는 인간으로 인하여 야기되고 있으며, 이로 인하여 기후변화가 발생하고 있으니, 대기 중 온실가스 농도를 낮추고 그럼에도 불구하고 발생되는 이상기후에 대응할 수 있도록 적응 역량을 강화하여야 한다. 특히, 온실가스 저감은 1.5~2℃ 안쪽으로 상승되도록 억제하여야 한다. 그리고 이는 '노력에 따라 가능하다' 정도로 이해할 수 있다. 즉, 도시는 온실가스 배출을 줄이고 기후변화 적응 역량을 강화하여야 한다는 것은 기후변화 시대 도시의 지속가능성 확보를 위하여 필수적이라는 것이다(<표 16-4> 참조).

그러나 많은 도시에서 기후변화 대응 노력은 막대한 예산이 수반되며, 불명확하고 기존의 개발 활동과 경제를 위축시킬 수 있다고 판단하고 있는 것 같다. 이에 대하여 IPCC는 "도시 규모의 기후변화 완화 전략을 성공적으로 이행하면 부수적

---

4) 저자는 과거의 도시화가 오늘날 도시의 다양한 부정적 현상까지 예견하고 진행되었다고 생각하고 싶지는 않다. 단지 그 시대의 요구에 대한 부응이었던 것으로 이해하고자 한다.

표 16-4 IPCC 보고서를 통한 기후변화에 대한 주요 사안

구분	내용
1차 보고서(1990)	지구는 더워지고 있다. 지구온난화는 진행형
2차 보고서(1995)	지구온난화는 인간의 책임
3, 4차 보고서(2001, 2007)	대기 중으로 배출되는 온실가스 농도의 저감 필요
5차 보고서(2014)	2도시 상승 억제, 온실가스 감축 가능, 기후변화 적응 필요
1.5도 특별보고서(2018)	1.5도 상승 억제를 위한 온실가스 감축 가능, 시행하여야 할 때

출처: IPCC 1~5차 보고서 및 1.5도 특별보고서, 저자 작성.

편익이 창출될 수 있다"는 점을 들며, "전 세계 도시는 역량에 따라 에너지 확보, 대기 및 수질오염 제한, 고용의 유지, 도시 경쟁력 강화 등의 활동을 기후변화 대응 노력과 연동하여 지역의 부가적 편익을 제고할 수 있다"고 말하고 있다. 이러한 관점이라면 도시의 기후변화 대응을 비용편익적 관점에서도 마다할 이유가 없을 것이다. 예를 들어 기후변화 대응에 대한 다양성과 도시공간이 가지는 다양성과 맞물릴 가능성이 높다. 또한 기후변화 대응 활동 자체가 도시의 입장에서는 도전적이면서 역으로 기회 창출도 가능하다는 점에서 잠재력을 기대할 수도 있어 오히려 투자가치적 관점에서의 접근도 가능하다는 것이다.

3) 기후변화 대응을 위한 도시의 전환 방향은 무엇인가

기후변화 대응을 위한 도시의 전환을 위하여 어디부터, 무엇부터 시작하여야 할까 등의 물음이 있을 수 있다. 안타깝게도 명확한 답을 내리기는 쉽지 않다. 왜냐하면 도시마다 가지고 있는 특징과 장점, 인프라, 규모, 인구, 경제, 문화, 철학, 정책 성향, 우선순위 등에서 천태만상을 보이고 있기 때문이다.

한편, 일부 도시에서는 이미 훌륭한 성과를 보이고 있는 선도 도시의 결과를 모방하는 모습도 관찰된다. 모방이라는 단어는 부정적 느낌을 주지만 이 부분에 대해서만큼은 부정적일 필요는 없을 것이다. 오히려 그러한 모방이 더욱 활성화될 필요가 있다는 생각이다. 왜냐하면 성공한 사례만큼 리스크가 적은 것이 어디 있겠는가라는 것이며, 기후변화의 위중함과 대응의 시급성을 고려하였을 때 오히려 공동의 대응이라도 필요하다는 생각이 들어 모방하는 행위에 대해서도 관대해질

수 있다.

다만, 주의할 점은 다른 도시 우수 사례를 자기 도시에 적용할 경우 타당성에 대한 검토가 필요하다는 점이다. 그리고 행정에서의 결과 위주 혹은 성과 위주의 활용 측면으로 인하여 노력의 과정이 주는 시사점이 무시되는 것도 간과해서는 안 될 것이다. 이를 극복하기 위하여 도시공간의 구조적 시스템을 구성하는 하드웨어와 소프트웨어의 전환이 필요하다. 이 두 가지 부문의 전환이 고려되지 않고서는 기후변화 대응을 위한 도시의 전환은 지속가능성을 담보하기 어렵다.

하드웨어는 도시공간의 다양한 인프라가 기후변화 대응을 위하여 어떤 준비가 되어 있는지를 기초부터 검토 및 진단하며 대응 방향을 설정하는 것이다. 소프트웨어는 도시에 거주하는 시민들의 의식과 인식 수준에 따라서 기후변화 대응의 위치는 어떤지, 위화감은 없는지, 받아들일 준비가 되어 있는지, 무엇이 필요한지 등을 다각적으로 검토하고 진단하며 대응 방향을 설정하는 것이다. 다시 말해, 도시의 다양한 인프라가 기후변화 대응형으로 전환되었다고 해도, 그 안에 살고 있는 시민들의 인식과 의식 수준이 그대로라면, 반대로 기후변화 대응에 높은 인식과 의식 수준을 가지고 있더라도 도시의 물리적 인프라가 그대로라면 지속가능성은 확보되기 어려울 것이라는 점이다. 이는 도시가 가지는 유기체(organism)[5]적인 특징에서 살펴볼 수 있다. 쉽게 설명하면 도시의 모든 현상은 원인과 결과가 있다는 점이다([그림 16-18] 참조). 즉, 에너지를 사용에 따른 온실가스 배출, 인구증가에 따른 에너지 사용 증가, 상품의 사용과 쓰레기의 발생 등과 같은 원리로 이해하면 좋다. 중요한 것은 이러한 대부분의 과정에 인간이 개입하고 있다는 것이다. 즉, 도시의 유기체적인 특징은 또 다른 유기체인 인간과의 접촉을 통하여 성장하고 진화해 온 것으로 이해할 수 있다. 결국 인간이 판단, 선택, 행동, 노력 등이 필요한 것이다.

그러나 도시의 유기체적인 특징은 긍정적인 점도 있지만, 전술과 같은 부정적인

5) 도시를 유기체라고 표현한 것은 도시는 인간의 개입에 의하여 개발된 부분도 있지만 오랜 시간에 걸쳐서 진화해 온 자생적 유기체와 같기 때문이다. 도시는 성장과 발전, 진화가 도시공간에서는 존재하고 있어 자연발생적인 생태계적 특징을 가지고 있다. 따라서 일반적으로 노후화가 진행되는 인공물하고는 다른 관점이 필요하다.

그림 16-15 경제적 순환에 기반을 둔 도시공간 내 유기적인 특징

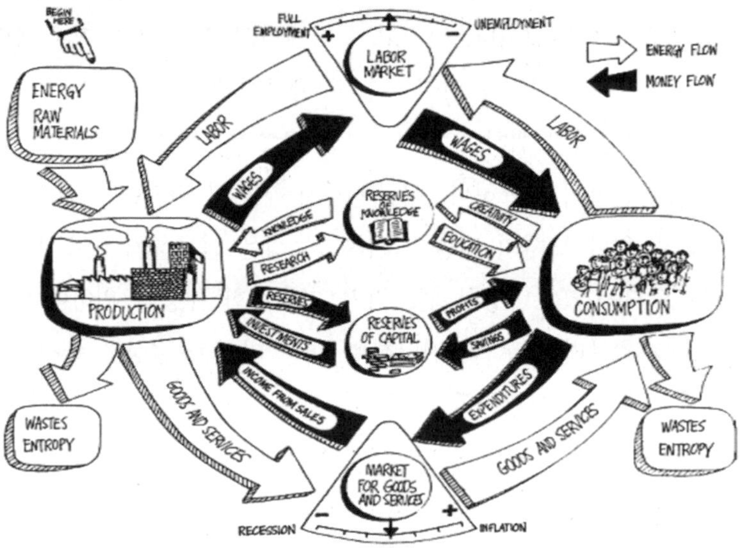

주: 도시 경제의 순환 형태는 도시공간의 유기적인 특징을 파악하는 데 도움이 된다. 특히 경제의 순환은 온실가스 배출과도 밀접한 관계가 있다.
출처: Currency Fund Group 홈페이지. https://www.currencyfundgroup.com/, 2014.9.9.

문제도 있음을 인지하여야 한다. 그래서 도시는 이를 제어하고 관리하기 위하여 공공 영역에서의 수많은 계획을 수립할 수밖에 없다(<표 16-5> 참조). 각각의 특징에 따른 명명이 있으나, 주제적 관점으로 본다면 도시계획, 지역개발, 지구 단위, 환경보존, 녹지계획, 공원, 하천, 생태계, 주택, 교통, 에너지, 정보통신, 상하수도, 토지, 폐기물 등을 확인할 수 있다. 이들 계획의 성격을 보면 물리적 인프라 성격의 계획과 인구, 경제, 문화, 복지, 관광 등 사회적 인프라 성격의 계획 등으로 구성되어 있음을 알 수 있다. 또한 계획은 다양한 정책과 규제들을 포함하고 있기에 대부분 크게 원인분석, 해결 방안 마련, 개선 사항 도출의 형태를 가지고 있다.

다만, 문제는 이러한 계획들의 수립이 각각의 영역에서만 국한되어서 수립되고 작동하고 있다는 점이다. 물론 계획들의 결과로 인한 영향은 도시공간 내에서 여전히 종합적이고 유기적으로 작용되고 있기는 하다. 그러나 이와 같은 접근은 중복되거나 제외 혹은 소외되는 등의 문제가 발생하고 있어 비용효과적이기 어려우

표 16-5 도시의 주요 관리 계획 유형과 기후변화와의 연관성

구분	연관성
도시계획	삶의 터전 기반의 기후변화 대응 공간구조
지역개발계획	기후산업, 기후 취약지역, 기후 취약계층 등
환경보전계획	온실가스 흡수, 기후변화 적응 역량 등
건축계획	에너지 절감, 온실가스 감축, 취약계층 적응 역량 등
에너지계획	에너지 수급, 에너지 절감, 신재생에너지 등
상하수도계획	기후변화 적응 역량, 에너지 절감, 가뭄 등
교통계획	에너지 절감, 온실가스 감축
폐기물처리계획	에너지 절감, 에너지 생산 등
도시재생계획	기후변화 적응 역량, 에너지 절감, 신재생에너지 등
문화계획	기후변화 대응 인식, 공동체 운동 등
보건의료계획	기후변화 적응 역량, 취약계층, 각종 질환 등
사회복지계획	취약계층, 에너지복지 등

며, 세부적이면서도 종합적이지 못하고, 종합적이면서도 융합적이지 못하다는 등의 문제가 지적되고 있다, 특히, 기후변화 대응과 같이 특정한 주제 하나만의 노력이 아닌 세부적이면서도 종합적이고, 그리고 융합적인 접근이 요구되는 사안에 대하여 각 부문의 개별적이며 파편적인 접근은 대응 노력에 따른 성과 거양에 장애요소로 작용될 가능성이 높다. 이러한 특성은 전절의 스마트시티에서 도시 서비스를 종합적·융합적으로 관리 및 제공하여야 한다는 것과도 일맥상통한다.

전술한 다양한 계획 유형 등과 도시의 기후변화 대응의 관점을 연동하여 검토하면 오늘날 상당수의 계획 유형에서 기후변화 대응과 밀접한 연관이 있는 것을 알 수 있다. 물론 동의하지 않는 관점이 있을 수 있지만 기후변화로 인한 이상기후와 그 피해 양상은 도시공간의 모든 곳을 대상으로 한다는 점에서 이미 기후변화 대응과 직·간접적인 계획 및 정책 등이 수립되고 있다. 즉, 이러한 관점에서 기후변화 대응과 도시의 다양한 계획의 유형 간의 연관성을 이해할 수 있다.

특히, 대부분의 도시에서는 도시의 종합적인 관리상 도시계획이 가장 상위 계획으로 다루어지고 있다. 이는 도시계획 내 환경, 인문, 사회, 복지, 지역 개발, 에너지, 폐기물, 인구, 경제, 교육 등 대부분의 분야를 도시공간에 망라하여 현황을 검토하고 전망하면서 도시 관리의 방향성을 다루고 있기 때문이다. 그러나 아직까지 현황의 도시계획은 개발 방향과 관리 방향 등의 측면만을 다루고 있는 비중이 크다. 이렇기 때문에 기후변화 대응계획은 대부분 지자체의 환경 관련 부서에서 별도로 수립하는 계획으로 다루고 있는 실정이다.

문제는 기후변화 대응(온실가스 감축, 기후변화 적응 역량 강화)은 하나의 부서에서만 관장할 수 있을 정도로 작은 규모가 아니라는 점이다. 전술한 바와 같이 실제 도시 전체, 즉 도시공간, 시민, 다양한 인프라, 경제, 문화 등의 전반에 영향을 미치고 있다는 관점에서 보았을 때 좀 더 종합적이고 융합적인 관점에서 다루어야 할 부분이다. 그래서 기후변화 대응을 위한 도시의 전환은 적어도 도시계획과 같은 레벨의 관점, 아니면 그보다 상위 계획 관점에서 수립 및 관리될 필요성이 있다고 판단된다. 다시 말해 기후변화 대응 문제는 개발과 환경 등을 넘어서 도시의 지속가능함을 담보하기 위한 새로운 접근과 비중으로 인식하고 다룰 필요성이 있다는 점이다. 지금은 기후변화 대응의 시대이기 때문이다.

4) 기후변화 대응계획이 도시에서 가장 상위 레벨로 다뤄지는 것은 가능할까

지금까지 다양한 형태의 기후변화 대응형 도시계획의 개념이 제시되어 왔다. 이들 개념은 분명히 도시공간 내 기후변화 대응을 위한 다양한 방안과 방향성을 제시하여 왔다. 다만, 상기한 바와 같이 이들 개념이 단지 개념으로만 인지되거나, 도시계획의 하위 단위에서 환경계획적 관점에서 다루어지다 보니, 도시 통합적, 종합적, 융합적 관점에서의 기후변화 대응형 도시계획으로의 역할이 쉽지 않았다고 지적되고 있다.

왜 이러한 현상이 발생하는지에 대하여 크게 두 가지 정도를 추정할 수 있다. 우선 아직도 도시는 개발이 중심적 가치로 다루어지고 있다는 점이다. 다음으로 기후변화는 사실 미세먼지와 달리 눈에 보이지 않는다는 점이다. 먼저 첫 번째 사안에 대하여 지자체는 국가의 정책보다 현장의 정책이 발현되는 곳이다. 결국 지자체장의 정책 방향 및 행정철학은 민심의 방향을 주시할 수밖에 없다. 결과적으로 도시공간에서 기후변화 대응이라는 어젠다는 경제부흥, 일자리, 소득, 복지 등 기존의 관념과 가치에 따라 우선순위가 밀리게 되는 경우가 많다. 두 번째 사안은 진전되지 않는 숙제라고 생각되는데, 우리나라는 2000년대 초반 정부의 녹색성장이라는 어젠다를 통하여 다양한 국가전략 및 정책, 법령, R&D, 녹색산업으로 전환 등이 활발하게 진행되었다. 많은 전문가는 국가의 녹색성장 어젠다의 성공을 위하여 민간의 관심, 인식제고, 참여 등의 필요성을 지적하였으며, 국가, 지자체, 기관, NGO 등에서도 이러한 분위기를 조성하고자 지속적인 교육, 홍보, 캠페인 활동 등도 펼쳐 왔다. 하지만 약 15년이 지난 오늘날의 기후변화 대응 논의에서도 여전히 전문가들은 시민들의 관심, 인식 제고, 참여 유발을 위하여 교육, 홍보, 캠페인이 필요하다고 지적하고 있다.

'시민들의 여전히 기후변화 대응에 대한 인식이 여전히 낮은 것인가?', '그래서 여전히 참여를 하고 있지 않는 것일까?' 여기까지 생각이 미친다면 '기후변화 대응을 위한 교육과 홍보는 무엇인가 잘못되어도 한참 잘못된 것이 아닐까?'라는 생각도 할 수 있다. 이 부분에서 국가, 지자체 등에서의 기후변화 대응에 대한 대시민 교육, 홍보 등의 방법에 실효적이지 못했다고 전문가들은 지적하고 있다. 더불어 기후변화, 관련 대응 노력 등이 시민들의 눈에 보이지 않기 때문에 상대적으로 관심을 모으기 어려웠다고 지적하고 있다. 예를 들어 여름철 폭염 현상이 지나 겨울과 봄이 오면 미세먼지 문제가 대두되면서 폭염 문제는 잊히게 된다. 또한 불과 3~4년 전부터 대두되고 있던 미세먼지 문제와 약 20여 년 동안 지속적으로 다루고 있던 기후변화 문제에 대하여 국민들이 반응은 극명하게 차이가 나타나고 있다.

이와 같은 차이는 국가와 지자체의 인지적 차이, 홍보와 대응 수준의 차이, 언론의 관심 차이 등이 극명하게 대조되고 있다는 점에서 비롯된다고 판단된다. 여기에 기업들도 미세먼지 대응과 관련된 제품들을 앞다투어 출시하면서 마치 사회 전체가 미세먼지 문제에 대한 대응을 하지 않으면 안 되는 것처럼 분위기가 조성되고 있다. 물론 이와 같은 미세먼지 문제에 대한 대응 노력을 하는 것은 당연하다.

그러나 중요한 것은 금세기 말까지 지구 평균 기온을 1.5~2℃ 낮추지 않을 경우 지구는 멸망할 수 있다는 점이다. 2018년 7월 카밀로 모라(Camilo Mora) 하와이대 교수는 "현재 전 세계 인구 중 30%가 1년에 최소 20일 이상 죽음에 이를 수 있는 폭염에 노출되어 있다"고 분석하였으며, "지금처럼 온실가스가 계속 배출되는 경우 2100년이 되면 이 비율이 74%까지 올라갈 것으로 예측"하고 있다.

이와 같은 엄중하고 가혹한 미래라면 당연히 기후변화에 대한 대응 노력을 하여야 할 것이다. 2100년 이전에 내가 없다면 우리의 후손들을 위해서라도 노력을 하여야 할 것이다. 국가와 정부, 언론 등은 기후변화의 엄중함과 기후변화 대응의 필요성에 대한 강력한 메시지를 시민들에게 지속적으로 알려야 할 것이다. 그리고 시민들은 이와 같은 엄중한 사안을 명확히 인식하고 국가와 지자체에 기후변화 대응 정책과 방안을 강력히 요구할 수 있어야 한다. 이것은 시민의 당연한 권리이다.

기후변화 대응은 정부, 지자체 차원의 노력이 중요한 요소이다. 그러나 삶의 터전을 지속가능하게 하고 이를 통하여 우리의 후세도 안정적으로 살아갈 수 있도록 유지해 주고자 하는 국민 개개인의 염원과 관심, 참여 등은 정부와 지자체의 노력으로 가능하다. 금세기 말인 2100년은 앞으로 80여 년밖에 남지 않았다. 바로 내 자식과 그들의 자식들이 살아가야 할 세대인 것이다. 이들이 살아갈 수 있도록 관심을 가져야 한다. 불가능하지 않다. 이미 하고 있는 노력에 조금만 더 노력을 추가하면 된다.

2. 기후변화 대응을 위한 건축의 전환

1) 기후변화 대응형 건물의 역할론이 각광받고 있다

도시공간에서 건물은 외부 환경과 실내 환경을 구분하고 외부의 다양한 환경으로부터 인간을 보호해 주며, 삶의 공간적 영역을 구분해 주는 구조물로 이해할 수 있다. 도시의 공간구조의 변화는 필연적으로 건축공간의 변화도 유인하였다. 물론 도시공간구조의 확대로 인해 건축공간의 확대, 역으로 건축공간의 확대를 위한 도시공간구조의 확대 등의 계획 등으로 이해할 수 있겠지만 그다지 중요하지 않은 논점이다.

다만, 건축물에서의 에너지 사용은 필연적으로 온실가스 배출을 야기한다(신재생에너지는 별개이다)는 점에 주목할 필요가 있다. 또한 건축물과 같은 인공구조물은 하절기 주간에 태양복사열을 축적하고 야간에 주변의 대기로 그 열을 배출하여(인공배열) 열대야 및 도심 열섬을 야기한다고 지적되고 있다는 점도 인식할 필요가 있다. 여기에 최근 기후변화로 인하여 혹서기에 지속적으로 발생하는 폭염은

그림 16-16 건축물, 도시, 그리고 지구와의 관계에 따른 환경 부담

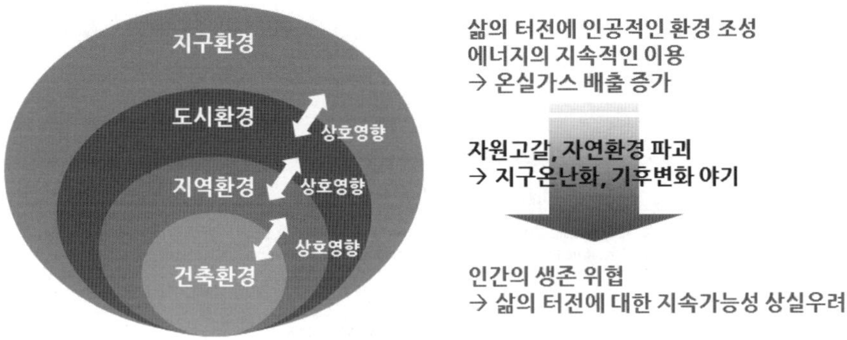

출처: 저자 작성.

이와 같은 도시의 온열환경을 더욱 악화시키고 있다는 점도 주목하여야 한다.

열대야를 극복하기 위하여 사람들은 건물의 에어컨을 가동하고 에어컨 실외기는 끊임없이 고온의 인공폐열을 도시공간으로 배출하고 이로 인하여 도시의 열대야는 더욱 가중되면서 도시공간의 온열환경이 악화되는 악순환이 발생하고 있다. 분명 건축물은 인간의 삶의 보호처(shelter)이지만 기후변화 관점에서는 존재 그 자체가 온실가스 배출의 주요 원인이 되고 있다. 결국 이와 같은 악순환은 인간을 비롯한 생태계의 생존을 위협하는 실정이 되었다([그림 16−16] 참조).

한편, [그림 16−17]에서 확인되는 바와 같이 건설된 건물은 사용에 따른 에너지 사용으로 인한 온실가스 배출뿐만 아니라 건축물 조성을 위한 건설(기획, 계획, 그리고 건설) 단계부터 실제 사용하는 운용 단계(유지, 운영, 관리, 보수 등), 마지막으로 해체 단계(폐기물 발생 및 처리 등)까지 모든 단계에서도 기후변화에 악영향을 미치고 있다. 물론 이는 일반적인 건축물을 얘기하고 있는 것이다. 최근 환경 및 기후변화에 대한 부하를 저감할 수 있는 건축 디자인 방식이 제시되고 실제로 적용되는 사례도 증가하는 추세이다.

건축물의 온실가스 배출 특징과 기후변화에 미치는 영향을 주목한 IPCC 제4차 평가보고서(2007)는 건물 분야에 대하여 "기후변화 대응 잠재력이 크며 경제적 관점에서 비용 대비 효과적"이라고 분석하고 있다. 이는 우선 건축물에서 온실가

그림 16-17 건설 전 과정에서의 온실가스 배출

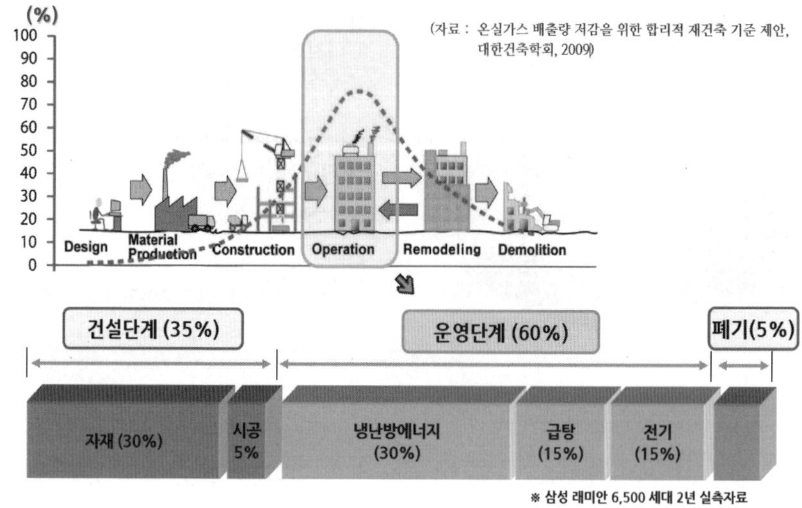

출처: 대한건축학회(2009).; 삼성물산(2012).

스 배출량 비중이 크다는 점이 있다. 또한 건축물을 대상으로 한 신규 기술 개발과 적용 속도가 빠르다는 점, 그리고 실질적인 온실가스 감축과 함께 기후변화 적응과도 연동이 된다는 특징을 들 수 있다. 특히, 온실가스 감축과 기후변화 적응이 별개가 아닌 동일한 공간에서 병행된다는 점은 경제적 관점에서 분명히 매력적인

그림 16-18 서울시 노원구 제로 에너지 실증단지 전경 및 관련 건축물 요소 기술

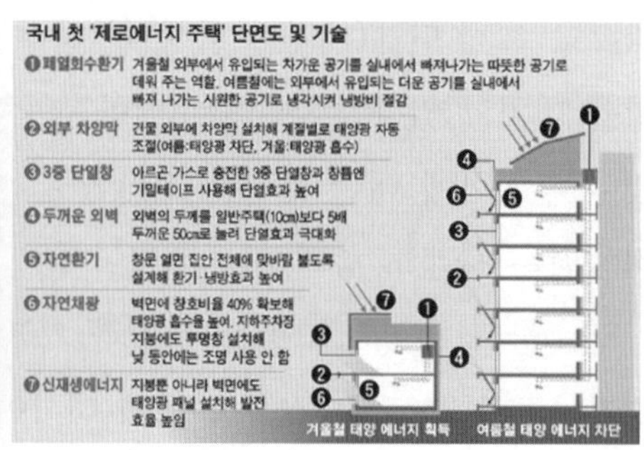

출처: 중앙일보 신문기사 자료(2013.10.15).

것으로 이해하여도 좋을 것이다. 이러한 특징 때문에 우리나라 국토교통부는 「녹색건축물 조성 지원법」을 공표하고 2020년부터 공공건축물, 2025년부터는 민간건축물까지 포함하여 제로 에너지 건물의 의무화를 추진하고 있는 것이다.

2) 기후변화 대응형 건축의 전환은 무엇인가

기후변화 대응형 건축은 무엇인가? 이에 대한 답변으로 전술한 기후변화 대응형 도시의 전환을 기후변화에 대응 가능한 도시 공간구조의 전환과 세부적인 대응활동이 상호 유기적이며, 융복합적으로 다루어져야 하는 것을 이야기하였다면, 기후변화 대응형 건축의 전환의 경우에는 건물 그 자체에서 발생되는 온실가스 배출량 감소를 위하여 에너지 사용 절감, 효율 향상, 에너지 전환 등의 디자인을 고려하되 거주민 삶의 질을 유지시키면서 기후변화 적응 역량 강화를 동시에 접근하는 방안으로 검토되고 접근이라고 이야기할 수 있다. 물론 건축물의 에너지 절약을 위한 접근은 기후변화 대응을 위한 건축의 전환이라는 관점 이전에도 다양한 형태가 존재하였었다. 예를 들어 <표 16-6>에서 나타내고 있는 바와 같이 '생태건축', '그린빌딩', '환경공생건축', '제로에너지빌딩', '인텔리전트빌딩'과 최근의 '스마트홈', '스

표 16-6 기후변화 대응형 건축의 개념들

구분	내용
생태건축	• 건물에 유입 에너지 및 자원 수요 최소화 • 태양에너지 이용, 자연환기수법 도입, 벽면 녹화를 통하여 외벽 보호 • 외부로의 배열, 폐기물 및 폐수의 최소화와 인공포장 최소화 • 주변에 다양한 동식물 서식 조건 마련 • 건축물과 경관의 조화 및 삶의 가치 향상
그린빌딩	• 에너지 소비 절약 • 자연친화적 설계 및 건설과 유지 및 관리 • 건물 해체 및 이후에도 환경 피해 최소화
환경공생건축	• 주변 환경과 친화성 • 환경 부하 저감-지구환경 보전과 연계 • 거주환경의 건강 및 쾌적성
제로에너지 빌딩	• Eco-Design • Eco-Work Style • Energy-Management • Renewable-Energy • CO_2 Off-set

출처: 오병철(2016).

마트빌딩', '스마트팩토리' 등 다양한 형태의 노력이 진행 중이다. 이러한 노력에서 확인되는 공통점은 건물에서 활용될 에너지에 대한 가치와 가능성이다.

다만 건축물 내 기후변화 대응 요소들은 기술의 형태로 존재한다. 물론 스마트 시티나 도시재생도 기후변화 관점에서 요소기술이 도시공간구조에 적용되는 부분이 있으나, 그러한 요소기술도 결국 건축물과 연결되기에 건축물은 기후변화 대응을 위한 대부분의 요소기술이 집약되는 곳이다.

한편, 도시공간에서의 기후변화 대응형 건축의 전환은 민간, 공공부문 등에서의 관점차 및 접근차 등으로 발생할 수 있다. 특히, 공공건축물의 경우 국가나 지자체의 전략 및 정책적 관점에서 의무적으로 기후변화 대응형으로의 전환이 진행될 수 있지만, 반면에 민간부문은 다양한 장애 요소가 존재한다. 건축물에 대한 다양한 이해관계자, 건물 유형의 다양성(복잡성), 건물 임대 시스템, 투자의 불명확성, 추가적 예산 투입, 관리의 난이도 증가, 인식 · 지식 · 기술 등이 있다. 이 중에서 가장 큰 장애 요인은 바로 투자적(재정적) 요인일 것이다.

국가와 지자체는 노력의 여부에 따라 이와 같은 장애 요소의 문턱을 낮출 수 있을 것으로 기대된다. 몇 가지 제안하면 기후변화 대응형 건축물에 대한 인증과 프리미엄을 확보하는 방안이 있다. 다음으로 해당 건축물에서 절감되는 에너지를 배

그림 16-19 제로에너지 빌딩에 적용된 요소 사례(대림산업 에코 3리터 하우스)

① 태양광발전 시스템
③ 지중열 시스템
④ 지중덕트 시스템
⑤ 옥상녹화(부하 저감/녹지 확보)
⑥ 빗물이용시설(수자원 활용)
⑦ 자연채광시스템(부하 저감/빛환경)
⑧ 슈퍼외단열(부하 저감)
⑨ 고성능창호(부하 저감)
⑩ 환기시스템(공기환경/부하 저감)
⑪ LED조명(부하 저감/빛환경)
⑫ 바닥충격음저감재(부하 저감/음환경)
② 풍력발전 시스템

출처: 도시IN JSB Webjine 홈페이지, http://www.jsbce.co.kr/

출권으로 확보 및 판매하여 투자를 상쇄해 줄 수도 있다. 그리고 신재생에너지 도입의 경우 해당 에너지원을 판매에 따른 소득을 담보하여 주는 방안도 있다. 이와 함께 지역 기술자, 지역 기업 등이 참여할 수 있도록 하여 지역경제의 활성화를 유도할 필요도 있다. 여기에 지역은행 등의 투자가 촉진을 위하여 상품 개발 등도 필요하다.

종합하자면, 기후변화 대응형 건축의 전환은 단지 전환만을 목적으로 하는 것보다 지역경제의 활성화까지 연동하는 방향으로 접근하는 것이 필요할 수 있다. 다만, 건물투자 입장에서는 다양한 요소기술들을 건축물에 모두 반영하는 것은 이상적인 형태가 될 수 있지만, 이에 대한 부담을 가질 필요는 없다. 즉, 가능한 요소기술을 부문적으로 적용하는 등 단계별 접근을 하는 것도 바람직하다. 그러한 노력 하나하나가 기후변화 대응을 위한 건축 전환이 될 수 있다.

3) 기후변화 대응형 건축의 전환, 무엇부터 시작하여야 하는가

기후변화 대응형 건축의 전환은 인식의 전환부터 시작되어야 할 것이다. 이는 전술한 기후변화 대응형 도시의 전환과 같은 맥락이다. 이와 같은 필요성이 인지되지 않은 상태에서 전환을 요구하는 것은 전술과 같이 개발 논리에 따라 지속가능성을 담보하기 어렵다. 결국 인식 전환을 위하여 교육과 홍보가 필요할 것이고 자발적 참여를 유도할 정책적·제도적 지원체계 수립이 필요할 것이다. 한편, 그리고 기존 건물에 기후변화 대응 요소를 결합하는 것도 필요하지만 신규 건축물에서 계획적 접근부터 기후변화 대응 요소를 결합하는 것은 좀 더 효율적이고 종합적일 수 있다(<표 16-7> 참조).

끝으로 영국 런던 남부의 베딩턴(Beddington)에 위치한 BedZED 단지를 소개함으로써 시사점을 공유하고자 한다. 이미 많은 매체에서 다루고 있지만, BedZED 단지는 기후변화 대응을 위한 건축의 전환에서 매우 의미가 크다. BedZED 단지는 석탄, 석유 등 화석연료의 사용을 최소화하고 단지 내 CO_2 배출량을 최대한 감축하도록 계획한 대표적인 영국의 친환경 주거단지이다.

기존 가정용 주택에 비하여 연간 난방에너지 10%, 전기에너지 45%, 가스 19%, 물 58%만을 사용하는 초에너지 절감 주택단지로 알려져 있다. 보통 건축비용은 일

표 16-7 기후변화 대응형 건축 계획을 위한 주요 항목

구분	내용
배치계획 입면계획 조경계획	• 대기오염 및 열오염 개선 • 보행환경 개선(그늘 제공 등) • 바람길 · 온열환경 조성 및 도시 열섬 완화 • 홍수 피해 및 해안선 상승 피해 저감 • 폭우/폭설/강풍/폭염에 대한 취약성 개선 • 산사태/지반 침하(싱크홀 등) 취약성 개선 취약성 개선 • 생태계 보전 및 연계 • 보행환경 개선(그늘 제공 등) • 지반 침하 등 취약성 개선(재난/재해 적응 역량, 회복력 관점)
조명계획	• 자연채광 적극 유입 • 빛공해(빛오염) 방지 • 고효율 조명 활용 • 생태계 보전
마감계획	• 폭염 피해 저감 및 도시 열섬 완화 • 생태계 연계 • 옥상 및 벽면 녹화 • 보수성 포장(저영향 개발, 홍수 피해 저감)
우수 · 중수 계획	• 홍수/가뭄 피해 저감 • 폭염 및 열섬 완화 • 화재에 대한 취약성 개선
구조계획 시공계획	• 적설(폭설) 및 풍하중(강풍, 태풍 등) 개선 • 홍수 피해 및 해안선 상승 피해 저감 • 고단열, 고기밀, 냉교/열교 방지 • 건축자재의 품질 유지(탄소 저감형 건설재료 및 기술) • 시공 하자 발생 방지
설비계획	• 에너지의 안정적인 공급 및 생산(ESS, 신재생에너지) • 에너지 최적 제어(BEMS, BAS 등) • 홍수 및 해안선 상승 피해 저감계획 • 습도 및 곰팡이 방지계획(단열 및 누기계획) • 공기조화 계획(에너지절감형) • 화재에 대한 취약성 개선
커뮤니티 계획	• 지역커뮤니티 연계를 통한 지역의 공동체 활동 유인 • 기후변화 지속 홍보, 교육

출처: 오병철(2016).

반 가정용 주택에 비하여 10~15% 상승하지만 이미 ROI(Return on Investment)를 실현한 모범적인 사례로서도 의미가 있다.

BedZED 단지 개발은 가동이 멈춘 베딩턴(Beddington)시 오물처리장 부지를 활용하여 2002년 100가구 규모의 친환경 주거단지 BedZED를 조성하면서 시작되었다. 특히, 친환경 건축회사 제드팩토리, 사회 · 환경단체 바이오리저널, 주택 · 유지보수 회사인 피보디 트러스트 등의 협업을 통하여 단지가 조성되었다. 조성 이후 BedZED 단지 앞의 주민 공동텃밭의 조성 및 운영, 인근 농장에서의 먹거리 공급 등 로컬푸드 시스템을 도입하고 있으며, 이를 통하여 기후변화 적응 및 온실가스 저감에도 효과가 발생하는 것으로 알려져 있다.

더욱 중요한 것은 단지 내 이와 같은 시스템이 지역의 어린이, 주민들에게 현장학습의 장으로서도 활용되고 있어 기후변화 대응에 대한 자발적 인식이 지속되고 있다.

그림 16-20 영국 BedZED 전경 및 요소기술

출처: https://www.arup.com(좌); http://www.nocutnews.co.kr/, (2009.12.08.)(우)

참고 문헌

강현수 · 황진태 편(2012). 「도시와 권리」. 서울: 라움.

과학기술정보통신부 홈페이지. http://www.msip.go.kr.

국가균형발전위원회(2007). 「살기 좋은 지역만들기」.

김묵한(2015). 회복탄력성 도시. 「세계와 도시」. 서울연구원.

김정곤·임주호 외(2016). 「리질리언스 도시재생 모델에 관한 연구」. 한국토지주택공사 토지주택연구원.

김정후(2015). 도시의 보존과 개발: 대립에서 상생으로. 「세계와 도시」 6호.

대한건축학회(2009). 「온실가스 배출량 저감을 위한 합리적 재건축 기준 제안」.

대한국토·도시계획학회(2009). 「도시계획론」. 서울: 보성각.

도시IN JSB Webjine. http://www.jsbce.co.kr.

문정호·이순자 외(2016). 「포용적 국토 실현을 위한 정책과제 연구」. 국토연구원.

박병주·김철수(2013). 「도시계획」. 서울: 형설출판사.

박인권(2015). 포용도시: 개념과 한국의 경험. 「공간과 사회」 제25권 제1호.

박진수·김기수(2012). 도시재생의 역사적 배경과 원인에 따른 인식 및 정책 변화에 관한 고찰. 「대한건축학회지회연합회 논문집」 제14권 1호.

박희섭(2014). 「도시의 특질: 현대의 도시」

배웅규(2007). 도시계획·개발과정에서 주민참여 시스템으로서 뉴욕시 커뮤니티보드의 운영특성 및 시사점 연구. 「서울도시연구」 제8권 제2호.

백남철(2018). 「앞으로 30년: 혁신성장을 견인할 스마트시티 인프라 구축방안」. 한국건설기술 연구원 스마트시티 연구센터.

봉인식(2010). 「주택재개발사업 시 원주민 재정착 문제와 대안」. 경기연구원.

4차산업혁명위원회(2018). 「도시혁신 및 미래성장동력 창출을 위한 스마트시티 추진전략」.

삼성물산(2012). 「건설산업의 기후변화대응」.

송인성(2008). 「도시경영론: 광주광역시의 과거와 함께」. 광주: 전남대학교출판부

안영배·김광문 외(2000). 「건축계획론」. 서울: 기문당.

오덕성·박천보 외(2013). 「기후변화대응 탄소중립 도시계획」. 서울: 기문당.

오병철(2014). 글로벌 기후변화대응을 위한 도시와 건축물의 잠재력. 한국환경산업기술원 환경성적표지. 전문가칼럼.

오병철(2018). 스마트시티. 광주는 무엇을 준비해야 하나?. 국제기후환경센터. 「기후환경정책」 Vol. 20.

오병철·기서진(2017). 에너지 분야 빅데이터 활용 현황 및 육성 방안. 「기후변화법제연구」 이슈페이퍼 17-03. 한국법제연구원.

오병철 외(2018). 「광주광역시 에너지전환마을 조성을 위한 가이드라인 및 기초연구」. 국제기후환경센터.

원제무(2008). 「마음으로 읽는 도시. 삶의 공간을 가꾸는 도시계획」. 파주: 조경.

월드워치연구소(2016). 「2015 지구환경보고서: 지속가능성의 숨은 위협들」. 서울: 환경재

단 도요새.
월드워치연구소(2017). 「2016 지구환경보고서: 도시는 지속가능할 수 있을까?」. 서울: 환경재단.
유현준(2018). 「어디서 살 것인가」. 서울: 을유문화사.
윤희철(2018). 일제강점기 시가지계획의 수립과정과 집행. 「도시연구」 제16호.
이재용(2017).「스마트시티 정책 및 향후 방향」. 국토연구원.
이클레이, 오수길 외 역(2014). 「세계 지속가능발전 도시」. 파주: 리북.
(재)국제기후환경센터(2018). 「2030 광주광역시 온실가스 감축로드맵」.
전대욱(2014). 재난안전 분야: 4가지 회복력을 갖춰야. 「Future Horizon」. 과학기술정책연구원.
정원오(2017). 「젠트리피케이션 무엇이 문제일까」. 서울: 내인생의책.
정은주 · 정봉현 등(2016). 도시의 지속가능성과 리질리언스에 관한 연구. 「한국지역개발학회지」.
정환용(2006). 「도시계획학원론 제3판」. 서울: 박영사.
제주발전연구원(2013). 해외리포트 영국 런던 BedZED의 시사점. 「제주발전포럼」 47호.
제레미 레프킨, 안진환 역(2012). 「The 3rd Industrial Revolution」. 민음사.
제프 스펙, 박혜인 역(2015). 「걸어다닐 수 있는 도시」. 서울: 도서출판 마티.
조권중(2017). 「포용도시 서울 성과와 과제」. 서울연구원.
하성규 · 김재익 외(2007). 「지속가능한 도시론」. 서울: 보성각.
한국건설기술연구원(2013). 「개원 30주년 기념 국제세미나 발표자료집」.
한국정보통신기술협회(2018). 「4차 산업혁명 핵심 융합사례 스마트시티 개념과 표준화 현황」.
한재각(2017). 에너지전환에서 에너지 협동조합의 전략과 역할. 「에너지 포커스」. 기후에너지정책연구소.
황종성(2016). 「스마트시티 발전전망과 한국의 경쟁력」. 한국정보화진흥원.
Diamandis, Peter H.(2012). 「Abundance: 혁신과 번영의 새로운 문명을 기록한 미래 예측 보고서」. 와이즈베리.
OECD(2016). 「모두를 위한 도시 만들기: 정보 및 행동을 통한 포용적 성장」.
UN HABITAT(2015). 「UN−Habitat의 리더들을 위한 도시계획 개론」. 강명구 역. 서울: 오씨에스도시건축사무소.
Aalbers, M. B(2009). Social exclusion. in R. Hutchison(ed.). *Encyclopedia of Urban Studies*. Sage Publiscations. pp. 731−735.

Anthony, S.(1984). *Towards the Planned City*. Oxford.

Arup Official. http://www.arup.com.

Asian Development Bank(2017). Enabling Inclusive Cities.

Beall, J.(2000). From the culture of poverty to inclusive cities: Re−framing urban policy and politics. *Journal of International Development* 12.

Currency Fund Group 홈페이지. https://www.currencyfundgroup.com/.

Miciukiewicz, K, Moulaert, F, Novy, A, Musterd. S., & Hillier, J. (2012). Problematising urban social cohesion: A transdisciplinary endeavour, Urban Studies 49(9).

Milton Keynes Planting up. http://plantingup.co.uk.

Stren, R.(2001). Thinking about urban inclusiveness. *Centre for Urban and Community Studies Research Bulletin* 4. University of Toronto.

UN HABITAT(2016). New Urban Agenda: Draft outcome document for adoption in Quito.

World Bank(2015). World Inclusive Cities Approach Paper.

제 17 장

지속가능성을 위한 도전 과제와 사전 · 사후평가의 문제

제 1 절 지속가능발전 가치의 정책 내재화

1. 지속가능발전 개념의 구체화와 보편화

지속가능성(sustainability)과 지속가능발전(sustainable development)을 이루고자 하는 과제는 21세기를 살아가는 인류가 안고 있는 숙명적인 문제이다. 지난 수십 년간 국내외에서 이루어져 온 지속가능발전에 관한 개념적 논의들과 제도적 정립을 위한 노력들이 결실을 맺어 우리나라에서도 2007년에 「지속가능발전기본법」이 제정되었다. 이 법의 제2조에서는 유엔에 의하여 구성된 세계환경개발위원회(WCED)의 보고서인 『우리 공동의 미래(*Our Common Future*)』(1987)에서 정의한 개념을 토대로 '지속가능성'이란 현재 세대의 필요를 충족시키기 위하여 미래 세대가 사용할 경제 · 사회 · 환경 등의 자원을 낭비하거나 여건을 저하시키지 아니하고 서로 조화와 균형을 이루는 것으로 정의하는 한편, '지속가능발전'이란 지속가능성에 기초하여 경제의 성장, 사회의 안정과 통합 및 환경의 보전이 균형을 이루는 발전이라고 정의하고 있다. 이러한 정의를 토대로 국가와 지방자치단체는 '지속가능발전 기본전략'을 수립 · 이행하고(제4~6조), '지속가능성보고서'를 작성하도록 규정(제13~14조)하고 있다.

그러나 이 책의 제1장에서 살펴보았듯이 지속가능발전의 개념이 안고 있는 추상성과 난해함, 그리고 규범적이면서 거시적이고 장기적인 성격으로 인하여 당장의 구체적인 정책과제들로 이끌어 내기가 어렵다는 사실을 부인할 수 없다. 그리고 지속가능발전의 개념이 생태적 사고에 바탕을 두고 환경에 대한 우선적 고려를 강조하고 있는 만큼, 현실적으로는 공공재(public goods) 성격을 갖는 환경에 관련된 공동체의 문제들은 개인들이 현재 직면하고 있는 경제적 · 사회적 문제들에 가려지고 일반 시민들의 관심을 받기 어렵기 때문에 정치적 · 정책적 의제로 우선순위를 확보하기 쉽지 않다는 것이다.

이러한 현실적 어려움 속에서도 시대적 흐름을 받아들여 지속가능발전 정책의 수립과 이행을 위한 제도적 기반으로서 「지속가능발전기본법」이 2007년 노무현정부 때 제정되었으나, '녹색성장'을 국가전략으로 내세운 이명박정부에서 2010년 그 위상이 격하된 「지속가능발전법」으로 개정되어 2019년 현재에 이르기까지 중앙정부는 물론 대부분의 지방자치단체에서 지속가능발전 정책을 적극적으로 이끌어 가는 동력을 가지지 못한 채 당위성에 대해서는 공감하나 구체적이고 실행력 있는 정책과제들로 자리 잡지 못하고 있는 실정이다.

그렇다면 이러한 현실적 한계를 어떻게 극복하여 '지속가능발전'이라는 개념과 가치가 중앙정부나 지방자치단체의 정책 속에 핵심 의제로 자리 잡게 할 것인가? 이를 위해서는 지속가능발전 개념이 지니고 있는 추상적 가치나 이념을 실제적인 문제나 사례들과 연계시켜 구체적인 정책의제로 전환시키고 일상생활 속의 보편적인 문제들과 결부되어 있다는 사실을 정책담당자들이나 일반시민들에게 널리 인식시킬 필요가 있다. 이러한 맥락에서 2015년 유엔이 제시한 지속가능발전목표(SDGs) 17개와 세부 목표 169개는 지속가능발전을 저해하는 요인들이 환경문제를 넘어

경제문제, 사회문제, 제도문제 등 우리가 살고 있는 생활 속의 모든 문제와 얼마나 다양하게 직접적으로 연계되어 있고, 지속가능발전과 별로 관계가 없을 것으로 여겨졌던 일상적인 정책들조차 융합적 사고에 의하여 조금만 더 신중하게 다룬다면 지속가능성을 실현하는 데 적지 않게 기여할 수 있다는 사실을 알게 하는 것이 중요하다.

2. 지속가능발전 가치의 제도적 · 정책적 내재화

지속가능발전 가치가 모든 정책 속에 자리잡기 위해서는 제도화와 조직화가 중요한 요건이다. 이 책의 제2장에서 살펴보았듯이 우리나라에서 지속가능발전의 제도화와 조직화의 문제는 여전히 쉽지 않은 문제로 남아 있다.

우리나라의 지속가능발전 정책은 김대중정부에서 출발하여 노무현정부를 거치면서 제도적 체계를 갖추고 구체화되는 단계로 이행되었으나, 이명박정부에서 녹색성장 정책을 우선시하면서 지속가능발전 정책은 다소 위축되는 모습을 보였다. 이명박정부에서 국가 지속가능발전 근거 법령이 「저탄소녹색성장기본법」과 「지속가능발전법」의 이원적 체계로 전환되고, 녹색성장 관련법이 지속가능발전 관련법의 상위법으로 자리잡는 기형적 구조 속에서 지속가능발전 정책이 적극적으로 추진되지 못하고 형식화되어 왔던 것이다.

제도화가 어려운 과제임에도 불구하고 우선적으로 제도적 개선이 이루어져야 지속가능발전 가치가 모든 정책 속에 자리 잡게 될 것이다. 「지속가능발전법」을 「지속가능발전기본법」으로 개정하고 「저탄소녹색성장기본법」을 그에 흡수 · 통합하여 일원화할 필요가 있다. 그에 따라 국무총리소속 녹색성장위원회와 환경부소속 지속가능발전위원회도 일원화하여 대통령직속 국가지속가능발전위원회로 격상시키고, 지방녹색성장위원회를 지방지속가능발전위원회로 전환함과 동시에 기획부서가 지속가능발전 업무를 총괄하도록 하는 것이 바람직하다고 본다. 이와 함께 협력적 로컬거버넌스의 전형적인 기구로서 지방지속가능발전협의회는 지방지속가능발전위원회와 상호보완적이고 유기적인 협력체계를 만들어 지속가능발전 이행의 중추 기능을 수행하도록 할 필요가 있다. 지속가능발전의 제도적 기반이 강화된다면 지속가능발전 가치가 모든 정책 속에 투영되어 지속가능성 실현에 기여하는 효과를 기대할 수 있을 것이다.

지속가능발전 가치를 구체적인 정책 수준으로 내재화하고 실행력을 강화하기 위한 노력의 하나로 환경부는 지속가능발전위원회 주관으로 2018년에 국가지속가능발전목표(K-SDGs)를 수립하였으며, 12월 국무회의에서 K-SDGs를 '제3차 지속가능발전 기본계획 변경계획(2016~2035)'에 반영하는 것으로 심의·확정하였다. 이에 따라 K-SDGs는 「지속가능발전법」에 따른 국가 지속가능성 진단의 기준자료로서 활용하게 되는 제도적 위상을 확보하게 되었다. [그림 17-1]에서 보여주듯이 K-SDGs는 경제·사회·환경·평화·협력 등 국정 전 분야를 포괄하는 '2030 국가 비전'으로서, 5대 전략, 17개 목표, 122개 세부 목표로 구성되어 있다. 각 세부 목표들은 환경부를 비롯하여 여러 부처의 정책 속에서 협업을 통하여 실현될 수 있도록 부처 간 협의 과정을 거쳐 도출되었는데, 각 목표의 세부 목표별로 소관 부처들을 명시함으로써 지속가능발전 정책 관련 책임성을 확보하려는 노력이 엿보인다.[1)] 이와 같은 맥락으로 각 지방자치단체에서도 지역적 특성을 반영한 지방지속가능발전목표(L-SDGs)를 토대로 '지방지속가능발전 기본계획'을 수립하여 관련 부서별 협업과 정책 내재화를 이루는 노력이 요구된다.

---

1) 목표 1은 보건복지부, 기획재정부, 고용노동부, 국토교통부 등이, 목표 2는 농림축산식품부, 농촌진흥청 등이, 목표 3은 보건복지부, 과학기술정보통신부, 국토교통부, 환경부, 행정안전부, 교육부 등이, 목표 4는 교육부, 보건복지부, 고용노동부 등이, 목표 5는 여성가족부, 경찰청, 행정안전부, 고용노동부, 보건복지부, 교육부 등이, 목표 6은 환경부가, 목표 7은 산업통상자원부, 환경부, 국토교통부 등이, 목표 8은 기획재정부, 고용노동부, 여성가족부, 환경부, 산업통상자원부, 문화체육관광부 등이, 목표 9는 국토교통부, 통계청, 과학기술정보통신부, 중소벤처기업부, 산업통상자원부, 환경부 등이, 목표 10은 보건복지부, 기획재정부, 고용노동부, 법무부 등이, 목표 11은 국토교통부, 행정안전부, 문화재청, 환경부, 산업통상자원부, 산림청 등이, 목표 12는 기획재정부, 환경부, 과학기술정보통신부, 산업통상자원부, 중소벤처기업부, 농림축산식품부, 행정안전부, 기획재정부, 문화체육관광부 등이, 목표 13은 환경부, 행정안전부, 해양수산부, 산업통상자원부, 교육부, 농림축산식품부, 농촌진흥청, 산림청, 기상청 등이, 목표 14는 해양수산부, 환경부 등이, 목표 15는 환경부, 산림청, 농림축산식품부, 국토교통부, 산업통상자원부, 농촌진흥청, 기획재정부 등이, 목표 16은 경찰청, 보건복지부, 국무조정실, 행정안전부, 외교부, 여성가족부, 법무부, 전부처, 목표 17은 외교부, 기획재정부, 국무조정실, 과학기술정보통신부, 국토교통부, 해양수산부, 농촌진흥청 등이 소관 부처로 명시되어 있다.

그림 17-1 K-SDGs 비전 체계도

비전	모두를 포용하는 지속가능국가	
5대 전략 · 17개 목표	1 모두가 사람답게 살 수 있는 포용사회 구현	• 빈곤 감소 및 사회안전망 강화 • 식량안보 및 지속가능한 농업 구현 • 건강하고 행복한 삶 보장 • 모두가 누리는 교육 증진 • 함께하는 성평등 보장 • 소외 없는 사회를 위한 불평등 해소
	2 모든 세대가 누리는 깨끗한 환경보전	• 건강하고 안전한 물관리 • 에너지의 친환경적 생산과 소비 • 기후변화 대응 • 해양생태계 보전 • 육상생태계 보전
	3 삶의 질을 향상시키는 경제성장	• 일자리 확대와 경제 성장 • 사회기반시설 구축 및 R&D 확대 • 포용적이며 안전한 도시와 주거지 조성 • 지속가능한 소비·생산 증진
	4 인권 보호와 남북평화 구축	• 범죄 감소, 여성·아동 대상 폭력 대응, 남북평화 구축 및 협력 증진
	5 지구촌 협력	• 개발원조 확대, 개도국 지속가능발전목표 이행 지원 등 글로벌 파트너십 확대

출처: 환경부 보도자료(2018.12.24).

3. 지속가능발전목표(SDGs) 관점의 문제 인식과 정책연계성 강화

이 책의 제2부(제4~8장)에서는 지속가능성의 위협 요인과 위기 문제를 유엔이 제시한 17개 지속가능발전목표(SDGs)의 관점에서 우리가 겪고 있는 주요 사례를 중심으로 그 심각성을 살펴보았다. 우리는 UN SDGs 각 목표의 관점에서 지속가능성 위협 요인과 위기 문제를 인식하여 그 해법을 구체적으로 찾기 위한 정책연계성 강화 노력을 기울일 필요가 있다.

[목표 1]과 관련하여 빈곤 문제에서 개발도상국 국민 5명 중 1명은 하루 1.9달러 미만의 생활비로 살고 있고, 어린이 100명 가운데 7명은 5세 이전에 사망하고 50명은 출생신고조차 하지 못하고 있다. 그래서 빈곤 종식은 빈곤층 및 취약계층의 재난·재해 위험으로 고통받는 국가의 복원력을 구축하고, 강화하는 핵심전략이다. 우리나라의 경우도 빈곤층 규모는 지난 20년 동안 계속 늘어나는 추세이고, 다른 선진국에 비해서도 높은 편이다. 특히 노인빈곤율은 다른 선진국에 비하여 매우 높은 편이다. 노인 단독, 노인 부부 등 노인 가구의 소득이 가장 낮았으며, 여성, 고령층, 저학력층, 농어촌 거주자, 미취업자 등은 다른 집단에 비하여 소득이 낮다는 특징을 갖고 있다. 그리고 복지제도의 지속적인 확충에도 불구, 빈곤율 악화 및 양극화 심화 등 빈곤 문제는 제자리걸음을 하고 있으며, 여전히 비수급 빈곤층 등 복지 사각지대 문제가 상존하고 있고, 낮은 보장 수준, 근로 유인 부재 등은 한계로 지적되고 있다. 또한 여성의 사회보험서비스 접근 가능성 및 여성의 고용형태, 임금 수준 격차의 감소가 전제되어야 한다.

[목표 2]와 관련하여 식량 문제에서 UN 세계 식량농업기구(FAO)는 2018년에 「세계 식량위기 보고서」에서 2017년 심각한 식량 부족에 시달린 지구촌 인구가 51개 나라에서 1억 2천 400만 명으로 집계되었다. 식량안보와 관련하여 세계 총 식량 생산량은 총 소비량보다 작아져 식량 위기가 확산되고 있다. 이처럼 식량안보에서 안정적이고 안전한 식량 생산과 공급은 매우 중요하다. 우리나라 역시 식량자급률이 낮으며, 이것은 안정적인 식량 수급이 크게 위협받을 수 있음을 의미한다. 농가 소득과 관련하여 전 세계 인구 중 약 20억 명이 농업에 종사하고 있으며, 우리나라도 전체 농업생산량은 증가하였지만 농가의 실질적인 소득은 정체하고 있다. 또한 지속적인 친환경 농업정책을 추진함에도 불구하고 농업생태계는 크게 파괴되어 복원에 어려움을 겪고 있다. 따라서 농업이 안정적인 식량 공급과 생물다양성의 보존에도 기여하는 지속가능한 농업을 유지하여야 한다. 그리고 종자자원이 풍부한 미국·프랑스·일본·중국·인도·브라질 등 6개국이 전 세계 종자 시장의 60% 가까이를 점유하고 있으며, 많은 국가가 이에 의지하고 있다. 종자산업은 첨단 생명공학 기술을 접목하여 해충이나 이상기후에 강하면서 맛과 영양이 향상된 품종에 대한 수요가 늘고 있어, 이에 대한 준비가 필요하다. 특히 기능

성 식품, 의약품 원료, 바이오 연료 등과 연계하여 종자산업은 고부가 가치 첨단 융복합 산업으로 외연이 확장될 것이다.

[목표 3]과 관련하여 건강·웰빙 문제에서 건강한 삶의 보장과 전 세대를 위한 웰빙 증진은 지속가능발전의 핵심이다. 그동안 인류의 기대 수명은 크게 증가하였고, 영아 및 산모의 사망 원인이 되는 질병 발병률은 획기적으로 감소하였다. 깨끗한 물 및 위생시설에 대한 접근성 증대와 말라리아, 결핵, 소아마비 및 HIV 에이즈 억제에도 많은 진전이 있었으나, 다양한 질병의 완전한 근절과 현존하는 각종 보건 관련 문제를 해결하려면 더 많은 노력이 필요하다. 이를 구체적으로 살펴보면, 모성과 영유아와 관련하여 우리나라의 경우는 고위험 신생아로 태어나고 있는데, 이는 산모의 출산 연령과 다태아 출생률이 증가하면서 늘어나는 양상이며, 만혼의 증가로 인한 고위험 임신이 증가하고 있고, 불임 진단 부부에 의한 비용 부담과 분만 등의 의료시설 인프라가 대도시 등으로 편재되어 있기 때문이다. 둘째, 감염성 질환과 관련하여 우리나라의 신고 결핵 신환자율이 2013년에 71.4명으로 악화되고 있어, 다제내성 결핵과 난치성 결핵에 대한 발견·치료 등에 대한 체계적 관리체계 구축과 함께, 노숙인 및 시설 수용자 등 사회 취약계층에 대한 관리를 강화하려는 노력이 필요하다. 셋째, 자살사망률은 2005년 대비 2015년 7.5% 증가하고 있으며, 이는 자살이 개인적 책임이라는 인식과 정신질환에 대한 편견으로 우울증 등 정신질환 치료를 기피하는 등 효율적으로 관리하지 못하는 다양한 요인에 기인한다. 특히, 경제적 요인에 의하여 노인계층의 자살에 대한 대책으로 경제적 지원 강화 및 정신건강센터 및 사회복귀시설에 대한 기능 강화 및 확충 노력 등이 필요하다.

[목표 4]와 관련하여 교육 문제에서 모든 사람을 위한 포용적이고 형평성 있는 양질의 교육 보장 및 평생교육 기회 증진을 목표로 한다. 사회 양극화의 심화에 따른 소득 격차는 우리 사회의 계층 이동의 한계와 사교육에 따른 학력 격차 등 정당한 보상과 성취가 있는 사회의 기본적인 여건과 희망이 희박해지고 있다. 여기에 학령인구 감소가 지속적으로 진행되면서 지방에 거주하는 학생들의 교육 인프라와 여건이 악화되고 있는 실정이다. 따라서 사회양극화와 인구 감소에 대응하여 누구나 원하는 곳에서 양질의 교육을 받을 수 있도록 변화된 학교 운영 시스템을

도입해 가야 하고, 직업교육의 기회를 일찍부터 제공하여 자기 인생 설계를 각자의 희망과 계획에 맞추어 꾸려갈 수 있는 교육 시스템의 전환도 요구된다. 고령사회로의 급속한 진전과 함께 평생 동안 여러 직업을 갖고 살아가야 할 환경에 있는 만큼 생애주기에 맞추어 선제적으로 자기 역량과 시간을 효율적으로 사용하고 신장시킬 수 있는 평생학습 기반이 생활 단위에서부터 일상화되는 정책적 다양성이 시도되어야 할 것이다. 형식교육 영역에서의 평생학습 기회와 콘텐츠를 늘려가고, 비형식 교육에서도 시장 영역에서 운영되는 교육 제공기관의 육성만이 아니라, 일상생활 단위에서 공공성을 갖는 기관과 주민 주체에 의하여 수행되는 교육에 대한 지원도 확대해 가야 할 것이다.

[목표 5]와 관련하여 성평등 문제에서 성평등 달성과 여성·여아의 역량 강화를 목표로 한다. 성격차지수를 통하여 본 우리 사회는 국제 수준에 비하여 아직도 낮은 수준에 머물러 있고, 삶의 영역에서 생활 여건이나 계층 간 차이 등이 개선되지 못하고 있는 실정이다. 이는 성평등 추진에 중요한 전환점이 된 여성 경력 유지와 일·가정 양립에 관한 정책 분야가 확장되고 있으나, 제도가 잘 작동하고 있는가에 대해서는 여전히 회의적이다. 여성친화도시를 비롯한 여성경쟁력 강화를 위한 다양한 제도적 지원은 추진체계에서나 실행 면에서 통합적이고 연대적 형태의 추진 방식을 가져야 한다. 특정 부처나 부서 차원에서의 부분적 실천이 갖는 한계를 극복하여야 하고, 제도가 작동하고 실천될 수 있는 후속 조치나 추가적 지원 등에 대한 세심한 마련이 필요하다. 성평등은 우리 사회의 지속가능한 경쟁력과 사회통합을 위한 전제조건이며, 여성을 포함한 국민의 삶의 질을 개선시키고, 개인의 존엄과 자유를 보장하는 기본적 지향이다. 정치나 시장 영역을 포함한 다양한 영역에서 여성 노동과 정치적 권한, 가정에서의 의사결정이나 가사분담률, 성인지예산의 수립과 성인지 정책의 일반적 운영 등이 분야마다 지속적으로 요구되고 실천될 수 있도록 국가와 지역 공동의 의제가 되어야 한다.

[목표 6]과 관련하여 물 문제에서 물 부족과 이로 인한 지역, 유역 더 나아가서는 국가 간 물분쟁, 기후변화 등의 영향으로 인한 홍수, 가뭄 등 물 관련 재해 그리고 인구 증가 등에 따른 강, 하천, 바다 등의 수질오염 심화 등을 들 수 있다. 인류가 쉽게 사용할 수 있는 물의 양은 약 10만km^3로 유한함에 반하여 물 사용량은

지난 세기 동안 6배 증가함으로써 물 부족 문제는 더욱 가중되고 있다. 물 부족으로 인하여 하천을 공유하고 있는 국가들에서는 물분쟁이 지속되고 있고, 국내에서도 상·하류, 지자체, 유역 간에 물을 둘러싸고 크고 작은 분쟁이 심화되고 있는 실정이다. 기후변화는 시·공간적 강수 변동성을 증가시켜 홍수, 가뭄 등을 빈번하게 발생시키며, 이로 인한 피해 역시 증가하고 있다. 유엔재해위험감소사무국(UNISDR)에 따르면, 2005~2015년 동안 홍수 및 가뭄으로 인한 사망자 수는 각각 9,248명, 2,065명이었고, 아시아개발은행이 조사한 1960~2015년까지의 홍수 및 가뭄으로 인한 전 세계 피해액은 각각 6,960억 달러, 1억 달러인 것으로 나타났다. 인구 증가, 도시화·산업화 과정에서 발생한 오염물질이 수계(水系) 또는 토양으로 유입될 경우 지표수 및 지하수의 오염을 발생시키고, 이는 물 순환 과정에서 인류 및 생태계를 위협하는 요인으로 작용한다. 이타이이타이 사건, 미나마타 사건, 제임스강 사건, 낙동강 페놀오염사건 등은 인간의 부주의한 행동으로 인한 수질오염사건이 인간에게 부메랑이 되어 돌아온 사례이다.

[목표 7]과 관련하여 에너지 문제에서 오일 피크 논의에 따른 위기의식의 등장과 에너지산업의 과도한 발전은 경제적 불균형과 국제적 정치 위기, 지구온난화의 위협 등을 초래하였다. 이에 인류는 에너지 문제에서 화석에너지의 고갈 혹은 품귀화의 위험, 화석에너지의 집중적 사용에 따른 기후변화의 위험, 핵의 위험, 에너지 생산 목적으로 사용되는 경작지 증가에 따라 식량 생산에 제약이 가해지는 위험 등 네 가지 위험에 동시에 대응하여야 한다. 먼저, 에너지 불평등을 해결하기 위해서는 인류 모두에게 적정가격의 신뢰할 수 있고 현대적인 에너지 서비스에 대한 접근을 보장하여야 하며, 둘째, 화석연료 연소에 따라 나타나는 인위적인 기후변화의 위험을 최소화하기 위하여 신재생에너지의 비율을 높이고, 에너지 효율성을 개선에하는 데 추가적이며 강력한 노력이 필요하다. 이는 막대한 에너지 서비스에 대한 보편적 보장과 함께 대기오염의 실질적 감소, 기후변화에 대한 즉각적이며 효과적인 행동이라는 세 가지 측면을 모두 결합하는 방식으로 추진될 필요가 있다. 특히, 경제개발과 지속가능성을 대립적 관계가 아닌 밀접한 공조 관계로 바라보며, 에너지의 공급과 수요를 어느 한쪽에 치우침 없이 균형 있게 다루어야 한다.

[목표 8]과 관련하여 경제 문제에서 세계 경제는 18세기 산업혁명 이후 지속적

으로 급성장해 왔지만, 국가 간 · 국가 내 소득의 불평등은 오히려 심화되어, 일부 지역과 계층들은 빈곤이 지속되고 있다. 빈곤 해소를 위하여 경제 성장이 필요하지만, 그와 더불어 이 목표에서는 일자리 분야가 주요한 이슈로 언급되고 있다. 저개발국가의 경우 경제성장에도 불구하고 일자리의 증가 또는 실질적인 개선으로 이어지지 않는 경우가 많아 지속가능발전에 걸림돌로 작용하고 있다. 또한 선진국에서도 인구의 저성장 및 감소시대에 직면하여, 기존의 패러다임으로는 경제성장을 유인할 방안을 찾기 어려우며, 오히려 경제성장을 유지하면서 완전고용과 양질의 일자리를 증진하는 것에 초점을 두고 있다. 일자리에 대해서는 우선 양적인 측면에서 취업 취약계층을 어떻게 노동시장에 진입시킬 것인가가 핵심이다. 특히 대표적인 취업 취약계층으로 인식되는 청년, 여성, 고령층 등의 경제활동 참여가 중요하다. 또한 질적인 측면에서는 일자리의 지속가능성을 평가하는 임금, 전망, 직무 가치, 근로시간에 대한 질적 개선이 요구되고 있다.

[목표 9]와 관련하여 산업혁신 문제에서 경제활동의 관점에서 지속가능 생산을 실현하기 위해서는 한정된 자원을 어떻게 배분하여 최소의 투입으로 최대의 효과를 가져오는지가 중요하며, 자원의 효율적인 이용은 바로 산업에서의 기술혁신과 확산으로 이루어질 수 있다. 그러나 중기 및 하이테크 산업은 주로 OECD와 EU 국가들을 중심으로 발전하여, 기술의 혁신과 확산이 이러한 국가들로 집중되고 있다. 이것이 산업혁신에 따른 경제성장이 지역별로 격차가 벌어지게 된 요인이 될 수 있다. 한편 과학기술혁신 역량평가에서 우리나라는 OECD 평균을 상회하였다. 그러나 우리나라의 평가 결과를 세밀하게 보면, 환경 부문이 취약하여 여전히 부문 간 편중이 존재하고 있다. 특히 과학기술혁신의 환경 부문에 해당하는 연구개발 지원제도, 문화 등의 취약성은 우리나라의 산업혁신을 저해하는 요인이 될 수 있다.

[목표 10]과 관련하여 불평등 문제에서 국가 내는 물론 국가 간에 불평등을 완화하는 것을 목표로 한다. 불평등은 우리 사회 여러 영역에서 경험되고 있으며, 이런 이유에서 사회적 갈등과 계층 간 충돌, 세대 간 불화가 확대될 것으로 보인다. 사회양극화의 주요 원인으로서 소득불평등의 해소는 매우 중요한 과제이다. 정부의 포용적 성장은 분배의 개선을 통한 불평등 해소를 위함이다. 소득불평등의 해

소는 기존의 분배 방식을 개선하자는 우리 사회 안에서의 합의와 실천 노력이 지속적인 정책 마련과 함께 협의적으로 진행되어야 한다. 국가에 의한 강제는 개인과 시장의 실천 의지나 수용성에 부정적 영향을 미칠 것이기 때문에, 충분한 논의와 합의를 전제로 한 단계적 실천이 우리 사회 각 영역에서 이루어지는 것이 중요하다. 정규직과 비정규직 간의 임금불평등의 문제도 동일한 노동에 대한 동일한 보상이 노동의 원칙이 되어야 하며, 비정규직의 고용 보호를 비롯한 임금 격차의 개선, 교육훈련 등의 지원 확대 노력이 필요하다.

[목표 11]과 관련하여 지속가능한 도시 문제에서 정주계획과 주거환경 문제는 도시공간에서 안전한 삶을 영위하는 데 중요한 부분이다. 건축계획 · 설계 문제는 도시공간의 지속성을 확보하기 위하여 복원력 있는 건축물의 계획의 필요성을 말한다. 이를 위하여 지자체는 관련 제도를 구비하여야 한다. 대기질과 폐기물에 관한 환경관리 문제는 시민의 생활에 직간접적인 영향을 미친다. 국가와 지자체는 적절한 방법을 활용하여 폐기물을 감소하거나 재활용하는 등의 대안을 마련하여야 한다. 재난대응 문제에 대해서는 다양한 이상기후에 주목할 필요가 있다. 특히, 최근 재난으로 다루어지고 있는 폭염 등의 문제에 대하여 지자체는 좀 더 강력하게 대응할 필요가 있다. 이와 함께 시민들도 재난 · 재해에 대한 적응 역량의 강화 노력과 회복을 위한 역량 강화가 필요하다.

교통 문제에 대해서는 전 세계 교통 부문의 에너지 소비는 2050년까지 두 배 이상 늘어날 것으로 추정한다. 교통이 주는 편리함은 동시에 지속불가능성을 우리에게 준다. 이 문제는 대기, 소음, 안전, 에너지, 기후변화 등 도시의 거의 모든 분야에서 현재의 지속불가능한 교통이 야기할 수많은 난제와 연결된다. 문화유산 문제에 대해서는 지속불가능한 개발은 문화유산이 사라질 위기에 처하게 만든다. 물질적 부(富)와 경제적 이유로 개발도상국에서는 지금도 수많은 유무형의 유산이 부주의와 무분별한 개발정책으로 사라지고 있다. 녹지공간 문제에 대해서는 전 세계 도시의 문제이면서 우리의 당면한 문제이다. 2020년 공원 일몰제가 실행되면 고시된 공원 전체 면적의 43.49%가 사라진다. 현 상황에서 적극적인 대책이 마련되어야 한다.

지역쇠퇴 문제에 대해서는 저성장시대에 들어서면서 선진국과 중진국의 주요 도시에서 원도심의 쇠퇴 문제가 등장하였다. 인구의 감소, 산업구조의 변화, 도시의 무분별한 확장, 주거환경의 노후화 등으로 성장하던 도시가 정점을 찍고 다시 쇠락의 길로 접어든다. 도시의 소멸은 그 도시에 거주하며 삶을 영위하는 수십만의 사람에게 일자리의 감소, 주거환경의 악화 등의 문제를 통하여 치명적인 영향을 주기 때문에 반드시 충분히 심사숙고하여야 할 문제이며, 현재보다는 미래를 내다보는 '도시재생'이 필요하다.

[목표 12]와 관련하여 지속가능한 소비 · 생산 문제에서 첫째로, 음식물쓰레기는 가정과 소형음식점 유통조리 과정에서 가장 많이 발생하고 있다. 국가 전체 발생량의 높은 비중을 차지하는 가정 및 소형 음식점의 감량과 유통 조리 과정에서 배출 최소화가 필요하다. 이를 위하여 소매업(음식점), 소비자(가정) 단계에서 음식물쓰레기를 절반으로 감량시켜, 식품 생산과 유통 과정에서 발생하는 식품 손실(쓰레기)을 감소시켜야 한다. 둘째, 화학물질은 사용가능성이 무한하다는 것뿐만 아니라 화학물질 유통과 배출의 위험성, 유해화학물질 폐기물 발생 등은 인간 공동체 생활환경에 위협이 되고 있다. 화학물질 공포증, 즉, 케미포비아(chemiphobia)가 등장할 정도로 식품에서부터 생필품, 생활환경에 이르기까지 화학물질 안전관리의 필요성이 강조된다. 이를 위해서는 화학물질과 유해폐기물의 친환경적 관리가 필요하며, 이러한 관리로 인간의 건강 보호와 환경오염을 예방하여야 한다. 셋째, 인간 삶의 편리성 추구 때문에 대량생산과 대량소비로 인하여 자원낭비와 환경오염이 유발되고 있다. 경제 주체들은 소비행동 변화를 통하여 불필요한 자원 낭비를 줄여야 한다. 소비자는 착한 소비행동으로 자원을 절약하고 친환경 소비를 하여야 한다. 넷째, 플라스틱의 발명은 생산 효율성과 이용 편리성으로 자연환경에 희생이 뒤따랐고, 미세플라스틱(microplastics)까지 발생시켜 인간환경에 부메랑이 되고 있다. 플라스틱 문제는 플라스틱 포장재나 용기의 사용을 줄이고, 미세플라스틱 오염원 발생을 최소화하여야 한다. 이를 위하여 플라스틱이 선순환할 수 있도록 재생 플라스틱의 활용을 증가시키고, 대체 플라스틱 개발하여 환경 유출을 방지하여야 한다.

[목표 13]과 관련하여 기후변화 문제에서 산업혁명 이후 경제성장과 인구증가로 인한 화석연료의 연소, 산림 훼손, 농업활동 증가 등에 따른 인위적인 온실가스의

증가는 130년간 지구 평균 기온이 상승하는 지구온난화를 유발하고 있으며, 인류뿐만 아니라 모든 생물의 생존에 심각한 영향을 미치고 있다. 특히, 국제적인 노력은 더디게 진행되고 있는 상황에서 온실가스 배출량은 지속적으로 증가하고 있으며, 이에 따른 지구 평균 기온 또한 상승하고 있어 전 세계적으로 기후변화 위험은 미래의 문제가 아닌 현실적인 문제로 인식되고 있다. 이에 지속가능발전목표는 기후변화 문제 해결을 '긴급대응'이라고 기술하고 있다. 우리나라의 경우에도 현재 추세대로 온실가스 배출이 계속 증가한다면 21세기 말 기온은 현재보다 5.7℃ 상승할 것으로 전망하고 있다. 특히, 기후변화 문제는 그 원인이 인류의 모든 활동에 따른 결과로 나타나는 것이며, 그 영향 또한 전 지구적이며 지역적이고 광범위하게 나타나기 때문에 우선적으로 필요한 것은 기후행동을 다른 지속가능발전 세부목표와 연계성을 강화하는 것이다. 다음으로 기후변화의 원인인 온실가스를 감축하기 위하여 국제사회와 개별 국가들이 현재보다 진전된 감축 목표를 설정하고 실질적으로 이행해 나가야 한다. 이러한 과정에서 국제협력은 개발도상국과 취약지역의 환경 및 필요를 고려하면서 모든 국가가 이를 달성할 수 있는 환경을 조성하여야 한다. 마지막으로 기후와 관련된 위험 및 자연재해에 대한 복원력과 적응 능력을 강화해 나가야 한다.

[목표 14]와 관련하여 해양생태계의 지속가능성을 저해하는 원인으로는 수산자원의 남획, 매립 · 간척 및 해양오염, 해양산성화 등이 있다. 2016년 기준 인류의 수산물 소비량은 1961년 대비 약 2배 증가한 20.3㎏/년이었고, 우리나라는 전 세계에서 수산물 소비량이 가장 많은 것으로 나타났다. 이러한 소비 패턴은 어종의 초과 이용을 야기하고, 수산자원의 생물학적인 지속가능성을 감소시킨다. 토지 수요를 충당하기 위하여 대규모 매립 및 간척사업이 지속적으로 추진 중이며, 우리나라도 최근 20년간 22.3%의 갯벌이 감소한 것으로 나타났다. 생활하수, 축산폐수, 산업폐기물 등 인간활동에 의한 오염물질의 최종 종착지는 바다이며, 엑슨 발데즈 호 사고, 시프린스 호 사고 등 기름 유출 사고는 인근 해양생태계를 빠른 시간 내에 악화시키는 원인이 된다. UNEP 조사 결과에 따르면, 매년 8백만 톤의 플라스틱이 바다에 버려지고 있으며, 이로 인하여 북극곰, 바다거북이 등 해양생태계 전체가 고통받는 것으로 나타났다. 기후변화 원인물질인 CO_2로 인한 해양산성화는 해

양생물의 생장을 방해하고, 산호의 폐사를 야기하며, 그 결과 다른 어종의 생산량을 감소시키는 결과를 가져온다.

[목표 15]와 관련하여 육상생태계 문제에는 생물다양성 감소, 서식지 손실, 외래종 침입, 오염물질 축적 등이 있으며, 이들은 자연적인 요인보다는 인구 증가, 도시화, 대규모 건설사업, 환경오염 등 인위적인 요인이 더 크게 작용한 결과이다. IUCN 조사 결과에 따르면, 1600년 이후 전 세계적으로 700여 종의 동물이 멸종된 것으로 나타났으며, 야생동물 중 약 30%인 22만 4천 종이 멸종 위기에 처해 있는 것으로 확인되었다. 국내의 적색목록 등록 종수는 8,029 종이며, 이 중 533종이 멸종 위기에 처해 있는 것으로 나타났다. 전 세계적으로 산림 파괴는 여전히 진행 중이며, 초원 및 사바나의 농지 전환, 대규모 신규 댐 건설 등 인간의 서식지 파괴행위도 여전히 자행되고 있다. 생물다양성을 위협하는 강력한 요인 중 하나인 외래종 침입은 1970년 이후 크게 증가하였으며, 세계 무역 규모화, 연구·농업·관상 등 인간의 의도적인 행위, 대기 중 CO_2 및 질소 축적, 기후변화, 토지 이용 변화 등이 주된 원인인 것으로 나타났다. 또한, 질소, 인 등 영양물질에 의한 오염, 농·어업 활동 등에서 나오는 플라스틱, 중금속, 농약 등도 생물다양성 및 생태계 서비스를 위협하는 주된 요인으로 꼽힌다.

[목표 16]과 관련하여 지속가능발전을 위한 평화롭고 포용력 있는 사회 구현, 사법 접근성의 확보와 모든 차원에서 효과적이고 신뢰할 수 있는 포용적인 제도 구축을 골자로 한다. 지속가능발전목표를 달성하기 위해서는 평화롭고 정의롭고 포용적인 사회가 필요하다. 모든 사람은 모든 형태의 폭력으로부터 자유로워야 하며, 민족성, 신앙 또는 성적 취향이 무엇이든 그들의 삶에 관해서는 안전하게 느껴야 한다. 우리나라의 경우를 살펴보면 학대 피해 아동을 발견하여 보호·지원한 건수가 2000년 이후 꾸준히 증가하는 추세이다. 그 이유는 IMF 외환위기 이후 경제 침체로 인한 가정해체, 가족 기능의 약화가 주요 원인이다. 부패 문제에 관련하여 국제투명성기구(TI)의 '국가별 부패지수(2016년)'에 의하면 한국은 조사 대상국 176개 가운데 52위를 차지하고 있으며, 이는 방산 비리, 해외자원 비리, 검사 비리 등 대형 부정부패 및 비리사건이 영향을 미치는 것으로 보이며, 이를 개선하기 위하여 반부패 시스템의 개혁이 필요하다. 정부예산의 편성 과정 또한 전문가의 참

여로 국한되어 있으며, 연령·소득·종교 등 사회계층별 정부 지출의 효과, 공기업·국책은행 활동에 대한 정보, 장기부채 및 재정 지속가능성 추계 등에서 미흡하다는 평가를 받고 있다. 앞으로 국민참여예산제나 예산편성 관련 공청회를 열어 소통을 활성화하는 장치를 도입이 필요하다. 그리고 국가인권기구의 활동을 보장하기 위해서는 법과 정책이 차별 없이 적용되어야 하고, 분쟁은 객관적인 정치 및 사법제도를 통하여 해결되어야 한다.

[목표 17]과 관련하여 협력 문제에서 첫째, 재원 분야에서 유엔의 지속가능발전목표를 달성하기 위해서는 2030년까지 연간 1조 4천억 달러가 필요할 것으로 예상된다. 하지만 현재 ODA는 연간 1,310억 달러 수준에 불과하다. 국제적 책무를 다하기 위하여 우리나라의 ODA 예산은 확대되어야 하고, 이를 위하여 국민적 공감대 형성이 중요하다. 둘째, 기술 분야에서 과거와 같이 단순한 공적 자금이나 현물 지급 방식의 원조에서 벗어나야 한다. 국가의 역량이 상대적으로 부족한 개발도상국은 전통적인 원조 방식이 발전을 위한 제도의 형성을 저해하면서, 재원이 비효율적으로 활용되는 사례가 많기 때문이다. 셋째, 정책 분야에서 아직도 정책과 제도의 일관성에서 부족한 부분이 수없이 목격된다. 따라서 제도적 분야는 새로운 목표의 비전과 요구에 효과적으로 대응하려면 바뀌어야 한다. 외교, 개발 관련 부처, 원조기관을 넘어서 범정부적인 참여를 이끌어 내고, 부문별 정책 간, 국내외 정책 간의 다양한 상호작용을 관리할 수 있는 권한과 역량을 갖추어야 한다. 넷째, 데이터 분야에서는 현재 국내는 과학기술의 고도화로 인하여, 빅데이터시대를 맞이하였다고 한 목소리로 이야기한다. 하지만 정작 유엔이 제시한 지속가능발전목표의 평가를 위한 통계자료 중 122개가 현 상태로는 측정이 불가한 상황이다. 이를 대체할 데이터 수집 및 분석 방안이 필요하다. 다섯째, 전 세계는 남북격차로 인한 경제·사회적 차이는 국제적 파트너십과 협력을 통하여 해결이 가능하다. 지속가능발전목표는 방대한 17개 목표와 169개 세부 목표를 설정하였고, 세부 목표의 중요도, 측정 지표의 선정 등을 놓고 치열한 논의가 진행 중이다. 이들 목표 달성을 위해서는 국가 간, 지역 및 도시 간, 각 분야별 파트너십의 중요성이 무엇보다 필요하다.

제2절 문제에 대한 융합적 접근과 협치의 일상화

1. 융합적 접근과 협업을 통한 지속가능성 인과구조의 복잡성 대응

이 책의 제3장에서 서술하였듯이 지속가능발전의 문제는 그 인과구조가 매우 복잡하고 다차원적인 성격을 지니고 있어서 전통적인 분업적 행정조직에 의한 단일문제 중심의 개별적 접근으로는 해결하기가 쉽지 않다. 또한 제1장에서 살펴보았듯이 발전의 개념이 과거의 경제적 성장 중심의 1차원적 개념에서 사회적 재분배의 문제가 추가된 2차원적 개념으로 확대되고, 오늘날에는 생태적 보전의 문제가 추가된 3차원적 개념으로 복잡해진 만큼 하나의 문제를 다차원적으로 다룰 수 있는 융합적 접근이 요구되고 있다. 따라서 유엔이 제시하고 있는 지속가능발전목표(SDGs) 17개를 달성하기 위해서는 개별적인 목표들과 관련된 정책과제들을 각 행정부서별로 독자적으로 추진하기보다는 경제, 사회, 환경 등 여러 부문의 사업요소들을 연계시켜 상호 영향관계를 동시에 고려할 수 있는 융합적 성격의 정책과제들을 도출하고, 관련 부서들 간의 유기적인 협업(collaboration)을 통한 문제해결 노력을 기울여야 한다.

전통적인 관료제 조직은 다루는 문제들이 점차 복잡하고 다양해짐에 따라 기능적 분업을 위한 조직의 분화 과정을 불가피하게 거치게 되는데, 이는 부서 간 칸막이 행정과 할거주의라는 역기능을 초래함으로써 부서별 정책 간 상충 내지 갈등관계를 극복하지 못하고 정책의 부작용을 초래하거나 제로섬(zero-sum) 결과를 낳기도 한다. 이러한 부서 간 할거주의를 극복하여 협업을 이끌어 내기 위한 조직 운영 전략으로서 다양한 조정(coordination)의 방법을 적극적으로 활용할 필요가 있다. 대표적인 조정의 방법으로서 정보 시스템을 통한 원활한 의사소통, 태스크포스(task force) 설치, 조정 업무를 전담하는 통합관리자 설치, 프로젝트 팀 운영 등을 들 수 있다(이종수 외, 2014: 166).

유엔 SDGs에 제시된 17개의 목표와 169개의 세부 목표들을 살펴보면 [그림 17-2]에서 예시적으로 볼 수 있듯이 어떤 하나의 세부 목표와 관련된 문제는 다

그림 17-2 SDGs 세부 목표들 간의 유기적 연계성(Nexus) 예시

목표		G1			G2			G3			.	.	.
		G1-1	G1-2	G1-3	G2-1	G2-2	G2-3	G3-1	G3-2	G3-3	.	.	.
G1	G1-1		●	●		●	●	●			●		●
	G1-2	●											
	G1-3	●											
G2	G2-1												
	G2-2	●											
	G2-3	●											
G3	G3-1	●											
	G3-2												
	G3-3												
.	.	●											
.	.												
.	.	●											

른 세부 목표들과 인과구조적으로 복잡하게 얽혀 있어서 다른 문제들과의 유기적인 연계성을 고려한 융합적 접근과 협업에 의한 문제해결 전략을 필요로 하고 있다. 유엔 경제사회이사회(ECOSOC)에서 제작한 자료인 「SDGs 연계성 전략(A Nexus Approach for the SDGs)」[2]을 보면, 17개의 목표들 각각은 별도로 분리되어 있는 것이 아니라 서로 밀접하게 연계되어 있다는 점을 강조하고 있다. 예를 들어, [그림 17-3]에서 보듯이 목표 1(빈곤 종식)의 문제는 목표 2(기아 해결: 2-1, 2,3,5), 5(성평등: 5-1), 8(일자리와 경제성장: 8-3,10), 11(지속가능한 도시: 11-1,2,5), 13(기후행동: 13-1), 15(육상생태계: 15-9) 등의 문제들과 명백하게(explicitly) 연계되어 있고, 목표 3(건강과 복지: 3-3,8), 4(양질의 교육: 4-1), 7(지속가능한 에너지: 7-1), 10(불평등 해소: 10-1,4) 등의 문제들과 실질적으로(substantially) 연계되어 있다는 것이다.[3] 이처럼 각 목표 및 세부 목표들 간의 연계성을 고려한다면 관련 부서들 간의 정책문제에 대한 공동의 문제 의식과 유기적

2) https://www.un.org/ecosoc/sites/www.un.org.ecosoc/files/files/en/2016doc/interlinkages-sdgs.pdf
3) 유엔 SDGs의 세부 목표는 이 책 뒤에 실린 부록을 참조하면 된다.

그림 17-3 SDGs의 목표1과 다른 목표들 간의 연계성

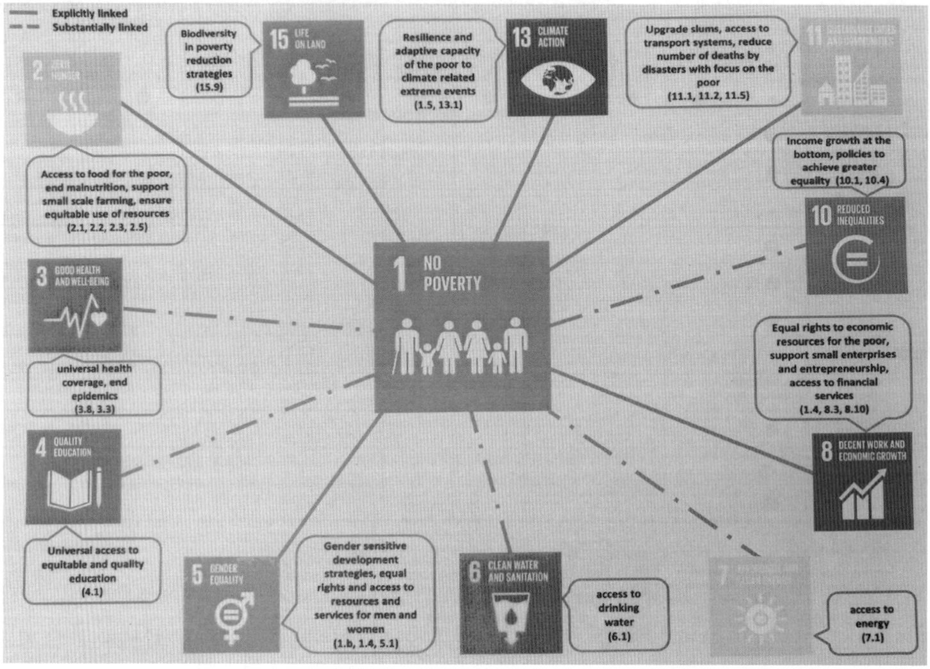

출처: www.un.org.ecosoc/files/files/en/2016doc/interlinkages-sdgs.

인 협업은 반드시 이루어져야만 할 것이다.

2. 협력적 거버넌스의 강화를 통한 지속가능성 실현

이 책의 제3장에서 살펴본 바와 같이 거버넌스(협치) 이론에서 가장 심각한 한계는 페어라우(Fairtlough, 2005)가 표현하듯이 정부관료제에 대한 의존에서 벗어나지 못하는 '계층제 중독' 현상이나 정부관료제가 주도적 역할을 하는 '계층제 헤게모니' 현상이다. 따라서 거버넌스 이론에서 가장 중요한 과제는 전통적 사회문제 해결 방식인 "계층제적 사회문제 해결 방식에 대한 뿌리 깊은 맹목적 의존의 극복"이라고 할 수 있다(이명석, 2017: 284).

협력적 거버넌스가 복잡한 문제들을 해결하는 데 성공적으로 작동하여 의미 있

는 성과들을 거두는 경우가 많더라도 실제로 실패할 수 있는 경우가 적지 않다. 따라서 협력적 거버넌스의 한계 내지 실패 요인을 찾아 실패를 줄이기 위한 노력이 중요한 과제로 요구된다. 협력적 거버넌스 실패의 가장 중요한 원인으로 '책임성' 확보의 문제가 지목되고 있다(이명석, 2017: 257－259). 정부는 법제화와 계층제적 통제를 통하여 공식적으로 책임성을 확보한다. 그러나 협력적 거버넌스의 핵심을 이루는 네트워크 거버넌스의 경우 법률적 기반과 공식적 권한을 가진 통제가 이루어지기 어렵기 때문에 책임성을 확보하기가 쉽지 않다. 네트워크 거버넌스는 본질적으로 자기규제 및 자기통제 능력에 의하여 작동되는 것으로서 구성원들의 자발성에 기초한 책임의식에 기대할 수밖에 없어 높은 수준의 책임성을 확보하기란 쉽지 않다. 선의로 이루어진 협력적 거버넌스라 하더라도 예상하지 못한 부작용을 낳고 사회문제를 악화시킬 경우 그 결과에 대한 책임성을 확보할 수 있는 장치를 마련하여야만 협력적 거버넌스가 정당화되고 신뢰를 얻을 수 있다.

느슨한 관계망 속에서 다양한 주체들이 참여하고 제도화의 정도가 낮은 협력적 거버넌스에서 다음과 같은 다섯 가지의 책임성 확보장치가 복합적으로 활용될 필요가 있다(이명석, 2017: 261~263). 첫째, 거버넌스에 참여하는 전문가들이나 각 집단의 구성원들은 전문직업적 윤리나 동료의 평가 내지 소속집단의 대표성을 중요시하는 만큼 그들에 대한 명시적·암묵적 압력을 통한 책임성 확보가 효과적이다. 이러한 책임성은 공식적 강제력을 갖지는 않지만, 공동의 공공가치를 추구하며 협력관계를 맺고 있는 파트너들의 성과에 대한 상호감시와 평가를 토대로 이루어진다. 둘째, 거버넌스 구성원들 대부분은 대중적 평판에 민감하게 반응하기 때문에 대중적 인정이나 비난 등이 중요한 책임성 확보 수단이 된다. 셋째, 거버넌스 참여자로서 기업은 소비자의 반응에 민감할 수밖에 없으므로 기업은 공익 연계활동[4]을 통한 사회적 책임에 적극적인 관심을 갖게 된다. 넷째, 거버넌스 참여자들은 조직 내부적으로 예산 사용 등 자원 활용에 대한 재정·회계적 책임을 진다. 다섯째, 법적 책임의 측면에서 강제력을 갖는 정부조직보다 자발적 협력을 바탕으로 하는 거버넌스의 경우 그 정도가 낮기는 하지만, 거버넌스 활동도 사회활동의 하나이므로

4) 기업이 시민사회단체와의 파트너십을 통한 공익 연계활동을 하는 방법으로는 자선적 교환, 마케팅적 교환, 경영적 교환이 있다(Sagawa & Segal, 2000).

법의 테두리 안에서 이루어질 수밖에 없다는 점에서 법적 책임성을 진다.

협력적 거버넌스의 한계를 극복하기 위한 과제의 하나는 막강한 권력을 가진 '정부'의 힘, 자본이 지배하는 '시장'의 힘에 대응할 수 있는 '시민'의 힘을 기르는 것이다. 항상 깨어 있는 시민, 특히 생태적 소양(ecological literacy)[5]을 갖추고, 자율적 의지와 민주적 사고, 그리고 균형 있는 판단력을 가진 시민이 필요하다. 무엇보다도 '시민사회의 시대'라고 할 수 있는 21세기에 시민의 역량은 협력적 거버넌스를 통한 성공적인 문제해결의 핵심 요소라고 할 수 있다.

거버넌스가 우리 사회의 지속가능성을 실현하는 데 기여할 수 있다면 그보다 더 바랄 것이 없을 것이다. 훌륭한 거버넌스의 정의 가운데 하나는 "단지 그 시스템이 의존하는 자원의 심각한 붕괴를 피하는 데 기여하는 시스템"이다(월드워치연구소, 2014: 72). 시스템의 지속가능성에 기여할 수 있는 제도적 사례들을 체계적으로 탐구하여 2009년 노벨경제학상을 수상한 엘리노어 오스트롬(Elinor Ostrom)의 업적을 통하여 거버넌스의 유용성을 확인할 수 있다. 대표적 저서인 『공유의 비극을 넘어(*Governing the Commons*)』(1990)에서 오스트롬은 전 세계에서 수백 년 동안 자원을 지속가능하게 관리해 온, 지역적으로 조직된 작은 규모의 거버넌스 시스템의 여러 가지 사례를 검토하였다. 그녀는 지속가능성이 이루어질 수 있다는 것, 그리고 지역자원의 지속가능한 관리는 종종 광범하고 중앙집권화한 제도들보다는 지역공동체에 토대를 둔 사회적 관계와 자율적 통제를 강조하는 상향식 처리 과정으로 이루어진다는 것을 경험적으로 밝혀냈다. 이기적인 개인들에 의하여 남용되어 고갈될 위험이 큰 공유자원일수록 시장의 자유나 정부의 통제에 의해서는 효율적 관리가 어렵고, 공동체 중심의 자치제도가 작동되는 협력적 거버넌스에 의하여 지속가능한 관리가 이루어질 수 있다는 것이다.

이 책의 제3부(제9~12장)에서는 지속가능성 실현을 위한 국제사회의 노력은 물론 독일, 일본 등 선진국과 한국의 협력적 거버넌스 사례들을 중심으로 살펴보았다. 1992년 유엔환경개발회의(UNCED), 2002년 세계지속가능발전정상회의(WSSD)

---

5) 생태적 소양이란 "생물이 살 수 있게 하는 자연 시스템을 이해하는 능력"을 가리키는 것으로서, 환경학자인 데이비드 오어(David W. Orr)와 물리학자인 프리초프 카프라(Fritjof Capra)에 의하여 1990년대에 만들어진 용어이다(월드워치연구소, 2014: 18).

등은 정부・기업・시민사회가 함께 지혜를 모아 문제해결 방안을 모색하는 협력적 거버넌스형 국제회의의 전형으로 이해할 수 있으며, 2015년에 채택한 'SDGs 2030'의 목표 17에서도 협력적 거버넌스에 의한 문제해결의 중요성을 강조하고 있다. ICLEI 역시 세계 지방정부들의 지속가능발전을 위한 파트너십과 거버넌스형 문제해결 사례들을 공유하고 확산시키는 데 주도적인 노력을 해오고 있다.

선진국의 거버넌스형 지속가능발전의 사례로 소개한 독일의 바이오에너지마을 거버넌스, 에너지 전환과 주민재생에너지 거버넌스, 그리고 일본의 마치즈쿠리 거버넌스, 스마트한 에너지 전환 거버넌스, 지속가능한 자원순환 거버넌스, 리스크 분담을 위한 재난대응 거버넌스 등에서도 다양한 유형의 협력적 거버넌스에 의한 문제해결의 성공적인 사례를 확인할 수 있었다. 한국의 거버넌스형 지속가능발전의 사례로 소개한 지속가능발전(지방의제21)협의회, 환경 거버넌스, 사회 거버넌스, 경제 거버넌스 등에서도 협력적 거버넌스에 의한 성공적 문제해결의 가능성을 다양한 방면에서 경험적으로 확인할 수 있었다.

제 3 절 지속가능성을 위한 혁신적 과제의 시사점과 이행전략

이 책의 제4부(제13~16장)에서는 거버넌스형 지속가능발전을 위한 혁신적 과제들을 생태, 사회, 경제, 도시 등 4개 부문으로 나누어 서술하였는데, 지속가능성을 실현하기 위한 제도적・정책적 시사점과 이행전략들에 관하여 부문별로 함축적으로 논의하면 다음과 같다.

1. 생태적 지속가능성을 위한 혁신적 과제의 이행전략

생태적 지속가능성을 위하여 어떠한 과제들을 어떻게 추진할 것인가? 먼저, 기후변화 문제해결을 위해서는 국가, 지자체, 시민사회, 기업 등 전방위적인 대응을 위한 시스템 전환이 필수적이다. 이를 위해서는 현재의 일반법인 「지속가능발전법」을 기본법으로 개정하고, 「기후변화대응법」을 새롭게 제정하여 상호 연계성을 강화시켜 법·제도적으로 기후변화 대응계획이 지속가능발전목표와 연계되도록 하여야 한다. 또한, 전략환경영향평가가 온실가스 감축과 기후변화 적응을 고려한 기후영향평가를 포함하도록 법·제도적 정비가 필요하다. 정책적으로는 기존 산업구조를 저탄소형 산업구조로 변화시키고, 기후기술에 대한 전략적 투자와 과학적 기반 조성, 사회·경제적 취약계층과 지역을 우선적으로 고려하는 기후복지 정책으로 확장될 필요가 있다. 특히, 온실가스 감축과 적응은 사회 전반에서 이루어져야 하기 때문에 통합적 정책수단의 활용과 실질적인 거버넌스 체계를 마련하고, 국민이 실제 체감하고 실천할 수 있는 정보 제공과 교육 및 참여가 보장되어야 한다.

둘째, 효율적인 수자원 관리 및 이용을 위해서는 저영향 개발기법(LID), 그린인프라(GI) 등의 확충을 통하여 도시의 물순환 왜곡 문제를 해결하고, 수생태계 보호지역 지정·관리, 공공수역 건강성 모니터링 및 평가 등 수생태계 건강성 회복을 위한 노력이 지속되어야 한다. 또한, 용수 공급체계 고도화, 대체 수자원 확보, 물 재이용 활성화 등을 통하여 수자원을 안정적으로 확보하여 공급하고, 홍수위험지도 제작·활용, 유역 단위 종합 치수대책 수립·시행, 가뭄 예·경보체계 구축, 용도별 수요관리 강화 등 홍수 및 가뭄에 대한 대응 역량을 강화하여야 한다. 마지막으로 시민사회단체, 주민, 전문가 등 물을 둘러싼 다양한 이해관계자가 참여하는 물 거버넌스를 구축하여 지역의 물 문제를 직접 발굴하고 해결할 수 있는 체계가 마련되어야 한다.

셋째, 생물다양성 증진 및 생태계 서비스 향상을 위해서는 생태계 기능을 유지하는 데 가장 강력한 수단인 보호지역을 확대 지정하여 관리하고, 자생생물 자원 조사·발굴, 녹색 네트워크 구축, 멸종위기종 관리 강화, 생물유전자원 데이터베이스 구축 등 생물다양성 보전·관리체계를 개선하여야 한다. 또한, 기후변화로 인한 생물종 변화 모니터링, 생태계 기후변화 리스크 평가체계 도입 등 기후변화의 생태계 영향 저감을 위한 기반을 마련하고, 외래 생물종에 대한 전방위적 관리체계 마련, 고유종을 활용한 지역의 생태계 복원력 향상, 유전자변형생물체(LMO)에 대한 주민 참여형 영향평가 실시 등 생태계 위협 요인의 영향을 최소화하여야 한다.

2. 사회적 지속가능성을 위한 혁신적 과제의 이행전략

사회양극화와 불평등이 심화되면서 양적 성장 중심의 도시와 국가 발전에 대한 성찰과 함께 사회통합과 포용을 지향하는 '사회적 지속가능성'이라는 우리 사회의 새로운 지향이 요구되고 있다. 이러한 요구는 기존의 틀을 깨고 사회 전 분야에서 사회 구성 주체들 간의 인정과 소통, 존중과 배려가 작은 단위에서부터 실천적으로 이루어질 필요가 있다. 주거와 일자리, 소득과 임금, 교육과 문화, 서비스, 네트워크 등 자원 배분의 정의가 실현될 수 있도록 정책적 차원에서나 시민사회, 시장 영역에서 구체적 방법론과 담론이 이루어져야 한다.

이런 맥락에서 지속가능한 사회공동체를 위한 중요한 가치로서 사회통합과 포용사회에 대한 현재적 논의를 다루고, 우리의 가까운 미래인 저성장 고령사회라는 사회구조의 변화에 따라 사회통합과 포용이 어떠한 접근과 실천을 통하여 이루어져야 하는가를 살펴보았다. 그리고 이 모든 논의를 관통하는 중요한 목표로서 커뮤니티와 삶의 질, 존엄과 신뢰, 선택의 다양성, 맞춤형 지원 등 정책의 주요한 단위와 대상, 운영 방식과 지향점을 제시하고, 지역과 주민 주도의 생활 단위, 사회적 안전망과 자원 육성, 상호 돌봄과 선순환의 정책 제안을 시도하였다.

사회공동체는 가장 가깝고 직접적인 영역인 마을 단위에서부터 경험되어 왔으며, 주민자치와 민주 시스템으로 정착하여 생활자치공동체로의 성장을 이루고 있다. 행정 주도의 제도적 기반 마련이 지속화되고 있고, 이를 통하여 많은 자발적 자치조직과 활동이 활성화되는 가운데, 시민이 주체가 되는 지속가능한 자치공동체를 위한 좀 더 성숙한 수준의 제도적 기반과 규제 완화, 다양한 자치사무의 발굴과 실천이 지역 차원에서 자율적으로 설계되고 시도되도록 중앙정부는 협업하여야 할 것이다. 풀뿌리 주민자치 시스템에 대한 좀 더 적극적인 추진과 활성화 지원이 중요하다.

사회통합과 포용, 생활자치 기반의 주민공동체 활성화, 커뮤니티 기반의 돌봄과 사회안전망 확충은 지역의 지속가능발전을 위한 사회혁신으로 가능해진다. 정부나 시장 영역이 주도하던 과거와 달리 시민사회와 시민 주체의 혁신 동력으로 무게 중심을 바꾸어야 한다. 좁게는 특정 지역의 사회혁신이면서 넓게는 시민사회를 지역사회로 보는 지역사회혁신은 모두 지역사회 거버넌스 중심의 접근 방식이며, 지역적인 범위와 관점에서의 사회혁신을 강조한다. 이를 위하여 선행되어야 할 것이 자치와 분권인 것이다. 더불어 사회혁신의 정책수단인 사회혁신 생태계 기반 조성을 위한 정책과 생태계에 활력을 제고하는 정책들이 유기적으로 연계되어야 한다. 지속가능한 사회혁신으로서의 지역사회혁신을 위한 정책은 긴호흡으로 제도적 기반을 정비하고 안정적 재원 마련에 노력하여야 한다. 동시에 민관 거버넌스에 기반한 새로운 관계망 형성과 새로운 사회투자를 지향하여야 한다.

3. 경제적 지속가능성을 위한 혁신적 과제의 이행전략

인구구조 변화로 인하여 야기되는 각종 경제·사회문제를 해결하기 위해서는 한 국가의 복지 또는 사회보호 시스템의 역할이 지속가능성에 매우 중요하다. 특히 생산적 완전고용을 위해서는 취업 취약계층에 대한 노동시장 진입을 유도하여야 한다. 한국이 현재 직면하고 있는 인구절벽과 노동시장의 문제를 극복하면서 고용률을 제고할 수 있는 방안은 바로 출산율을 제고하는 것과 동시에 취업 취약계층에게 지속가능한 일자리를 제공하는 것이라 할 수 있다. 취업 취약계층은 지속가능한 일자리를 통하여 생애 전체에 걸쳐 안정적으로 임금 소득을 얻고 소비지출을 함으로써 삶의 질을 향상시킬 수 있다. 나아가 노동자의 생애 전 주기에 걸친 소득 증대와 소비 활성화는 경제성장의 원동력이 된다. 따라서 취업 취약계층을 포함한 모든 노동자에게 지속가능한 일자리를 제공하는 정책 개발이야 말로 '경제적 지속가능성'을 위한 핵심 과제라 할 수 있다.

생산적 완전고용은 일자리의 지속가능성이 담보되어야 한다. 즉, 노동자의 생애에 걸친 근로기간 동안 직무 및 근로환경 측면에서 나타나는 일자리의 질(quality)이 인간의 전 생애에 걸쳐 지속가능한 일자리를 결정짓는다고 볼 수 있다. 따라서 직무 및 근로환경에서 지속가능한 일자리의 주요 요소로 알려져 있는 임금, 미래 상황에 대한 전망, 일의 본질 또는 본질적 가치, 근로시간 등의 질적 제고가 우선되어야 할 것이다. 예를 들어 동일노동에 대한 동일임금 달성, 고용의 안정성과 진로 발전을 위한 평등한 기회 제공, 노동자의 건강과 웰빙에 기반한 일의 본질적 가치 부여, 유연한 근로시간 적용 등이 고려되어야 할 정책이다.

이러한 생산적 완전고용과 양질의 일자리 증진은 지역경제 순환 체계의 핵심적인 요소이다. 이것에는 사회적경제가 중요한 매개체가 될 수 있다. 즉, 사회적경제는 지역 내 수요에 대응한 비기반산업에서 일자리의 다양성을 제공하고 주민과의 연대를 통한 비기반산업의 경쟁력을 강화하는 동시에 고용 창출을 강화하는 기능을 수행할 수 있다. 그러나 아직까지 우리나라의 사회적경제 활성화는 EU에 비하여 미흡한 수준이다. 따라서 지속가능한 경제공동체를 위하여 사회적경제가 우리 사회의 협력성장·포용성장을 견인할 수 있도록 사회적경제 생태계 구축을 통한 질적 성장을 도모하여야 한다. 이를 위하여 사회적경제 주체들의 역량을 강화하여야 하고, 생활 밀착형 사회적경제 비즈니스 모델을 구축하여야 한다. 또한 공공조달과 협동경제 시스템 구축을 통하여 시장을 확대하여야 하며, 지역을 중심으로 사회적 금융 생태계가 활성화되어야 할 것이다.

4. 도시의 지속가능성을 위한 혁신적 과제의 이행전략

여기에서는 도시의 지속가능성을 위한 현 시대가 요구하는 과제와 이에 대한 이행전략을 도시계획, 도시재생, 스마트 도시, 기후변화 대응의 네 가지로 구분하여 앞서 언급한 내용을 바탕으로 문제를 요약하고 해결의 실마리를 제시한다.

첫째, 도시계획은 포용성, 회복력, 참여를 통하여 지속가능성을 위한 수단이자 과정이 되어야 한다. 도시계획은 시민의 삶의 질 향상이라는 궁극적인 목적을 두고 있다. 기본적인 도시계획의 가치와 정신은 사회적 포용성을 기반으로 삼아야 한다. 안전하고 건강하고 질서가 잡힌 환경을 조성하여 폭력과 위협을 느끼지 않고 살아가고 일하고 도시 생활에 참여할 수 있는 모두를 위한 도시와 인간 정주지를 확보하여야 한다. 그리고 도시에서 다양성을 포용하고 사회 결속, 문화 간 대화 및 이해, 관용, 상호 존중, 성평등, 혁신, 기업가정신, 포용, 정체성 및 안전, 인간 존중을 강화시켜야 한다. 또한 도시계획의 참여에 대한 법·제도적 장치가 확고히 정비되어야 한다. 과거 전문가 중심의 도시계획에서 벗어나야 하고, 이를 위해서는 일반 시민의 도시계획에 대한 역량을 강화하여야 한다. 여성, 청소년, 장애인, 노인 등 사회적 약자의 입장에서 도시 문제를 논하고 정책적 해결 방안을 제시하여야 한다.

둘째, 공동체 회복과 도시 활력 증진을 위한 도시재생이 필요하다. 마을공동체는 주민 참여와 주민자치를 실현하고 주민들이 체감하는 삶의 질 개선에 기여할 수 있는 가장 효과적인 단위이다. 거주하는 주민이 계속 거주하면서 자기 사는 공간에 대한 애정을 표하며, 이웃과의 관계와 소통 속에 함께 지역을 만들어 가는 것이다. 사회적 측면에서 보면 도시재생은 마을만들기와 일맥상통한다. 이전의 도시재개발이 물리적 측면에서 삶의 질을 제고하였고, 마을만들기가 사회·경제적 측면의 향상을 도모하였다면, 이제 도시재생은 마을만들기의 이점을 최대한 활용하여 지역을 살리고 마을을 재생하는 새로운 전환을 맞이하여야 한다. 도시재생은 공동체에서 출발한다. 과거 도시의 역사에서 재개발 과정에서 발생한 공동체의 붕괴가 도시사회에서 악영향을 주었고, 이를 개선하기 위하여 수많은 노력과 시도 속에 현재의 도시재생이 등장하였다. 도시재생이 어느 누군가 한 명의 생각 속에서 출발하지 않고 더불어 함께 행복한 사회를 만들어 가자는 기본 목표를 담고 있다면, 공동체는 무엇보다 중요하다.

셋째, 스마트시티의 조성에서 가장 중요한 것은 도시의 다양한 주체들과 지속적으로 소통하는 것이다. 이를 위하여 마을이 주체가 되는 에너지전환마을의 조성이 필요하다. 즉, 지속가능하고 스마트한 도시구조는 마을 단위의 대응이 지역으로 지역 단위의 대응이 도시로, 도시 단위의 대응이 국가 단위로 확장되면서 형성될 수 있을 것이다.

넷째, 기후변화 대응을 위한 도시의 전환은 적어도 개발과 환경 등의 관점을 넘어서 도시의 지속가능함을 담보하기 위한 새로운 접근과 비중으로 다루어져야 한다. 이와 함께 기후변화 대응형 건축의 전환이 필요하다. 특히, 건물에서 발생되는 온실가스 배출량 감소와 거주민 기후변화 적응 역량 강화를 위한 형태로 접근되어야 한다. 그러나 현실은 다양한 장애 요소가 있다. 따라서 기후변화 대응형 도시의 전환, 그리고 건축의 전환은 이러한 노력이 왜 필요한지에 대한 인식의 전환과 함께 자발적 참여를 유도할 정책적·제도적 지원체계 수립이 필요한 것이다.

제 4 절 계획과 정책의 지속가능성 사전 검토

1. 지속가능성 사전 검토의 의의와 원칙

지속가능성 사전 검토는 지속가능한 사회를 만들기 위한 의사결정에 도움을 주는 도구로서, 모든 영역의 계획과 정책활동들이 지속가능발전에 기여하고, 의사결정 과정에 지속가능발전 가치를 통합하도록 계획 수립 단계에서 사전에 검토하는 역할을 하는 것이다. 사전 검토는 지속가능성 평가의 대상이 되는 정책·계획 등이 확정되거나 혹은 집행되기 전에 시행되기 때문에 평가라는 용어보다는 검토라는 표현이 적합하다. 지속가능성 사전 검토의 의의는 주요 정책이나 계획을 공식적으로 수립하거나 시행하기 전에 '지속가능성' 측면에서 검토함으로써 절차적 합리성은 물론 책임성을 확보할 수 있다는 데에 있다. 또한 해당 정책·계획이나 제도를 더욱 합리적이고 효율적이면서 정책 대상 고객이나 이해관계집단들의 관심과 필요에 부응하는 방향으로 개선되도록 할 수 있다.

지속가능성을 사전 검토하는 목적은 각 부서별로 수립하는 정책의 기획 단계 및 각종 행정계획 수립 과정에서 기획하는 정책이나 행정계획이 도시의 지속가능성에 어떻게 영향을 미칠 것인지 사전에 검토함으로써 지속가능발전에 부정적 영향을 미치는 정책이나 사업들의 추진을 사전에 방지하는 데 있다. 주요 정책이나 계획의 확정·승인 이전 단계에서 지속가능발전위원회와 같은 전문성과 다양한 이해관계집단의 대표성을 갖춘 거버넌스형 기구에서 검토 의견을 제시할 수 있도록 하여 주요 정책이나 계획의 수립 단계부터 지속가능성이 내재화되도록 하려는 것이다.

지속가능발전의 핵심 요소인 환경적, 사회적, 경제적, 제도적 여건 등을 감안하여 정책, 계획, 사업, 프로그램의 지속가능성을 사전 검토할 때 준수하여야 할 원칙으로서 상생, 조화, 번영, 형평, 참여의 원칙 등을 설정할 수 있다. 첫째, 상생(mutualism)의 원칙이란 도시와 자연, 사람과 자연이 서로에게 이익을 주면서 서로의 생존에 필수적인 역할을 하면서 함께 잘 살아가야 한다는 원칙이다. 둘째, 조화(harmony)의 원칙은 인공과 자연, 개발과 보전이 서로 적응하고 잘 어울리는 상태를 유지하여야 한다는 원칙이다. 셋째, 번영(prosperity)의 원칙은 환경을 보전하는 것과 경제를 발전시키는 것은 상호 모순적이거나 상쇄관계에 있는 것이 아니라 병행하여 발전하여야 한다는 원칙이다. 넷째, 형평(equity)의 원칙은 현재 세대 내에서 모든 차별을 배제하여야 하고, 현재 세대의 이익을 위하여 미래 세대의 복지와 행복이 저해되어서는 안 된다는 원칙이다. 다섯째, 참여(participation)의 원칙은 시민 모두의 민주적 참여와 파트너십을 통하여 지속가능한 발전이 가능하다는 원칙이다. 이들 다섯 가지 원칙은 지속가능발전 정책과 지속가능성 평가의 모든 과정을 통하여 고려되어야 하는 원칙으로서, 원칙들 중 어느 하나라도 위배되는 경우 지속가능발전을 보장하지 못한다는 인식을 가져야 하며, 이런 원칙들을 고려하여 정책, 계획, 사업, 프로그램을 계획하고 실행하였다는 것은 해당 계획과 사업의 정당성을 주장할 수 있는 근거로 활용할 수 있다(서울특별시, 2016: 227-228).

지속가능성 사전 검토를 위한 대표적인 원칙으로서 벨라지오(Bellagio) 지속가능성 평가 원칙을 살펴보면, <표 17-1>에서 볼 수 있듯이 8개의 원칙으로 구성되어 있다(Laszlo Pinterd et al., 2012: 20-28).

표 17-1 벨라지오(Bellagio) 지속가능성 검토 항목

	원칙	검토 내용
1	선도 비전 (Guiding vision)	생물권이 미래 세대에도 지속할 수 있는 능력의 범위 내에서 삶의 복지를 이행한다는 목적의 구현
2	수적 고려 사항 (Essential considerations)	총체적인 것으로 사회·경제·환경 시스템과 그것들의 구성 내용 간에 상호작용 등
3	적절한 범위 (Adequate scope)	정책의 장기 단기의 영향을 파악할 수 있는 시간적 범위와 공간적 영역
4	개념틀과 지표 (Framework and indicators)	발전을 측정하기 위한 핵심 지표의 영역을 결정하는 개념적 틀과 어디에서라도 비교 가능한 표준화된 측정 방법
5	투명성 (Transparency)	평가의 지표, 데이터, 결과에 대한 시민의 접근가능성 등
6	효과적인 소통 (Effective communications)	평이한 용어, 객관적 정보, 시각적 자료의 사용, 데이터 이용 가능성 등이 커뮤니케이션을 활성화
7	광범위한 참여 (Broad participation)	시민의 견해를 반영할 수 있는 적절한 방법 추구와 평가 활용자들의 참여
8	지속성과 역량 (Continuity and capacity)	지속적 측정과 변화의 반영, 연속적 학습과 유지관리 능력

2. 지속가능성 사전 검토 항목

지속가능성 사전 검토를 위한 검토 항목 설정에 관한 선진국 사례로서 영국의 경우를 보면 <표 17-2>에서 볼 수 있듯이 경제, 환경, 사회, 지속가능성 부문으로 나누어 각 부문별로 정책이나 제도에 대한 검토 사항을 제시하고 있다.

정부의 지속가능발전 기본계획(제3차: 2016~2035)에 따르면, 계획 수립의 다섯 가지 방향으로서 건강한 국토환경, 통합된 안심사회, 포용적 혁신경제, 글로벌 책임국가, 지속가능발전 이행 기반 등을 제시하고 있는데, 이러한 기본 방향은 각종 계획이나 정책 수립의 사전 검토 항목을 설정하는 기준으로 고려할 수 있다.

국회에서 입법평가를 하는 과정에서 지속가능성 심사를 하는 방안으로 제시된 지속가능성 검토 항목을 살펴보면, 경제적 효율성, 환경보호, 공동체, 재해 · 안전,

표 17-2 영국의 지속가능성 검토 항목

부문	제안(정책 · 제도)의 검토(평가) 사항	
경제	경쟁 검토	정책 · 제도가 경쟁을 촉진하거나 제한하는지에 관한 영향을 평가하여 해당 정책이 시장에서의 경쟁을 저해하거나 부당하게 제한하지 않고 정책 목적을 달성할 수 있도록 지원
	중소기업 영향 검토	정책제도가 20인 미만의 사업장에 미치는 영향을 조사하여 각종 면제, 간소한 검사, 주기적 보고 축소 등 유연성을 통하여 영향 최소화
환경	확대 환경영향 검토	정책 · 제도가 대기질, 수질 · 수량, 홍수위험, 생물다양성, 경관, 소음 등에 영향을 어떻게 미치는지 검토(가능한 한 경제적으로 정량화)
	온실가스 영향 검토	정책 · 제도의 존속기간 동안 온실가스 배출에 대한 순영향을 영향평가 범주에서 상장 및 비상장 부분으로 구분하여 검토
사회	건강영향 검토	정책 · 제도가 건강 및 웰빙에 미치는 영향을 검토하고 건강상의 불평등을 감소할 수 있는지를 검토
	인권영향 검토	정책 · 제도가 인권지표에 부합하는지를 검토
	농촌지역영향 검토	정책 · 제도가 모든 사람에게 동등한 서비스를 제공할 수 있도록 하기 위하여 농촌지역, 기업 및 지역사회에 미치는 영향을 검토
	평등영향 검토	정책 · 제도의 효과를 소수자(신체, 성, 연령, 종교 등) 입장에서 검토하여 평등의 기회를 증진하고 부정적 영향을 경감
	사법영향 검토	정책 · 제도가 사법체계, 법원 등의 법률집행기관에 미치는 영향을 검토
지속가능성	지속가능발전영향 검토	정책 · 제도의 개편 시에 지속가능성에 관련성이 있는지를 검토하여 비용편익분석을 보완

출처: 박영도 · 배건이(2013: 55-56).

형평성 및 사회적 격차, 경제성장에의 기여 등 6개 원칙과 원칙별 세부 목적(16개), 세부 목적별 검토 항목(질문형 체크리스트)으로 이루어져 있다.[6)]

서울시는 2017년에 주요 정책·계획에 관한 사전 검토 체계를 구축하였는데,[7)] 평가의 영역으로서, 주요 사업·계획 등에 관한 체크리스트 항목을 담당공무원이 사전 검토하고 보완하는 절차를 거치는 트랙과 조례에 명시된 중장기 행정계획 등[8)]에 관한 체크리스트 항목을 지속가능발전위원회의 사전 검토와 부서별 환류 과정을 거치는 트랙으로 이루어진다. 이에 따라 서울시는 주요 정책·계획의 지속가능성 사전 검토 항목을 지속가능발전위원회 검토용 92개 항목과 담당부서 자체 검토용 14개 항목으로 설정하였는데, <표 17-3>은 지속가능발전위원회 사전 검토 항목의 일부를 예시적으로 보여주며, <표 17-4>는 담당부서 사전 검토 항목을 보여주는 것이다.

표 17-3 서울시 지속가능발전위원회의 지속가능성 사전 검토 항목

구분	검토 항목: 16개	세부 검토 항목(체크리스트 예시): 92개
[1] 환경 측면 [24개]	[1][1] 기후변화 대응 선도도시에 적합한 계획인가? [6개]	[1][1][1] 온실가스 배출 혹은 기후변화 문제를 고려하여 저탄소도시에 기여할 수 있는지 여부
	[1][2] 에너지의 효율 이용과 자원순환을 고려하였는가? [6개]	[1][2][1] 에너지 절감과 에너지 효율 증진에 대한 사항을 포함하고 있는지 여부
	[1][3] 쾌적하고 푸른 도시 조성에 부합하는 계획인가? [6개]	[1][3][1] 자연환경(녹지축, 녹지·공원 등)을 고려하여 계획이 수립되었는지 여부
	[1][4] 사람 중심의 교통환경에 기여할 수 있는가? [6개]	[1][4][1] 걷기 좋은 보행환경을 저해할 요소는 없는지 검토 여부
[2] 사회 측면 [24개]	[2][1] 양극화·차별 해소의 사회체계 구축에 부합되는가? [6개]	[2][1][1] 더불어 사는 서울을 만들기 위하여 사회적 양극화 해소를 고려하였는지 여부
	[2][2] 모든 시민이 더불어 사는 사회 이념에 부합되는가? [6개]	[2][2][1] 저출산에 대응할 수 있는 보육 지원 등의 정책이 검토되었는지 여부

6) 구체적인 내용은 박영도·배건이(2013), 「입법평가에서의 지속가능성 심사기법 개발에 관한 연구」를 참조하면 된다.

7) 서울시는 2016년 12월 '서울시 지속가능성 평가체계 및 자치구 지속가능발전 추진모델'(연구책임자 김병완)을 개발하여 기획조정실을 주관부서로 하고 지속가능발전위원회가 역할을 수행하는 지속가능성 사전 검토 체계를 구축하였다.

8) 서울시의 지속가능성 사전 검토의 대상은 「서울시 지속가능발전 기본조례」 제7조 1항에 따라 결정된 31개의 주요 중장기 행정계획을 기본으로 하며, 그 외의 정책, 계획, 사업에 대해서는 서울시 지속가능발전위원회의 판단에 따라 사전 검토 대상으로 추가할 수 있도록 하고 있다.

	[2][3] 안전하고 건강한 도시만들기에 적합한가? [6개]	[2][3][1] 시민의 건강, 보건·위생 등에 대하여 검토하였는지 여부
	[2][4] 문화생태계의 조성과 활동 기회를 제공할 것인가? [6개]	[2][4][1] 시민이나 예술가들의 문화예술 활동을 조장할 수 있는 계획을 포함하고 있는지 여부
[3] 경제 측면 [24개]	[3][1] 지역경제의 활성화를 지원할 수 있는가? [6개]	[3][1][1] 저성장 저출산 고령화를 고려한 경제 여건에 대한 검토가 되어 있는지 여부
	[3][2] 좋은 일자리를 만들어 내는 데 기여할 수 있는가? [6개]	[3][2][1] 정책·계획 추진에 따른 경제적 파급효과(생산, 고용 등)를 검토하였는지 여부
	[3][3] 글로벌 경제도시 이념에 부합되는 계획인가? [6개]	[3][3][1] 내국인과 외국인을 부당하게 차별하는 요인이 없는지 여부
	[3][4] 산업부문에서 사회적경제와 지역특성을 고려하여 계획이 수립되었는가? [6개]	[3][4][1] 지역의 전략산업이나 특화산업을 육성하려는 방안을 포함하는지 여부
[4] 제도·거버넌스 측면 [20개]	[4][1] 거버넌스의 구성과 조직이 체계화되어 있는가? [5개]	[4][1][1] 거버넌스 조직이 정책 및 계획 수립 과정에 직접 참여하였는지 여부
	[4][2] 혁신적 아이디어와 다양한 시각을 수용할 포용력이 있는가? [5개]	[4][2][1] 기존에 없던 새로운 정책·제도·아이디어를 검토하였는지 여부
	[4][3] 책임성에 대한 고려를 하고 있는가? [5개]	[4][3][1] 정책·계획 추진에 따른 책임기관과 책임 업무를 분명하게 알 수 있는지 여부
	[4][4] 추진 과정에서 부서 간 소통이 적절하게 이루어졌는가? [5개]	[4][4][1] 관련 부서의 검토 의견을 수렴하여 반영하는 과정이 있었는지 여부

출처: 서울특별시(2016: 236-239) 부분 발췌.

표 17-4 서울시 담당부서의 지속가능성 사전 검토 항목

구분	검토 항목(14개)
환경 측면	환경영향(수질, 대기, 폐기물, 악취, 소음, 진동 등)의 발생 가능성이 있는가?
	생태계 훼손의 우려는 없는가?
	온실가스(CO_2 등)의 배출 저감과 기후변화 대응에 부합되는가?
	시설물·건축물 혹은 토지 이용에 따른 환경영향을 저감할 수 있는가?
	에너지의 이용과 절약에 대하여 검토되었는가?
재정 경제 측면	사업이 꼭 필요한 것인가를 확인할 수 있도록 대안 검토가 되었는가?
	예산계획이 구체적으로 제시되고 있는가?
	지역주민과 지역업체, 지역경제를 고려하고 있는가?
	재정 절감 방안이 적절하게 검토되었는가?
사회 측면	사회적 형평성과 사회적 약자를 고려하고 있는가?
	의사결정 과정에 이해당사자들의 참여가 보장되고 있는가?
	건강과 안전을 충분히 고려하고 있는가?
	지속가능성 검토 차원에서 업무 관련 동료들의 자문을 받았는가?
종합	지속가능성 사전 검토 항목에 따라 자체 검토하였는가?

출처: 서울특별시(2016: 240) 부분 발췌 저자 재구성.

3. 지속가능성 사전 검토의 절차와 방법

지속가능성 사전 검토의 절차나 방법과 관련하여 정책이나 계획 수립의 담당부서에서 지속가능발전위원회 같은 전문적 기구에 해당 정책·계획의 지속가능성 사전 검토를 요청하고, 사전 검토의 결과를 해당 정책·계획에 피드백하여 반영할 수 있도록 지속가능성 사전 검토의 이행 의무를 제도화할 필요가 있다. 평가 대상 정책·계획의 부문에 따라 평가분과를 구성하여 해당 평가를 전담하도록 하며, 해당 평가분과의 전문성을 극대화하기 위하여 지속가능발전위원회 위원 외에 해당 분야의 외부 전문가를 평가위원으로 위촉하여 활용하는 방법도 고려할 필요가 있다.

지속가능성 사전 검토 방법은 'YES' 또는 'NO' 방식으로 검토하는 방법이나 상대적 척도(우수, 보통, 미흡) 방식으로 검토하는 방법을 사용할 수 있다. <표 17−5>는 두 가지의 지속가능성 사전 검토 방법을 예시적으로 보여준다.

평가 항목(체크리스트)을 'YES' 또는 'NO' 방식으로 검토하여 과반수의 검토 항목이 'NO'로 검토되었을 경우, 혹은 지속가능성을 저해할 수 있는 심각한 문제가 있는 경우, 상대적 척도를 이용하여 평가 결과에서 '미흡' 비율이 상대적으로 높은 경우에는 정책·계획 전반에 대한 수정 보완을 요청하는 조치가 필요하다. 사전 검토의 결과를 피드백할 경우에는 '검토 의견'과 '추천 대안' 등을 분명하게 제시하

표 17-5 지속가능성 사전 검토 방법

<table>
<tr><td rowspan="3">YES/NO
방식</td><td>검토 항목</td><td>YES</td><td colspan="2">NO</td></tr>
<tr><td>(예) 에너지의 효율 이용과 자원 순환을 고려하였는가?</td><td>√</td><td></td><td></td></tr>
<tr><td>(예) 글로벌 경제도시 이념에 부합되는 계획인가?</td><td></td><td>√</td><td>○○사업은 국내 거주 외국인들의 일자리를 제한하는 요소가 내포되어 있음.</td></tr>
<tr><td rowspan="3">상대적 척도
방식</td><td>구분</td><td colspan="3">척도</td></tr>
<tr><td>(예) 에너지의 효율 이용과 자원 순환을 고려하였는가?</td><td colspan="3">←→
(1) 우수□ (2) 보통■ (3) 미흡□</td></tr>
<tr><td>(예) 글로벌 경제도시 이념에 부합되는 계획인가?</td><td colspan="3">←→
(1) 우수□ (2) 보통□ (3) 미흡■</td></tr>
</table>

여 행정계획이나 사업계획 수립 담당자들이 지속가능발전위원회의 검토 의견을 최대한 반영할 수 있도록 할 필요가 있다.

제 5 절 지속가능성 지표평가와 환류체계의 작동

1. 지속가능성 지표 개발 및 평가보고서 작성

유엔 SDGs에서 2030년까지 달성하여야 할 구체적인 목표와 지표가 제시됨으로써 지속가능성 평가체계의 구축과 지속가능성 보고서 작성의 필요성에 대한 공감대 형성이 이루어지고 있다. 특히 지속가능성 보고서 작성은 사후적인 지표평가의 성격을 갖는 것으로서 향후 중앙정부나 지방자치단체들이 이행하여야 할 중요한 과제로 여겨지고 있다. 사후평가는 지속가능발전 정책의 성과에 대한 지표평가로서, 정부, 지역사회 또는 기관이 지속가능성을 향하여 발전하고 있는가를 점검하는 것이며, 이행 정도와 성과를 측정하는 시스템으로서, 일반적으로 환경, 경제, 사회 3대 부문 중심의 지표평가 형태를 취하고 있다.

지속가능성 지표평가를 위해서는 지표(indicators)의 개발 및 확정이 전제되어야 하는데, 지표 개발에서는 대표성, 측정가능성, 비교가능성, 미래지향성 등을 유의하여야 한다. 특히 지표개발 과정에서는 지표의 대표성에 관한 다양한 이해관계자들의 입장과 관점을 잘 반영하여야 하는 만큼 지표안을 토대로 지역주민이나 각계의 의견을 수렴하는 절차가 매우 중요하다.

지속가능발전 정책의 전체적인 과정은 먼저 현황 진단과 추진 로드맵 작성 등 추진 여건을 조성한 후 조직화와 제도화의 단계를 거쳐 이행계획의 수립, 정책 이행, 평가 및 환류의 단계를 거치게 된다. 여기서 마지막의 평가 및 환류의 단계까지 작동되어야 정책 과정의 사이클이 완성되는데, 실제로 우리나라 중앙정부는 물론 대부분의 지방자치단체에서 평가 및 환류체계가 작동하고 있는 사례를 찾아보기 어렵다.[9]

지속가능발전 지표를 개발하는 절차는 일반적으로 다음과 같다. 먼저, 지속가능발전 전담부서에서 전문가의 자문을 통해 지표의 초안을 정리한다. 둘째, 지표 초안에 대하여 각 부서별로 지표의 적절성을 검토한다. 셋째, 지표 초안에 대한 지역주민의 의견을 수렴한다. 넷째, 지속가능발전위원회에서 지표안에 대하여 검토하여 최종지표안을 확정하고 공표한다. [그림 17-4]는 지표 개발의 과정을 보여준다.

이제 지속가능성 지표평가를 어떤 절차와 방법으로 수행하느냐가 중요한 과제로 남는데, 지표평가의 과정과 방법은 예시적으로 [그림 17-5]를 참고할 수 있다.

지속가능성 보고서를 작성하는 방안으로는 두 가지 안을 생각해 볼 수 있다. 제1안은 지속가능발전지표, 이행계획 평가를 포함하여 독자적인 '지속가능성 보고서'를 작성하는 것이다. 이러한 경우는 지표 진단 결과에 대한 검토 ⇒ 이행계획 진단에 대한 검토 ⇒ 기타 수록 내용 검토 ⇒ 보고서 최종안 확정 ⇒ 보고서 발간 등의 순서를 따르게 된다. 제2안은 기존의 백서를 지속가능발전 보고서에 통합하여 작성하는 것이다. 백서와 지속가능발전 보고서를 통합할 때, 백서의 자치단체 관련 현황과 정량지표의 정보를 지속가능발전 보고서에 추가하면 자치단체의 현황에 대한 객관적인 내용이 담보될 수 있다.

지속가능성 보고서의 체계는 어떤 내용을 담을 것인가에 관한 것이다. 제1안의 독자적인 '지속가능성 보고서'의 체계이든 제2안의 기존 백서와 지속가능발전 평가 내용을 통합하여 보고서를 작성할 경우이든 지역의 특성을 살리는 데 중점을 두면서 보고서에 담을 주요 내용으로는 제1장 지속가능성 보고서(백서) 작성의 목적과 방법, 제2장 지방자치단체 기본 현황, 제3장 지속가능발전 추진 개요·추진체계와 주요 정책 내용, 제4장 지방 지속가능발전목표(SDGs)와 지표, 제5장 지표평가 및 성과분석, 제6장 평가 결과의 시사점과 정책제언(환류) 등을 생각해 볼 수 있다.

지속가능성 보고서는 지속가능발전위원회의 책임 하에 작성하는 것을 원칙으로 할 수 있다. 제1안의 독자적인 '지속가능성 보고서'를 작성하는 경우이든 제2안의 '백서통합형' 지속가능발전 보고서를 작성하는 경우이든 지속가능발전위원회의 역할이 중요하다. 지속가능발전위원회는 산하에 '지속가능성 보고서 작성 소위원회'

9) 이하의 서술 내용은 김병완(2019). "지속가능발전 정책 환류과정 설계." 서울특별시. 「함께 행복한 미래로 한 걸음: 지속가능발전 교육 교재」의 내용 가운데 일부를 인용한 것이다.

를 구성하여 운영할 필요가 있다. 소위원회는 지속가능발전위원회 및 지속가능발전협의회 위원 중 일부, 외부 전문가 및 시민사회단체, 목표(지표)별 담당부서 공

그림 17-4 지속가능발전 지표의 개발 과정

지속가능 발전지표의 제안	• 전담부서는 전문가의 자문을 통하여 UN SDGs의 230개 지표와 국가 지속가능발전 지표, 다른 자치단체의 지표 등 기존의 지표를 검토 • 자치단체의 특성 및 여건을 반영하여 자치단체의 지표안을 도출하여 지속가능발전위원회 분과위원회의 지표검토 회의에 넘김. 지표안에는 지표의 정의와 목적, 산출 방법, 관련 부서 등이 들어감.
↓	
부서/지속가능 발전위원회 의견 수렴	• 지표안에 대하여 지속가능발전위원회와 관련 부서가 각각 지표의 적절성과 산출가능성 등에 대하여 충분한 의견 개진
↓	
지속가능발전 위원회 분과와 행정부서 검토	• 지표설정과정에서 가장 중요한 것은 시민사회와 이해관계집단 등 을 대표하는 거버넌스 기구와 행정부서 간의 합의임. • 1차 의견 수렴된 지표안을 지속가능발전위원회 분과회의와 각 부서에서 수차례에 걸쳐 논의, 수정・보완하는 과정을 거침. • 지표의 의의, 적절성, 산출 가능성 등에 대하여 전문가, 담당 공무원과 충분히 논의
↓	
지역주민 의견 직접 수렴	• 1차 의견 수렴된 지표안을 공청회나 홈페이지에 공개하고, 원탁회의, 토론회 등을 통하여 지역주민들의 의견 수렴
↓	
지속가능발전 위원회 통합 분과회의 검토	• 지속가능발전위원회 통합 분과회의에서 수차례에 걸친 행정부서와 지속가능발전위원회의 논의, 지역주민 의견 수렴 등의 보완 과정을 거친 지표안을 지속가능발전위원회 전체회의에서 일괄 검토한 후 개별 분과별로 세부 검토
↓	
최종지표안 제출	• 각 영역의 의견 수렴 후 이를 반영하여 자치단체 최종 지표안 합의 • 영역별 20개 내외의 대표지표 설정 및 지표별 달성목표치 설정
↓	
지속가능발전 위원회 공표	• 최종 확정된 지속가능발전 지표안을 지속가능발전위원회 본회의에서 공표

출처: 서울특별시(2016: 300). 저자 부분 수정.

그림 17-5　지속가능발전 지표평가

지표평가계획 수립 (지속가능발전위원회)	• 기간: 보고서 발간 시기 결정(대부분 2년 주기로 평가) • 방식: 외부 용역과 내부 작성 방식 결정 • 절차: 협의, 검토, 의결
통계자료 취합 (지속가능발전 담당 부서)	• 공식적인 통계 자료와 행정 내부 통계자료 취합 • 통계자료의 신뢰성, 객관성, 일관성 유지 • 지표의 정의에 부합하는지 검토
통계자료 분석 · 수정	• 지표 추세분석　• 다른 지자체와 비교 분석 • 지표 목적 대비 효과성 분석　• 시사점 제시
이행과제별 지표 진단	• 이행 과제별 관련된 지속가능발전 지표 분석 • 이행 과제의 정책 목표 대비 효과성 진단, 시사점 제시
지표평가 결과 검토 의견 제시	• 지표 진단 결과 개선되는 지표와 악화되는 지표 검토 • 지표 진단 결과가 자치단체 여건과 특성을 고려하고 있는지 검토, 시사점 제시
지속가능성 보고서 초안 검토 (위원회 분과별)	• 분과별 지표평가 결과 심의 확정 • 보고서 수록 내용의 적정성 검토 • 보고서 형식 검토
지속가능성 보고서에 수록	• 지속가능발전위원회 본회의에서 지속가능발전 지표평가 결과 채택 후 지속가능성 보고서에 수록

출처: 서울특별시(2016: 304).

무원 등으로 구성하여 보고서 작성의 역할을 맡는다.

보고서 작성을 위하여 먼저 각 행정부서별 해당 목표 관련 지표평가를 위한 통계자료의 확보가 이루어져야 하며, 객관성과 신뢰성을 확보한 통계자료를 토대로 개선 정도와 목표 연도 달성목표치 대비 달성 수준을 평가하는 한편, 지표 관련 정책들이 지속가능성을 실현하는 과정에서 긍정적인 기여를 하였는지 확인하는 것이 매우 중요하다. 일반적으로 통계자료를 바탕으로 하는 평가보고서는 행정부서별

자체평가의 성격을 지니고 있는 만큼 이를 제3자의 입장에서 검증할 수 있는 절차가 수반되어야 한다. 검증절차의 객관성 확보는 지속가능성 보고서의 대외적 신뢰성을 높이는 데 매우 중요한 요소이다. 따라서 지속가능발전위원회 산하에 구성된 '지속가능성 보고서 작성 소위원회'의 자체평가보고서 검증 기능은 매우 중요하다.

'백서통합형' 지속가능발전 보고서를 작성하는 경우 기존의 백서 내용에 SDGs의 해당 연도 목표와 지표를 제시하고, 각 지표별 통계자료를 취합 정리하여 검증과정을 거친 후 개선 정도와 목표 달성 수준을 객관적으로 보여주는 방식으로 정리하는 것이 요구된다. 이러한 경우에도 역시 지속가능발전위원회 산하에 구성된 '지속가능성 보고서 작성 소위원회'의 백서 지표평가 검증 기능은 매우 중요하다.

2. 지속가능발전 정책환류

행정학자 랜다우(Martin Landau, 1977: 423－427)에 의하면, 모든 정책은 가설(hypotheses)의 성격을 갖는 것으로서, 이는 불확실성 속에서 결정되고 집행되는 정책의 오류 내지 실패가능성을 받아들이는 것이다. 따라서 정책 과정에서 중요한 과제는 정책의 오류 내지 실패가능성을 방지하거나 줄이는 것인데, 이를 위해서는 정책 내용에 대한 객관적이고 체계적인 분석과 평가를 통하여 정책의 오류를 발견하고 수정할 수 있는 '비판의 제도화'가 중요하다는 것이다.

정책 과정에서 환류 과정은 잘못된 정책을 찾아내어 그것을 바로잡아가는 '비판의 제도화'가 작동하는 체계의 매우 중요한 과정으로 이해할 수 있다. 정책의 환류 과정은 정책평가와 정책변동의 과정을 포괄하는 것이다. 정책의 환류가 성공적으로 이루어지기 위해서는 과학적이고 체계적인 평가가 선행되어야 한다. 정책평가의 핵심은 정책수단과 정책 목표 간의 인과관계에 관한 가설을 검증하는 과학적 방법의 논리를 따르는 것이다(정정길 외, 2010: 654). 정책평가가 과학적으로 이루어질 경우 정책의 성공이나 실패의 요인이 정확하게 밝혀질 것이며, 그에 따른 정책의 지속적 이행 여부나 전체적 또는 부분적 수정 여부가 결정될 것이다. 이처럼 정책평가에 이은 정책변동의 과정을 환류 과정으로 이해할 수 있고, 정책의 환류 과정이 어떻게 이루어지느냐에 따라 정책의 궁극적인 목표 달성 여부가 결정될 것이다.

정책 과정상의 환류 중에서 가장 중요한 부분은 정책평가에서 밝혀진 인과관계에 관한 정보의 환류이다. 환류활동은 정책활동 과정 중 얻게 되는 새로운 지식이나 정보를 활용하는 것으로서, 정책체제의 중요한 학습(learning) 활동에 해당된다(정정길 외, 2010: 699). 여기서 학습활동이란 정책의 오류 내지 실패를 통하여 얻은 교훈을 토대로 반복적인 오류나 실패를 하지 않음으로써 궁극적인 성공에 이르게 하는 환류 과정의 핵심이라 할 수 있다. 정책의 환류 과정에서 이루어지는 정책변동은 다양한의 유형으로 전개될 수 있는데, 일반적으로 정책혁신(innovation), 정책유지(maintenance), 정책승계(succession), 정책종결(termination) 등으로 나타난다.

지속가능발전 정책을 추진할 때 매우 어려운 과제 중 하나는 정책이 추구하는 가치 및 목표의 추상성과 포괄성 때문에 각 행정부서들이 이 정책을 자신의 중요한 정책이라고 인식하거나 받아들이지 못한다는 점이다. 이러한 한계점을 극복하기 위해서는 정책의 구체적인 목표를 설정하여 목표 달성 수준을 객관적 지표를 통하여 매년 확인(평가)하는 것이다. 이러한 지표평가는 담당공무원 입장에서는 결과에 대한 책임 문제와 결부될 수 있어서 매우 신경이 쓰이는 일임에 틀림없다. 그러나 정책의 효과적인 추진과 성공적 결과를 얻어내기 위해서는 객관적 평가를 바탕으로 도출한 정확한 정보에 의하여 정책 수정 내지 개선을 이끌어 낼 수 있는 '환류 과정'이 매우 중요하다. 정책환류를 통한 정책오차의 수정이 이루어지지 않는다면 정책의 성공을 기대하기는 어려울 것이다.

현재 우리나라 대부분의 지방자치단체들이 주기적이고 체계적인 지표평가를 토대로 하는 정책환류 단계에 이르지 못하고 있다. 지속가능발전목표(SDGs)와 지표의 설정 단계 내지 이행계획의 수립 단계에 머물지 않고 구체적인 정책집행 과정을 거친 평가와 환류 단계에 이르는 것은 지속가능발전 정책이 최소한 1~2년 내지 4~5년 주기로 순환하면서 더 나은 방향으로 나아갈 수 있는 정책 과정의 완결된 모습을 보여주는 것이라고 할 수 있다.

1) 지속가능성 보고서의 지표별 성과 분석

지속가능성 보고서가 공표되면 지표평가 결과의 내용을 분석하여 어떤 부분이 목표를 달성하였고, 어떤 부분이 목표를 달성하지 못하였는지 파악하여 그 원인을 찾아 관련 정책과제들의 수정 · 보완이 이루어져야 한다. 이러한 정책과제의 수정 · 보완 과정은 환류의 과정으로서 정책의 실패나 오류를 반복하지 않고 성공가능성을 높이는 데 매우 중요하다. 정책의 환류 과정은 이행과제 심의를 위한 기초자료 숙지 ⇒ 이행과제 심의계획 수립 ⇒ 이행과제 심의 준비 ⇒ 이행과제 심의 ⇒ 이행과제 수정 · 보완 ⇒ 차년도 이행계획 수정(안) 도출 ⇒ 위원회 검토 · 확정 순으로 진행된다.

지속가능성 보고서는 지속가능발전 정책평가의 성격을 갖는 것으로서, 평가에 따른 환류가 매우 중요하다. 정책환류는 평가 결과에 대한 체계적인 분석을 토대로 한다. 따라서 지표별 평가 결과를 분석하고 그 의미를 해석하여야 하는데, 분석은 크게 두 가지 관점에서 이루어질 수 있다. 하나의 관점은 지표별 개선 정도 내지 방향성을 분석하는 것이다. 지역사회의 지속가능성을 실현하는 데 어떤 지표의 평가 해당 연도 측정치가 전년 대비 긍정적인 방향으로 개선되었으면 플러스(+)로 표시하고, 부정적인 방향으로 악화되었으면 마이너스(−)로 표시하며, 변화가 없으면 제로(0)로 표시하고, 방향성은 긍정(↗), 부정(↘), 불변(~) 방식으로 표시하여 분석하는 것이다. 다른 하나의 관점은 지표별 목표달성도를 분석하는 것이다. 가령 지표별로 2030년도의 목표 달성 수준을 100%로 설정한 후 평가 해당 연

표 17-6 지표별 방향성 분석 및 목표달성도 분석 사례

	지표 \ 연도	2012년	2014년	2016년	개선 정도	방향성
방향성 분석 사례	농약 사용량 (kg/ha)	11.0	11.2	11.3	−	↘
	지표 \ 연도	2016년	2020년	2030년	목표달성도 (2030년 대비 2016년 달성 수준)	
목표달성도 분석 사례	로컬푸드 매출액 (백만 원)	7,000	9,000	10,000	70%	

도의 측정치가 목표 대비 몇 퍼센트 수준에 도달하였는지 분석하는 것이다. <표 17-6>은 지표별 방향성 분석 사례와 목표달성도 분석 사례를 보여주고 있다.

2) 지표별 달성 수준의 저조한 요인 분석

지속가능성 보고서의 지표별 성과를 분석한 결과 앞에서 보여주듯이 개선 정도(방향성) 또는 목표달성도를 확인할 수 있는데, 이러한 분석 결과를 토대로 지표별로 상태가 더욱 악화되었거나 개선 정도가 미약한 경우, 또는 목표 달성 수준이 기대 이하로 저조할 경우 그 원인을 찾아내는 것이 중요한 과제이다. 난해한 문제를 다룰수록 정책 과정에서 부분적인 실패 내지 오차의 발생은 불가피한 현상이라고 할 수 있다. 중요한 점은 그러한 실패 내지 오차 발생의 원인을 찾아서 향후의 실패나 오차의 반복을 거듭하여서는 안 된다는 것이다. 정책의 실패 내지 오차의 원인을 찾아내는 방법은 여러 가지 차원에서 생각해 볼 수 있다.

첫째, 정책의 목표와 수단 간 연계의 적절성에서 실패 내지 오차의 원인을 확인하는 방법이다. 정책의 목표와 수단은 긴밀한 인과구조 속에서 연계되어야 하는데, 목표 달성에 요구되는 최선의 정책수단이 사용되었는지 확인하는 것은 매우 중요한 과제이다.

둘째, 정책집행 조직과 인력의 집행 역량에서 실패 내지 오차의 원인을 찾는 방법이다. 정책집행조직의 구조적인 측면에서 할거주의나 경직된 문제해결 방식에서 원인을 찾을 수도 있고, 집행담당자의 역량이나 태도 및 혁신적 자세의 유무 등 행태적인 측면에서 원인을 찾을 수 있을 것이다.

셋째, 정책 과정에서 관련되거나 참여하는 이해관계자들 간의 관계에서 실패 내지 오차의 원인을 찾는 방법이다. 정책 과정에서는 정부 내부의 공식적인 참여자들 간의 관계, 정부외부 비공식적인 참여자와 정부 내부의 공식적인 참여자들 간의 관계, 정부 외부의 비공식적인 참여자들 간의 관계 등이 복잡하게 얽혀서 갈등이 발생하거나 합의점을 찾지 못하여 정책의 실패가 초래될 수 있다.

끝으로, 정책의 대외적 환경이나 여건에서 실패 내지 오차의 원인을 찾는 방법이다. 선거 등으로 인한 정치적 변화나 정책에 대한 지지나 관심의 쇠퇴가 원인이 될 수도 있고, 경제 · 사회적인 여건이 좋지 못하여 정책의 추진에 어려움을 겪을 수도 있다. 이러한 경우 예산의 증감에 영향을 주기도 한다.

3) 지속가능발전목표(SDGs) · 이행계획 · 정책과제의 수정

국가나 지방자치단체별로 2030년을 목표 연도로 수립하여 추진하는 지속가능발전목표(SDGs), 이행계획(1~5년 계획) 및 정책과제들을 집행하고, 2년 주기로 지표평가를 중심으로 하는 지속가능성 보고서를 작성할 경우 2년 주기의 지표체계 수정 보완 및 정책과제의 수정이 필요할 것이다. 정책의 부분적인 실패 내지 오차 발생의 원인을 찾아냈다면, 그 원인을 제거할 수 있는 정책변동 내지 정책혁신의 노력이 요구된다. 정책환류의 핵심은 기존의 실패나 오류가 반복되지 않도록 오차 수정을 이루어 내는 것이며, 이를 위한 혁신적 노력들이 다음과 같이 다양하게 요구된다.

첫째는 목표와 지표를 수정하는 방법이다. 목표와 지표는 가능한 한 일정 기간 동안 일관성을 유지하는 것이 바람직하기 때문에 충분한 검토와 의견 수렴을 거쳐 설정하게 되지만, 상황이나 여건의 변화에 따라 불가피하게 목표와 지표를 수정하여야 할 필요가 있다.

둘째는 정책수단을 수정하거나 보완하는 방법이다. 정책 목표와 정책수단은 인과관계의 구조를 갖는 것으로서 정책 목표를 효과적으로 달성하는 데 어떠한 정책수단이 가장 바람직한 것인지 확인하는 것이 중요하다. 어떤 정책수단이 부적절하다고 판단되었다면 더 나은 대안적 수단을 찾아 보완하여야 실패나 오차를 반복하지 않거나 줄일 수 있다.

셋째는 조직을 혁신하고 인력을 강화하는 방법이다. 문제가 점점 복잡해지고 난해해질수록 기존의 조직구조나 조직 행태로 해결하기 어려운 경우가 많다. 따라서 정책이 실패하거나 문제가 잘 해결되지 않을 경우 담당조직의 구조적인 개선을 하거나 인력을 보강하고 개인의 문제해결 역량을 강화하는 방법을 생각할 수 있다. 재조직화, 할거주의 극복을 위한 협업, 조직학습을 통한 새로운 문제에 대한 대응역량 강화 등과 같은 혁신 노력이 요구된다.

넷째는 적절하고 합리적인 예산 규모를 확보하는 방법이다. 모든 정책이나 사업계획은 적절한 예산이 수반되어야 실행력을 확보하게 된다. 적절한 규모의 예산이 확보되지 않는다면 정책 목표의 달성을 기대하기는 어렵다. 따라서 예산의 부족으로 인한 정책의 실패 내지 오차가 발생하였다고 판단할 경우 예산의 증액을 위한 적극적 노력이 요구된다.

끝으로, 대내·외적 정책 지지를 확보하는 방법이다. 장기적으로 추진되는 정책이나 사업일수록 정부 내부의 정책결정권자는 물론 외부의 이해관계자들로부터 안정적이고 지속적인 지지와 관심이 요구된다. 특히 4~5년 주기로 치르는 선거에 의하여 대통령이나 자치단체장이 교체될 경우 정책의 지속적 추진이 어려울 수 있는 만큼 정책의 안정성과 지속성을 유지하기 위한 노력이 요구된다.

참고 문헌

김병완(2019). 지속가능발전 정책 환류과정 설계. 서울특별시.「함께 행복한 미래로 한걸음: 지속가능발전 교육 교재」.

대통령자문 지속가능발전위원회(2008).「국가 지속가능발전지표 평가보고서」.

박영도·배건이(2013).「입법평가에서의 지속가능성 심사기법 개발에 관한 연구」. 한국법제연구원.

서울특별시(2016).「서울시 지속가능성 평가체계 및 자치구 지속가능발전 추진모델 개발」.

이명석(2017).「거버넌스 신드롬」. 서울: 성균관대학교 출판부.

이종수 외(2014).「새행정학 2.0」. 서울: 대영문화사.

월드워치연구소 편, 이종욱 외 (역)(2015).「지속가능성을 위한 거버넌스」. 21세기북스.

정정길 외(2010).「정책학원론」. 대명출판사.

환경부(2016).「제3차 지속가능발전 기본계획: 2016~2035」.

환경부 지속가능발전위원회(2016).「국가 지속가능성 보고서: 2012~2014」.

유엔 경제사회이사회 홈페이지 www.un.org.ecosoc/

Fairtlough, Gerard(2005). *The Three Ways of Getting Things Done*. Greenway, U.K.: Triarchy Press.

Landau, Martin(1977). "The Proper Domain of Policy Analysis", *American Journal of Political Science*. Vol.21 No.2.

Ostrom, Elinor(1990). *Governing the Commons*. Cambridge: Cambridge University

Press.

Pinterd, Laszlo, Hardi, Peter, Martinuzzi, Andre, & Halla, Jon(2012). "Bellagio STAMP: Principles for sustainability assessment and measurement" *Ecological Indicators* 17: 20－28.

Sagawa, Shirley & Segal, Eli(2000). *Common Interest Common Good: Creating Value through Business and Social Sector Partnerships*. Boston: Harvard Business School Press.

부록: UN SDGs 세부 목표

목표 (17개)	세부 목표 (169개)
1. 모든 곳에서 모든 형태의 빈곤 종식	1.1 2030년까지 현재 1.25 달러 미만으로 살아가는 인구 등 모두를 위하여 모든 곳에서 극심한 빈곤을 종식
	1.2 2030년까지 국가별 정의에 따라 모든 차원에서 빈곤 속에 사는 모든 연령층의 남성, 여성, 그리고 아동의 비율을 최소 절반으로 감소
	1.3 모두를 위하여 사회안전망을 포함하여 국가별로 적절한 사회적 보호체계 및 조치를 이행하고, 2030년까지 빈곤층과 취약계층에 대한 실질적 보장을 달성
	1.4 2030년까지 모든 남성과 여성, 특히 빈곤층과 취약계층이 경제적 자원에 대한 동등한 권리를 가지고, 기본 공공서비스, 토지와 기타 형태의 자산에 대한 소유와 통제, 유산, 천연자원, 적정 신기술 및 소액금융을 포함한 금융서비스에 접근할 수 있도록 보장
	1.5 2030년까지 빈곤층과 취약계층의 회복력을 개발하고, 기후와 관련된 극심한 사태 및 기타 경제적, 사회적, 그리고 환경적인 충격과 재난에 대한 노출과 취약성을 감소
	1.a 개발도상국 특히, 최빈국에게 모든 차원에서 빈곤을 종식하기 위한 프로그램과 정책을 이행할 수 있는 적절하고 예측 가능한 수단을 제공하기 위하여 개발협력 증진을 포함하여 상당한 양의 자원의 동원을 보장
	1.b 빈곤 종식 활동을 위한 투자를 촉진하기 위하여 빈곤층 친화적이고 성 인지적 개발전략을 기초로 한 국가적, 지역적, 그리고 국제적 차원의 실질적인 정책 프레임워크를 구성
2. 기아 종식, 식량안보와 영양 상태 개선의 달성 및 지속가능한 농업 강화	2.1 2030년까지 기아를 종식시키고 모든 사람, 특히 빈곤층 및 영·유아를 포함한 취약계층이 일년 내내 안전하고 영양가 있으며 충분한 식량에 접근할 수 있도록 보장
	2.2 2025년까지 5세 미만 아동의 발육 부진 및 체력 저하에 관하여 국제적으로 합의된 목표를 달성하는 것을 포함하여, 2030년까지 모든 형태의 영양 부족을 종식시키고 청소년기 소녀, 임산부, 수유 여성 및 노년층의 영양상 필요에 대응
	2.3 2030년까지 토지 및 기타 생산자원과 투입 요소, 지식, 금융서비스, 시장 및 부가가치 창출과 비농업부문 고용 기회에 대한 안전하고 동등한 접근을 통하여 소규모 식량생산자, 특히 여성, 토착민, 가족농, 목축업자 및 어민의 농업 생산성과 소득을 두 배로 증가
	2.4 2030년까지 생산성과 생산량을 증가시키고 생태계 유지에 도움이 되며 기후변화, 기상이변, 가뭄, 홍수 및 기타 자연재해에 대한 적응력을 강화하고 토지와 토양의 질을 점진적으로 향상시킬 수 있는 지속가능한 식량 생산체제를 보장하며, 회복력 있는 농업 경영 이행
	2.5 2020년까지 국가적, 지역적, 그리고 국제적 차원에서 건전하게 관리되고 다변화된 종자 및 식물은행 등을 통하여 종자, 재배식물, 가축과 사육동물 및 관련 야생종의 유전적 다양성을 유지하고, 국제적으로 합의된 바와 같이 유전자원과 관련 전통지식의 활용으로부터 발생하는 이익의 공정하고 공평한 분배에 대한 접근을 개선
	2.a 개발도상국 특히, 최빈개도국의 농업 생산 역량 강화를 위하여 국제협력 증진을 통하여 농촌지역 사회기반시설, 농업 연구 및 지원 서비스, 기술 개발, 식물 및 가축 유전자은행에 대한 투자 확대

목표 (17개)	세부 목표 (169개)
	2.b 도하개발라운드 지침에 따라 모든 형태의 농업 수출보조금과 이와 동등한 효과를 갖는 모든 수출 조치에 대한 병행적 제거를 통하여 전 세계 농산물 시장 내 무역 제한 및 왜곡을 시정하고 예방
	2.c 식료품 시장과 시장 파생상품의 적절한 기능을 확보하고 극심한 식량 가격 변동성을 제한하기 위하여 식량비축분을 포함한 시장정보에 대한 시의적절한 접근을 보장하기 위한 조치를 선택
3. 건강 및 웰빙	3.1 2030년까지 전 세계적으로 산모 사망 비율을 10만 생명 출산당 70명 미만으로 감소
	3.2 2030년까지, 모든 국가의 신생아 사망률을 정상출산 1,000명당 최대 12명 이하가 되도록 하고 5세 이하 유아의 사망률을 정상출산 1,000명당 최대 25명 이하가 되도록 하는 등, 예방 가능한 신생아와 5세 이하 유아 사망 종식
	3.3 2030년까지 AIDS, 결핵, 말라리아 및 열대 풍토성 소외질환 등 전염병을 종식시키고, 간염, 수인성 질병 및 기타 전염성 질병 방지
	3.4 2030년까지 예방 및 치료를 통하여 비전염성 질병으로 인한 조기 사망률을 1/3만큼 감소시키고 정신건강 및 웰빙을 증진
	3.5 마약 및 알코올의 해로운 사용을 포함한 약물 남용 예방 및 치료 강화
	3.6 2020년까지, 도로교통사고로 인한 전 세계 사망 및 상해 건수를 절반으로 감소
	3.7 2030년까지 가족계획, 정보 및 교육 목적을 포함한 성 그리고 임신보건 서비스에 대한 보편적 접근과 임신보건을 국가전략 프로그램에 통합을 보장
	3.8 재정적 위험으로부터의 보호, 양질의 필수 보건서비스에 대한 접근, 그리고 안전하고 효과가 있으며 적당한 가격의 양질의 필수 의약품과 백신에 대한 접근을 모두에게 보장하는 보편적인 보건서비스 달성
	3.9 2030년까지 유해화학물질, 대기, 수질, 토양의 공해와 오염으로 인한 사망 및 질병 건수를 상당한 수준으로 감소
	3.a 적절한 경우, 모든 국가에서 세계보건기구의 담배규제기본협약 이행 강화
	3.b 주로 개발도상국에 영향을 미치는 전염성 혹은 비전염성 질병을 위한 백신과 의약품의 연구, 개발을 지원하고, 공중보건 보호를 위한 유연성에 관한 무역 관련 지식재산권 협정상의 조항을 온전히 이용할 수 있는 개발도상국의 권리를 확인하는 무역 관련 지식재산권 및 공중보건 도하선언에 따라 적당한 가격의 필수 의약품과 백신에 대한 접근 제공하고 특히 모두를 위하여 의약품 제공
	3.c 개발도상국 특히, 최빈개도국과 군소 도서개도국에서 보건 재정과 보건인력 모집, 양성, 훈련 및 유지를 상당한 수준으로 증대
	3.d 모든 국가, 특히 개발도상국의 조기 경보, 위험 감소, 국가적 혹은 국제적 보건 위험에 대한 관리 역량 강화
	4.1 2030년까지 적절하고 효과적인 학습효과를 가져올 수 있는 무상의 공평한 양질의 초등 및 중등 교육을 모든 소년, 소녀들에게 보장
	4.2 2030년까지, 초등교육을 받을 준비가 될 수 있도록 모든 소녀와 소년들이 양질의 조기 아동 개발, 보육, 그리고 초등학교 사전교육에 접근하는 것을 보장
	4.3 2030년까지 대학교육을 포함하여 적당한 양질의 기술, 직업, 그리고 고등교육에 모든 여성과 남성이 동등하게 접근하는 것을 보장

목표 (17개)	세부 목표 (169개)
4. 포용적이고, 공평한 양질의 교육을 보장하고 모든 사람에게 평생교육 기회 증진	4.4 2030년까지, 취업, 양질의 일자리 및 창업에 필요한 기술적, 혹은 직업적인 능력을 갖춘 청소년 및 성인의 수를 상당한 수준으로 증대
	4.5 2030년까지 교육에서의 성별 격차를 해소하고 장애인, 토착민, 취약한 환경에 있는 아동을 포함하는 취약계층에게 모든 수준의 교육과 직업훈련에 동등한 접근 보장
	4.6 2030년까지, 모든 청소년 및 남녀 성인 상당수가 문해 및 산술 능력을 갖추도록 보장
	4.7 2030년까지 지속가능한 발전 및 지속가능한 생활방식, 인권, 양성 평등, 평화와 비폭력 문화 증진, 세계시민의식, 문화적 다양성 및 문화의 지속가능발전에 대한 기여함에 대한 공감을 교육을 통하여 모든 학습자들이 지속가능발전을 촉진시키는 데 필요한 지식 및 능력을 얻을 수 있도록 보장
	4.a 아동, 장애 및 성 인지적인 교육시설을 세우고 모두를 위하여 안전하고 비폭력적이며 포용적인 효과적 학습환경을 제공
	4.b 2020년까지, 개발도상국 특히 최빈개도국, 군소도서 개도국 그리고 아프리카 국가에서 직업훈련, 정보통신기술, 기술, 공학, 과학 프로그램 등을 포함한 고등 교육에 등록할 수 있도록 지원되는 장학금 수를 전 세계적으로 상당힌 수준으로 확대
	4.c 2030년까지, 개발도상국 특히 최빈개도국, 군소도서 개도국의 교사 연수를 위한 국제협력 등을 통하여 자격을 갖춘 교사의 공급을 상당한 수준으로 확대
5. 성평등 달성 그리고 모든 여성과 소녀의 역량 강화	5.1 모든 곳에서 모든 여성과 소녀에 대한 모든 형태의 차별 종식
	5.2 인신매매, 성적 착취 및 다른 형태의 착취를 포함하여 공적・사적 영역에서 모든 여성과 소녀에 대한 모든 형태의 폭력을 제거
	5.3 아동 결혼, 조혼, 강제결혼, 그리고 여성할례와 같은 모든 형태의 유해한 관습 제거
	5.4 공공서비스, 기반시설 그리고 사회적 보호정책의 제공하고, 국가별로 적절하게 가정 내 가족의 책임분담을 유도함으로써 무상돌봄과 가사노동에 대하여 인정하고 가치를 부여
	5.5 정치, 경제, 그리고 공적 생활의 모든 의사결정 수준에서 리더십에 대한 여성의 완전하고 효과적인 참여와 동등한 기회를 보장
	5.6 국제인구개발회의 행동계획과 베이징 행동강령 및 그 검토회의 결과문서에서 합의한 대로 성 및 임신 보건과 임신에 대한 권리를 보편적으로 접근할 수 있도록 보장
	5.a 국가의 법률에 의거하여 여성에게 경제적 자원에 대하여 동등한 권리를 주고, 토지나 다른 형태의 자산에 대한 소유와 통제, 금융서비스, 유산 및 천연자원에 대한 접근을 제공하기 위한 개혁에 착수
	5.b 여성의 권익 신장을 위하여 실용기술, 특히 정보통신기술 이용을 증진
	5.c 모든 수준에서 양성평등 및 모든 여성과 소녀의 권익 신장을 위하여 실질적인 정책과 집행 가능한 법을 채택하고 강화
	6.1 2030년까지 모두를 위한 안전하고 적당한 가격의 식수에 대한 보편적 접근 달성
	6.2 2030년까지, 여성과 소녀 및 취약계층에 특별히 주목하면서, 모두를 위한 충분하고 공평한 공중위생과 개인 청결에 대한 접근을 달성하고 노상 배변을 금지
	6.3 2030년까지, 오염 감소, 유해 화학물질 투기 근절 및 배출 최소화를 통하여 미처리된 하수 비율을 절반으로 줄이고 재활용 및 안전한 재사용을 전 세계적으로 대폭 확대

목표 (17개)	세부 목표 (169개)
6. 모든 사람에게 물과 위생에 대한 가용성과 지속가능한 관리 보장	6.4 2030년까지 모든 부문에서 물 사용 효율을 높이고 물 부족 문제를 해결하고 물 부족으로 고통받는 인구 수를 상당한 수준으로 감소시키기 위하여 지속가능한 담수의 취수와 공급을 보장
	6.5 2030년까지 국경 간 협력을 포함하여 통합된 물 자원 관리 이행
	6.6 2020년까지, 산, 산림, 습지, 강, 대수층 및 호수 등 물 관련 생태계 보호 및 복원
	6.a 2030년까지, 집수, 담수화, 물 효율성, 폐수 처리, 재활용 및 재사용 기술을 포함하여 물 및 위생 관련 활동과 프로그램에서 국제협력과 개발도상국에 대한 역량 구축 지원을 확대
	6.b 물과 위생관리 개선에 있어 지역 공동체 참여를 지원하고 강화
7. 모든 사람에게 적당한 가격의 신뢰할 수 있으며, 지속가능한 현대식 에너지원에 대한 접근성 보장	7.1 2030년까지 적당한 가격으로, 신뢰할 수 있으며 현대적인 에너지 서비스에 대한 보편적 접근 보장
	7.2 2030년까지 전 세계 에너지원 구성에서 재생에너지 비중을 상당한 수준으로 증대
	7.3 2030년까지 전 세계 에너지 효율성 개선율을 2배로 증대
	7.a 2030년까지 재생에너지, 에너지 효율성 및 향상된 청정 화석연료 기술을 포함한 청정에너지 연구와 기술에 대한 접근을 증진하기 위하여 국제 협력을 강화하고, 에너지 기반시설과 청정에너지 기술에 대한 투자를 증진
	7.b 2030년까지, 개도국, 특히 최빈개도국, 군소도서 개도국 그리고 내륙개도국에 각국의 지원 프로그램에 따라 현대적이고 지속가능한 에너지 서비스를 제공하기 위하여 기반시설을 확대하고 기술을 개선
8. 모두를 위해 지속적이고, 포용적이며, 지속가능한 경제성장, 완전하고, 생산적인 고용과 양질의 일자리 증진	8.1 국가별 상황에 맞게 1인당 경제성장을 유지하고 특히 최빈국은 최소한 연간 7% GDP 성장률 유지
	8.2 고부가가치 및 노동집약적 부문에 초점을 두는 것을 포함하여 다변화, 기술 향상 및 혁신을 통하여 더 높은 수준의 경제 생산성을 달성
	8.3 생산활동, 양질의 일자리 창출, 창업, 창의성과 혁신을 지원하는 개발지향적 정책을 진흥하고, 금융서비스에 대한 접근을 통해 미소기업, 중소기업의 공식화와 성장을 독려
	8.4 지속가능한 소비와 생산 10개년 계획에 따라, 선진국들이 주도적으로 소비와 생산에서 전 세계적으로 자원 효율성을 2030년까지 점진적으로 개선하고, 경제성장을 환경 악화로부터 분리시키도록 노력
	8.5 2030년까지 청년과 장애인을 포함한 모든 남성과 여성을 위한 완전하고 생산적인 고용과 양질의 일자리 그리고 동일한 가치노동에 대한 동일임금 원칙 달성
	8.6 2020년까지 고용, 교육 또는 훈련 상태에 있지 않은 청년 비율을 상당 수준으로 감소
	8.7 강제노동 근절, 현대식 노예 및 인신매매 종식, 소년병 동원 및 징집 등 최악의 아동노동 형태 금지 및 근절. 2025년까지 모든 형태의 아동 노동 근절
	8.8 이주 근로자, 특히 여성이주자 및 불안정한 고용 상태에 있는 근로자를 포함하여 모든 근로자를 위하여 노동권을 보호하고, 안전하며 안정적인 근로환경을 증진
	8.9 2030년까지 일자리를 창출하고, 지역문화와 제품들을 증진하는 지속 가능 관광 촉진을 위한 정책들의 설계 및 시행

목표(17개)	세부 목표(169개)
	8.10 은행, 보험 및 금융서비스에 대한 접근을 독려하고 확대하기 위하여 국내 금융기관의 역량 강화
	8.a 최빈개도국에 대한 무역 관련 기술 지원을 위하여 강화된 통합체계를 통하여 개발도상국, 특히 최빈개도국을 위한 무역 원조 지원의 증대
	8.b 2020년까지 청년실업에 대한 글로벌 전략 수립 및 운영; 국제노동기구의 ILO Global Jobs Pact 이행
9. 혁신과 인프라	9.1 모두를 위하여 적당한 가격으로 공평하게 접근하는 것을 초점에 두고, 경제 개발과 인간의 복리를 지원할 수 있는 지역적, 초국경적 사회기반시설을 포함하여, 양질의 신뢰할 수 있으며 지속가능하고 회복력이 높은 사회기반시설을 개발
	9.2 포용적이고 지속가능한 산업화를 촉진하고 2030년까지 국가별 상황에 따라 고용과 국내총생산에서 차지하는 산업의 비율을 상당 수준으로 증대하며, 최빈개도국의 경우 그 비율을 2배로 증대
	9.3 특히, 개발도상국에서 소규모 산업과 기타 기업이 적당한 신용을 포함한 금융서비스에 대한 접근을 늘리고 가치사슬 및 시장에로의 통합을 증진
	9.4 2030년까지, 모든 국가가 역량에 따라 조치를 취하여, 자원효율성이 높고 깨끗하고 환경적으로 안전한 기술과 산업화 과정을 통하여 사회기반시설을 개선하고 산업을 개편함으로써 지속가능성을 부여
	9.5 2030년까지, 인구 백만 명당 연구개발 종사자의 수와 공공/민간 연구개발 지출 대폭 증가 및 혁신 장려 등을 통하여, 모든 국가, 특히 개발도상국의 과학연구 강화, 산업부문의 기술역량 향상
	9.a 아프리카 국가들, 최빈국들, 소규모 도서 개발도상국에 대한 강화된 금융, 기술, 전문적 지원을 통하여 개발도상국들에서 지속 가능하고, 회복탄력성을 갖춘 인프라 개발 촉진
	9.b 산업 다변화, 상품가치를 더하는 정책환경을 조성하여 개발도상국의 국내 기술 개발, 연구 및 혁신 지원
	9.c 정보통신 기술에 대한 접근을 상당히 늘리고, 2020년까지 최빈개도국에서 인터넷에 대한 보편적이고 적당한 가격으로 접근을 제공하기 위하여 노력
10. 국내 및 국가 간 불평등 감소	10.1 2030년까지 소득하위 40% 인구의 소득성장률을 국가 평균보다 높은 수준으로 점진적으로 달성 및 유지
	10.2 2030년까지 나이, 성별, 장애, 인종, 민족, 출신, 종교 혹은 경제적 또는 기타 신분에 관계없이 모든 사람에 대하여 사회적·경제적·정치적 포용을 강화하고 증진
	10.3 차별적인 법, 정책 및 관행 등을 철폐하고 이와 관련된 적절한 입법, 정책 그리고 조치를 강화하여 동등한 권리를 보장하고 성과 면에서 불평등을 감소
	10.4 재정, 임금, 그리고 사회보장에 대한 정책 등을 채택하고 점진적으로 평등 확대를 달성
	10.5 세계 금융시장 및 기관의 규제와 모니터링을 개선하고 이와 같은 규제의 이행을 강화
	10.6 더 효과적이고 신뢰할 만하며 책임 있는 합법기관이 될 수 있도록, 국제경제 및 금융기구 의사결정에서 개발도상국을 위한 대표성과 발언권 강화를 보장
	10.7 계획되고 잘 관리된 이주정책을 통하여 질서 있고 안전하며 정기적이고 책임 있는 인구의 이주와 이동을 촉진

목표 (17개)	세부 목표 (169개)
	10.a 세계무역기구 협정에 따라 개발도상국가 특히, 최빈개도국에 대한 특별, 차등대우 원칙 이행
	10.b 국가별 계획과 프로그램에 따라, 도움이 가장 필요한 최빈개도국, 아프리카 국가, 군서도서 및 내륙개도국에 대한 해외 직접투자를 포함한 공적개발원조와 자금 거래를 독려
	10.c 2030년까지 이주자 송금거래비용을 3% 미만으로 줄이고, 송금비용이 5%를 넘는 송금 경로를 제거
11. 지속가능 도시	11.1 2030년까지 모두에게 충분하고 안전하며 적당한 가격의 주택 및 기초서비스에 접근을 보장하고 빈민가를 개선
	11.2 2030년까지 취약계층, 여성, 아동, 장애인 및 노인의 수요에 특별한 주의를 기울이며, 특히 대중교통 확대를 통하여 도로안전을 개선하고, 모두를 위하여 안전하고 적당한 가격으로 접근 가능하고 지속가능한 교통체계 대한 접근을 제공
	11.3 2030년까지 모든 국가에서 포용적이고 지속가능한 도시화와 참여 지향적이고 통합적인 지속가능 인간거주지 계획 및 관리 역량을 강화
	11.4 세계문화 및 자연유산 보호 노력 강화
	11.5 2030년까지, 빈곤층과 취약계층 보호에 중점을 두고, 수해 등 재난으로 인한 사망자 및 피해자 수를 대폭 줄이고 세계 총 GDP 대비 직접적인 경제적 손실을 대폭 감소
	11.6 2030년까지 대기의 질과 도시 및 기타 폐기물 관리에 특별히 주의를 하면서 도시가 가지는 부정적인 1인당 환경영향을 감소
	11.7 2030년까지 포괄적이고 안전하며 보편적으로 접근 가능한 녹색 및 공공장소 제공 (특히, 여성, 아동, 노인, 장애인)
	11.a 국가 및 지역개발계획을 강화하여 도시, 근교 도시 그리고 농촌 간의 긍정적인 경제, 사회 및 환경적 연결고리를 지원
	11.b 2020년까지 포용, 자원 효율성, 기후변화 완화 및 적응, 재난회복력을 위한 통합된 정책, 계획을 채택, 이행하는 도시와 인간 거주지의 수를 상당한 수준으로 증대하고, 2015~2030 센다이 재난위험 감축체계에 따라 모든 수준에서 전체적인 재난위험 관리를 개발하고 이행
	11.c 지역 건설자재를 사용하여 지속가능하고 회복력을 가진 건물을 짓는 데 금융 및 기술적 지원을 통하여 최빈개도국을 지원
12. 지속 가능한 소비, 생산	12.1 개발도상국의 개발역량을 고려하여, 모든 국가가 행동에 참여하되 선진국이 주도하면서 지속가능한 소비 및 생산에 대한 10년 주기 프로그램 이행
	12.2 2030년까지 천연자원의 효율적인 사용 및 지속가능한 관리 달성
	12.3 2030년까지 소매 및 소비자 수준에서 전 세계적으로 1인당 식량 낭비를 1/2로 줄이고, 수확 후 손실을 포함하여 식량 생산 및 공급 과정에서 발생하는 식량 손실 감소
	12.4 2020년까지, 합의된 국제체계에 따라 화학물질 및 모든 폐기물에 대하여 생애주기 동안 친환경적인 관리를 달성하고, 이들이 인체 건강 및 환경에 끼치는 부정적 영향을 최소화하기 위하여, 공기, 물, 토양으로의 배출을 크게 감소
	12.5 2030년까지 예방, 감축, 재활용 및 재사용을 통하여 폐기물 발생을 상당한 수준으로 감소

목표 (17개)	세부 목표 (169개)
	12.6 기업들이 특히, 대기업 및 다국적기업이 지속가능한 기업 활동을 채택하고, 지속가능성 정보를 보고주기에 통합하도록 독려
	12.7 국가정책 및 우선순위에 따라 지속가능한 공공조달 관행 촉진
	12.8 2030년까지 모든 사람이 자연과 조화를 이루는 생활방식과 지속가능한 발전에 대한 적절한 정보와 인식을 가질 수 있게 보장
	12.a 개발도상국이 좀 더 지속가능한 소비 및 생산양식을 지향할 수 있게 과학기술 역량 강화 지원
	12.b 일자리 창출 및 지역 문화 및 상품을 홍보하는 지속가능 관광에 영향을 미치는 지속가능발전의 영향을 모니터할수 있는 수단을 개발하고 이행
	12.c 개발도상국의 특정한 수요와 여건을 고려하면서, 빈곤층 및 영향을 받을 수 있는 지역공동체를 보호하는 방식으로 개발도상국 개발에 대한 부정적 영향을 최소화하면서, 세제를 개혁하고 해로운 보조금이 존재하는 경우에는 환경영향을 반영하여 이를 단계적으로 폐지하는 등의 방법으로 국가 상황에 따라 시장 왜곡을 제거함으로써 낭비적 소비를 조장하는 비효율적 화석연료 보조금을 합리화
13. 기후변화와 그 영향에 대처하기 위한 긴급 대응	13.1 모든 국가에서 기후 관련 위험과 자연재해에 대한 회복력 및 적응력 강화
	13.2 기후변화 조치를 국가정책, 전략 및 계획에 통합
	13.3 기후변화 완화, 적응, 영향 감소, 조기경보에 대한 교육, 인식 고취, 인구 및 제도 역량 개선
	13.a 의미 있는 완화 조치와 이행에 관한 투명성의 맥락에서, 개발도상국의 수요와 가급적 조속한 자금 출자를 통하여 녹색변화기금의 온전한 운용을 위하여, 2020년까지 모든 원천으로부터 매년 1,000억 달러를 공동으로 동원하겠다는 목표 하에 유엔기후변화협약 선진국 당사자의 공약을 이행
	13.b 여성, 청년, 그리고 지역 및 소외 공동체를 초점에 두고, 최빈개도국과 군소 도서개도국에서 효과적인 기후변화 계획 및 관리 역량 제고를 위한 메커니즘을 촉진
14. 해양생태계	14.1 2025년까지 해양 쓰레기와 영양염류 오염을 포함하여 특히 육지 기반 활동으로부터 발생하는 모든 종류의 해양오염을 예방하고 상당한 수준으로 감소
	14.2 2020년까지 부정적 영향을 피하기 위하여 회복력을 강화하는 방법으로 해양 및 연안 생태계를 지속가능하게 관리 및 보호하고 건강하고 생산적인 대양으로 만들기 위하여 복구 조치들을 이행
	14.3 모든 수준에서의 과학 협력을 강화하여 해양 산성화의 영향을 최소화하고 이에 대응
	14.4 최소한 생물학적 특성에 따라 결정되는 최대 지속가능 산출량을 생산할 수 있는 수준까지 가능한 한, 최단기간에 어족자원을 복원하기 위하여, 2020년까지 효과적으로 어획을 규제하고, 남획, 불법, e비보고, 비규제 어업 및 파괴적인 어업 관행을 종식하며, 과학에 기초한 관리계획을 이행
	14.5 2020년까지 현재의 과학적 정보를 기초로 하고 국가 및 국제법과 부합하는 방식에 따라 최소한 연안 및 해양지역의 10% 보존
	14.6 WTO 어업보조금 협상에 개발도상국 및 최빈국에 대한 효과적인 특별대우가 중요함을 인정하고 2020년까지 생산 과잉 및 남획, 불법・비보고・비규제 어업에 기여하는 특정 형태의 어업 보조금 금지 그리고 이와 유사한 신규 보조금 도입 자제

목표(17개)	세부 목표(169개)
	14.7 2030년까지 수산업, 양식업 및 관광산업의 지속가능 관리를 포함하여 해양자원의 지속가능한 사용을 통하여 최빈개도국 및 군서도서 개도국의 경제적 이익 증대
	14.a 해양건강을 개선하고 개발도상국, 특히 군소도서 개도국과 최빈개도국의 개발에 대한 해양 생물다양성의 기여를 강화하기 위해 정부간해양학위원회의 기준과 지침을 고려하여 과학적 지식 증대, 연구 역량 개발 및 해양기술 이전
	14.b 소규모 영세어업자들에 해양자원 및 시장 접근성 제공
	14.c 『우리가 원하는 미래(*The Future We Want*)』 보고서의 158번째 단락에서 언급된 대양 및 대양자원의 보존 및 지속가능한 이용을 위한 법적 체계를 제시하는 UNCLOS에 반영된 국제법 이행을 통하여 대양 및 대양자원의 보존 및 지속가능한 이용을 개선
15. 육상생태계	15.1 2020년까지, 국제 협약 의무에 따라, 특히 산림, 습지, 산, 건조지 등의 육지 및 내륙담수 생태계와 그 서비스에 대한 보전, 복원 및 지속가능한 사용을 보장
	15.2 2020년까지 모든 형태의 산림에 대한 지속가능한 관리를 촉진시키고, 산림 벌채를 중단하며, 황폐화된 산림을 복원하여 전 세계적으로 조림과 재식림을 대폭 확대
	15.3 2030년까지, 사막화 퇴치와 사막화, 가뭄, 홍수로 영향을 받은 토지를 포함하여, 황폐화된 토지 및 토양 복원, 그리고 토지 황폐화 중립 세계 달성을 위하여 노력
	15.4 2030년까지 생물다양성을 포함하여 생태계 보호
	15.5 자연 서식지의 황폐화를 줄이기 위한 시급하고 중요한 조치를 취하고 생물다양성의 손실을 중단시키며, 2020년까지 멸종위기종을 보호하고 멸종을 예방
	15.6 국제적으로 합의된 바와 같이, 유전자원의 활용으로부터 발생하는 편익의 공정하고 공평한 분배를 촉진하고 유전자원에 대한 적절한 접근 증대
	15.7 보호 대상 동식물 밀렵과 밀매를 종식하기 위한 시급한 조치를 취하고, 불법 야생동식물 제품의 수요와 공급 모두에 대응
	15.8 2020년까지 외래침입종 유입 예방과 이들이 육지 및 수중생태계에 미치는 영향을 상당한 수준으로 줄이기 위한 조치를 도입하고, 우선순위종을 통제하거나 퇴치
	15.9 2020년까지 생태계 및 생물다양성 가치를 국가 및 지역 계획·개발 과정 그리고 빈곤 감소 전략에 통합
	15.a 생물다양성 및 생태계 보존 및 지속가능한 사용을 위한 모든 원천으로부터 재원을 동원하고 증대
	15.b 지속가능한 산림관리를 위한 재정 지원을 위하여 모든 수준과 모든 원천으로부터 상당한 양의 자원을 동원하고, 보존 및 재조림 목적으로 개발도상국이 지속가능한 관리를 추진할 수 있도록 충분한 동기를 제공
	15.c 지역공동체의 지속가능한 생계 기회 추구 역량 증대를 통하여 보호종의 밀렵과 밀매를 방지하기 위한 노력에 국제적 지원 강화
16. 지속가능 발전을 위한 평화롭고,	16.1 모든 곳에서 모든 형태의 폭력 및 관련 사망률을 상당한 수준으로 감소
	16.2 아동에 대한 학대, 착취, 인신 매매, 및 모든 형태의 폭력과 고문 종식
	16.3 국가적인 그리고 국제적 수준의 법치를 증진하고, 모두에게 정의에 대한 평등한 접근 보장

목표 (17개)	세부 목표 (169개)
포용적인 사회 증진, 모두에게 정의에 대한 접근 제공, 모든 수준에서 효과적이고, 책임 있으며, 포용적인 제도 구축	16.4 2030년까지 불법 자금 및 무기 거래를 상당한 수준으로 줄이고, 도난 자산 회수 및 복구를 강화하며, 모든 형태의 조직화된 범죄를 방지
	16.5 모든 형태의 부패 및 뇌물을 상당한 수준으로 감소
	16.6 모든 수준에서 효과적이고, 책임 있고, 투명한 제도 개발
	16.7 모든 수준에서 공감할 수 있고, 포용적이며, 참여 지향적이고 대표성을 가진 의사결정을 보장
	16.8 글로벌 거버넌스 기관에 개발도상국의 참여를 확대하고 강화
	16.9 2030년까지 출생등록을 포함하여 모두에게 법적 신원 제공
	16.10 국내법 및 국제협정에 따라 정보에 대한 대중의 접근을 보장하고 기본적 자유 보호
	16.a 특히, 개발도상국에서 폭력 예방 및 테러나 범죄 방지를 위한 모든 수준에서의 역량 구축을 위하여 국제협력을 통한 관련 법규나 제도를 강화
	16.b 지속가능발전을 위한 비차별적 법 그리고 정책을 증진하고 시행
17. 파트너십	17.1 세금 및 기타 수익 징수를 위한 국내 역량을 개선하기 위해 개발도상국에 대한 국제적 지원을 통한 국내 자원 동원 강화
	17.2 개발도상국에는 ODA/GNI 0.7%, 그리고 최빈개도국에는 ODA/GNI 0.15–0.20% 목표를 달성하겠다는 다수 선진국의 공약을 포함하여, 선진국들은 공적개발원조(ODA) 약속을 완전히 이행; ODA 공여국들이 최빈개도국에 대한 ODA/GNI 의 최소 0.20% 제공 목표를 설정하는 것을 고려하도록 권장
	17.3 다양한 원천으로부터 개발도상국을 위한 추가 재원을 동원
	17.4 필요할 경우, 채권금융, 채무 탕감 및 채무 재조정 촉진을 목표로 하는 정책조정을 통하여 개발도상국의 장기 채무건전성 확보를 지원하고, 채무 위기 완화를 위하여 고채무빈국의 외채 문제에 대응
	17.5 최빈국을 위한 투자 촉진 체제 도입 및 이행
	17.6 과학, 기술, 혁신에 관한 남북, 남남, 삼각 형태의 지역적, 국제적 협력 및 접근을 강화하고, 특히 UN 수준에서 현재 메커니즘 간 조율을 개선하고 글로벌 기술 촉진 메커니즘을 통하여 상호 합의되는 조건에 따라 지식의 공유를 강화
	17.7 상호 합의에 따라 양허, 특혜 등 유리한 조건으로 개발도상국에 환경적으로 안전한 기술의 개발, 이전, 전파 및 확산을 증진
	17.8 2017년까지 최빈국을 위한 기술은행 및 과학기술혁신 역량 구축 메커니즘 운영을 전면 가동하고 정보통신기술(ICT) 위주의 핵심 기술 사용을 강화
	17.9 남북, 남남, 삼각 협력 등을 통하여, 모든 지속가능발전목표를 이행하기 위한 국가계획을 지원할 개발도상국의 효과적, 선별적 역량 구축 이행에 국제적인 지원을 강화
	17.10 도하개발의제 협상 결론으로 세계무역기구 관리하에 보편적이고 규칙에 기반을 둔 개방적이며 비차별적이고 공평한 다자무역체제를 증진
	17.11 2020년까지 특히 전 세계 수출에서 최빈개도국의 비중을 2배로 증대하는 것을 목표로 개발도상국의 수출을 상당한 수준으로 증대
	17.12 최빈개도국으로부터의 수입에 적용 가능한 특혜원산지 규정이 투명하고 단순하며 시장 접근 활성화에 도움이 되도록 함으로써 세계무역기구 결정에 부합하도록 모든 최빈개도국에 대하여 영구적인 무관세, 무쿼터 시장 접근을 시의적절하게 이행

목표(17개)	세부 목표(169개)
	17.13 정책일관성 및 조율을 통하여 글로벌 거시경제 안전성 강화
	17.14 지속가능 발전을 위한 정책일관성 강화
	17.15 빈곤 퇴치와 지속가능발전 정책을 수립하고 이행하기 위한 각국의 정책적 여유와 리더십을 존중
	17.16 모든 국가, 특히 개발도상국에서 지속가능개발 목표 달성을 지원하는 지식, 전문성, 기술, 재원을 동원하고 공유하는 다중 이해당사자 파트너십에 의하여 보완될 수 있는 지속가능개발 글로벌 파트너십 강화
	17.17 파트너십기관이 가진 재원 조달 전략과 경험을 기초로 효과적인 공공, 공공-민간 및 시민사회 간 파트너십 독려 및 촉진
	17.18 2020년까지 소득, 성별, 연령, 인종, 민족, 이주 상태, 장애, 지리적 위치, 그리고 기타 국가별 상황에 맞는 특성별로 세분화되는 고품질의 시의성 있고 신뢰도 높은 데이터의 가용성을 높이기 위하여 최빈개도국과 군소도서개도국 등 개발도상국의 역량 구축 지원 강화
	17.19 2030년까지 GDP를 보완할 지속가능발전 성과의 측정수단 개발을 위하여 기존의 시범프로젝트를 기반으로 이를 발전시키고, 개발도상국의 통계 역량 구축을 지원

찾아보기

ㄱ

ㄴ

ㄷ

ㅇ

ㅈ

저자 소개

김병완 광주대학교 행정학과 교수, 행정학박사(고려대학교) byyakim@hanmail.net
미국 델라웨어대학교 교환교수, 한국지속가능발전학회 회장, 한국환경정책학회 편집상임이사, 대통령자문 지속가능발전위원회 위원, 대통령소속 지방분권촉진위원회 위원, 환경부 정책평가위원회 위원, 광주광역시 지속가능발전협의회 상임회장, 담양군 지속가능발전위원회 위원장, 글로벌에코포럼 조직위원장. "한국의 환경정책과 관료정치"(박사학위논문, 1993), "한국 농촌지역의 지속가능성위기 분석 및 발전전략 연구"(2005), 「한국의 환경정책과 녹색운동」(1994), 「환경정책의 논리와 실제」(2005).

김태호 국제기후환경센터 정책연구팀장, 행정학박사수료(광주대학교)
광주광역시 지속가능발전협의회 기획부장, 전국기후변화네트워크 사무국장, 한국지속가능발전센터 객원연구원, 광주광역시 그린스타트네트워크 사무국장, 광주광역시 규제개혁위원회 위원, 광주광역시 미세먼지 안전시민실천본부 위원. 「광주형 에너지프로슈머 활성화 연구」(2018), 「적용가능한 온실가스 감축방안 연구」(2016), 「광주광역시 기후변화실천지표 개발 및 조사연구」(2015), 「기후변화 관련 자치법규 개선 연구」(2014).

민현정 광주전남연구원 책임연구위원, 행정학박사(전남대학교)
전남대학교 518연구소 연구교수, 대통령직속 저출산고령사회위원회 지역분과위원, 한국거버넌스학회 연구위원회 이사, 한국 NGO학회 연구위원회 이사, 일본 쥬오대학 문화정책총합연구소 상임연구원, 일본 호세대학 법정학부 객원연구원. "NGO에 대한 정부재정지원의 영향에 관한 연구"(박사학위논문, 2003), 「제3섹터형 일자리 창출에 관한 연구」(2017), 「광주광역시 마을자원 분석과 활용방안」(2015).

변장섭 전남대학교 지역개발연구소 학술연구교수, 도시·지역개발학박사(전남대학교)
광주광역시 지속가능발전협의회 위원, 광주광역시 서구 공유촉진위원회 위원. "우리나라 폐기물 발생의 결정요인과 공간패턴에 관한 연구"(박사학위논문, 2014), "광주지역 사회적경제 조직의 연계구조에 관한 연구"(2016), 「사회적경제와 지역혁신」(2016, 공저), "NPO의 최종소비지출에 따른 경제적 파급효과"(2018), 「사회적경제의 정책과 실천」(2018, 공저).

안병철 조선대학교 초빙교수, 행정학박사(고려대학교)
한국정책과학학회 총무이사, 지방공기업 평가위원, 전라남도 고용우수기업 평가위원, 글로벌에코포럼 조직위원, 광주광역시 청년정책 평가위원. "green tape 개념 구성과 결정요인 분석"(2014), "관료제 조직진화 연구"(2015), "대통령의 정책관리행태 연구"(2016), "red tape에서 green tape 전환연구(2016)", "지방정부 성과평가제도의 왜곡 연구(2017)", 「광주청년정책평가 연구」(2018, 공저).

오병철 국제기후환경센터 책임연구원, 건축학박사(친환경도시건축), (東京대학교)
일본건축학회, 한국건축학회, 태양에너지학회, 대한설비공학회, 한국환경조명학회 이사, 한국국제다크스카이협의회 이사, 환경부 녹색환경지원센터 평가위원, 국토교통과학기술진흥원 평가위원, "Influence of the configuration of consecutive urban street canyons and atmospheric stability on flow and concentration fields by CFD analysis"(박사학위논문, 2011), 「도시기후와 그린도시계획」(2015), 「기후변화 대응을 위한 건축 및 도시계획의 접근방안」(2016).

윤희철 광주광역시 지속가능발전협의회 사무총장, 도시·지역개발학 박사(전남대학교)푸른광주21협의회 부장. 한국지속가능발전센터 이사. "현지개량방식 주거환경개선사업의 평가지표 개발과 적용 방향에 관한 연구"(박사학위논문, 2016), 「로컬 거버넌스 관점에서 지방의제21 마을 만들기 실천사업의 고찰」(2015), 「유휴산업시설을 활용한 항만도시 재생의 국제 비교」(2017), 「주택법 의제 처리 지구단위계획의 운영실태 연구」(2017), 「1945~1960년 광주의 도시 성장에 관한 역사적 고찰」(2018).

전대욱 한국지방행정연구원 지방투자사업관리센터 수석연구원, 경영공학박사(KAIST)
한국지역진흥재단 마을공동체발전센터장, 한국지방행정연구원 DB센터장, 한국시스템다이내믹스학회 부회장/편집위원장, 미래가치와 리즐리언스포럼 공동대표, 독일 Universität Potsdam 방문학자, 영국 Univ. Southampton 연구원(외무성 장학생). 「한국의 환경정책」(2014, 공저), 「Resilience Imperative: 전환의 키워드 '회복력'」(2015, 대표역자), 「저성장시대 지역정책의 새로운 패러다임 모색」(2016).

조승희 광주전남연구원 사회환경연구실 책임연구위원, 공학박사(광주과학기술원)
농촌진흥청 농업연구사, 농림축산식품부 축산환경자원회협의체 위원, 환경부 비점오염원 관리포럼 위원, 전라남도 환경 분야 정책자문위원회 위원, 광주광역시지속가능발전협의회 정책위원회 위원, 전라남도 미세먼지 대책위원회 위원. "Development of advanced oxidation water treatment system for degradation of organic pollutants by using electroenzymatic process"(박사학위논문, 2008), 「녹색농업기술편람」(2011).

최인수 한국지방행정연구원 연구위원, 환경공학박사(독일 베를린공대)
행정안전부 지역녹색성장과 전문위원, 한국슬로시티본부 전문위원, 강원도 마을공동체만들기위원회 위원, 「안전혁신 마스터플랜 수립」 관련 민간자문위원, 세월호참사특별조사위원회(1기) 전문위원. "Aerobic Degradation of Surfactant and Nitrification in a membraane Bioreactor(MBR) with CO_2 and O_2 Gas Analysist"(VDI, 2005, 박사학위논문), "Fundamentals of wastewater treatment" (Wiley-VCH, 2006), 「Resilience Imperative: 전환의 키워드 '회복력'」(2015, 공동 번역).

홍성운 광주대학교 행정학과 교수, 행정학박사(전남대학교)
전남대·조선대 강사, 광주광역시 공무원교육원 강사, 한국거버넌스학회 사무국장, 광주광역시 사회적경제지원센터 자문위원, 한국지방행정연구원 객원연구원, "사이버커뮤니티에서의 정책의제 형성과정에 관한 연구"(박사학위논문, 2009), 「조직론」(2013, 공저), 「정책학」(2014, 공저), 「사회적경제의 정책과 실천」(2018, 공저).

집필 분담 내용

부	장	절	집필자
제1부 지속가능발전과 거버넌스에 관한 논의	제1장 발전의 의미의 전환과 지속가능발전론	전체	김병완
	제2장 지속가능발전의 제도화와 조직화	전체	안병철
	제3장 정부관료제의 한계와 거버넌스의 의의	전체	김병완
제2부 지속가능성 위협 요인과 위기 문제: UN SDGs 관점	제4장 생태적 지속가능성 위협 요인과 위기 문제	1절 제2절 1.	조승희
		제2절 2.	김태호
	제5장 사회적 지속가능성 위협 요인과 위기 문제	제1절	홍성운
		제2절	민현정
	제6장 경제적 지속가능성 위협 요인과 위기 문제	제1절 1.	김태호
		제1절 2.	안병철
		제2절	변장섭
	제7장 도시의 지속가능성 위협 요인과 위기 문제	제1절	오병철
		제2절	윤희철
	제8장 제도적 지속가능성 위협 요인과 위기 문제	제1절	홍성운
		제2절	윤희철
제3부 지속가능발전을 위한 거버넌스 노력과 사례	제9장 국제사회의 지속가능발전 노력	제1절	홍성운
		제2절	안병철, 윤희철
	제10장 독일의 거버넌스형 지속가능발전 사례	전체	최인수
	제11장 일본의 거버넌스형 지속가능발전 사례	전체	오병철
	제12장 한국의 거버넌스형 지속가능발전 사례	전체	조승희, 윤희철
제4부 거버넌스형 지속가능발전을 위한 과제	제13장 지속가능한 생태공동체를 위한 과제	제1절	김태호
		제2절, 제3절	조승희
	제14장 지속가능한 사회공동체를 위한 과제	제1절, 제2절	민현정
		제3절	전대욱
	제15장 지속가능한 경제공동체를 위한 과제	제1절	김태호
		제2절, 제3절	변장섭
	제16장 지속가능한 도시공동체를 위한 과제	제1절, 제2절	윤희철
		제3절, 제4절	오병철
	제17장 지속가능성을 위한 도전 과제와 사전・사후평가의 문제	제1절	김병완 외
		제2절	김병완
		제3절	김병완 외
		제4절, 제5절	김병완

지속가능발전 정책과 거버넌스형 문제해결

펴낸날 제1판 제1쇄 2019년 4월 10일
제1판 제2쇄 2021년 2월 25일
지은이 김병완 외
펴낸이 임춘환
펴낸곳 도서출판 대영문화사
주소 (본사) 사무실: 경기도 고양시 일산서구 주화로 70
우신프라자 307호 (㊐ 10387)
(본사) 물류센터: 경기도 고양시 일산서구 덕산로
107번길 68-50 (㊐ 10205)

등록 1975년 12월 26일 제3-16호
전화 (031) 913-3062, (031) 914-3884~5
팩스 (031) 913-3839
홈페이지 http://www.dymbook.co.kr

ISBN 978-89-7644-736-4
값 35,000원